吉林人民出版社

简体字本二十六史

旧唐书

卷一〇五——卷一六六

（四）

〔后晋〕刘　昫等　撰

廉湘民等　标点

旧唐书卷一〇五
列传第五五

宇文融　韦坚　杨慎矜
王鉷

　　宇文融，京兆万年人，隋礼部尚书平昌公弼之玄孙也。祖节，贞观中为尚书右丞，明习法令，以干局见称。时江夏王道宗尝以私事托于节，节遂奏之，太宗大悦，赐绢二百匹，仍劳之曰："朕所以不置左右仆射者，正以卿在省耳。"永徽初，累迁黄门侍郎、同中书门下三品，代于志宁为侍中。坐房遗爱事配流桂州而卒。父峤，莱州长史。

　　融，开元安装累转富平主簿，明辩有吏干，源乾曜、孟温相次为京兆尹，皆厚礼之，俄拜监察御史。时天下户口逃亡，免役多伪滥，朝廷以为患。融乃陈便宜，奏请检察伪滥，搜括逃户。玄宗纳其言，因令融充使推勾。无几，获伪滥及诸役甚众，特加朝散大夫，再迁兵部员外郎，兼侍御史。融于是奏置劝农判官十人，并摄御史，分往天下，所在检括田畴，招携户口。其新附客户，则免其六年赋调，但轻税入官。议者颇同为扰人不便，阳翟尉皇甫憬上疏曰：

　　　　臣闻智者千虑，或有一失；愚夫千计，亦有一得。且无益之事繁，则不急之务众；不急之务众，则数役；数役，则人疲；人疲，则无聊生矣。是以太上务德，以静为本；其次化之，以安为上。但责其疆界，严之提防，山水之余，即为见地。何必聚人阡陌，亲遣括量，故夺农时，遂令受弊。又应出使之辈，未识大体，所由殊不知陛下爱人至深，务以勾剥为计。州县惧罪，据牒即征。逃亡之家，邻保代出；邻保不济，又便更输。急之则都不谋生，缓之则虑法交及。臣恐逃逸从此更深。至如澄流在源，止沸由火，不可不慎。今之具僚，向逾万数，蚕食府库，侵害黎人。国绝数载之储，家无经月之畜，虽其厚税，亦不可供。户口逃亡，莫不由此。纵使伊、皋申术，管、晏陈谋，岂息兹弊？若以此给，将何以堪！虽东海、南东海、南山尽为粟帛，亦恐不足，岂括田税客能周给也！

左拾遗杨相如上书，咸陈括客为不便。上方委任融，侍中源乾曜及中书舍人陆坚皆赞成其事，乃贬憬为盈川尉，于是诸道括得客户凡八十余万，田亦称是。州县希融旨意，务于获多，皆虚张其数，亦有以实户为客者。岁终征得客户钱百万，融由是擢拜御史中丞。言事者犹称括客损居人，上令集百僚于尚书省。公卿已下惧融恩势，皆雷同不敢有异词，唯户部侍郎杨玚独建议以括客不利居人，征籍外田税，使百姓困弊，所得不补所失。无几，玚出为外职。

融乃驰传巡历天下，事无大小，先牒上劝农使而后申中书，省司亦待融指挥而后决断。融之所至，必招集老幼宣上恩命，百姓感其心，至有流泪称父母者。融使还具奏，乃下制曰：

> 人惟邦本，本固邦宁，必在安人，方能固本。永是道，实获朕心。思所以康济黎庶，宠绥华夏，上副宗庙乾坤之寄，下答宇县贡献之勤，何尝不夜分辍寝，日旰忘食。然后以眇眇之身，当四海之贵。虽则长想遐尔，不可家至日见。至于宣布政教，安辑通亡，言念再三，其勤至矣。莫副朕命，实用恶焉，当宸永怀，静言厥绪。岂人流自久，招谕不还，上情靡通于下，众心罔达于上。求之明发，想见其人。当属括地使宇文融谒见于延英殿，朕以人必土著，因议逃亡，嘉其忠说，堪任以事，乃授其田户纪纲，兼委之郡县厘革，便令充使。奉以安人。遂能恤我黎元，克将朕命，发自夏首，来于岁终，巡按所及，归首百万。仍闻宣制之日，老幼欣跃，惟令是从，多流泪以感朕心，咸吐诚以荷王

命。犹恐朕之薄德，未孚于人，抚字安存，更冀良算。遂命百司长吏，方州岳牧，佥议都堂，广征异见。群词盈于札翰，环省弥于旬日，庶广朕意，岂以为劳，稽众考言，谓斯折衷。欲人必信，期于令行，凡尔司存，勉以遵守。

夫食为人天，富而后教，经教彝体，前哲至言。故平籴行于昔王，义仓加于近代，所以存九年之蓄，收上中之敛。穰贱则农不伤财，灾馑则时无菜色，救人活国，其利博哉！今流户大来，王田载理，敫庚之务，寤寐所怀。其客户所税钱，宜均充所在常平仓用，仍许预付价值，任粟麦兼贮。并旧常平钱粟，并委本道判官勾当处置，使敛散及时，务以矜恤。且分灾恤患，州党之常情；损余济阙，亲邻之善贷。故木铎云徇，里胥均功，夜绩相从，齐俗以赡。今阳和布泽，丁壮就田，言念鳏茕，事资拯助。宜委使司与州县商量，劝作农社，贫富相恤，耕耘以时。仍每至雨泽之后，种获忙月，州县常务，一切停减。使趋时急于备寇，尺璧贱于寸阴，是则天无虚施。人无遗力。

又政在经远，功惟久著，今逃亡初复。居业未康，循逃户及籍外剩田，犹宜劳徕，理资存抚。其十道分判官，三五年内，使就厥功，令有终始。当道覆屯，及须推劾，并以委之，不须广差余使，示专其事，不扰于人。政术有能，必行赏罚。其已奏复业归首，勾当州县，每季一申，不须挟名，致有劳扰。其归首户，各令新首处与本贯计会年户色役，勿欺隐及其两处征科。宣布天下，使明知朕意。

中书令张说素恶融之为人，又患其权重，融之所奏，多建议争之。融揣其意，先事图之。中书舍人张九龄言于说曰："宇文融承恩用事，辩给多词，不可不备也。"说曰："此狗鼠辈，焉能为事！"融寻兼户部侍郎。从东封还，又密陈意见，分吏部为十铨典选事，所奏又为说所抑。融乃与御史大夫崔隐甫连名劾说，廷奏其状，说由是罢知政事。融恐说复用为己患，数潜毁之。上恶其朋党，寻出融为魏州刺史。俄转汴州刺史，又上表请用《禹贡》九河旧道，开稻田以利人，并回易陆运本钱，官收其利。虽兴役不息，而事多不就。

十六年，复入为鸿胪卿，兼户部侍郎。明年，拜黄门侍郎，与裴光庭并兼同中书门下平章事。融既居相位，欲以天下为己任，谓人曰："使吾居此数月，庶令海内无事矣。"于是荐宋璟为右丞相，裴耀卿为户部侍郎，许景先为工部侍郎，甚允朝廷之望。然性躁急多言，又引宾客故人，晨夕饮谑，由是为时论所讥。时礼部尚书、信安王祎为朔方节度使，殿中侍御史李宙劾之，驿召将下狱。祎既申诉得理，融坐阿党李宙，出为汝州刺史，在相凡百日而罢。

裴光庭时兼御史大夫，又弹融交游朋党及男受赃等事，贬昭州平乐尉。在岭外岁余，司农少卿蒋岑举奏融在汴州回造船脚，隐没钜万，给事中冯绍烈又深文案，其事实，融于是配流岩州。地既瘴毒，忧患发疾，遂诣广府，将停留未还。都督耿仁忠胃融曰："明公负朝廷深谴，以至于此，更欲故犯严命，淹留他境，仁忠见累，诚所甘心，亦恐朝廷知明公在此，必不相容也。"融遽还，卒于路。上闻之，思其旧功，赠台州刺史。

韦坚，京兆万年人。父元圭，先天中，银青光禄大夫，开元初，兖州刺史。坚姊为赠惠宣太子妃，坚妻又楚国公姜皎女，坚妹又为太子妃，中外荣盛，故早从官叙。二十五年，为长安令，以干济闻。与中贵人善，探候主意。见宇文融、杨慎矜父子以勾剥财物争行进奉而致恩顾，坚乃以转运江淮租赋，所在置吏督察，以裨国之仓廪，岁益钜万。玄宗以为能。

天宝元年三月，擢为陕郡太守、水陆转运使。自西汉及隋，有运渠自关门西抵长安，以通山东租赋。奏请于咸阳拥渭水作兴成堰，截灞、浐水傍渭东注，至关西永丰仓下与渭合。于长安城东九里长乐坡下、浐水之上架苑墙，东面有望春楼，楼下穿广运潭以通舟楫，二年而成。坚预于东京、汴、宋取小斛底船三二百只置于潭侧，其船皆署牌表之。若广陵郡船，即于栿背上堆积广陵所出锦、镜、铜器、海味；丹阳郡船，即京口绫衫段；晋陵郡船，即折造官端绫绣；会稽郡船，即铜器、罗、吴绫、绛纱；南海郡船，即玳瑁、真珠、象牙、沉香；豫章郡船，即名瓷、酒器、茶釜、茶铛、茶碗；宣城郡船，即空青石、纸笔、黄连；始安郡船，即蕉葛、蚺蛇胆、翡翠。船中皆有米，吴郡即三破糯米、方文绫。凡数十郡。驾船人皆大笠子、宽袖衫、芒屦，如吴、楚之制。先是，人间戏唱歌词云："得（丁纥反）体（都董反）纥那也，纥囊得体耶？潭里船车闹，扬州铜器多。三郎当殿坐，看唱《得体歌》。"至开元二十九年，田同秀上言"见玄元皇帝，云有宝符在陕州桃林县古关令尹喜宅"，发中使求而得之，以为殊祥，改桃林为灵宝县。及此潭成，陕县尉崔成甫以坚为陕郡太守凿成新潭，又致扬州铜器，翻出此词，广集两县官，使妇人唱之，言："得宝弘农野，弘农得宝耶！潭里船车闹，扬州铜器多。三郎当殿坐，看唱《得宝歌》。"成甫又作歌词十首，自衣缺胯绿衫，锦半臂，偏袒膊，红罗抹额，于第一船作号头唱之。和者妇人一百人，皆鲜服靓妆，齐声接影，彭笛胡问以应之。余船沲进，至楼下，连樯弥亘数里，观者山积。京城百姓多不识驿马船樯竿，人人骇视。坚跪上诸郡轻货，又上百牙盘食，府县进奏，教坊出乐迭奏。玄宗欢悦，下诏敕曰：

　　古之善政者，贵于足令，欲求富国者，必先利人。朕关辅之间，尤资殷赡，比来转输，未免艰辛，故置此潭，以通漕运。万代之利，一朝而成，将允叶于永图，岂苟求于纵观。其陕郡太守韦坚，始终检校，夙夜勤劳，赏以懋功，则惟常典。宜特与三品，仍改授一三品京官兼太守，判官等并即量与改转。其专知检校始末不离潭所者并孔目官，及至典选日，优与处分，仍委韦坚具名录奏。应役人夫等，虽各酬佣直，终使役日多，并放今年地税。且启凿功毕，舟楫已通，既涉远途，又能先至，永言劝励，稍宜甄奖。其押运纲各赐一中上考，准前录奏。船夫等宜共赐钱二千贯，以充宴乐。外郡进土物，赐贵戚朝官。赐名广运潭。

时坚姊故惠宣太子妃亦出宝物供楼上铺设，进食竟日而罢。

　　李林甫以坚姜氏胥，甚狎之。至是惧其诡计求进，承恩日深，坚又与李适之善，益怒之，恐入为相，乃与腹心构成其罪。四月，进银青光禄大夫、左散骑常侍、陕郡太守、水陆转运使,勾当缘河及江淮南租庸转运处置使并如故;又以判官元㧑、豆卢友除监察御史。三年正月,坚又加兼御史中丞,封韦城男。九月,拜守刑部尚书,夺诸使,以杨慎矜代之。

五载正月望夜,坚与河西节度、鸿胪卿皇甫惟明夜游,同过景龙观道士房,为林甫所发,以坚戚里,不合与节将狎暱,是构谋规立太子。玄宗惑其言,遽贬坚为缙云太守,惟明为播川太守。寻发使杀惟明于黔中,籍其资财。六月,又贬坚为江夏员外别驾。又构坚与李适之善,贬适之为宜春太守。七月,坚又长流岭南监封郡,坚弟将作少匠兰、鄠县令冰、兵部员外郎芝、坚男河南府户曹谅并远贬。至十月,使监察御史罗希奭逐而杀之,诸弟及男谅并死。坚妻姜氏,林甫以其久遭轻贱,特放还本宗。仓部员外郎郑章贬南丰丞,殿中侍御史郑钦说贬夜郎尉,监察御史豆卢友贬富水尉,监察御史杨惠贬巴东尉,连累者数十人。又敕嗣薛王琄夷陵郡员外别驾长任,其母随男任;女婿新贬巴陵太守卢幼林长流合浦郡。肃宗时为皇太子,恐惧上表,称与新妇离绝。七载,嗣薛王琄停,仍于夜郎郡安置,其母亦勒随男。坚贬黜后,林甫讽所司发使于江淮、东京缘河转运使,恣求坚之罪以闻,因之纲典船夫溢于牢狱,郡县征剥不止,邻伍尽成裸形,死于公府,林甫死乃停。

杨慎矜,隋炀帝玄孙也。曾祖隋齐王暕。祖正道,大业末,随宇文化及至河北,为窦建德所破,因与其祖母萧皇后入于建德军,建德送于突厥处罗可汗牙。贞观初,李靖击破颉利可汗,胡酋康苏密以萧后及正道归,授尚衣奉御。父隆礼,长安中天官郎中,神龙后,历洛、梁、滑、汾、怀五州刺史,皆以清严能检察人吏绝于欺隐闻。景云中,以名犯玄宗上字,改为崇礼。开元初,擢为太史府少卿,虽钱帛充牣,丈尺间皆躬自省阅,时议以为前后为太府者无与为比。擢拜太府卿,加银青光禄大夫,进封弘农郡公。在职二十年,公清如一。年九十余,授户部尚书致仕。时太平且久,御府财物山积,以为经杨卿者无不精好,每岁勾剥省便出钱数百万贯。

慎矜沉毅有材干,任气尚朋执。初,为汝阳令,有能名。崇礼罢太府,玄宗访其子堪委其父任者。宰以慎余、慎矜、慎名三人皆勤恪清白有父风,而慎矜为其最,因拜监察御史,知太府出纳。慎余先为司农丞,除太子舍人,监京仓。寻丁父忧。二十六年服阕,累迁侍御史,仍知太府出纳。慎名授大理评事,摄监察御史,充都含嘉仓出纳使,甚承恩顾。慎矜于诸州纳物者有水渍伤破及色下者,皆令本州征折估钱,转市轻货,州县征调,不绝于岁月矣。在台数年,又专知杂事,风格甚高。

天宝二年,迁权判御史中丞,充京畿采访使,知太府出纳使并如故。时右相李林甫握权,慎矜以迁拜不由其门,惧不敢居其任,固让之,因除谏议大夫,兼侍御史,仍依旧知太府出讷。以鸿胪少卿萧谅为史中丞,谅至台,无所挥让,颇不相能,竟出陕郡太守。林甫以慎矜屈于己,复擢为御史中丞,仍充诸道铸钱使,余如故。

时散骑常侍、陕郡太守韦坚兼御史中丞,为水陆漕运使,权倾宰相。侍御史王鉷推坚狱,慎矜引身中立以候望,鉷恨之,林甫亦憾焉。慎矜与鉷父瑶中外兄弟,鉷即表侄,少相狎,鉷入台,慎矜为台端,亦有推引。及鉷迁中丞,虽与鉷同列,每为王鉷,鉷恃与林甫善,渐不平之。五载,慎矜迁户部侍郎,中丞、使如故。林甫见慎矜受主恩,心嫉之,又知王鉷于慎矜有间,又诱而谄之,鉷乃伺其隙以陷之。慎矜夺鉷职田,背詈鉷,诋其母氏,鉷不堪其辱。慎矜性疏快,素昵于鉷,尝话谶书于鉷,又与还俗僧史敬忠游处,敬忠有学业。鉷于林甫构成其罪,云慎矜是隋家子孙,心规克复隋室,故蓄异书,与凶人来往,而说国家休咎。

时天宝六载十一月,玄宗在华清宫,林甫令人发之。玄宗震怒,系之于尚书省,诏刑部尚书萧隐之、大理卿李道邃、少卿杨璹、侍御史杨钊、殿中侍御史卢铉同鞠之;又使京兆士曹吾温往东京收慎矜兄少府少监慎余、弟洛阳令慎名等杂讯之;又令温于汝州捕史敬忠获之,便赴行在所。先令卢铉收太府少卿张瑄于会昌驿,系而推之,瑄不肯答辩。铉百端拷讯不得,乃令不良枷瑄,以手力绊其足,以木按其足间,撤其枷柄向前,挽其身长校数尺,腰细欲绝,眼鼻皆血出,谓之"驴驹拔撅",瑄竟不肯答。又使铉与御史崔器入城搜慎矜宅,无所得,拷其小妻韩珠团,乃在竖柜上作一暗函盛谶书等,铉于袖中出而纳之,诟以示慎矜。慎矜曰:"他日不见,今乃来,是命也。吾死矣。"及温以敬忠至戏水驿东十余里,使典说之:"若至温汤,即求首陈不可得矣。"去温汤十余里,敬忠乞纸笔于桑树下具吐之。比见慎矜,敬忠证之,慎矜皆引实。二十五日,诏杨慎矜、慎余、慎名并赐自尽;史敬忠决重杖一百;鲜于贲、范滔并决重杖,配流远郡;慎矜外甥前通事舍人辛景凑决杖配流。义阳郡司马、嗣虢王巨与敬忠相识,解官于南宾郡安置;太府少卿张瑄决六十,长流岭南临封郡,亦死于流所。慎矜兄弟并史敬忠庄宅官收,以男女配流岭南诸郡;其张瑄、万俟承晖、鲜于贲等准此配流。乃使监察御史颜真卿送敕至东京,殿中侍御史崔寓引慎名,令河南法曹张万顷宣敕示之。慎名见慎矜赐自尽,初尚抚膺,及闻慎余及身皆尔,遂止。及宣敕了,慎名曰:"今奉圣恩,不敢稽留晷刻,但以寡姊老年,请作数行书以别之。"寓揖真卿,真卿许之。慎名神色不变,入房中作书曰:"拙于谋运,不能静退。兄弟并命,唯姊尚存,老年孤茕,何以堪此!"书后又数条事。又宅中作一板池,池中鱼一皆放之,遂缢而死。监察御史平冽赍敕至理寺,慎余闻死,合掌指天而缢。

初,慎矜至温汤,正食,忽见一鬼物长丈余,朱衣冠帻,立于门扇后,慎矜叱之,良久不灭,以热羹投之乃灭。无何,下狱死。兄弟甚友爱,事寡姊如母,皆伟仪形,风韵高朗,爱客喜饮,籍甚于时。慎名尝览镜,见其须面神彩,有过人,覆镜叹惋曰:"吾兄弟三人,尽长六尺余,有如此貌、如此材而见容当代以期全,难矣!何不使我少体弱耶?"

竟如其言。

王铣,太原祁人也。祖方翼,夏州都督,为时名将,生玙、璵、珣。

珵、瑶，开元初并历中书舍人。珣，兵部侍郎、秘书监。鉷，即溲之孽子。开元十年，为鄠县尉、京兆尹稻田判官。二十四年，再迁监察御史。二十九年，累除户部员外郎，常兼侍御史。天宝二年，充京和市和粜使，迁户部郎中。三载，长安令柳升以贿败。初，韩朝宗为京兆尹，引升为京令。朝宗又于终南山下为苟家㾨买山居，欲以避世乱。玄宗怒，敕鉷推之，朝宗自高平太守贬为吴兴别驾。又加鉷长春宫使。四载，加勾户口色役使，又迁御史中丞，兼充京畿采访使。五载，又为京畿、关内道黜陟使，又兼充关内采访使。

时右相李林甫怙权用事，志谋不利于东储，以除不附己者，而鉷有吏干，倚之转深，以为己用。既为户口色役使，时有敕给百姓生一年复。鉷即奏征其脚钱，广张其数，又市轻货，乃甚于不放。输纳物者有浸渍，折估者下本郡征纳。又敕本郡高户为租庸脚士，皆破其家产，弥年不了。恣行割剥，以媚于时，人用嗟怨。古制，天子六宫，皆有品秩高下，其俸物因有等差。唐法沿于周、隋，妃嫔宫官，位有尊卑，亦随其品而给授，以供衣服铅粉之费，以奉于宸极。玄宗在位多载，妃御承恩多赏赐，不欲频于左右藏取之。鉷探旨意，岁进钱宝百亿万，便贮于内库，以恣主恩锡赉。鉷云："此是常年额外物，非征税物。"玄宗以为鉷有富国之术，利于王用，益厚待之。丁嫡母忧，起复旧职，使如故。

七载，又加检察内作事，迁户部侍郎，仍兼御史中丞，赐紫金鱼袋。八载，兼充闲厩使及苑内营田五坊宫苑等使、陇右群牧都使支度营田使，余并如故。太白山人李浑言于金星洞见老人，云有玉版石记符，圣上长生久视。玄宗令鉷入山洞求而得之，因上尊号，加鉷银青光禄大夫、都知总监及栽接等使。九载五月，兼京兆尹，使并如故。

鉷威权转盛，兼二十余使，近宅为使院，文案堆积，胥吏求押一字，即累日不遂。中使赐遗，不绝于门，虽晋公林甫亦畏避之。林甫子岫为将作监，供奉禁中；鉷子准卫尉少卿，亦斗鸡供奉，每谴岫，岫常下之。万年尉韦黄裳、长安尉贾季邻常于厅事贮钱数百绳，名

倡珍馔，常有备拟，以候准所适。又于宅侧自有追欢之所。铦与弟
户部郎中锋，召术士任海川游其门，问其相命，言有王否。海川震
惧，潜匿不出。铦惧泄其事，令逐之，至冯翊郡，得，诬以他事杖杀
之。定安公主男韦会任王府司马，闻之，话于私庭，乃被侍儿说于佣
保者。或有憾于会，告于铦，铦遣季邻收于长安狱，入夜缢之，明辰
载尸还其家。会皇堂外甥，同产兄王繇尚永穆公主，而惕息不敢言。

　　十载，封太原县公，又兼殿中监。十一载四月，铦与故鸿胪少卿
邢璹子𬘡情密累年，𬘡潜构逆谋，引右龙武军万骑刻取十一月杀龙
武将军，因烧诸城门及市，分数百人杀杨国忠及右相李林甫、左相
陈希烈等。先期二日事发，玄宗临朝，召铦，上于玉案前过状与铦。
铦好弈棋，𬘡善棋，铦因蒐与之交故，至是意锋在𬘡处金城坊，密召
之，日晏，始令捕贼官捕之。万年尉薛荣先、长安尉贾季邻等捕之，
逢锋于化度寺门。季邻为铦所引用，为赤尉，锋谓之曰："我与邢𬘡
故旧，𬘡今反，恐事急妄相引，请足下勿受其言。"荣先等至𬘡门，𬘡
等十余人持弓刃突出，荣先等遂与格战。季邻以锋语白铦，铦谓之
曰："我弟何得与之有谋乎！"铦与国忠共讨逐𬘡，𬘡下人曰："勿损
大夫下人。"国忠为剑南节度使，有随身官以白国忠曰："贼有号，不
可战。"须臾，骠骑大将军、内侍高力士领飞龙小儿甲骑四百人讨
之，𬘡为乱兵所斩，擒其党善射人韦瑶等以献。国忠以白玄宗，玄示
以铦委任深，必不与之知情，铦与锋别生，嫉其富贵，故欲陷铦耳，
遂特原锋不问，然意欲铦请罪之。上密令国忠讽之，国忠不敢泄上
意，讽铦曰："且主上眷大夫深，今日大夫须割慈存门户，但抗疏请
罪郎中。郎中亦未必至极刑，大夫必存，何如并命！"铦俯首久曰：
"小弟先人余爱，平昔频有处分，义不欲舍之而谋存。"乃进状。十二
日，铦入朝，左相陈希烈言语侵之，铦恨之，愤诉言气颇高。铦朝回，
于中书侍郎厅修表，令人进状，门司已不纳矣。须臾，敕希烈推之。
铦以表示宰相，林甫曰："大夫后之矣。"遂不许。追锋至，国忠问：
"大夫否？"锋未及应。侍御史裴冕恐锋引之，冕叱詈之曰："下为臣
不忠，为弟不义。圣上以大夫之故，以足下为户部郎中，又加五品，

恩亦厚矣。大夫岂知锝事乎?"国忠愕然,谓焊曰:"实知,即不可隐;不知,亦不可妄引。"焊方曰:"七兄不知。"季邻证其罪。及日暮,奏之。锝决杖死于朝堂,赐铑自尽于三卫厨。明日,移于资圣寺廊下,裴冕言于国忠,令归宅权敛之,又请令妻、女送墓所,国忠义而许之,令铑判官齐奇营护之。男准除名,长流岭南承化郡,称长流珠崖郡,至故驿杀之;妻薛氏及在室女并流。初,铑与御史中丞、户部侍郎杨慎矜亲,且情厚,颇为汲引,及贵盛争权,铑附于李林甫,为所诱,陷慎矜家。经五年而铑至赤族,岂天道欤!

史臣曰:夫奸佞之辈,惟事悦人;聚敛之臣,无非害物。贾祸招怨,败国丧身,罕不由斯道也。君人者,中智已降,亦心缘利动,言为甘闻,志虽慕于圣明,情不胜于嗜欲,徒有贤佐,无如之何,所以礼经戒其勿畜。宇文融、韦坚、杨慎矜、王铑,皆开元之幸人也,或以括户取媚,或以漕运承恩,或以聚货得权,或以剥下获宠,负势自用,人莫敢违。张说、李林甫手握大权,承主恩顾,尚遭凌摈,以身下之,他人即可知也。然天道恶盈,器满则覆,终虽不令,其弊已多,良可痛也。宋璟、裴耀卿、许景先获居重任,因融荐之,此亦有凤之一毛也。玄宗以圣哲之姿,处高明之位,未免此累,或承之羞,后之帝王,得不深鉴!

赞曰:财能域人,聚则民散。如何帝王,志求余羡。融、坚、矜、铑,因利乘便。以徼宠荣,宜招后患。

旧唐书卷一○六
列传第五六

李林甫 _{子岫 崿}　　杨国忠 _{子暄}
_昢　张垍　王琚　王毛仲

李林甫，高祖从父弟长平王叔良之孙。叔良生孝斌，官至原州长史。孝斌生思海，官至扬府参军，思海即林甫之父也。林甫善音律，初为千牛直长，其舅楚国公姜皎深爱之。开元初，迁太子中允。时源乾曜为侍中，乾曜侄孙光乘，姜皎妹婿，乾曜与之亲。乾曜之男洁白其父曰："李林甫求为司门郎中。"乾曜曰："郎官须有素行才望高者，哥奴岂是郎官耶？"数日，除谕德。哥奴，林甫小字。累迁国子司业。

十四年，宇文融为御史中丞，引之同列，因拜御史中丞，历刑、吏二侍郎。时武惠妃爱倾后宫，二子寿王、盛王以母爱特见宠异，太子瑛益疏薄。林甫多与中贵人善，乃因中官干惠妃云："愿保护寿王。"惠妃德之。初，侍中裴光庭妻武三思女，诡谲有材略，与林甫私。中官高力士本出三思家，及光庭卒，武氏衔哀祈于力士，请林甫代其夫位，力士未敢言。玄宗使中书令萧嵩择相，嵩久之以右丞韩休对，玄宗然之，乃令草诏。力士遽漏于武氏，乃令林甫白休。休既入相，甚德林甫，与嵩不和，乃荐林甫堪为宰相，惠妃阴助之，因拜黄门侍郎，玄宗眷遇益深。

二十三年，以黄门侍郎平章事张裴耀卿为侍中，中书侍郎平章事张九龄为中书令，林甫为礼部尚书、同中书门下三品，并加银青光禄大夫。林甫面柔而有狡计，能伺候人主意，故骤历清列，为时委任。而中官妃家，皆厚结托，伺上动静，皆预知之，故出言进奏，动必称旨。而猜忌阴中人，不见于词色，朝廷受主恩顾，不由其门，则构成其罪；与之善者，虽厮养下士，尽至荣宠。寻历户、兵二尚书，知政事如故。

寻又以太子瑛、鄂王瑶、光王琚皆以母失爱而有怨言，驸马都尉杨洄白惠妃。玄宗怒，谋于宰臣，将罪之。九龄曰："陛下三个成人儿不可得。太子国本，长在宫中，受陛下义方，人未见过，陛下奈何以喜怒间忍欲废之？臣不敢奉诏。"玄宗不悦。林甫惘然而退，初无言，既而谓中贵人曰："家事何须谋及于人。"时朔方节度使牛仙客在镇，有政能，玄宗加实封，九龄又奏曰："边将训兵秣马，储蓄军实，常务耳，陛下赏之可也；欲赐实赋，恐未得宜。惟圣虑思之。"帝默然。林甫以其言告仙客，仙客翌日见上，泣让官爵。玄宗欲行实封之命，兼为尚书，九龄执奏如初。帝变色曰："事总由卿？"九龄顿首曰："陛下使臣待罪宰相，事有未允，臣合尽言。违忤圣情，合当万死。"玄宗曰："卿以仙客无门籍耶？卿有何门阀？"九龄对曰："臣荒徼微贱，仙客中华之士。然陛下擢臣践台阁，掌纶诰；仙客本河湟一使典，目不识文字，若大任之，臣恐非宜。"林甫退而言曰："但有材识，何必辞学，天子用人，何有不可？"玄宗滋不悦。

九龄与中书侍郎严挺之善。挺之初娶妻出之，妻乃嫁蔚州刺史王元琰。时元琰坐赃，诏三司使推之，挺之救免其罪。玄宗察之，谓九龄曰："王元琰不无赃罪，严挺之嘱托所由辈有颜面。"九龄曰："此挺之前妻，今已婚崔氏，不合有情。"玄宗曰："卿不知，虽离之，亦却有私。"玄宗籍前事，以九龄有党，与裴耀卿俱罢知政事，拜左、右丞相，出挺之为洺州刺史，元琰流于岭外。即日林甫代九龄为中书、集贤殿太学士、修国史；拜牛仙客工部尚书、同中书门下平章事，知门下省事。监察御史周子谅言仙客非宰相器，玄宗则杀之。林甫言子谅本九龄引用，乃贬九龄为荆州长史。

玄宗终用林甫之言，废太子瑛、鄂王瑶、光王琚为庶人，太子妃兄驸马都尉薛锈长流瀼州,死于故驿,人谓之"三庶",闻者冤之。其月,佞媚者言有乌鹊巢于大理狱户,天下几致刑措。玄宗推功元辅,封林甫晋国公,仙客幽国公。其冬,惠妃病,三庶人为祟而薨。储宫虚位,玄宗未定所立。林甫曰:"寿王年已成长,储位攸宜。"玄宗曰:"忠王仁孝,年又居长,当守器东宫。"乃立为皇太子。自是林甫惧,巧求阴事以倾太子。

　　林甫既秉枢衡,兼领陇右、河西节度,又加吏部尚书。天宝改易官名。为右相,停知节度事,加光禄大夫,迁尚书左仆射。六载,加开府仪同三司,赐实封三百户,而恩渥弥深。凡御府膳羞,远方珍味,中人宣赐,道路相望。与宰相李适之虽同宗属,而适之轻率,尝与林甫同论时政,多失大体,由是主恩益疏,以至罢免。黄门侍郎陈希烈性便佞,尝曲事林甫,适之既罢,乃引希烈同知政事。林甫久典枢衡,天下威权,并归于己,台司机务,希烈不敢参议,但唯诺而已。每有奏请,必先赂遗左右,伺察上旨,以固恩宠。上在位多载,倦于万机,恒以大臣接对拘检,难徇私欲,自得林甫,一以委成。故杜绝逆耳之言,恣行宴乐,衽席无别,不以为耻,由林甫之赞成也。

　　林甫京城邸第,田园水硙,利尽上腴。城东有薛王别墅,林亭幽邃,甲于都邑,特以赐之,及女乐二部,天下珍玩,前后赐与,不可胜纪。宰相用事之盛,开元已来,未有其比。然每事过慎,条理众务,增修纲纪,中外迁除,皆有恒度。而耽宠固权,已自封植,朝望稍著,必阴计中伤之。初韦坚登朝,以坚皇太子妃兄,引居要职,示结恩信,实图倾之,乃潜令御史中丞杨慎矜阴伺坚隙。会正月望夜,皇太子出游,与坚相见,慎矜知之,奏上。上大怒,以为不轨,黜坚,免太子妃韦氏。林甫因是奏李适之与坚昵狎,及裴宽、韩朝宗并曲附适之,上以为然,赐坚自尽,裴、韩皆坐之斥逐。后杨慎矜权位渐盛,林甫又忌之,乃引王鉷屡御史中丞,托以心腹。鉷希林甫意,遂诬罔密奏慎矜左道不法,遂族其家。杨国忠以椒房之亲,出入中禁,奏请多允,乃擢在台省,令按刑狱。会皇太子良娣杜氏父有邻与子婿柳勣不叶,勣飞书告有邻不法,引李邕为证,诏王鉷与国忠按问。鉷与国忠附会林甫奏之，于是赐有邻自尽，出良娣为庶人，李邕、裴敦复枝党数人并坐极法。林甫之苞藏安忍，皆此类也。

林甫自以始谋不佐皇太子，虑为后患，故屡起大狱以危之，赖太子重慎无过，流言不入，林甫尝令济阳别驾魏林告陇右、河西节度使王忠嗣，林往任朔州刺史，忠嗣时为河东节度，自云与忠王同养宫中，情意相得，欲拥兵以佐太子。玄宗闻之曰："我儿在内，何路与外人交通？此妄也。"然忠嗣亦左授汉阳太守。八载，咸宁太府赵奉章告林甫罪状二十余条。告未上，林甫知之，讽御史台逮捕，以为妖言，重杖决杀。

十载，林甫兼领安西大都护、朔方节度，俄兼单于副大都护。十一载，以朔方副使李献忠叛，让节度，举安思顺自代。国家武德、贞观已来，蕃将如阿史那社尔、契苾何力，忠孝有才略，亦不专委大将之任，多以重臣领使以制之。开元中，张嘉贞、王晙、张说、萧嵩、杜暹皆以节度使入知政事，林甫固位，志欲杜出将入相之源，尝奏曰："文士为将，怯当矢石，不如用寒俊、蕃人，蕃人善战有勇，寒族即无党援。"帝以为然，乃用思顺代林甫领使。自是高仙芝、哥舒翰皆专任大将，林甫利其不识文字，无入相由，然而禄山竟为乱阶，由专得大将之任故也。

林甫恃其早达，舆马被服，颇极鲜华。自无学术，仅能秉笔，有才名于时者尤忌之。而郭慎微、苑咸文士之阘茸者，代为题尺。林甫典选部时，选人严迥判语有用"杕杜"二字者，林甫不识"杕"字，谓吏部侍郎韦陟曰："此云'状杜'，何也？"陟俯首不敢言。太常少卿姜度，林甫舅子，度妻诞子，林甫手书庆曰："闻有弄獐之庆。"客视之掩口。

初，杨国忠登朝，林甫以微才不之忌；及位至中司，权倾朝列，林甫始恶之。时国忠兼领剑南度，会南蛮寇边，林甫请国忠赴镇。帝虽依奏，然待国忠方渥，有诗送行，句末言入相之意。又曰："卿止到蜀郡处置军事，屈指待卿。"林甫心尤不悦。林甫时已寝疾。其年十月，扶疾从幸华清宫，数日增剧，巫言一见圣人差减，帝欲视之，左右谏止。乃敕林甫出于庭中,上登降圣阁巡视,举红巾招慰之,林甫不能兴,使人代拜于席。翌日,国忠自蜀还,谒林甫,拜于床下,林甫垂涕托以后事。寻卒,赠太尉、扬州大都督,给班剑、西园秘器。诸子以吉仪护枢还京师,发丧于平康坊之第。

林甫晚年溺于声妓,姬侍盈房。自以结怨于人,常忧刺客窃发,重扃复壁,络板甃石,一夕屡徙,虽家人不之知。有子二十五人、女二十五人:岫为将作监,崿为司储郎中,屿为太常少卿;子婿张博济为鸿胪少卿,郑平为户部员外郎,杜位为右补阙,齐宣为谏议大夫,元挥为京兆府户曹。

初,林甫尝梦一白皙多须长丈夫逼己,接之不能去。既寤,言曰:“此形状类裴宽,宽谋代我故也。”时宽为户部尚书、兼御史大夫,故因李适之党斥逐之。是时杨国忠始为金吾胄曹参军,至是不十年,林甫卒,国忠竟代其任,其形状亦类宽焉。国忠素憾林甫,既得志,诬奏林甫与蕃将阿布思同构逆谋,诱林甫亲族间素不悦者为之证。诏夺林甫官爵,废为庶人,岫、崿诸子并谪于岭表。林甫性沉密,城府深阻,未尝以爱憎见于容色。自处台衡,动循格令,衣冠士子,非常调无仕进之门。所以秉钧二十年,朝野侧目,惮其威权。及国忠诬构,天下以为冤。

杨国忠本名钊,蒲州永乐人也。父珣,以国忠贵,赠兵部尚书。则天朝幸臣张易之,即国忠之舅也。国忠无学术拘检,能饮酒,蒲博无行,为宗党所鄙。乃发愤从军,事蜀帅,以屯优当迁,益州长史张宽恶其为人,因事笞之,竟以屯优授新都尉。稍迁金吾卫兵曹参军。太真妃,即国忠从祖妹也。天宝初,太真有宠,剑南节度使章仇兼琼引国忠为宾佐,既而擢授监察御史。去就轻率,骤履清贯,朝士指目嗤之。

时李林甫将不利于皇太子,掎摭阴事以倾之。侍御史杨慎矜承望风旨,诬太子妃兄韦坚与皇甫惟明私谒太子,以国忠怙宠敢言,授之为党,以按其事。京兆府法曹吉温舞文巧诋,为国忠爪牙之用,因深竟坚狱，坚及太子良娣杜氏、亲属柳勣、杜昆吾等，痛绳其罪，以树威权。于京城别置推院，自是连岁大狱，追捕挤陷，诛夷者数百家，皆国忠既发之。林甫方深阻保位，国忠凡所奏劾，涉疑似于太子者，林甫虽不明言以指导之，皆林甫所使，国忠乘而为邪，得以肆意。上春秋高，意有所爱恶，国忠探知其情，动契所欲。骤迁检校度支员外郎，兼侍御史，监水陆运及司农、出纳钱物、内中市买、召募剑南健儿等使。以称职迁度支郎中，不期年，兼领十五余使，转给事中、兼御史中丞，专判度支事。是岁，贵妃姊虢国、韩国、秦国三夫人同日拜命，兄铦拜鸿胪卿。八载，玄宗召公卿百僚观左藏库，喜其货币山积，面赐国忠金紫，兼权太府卿事。国忠既专钱谷之任，出入禁中，日加亲幸。

初，杨慎矜希林甫旨，引王铁为御史中丞，同构大狱，以倾东宫。既帝意不回，慎矜稍避事防患，因与铁有隙。铁乃附国忠，奏诬慎矜，诛其昆仲，由是权倾内外，公卿惕息。吉温为国忠陈移夺执政之策，国忠用其谋，寻兼兵部侍郎。京兆尹萧炅、御史中丞宋浑皆林甫所亲善，国忠皆诬奏谴逐，林甫不能救。王铁为御史大夫，兼京兆尹，恩宠侔于国忠，而位望居其右。国忠忌其与己分权，会邢縡事泄，乃陷铁兄弟诛之，因代铁为御史大夫，权京兆尹，赐名国忠。乃穷竟邢縡狱，令引林甫交私铁、焊与阿布思事状，而陈希烈、哥舒翰附会国忠，证成其状，上由是疏薄林甫。

南蛮质子阁罗凤亡归不获，帝怒，甚欲讨之。国忠荐阆州人鲜于仲通为益州长史，令率精兵八万讨南蛮，与罗凤战于沪南，全军陷没。国忠掩其败状，仍叙其战功，仍令仲通上表请国忠兼领益部。十载，国忠权知蜀郡都督府长史，充剑南节度副大使，知节度事，仍荐仲通代己为京兆尹。国忠又使司马李宓率师七万再讨南蛮。宓渡沪水，为蛮所诱，至和城，不战而败，李宓死于阵。国忠又隐其败，以捷书上闻。自仲通、李宓再举讨举蛮之军，其征发皆中国利兵，然于土风不便，沮洳之所陷，瘴疫之所伤，馈饷之所乏，物故者十八九。凡举二十万众，弃之死地，只轮不还，人衔冤毒，无敢言者。国忠寻兼山南西道采访使。十一载，南蛮侵蜀，蜀人请国忠赴镇，林甫亦奏遣之，将辞，两泣恳陈必为林甫所排，常怜之，不数月召还。会林甫卒，遂代为右相，兼吏部尚书、集贤殿大学士、太清太微宫使、判度支、剑南节度、山南西道采访、两京出纳租庸铸钱等使并如故。

国忠本性疏躁，强力有口辩，既以便佞得宰相，剖决机务，居之不疑。立朝之际，或攘袂扼腕，自公卿已下，皆颐指气使，无不詟惮。故事，宰相居台辅之地，以元功盛德居之，不务威权，出入骑从简易。自林甫承恩顾年深，每出车骑满街，节将、侍郎有所关白，皆趋走辟易，有同案吏。旧例，宰相午后六刻始出归第，林甫奏太平无事，以巳时还第，机务填委，皆决于私家。主书吴珣持籍就左相陈希烈之第，希烈引籍署名，都无可否。国忠代之，亦如前政。国忠自侍御史以至宰相，凡领四十余使，又专判度支、吏部三铨，事务鞅掌，但署一字，犹不能尽，皆责成胥吏，贿赂公行。

国忠既以宰臣典选，奏请铨日便定留放，不用长名。先天已前，诸司官知政事，午后归本司决事，兵部尚书、侍郎亦分铨注拟。开元已后，宰臣数少，始崇其任，不归本司。故事，吏部三铨，三注三唱，自春及夏，才终其事。国忠使胥吏于私第暗定官员，集百僚于尚书省对注唱，一日令毕，以夸神速，资格差谬，无复伦序。明年注拟，又于私第大集选人，令诸女弟垂帘观之，笑语之声，朗闻于外。故事，注官讫，过门下侍中、给事中。国忠注官时，呼左相陈希烈于座隅，给事中在列，日既对注拟，过门下了矣。

吏部侍郎韦见素、张倚皆衣紫，是日与本曹郎官同咨事，趋走于屏树之间。既退，国忠谓诸妹曰："两员紫袍主事何如人？"相对大噱。其所昵京兆尹鲜于仲通、中书舍人窦华、侍御史郑昂讽选人于省门立碑，以颂国忠铨综之能。

贵妃姊虢国夫人，国忠与之私，于宣义里构连甲第，土木被绨绣，栋宇之盛，两都莫比，昼会夜集，无复礼度。有时与虢国并辔入朝，挥鞭走马，以为谐谑，衢路观之，无不骇欢。玄宗每年冬十月幸华清宫，常经冬还宫。国忠山第在宫东门之南，与虢国相对，韩国、秦国甍栋相接,天子幸其第,必过五家,赏赐宴乐。每扈从骊山,五家合队,国忠以剑南幢节引于前,出有饯路,还有软脚,远近饷遗,珍玩狗马,阉侍歌儿,相望于道。进封卫国公,食实封三百户,俄拜司空。

时安禄山恩宠特深,总握兵柄,国忠知其跋扈,终不出其下,将图之,屡于上前言其悖逆之状,上不之信。是时,禄山已专制河北,聚幽、并劲骑,阴图逆节,动未有名,伺上千秋万岁之后,方图叛换。及见国忠用事,虑不利于己,禄山遥领内外闲厩使,遂以兵部侍郎吉温知留后,兼御史中丞、京畿采访使,内伺朝廷动静。国忠使门客蹇昂、何盈求禄山阴事,围捕其宅,得李岱等,使侍御史郑昂缢杀于御史台。又奏贬吉温于合浦,以激怒禄山,幸其摇动,内以取信于上,上竟不之悟。由是禄山惶惧,遂举兵以诛国忠为名。玄宗闻河朔变起,欲以皇太子监国,自欲亲征,谋于国忠。国忠大惧,归谓姊妹曰:“我等死在旦夕。今东宫监国,当与娘子等并命矣。”姊妹哭诉于贵妃,贵妃衔土请命,其事乃止。及哥舒翰守潼关,诸将以函关距京师三百里,利在守险,不利出攻。国忠以翰持兵未决,虑反图己,欲其速战,自中督促之。翰不获已出关,及接战桃林,王师奔败,哥舒受擒,败国丧师,皆国忠之误惑也。

自禄山兵起,国忠以身领剑南节制,乃布置腹心于梁、益间,以图自全之计。六月九日,潼关不守。十二日凌晨,上率龙武将军陈玄礼、左相韦见素、京兆尹魏方进,国忠与贵妃及亲属,拥上出延秋门,诸王妃主从之不及,虑贼奄至,令内侍曹大仙击鼓于春明门外,又焚苕藁之积,烟火烛天。既渡渭,即令断便桥。辰时,至咸阳望贤驿,官吏骇窜,无复贵贱,坐宫门大树下。亭午,上犹未食,有老父献麨,帝令具饭,始得食。翌日,至马嵬,军士饥而愤怒,龙武将军陈玄礼惧乱,先谓军士曰:“今天下崩离,万乘震荡,岂不由杨国忠割剥甿庶,朝野怨咨,以至此耶?若不诛之以谢天下,何以塞四海之怨愤!”众曰:“念之久矣。事行,身死固所愿也。”会吐蕃和好使在驿门遮国忠诉事,军士呼曰:“杨国忠与蕃人谋叛。”诸军乃围驿擒国忠,斩首以徇。是日,贵妃既缢,韩国、虢国二夫人亦为乱兵所杀,御史大夫魏方进死,左相韦见素伤。良久兵解,陈玄礼等见上谢罪曰:"国忠挠败国经,构兴祸乱,使黎元涂炭,乘舆播越,此而不诛,患难未已。臣等为社稷大计,请矫制之罪。"帝曰:"朕识之不明,任寄失所。近亦觉悟,审其诈佞,意欲到蜀,肆诸市朝。今神明启卿,谐朕夙志,将畴爵赏,何至言焉。"

是时,禄山虽据河洛,其兵锋东止于梁、宋,南不过许、邓。李光弼、郭子仪统河朔劲卒,连收恒、定,若崤、函固守,兵不妄动,则凶逆之势,不讨自弊。及哥舒翰出师,凡不数日,乘舆迁幸,朝廷陷没,百寮系颈,妃主被戮,兵满天下,毒流四海,皆国忠之召祸也。

国忠子:暄、昢、晓、晞。暄为太常卿兼户部侍郎,尚延和郡主,昢为鸿胪卿,尚万春公主。兄弟各立第于亲仁里,穷极奢侈。国忠娶蜀倡裴氏女曰裴柔,国忠既死,柔与虢国夫人皆自刭死。暄死于马嵬;昢陷贼被杀,晓走汉中郡,汉中王瑀榜杀之;晞走至陈仓,为追兵所杀。

国忠之党,翰林学士张渐、窦华、中书舍人宋昱、吏部郎中郑昂等,凭国忠之势,招来赂遗,车马盈门,财货山积;及国忠败,皆坐诛灭,其斫丧王室,俱一时之沴气焉。

张暐,汝州襄城人也。祖德政,武德中郓州刺史。暐,景龙初为铜鞮令,家本豪富,好宾客,以弋猎自娱。会临淄王为潞州别驾,暐潜识英姿,倾身事之,日奉游处。及乐人赵元礼自山东来,有女美丽,善歌舞,王幸之,止于暐第,生废太子瑛。唐隆元年六月,王清内难,升为皇太子,召暐拜宫门大夫,每与诸王、姜皎、崔涤、李令问、王守一、薛伯阳在太子左右以接欢。令问其年擢拜左台侍御史,数月迁左御史台中丞。

先天元年,太子即位,帝居武德殿。太平公主有异谋,广树朋党,暐与仆射刘幽求请先为备。太平闻之,白于睿宗,乃流暐于岭南峰州,幽求谪于岭外。及太平之败,幽求追拜尚书左仆射、兼侍中;

昕为大理卿,封邓国公,实封三百户,逾月又加权兼雍州长史。其年十二月,改元开元,以雍州为京兆府,长史为尹。首道迁京兆尹,入侍宴私,出主都政,以为荣宠之极。昕亦有应务才干,迁太子詹事,判尚书左右丞,再除左羽林大将军,三为左金吾大将军,又为殿中监、太仆卿。

二十年,以昕年高,加特进。子履冰季良、弟晤皆居清列。天宝初,昕还乡拜扫,赐锦袍缯彩,御赐诗以宠异之,乘传来往,敕郡县供拟。昕鬓发华皓,在舆中,弟车马连接数里,衣冠荣之。中使中路追赐药物。至襄城月余,诏还京。五载薨,年九十余,赠开府仪同三司。其后,履冰为金吾将军,季良殿中监,俱列启战,时人美之。昕寿考,善保终始。

王琚,怀州河内人也。叔父隐客,则天朝为凤阁侍郎。琚少孤而聪敏,有才略,好玄象合练之学。神龙初,年二十余,尝谒驸马王同皎,同皎甚器之,益欢洽。言及刺武三思事,琚义而许之,与周璟、张仲之为忘年之友。及同皎败,琚恐为吏所捕,变姓名诣于江都,佣书于富商家,主人后悟其非庸者,以女嫁之,资给其财。经四五年,睿宗登极,琚具白主人,厚资其行装,乃至长安。遇玄宗为太子监国,为太平公主所忌,思立孱弱,以窃威权,太子忧危。沙门普润先与玄宗筮。克清内难,加三品,食实封,常入太子宫。琚见之,说以天时人事,历然可观。普润白玄宗,玄宗异之。及琚于吏部选补诸暨主簿,于东宫过谢,及殿,而行徐视高,中官曰:“殿下在帘下。”琚曰:“在外只闻有太平公主,不闻有太子。太子有大功于社稷,大孝于君亲,何得有此声?”玄宗遽召见之,琚曰:“顷韦庶人智识浅短,亲行弑逆,人心尽摇,思立李氏,殿下诛之甚易。今社稷已安,太平则天之女,凶狡无比,专思立功,朝之大臣,多为其用。主上以元妹之爱,能忍其过。贱臣浅识,为殿下深忧。”玄宗命之同榻而坐。玄宗泣曰:“四哥仁孝,同气唯有太平,言之恐有违犯,不言忧患转深,为臣为子,计无所出。”琚曰:“天子之孝,贵于安宗庙,定万人。征之于昔,盖主,汉帝之长姐,帝幼,盖主共养帝于宫中,后与上官桀、燕王谋害大司马霍光,不议及君上,汉主恐危刘氏,以大义去之。况殿下功格天地,位尊储贰。太平虽姑,臣姜也,何敢议之!今刘幽求、张说、郭元振一二大臣,心辅殿下。太平之党,必有移夺安危之计,不可立谈。"玄宗又曰:"公有何小艺,可隐迹与寡人游处?"琚曰:"飞丹练药,谈谐嘲咏,堪与优人此肩。"玄宗益喜,与之为友,恨相知晚,呼为王十一。翌日,奏授詹事府司直、内供奉兼崇文学士,日与诸王及姜皎等侍奉焉,独琚常预秘计。逾月,又拜太子舍人,寻又兼谏议大夫、内供奉,又赠其父故下邽丞仲友楚州刺史。

先天元年七月,玄宗居尊位,在武德殿。八月,擢拜中书侍郎。时刘幽求、张晔并流于岭外,琚见事迫,请早为之计。二年七月三日,琚与岐王范、薛王业、姜皎、李令问、王毛仲、王守一并预诛逆,以铁骑至承天门。时睿宗闻鼓噪声,召郭元振升承天楼,宣诏下关,侍御史任知古召募数百人于朝堂,不得入。顷间,琚等从玄宗至楼上,诛萧至忠、岑羲、窦怀贞、常元楷、李慈、李猷等。睿宗逊居百神殿。十日,拜琚银青光禄大夫、户部尚书,封赵国公,食实封五百户;皎银青光禄大夫、工部尚书,封楚国公,实封五百户;令问银青光禄大夫、殿中监、宋国公,实封三百户,毛仲辅国大将军、左武卫大将军、检校闲厩兼知监牧使、霍国公,实封五百户;守一银青光禄大夫、太常卿员外置同正员,进封晋国公,实封五百户。琚、皎、令问并固让尚书、殿中监,不上。十八日,琚、皎依旧官各加实封二百户,通前七百户。累日,玄宗宴于内殿,赐功臣金银器皿各一床、杂彩各一千匹、绢一千匹,列于庭,宴慰终夕,载之而归。

琚转见恩顾,每延入阁中,迄夜方出。归休之日,中官至第召之。中官亦使尚宫就琚宅问讯琚母,时果珍味赉之,助其甘旨日。琚在帷幄之侧,常参闻大政,时大谓之"内宰相",无有比者。又赠其父魏州刺史。或有上说于玄宗曰:"彼王琚、麻嗣宗谲诡纵横之士,可与履危,不可得志。天下已定,宜益求纯朴经术之士。"玄宗乃疏之。

十一月,令御史大夫持节巡天兵北诸军。十二月,改年号为开元，又改官名，与苏颋同为紫微侍郎。二年二月迥，未及京，便除泽州刺史，削封。历衡、郴、滑、虢、沔、夔、许、润九州刺史，又复其封。二十年，丁母忧。二十二年，起复左庶子，兼巂州刺史，又改同、蒲、通、邓、蔡五州刺史。天宝后，又为广平、邺郡二太守。性豪侈，著勋中朝，又实食封，典十五州，赏受馈遗，下檐帐设，皆数千贯。玄宗念旧，常优容之。侍儿二十人，皆居宝帐。家累三百余口，作造不遵于法式。虽居州伯，与佐官、胥吏、酋豪连榻饮谑，或樗蒲、藏钩以为乐。每移一州，车马填路，数里不绝。携妓从禽，恣为欢赏，垂四十年矣。

时李邕、王弼与琚皆年齿尊高，久在外郡，书疏尺题来往，有"遣谪留落"之句。右相林甫以琚等负材使气，阴议除之。五载正月，琚果为林甫构成其罪，贬琚江华郡负外司马，削阶封。至任未几，林甫使罗希奭重按之。希奭排马牒至，琚惧，仰药，竟不能死；及希奭至，遂自缢而卒。死非其罪，人用怜之。天宝元年，赠太子少保。

王毛仲，本高丽人也。父游击将军职事求娄，犯事没官，生毛仲，因隶于玄宗。性识明悟，玄宗为临淄王，常伏事左右。及出兼潞州别驾，又见李宜德趫捷善骑射，为人苍头，以钱五万买之。景龙三年冬，玄宗还长安，以二人挟弓矢为翼。

初，太宗贞观中，择官户蕃口中少年骁勇者百人，每出游猎，令持弓矢于御马前射生，令骑豹文鞯，著尽兽文衫，谓之"百骑"。至则天时，渐加其人，谓之"千骑"，分隶左右羽林营。孝和谓之"万骑"，亦置使以领之。立宗在藩邸时，常接其豪俊者，或赐饮食财帛，以此尽归心焉。毛仲亦悟玄示旨，待之甚谨，玄宗益怜其敏惠。

及四年六月，中宗遇弑，韦后称制，令韦播、高嵩为羽林将军，令押千骑营，榜棰以取威。其营长葛福顺、陈玄礼等相与见玄宗诉冤，会玄宗已与刘幽求、麻嗣宗、薛崇简等谋举大计，相顾益欢，令幽求讽之，皆愿决死从命。及二十日夜，玄宗入苑中，宜德从焉，毛仲避之不入。乙夜，福顺等至，玄宗曰："与公等除大逆，安社稷，各取富贵，在于俄顷，何以取信？"福顺等请号而行，斯须斩韦播、韦璿、高嵩等头来，玄宗举火视之。又召锺绍京领总监丁匠刀锯百人至，因斩关而入，后及安乐公主等皆为乱兵所杀。其夜，少帝以玄宗著大勋，进封平王。以绍京、幽求知政事，署诏敕。崇简、嗣宗及福顺、宜德，功大者为将军，次者为中郎将。其时，梓宫在殡，举城缟素。及明，玄宗引新立功者皆衣紫衣绯，持满铁骑而出，倾城聚观欢慰。其犯逆者，尽曝尸于城外。毛仲数日而归，玄宗不责，又超授将军。

及玄宗为皇太子监国，因奏改左右万骑左右营为龙武军，与左右羽林为北四门军，以福顺等为将军以押之。龙武官尽功臣，受锡赉，号为"唐元功臣"。长安良家子避征徭，纳资以求隶于其中，遂每军至数千人。毛仲专知东宫驼马鹰狗等坊，未逾年，已至大将军，阶三品矣。及先天二年七月，毛仲预诛萧、岑等功，授辅国大将军、左武卫大将军、检校内外闲厩兼知监牧使，进封霍国公，实封五百户。毛仲奉公正直，不避权贵，两营万骑功臣、闲厩官吏皆惧其威，人不敢犯。苑中营田草莱常收，率皆丰溢，玄宗以为能。开元十四年，赠其父秦州刺史。

毛仲虽有赐庄宅，奴婢，驼马、钱帛不可胜纪，常于闲厩侧内宅住。每入侍宴赏，与诸王、姜皎等御幄前连榻而坐。玄宗或时不见，则悄然如有所失，见之则欢洽连宵，有至日晏。其妻已邑号国夫人；赐妻李氏又为国夫人。每入内朝谒，二夫人同承赐赉，生男，孩稚已授五品，与皇太子同游，故中官杨思勖、高力士等常避畏之。七年，进位特进，行太仆卿，余并如故。九年，持节充朔方道防御讨击大使，仍以左领军大总管王晙与天兵军节度张说，东与幽州节度裴仙先等计会。

毛仲部统严整，群牧孳息，遂数倍其初。刍粟之类，不敢盗窃，每岁迴残，常致数万斛。不三年，扈从东封，以诸牧马数万匹从，每色为一队，望如云锦，玄宗益喜，于岳下以宰相源乾曜、张说加左右丞相，毛仲加开府仪同三司。自玄宗先天正位后，以后父王同皎及姚崇、宋璟及毛仲十五年间四人至开府，又敕张说为《监牧颂》以美之。十七年，从朝五陵，又赠毛仲父益州大都督。毛仲益骄，尝求为兵部尚书，玄宗不悦，毛仲快快，见于词色。又福顺子娶毛仲女，宜德、唐地文等数十人皆与毛仲善，倚之多为不法。中官等妒其全盛逾己，专发其罪，尤倨慢之。中官高品者，毛仲视之蔑如也；如卑品者，小忤意则挫辱如己之僮仆。力士辈恨入骨髓。毛仲承恩遇，妻产，尝借苑中亭子纳凉，玄宗借之。中官构之弥甚，曰："北门奴官太盛，豪者皆一心，不除之，必起大患。"

后毛仲索甲仗于太原军器监，时严挺之为少尹，奏之。玄宗恐其党震惧为乱，乃隐其实状，诏曰："开府仪同三司、兼殿中监、霍国公、内外闲厩监牧都使王毛仲，是惟微细，非有功绩，擢自家臣，升于朝位。恩宠莫二，委任斯崇。无涓尘之益，肆骄盈之志。往属艰难，遽兹逃匿，念深惟旧，义在优容，仍荷殊荣，蔑闻悛悔。在公无竭尽之效，居常多怨望之词。迹其深愆，合从诛极；恕其庸昧，宜从远贬。可瀼州别驾员外置长任，差使驰驿领送至任，勿许东西及判事。"左领军大将军耿国公葛福顺，贬壁州员外别驾；左监门将军卢龙子唐地文，贬振州员外别驾；右武卫将军成纪侯李守德，贬严州员外别驾，守德本宜德也，立功后改名；右威卫将军王景耀，贬党州员外别驾；右威卫将军高广济，贬道州员外别驾。毛仲男太子仆守贞，贬施州司户；太子家令守廉，贬溪州司户；率更令守庆，贬鹤州司仓；左监门长史守道，贬涪州众军。连累者数十人。又诏杀毛仲，及永州而缢之。

其后，中官益盛，而陈玄礼以淳朴自检，宿卫宫禁，志节不衰。天宝中，玄宗在华清宫，乘马出宫门，欲幸虢国夫人宅，玄礼曰："未宣敕报臣，天子不可轻去就。"玄宗为之迴辔。他年，在华清宫，逼正月半，欲夜游，玄礼奏曰："宫外即是旷野，须有备预，若欲夜游，愿归城阙。"玄宗又能违。及安禄山反，玄礼欲于城中诛杨国忠，事不果，竟于马嵬斩之。从玄宗入巴蜀回，封蔡国公，实封三百户。上元元年八月致仕。

史臣曰：李林甫以谄佞进身，位极台辅，不惧盈满，蔽主聪明，生既唯务陷人，死亦为人所陷，得非彼苍假手，以示祸滛者乎！杨国忠禀性奸回，才薄行秽，领四十余使，瓷弄威权，天子莫见其非，群臣由之杜口，致禄山叛逆，銮辂播迁，枭首覆宗，莫救艰步。以玄宗之睿哲，而惑于二人者，盖巧言令色，先意承旨，财利诱之，迷而不悟也。开元任姚崇、宋璟而治，幸林甫、国忠而乱，与夫齐桓任管仲、隰朋，幸竖貂、易牙，亦何异哉！《书》曰："臣有作福作威，害于而家，凶于而国。"孔子曰："佞人殆。"诚哉是言也。张昕、王琚、王毛仲，皆邓通、闳孺之流也。琚有缔构之功，过多僭侈，死于非罪，亦可惜之。

赞曰：天启乱阶，甫、忠当国。蔽主聪明，秉心谗匿。昕问二王，亦承恩德。吁哉僭逾，不知纪极。

旧唐书卷一〇七
列传第五七

玄宗诸子

靖德太子琮　庶人瑛　皇太子亨

棣王琰　庶人瑶　鄂王　靖恭太子琬

庶人琚　光王　夏悼王一　仪王璲

颍王璬　怀哀王敏　永王璘

寿王瑁　延王玢　盛王琦　济王瑰

信王瑝　义王玭　陈王珪　丰王珙

亘王瑱　凉王璇　汴哀王璥

玄宗三十子：元献杨皇后生肃宗，刘华妃生奉天皇帝琮、靖恭太子琬、仪王璲，赵丽妃生废太子瑛，钱妃生棣王琰，皇甫德仪生鄂王瑶，刘才人生光王琚，贞顺武皇后生夏悼王一、怀哀王敏、寿王瑁、盛王琦，高婕妤生颍王璬，郭顺仪生永王璘，柳婕妤生延王玢，钟美人生济王瑰，卢美人生信王瑝，阎才人生义王玭，王美人生陈王珪，陈美人生丰王珙，郑才人生亘王瑱，武贤仪生凉王璇、汴哀王璥，余七王早夭。

奉天皇帝琮，玄宗长子也，本名嗣直。景云元年九月，封许昌郡

王。先天元年八月，进封郯王。开元四年正月，遥领安西大都护，仍
充安抚河东、关内、陇右诸蕃大使。三年，改封庆王，仍改名潭。十
五年，遥领凉州都督，兼河西诸军节度大使。二十一年，加太子太
师，改名琮。二十四年，拜司徒。天宝元年，兼太原牧。十一载薨，
赠靖德太子，葬于渭水之南细柳原，仍于启夏门内置庙祔享焉。肃
宗元年建寅月九日，诏追册为奉天皇帝，妃窦氏为恭应皇后，备礼
改葬于华清宫北齐陵，以尚书右仆射、冀国公裴冕为其使。初，开元
二十五年，太子瑛得罪废，令琮养其子，及天宝十一载琮薨，以瑛子
俅为嗣庆王，除秘书监同正员。

废太子瑛，玄宗第二子也，本名嗣谦。景云元年九月，封真定郡
王。先天元年八月，进封郢王。开元三年正月，立为皇太子。七年
正月，加元服。其年，玄宗又令太子诣国子学行齿胄之礼，仍敕右散
骑常侍褚无量升筵讲论，学官及文武百官节级加赐。十三年，改名
鸿，纳妃薛氏，礼毕，曲赦京城之内，侍讲潘肃等并加级改职，中书
令萧嵩亲迎，特封徐国公。二十五年七月，改名瑛。

母赵丽妃，本伎人，有才貌，善歌舞，玄宗在潞州得幸。及景云
升储之后，其父元礼、兄常奴擢为京职，开元初皆至大官。及武惠妃
宠幸，丽妃恩乃渐弛。时鄂王瑶母皇甫德仪、光王琚母刘才人，皆玄
宗在临淄邸以容色见顾，出子朗秀而母加爱焉。及惠妃承恩，鄂、王
之母亦渐疏薄，惠妃之子寿王瑁，钟爱非诸子所比。瑛于内第与鄂、
光王等自谓母氏失职，尝有怨望。惠妃女咸宜公主出降于杨洄，洄
希惠妃之旨，规利于己，日求其短，谮于惠妃。妃泣诉于玄宗，以太
子结党，将害于妾母子，亦指斥于至尊。玄宗惑其言，震怒，谋于宰
相，意将废黜。中书张九龄奏曰："陛下纂嗣鸿业，将三十年，太子已
下，常不离深宫，日受圣训。今天下之人，皆庆陛下享国日久，子孙
蕃育，不闻有过，陛下奈何以一日之间废弃三子？伏惟陛下思之。且
太子国本，难于动摇。昔晋献公惑宠嬖之言，太子申生忧死，国乃大
乱。汉武威加六合，受江充巫蛊之事，将祸及太子，遂至城中流血。

晋惠帝有贤子为太子,容贾后之谮,以至丧亡。隋文帝取宠妇之言,废太子勇而立晋王广,遂失天下。由此而论之,不可不慎。今太子既长无过,二王又贤,臣待罪左右,敢不详悉。"玄宗默然,事且寝。

其年,驾幸西京,以李林甫代张九龄为中书令,希惠妃之旨,托意于中贵人,扬寿王瑁之美,惠妃深德之。二十五年四月,杨洄又构于惠妃,言瑛兄弟三人与太子妃兄驸马薛锈常构异谋。玄宗遽召宰相筹之,林甫曰:"此盖陛下家事,臣不合参知。"玄宗意乃决矣。使中官宣诏于宫中,并废为庶人,锈配流,俄赐死于城东驿。天下之人不见其过,咸惜之。其年,武惠妃数见三庶人为祟,怖而成疾,巫者祈请弥月,不痊而殒。

瑛有六男:俨、伸、倩、俅、备、儆。庆王琮先无子,瑛得罪后,玄宗遣鞠之。天宝中,俨为新平郡王、光禄卿同正员,伸为平原郡王、宗正卿同正员,俅为嗣庆王。宝应元年,诏雪瑶、瑛、琚之罪,赠瑛为皇太子,瑶、琚复赠为王。

棣王琰,玄宗第四子也,初名嗣真。开元二年十二月,封为鄫王。十二年三月,改封棣王,仍改名洽。十五年,遥领太原牧、太原已北诸军节度大使。二十二年,加太子太傅,余如故。二十四年,改名琰。天宝元年六月,遥领兼武威郡都督、河西陇右经略节度大使。

先是,琰妃韦氏有过,琰怒之,不敢奏闻,乃斥于别室。宠二孺人,孺人又不相协。至十一载,孺人乃密求巫者,书符置于琰履中以求媚。琰与监院中官有隙,中官闻其事,密奏于玄宗,云琰厌魅圣躬;玄宗使人掩其履而获之。玄宗大怒,引琰诘责之。琰顿首谢曰:"臣之罪合死矣,请一言以就鼎镬。然臣与新妇,情义绝者,二年于兹,臣有二孺人,又皆争长。臣实不知有符,恐此三人所为也。惟三哥辩其罪人。"及推问之,竟孺人也。玄宗犹疑琰知情,怒未解,太子已下皆为请,命囚于鹰狗坊中,绝朝请,忧惧而死。琰妃即少师韦滔女,无子,琰死后,妃得还其父。

琰男女繁衍,至五十五人。天宝中封为王者三人:僙为汝南郡王、秘书监同正员，微为宜都王、卫尉卿同正员，俊为济南王、光禄卿同正员。宝应元年五月，代宗即位，舍琰罪，赠其王位。

玄宗第五子也，初名嗣初。开元二年五月，封为鄂王。十二年，改名涺，遥领幽州都督、河北道节度大使。二十一年四月，加太子太保，兼幽州都督，余如故。二十三年，改名瑶。二十五年，得罪废。宝应元年五月追复。

靖恭太子琬，玄宗第六子也，初名嗣玄。开元二年三月，封为甄王。十二年三月，改名涺，封为荣王。十五年，授京兆牧，又遥领陇右节度大使。二十三年，加开府仪同三司，余如故。二十五年，改名琬。天宝元年六月，授单于大都护。十四年十一月，安禄山反于范阳，其月制以琬为征讨元帅，高仙芝为副，令仙芝征河、陇兵募屯于陕郡以御之。数日，琬薨。琬素有雅称，风格秀整，时士庶冀琬有所成功，忽然殂谢，远近咸失望焉。赠靖恭太子，葬于见子西原。
琬诸子尤繁衍，男女五十八人。天宝中封为郡王者二：佩为济阴王、太仆卿同正员，偕为北平王、国子祭酒同正员。

光王琚，玄宗第八子也。开元十二年，封为光王。十五年，遥领广州都督、五府经略大使。二十三年七月，光王琚、仪王潍、颍王沄、寿王清、延王泂、盛王沐、信王沔、义王滍等十王，并授开府仪同三司；皇子珪封为陈王，澄封为翌王，潓封为亘王，滔封为汴王。陈王已下第四王，幼未授官，并置府官僚属。其日，光、仪等十人同于东宫尚书省上，诏宰臣及文武百僚送，仪注甚盛。俄除十五王府元僚，并未有府幕，同于礼院上，亦无精选。其时，琚兼广州都督，余如故。琚与鄂王瑶，皇子中有学问才识，同居内宅，最相受狎。琚有才力，善骑射。初封甚善，玄宗爱之。以母见疏薄，尝有怨言，为人所构得罪，人用怜之。宝应元年五月，追复官爵。无子。

夏悼王一,玄宗第九子也。母贞顺皇后为惠妃,见宠。一生而美秀,上钟爱无比,名之为一。开元五年,孩孺而薨,玄宗追封谥。时车驾在东都,葬于城南龙门东岑,欲宫中举目见之。

仪王璲,玄宗第十二子也,初名潍。开元十三年五月,封为仪王。十五年,授河南牧。二十三年,加开府仪同三司,兼河南牧,其年改名璲。永泰元年二月薨,废朝三日,赠太傅。天宝中有子封王者二人:供为钟陵郡王,光禄卿同正员,偡为广陵王、国子祭酒同正员。

颍王璬,玄宗第十三子也。读书有文词。初名沄。开元十三年,封颍王。十五年,遥领安东都护、平卢军节度大使。二十三年,加开府仪同三司,改名璬。安禄山反,除蜀郡大都督、剑南节度大使,杨国忠为之副。玄宗幸蜀,令御史大夫魏方进充置顿使,先移牒至蜀,托以颍王之藩,令设储供。玄宗至马嵬,方进被杀,乃令璬先赴本郡,以蜀郡长史崔圆为副。璬性俭率,将渡绵州江,登舟见彩缘席为藉者,顾曰:"此可以为寝处,奈何践之?"命撤去。璬初奉命之藩,卒遽不遑受节,绵州司马史贲进说曰:"王,帝子也,且为节度大使。今之藩而不持节,单骑径进,人何所瞻?请建大㮮,蒙之油囊,为旌节状,先驱道路,足以威众。"璬笑曰:"但为真王,何用假旌节乎?"将至成都,崔圆迓之,拜于马前,璬不止之,圆颇怒。玄宗至,璬视事两月,人甚安之。为圆所奏,罢居内宅。后令宣慰肃宗于彭原,遂从归京师。建中四年薨,年六十六,辍朝三日。

子伸,天宝中封荥阳郡王,授卫尉卿同正员。

怀哀王敏,玄宗第十五子也。幼而丰秀,以母惠妃之宠,玄宗特加顾念。才晬,开元八年二月薨,追封谥,权窆于景龙观。天宝十三载,改葬京城南,以祔其母敬陵也。

永王璘，玄宗第十六子也。母曰郭顺仪，剑南节度尚书虚己之妹。璘数岁失母，肃宗收养，夜自抱眠之。少聪敏好学，貌陋，视物不正。开元十三年三月，封为永王。十五年五月，遥领荆州大都督。二十年七月，加开府仪同三司，改名璘。

天宝十四载十一月，安禄山反范阳。十五载六月，玄宗幸蜀，至汉中郡，下诏以璘为山东南路及岭南黔中江南西路四道节度采访等使、江陵郡大都督，余如故。璘七月至襄阳，九月至江陵，召募士将数万人，恣情补署，江淮租赋，山积于江陵，破用钜亿。以薛镠、李台卿、蔡坰为谋主，因有异志。肃宗闻之，诏令归觐于蜀，璘不从命。十二月，擅领舟师东下，甲仗五千人趋广陵，以季广琛、浑惟明、高仙琦为将。璘生于宫中，不更人事，其子襄城王瑒又勇而有力，遇兵权，为左右眩惑，遂谋狂悖。

璘虽有窥江左之心，而未露其事。吴郡采访李希言乃平牒璘，大署其名，璘遂激怒，牒报曰："寡人上皇天属，皇帝友于，地尊侯王，礼绝僚品，简书来往，应有常仪，今乃平牒抗威，落笔署字，汉仪隳紊，一至于斯！"

乃使浑惟明取希言，季广琛取广陵采访李成式。璘进至当涂，希言在丹阳，令元景曜、阎敬之等以兵拒之，身走吴郡，李成式使将李承庆拒之。先是，肃宗以璘不受命，先使中官啖廷瑶、段乔福招讨之。中官至广陵，成式括得马数百匹。时河北招讨判官、司虞郎中李铣在广陵，瑶等结铣为兄弟，求之将兵。铣麾下有骑一百八十人，遂率所领屯于杨子，成式使判官评事裴茂以广陵步卒三千同拒于瓜步洲伊娄埭。希言将元景曜及成式将李神庆并以其众迎降于璘，璘又杀丹徒太守阎敬之以徇，江左大骇。

裴茂至瓜步州，广张旗帜，耀于江津。璘与瑒登陴望之竟日，始有惧色。季广琛召诸将割臂而盟，以贰于璘。是日，浑惟明走于江宁，冯季康、康谦投于广陵之白沙。广琛以步卒六千趋广陵，璘使骑追之，广琛曰："我感王恩，是以不能决战，逃而归国。若逼我，我则不择地而回战矣。"使者返报。其夕，铣等多燃火，人执两炬以疑之，隔江望者，兼水中之影，一皆为二矣。璘军又以火应之。璘惧，以官军悉济矣，遂以儿女及麾下宵遁。迟明，不见济者，遂入城具舟楫，使襄城王驱其众以奔晋陵。宵谍曰："王走矣。"于是江北之军齐进，募敢死士赵侃、库狄岫、赵连城等共二十人，先锋游弈于新丰，皆因醉而寐。璘闻官军之至，乃使襄城王、高仙琦逆击之。驿骑奔告，侃等介马而出，襄城王已随而至，铣等奔救，张翌击之，射中襄城王首，璘军遂败。高仙琦等四骑与璘南奔，至鄱阳郡，司马陶备闭城拒之。璘怒，命焚其城。至余干，及大庾岭，将南投岭外，为江西采访使皇甫侁下防御兵所擒，因中矢而薨。子瑒等为乱兵所害。肃宗以璘爱弟，隐而不言。

　　寿王瑁，玄宗第十八子也，初名清。初，瑁母武惠妃，开元元年见幸，宠倾后宫，频产夏悼王、怀哀王、上仟公主，皆端丽，褓襁不育。及瑁之初生，让帝妃元氏请瑁在于邸中收养，妃自乳之，名为己子。十余年在宁邸，故封建之事晚于诸王。宫中常呼为十八郎。十三年三月，封为寿王，始入宫中。十五年，遥领益州大都督、剑南节度大使。二十三年，加开府仪同三司，改名瑁。二十五年，惠妃薨，葬以后礼。二十九年，让帝薨，瑁请制服，以报乳养之恩，玄宗从之。

　　瑁，天宝中有子封为王者二人：俓为济阳郡王，偁为广阳郡王、鸿胪卿同正员。

　　唐法，亲王食封八百户，有至一千户；公主三百户，长公主加五百户，有至六百户。高宗朝以沛、英、豫王、太平公主武后所生，食逾于制。垂拱中，太平至一千二百户。圣历初，皇嗣封为相王，食封于太平同三千户。长安中，寿春王兄弟五人，并赐实封三百户。神龙初，相府与太平同至千户，卫王三千户，温王二千户，成王七百户。寿春王加四百户，通前七百户；嗣雍、衡阳、临淄、巴陵、中山各加二百户，通前五百户。安乐初封二千户，长宁一千五百户，宣城、宜城、宣安各一千户，相王女为县主者各三百户。卫王寻升储位，相府增至七千户，太平至五千户，安乐三千户，长宁二千五百户，宣城已下各二千户。相府、太平、长宁、安乐皆以七千为限,虽水旱亦不破损免,以正租庸充数。唐隆元年,遗制以嗣雍王守礼、寿春王成器封为亲王,各赐实封一千户。开元之后,朝恩睦亲,以宁府最长,封至五千五百户;岐、薛爱弟著勋,五千户;申府以外家微,至四千户;邠府以外枝,至一千八百户。皇妹为公主者,食封一千户,中宗女亦同。其后,皇子封王者赐封二千户,皇女为公主者赐封五百户。咸宜赐汤沐,以母惠妃封至一千户,诸皇女为公主者,例加至一千户,其封自开元已来,皆约以三千为限。

延王玢,玄宗第二十子也,初名洄。玢母即尚书右丞柳范孙也,最为名家,玄宗深重之。玢亦仁爱,有学问。开元十三年,封为延王。十五年,遥领安西大都护、碛西节度大使。二十三年七月,加开府仪同三司,余如故,改名玢。天宝十五载,玄宗幸蜀,玢男女三十六人,不忍弃于道路,数日不及行在所,玄宗怒之;赖汉中王瑀抗疏救之,听归于灵武。兴元元年薨。

天宝末,封子倬彭城郡王、秘书监同正员,偡平阳郡王、殿中监同正员。

盛王琦,玄宗第二十一子也。寿王母弟,初名沐。十三年三月,封为盛王。当年遥领扬州大都督。二十年,加开府仪同三司,余如故,改名琦。天宝十五年六月,玄宗幸蜀,在路除琦为广陵大都督,仍领江南东路及淮南河南等路节度支度采访等使,以前江陵大都督府长史刘汇为之副,以广陵长史李成式为副大使、兼御史中丞。琦竟不行。广德二年四月薨,赠太傅。

天宝末有子封王者二人:偿真定郡王、太常卿同正员,佩封武都郡王、殿中监同正员。

济王瑰,玄宗第二十二子也,初名溢。开元十三年三月,封济王。二十二年七月,授开府仪同三司,其月改名瑰。

天宝末,有子封为王者二人:俵为永嘉郡王、卫尉卿同正员,俯为平乐郡王、光禄卿同正员。

信王瑝,玄宗第二十三子也,初名沔。开元十三年三月,封为信王。二十三年七月,授开府仪同三司,仍改名瑝。

天宝末有子封为王者二人:佟为新安郡王、太常卿同正员,倜为晋陵郡王、光禄卿同正员。

义王玭,玄宗第二十四子也,初名潍。开元十三年三月,封为义王。二十二年七月,授开府仪同三司,仍改名玭。

天宝末有子封为王者二人:仪为舞阳郡王、太仆卿同正员,僚为高密郡王、宗正卿同正员。

陈王珪,玄宗第二十五子也,初名涣。开元二十三年七月,封为陈王。二十四年三月改名珪。

天宝末男女二十一人,封为王者二人:他为临淮郡王、太常卿同正员,佼为安阳王、殿中监同正员。

丰王珙,玄宗第二十六子也,初名澄。开元二十三年七月,封为丰王。二十四年二月改名珙。天宝十五年六月,玄宗幸蜀,至扶风郡,授珙武威郡都督,仍领河西陇右安西北庭等路节度支度采访使;以陇右太守邓景山为之副,兼武威长史、御史中丞,充都副大使。珙竟不行。

广德元年十月,吐蕃凌逼上都,上将幸陕州,自苑中而出,骑众半渡浐水。将军王怀忠遂闭苑门,横截五百余骑,拥十宅诸王西投吐蕃。至城西,适遇元帅郭子仪,怀忠谓子仪曰:"主上东迁,社稷无主,万国颙颙,何所瞻仰!今仆奉诸王等西奔,以副天下之望。令公身为元帅,废置在手,何不行册立之事乎?"子仪未及对,珙遂越次而言曰:"令公作何语,何不言也?"行军司马王延昌责之曰:"主上虽蒙尘于外,圣德钦明,王身为藩翰,何乃发狂悖之词也?延昌当奏闻于上。"子仪又数让之,命军士领之尽赴行在。潼关谒见,上不之责。珙归幕次,词又不顺,群臣恐遂为乱,请除之,遂赐死。

天宝中有子二人为王:佻齐安郡王、宗正卿同正员,仙宜春郡王、鸿胪卿同正员。

亘王璟,玄宗第二十七子也,初名溢。开元二十三年七月,封为亘王。性好道,常服道士衣。授右卫大将军,加开府仪同三司。二十四年二月改名璟。天宝十五载,从幸巴蜀,不复衣道士衣矣。

凉王璇,玄宗第二十九子也,初名泑。母武贤仪,则天时高平王重规女也,开元中入宫中,号为"小武妃"。二十三年七月,封为凉王。二十四年二月,改名璇。

初,贞观中,高宗为晋王,以文德皇后最小子,后崩后累年,太宗怜之,不令出阁,至立为太子。高宗朝,睿宗为豫王,虽成长,亦以则天最小子,不令出。嗣纂大位。圣历初,封为相王,始出阁。中宗时,以谯王重福失爱,出迁外藩,卫王重俊为太子,入与成王千里等起兵,将诛韦后,故温王重茂虽年十六七,竟亦居中。先天之后,皇子幼则居内,东封年,以渐成长,乃于安国寺东附苑城同为大宅,分院居,为十王宅。令中官押之,于夹城中起居,每日家令进膳。又引词学工书之人入教,谓之侍读。十王,谓庆、忠、棣、鄂、荣、光、仪、颍、永、延、济,盖举全数。其后,盛、仪、寿、陈、丰、亘、凉六王又就封,入内宅。二十五年,鄂、光得罪,忠继大统,天宝中,庆、棣又殁,唯荣、仪等十四王居院,而府幕列于外坊,时通名起居而已。外诸孙成长,又于十宅外置百孙院。每岁幸华清宫,宫侧亦有十王院、百孙院。宫人每院四百,余入孙院三四十人。又于宫中置维城库,诸王月俸物,约之而给用。诸孙纳妃嫁女,亦就十宅中。太子不居于东宫,但居于乘舆所幸之别院。太子亦分院而居,婚嫁则同亲王、公主,在于崇仁之礼院。

天宝十五载六月,玄宗幸蜀,仪王已下十三王从。至汉中郡,遣永王璘出镇荆州。至德二年十月,从还京。广德元年十二月五日,上都失守,有仪、颍、寿、延、盛、济、信、义、陈、亘、凉十一王扈从,幸陕州。十二月,从还上都。

璇之子,天宝中封为王者一人:仍,泸阳郡王、殿中监同正员。

汴哀王璥,玄宗第三十子也,初名滔。开元二十五年七月,封为汴王。二十四年二月,改名璥,以其月薨。

史臣曰:前史有云:"母爱者子抱",太子瑛之废,有由然矣。琬为元帅,不幸遽薨,岂天启乱阶,何失众望之速也!永王璘,父在蜀城,兄居灵武,不能立忠孝之节,为社稷之谋,而乃聚兵江上,规为己利,不义不昵,以灾其身,《书》所谓"自作孽,不可逭"也。丰王珙因缘厄运,窃有觊觎,不慎枢机,自贻伊咎,悲矣!

赞曰:《螽斯》之咏,乐有子孙。用建藩屏,以崇本根。谗胜瑛废,恩移至尊。盗炽琬卒,情乖万民。口祸丰珙,自灾永璘。惜乎二胤,不如仁人。

旧唐书卷一〇八
列传第五八

韦见素　子谔　益　益子颛　　崔圆
崔涣　涣子纵　　杜鸿渐

　　韦见素，字会微，京兆万年人。父凑，开元中太原尹。见素学科登第。景龙中。解褐相王府参军，历卫佐、河南府仓曹。丁父忧，服阕，起为大理寺丞，袭爵彭城郡公。坐事出为坊州司马。入为库部员外郎，加朝散大夫，历右司兵部二员外、左司兵部二员郎中，迁谏议大夫。天宝五年，充江西、山南、黔中、岭南等黜陟使，观省风俗，弹纠长吏，所至肃然。使还，拜给事中，驳正绳违颇振台阁旧典。寻检校尚书工部侍郎，改右丞。九载，迁吏部侍郎，加银青光禄大夫。见素仁恕长者，意不忤物，及典选累年，铨叙平允，人士称之。

　　时右相杨国忠用事，左相陈希烈畏其权宠，凡事唯诺，无敢发明，玄宗颇知之，圣情不悦。天宝十三年秋，霖雨六十余日，京师庐舍垣墉颓毁殆尽，凡一十九坊污潦。天子以宰辅或未称职，见此咎徵，命杨国忠精求端士。时兵部侍郎吉温方承宠遇，上意用之。国忠以温禄山宾佐，惧其威权，奏寝其事。国忠访于中书舍人窦华、宋昱等，华、昱言见素方雅，柔而易制。上亦以经事相王府，有旧恩，可之。其年八月，拜武部尚书、同中书门下平章事，充集贤院学士，知门下省事，代陈希烈。见素既为国忠引用，心德之。时禄山与国忠争宠，两相猜嫌，见素亦无所是非，署字而已，遂至凶胡犯顺，不措一言。

十五年六月,哥舒翰兵败桃林,潼关不守。是月,玄宗苍黄出幸,莫知所诣。杨国忠以身领剑南旄钺,请幸成都。见素与国忠、御史大夫魏方进遇上于延秋门,便扈从之咸阳。翌日,次马嵬驿,军士不得食,流言不逊。龙武将军陈玄礼惧其乱,乃与飞龙马家李护国谋于皇太子,请诛国忠,以慰士心。是日,玄礼等禁军围行宫,尽诛杨氏。见素遁走,为乱兵所伤,众呼曰:"勿伤韦相!"识者救之,获免。上闻之,令寿王瑁宣慰,赐药傅疮。魏方进为乱兵所杀。是日,朝士独见素一人。是夜宿马嵬,上命见素子京兆府司录参军谔为御史中丞,充置顿使。凌晨将发,六军将士曰:"国忠反叛,不可更往蜀川,请之河、陇。"或言灵武、太原,或云还京,议者不一。上意在剑南,虑违马心,无所言。谔曰:"还京须有捍贼之备。今兵马数少,恐非万全,不如且至扶风,徐图去就。"上询于众,众以为然,乃令皇太子后殿。

上至扶风郡,从驾诸军各图去就,颇出丑言。陈玄礼不能制,上闻之忧惧。会益州贡春彩十万疋,乃以其纲使濛阳尉刘景温为监察御史,其彩悉陈于廷,召六军将士等入,上谓之曰:"卿等皆国之功臣,勋劳素著,朕之优赏,常亦不轻。逆胡负恩,事须回避,甚知卿等不得别父母妻子,朕亦不及辞九庙。"言发涕流。又曰:"朕今须幸蜀,蜀路险狭,人若多往,恐难祗供。今有此彩,卿等即宜分取,各自图去就。朕自有子弟、中官等相随,便与卿等诀别。"众咸俯伏号泣,曰:"死生从陛下。"上良久曰:"去住听卿自便。"自是丑言方息。七月,至巴西郡,以见素兼左相、武部尚书。数日,至蜀郡,加金紫光禄大夫,进封幽国公,与一子五品官。

是月,皇太子即位于灵武,道路艰涩,音驿未通。八月,肃宗使至,始知灵武即位。寻命见素与宰臣房琯传国宝玉册奉使灵武,宣传诏命,便行册礼。将行,上皇谓见素等曰:皇帝自幼仁孝,与诸子有异,朕岂不知。往十三年,已有传位之意,属其岁水旱,左右劝朕且俟丰年。尔来便属禄山构逆,方隅震扰,未遂此心。昨发马嵬,亦有处分。今皇帝受命,朕心顿如释负。劳卿等远去,勉辅佐之。多难兴王，自古皆有，卿等乃心王室，以宗社为念，早定中原，吾之望也。"见素等悲泣不自胜。仍以见素子谞及中书舍人贾至充册礼使判官。时肃宗已回幸顺化郡。九月，见素等至，册礼皆，从幸彭原郡。肃宗在东宫，素闻房琯名重，故虚怀以待；以见素常附国忠，礼遇稍薄。明年，至凤翔。三月，除左仆射，罢知政事，以宪部尚书致仕苗晋卿代为左相。

　　初，肃宗在凤翔，丧乱之后，纲纪未立，兵吏三铨，簿籍煨烬，南曹选人，文符悉多伪滥。上以凶丑未灭，且示招怀，据到注拟，一无检括。见素曰："臣典选岁久，周知此弊。今寰区未复，员阙不多。若总无条纲，恐难持久。"上然之，未暇里革。及还京，选人数千，补授无所，喧诉于朝，由是行见素之言。及房琯以败军左降，崔圆、崔涣等皆罢知政事，上皇所命宰臣，无知政事者。五月，迁见素太子太师。十一月，肃宗自右辅还京，诏见素入蜀奉迎太上皇。十二月，上皇至京师，肃宗御楼大赦。见素以奉上皇幸蜀功，加开府仪同三司，食实封三百户。上元中，以足疾上表请致仕，许之。宝应元年十二月卒，年七十六，赠司空，谥曰忠贞，丧事官给。

　　子偁、谞、益、晳。偁、谞皆位至给事中，益终刑部员外郎，晳终秘书丞。偁子颂。

　　益子颙，字周仁，生一岁而孤，事姊称为恭孝。性嗜学，尤精阴阳、象纬、经略、风俗之书。善持论，有清誉。少以门荫补千牛备身，自鄠县尉判入等，授万年尉，历御史、补阙、尚书郎，累迁给事中、尚书左丞、户部侍郎、中丞、吏部侍郎。其在谏垣，与李约、李正辞迭申禅讽，颇回大政。宰相裴垍、李绛、崔群辈多与友善，而后进之有浮名者，亦游其门，以是称有时望。及李逢吉驾朋党以专政柄，而颙附丽之迹尤密，颇为时人所讥。然处身俭约，有足多者。著《易蕴解》，推演潜亢终始之义，甚有奥旨。宝历元年七月卒，赠礼部尚书。

　　崔圆，清河东武城人也。后魏左仆射亮之后。父景晊，官至大理评事。圆少孤贫，志尚闳博，好读兵书，有经济宇宙之心。开元中，诏搜访遗逸，圆以钤谋射策甲科，授执戟。自负文艺，获武职，颇不得意。萧炅为京兆尹，荐为会昌丞，累迁司勋员外郎。宰臣杨国忠遥制剑南节度使，引圆佐理，乃奏授尚书郎，兼蜀郡大都督府左司马，知节度留后。

天宝末，玄宗幸蜀郡，特迁蜀郡大都督府长史、剑南节度。圆素怀功名，初闻国难，潜使人探国忠深旨，知有行幸之计，乃增修城池，建置馆宇，储备什器。及乘舆至，殿宇末帐咸如宿设，玄宗甚嗟赏之，即日拜中书侍郎、同中书门下平章事、剑南节度，余如故。

肃宗即位，玄宗命圆同房琯、韦见素并赴肃宗行在所，玄宗亲制遗爱碑于蜀以宠之。从肃宗还京，以功拜中书令，封赵国公，赐实封五百户。明年，罢知政事，迁太子少师，留守东都。会官军不利于相州，军回过洛阳，所在剽掠。圆弃城南奔襄阳，诏削除阶封。寻起为济王傅。李光弼用为怀州刺史，除太子詹事，改汾州刺史，皆以理行称。拜扬州大都督府长史、淮南节度观察使，加检校右仆射、兼御史大夫，转检校左仆射知省事。大历三年六月薨，年六十四，辍朝三日，赠太子太师，谥曰昭襄。

崔涣，祖玄昉，神龙功臣，封博陵郡王。父璩，文学知名，位至礼部侍郎。涣少以士行闻，博综经籍，尤善谈论，累迁尚书司门员外郎。天宝末，杨国忠出不附己者，涣出为剑州刺史。

天宝十五载七月，玄宗幸蜀，涣迎谒于路，抗词忠恳，皆究理体，玄宗嘉之，以为得涣晚。宰臣房琯又荐之，即日拜黄门侍郎、同中书门下平章事，扈从成都府。

肃宗灵武即位。八月，与左相韦见素、同平章事房琯、崔圆同赍册赴行在。时未复京师，举选路绝，诏涣充江淮宣谕选补使，以收遗逸。惑于听受，为下吏所鬻，滥进者非一，以不称职闻。乃罢知政事，除左散骑常侍，兼余杭太守、江东采访防御使。旋授正议大夫、太子宾客。乾元三年正月，转大理卿。再迁吏部侍郎、检校工部尚书、集贤院待诏。性尚简澹，不交世务，颇为时望所归。迁御史大夫，加税地青苗钱物使。时以此钱充给京百官料,涣为属吏希中,以上估为使料,上估为百官料。下估为皇城,副留守张清发之,诏下有司讯鞫,涣无词以对,坐是贬道州刺史。大历三年十二月壬寅,以疾终。

子纵,初以荫补协律郎,三迁为监察御史。诏择令长于台省,除蓝田令,宽明勤干,德化大行,县人为之立碑颂德。转京兆府司录,累迁金部员外郎。以父贬道州刺史,弃官就养。丁父忧,终制,六迁大理卿、兼御史中丞、汴西水陆运两税监铁等使。田悦连败,走魏州,婴城自守,诸道兵围之,屡乏食,诏纵兼魏州四节度粮料使,军储稍给。

德宗幸奉天,四方握兵,未有至者。纵先知之,潜告李怀光劝令奔命,怀光从之。纵乃悉敛军财与怀光俱来,调给具备。怀光兵士久战河外,及次河中,将迁延。纵之货币先已渡河,纵谓众曰:“若济,悉以分赐。”众利之,乃西。至奉天,加右庶子,充使。无几,拜京兆尹、兼御史大夫。数奏怀光刚愎反覆,宜阴备之。及行幸梁州,左右或短之曰:“纵素善怀光,今不来矣。”上曰:“他人不知纵,吾可保其心。”不数日,纵至,拜御史大夫。尝议其大体,不亲细事,狱诉仪制,皆付之僚吏。

贞元元年,亲祠南郊,为大礼使。属兵旱之后,赋入尚少,纵裁定文物,俭而中礼。无何,万年丞源邃为京兆尹李齐运所抑捽至死,纵劾奏不行。数月,除吏部侍郎、寻检校礼部尚书、东畿唐汝邓都观察使、河南尹。是时兵革甫定,民耗六七,纵悉心求瘼,为理简易。先是,戍边之师由洛阳者,储饩取办于编户。纵始官备,不徵于人,令五家相保,俾自占告发敛,以绝胥吏之私。又引伊、洛水以通里闬,都中灌溉济不逮为十一二,人甚安之。徵拜太常卿。贞元七年六月卒官,年六十二,谥曰忠,赠吏部尚书。

纵孝悌,修饰自立。以父为元载排抑,居退十余年,左宦外府,迄载得罪,不求闻达。初,涣有宠姜郑氏,纵以母事之。郑氏性刚戾,待纵不以理,虽为大僚,每加笞诉。纵率妻子候颜,敬顺不懈,时以为难。

　　杜鸿渐,故相暹之族子。祖慎行,益州长史。父鹏举,官至王友。鸿渐敏杜鸿渐,悟好学,举进士,解褐王府参军。天宝末,累迁大理司直,朔方留后、支度副使。

　　肃宗北幸,至平凉,未知所适。鸿渐与六城水运使魏少游、节度判官崔漪、支度判官卢简金、关内监池判官李涵谋曰:"今胡羯乱常,二京陷没,主上南幸于巴蜀,皇太子理兵于平凉。然平凉散地,非聚兵之处,必欲制胜,非朔方不可。若奉殿下,旬日之间,西收河、陇,回纥方强,与国通好,北征劲骑,南集诸城,大兵一举,可复二京。雪社稷之耻,上报明主,下安苍生,亦臣子之用心,国家之大计也。"鸿渐即日草笺具陈兵马招集之势,录军资、器械、仓储、库物之数,令李涵赍赴平凉,肃宗大悦。鸿渐知肃宗发平凉,于北界白草顿迎谒,因劳诸使及兵士,进言曰:"朔方天下劲兵,灵州用武之处。今回纥请和,吐蕃内附,天下郡邑,人皆坚守,以待制命。其中虽为贼所据,亦望不日收复。殿下整理军戎,长驱一举,则逆胡不足灭也。"肃宗然之。

　　及至灵武,鸿渐与裴冕等劝即皇帝位,以归中外之望,五上表,乃从。鸿渐素习帝王陈布之仪,君臣朝见之礼,遂采摭旧仪,绵蕝其事。城南设坛墠,先一日具仪注草奏。肃宗曰:"圣君在远,寇逆未平,宜罢坛场。"余可其奏。肃宗即位,授兵部郎中,知中书舍人事,寻转武部侍郎。至德二年,兼御史大夫,为河西节度使、凉州都督。两京平,迁荆州大都督府长史、荆南节度使。

　　襄州大将康楚元、张嘉延资所管兵,据襄州城叛,刺史王政遁走。嘉延南袭荆州,鸿渐闻之,弃城而遁。沣、朗、硖、归等州闻鸿渐出奔,皆惶骇,潜窜山谷。岁余,微拜尚书右丞、吏部侍郎、太常卿,充礼仪使。二圣晏驾,鸿渐监护仪制,山陵毕,加光禄大夫,封卫国公。广德二年,代宗将享郊庙,拜鸿渐兵部侍郎、同中书门下平章事,寻转中书侍郎。

　　永泰元年十月,剑南西川兵马使崔旰杀节度使郭英乂,据成都，自称留后。邛州牙将柏贞节、泸州牙衙杨子琳、剑州牙将李昌夔等兴兵讨旰，西蜀大乱。明年二月，命鸿渐以宰相兼充山、剑副元帅、剑南西川节度使，以平蜀乱。鸿渐心无远图，志气怯懦，又酷好佛图道，不喜军戎。既至成都，惧旰雄武，不复问罪，乃以剑南节制表让于旰。时西戎寇边，关中多事，鸿渐孤军陷险，兵威不振，代宗不获已，从之。仍以旰为剑南西川行军司马，柏贞节为邛州刺史，杨子琳为泸州刺史，各罢兵。寻请入觐，仍表崔旰为西川兵马留后。

大历二年，诏以旰为成都尹、剑南西川节度使，召鸿渐还京，鸿渐仍率旰同入觐，代宗嘉之。后知政事，转门下侍郎，让山南副元帅。三年八月，代王缙为东都留守，充河南、淮西、山南东道副元帅，平章事如故。以疾上表乞骸骨，从之，竟不之任。四年十一月卒，赠太尉，谥曰文宪。辍朝三日，赐物五百疋、粟五百硕。

鸿渐晚年乐于退静，私第在长兴里，馆宇华靡，宾僚宴集。鸿渐悠然赋诗曰：“常愿追禅理，安能挹化源。”朝士多属和之。及休致后病，令僧剃顶发，及卒，遗命其子依胡法塔葬，不为封树，冀类缁流，物议哂之。

史臣曰：禄山狂悖已显，玄宗宠任无疑，见素知国危，陈庙算，直言极谏，而君不从，独正犯难，而人不咎，出生入死，善始令终者鲜矣。时论以见素取容于国忠，无言匡大政。且国忠恃内戚，弄重权，沮林甫奸豪，取其大位，若见素之孤直，岂许取容？盖祸胎已成，政柄久紊，见素入相余年，言不从而难作，虽有周、孔之才，其能匡救者乎！谞才辩，颇俭约，雅符积善之庆矣。圆守文之士，非御侮之才。涣才兼行闻，命与时会。发言上沃主意，遽致显荣；当官屡为吏欺，终及窜逐。所谓可与适道，未可与权。纵忠于国，能于官，孝于家，三者备矣，孰能继之！鸿渐有卫社之功，非干城之者，时以任崔旰为非，则不然矣。且旰南拒贞节，北败献诚，宜以怀来，未可力制。终致归国，岂非臧谋，向讨之，即为剧贼矣。然事佛徼福，朋势取容，非君子之道焉。

赞曰：玄宗失德，禄山肆逆。见素竭节，诸公协力。

旧唐书卷一○九
列传第五九

冯盎　阿史那社尔 _{子道真}

仲祖苏尼失　苏尼失子忠附　契苾何力
黑齿常之　李多祚　李嗣业
白孝德

冯盎高州良德人也。累代为本部大首领。盎少有武略,隋开皇中为宋康令。仁寿初,潮、成等五州獠叛,盎驰至京,请讨之。文帝敕左仆射杨素与盎论贼形势,素曰:“不意蛮夷中有此人,大可奇也。”即令盎发江、岭兵击之。贼平,授金紫光禄大夫,仍除汉阳太守。

武德三年,广、新二州贼帅高法澄、沈宝彻等并授林士弘节度,杀害隋官吏,盎率兵击破之。既而宝彻兄子智臣又聚兵法于新州,自为渠帅,盎趋往击之。兵交,盎却兜鍪大呼曰:“尔等颇识我否?”贼多弃戈肉袒而拜,其徒遂溃,擒宝彻、智臣等,岭外遂定。或有说盎曰:“自隋季崩离,海内骚动。今唐虽应运,而风教未浃,南越一隅,未有所定。公克平五岭二十余州,岂与赵佗九郡相比?今请上南越王之号。”盎曰:“吾居南越,于兹五代,本州牧伯,唯我一门,子女玉帛,吾之有也。人生富贵,如我殆难,常恐弗克负荷,以坠先业。本州衣锦便足,余复何求?越王之号,非所闻也。”

　　四年，盎以南越之众降，高祖以其地为罗、春、白、崖、儋、林等八州，仍授盎上柱国、高罗总管，封吴国公，寻改封越国公。拜其子智戴为春州刺史，智彧东合州刺史，徙封盎耿国公。贞观五年，盎来朝，太宗宴赐甚厚。俄而罗窦诸洞獠叛，诏令盎率部落二万为诸军先锋。时有贼数万屯据险要，不可攻逼。盎持弩语左右曰："尽吾此箭，可知胜负。"连发七矢，而中七人，贼退走，因纵兵乘之，斩首千余级。太宗令智戴还慰省之，自后赏赐不可胜数。盎奴婢万余人，所居地方二千里，勤于簿领，诘擿奸状，甚得其情。二十年卒，赠左骑卫大将军、荆州都督。

　　阿史那社尔，突厥处罗可汗子也。年十一，以智勇称于本蕃，拜为拓设，建牙于碛北，与欲谷设分统铁勒、纥骨、同罗等诸部。在位十年，无所课敛。诸首领或鄙其不能富贵，尔曰："部落既丰，于我便足。"诸处领咸畏而爱之。

　　武德九年，延陀、回纥等诸部皆叛，攻破欲谷设，尔击之，复为延陀所败。贞观二年，遂率其余众保于西偏，依可汗浮图。后遇颉利灭，而西蕃叶护又死，奚利邲咄陆可汗兄弟争国，社尔扬言降之，引兵西上，因袭破西蕃，半有其国，得众十余万，自称都布可汗。谓其诸部曰："首为背叛破我国者，延陀之罪也。今我据有西方，大得兵马，不平延陀而取安乐，是忘先可汗，为不孝也。若天令不捷，死亦无恨。"其酋长咸谏曰："今新得西方，须留镇压。若即弃去，远击延陀，史恐叶护子孙必来复国。"社尔不从，亲率五万余骑讨延陀于碛北，连兵百余日。遇我行人刘善因立同娥设为咥利始可汗，社尔部兵又苦久役，多委之逃。延陀因纵击败之，复保高昌国。其旧兵在者才万余人，又与西结隙。

　　九年，率众内属，拜左骑卫大将军。岁余，令尚衡阳长公主，授驸马都尉，典屯兵于苑内。十四年，授行军总管，以平高昌。诸人咸即受赏，社尔以未奉诏旨，秋毫无所取。及降别敕，然后受之。及所取，唯老弱故弊而已。军还，太宗美其廉慎，以高昌所得宝刀并杂彩千段赐之，仍令检校北门左屯营，封毕国公。

十九年，从太宗征辽，至驻跸阵，频遭流矢，拔而又进。其所部兵士，人百其勇，尽获殊勋。师旋，兼授鸿胪卿。二十一年，为昆丘道行军大总管，征龟兹。明年，军次西突厥，击处密，大破之，余众悉降。又下龟兹大拨换城，虏龟兹王白诃黎布失毕及大臣那利等百余人而还。属太宗崩，请以身殉葬，高宗遣使喻以先旨，不许。迁右卫大将军。永徽四年，加位镇军大将军。六年卒，赠辅国大将军、并州都督，陪葬昭陵，起冢以象葱山，仍为立碑，谥曰允。子道真，位至左屯卫大将军。

贞观初，阿史那苏尼失者，启民可汗之母弟，社尔叔祖也。其父始毕可汗以为沙钵罗设，督部落五万家，牙直灵州之西北，骁雄有恩惠，甚得种落之心。及颉利政乱，而苏尼失所部独不携离。突利之来奔也，颉利乃立苏尼失为小可汗。及颉利为李靖所破，独骑而投之，苏尼失遂举其众归国，因令子忠擒颉利以献。太宗赏赐优厚，拜北宁州都督、右卫大将军，封怀德郡王。贞观八年卒。

忠以擒颉利功，拜左屯卫将军，妻以宗女定襄县主，赐名为忠，单称史氏。贞观九年，迁右卫大将军。永徽初，封薛国公，累迁右骁卫大将军。所历皆以清谨见称，时人比之金日磾。上元初卒，赠镇军大将军，陪葬昭陵。

子暕，袭封薛国公，垂拱中，历位司仆卿。

契苾何力，其先铁勒别部之酋长也。父葛，隋大业中继为莫贺咄特勒，以地逼吐谷浑，所居隘狭，又多瘴疠，遂入龟兹，居于热海之上。特勒死，何力时年九岁，降号大俟利发。至贞观六年，随其母率众千余家诣沙州，奉表内附，太宗置其部落于甘、凉二州。何力至京，授左领军将军。

七年，与凉州都督李大亮、将军薛万均同征吐谷浑。军次赤水川，万均率骑先行，为贼所攻，兄弟皆中枪坠马，徒步而斗，兵士死者十六七。何力闻之，将数百骑驰往，突围而前，纵横奋击，贼兵披靡，万均兄弟由是获免。时吐谷浑主在突伦川，何力复欲袭之，万均惩其前败，固言不可。何力曰："贼非有城郭，逐水草以为生，若不袭其不虞，便恐鸟惊鱼散。一失机会，安可倾其巢穴耶！"乃自选骁兵千余骑，直入突沦川，袭破吐谷浑牙帐，斩首数千级，获驼马牛羊二十余万头，浑主脱身以免，俘其妻子而还。有诏劳于大斗拔谷。万均乃排毁何力，自称己功。何力不胜愤怒，拔刀而起，欲杀万均，诸将劝止之。太宗闻而责问其故，何力言万均败恶之事，太宗怒，将解其官回授，何力固让曰："以臣之故而解万均，恐诸蕃闻之，以为陛下厚蕃轻汉，转相诬告，驰竞必多。又夷狄无知，或谓汉臣皆如此辈，固非安宁之术也。"太宗乃止。寻令北门宿卫，检校屯营事，敕尚临兆县主。

十四年，为葱山道副大总管，讨平高昌。时何力母姑臧夫人、母弟贺兰州都督沙门并在凉府。十六年，诏许何力观省其母，兼抚巡部落。时薛延陀强盛，契苾部落皆愿从之。何力至，闻而大惊曰："主上于汝有厚恩，任我又重，保忍而图叛逆！"诸首领皆曰："敕及都督已去，何故不行？"何力曰："我弟沙门孝而能养，我以身许国，终不能去也。"于是众共执何力至延陀所，置于可汗牙前。何力箕踞而坐，拔佩刀东向大呼曰："岂有大唐烈士，受辱蕃庭，天地日月，愿知我心！"又割左耳以明志不夺也。可汗怒，欲杀之，为其妻所抑而止。初，太宗闻何力之延陀，明非其本意。或曰："人心各乐其土，何力今入延陀，犹鱼之得水也。"太宗曰："不然，此人心如铁石，必不背我。"会有使自延陀至，具言其状，太宗泣谓群臣曰："契苾何力竟如何？"遽遣兵部侍郎崔敦礼持节入延陀，许降公主，求何力。由是还，拜右骁卫大将军。

太宗既许公主于延陀，行有日矣，何力抗表固言不可。太宗曰："吾闻天子无戏言，既已许之，安可废？"何力曰："然。臣本请延缓其事，不谓总停。臣闻六礼之内，婿合亲迎，宜告延陀亲来迎妇，纵不敢至京邑，即当使诣灵州。畏汉必不敢来，论亲未可有成日。既忧闷,臣又携离,不盈一年,自相猜忌。延陀志性狠戾,若死,必两子相争,坐而制之,必然之理。"太宗从之。延陀恐有诈,竟不至灵州,自后常悒悒不得志,一年而死,两子果争权,各立为主。

太宗征辽东,以何力为前军总管,军次白崖城,为贼所围,被槊中腰,疮重疾甚,太宗自为傅药。及拔贼城,敕求伤之者高突勃,付何力自杀之。何力奏言:"犬马犹为其主,况于人乎?彼为其主,况致命冒白刃而刺臣,是其义勇士也。本不相识,岂是冤仇?"遂舍之。二十二年,为昆丘道总管,击龟兹,获其王诃梨布失毕及诸首领等。太宗崩,何力欲杀身以殉,高宗谕而止之。

永徽二年,处月、处密叛,以何力为弓月道大总管,讨平之,擒其渠帅处密时健俟斤、合支贺等以归。显庆二年,迁左骁卫大将军,累封郧国公,兼检校鸿胪卿。

龙朔元年,又为辽东道行军大总管。九月,次于鸭绿水,其地即高丽之险阻,莫支男生以精兵数万守之,众莫能济。何力始至,会层冰大合,趣即渡兵,鼓噪而进,贼遂大溃,追奔数十里,斩首三万级,余众尽降,男生仅以身免。会有诏班师,乃还。其年,九姓叛,以何力为铁勒道安抚大使。乃简精骑五百驰入九姓中,贼大惊,何力乃谓曰:"国家知汝被诖误,遂有翻动,使我舍汝等过,皆可自新。罪有酋渠,得之则已。"诸姓大喜,共擒伪叶护及设、特勒等同恶二百余人以归,何力数其罪而诛之。

乾封元年,又为辽东道行军大总管,兼安抚大使。高丽有众十五万,屯于辽水,又引靺鞨数万据南苏城。何力奋击,皆大破之,斩首万余级,乘胜而进,凡拔七城。乃回军会英国公李勣于鸭绿水,共攻辱夷、大行二城,破之。勣顿军于鸭绿栅,何力引蕃汉兵五十万先临平壤。勣仍继至,共拔平壤城,执男建,虏其王还。授镇军大将军,行左卫大将军,徙封凉国公,仍检校右羽林军。仪凤二年卒,赠辅国大将军、并州都督,陪葬昭陵,谥曰烈。

有三子:明、光、贞。明,左鹰扬卫大将军,兼贺兰部督,袭爵凉国公。光,则天时右豹韬卫将军,为酷吏所杀。贞,司膳少卿。

黑齿常之，百济西部人。长七尺余，骁勇有谋略。初在本蕃，仕为达率兼郡将，犹中国之刺史也。显庆五年，苏定方讨平百济，常之率所部随例送降款。时定方絷左王及太子隆等，仍纵兵劫掠，丁壮者多被戮。常之恐惧，遂与左右十余人遁归本部，鸠集亡逸，共保任存山，筑栅以自固，旬日而归附者三万余人。定方遣兵攻之，常之领敢死之士拒战，官军败绩，遂复本国二百余城，定方不能讨而还。龙朔三年，高宗遣使招谕之，常之尽率其众降。累转左领军员外将军。

仪凤中，吐蕃犯边，常之从李敬玄击之。刘审礼之没贼，敬玄欲抽军，却阻泥沟，而计无所出。常之夜率敢死之兵五百人进掩贼营，吐蕃首领跋地设弃军宵遁，敬玄因此得还。高宗欢其才略，擢授左武卫将军，兼检校左羽林军，赐金五百两、绢五百匹，仍充河源军副使。时吐蕃赞婆及素和贵等贼徒三万余屯于良非川。常之率精骑三千夜袭贼营，杀获二千级，获羊马数万，赞婆等单骑而遁。擢常之为大使，又赏物四百匹。常之以河源军正当贼冲，欲加兵镇守，恐有运转之费，遂远置烽戍七十余所，度开营田五千余顷，岁收百余万石。开耀中，赞婆等屯于青海，常之率精兵一万骑袭破之，烧其粮贮而还。常之在军七年，吐蕃深畏惮之，不敢复为边患。嗣圣元年，迁左武卫大将军，仍检校左羽林军。

垂拱二年，突厥犯边，命常之率兵拒之。蹑至两井，忽逢贼三千余众，常之见贼徒争下马著甲，遂领二百余骑，身当先锋直冲，贼遂弃甲而散。俄顷，贼众大至。及日将暮，常之令伐木，营中燃火如烽燧，时东南忽有大风起，贼疑有救兵相应，遂狼狈夜遁。以功进封燕国公。三年，突厥入寇朔州，常之又充大总管，以李多祚、王九言为副。追蹑至黄花堆，大破之，追奔四十余里，贼散走碛北。时有中郎将爨宝璧表请穷追余贼，制常之与宝璧会，遥为声援。宝璧以为破贼在朝夕，贪功先行，竟不与常之谋议，遂全军而没。寻为周兴等诬构，云与右鹰扬将军赵怀节等谋反，系狱，遂自缢而死。

常之尝有所乘马为兵士所损，副使牛师奖等请鞭之。常之曰：

“岂可以损私马而决官兵乎！”竟赦之。前后所得赏赐金帛等，皆分给将士；及死，时甚惜之。

李多祚，代为靺鞨酋长。多祚骁勇善射，意气感激。少以军功历位右羽林军大将军，前后掌禁兵，北门宿卫二十余年。

神龙初，张柬之将诛张易之兄弟，引多祚将筹其事，谓曰：“将军在北门几年？”曰：“三十年矣。”柬之曰：“将军击钟鼎食，金章紫绶，贵宠当代，位极武臣，岂非大帝之恩乎？”曰：“然。”又曰：“将军既感大帝殊泽，能有报乎？大帝之子见在东宫，逆竖张易之兄弟擅权，朝夕危逼。宗社之重，于将军，诚能报恩，正属今日。”多祚曰：“苟缘王室，惟相公所使，终不顾妻子性命。”因即引天地神祇为要誓，词气感动，义形于色。遂与柬之等定谋诛易之兄弟，以功进封辽阳郡王，食实封八百户，仍拜其子承训为卫尉少卿。

其年，将有事于太庙，特令多祚与安国相王登辇夹侍。监察御史王觌上疏谏曰：“窃惟祔庙之礼，在于尊祖奉先；肃事之仪，岂厌惟亲与德。伏见恩敕令安国相王与李多祚参乘，且多祚夷人，有功于国，适可加之宠爵，岂宜逼奉至尊，侍帝弟而连衡，与吾君而共辇？诚恐万方之人，不允所望。昔文帝引赵谈参乘，盎伏车前曰：‘臣闻天子所共六尺舆者，皆天下豪英。今汉虽乏人，陛下独奈何与刀锯之余共载！’于是斥而下之。多祚虽无赵谈之累，亦非卿相之重，不自循省，无闻固让，岂国乏良辅，更无其人。史官所书，将示于后。何袁盎之强谏，独微臣之不及。惟陛下详择焉。”上谓觌曰：“多祚虽是夷人，缘其有功，委以心腹，特令侍辇，卿勿复言也。”

节愍太子杀武三思也，多祚与羽林大将军李千里等率兵以从。太子令多祚先至玄武楼下，冀上问以杀三思之意，遂按兵不战。时有宫闱令杨思勖于楼上侍帝，请拒其先锋。多祚子婿羽林中郎将野呼利为先军总管，思勖挺刃斩之，兵众大沮。多祚俄为左右所杀，并杀其二子，籍没其家。

睿宗即位，下制曰：“以忠报国，典册所称；感义捐躯，名节斯在。故右羽林大将军、上柱国、辽阳郡王李多祚，三韩贵重，百战余雄。席宠禁营，乃心王室，伏兹诚信，翻陷诛夷。赖彼神明，重清奸慝，永言徽烈，深合褒崇。宜追殁后之荣，以复生前之命。可还旧官，仍宥其妻子。”

李嗣业，京兆高陵人也。身长七尺，壮勇绝伦。天宝初，随募至安西，频经战斗。于时诸军初用陌刀，咸推嗣业为能。每为队头，所向必陷。节度使马灵察知其勇健，每出师，令嗣业与焉。累迁至中郎将。

天宝七载，安西都知兵马使高仙芝奉诏总军，专征勃律，选嗣业与郎将田珍为左右陌刀将。于时吐蕃聚十万众于娑勒城，据山因水，堑断崖谷，编木为城。仙芝夜引军渡信图河，奄至城下。仙芝谓嗣业与田珍曰：“不午时须破此贼。”嗣业引步军持长刀上，山头抛櫑蔽空而下，嗣业独引一旗于绝险处先登，诸将因之齐上。贼不虞汉军暴至，遂大溃，填溪谷，投水溺死，仅十八九。遂长驱至勃律城擒勃律王、吐蕃公主，斩藤桥，以兵三千人戍。于是拂林、大食诸胡七十二国皆归国家，款塞朝献，嗣业之功也。由此拜右威卫将军。

十载，又从平石国，及破九国胡并背叛突骑施，以跳荡加特进，兼本官。初，仙芝绐石国王约为和好，乃将兵袭破之，杀其老弱，虏其丁壮，取金宝瑟瑟驼马等，国人号哭，因掠石国王东献之于阙下。其子逃难奔走，告于诸胡国。群胡忿之，与大食连谋，将欲攻四镇。仙芝惧，领兵二万深入胡地，与大食战，仙芝大败。会夜，两军解，仙芝众为大食所杀，存者不过数千。事窘，嗣业白仙芝曰：“将军深入胡地，后绝救兵。今大食战胜，诸胡知，必乘胜而并力事汉。若全军没，嗣业与将军俱为贼所虏，则何人归报主？不如驰守白石岭，早图奔逸之计。”仙芝曰：“尔，战将焉。吾欲收合余烬，明日复战，期一胜耳。”嗣业曰：“愚者千虑，或有一得，势危若此，不可胶柱。”固请行，乃从之。路隘，人马鱼贯而奔。会跋汗那兵众先奔，人及驼马塞路，不克过。嗣业持大棒前驱击之，人马应手俱毙。胡等透，路开，仙芝获免。仙芝表其功，加骠骑左金吾大将军。

及禄山反，两京陷，上在灵武，诏嗣业赴行在。嗣业自安西统众万里，威令肃然，所过郡县，秋毫不犯。至凤翔谒见，上曰："今日得卿，胜数万众，事之济否，实在卿也。"遂与郭子仪、仆固怀恩等常犄角为先锋将。嗣业每持大棒冲击，贼众披靡，所向无敌。

禄山之乱，两京未复，肃宗在凤翔。至德六年九月，嗣业从广平王收复京城，与贼大战于香积寺北，西拒沣水，东临大川，十里间军容不断。嗣业时为镇西、北庭支度行营节度使，为前军，朔方右行营节度使郭子仪为中军，关内行营节度王思礼为后军。戈铤鼓鞞，震曜山野，距贼军数里，列长阵而待之。贼将李归仁初以锐师数来挑战，我师攒矢而逐之，贼军大至，逼我追骑，突入我营，我师嚣乱。嗣业谓郭子仪曰："今日之事，若不以身啖寇，决战于阵，万死而冀其一生。不然，则我军无孑遗矣。"嗣业乃脱衣徒搏，执长刀立于阵前大呼，当嗣业刀者，人马俱碎，杀十数人，阵容方驻。前军之士尽执长刀而出，如墙而进。嗣业先登奋命，所向摧靡。是时，贼先伏兵于营东，侦者知之，元帅广平王分回纥锐卒，令击其伏兵，贼将大败。嗣业出贼营之背，与回纥合势，表裹夹攻，自午及酉，斩首六万级，填沟壑而死者十二三。贼帅张通儒、安守忠、李归仁等收合残卒，东走保陕郡。庆绪又命严庄率众数万，赴陕助通儒辈以拒官军。广平王、郭子仪、王思礼等大军营于陕西。嗣业与子仪遇贼于新店，与之力战，数合，我师初胜而后败，嗣业逐急应接。回纥从南山望见官军败，曳白旗而下，径抵贼背，穿贼阵，贼阵西北角先陷。嗣业又率精骑前击，表裹齐进，贼众大败，走河北。子仪遂收东都。嗣业以功加开府仪同三司、卫尉卿，封虢国公，食实封二百户。

乾元二年，诸将同围相州。是时筑堤引漳水灌城，经月余，城不拔。是时，军无统帅，诸将自图全，人无斗志。贼每出战，嗣业被坚冲突，履锋冒刃，为流矢所中。数日，疮欲愈，卧于帐中，忽闻金鼓之声，因而大叫，疮中血出数升注地而卒。上闻之震悼，嗟惜久之，诏曰："临难忘身，为臣之大节。念功加赠，经国之常典。故卫尉卿、兼怀州刺史、充北庭行营节度使、虢国公李嗣业，植操沉厚，秉心忠烈，怀干时之勇略，有戡难之远谋。久仕边陲，备经任使。自儿渠构乱，中夏不宁，持感激之诚，总骁果之众，亲当矢石，频立勋庸。壮节可嘉，将谋于百胜；忠诚未遂，空恨于九原。言念其功，良深悯悼。死于王事，礼有可加，宜赠裂土之封，用广饰终之义。可赠武威郡王。其赙赠及缘葬事，所司倍于常式，仍令官给灵舆，递还所在。以其子佐国袭其官爵，食实封二百户。

白孝德，安西胡人也，骁悍有胆力。乾元中，事李光弼为偏裨。史思明攻河阳，使骁将刘龙仙率铁骑五十临城挑战。龙仙捷勇自恃，举右足加马鬣上，谩骂光弼。光弼登城望，顾诸将曰："孰可取者？"仆固怀恩请行，光弼曰："此非大将所为。"历选其次，左右曰："白孝德可。"光弼乃招孝德前，问曰："可乎？"曰："可。"光弼问："所要几何兵？"孝德曰："可独往耳。"光弼壮之。终问所欲，对曰："愿选五十骑于军门为继，兼请大军鼓噪以增气势，他无所用。"光弼抚其背以遣之。孝德兵二矛，策马截流而渡。半济，怀恩贺曰："克矣。"光弼曰："未及，何知其克？"怀恩曰："观其揽辔便辟，可万全者。"龙仙见其独来，甚易之，足不降鬣。稍近，将动，孝德摇手示之，若使其不动，龙仙不之测，乃止。孝德呼曰："侍中使余致辞，非他也。"龙仙去十步与之言，亵骂如初。孝德息马伺便，因瞋目曰："贼识我乎？"龙仙曰："谁耶？"曰："我，国之大将白孝德也。"龙仙曰："是何猪狗！"孝德发声虓唉，持矛跃马而搏之。城上鼓噪，五十骑继进。龙仙矢不暇发，环走堤上。孝德追及，斩首，携之而归，贼徒大骇。其后，累战功至安西北庭行营节度、鄜坊邠宁节度使，历检校刑部尚书，封昌化郡王。以家难去职，服阕复旧官。大历十四年九月，转太子少傅，寻卒，时年六十六，赠太子太保。

史臣曰：历代武臣，壮勇出众有诸，节行励俗者鲜矣，矧蛮夷之人乎！如冯盎智勇守节，社尔廉慎知足，苏尼失恩惠，史忠清谨。

凡用兵破吐蕃、谷浑，勇也；心如铁石，忠也；不解万均官，恕也；阻延陀之亲，智也；舍高突勃之死，识也。立大功，居显位，夙夜匪懈者，何力有焉。常之以私马恕官兵，与将士均赏赐，古之名将，无以加焉。多祚忘身许国，孝德壮勇立功，皆三军之杰也，岂九夷之陋哉！嗣业力赞中兴，终殁王事，未可伦而拟也。

　　赞曰：君子之居，九夷无陋。壮哉嗣业，孰出其右！

旧唐书卷一一○
列传第六○

李光弼　王思礼　邓景山
辛云京

李光弼，营州柳城人。其先，契丹之酋长。父楷洛，开元初，左羽林将军同正、朔方节度安副使，封蓟国公，以骁果闻。光弼幼持节行，善骑射，能读班氏《汉书》。少从戎，严毅有大略，起家左卫郎。丁父忧，终丧不入妻室。

天宝初，累迁左清道率兼安北都护府、朔方都虞候。五载，河西节度王忠嗣补为兵马使，充赤水军使。忠嗣遇之甚厚，常云："光弼必居我位。"边上称为名将。八载，充节度副使，封蓟郡公。十一载，拜单于副使都护。十三载，朔方节度安思顺奏为副使、知留后事。思顺爱其材，欲妻之，光弼称疾辞官。陇右节度哥舒翰闻而奏之，得还京师。禄山之乱，封常清、高仙芝战败，斩于潼关。又以哥舒翰率师拒贼。寻命郭子仪为朔方节度，收兵河西。玄宗眷求良将，委以河北、河东之事，以问子仪，子仪荐光弼堪当闻寄。

十五载正月，以光弼为云中太守，摄御史大夫，充河东节度副使、知节度事。二月，转魏郡太守、河北道采访使，以朔方兵五千会郭子仪军，东下井陉，收常山郡。贼将史思明以卒数万来援常山，追击破之，进收藁城等十余县，南攻赵郡。三月八日，光弼兼范阳长史、河北节度使，拔赵郡。自禄山反，常山为战场，死人蔽野，光弼酹其尸而哭之，为贼幽闭者出之，誓平寇难，以慰其心。六月，与贼将

蔡希德、史思明、尹子奇战于常山郡之嘉山,大破贼党,斩首万计,
生擒四千。思明露发跣足,奔于博陵。河北归顺者十余郡。

　　光弼以范阳禄山之巢穴,将行断之,使绝根本。会哥舒翰潼关
失守,玄宗幸蜀,人心惊骇。肃宗理兵于灵武,遣中使刘智达追光
弼、子仪赴行在,授光弼户部尚书,兼太原尹、北京留守、同中书门
下平章事,以景城、河间之卒五千赴太原。时节度王承业军政不修,
诏御史崔众交兵于河东。众侮易承业,或裹甲持枪突入承业听事玩
谑之。光弼闻之素不平。至是,交众兵于光弼。众以麾下来,光弼
出迎,旌旗相接而不避。光弼怒其无礼,又不即交兵,令收击之。顷
中使至,除众御史中丞,怀其敕问众所在。光弼曰:"众有罪,击之
矣!"中使以敕示光弼,光弼曰:"今只斩侍御史;若宣制命,即斩中
丞;若拜宰相,亦斩宰相。"中使惧,遂寝之而还。翌日,以兵仗围众,
至碑堂下斩之,威震三军。命其亲属吊之。

　　二年,贼将史思明、蔡希德、高秀严、牛庭玠等四伪师众十余万
来攻太原。光弼经河北苦战,精兵尽赴朔方,麾下皆乌合之众,不满
万人。思明谓诸将曰:"光弼之兵寡弱,可屈指而取太原,鼓行而西,
图河陇、朔方,无后顾矣!"光弼所部将士闻之皆惧,议欲修城以待
之,光弼曰:"城周四十里,贼垂至,今兴功役,是未见敌而自疲矣。"
乃躬率士卒百姓外城掘壕以自固。脱墼数十万,众莫知所用。及贼
攻城于外,光弼即令增垒于内,环辄补之。贼城外诟詈戏侮者,光弼
令穿地道,一夕而擒之,自此贼将行皆视地,不敢逼城。强弩发石以
击之,贼骁将劲卒死者十二三。城中长幼咸伏其勤智,懦兵增气而
皆欲出战。史思明揣知之,先归,留蔡希德等攻之。月余,我怒而寇
急,光弼率敢死士出击,大破之,斩首七万余级,军资器械一皆委
弃。贼始至及遁,五十余日,光弼设小幕,宿于城东南隅,有急即应,
行过府门,未尝回顾。贼退三日,决军事毕,始归府第。转检校司徒,
收清夷、横野等军,擒贼将李弘义以归。诏曰:"银青光禄大夫、检校
司徒、兼户部尚书、同中书门下平章事、兼御史大夫、鸿胪卿、太原
尹、北京留守、河东节度副大使、蓟国公光弼,全德挺生,英才间出,

干城御侮,坐甲安边。可守司空、兼兵部尚书、中书门下平章事,进封魏国公,食实封八百户。"

乾元元年,与关内节度使王思礼入朝,敕朝官四品已上出城迎谒。迁侍中,改封郑国公。二年七月,制曰:"元帅之任,实属于师贞;左军之选,谅资于邦杰。自非道申启沃,学富韬钤,则何以翊分阃而专征,膺凿门而受律。求诸将相,允得其人。司空、兼侍中、郑国公光弼,器识弘远,志怀沉毅,蕴孙、吴之略,有文武之材。往属艰难,备彰忠勇,协风云而经始,保宗社于阽危。由是出备长城,入扶大厦,茂功悬于日月,嘉绩被于严廊。属残寇犹虞,总戎有命,有择惟贤之佐,式弘建亲之典。必能绥宁邦国,协赞夫人,誓于丹浦之师,剿彼绿林之盗。载明朝奖,爰籍旧勋。宜副出车之命,仍践分麾之宠。为天下兵马元帅赵王系之副,知节度行营事。"

八月,兼幽州大都督府长史、河北节度支度营田经略等使,余如故。与九节度兵围安庆绪于相州,拔有日矣。史思明自范阳来救,屡绝粮道,光弼身先士卒,苦战胜之。属大风晦冥,诸将引众而退,所在剽掠,唯光弼所部不散。东京留守崔圆、河南尹苏震南奔襄阳,郭子仪率众屯于谷水。史思明因杀安庆绪,即伪位,纵兵河南。加光弼太尉、兼中书令,代郭子仪为朔方节度、兵马副元帅,以东师委之。左厢兵马使张用济水承子仪之宽,惧光弼之令,与诸将颇有异议,欲逗留其众。光弼以数千骑出次泛水县,用济单骑迎谒,即斩于辕门。诸将慑伏,都兵马使仆固怀恩先期而至。

初,光弼次汴州,闻思明悉众且至,谓许叔冀曰:"大夫能守此城浃旬,我必将兵来救。"叔冀曰:"诺。"光弼还东京,思明至汴,叔冀与战不利,遂与董秦、梁浦、刘从谏率众降思明。贼势甚炽,遣梁浦、刘从谏、田神功等将兵徇江淮,谓之曰:"收得其地,每人贡两船玉帛。"思明乘胜而西。光弼整众徐行,至洛,谓留守韦陟曰:"贼乘邺下之胜,再犯王畿,宜按甲以挫其锋,不利速战。洛城非御备之所,公计若何?"陟曰:"加兵陕州,退守潼关,据险以待之,足挫其锐矣!"光弼曰:"此盖兵家常势,非用奇之策也。夫两军相寇,贵进尺寸之间耳。今委五百里而不顾,是张贼势也。若移军河阳,北阻泽潞、三城以抗,胜则擒之,败则自守,表裹相应,使贼不敢西侵,此则猿臂之势也。夫辨朝廷之礼,光弼不如公;论军旅之事,公不如光弼。"陟无以应。判官韦损曰:"东京帝宅,侍中何不守之?"光弼曰:"若守洛城,氾水、湾岭皆须人守,子为兵马判官,能守之乎?"遂移牒留守及河南尹并留司官、坊市居人,出城避寇,空其城,率军士运油铁诸物,以为战守之备。

时史思明已至偃师,光弼悉军赴河阳。贼已至洛城,光弼军方至石桥。日暮,令秉炬徐行,与贼相随,而不敢来犯。乙夜,入河阳三城。排阁守备,号令严明,与士卒同甘苦,咸誓力战。贼惮光弼威略,顿兵白马寺,南不出百里,西不敢犯宫阙,于河阳南筑月城,掘壕以拒光弼。十月,贼攻城。于中潬城西大破逆党五千余众,斩首千余级,生擒五百余人,溺死者大半。

初,光弼谓李抱玉曰:"将军能为我守南城二日乎?"抱玉曰:"过期若何?"光弼曰:"过其而救不至,任弃也。"抱玉禀命,勒兵守南城。将陷,抱玉给贼曰:"吾粮尽,明日当降。"贼众大喜,敛军以俟之。抱玉复得缮完设备,明日,坚壁请战。贼怒见欺,急攻之。抱玉出奇兵,表裹夹击,杀伤甚众,贼帅周挚领军而退。光弼自将于中潬城,城外置栅,栅外大掘堑,阔二丈,深亦如之。周挚舍南城,并力攻中潬。光弼命荔非元礼出劲卒于羊马城以拒贼。光弼于城东北角树小红旗,下望贼军。贼恃众直逼其城,以车二乘载木鹅、蒙冲、斗楼、撞车随其后,督兵填城下堑,三面各八道过其兵,又当堑开栅,各置一门。光弼遥望贼逼城,使人语荔非元礼曰:"中丞看贼填堑开栅过兵,居然不顾,何也?"元礼报曰:"太尉拟守乎拟战乎?"光弼曰:"战。"元礼曰:"若战,贼为我填堑,复何嫌也!"光弼曰:"吾智不及公,公其勉之!"元礼俟栅开,率其能敢出战,一逼贼军,退走数百步。元礼料敌阵坚,虽出入驰突,不足破贼,收军稍退,以怠其寇而攻之。光弼望见收军,大怒,使人唤元礼,欲按军令。元礼曰:"战正忙,唤作何物?"良久,令军中鼓噪出栅门,徒搏齐进,贼大溃。

周挚复整军押北城而下，将攻之。光弼遽率众入北城，登城望曰："彼虽众，乱而嚣，不足惧也。当为公等日午而破之。"命出将战。及期，不决，谓诸将曰："向来战，何处最坚而难犯？"或曰："西北角。"遽命郝玉曰："尔往击之。"玉曰："玉，步卒也，请骑军五百翼之。"光弼与之三百。又问："何处最坚？"曰："东南隅。"即命论惟贞以所部往击之。对曰："贞，蕃将也，不知步战，请铁骑三百。"与之百。光弼又出赐马四十匹分给，且令之曰："尔等望吾旗而战，若麾旗缓，任尔观望便宜；吾旗连麾三至地，则万众齐入，生死以之，少退者斩无舍。"玉策马赴贼，有一人将援枪刺贼，洞马腹，连刺数人；一人逢贼，不战而退。光弼召不战者斩，赏援枪者绢五百疋。须臾，郝玉奔归。光弼望之，惊曰："郝玉退，吾事危矣。"命左右取玉头来。玉见使者曰："马中箭，非敢败也。"使者驰报，光弼令换马遣之。玉换马复入，决死而前。光弼连麾，在珲望旗俱进，声动天地，一鼓而贼大溃，斩万余级，生擒八千余人，军资器械粮储数万计，临阵擒其大将徐璜玉、李秦授、周挚。其大将安太清走保怀州。思明不知挚等败，尚攻南城。光弼悉驱俘囚临河以示之，杀数十人以威之，余众惧，投河赴南岸，光弼皆斩之。初，光弼将战，谓左右曰："战，危事，胜负击之。光弼位为三公，不可死于贼手，苟事之不捷，继之以死。"及是击贼，常纲短刀于靴中，有决死之志，城上面西拜舞，三军感动。

贼既败走，光弼收怀州，思明来救，迎击于沁水之上，又败之。城将安太清极力拒守，月余不下。光弼令仆固怀恩、郝玉由地道而入，得其军号，乃登陴大呼，我师同登，城遂拔。生擒安太清、周挚、杨希文等，送于阙下，即日怀州平。以功进爵临淮郡王，累加实封至一千五百户。

观军容使鱼朝恩屡言贼可灭之状，朝旨令光弼速收东都。光弼屡表："贼锋尚锐，请候时而动，不可轻进。"仆固怀恩又害光弼之功，潜附朝恩，言贼可灭。由是中使督战，光弼不获已，进军列阵于北邙山下。贼悉精锐来战，当弼败绩，军资器械并为贼所有。时渠子抱玉亦弃河阳，光弼渡河保闻喜。朝旨以怀恩异同致败，优诏徵之。光弼自河中入朝，抗表请罪，诏释之。光弼恳让太尉，遂加开府仪同三司、侍中、河南尹、行营节度使；俄复拜太尉，充河南、淮南、山南东道、荆南等副元帅，侍中如故，出镇临淮。史朝义乘邙山之胜，寇申、光等十三州，自领精骑围李岑于宋州。将士皆惧，请南保扬州，光弼径赴徐州以镇之，遣田神功击败之。浙东贼首袁晁攻剽郡县，浙东大乱，光弼分兵除讨，克定江左，人心乃安。

初，光弼将赴临淮，在道舁疾而行。监军使以袁晁方扰江淮，光弼兵少，请保润州以避其锋。光弼曰："朝廷寄安危于我，今贼虽强，未测吾众寡，若出其不意，当自退矣。"遂径往泗州。光弼未至河南也，田神功平刘展后，逗留于扬府，尚衡、殷仲卿相攻于兖、郓，来瑱旅拒于襄阳，朝廷患之。及光弼轻骑至徐州，史朝义退走，田神功遽归河南，尚衡、殷仲卿、来瑱皆惧其威名，相继赴阙。宝应元年，进封临淮王，赐铁券，图形凌烟阁。

广德初，吐蕃入寇京畿，代宗诏徵天下兵。光弼与程元振不协，迁延不至。十月，西戎犯京师，代宗幸陕。朝廷方倚光弼为援，恐成嫌疑，数诏问其母。吐蕃退，乃除光弼东都留守，以察其去就。光弼伺知之，辞以久待救不至，且归徐州，欲收江淮租赋以自给。代宗还京，二年正月，遣中使往宣慰。光弼母在河中，密诏子仪舆归京师。其弟光进，与李辅国同掌禁兵，委以心膂。至是，以光进为太子太保、兼御史大夫、凉国公、渭北节度使，上遇之益厚。

光弼御军严肃，天下服其威名，每申号令，诸将不敢仰视。及惧朝恩之害，不敢入朝，田神功等皆不禀命，因愧耻成疾，遣衙将孙珍奉遗表自陈。广德二年七月，薨于徐州，时年五十七。辍朝三日，赠太保，谥曰武穆。光弼既疾亟，将吏问以后事，曰："吾久在军中，不得就养，既为不孝子，夫复何言！"因取已封绢布各三千疋、钱三千贯文分给将士。部下护丧枢还京师。代宗遣中官开府鱼朝恩吊问其母于私第，又命京兆尹第五琦监护丧事。十一月，葬于三原，诏宰臣百官祖送于延平门外。母李氏，有须数十茎，长五六寸，以子贵，封韩国太夫人,二子皆节制一品。光弼十年间三入朝,与弟光进在京师,虽与光弼异母,性亦孝悌,双旌在门,鼎味就养,甲第并开,往来追欢,极一时之荣。

王思礼,营州城傍高丽人也。父虔威,为朔方军将,以习战闻。思礼少习戎旅,随节度使王忠嗣至河西,与哥舒翰对为押衙。及翰为陇右节度使,思礼与中郎周泌为翰押衙,以拔石堡城功,除右金吾卫将军,充关西兵马使,兼河源军使。十一载,加云麾将军。十二载,翰征九曲,思礼后期,欲引斩之,续使命释之。思礼徐言曰:"斩则斩,却唤何物?"诸将皆壮之。十三年,吐蕃浑苏毗王款塞,诏翰至磨环川应接之。思礼附马损脚,翰谓中使李大宜曰:"思礼既损脚,更欲何之?"

十四载六月,加金城太守。禄山反,哥舒翰为元帅,奏思礼加开府仪同三司,兼太常卿同正员,充元帅府马军都将,每事独与思礼决之。十五载二月,思礼白翰谋杀安思顺父元贞,于约隔上密语翰,请抗表诛杨国忠,翰不应。复请以三十骑劫之,横驮来潼关杀之,翰曰:"此乃翰反,何预禄山事。"六月,潼关失守,思礼西赴行在,至安化郡。思礼与吕崇贲、李承光并引于纛下,责以不能坚守,并从军令。或救之可收后效,遂斩承光而释思礼、崇贲,与房琯为副使。便桥之战又不利,除为关内节度使。寻遣守武功。

贼将安守忠及李归仁、安泰清来战,思礼以其众退守扶风。贼兵分至大和关,去凤翔五十里。王师大骇,凤翔戒严,中官及朝官皆出其孥,上使左右巡御史虞候书其名,乃止。遂命司徒郭子仪以朔方之众击之而退。

至德二年九月,思礼从元帅广平王收西京,既破贼,思礼领兵先入景清宫。又从子仪战陕城、曲沃、新店,贼军继败,收东京。思礼又于绛郡破贼六千余众,器械山积,牛马万计。迁户部尚书、霍国公,食实封三百户,乾元二年,与子仪等九节度围安庆绪于相州。思礼领关内及潞府行营步卒三万、马军八千,大军溃,唯思礼与李光弥两军独全。及光弼镇河阳,制以思礼为太原尹、北京留守、河东节度使、兼御史大夫,贮军粮百万,器械精锐。寻加守司空。自武德已来,三公不居宰辅,唯思礼而已。

上元二年四月,以疾薨,辍朝一日,赠太尉,谥曰武烈,命鸿胪卿监护丧事。思礼长于支计,短于用兵,然立法严整,士卒不敢犯,时议称之。

邓景山,曹州人也。文史见称。天宝中,自大理评事至监察御史。至德初,擢拜青齐节度使,迁扬州长史、淮南节度。为政简肃,闻于朝廷。居职四年,会刘展作乱,引平卢副大使田神功兵马讨贼。神功至扬州,大掠居人资产,鞭笞发掘略尽,商胡大食、波斯等商旅死者数千人。

上元二年十月,追入朝,拜尚书左丞、太原尹、北京留守王思礼军储丰实,其外又别积米万石,奏请割其半送京师。属思礼薨,以管崇嗣代之,委任左右,失于宽缓,数月之间,费散殆尽,唯存陈烂万余石。上闻之,即日召景山代崇嗣。及至太原,以镇抚纪纲为己任,检覆军吏隐没者,众惧。有一偏将抵罪当死,诸将各请赎其罪,景山不许,其弟请以身代其兄,又不许;弟请纳马一匹以赎兄罪,景山许其减死。众咸怒,谓景山曰:“我等人命轻如一马乎?”军众愤怒,遂杀景山。上以景山统驭失所,不复验其罪,遣使谕之。军中因请以都知兵马使、代州刺史辛云京为节度使,从之。

辛云京者,河西之大族也。代掌戎旅,兄弟数人,并以将帅知名。云京有胆略,志气刚决,不畏强御,每在戎行,以擒生斩馘为务。累建勋劳,官至北京都知兵马使、代州刺史。邓景山统驭失所,为军士所杀,请云京为节度使,因授兼太原尹,以北门委之。云京质性沉毅,部下有犯令者,不贷丝毫,其赏功效亦如之,故三军整肃。回纥恃旧勋,每入汉界,必肆狼贪。至太原,云京以戎狄之道待之,虏畏云京,不敢惕息。数年间,太原大理,无烽警之虞。累加检校左仆射、同中书门下平章事。

大历三年八月庚午薨,上追悼发哀,为之流涕,册赠太尉,辍朝三日,谥曰忠献。后宰臣子仪、元载等见上,言及云京,泫然久之。十一月葬,命中使吊祭。时宰相及诸道节度使祭者凡七十余幄。

史臣曰:凡言将者,以孙、吴、韩、白为首。如光弼至性居丧,人子之情显矣;雄才出将,军旅之政肃然。以奇用兵,以少败众,将今比古,询事考言,彼四子者,或有惭德。邙山之败,阃外之权不专;徐州之留,郡侧之人伺隙。失律之尤虽免,匪躬之义或亏,令名不全,良可惜也。然阃外之事,君侧之人,得不慎诸!思礼法令严整,储廪丰盈,节制之才,固不易得。景山始以文吏,或有虚名。仗钺扬州,召匪人而劫掠士庶;分茅并部,持小法而全昧机权。贵马贱人,众怒身死,宜哉!云京赏善惩恶,静乱安边,功著军中,宠加身后,不亦美欤!

赞曰:光弼雄名,思礼刑清。始致乱者邓景山,何以救之辛云京。

旧唐书卷一一一
列传第六一

崔光远　房琯　子孺复　从子式
张镐　高适　畅璀

崔光远，滑州灵昌人也。本博陵旧族。祖敬嗣，好樗蒲饮酒。则天初，为房州刺史。中宗为庐陵王，安置在州，官吏多无礼度，敬嗣独以亲贤待之，供给丰赡，中宗深德之。及登位，有益州长史崔敬嗣，既同姓名，每进拟官，皆御笔超拜之者数四。后引与语，始知误宠。访敬嗣已卒，乃遣中书令韦安石授其子汪官。汪嗜酒不堪职任，且授洛州司功，又改五品。

光远即汪之子，虽无学术，颇有祖风，勇决任气，身长六尺余，目睛白黑分明。少历仕州县。开元末为蜀州唐安令，与杨国忠以博徒相得，累迁至左赞善大夫。天宝十一载，京兆尹鲜于仲通举光远为长安令。十四载，迁京兆少尹。其载，使吐蕃吊祭。十五载五月使回。十余日，潼关失守，玄宗幸蜀，诏留光远为京兆尹、兼御史中丞，充西京留守采访使。驾发，百姓乱入宫禁，取左藏大盈库物，既而焚之，自旦及午，火势渐盛，亦有乘驴上紫宸、兴庆殿者。光远与中官将军边令诚号令百姓救火，又募人摄府县官分守之，杀十数人方令。使其息东见禄山，禄山大悦，伪敕复本官。先是禄山已令张休摄京兆尹十余日，既得光远归款，召休归洛。

八月，同罗背禄山，以厩马二千出至浐水。孙孝哲、安神威从而召之，不得，神威惧而忧死，府县官吏惊走，狱囚皆空。光远以为贼

且逃矣,命所由守神威孝哲,以光远之状报禄山。光远闭府门,斩为
盗曳落河二人,遂与长安令苏震等同出。至开远门,使人前谓门官
曰:"尹巡诸门。"门官具器仗以迎,至则皆斩之。领府县官千余人,
于京西号令百姓,赴召者百余人,夜过咸阳,遂达灵武。上喜之,擢
拜御史大夫,兼京兆尹,仍使光远于渭北召集人吏之归顺者。尝有
贼剽掠泾阳县界,于僧寺中椎牛酾酒,连夜酣饮,去光远营四十里。
光远侦知之,率马步二千乙夜趋其所。贼徒多醉,光远领百余骑持
满扼其要,分命骁勇持陌刀呼而斩之,杀贼徒二千余人,虏马千疋,
俘其渠酋一人。贼中以光远勇劲,常避其锋。及扈从还京,论功行
赏,制曰:"持节京畿采访、计会、招召、宣慰、处置等使崔光远,毁家
成国,致命前予。可特进,行礼部尚书,封邺国公,食实封三百户。"

　　乾元元年,兼御史大夫。五月,为河南节度使。八月,代张镐为
汴州刺史,兼本州防御使。十二月,代萧华为魏州刺史,充魏州节度
使。初,司徒郭子仪与贼战于汲郡,光远率汴师千人渡河援之。及
代萧华入魏州,使将军李处崟拒贼,贼大至,连战不利,子仪怒不
救,处崟遂败,奔还。贼逐处崟至城下,反间之曰:"处崟召我来,何
为不出?"光远乃腰斩处崟。处崟善战有勇,众皆倚之,及死,人用危
惧。魏州城自禄山反,袁知泰、能元皓等皆缮完之,甚为坚峻。光远
不能守,遂夜溃围而出,度河而还。肃宗不之罪,除太子少保。

　　襄州将士康楚元、张嘉延率众为乱,隐荆、襄、澧、朗等州,以光
远兼御史大夫,持节荆襄招讨,仍充山南东道处置兵马都使。三年,
除凤翔尹,充本府及秦陇观察使。先是,岐、陇吏人郭愔等为土贼,
掠州县,为五堡,光远使判官、监察御史严侁召而降之。光远在官好
蒲酒,晚年不亲戎事。上元元年冬,侁等潜连党项及奴剌、突厥败韦
伦于秦、陇,杀监军使,击黄戍。肃宗追还,以李鼎代之。二年,兼成
都尹,充剑南节度营田观察处置使,仍兼御史大夫。及段子璋反,东
川节度使李奂败走,投光远,率将花惊定等讨平之。将士肆其剽劫,
妇女有金银臂钏,兵士皆断其腕以取之,乱杀数千人,光远不能禁。
肃宗遣监军官使按其罪,光远忧恚成疾,上元二年十月卒。

　　房琯，河南人，天后朝正议大夫、平章事融之子也。琯少好学，风仪沉整，以门荫补弘文生。性好隐遁，与东平吕向于陆浑伊阳山中读书为事，凡十余岁。开元十二年，玄宗将封岱岳，琯撰《封禅书》一篇及笺启以献。中书令张说奇其才，奏授秘书省校书郎，调补同州冯翊尉。无几去官，应堪任县令举，授虢州卢氏令，政多惠爱，人称美之。二十二年，拜监察御史。其年坐鞫狱不当，贬睦州司户。历慈溪、宋城、济源县令，所在为政，多兴利除害，缮理廨宇，颇著能名。天宝元年，拜主客员外郎。三年，迁试主客郎中。五年正月，擢试给事中，赐爵漳南县男。时玄宗企慕古道，数游幸近甸，乃分新丰县置会昌县于骊山下，寻改会昌为昭应县。又改温泉宫为华清宫，于宫所立百司廨舍，以琯雅有巧思，令充使缮理。事未毕，坐与李适之、韦坚等善，贬宜春太守。历琅邪、邺郡、扶风三太守，所至多有遗爱。十四年，征拜左庶子，迁宪部侍郎。

　　十五年六月，玄宗苍黄幸蜀，大臣陈希烈、张倚等衔于失恩，不时赴难。琯结张均、张垍兄弟与韦述等行至城南十数里山寺，均、垍同行，皆以家在城中，逗留不进，琯独驰蜀路。七月，至普安郡谒见，玄宗大悦，即日拜文部尚书、同中书门下平章事，赐紫金鱼袋。从幸成都，加银青光禄大夫，仍与一子官。

　　其年八月，与左相韦见素、门下侍郎崔涣等奉使灵武，册立肃宗。至顺化郡谒见，陈上皇传付之旨，因言时事，词情慷慨，肃宗为之改容。时潼关败将王思礼、吕崇贲、李承光等引于纛下，将斩之，琯从容救谏，独斩承光而已。肃宗以琯素有重名，倾意待之，琯亦自负其才，以天下为己任。时行在机务，多决之于琯，凡有大事，诸将无敢预言。

　　寻抗疏自请将兵以诛寇孽，收复京都，肃宗望其成功，许之。诏加持节、招讨西京兼防御蒲潼两关兵马节度等使，乃与子仪、光弼等计会进兵。琯请自选参佐，乃以御史中丞邓景山为副，户部侍郎李揖为行军司马，中丞宋若思、起居郎知制诰贾至、右司郎中魏少游为判官，给事中刘秩为参谋。既行，又令兵部尚书王思礼副之。琯分为三军：遣杨希文将南军，自宜寿入；刘哲将中军，自武功入；李光进将北军，自奉天入。琯自将中军，为前锋，十月庚子，师次便桥。辛丑，二军先遇贼于咸阳县之陈涛斜，接战，官军败绩。时琯用春秋车战之法，以车二千乘，马步夹之。既战，贼顺风扬尘鼓噪，牛皆震骇，因缚刍纵火焚之，人畜挠败，为所伤杀者四万余人，存者数千而已。癸卯，琯又率南军即战，复败，希文、刘哲并降于贼。琯等奔赴行在，肉袒请罪，上并宥之。

琯好宾客，喜谈论，用兵素非所长，而天子采其虚声，冀成实效。琯既自无庙胜，又以虚名择将吏，以至于败。琯之出师，戎务一委于李揖、刘秩，秩等亦儒家子，未尝习军旅之事。琯临戎谓人曰："逆党曳落河虽多，岂能当我刘秩等。"及与贼对垒，琯欲持重以伺之，为中使邢延恩等督战，苍黄失据，遂及于败。上犹待之如初，仍令收合散卒，更图进取。

会北海太守贺兰进明自河南至，诏授南海太守，摄御史大夫，充岭南节度使。中谢，肃宗谓之曰："朕处分房琯与卿正大夫，何为摄也？"进明对曰："琯与臣有隙。"上以为然。进明因奏曰："陛下知晋朝何以至乱？"上曰："卿有说乎？"进明曰："晋朝以好尚虚名，任王夷甫为宰相，祖习浮华，故至于败。今陛下方兴复社稷，当委用实才，而琯性疏阔，徒大言耳，非宰相器也。陛下待琯至厚，以臣观之，琯终不为陛下用。"上问其故，进明曰："琯昨于南朝为圣皇制置天下，乃以永王为江南节度，颍王为剑南节度，盛王为淮南节度，制云：'命元子北略朔方，命诸王分守重镇'。且太子出为抚军，入曰监国，琯乃以枝庶悉领大藩，皇储反居边鄙，此虽于圣皇似忠，于陛下非忠也。琯立此意，以为圣皇诸子，但一人得天下，即不失恩宠。又各树其私党刘秩、李揖、刘汇、邓景山、窦绍之徒，以副戎权。推此而言，琯岂肯尽诚于陛下乎？臣欲正衙弹劾，不敢不行奏。"上由是恶琯，诏以进明为河南节度、兼御史大夫。

崔圆本蜀中拜相，肃宗幸扶风，始来朝谒。琯意以为圆才到，当即免相,故待圆礼薄。圆厚结李辅国,到后数日,颇承恩渥,亦憾于琯。琯又多称病,不时朝谒,于政事简惰。时议以两京陷贼,车驾出次外郊,天下人心惴恐,当主忧臣辱之际,此时琯为宰相,略无匡懈之意。但与庶子刘秩、谏议李揖、何忌等高谈虚论,说释氏因果、老子虚无而已。此外,则听董庭兰弹琴,大招集琴客筵宴,朝官往往因庭兰以见琯,自是亦大招纳货贿,奸赃颇甚。颜真卿时为大夫,弹何忌不孝,琯既党何忌,遽托以酒醉入朝,贬为西平郡司马。宪司又奏弹董庭兰招纳货贿,琯入朝自诉,上叱出之,因归私第,不敢关预人事。谏议大夫张镐上疏,言琯大臣,门客受赃,不宜见累。二年五月,贬为太子少师,仍以镐代琯为宰相。

其年十一月,从肃宗还京师。十二月,大赦,策勋行赏,加琯金紫光禄大夫,进封清河郡公。琯既在散位,朝臣多以为言,琯亦常自言有文武之用,合当国家驱策,冀蒙任遇。又招纳宾客,朝夕盈门,游其门者,又将琯言议暴扬于朝。琯又多称疾,上颇不悦。乾元元年六月,诏曰:

崇党近名,实为害政之本;黜华去薄,方启至公之路。房琯素表文学,凤推名器,由是累阶清贵,致位台衡。而率情自任,怙气恃权。虚浮简傲者进为同人,温让谨令者捐于异路。所以辅佐之际,谋猷匪弘。顷者时属艰难,擢居将相,朕永怀仄席,冀有成功。而丧我师徒,既亏制胜之任;升其亲友,悉彰浮诞之迹。曾未逾时,遽从败绩。自合首明军令,以谢师旅,犹尚矜其万死,擢以三孤。

或云缘其切直,遂见斥退。朕示以堂案,令观所以,咸知乖舛,旷于政事。诚宜效兹忠恳,以奉国家,而乃多称疾疹,莫申朝谒。郄縠为政,曾不疾其迂回;亚夫事君,翻有怀于郁快。又与前国子祭酒刘秩、前京兆少尹严武等潜为交结,轻肆言谈,有朋党不公之名,违臣子奉上之体。何以仪刑王国,训导储闱?但以尝践台司,未忍致之于理。况秩、武遽相尚,同务虚求,不议典章,何成沮劝?宜从贬秩,俾守外藩。琯可邠州刺史,秩可阆州刺史,武可巴州刺史,散官、封如故;并即驰驿赴任,庶各增修。朕自临御寰区,荐延多士,常思聿求贤哲,共致雍熙。深嫉比周之徒,虚伪成俗。今兹所遣,实属其辜。犹以琯等妄自标持,假延浮称,虽周行具悉,恐流俗多疑,所以事必缕言,盖欲人知不滥。凡百卿士,宜悉朕怀。

时邠州久屯军旅,多以武将兼领刺史,法度隳废,州县廨宇,并为军营,官吏侵夺百姓室屋以居,人甚弊之。琯到任,举陈令式,令州县恭守,又缉理公馆,僚吏各归官曹,颇著政声。二年六月,诏褒美之,征拜太子宾客。上元元年四月,改礼部尚书,寻出为晋州刺史。八月,改汉州刺史。琯长子乘,自少两目盲。琯到汉州,乃厚结司马李锐以财货,乘聘锐外甥女卢氏,时议薄其无士行。宝应二年四月,拜特进、刑部尚书。在路遇疾,广德元年八月四日,卒于阆州僧舍,时年六十七,赠太尉。

孺复,琯之孽子也。少黠慧,年七八岁,即粗解缀文,亲党奇之。稍长,狂疏傲慢,任情纵欲。年二十,淮南节度陈少游辟为从事,多招阴阳巫觋,令扬言己过三十必为宰相。德宗幸奉天,包佶掌赋于扬州,少游将抑夺之。佶闻而奔出,少游方遣人劫佶令回,孺复请行,会佶已过江南,乃还。及少游卒,浙西节度韩滉又辟入幕。其长兄宗偃先贬官岭下而卒,及丧枢到扬州,孺复未尝吊。妆婆郑氏,恶贱其妻,多畜婢仆,妻之保母累言之,孺复乃先具棺椁而集家人生敛保母,远近惊异。及妻有产蓐三四日,遽令上船即路,数日,妻遇风而卒。孺复以宰相子,年少有浮名,而奸恶未甚露,累拜杭州刺史。又娶台州刺史崔昭女,崔妒悍甚,一夕杖杀孺复侍儿二人,埋之雪中。观察使闻之,诏发使鞠案有实,孺复坐贬连州司马,仍令与崔氏离异。孺复久之迁辰州刺史,改容州刺史、本管经略使。乃潜与妻往来,久而上疏请合,诏从之。二岁余,又奏与崔氏离异,其为取舍恣逸,不顾礼法也如此。贞元十三年九月卒,时年四十二。

式,琯之侄。举进士。李泌观察陕州,辟为从事。泌入为相,累迁起居郎,出入泌门,为其耳目。及泌卒,再除忠州刺史,韦皋表为云南安抚使,兼御史中丞。皋卒,诏除兵部郎中。属刘辟反,式留不得行。性便佞,又惧辟,每于座中数赞辟之德美,比之刘备,同陷于贼者皆恶之。高崇文既至成都,式与王良士、崔从、卢士玫等白衣麻跣衔土请罪,崇文宽礼之,乃表其状,寻除吏部郎中。

时河朔节度刘济、王士真、张茂昭皆以兵壮气豪,相持短长,屡以表闻,迭请加罪。上欲止其兵,李吉甫荐式为给事中,将命于河朔。式历使诸镇讽谕之,还奏惬旨,除陕虢观察使、兼御史中丞,转河南尹。时讨王承宗于镇州,配河南府馈运车四千两,式表以凶旱,人贫力微,难以徵发,宪宗可其奏,既免力役,人怀而安之。明年,移授宣歙池观察使。元和七年七月卒,赠左散骑常侍。

张镐,博州人也。风仪魁岸,廓落有大志,涉猎经史,好谈王霸大略。少时师事吴兢,兢甚重之。后游京师,端居一室,不交世务。性嗜酒,好琴,常置座右。公卿或有邀之者,镐杖策径往,求醉而已。

天宝末,杨国忠以声名自高,搜天下奇杰。闻镐名,召见荐之,自褐衣拜左拾遗。及禄山阻兵,国忠屡以军国事咨于镐,镐举赞善大夫来瑱可当方面之寄。数月,玄宗幸蜀,镐自山谷徒步扈从。肃宗即位,玄宗遣镐赴行在所。镐至凤翔,奏议多有弘益,拜谏议大夫,寻迁中书侍郎、同中书门下平章事。时供奉僧在内道场晨夜念佛,动数百人,声闻禁外,镐奏曰:"臣闻天子修福,要在安养含生,靖一风化,未闻区区僧教,以致太平。伏愿陛下以无为为心,不以小乘而挠圣虑。"肃宗甚然之。

时方兴军戎,帝注意将帅,以镐有文武才,寻命兼河南节度使,持节都统淮南等道诸军事。镐既发,会张巡宋州围急,倍道兼进,传檄濠州刺史闾丘晓引兵出救。晓素愎戾,驭下少恩,好独任己。及镐信至,略无禀命,又虑兵败,祸及于己,遂逗留不进。镐至淮口,宋州已陷,镐怒晓,即杖杀之。及收复两京,加镐银青光禄大夫,封南阳郡公，诏以本军镇汴州，招讨残孽。时贼帅史思明表请以范阳归顺，镐揣知其伪，恐朝迁许之，手书密表奏曰："思明凶竖，因逆窃位，兵强则众附，势夺则人离。包藏不测，禽兽无异，可以计取，难以义招。伏望不以威权假之。"又曰："滑州防禦使许叔冀，性狡多谋，临难必变，望追入宿卫。"肃宗计意已定，表入不省。镐为人简澹，不事中要。会有宦官自范阳及滑州使还者，皆言思明、叔冀之诚悫。肃宗以镐不切事机，遂罢相位，授荆州大都督府长史。后思明、叔冀之伪皆符镐言。寻徵为太子宾客，改左散骑常侍。属嗣岐王珍被诬告构逆伏法，镐买珍宅坐累，贬辰州司户。

代宗即位，推恩海内，拜抚州刺史。迁洪州刺史、饶吉等七州都团练观察等使，寻正授江南西道都团练观察等使。广德二年九月卒。

镐自入仕凡三十年，致位宰相。居身清廉，不营资产，谦恭下士，善谈论，多识大体，故天下具瞻，虽考秩至浅，推为旧德云。

高适者，渤海蓨人也。父从文，位终韶州长史。适少濩落，不事生业，家贫，客于梁、宋，以求丐取给。天宝中，海内事干进者注意文词。适年过五十，始留意诗什，数年之间，体格渐变，以气质自高，每吟一篇，已为好事者称诵。宋州刺史张九皋深奇之，荐举有道科。时右相李林甫擅权，薄于文雅，唯以举子待之。解褐汴州封丘尉，非其好也，乃去位，客游河右。河西节度哥舒翰见而异之，表为左骁卫兵曹，充翰府掌书记，从翰入朝，盛称之于上前。

禄山之乱，徵翰讨贼，拜适左拾遗，转监察御史，仍佐翰守潼关。及翰兵败，适自骆谷西驰，夺赴行在，及河池郡，谒见玄宗，因陈潼关败亡之势曰："仆射哥舒翰忠义感激，臣颇知之，然疾病沉顿，智力将竭。监军李大宜与将士约为香火，使倡妇弹箜篌琵琶以相娱乐，樗蒲饮酒，不恤军务。蕃浑及秦、陇武士，盛夏五六月于赤日之中，食仓米饭且犹不足，欲其勇战，安可得乎？故有望敌散亡，临阵翻动，万全之地，一朝而失。南阳之军，鲁炅、何履光、赵国珍各皆持节，监军等数人更相用事，宁有是，战而能必胜哉？臣与杨国忠争，终不见纳。陛下因此履巴山、剑阁之险，西幸蜀中，避其蚕毒，未足为耻也。"玄宗嘉之，寻迁侍御史。至成都，八月，制曰："侍御史高适，立节贞峻，植躬高朗，感激怀经济之略，纷赡文雅之才。才策远图，可云大体；谠言义色，实谓忠臣。宜回纠逖之任，俾超讽谕之职。可谏议大夫，赐绯鱼袋。"适负气敢言，权幸惮之。

二年，永王璘起兵于江东，欲据扬州。初，上皇以诸王分镇，适切谏不可。及是永王叛，肃宗闻其论谏有素，召而谋之。适因陈江东利害，永王必败。上奇其对，以适兼御史大夫、扬州大都督府长史、淮南节度使。诏与江东节度来瑱率本部兵平江淮之乱，会于安州。师将渡而永王败，乃招季广琛于历阳。兵罢，李辅国恶适敢言，短于上前，乃左授太子少詹事。

未几，蜀中乱，出为蜀州刺史，迁彭州。剑南自玄宗还京后，于绵、益二州各置一节度，百姓劳敝，适因出西山三城置戍，论之曰：

剑南虽名东西两川，其实一道。自邛关、黎、雅，界于南蛮也；茂州而西，经羌中至平戎数城，界于吐蕃也。临边小郡，各举军戎，并取给于剑南。其运粮戍，以全蜀之力，兼山南佐之，而犹不举。今梓、遂、果、阆等八州分为东川节度，岁月之计，西川不可得而参也。而嘉、陵比为夷獠所陷，今虽小定，疮痍未平。又一年已来，耕织都废，而衣食之业，皆贸易于成都，则其人不可得而役明矣。今可税赋者，成都、彭、蜀、汉州。又以四州残敝，当他十州之重役，其于终久，不亦至艰？又言利者穿凿万端，皆取之百姓；应差科者，自朝至暮，案牍千重。官吏相承，惧于罪谴，或责之于邻保，或威之以杖罚。督促不已，逋逃益滋，欲无流亡，理不可得。比日关中米贵，而衣冠士庶，颇亦出城，山南、剑南，道路相望，村坊市肆，与蜀人杂居，其升合斗储，皆求于蜀人矣。且田土疆界，盖亦有涯；赋税差科，乃无涯矣。为蜀人之计，不亦难哉！

今所界吐蕃城堡而疲于蜀人，不过平戎以西数城矣。邈在穷山之巅，垂于险绝之末，运粮于束马之路，坐甲于无人之乡。以戎狄言之，不足以利戎狄；以国家言之，不足以广土宇。奈何以险阻弹丸之地，而困于全蜀太平之人哉？恐非今日之急务也。国家若将已戍之地不可废，已镇之兵不可收，当宜却停东川，并力从事，犹恐狼狈，安可仰于成都、彭、汉、蜀四州哉！虑乖圣朝洗荡关东扫清逆乱之意也。倘蜀人复扰，岂不贻陛下之忧？昔公孙弘愿罢西南夷、临海，专事朔方，贾捐之请弃珠崖以宁中土，谠言政本，匪一朝一夕。臣愚望罢东川节度，以一剑南，西山不急之城，稍以减削，则事无穷顿，庶免倒悬。陛下若以微臣所陈有裨万一，下宰相廷议，降公忠大臣定其损益，与剑南节度终始处置。

疏奏不纳。

后梓州副使段子璋反，以兵攻东川节度使李奂，适率州兵从西川节度使崔光远攻子璋，斩之。西川牙将花惊定者，恃勇，既诛子璋，大掠东蜀。天子怒光远不能戢军，乃罢之，以适代光远为成都尹、剑南西川节度使。代宗即位，吐蕃陷陇右，渐逼京畿。适练兵于蜀，临吐蕃南境以牵制之，师出无功，而松、维等州寻为蕃兵所陷。代宗以黄门侍郎严武代还，用为刑部侍郎，转散骑常侍，加银青光禄大夫，进封渤海县侯，食邑七百户。永泰元年正月卒，赠礼部尚书，谥曰忠。

适喜言王霸大略，务功名，尚节义。逢时多难，以安危为己任，然言过其术，为大臣所轻。累为藩牧，政存宽简，吏民便之。有文集二十卷。其《与贺兰进明书》，令疾救梁、宋，以亲诸军；《与许叔冀书》绸缪继好，使释他憾，同援梁、宋；《未过淮先与将校书》，使绝永王，各求自白。君子以为义而知变。而有唐已来，诗人之达者，唯适而已。

畅璀，河东人也。乡举进士。天宝末，安禄山奏为河北海运判官。三迁大理评事，副元帅郭子仪辟为从事。至德初，肃宗即位，大收俊杰，或荐璀，召见悦之，拜谏议大夫。累转吏部侍郎。广德二年十二月，为散骑常侍、河中尹，兼御史大夫。永泰元年，复为左常侍，与裴冕并集贤院待制。大历五年，兼判太常卿，迁户部尚书。十年七月卒，赠太子太师。

璀廓落有口才，好谈王霸之略，居职责成属吏，龊龊无过而已。

史臣曰：禄山寇陷两京，儒生士子，被胁从、怀苟且者多矣；去逆效顺，毁家为国者少焉。如光远勇决任气，会权变以立功；房琯文学致身，全节义以避寇。阽危之时，颠沛之际，有足称者。然光远居重藩，掌军政，琯登相位，夺将权，聚浮薄之徒，败军旅之事，不知机而固位，竟无德以自危。孺复凶狂，式之便佞，获令终者幸焉。镐直躬居位，重德镇时，其为人也鲜矣。适以诗人为戎帅，险难之际，名节不亏，君子哉！璀擢第居官，守分无过，又何咎焉。

赞曰：光远、房琯，有始有终。张镐国器，适、璀儒风。

旧唐书卷一一二
列传第六二

李暠 族弟齐物 齐物子复 暠族弟若水
李麟 李国贞 子锜 李峘
弟峄 岘 李巨 子则之

　　李暠,淮安王神通玄孙,清河王孝节孙也。暠少孤,事母甚谨。
睿宗时,累转卫尉少卿。丁忧去职,在丧柴毁,家人密亲未尝窥其言
笑。开元初,授汝州刺史,为政严简,州境肃然。与兄昇弟晕,尤相
笃睦,昇等每月自东都省暠,往来微行,州人不之觉,其清慎如此。
俄入授太常少卿,三迁黄门侍郎,兼太原尹,仍充太原已北诸军节
度使。太原旧俗,有僧徒以习禅为业,及死不瘞,但以尸送近郊以饲
鸟兽。如是积年,土人号其地为“黄坑”,侧有饿狗千数,食死人肉,
因侵害幼弱,远近患之,前后官吏不能禁止。暠到官,申明礼宪,期
不再犯,发兵捕杀群狗,其风遂革。久之,转太常卿,旬日,拜工部尚
书、东都留守。
　　开元二十一年正月,制曰:“继好之义,虽属边鄙;受命以出,必
在亲贤。事欲重于当时,礼故崇于殊俗,选众之举,无出宗英。工部
尚书李暠,体含柔嘉,识致明允,为公族之领袖,是朝廷之羽仪。金
城公主既在蕃中,汉庭公卿非无专对,有怀于远,夫岂能忘。宜持节
充入吐蕃使,准式发遣。”以国信物一万匹、私觌物二千匹,皆杂以
五彩遣之。及还,金城公主上言,请以今年九月一日树碑于赤岭,定

蕃、汉界。树碑之日,诏张守珪、李行祎与吐蕃使莽布支同往观焉。既而吐蕃遣其臣随汉使分往剑南及河西、碛西,历告边州曰:"两国和好,无相侵掠。"汉使告亦如之。以暠奉使称职,转吏部尚书。时吏部告身印与曹印文同,行用参杂,难以区分,暠奏请准司勋兵部印文例,加"官告"两字,至今行之。

暠风仪秀整,所历皆以威重见称,朝廷称其有宰相之望。累封武都县伯,俄为太子少傅。病卒,年六十科,赠益州大都督。

齐物,淮安王神通子监州刺史锐孙也。齐物无学术,在官严整。开元二十四年后,历怀、陕二州刺史。齐物,天宝初开砥柱之险,以通流运,于石中得古铁犁铧,有"平陆"字,因改河北县为平陆县,加齐物银青光禄大夫,为鸿胪卿、河南尹。齐物与右相李适之善,适之为林甫所构贬官,齐物坐谪竟陵太守。入为司农、鸿胪卿。至德初,拜太子宾客,迁刑部尚书、凤翔尹、太常卿、京兆尹。为政发官吏阴事,以察为能,于物少恩,而清廉自饬,人吏莫敢抵犯。晚年除太子太傅、兼宗正卿。

上元二年五月卒,辍朝一日。诏曰:"故金紫光禄大夫、太子太傅、兼宗正卿齐物,宗室圭璋,士林桢干,清廉独断,刚毅不群。历践周行,备经中外,威名益振,忠效弥彰。三尹神州,一登会府,擒奸掩钩距之术,恤狱正喉舌之官。遂令调护储闱,再登师傅,从容宾友,师长官僚。桑榆之时,壮志逾励;松柏之性,晚岁常坚。天不慭遗,奄然殂谢,念亲感旧,深轸于怀。宜锡宠章,载光营魄。可赠太子太师。"

子复,字初阳,以父荫累官至江陵府司录。精晓吏道,卫伯玉厚遇之,府中之事,多以咨委。性苛刻,为伯玉年信,奏为江陵县令,迁少尹,历饶州、苏州刺史,皆著政声。李希烈背叛,荆南节度张伯仪数出兵,为希烈所败,朝廷忧之。以复久在江陵,得军民心,复方在母丧,起为江陵少尹、兼御史中丞,充节度行军司马。伯仪既受代,以复为容州刺史、兼御史中丞,充本管招讨使,加检校常侍。先时西京叛乱,前后经略使征讨反者,获其人皆没为官奴婢,配作妨重役,复乃令访其亲属,悉归还之。在容州三岁,南人安悦。迁广州刺史、兼御史大夫、岭南节度观察使。会安南经略使高正平、张应相次卒官,其下参佐偏裨李元度、胡怀义等阻兵,黩乱州县,奸赃狼藉。复诱怀义杖杀之,奏元度流于荒裔。又劝导百姓,令变茅屋为瓦舍。琼州久陷于蛮獠中,复累遣使喻之,因奏置琼州都督府以绥抚之。复晓于政道,所在称理,徵拜宗正卿,加检校工部尚书。未一岁,会华州节度李元谅卒,以复为华州刺史、潼关防御镇国军使,仍检校户部尚书,兼御史大夫。

贞元十年,郑滑节度使李融卒,军中溃乱,以复检样兵部尚书、兼滑州刺史、义成军节度、郑滑观察营田等使、兼御史大夫。复到任,置营田数百顷,以资军食,不率于民,众皆悦之。十二年,加检校左仆射。十三年四月卒官,年五十九,废朝三日,赠司空,赙布帛米粟有差。复久典方面,积财颇甚,为时所讥。

若水,齐物族弟,累官至左金吾大将军,兼通事舍人。容貌甚伟,在馆三十年,多识旧仪,每宣劳赞导,周旋俯仰,有可观者。建中元年八月卒。

李麟,皇室之疏属,太宗之从孙也。父濬,开元初置十道按察使,精选吏才,以濬为润州刺史、江南东道按察使。转虢潞二州刺史,益州大都督府长史、摄御史大夫、剑南节度按察使。所历以诚信待物,称为良吏。八年卒,赠户部尚书,谥曰诚。

麟以父任补职,累授京兆府户曹。开元二十二年,举宗室异能,转殿中侍御史,历户部、考功、吏部三员外郎。天宝元年,迁郎中,寻改谏议大夫。五载,充河西、陇右、碛西等道黜陟使,称旨,迁给事中。七载,迁兵部侍郎。同列杨国忠专权,不悦麟同职,宰臣奏麟以本官权知礼部贡举。俄而国忠为御史大夫,麟复本官。十一载,迁银青光禄大夫、国子祭酒。十四年七月,以本官出为河东太守、河东道采访使,为政清简,民吏称之。其年冬,禄山构逆,朝廷以麟儒者,恐非御侮之用,乃以将军吕崇贲代还,复以祭酒归朝,赐爵渭源县男。

六月,玄宗幸蜀,麟奔赴行在。既至成都,拜户部侍郎,兼左丞。迁宪部尚书。至德二年正月,拜同中书门下平章事。时扈从宰相韦见素、房琯、崔涣已赴凤翔,俄而崔圆继去,玄宗以麟宗室子,独留之,行在百司,麟总摄其事。其年十一月,从上皇还京,策勋行赏,加金紫光禄大夫、刑部尚书、同中书门下三品,进封褒国公。

时张皇后干预朝政,殿中监李辅国以翊卫肃宗之劳,判天下兵马事,充元帅府行军司马,势倾国朝。宰相苗晋卿、崔圆已下惧其威权,倾心事之,唯麟正身谨事,无所依附,辅国不悦。乾元元年,罢麟知政事,守太子少傅。二年八月卒,时年六十六,赠太子太傅,赙绢二百匹。葬日,诏京兆府差官护送,官给所须。麟好学能文,尝编聚皇朝已来制集五十卷,行于时。

李国贞,淮安王神通子淄川王孝同之曾孙。父广业,剑州长史。国贞本名若幽,性刚正,有吏才,历安定、扶风录事参军,皆称职。乾元中累迁长安令,寻拜河南尹。会史思明逼城,元帅李光弼东保河阳,国贞领官吏寓于陕。数月,徵为京兆尹。上元初,改成都尹、兼御史大夫,充剑南节度使。入为殿中监。二年八月,迁户部尚书、兼御史大夫,持节充朔方、镇西、北庭、兴平、陈郑等节度行营兵马及河中节度都统处置使,镇于绛,赐名国贞。既至,又加充管内河中晋绛慈隰沁等州观察处置等使,余并如故。

国贞既至绛,属军中素无储积,百姓饥馑,难为聚敛,将士等粮赐多阙。国贞频以状闻,未报。军中喧喧怨读言,左右以告国贞,国贞喻之曰:“军将何苦如是,已为奏闻,终有所给。”信宿军乱,攻国贞,夜烧衙城门。国贞莫知所图,左右劝国贞弃城遁去,国贞曰:“吾衔命为将,不能靖难,安可弃城乎!”左右固劝回避,乃隐于州狱,诈负缧绁。会国贞麾下为贼所擒,因指所在,遂于狱中执国贞,将害之,国贞曰:“军中乏粮,已有陈请,人不堪赋,予无负于将士耳。”众引退。突将王元振独曰："今日之事,岂须问焉!"抽刀害国贞及二男、三大将。

国贞有风采,清白守法,为政急于操下,时论以辨吏称之。追赠扬州大都督。

子锜,以父荫贞元中累至湖、杭二州刺史。多以宝货赂李齐运,由是迁润州刺史兼盐铁使,持积财进奉,以结恩泽,德宗甚宠之。锜恃恩骄恣,有浙西人布衣崔善贞诣阙上封,论锜罪状,而德宗械送赐锜,锜遂坑杀善贞,天下切齿。乃增置兵额,先善弓矢者聚之一营,名曰"挽硬随身";以胡、奚杂类虬须者为一将,名曰"蕃落健儿"。德宗复于润州置镇海军,以锜为节度使,罢其盐铁使务。锜虽罢其利权,且得节度,反状未发。

宪宗即位已二年,诸道倔强者入朝,而锜不自安,亦请入朝,乃拜锜左仆射。锜乃署判官王澹为留后。既而迁延发期,澹与中使频喻之,不悦,遂讽将士以给冬衣日杀澹而食之。监军使闻乱,遣衙将赵琦慰喻,又脔食之。复以兵注中使之颈,锜佯惊救解之,囚于别馆。遂称兵,室五剑,分授管内镇将,令杀刺史。于是常州刺史颜防用客李云谋,矫制传檄于苏、杭、湖、睦等州,遂杀其镇将李深;湖州辛秘亦杀其镇将赵惟忠;而苏州刺史李素为镇将姚志安所击,钉于船舷,生致于锜,未至而锜败,得免。

初,锜以宣州富饶,有并吞之意,遣兵马使张子良、李奉仙、田少卿领兵三千分略宣、池等州。三将夙有向顺志,而锜甥裴行立亦思向顺,其密谋多决于行立,乃回戈趣城,执锜于幕,缒而出之,斩于阙下,年六十七。其"挽硬"、"蕃落"将士,或投井自缢,纷纷枕藉而死者,不可胜纪。

宰相郑絪等议锜所坐,亲疏未定,乃召兵部郎中蒋武问曰:"诏罪李锜一房,当是大功内耶?"武曰:"大功是锜堂兄弟,即淮安王神通之下,淮安有大功于国,不可以孽孙而上累。"又问:"锜亲兄弟从坐否?"武曰:"锜亲兄弟是若幽之子,若幽有死王事之功,如令锜兄弟从坐,若幽即宜削籍,亦所未安。"宰相颇以为然,故诛锜诏下,唯止元恶一房而已。

李峘,太宗第三子吴王恪之孙。恪第三子琨生信安王祎,祎生三子,峘、峄、岘。峘志行修立,天宝中为南宫郎,历典诸曹十余年。居父丧,哀毁得礼,服阕,以郡王子例封赵国公。杨国忠秉政,郎官不附己者悉出于外,峘自考功郎中出为睢阳太守。寻而弟岘出为魏郡太守,兄弟夹河典郡,皆以理行称。

十四载,入计京师。属禄山之乱,玄宗幸蜀,峘奔赴行在,除武部侍郎,兼御史大夫。俄拜蜀郡太守、剑南节度采访使。上皇在成都,健儿郭千仞夜谋乱,上皇御玄英楼招谕,不从,峘与六军兵马使陈玄礼等平之,以功加金紫光禄大夫。时岘为凤翔太守,匡翊肃宗,兄弟俱效勋力。从上皇还京,为户部尚书,岘为御史大夫,兼京兆尹,封梁国公,兄弟同制封公。

乾元初,兼御史大夫,持节都统淮南、江南、江西节度、宣慰、观察处置等使。二年,以宋州刺史刘展握兵河南,有异志,乃阳拜展淮南节度使,而密诏扬州长史邓景山与峘图之。时展徒党方强,既受诏,即以兵渡淮。景山、峘拒之寿春,为展所败。峘真诚渡江,保丹阳,坐贬袁州司马。宝应二年,病卒于贬所,追赠扬州大都督,官给递乘,护枢还京。

初,峘为户部尚书,岘为吏部尚书,岘为吏部尚书、知政事,峄为户部侍郎、银青光禄大夫,兄弟同居长兴里第,门列三戟,两国公门十六戟,一三品门十二戟,荣耀冠时。峄位终蜀州刺史。

岘,乐善下士,少有吏干。以门荫入仕,累迁高陵令,政术知名,特迁万年令、河南少尹、魏郡太守;入为金吾将军,迁将作监,改京兆府尹,所在皆著声绩。天宝十三载,连雨六十余日,宰臣杨国忠恶其不附己,以雨灾归咎京兆尹,乃出为长沙郡太守。时京师米麦踊贵,百姓谣曰:"欲得米粟贱,无过追李岘。"其为政得人心如此。

　　至德初，朝廷务收才杰，以清寇难，岘召至行在，拜扶风太守、兼御史大夫。至德二年十二月，制曰："银青光禄大夫、守礼部尚书李岘，馈军周给，开物成务。可光禄大夫，行御史大夫，兼京兆尹，封梁国公。"乾元二年，制曰："李岘朝廷硕德，宗室荩臣。可中书侍郎、同中书门下平章事。"与吕諲、李揆、第五琦同拜相。岘位望稍高，军国大事，诸公莫敢言，皆独决于岘，由是諲等衔之。

　　初，李辅国判行军司马，潜令官军于人间听察是非，谓之察事。忠良被诬构者继有之，须有追呼，诸司莫敢抗。御史台、大理寺重囚有狱，推断未了，牒追就银台，不问轻重，一时释放，莫敢违者。每日于银台门决天下事，须处分，便称制敕，禁中符印，悉佩之出入。纵有敕，辅国押署，然后施行。及岘为相，叩头论辅国专权乱国，上悟，赏岘正直，事并变革。辅国以此让行军司马，请归本官，察事等并停，由是深怨岘。

　　凤翔七马坊押官，先颇为盗，劫掠平人，州县不能制，天兴县仿知捕贼谢夷甫擒获决杀之。其妻进状诉夫冤。辅国先为飞龙使，党其人，为之上诉，诏监察御史孙莹推之。莹初直其事。其妻又诉，诏令御史中丞崔伯阳、刑部侍郎李晔、大理卿权献，三司兴莹同。妻论诉不已，诏令侍御史毛若虚覆之，若虚归罪于夷甫，又言伯阳等有情，不能质定刑狱。伯阳怒，使人召虚，词气不顺。伯阳欲上言之，若虚先驰谒，告急于肃宗，云："已知，卿出去。"若虚奏曰："臣出即死"。上因留在帘内。有顷，伯阳至，上问之，伯阳颇言若虚顺旨，附会中人。上怒，叱出之。伯阳贬端州高要尉，权献郴州桂阳尉，凤翔尹严向及李晔皆贬岭下一尉，莹除名长流播州。岘以数人咸非其罪，所责太重，欲理之，遂奏："若虚希旨用刑，不守国法，陛下若信之重轻，是无御史台。"上怒岘言，出岘为蜀州刺史。时右散骑常侍韩择木入对，上谓之曰："岘欲专权耶？何乃云任毛若虚是无御史台也？令贬蜀州刺史，朕自觉用法太宽。"择木对曰：岘言直，非专权。陛下宽之，祗益圣德尔。"

　　代宗即位，征岘为荆南节度、江陵尹，知江淮选补使。入为礼部尚书,兼宗正卿。属銮舆幸陕,岘由商山路赴行在。既还京师,拜岘为黄门侍郎、同中书门下平章事。故事,宰臣不于政事堂邀客,时海内多务,宰相元载等见中官传诏命至中书者,引之升政事堂,仍置榻待之;岘为宰相,令去其榻。奏请常参官各举堪任谏官、宪官者,不限人数。

初收东京,受伪官陈希烈已下数百人,崔器希旨深刻,奏皆处死;上意亦欲惩劝天下,欲从器议。时岘为三司使,执之曰:"夫事有首从,情有轻重,若一概处死,恐非陛下含弘之义,又失国家惟新之典。且羯胡乱常,无不凌据,二京全陷,万乘南巡,各顾其生,衣冠荡覆。或陛下亲戚,或勋旧子孙,皆置极法,恐乖仁恕之旨。昔者明王用刑,歼厥渠魁,胁从罔理。况河北残寇未平,官吏多陷,苟容漏网,适开自新之路,若尽行诛,是坚叛逆之党,谁人更图效顺?困兽犹斗,况数万人乎!"崔器、吕𬤇,皆守文之吏,不识大体,殊无变通。廷议数日,方从岘奏,全活甚众。其料敌决事皆此类。竟为中官所挤,罢知政事,为太子詹事。寻迁吏部尚书,知江淮举选,置铨洪州。明年,改检校兵部尚书,兼衢州刺史。永泰二年七月以疾终,时年五十八。

李巨,曾祖父虢王凤,高祖之第十四子也。凤孙邕,嗣虢王,巨即邕之第二子也。刚锐果决,颇涉猎书史,好属文。开元中为嗣虢王。天宝五载,出为西河太守。皇太子杜良娣之妹婿柳勣陷诏狱,巨母扶余氏,吉温嫡母之妹也,温为京兆士曹,推勣之党,以徐征等往来巨家,资给之,由是坐贬义阳郡司马。六载,御史中丞杨慎矜为李林甫、王铁构陷得罪,其党史敬忠亦伏法。以巨与敬忠相识,坐解官,于南宾郡安置。又起为夷陵郡太守。

及禄山陷东京,玄宗方择将帅,张垍言巨善骑射,有谋略,玄宗追至京师。杨国忠素兴巨相识,忌之,谓人曰:"如此小儿,岂得令见人主。"经月余日不得见。玄宗使中官召入奏事,玄宗大悦,遂令中官刘奉庭宣敕令宰相与巨语,几亭午,方出。国忠颇急,对奉庭谓巨曰："比来人多口打贼，公不尔乎？"巨曰："不知若个军将能兴相公手打贼乎？"寻授陈留谯郡太守、摄御史大夫、河南节度使。翌日，巨称官衔奉谢，玄宗惊曰："何得令摄？"即日诏兼御史大夫。巨奏曰："方今艰难，恐为贼所诈，如忽召臣，不知何以取信？"玄宗劈木契分授之，遂以巨兼统岭南节度使何履光、黔中节度使赵国珍、南阳节度使鲁炅，先领三节度事。有诏贬炅为果毅，以颍州太守来瑱兼御史中丞代之。巨奏曰："若炅能存孤城，其功足以补过，则何以处之？"玄宗曰："卿随宜处置之。"巨至内乡，趣南阳，贼将毕思琛闻之，解围走。巨趣何履光、赵国珍同至南阳，宣敕贬炅，削其章服，令随军效力。至日我，以恩命令炅复位。

至德二年，为太子少傅。十月，收西京，为留京守、兼御史大夫。三年夏四月，加太子少师、兼河南尹，充东京留守，判尚书省事，充东畿采访等使。于城市桥梁税出入车牛等钱以供国用，颇有乾没，士庶怨读言。后兴妃张氏不睦，张氏即皇后从父妹也。宗正卿李遵构之，发其所犯赃贿，贬为遂州刺史。属剑南东川节度兵马使、梓州刺史段子璋反，以众袭节度使李奂于绵州，路经遂州，巨苍黄修属郡礼迎之，为子璋所杀。

子则之，以宗室历官，好学，年五十余，每执经诣太学听受。嗣曹王皋自荆南来朝，称荐之。贞元二年，自睦王府长史迁左金吾卫大将军，以从父甥窦申追游无闲亲累，贬昭州司马。

史臣曰：暠孝友清慎，居官有称；齐物贞廉整肃，复节制权谋；国贞清白守法，皆神通之曾玄，宗室之翘楚。锜之为逆，不累其亲，前人之积德彰矣，当朝之用法明矣。然暠发人阴私，齐物积财兴议，国贞急于操下，皆尺之短也。麟修整，峘循良，匪躬立事，始终无玷者，皆宗室之英也。岘之刚正才略，有足可称。初为国忠所憎，终沮朝恩之势。处群邪之内，坚独正之心，是不吐也；活东都之命，是不茹也。庶几乎仲山甫之道焉！巨以刚锐果决，亦可嘉焉，终以赃贿贪残，良可痛也。

　　赞曰：宗室贤良，枝叶茂盛。最尤者谁？岘独守正。

旧唐书卷一一三
列传第六三

苗晋卿　裴冕　裴遵庆 子向
向子寅　寅子枢

　　苗晋卿，上党壶关人。世以儒素称。祖夔，高道不仕，追赠礼部尚书。父殆庶，官至绛州龙门县丞，早卒，以晋卿赠太子少保。

　　晋卿幼好学，善属文，进士擢第。初授怀州修武县尉，历奉先县尉，坐累贬徐州司户参军。秩满随调，判入高等，授万年县尉。迁侍御史，历度支、兵、吏部三员外郎。开元二十三年，迁吏部郎中。二十四年，与吏部郎中孙逖并拜中书舍人。二十七年，以本官权知吏部选事。晋卿性谦柔，选人有诉讼索好官者，虽至数千言，或声色甚厉者，晋卿必含容之，略无愠色。二十九年，拜吏部侍郎。前后典选五年，政既宽弛，胥吏多因缘为奸，贿赂大行。

　　时天下承平，每年赴选常万余人。李林甫为尚书，专任庙堂，铨事唯委晋卿及同列侍郎宋遥主之。选人既多，每年兼命他官有识者同考定书判，务求其实。天宝二年春，御史中丞张倚男奭参选，晋卿与遥以倚初承恩，欲悦附之，考选人判等凡六十四人，分甲乙丙科，奭在其首。众知奭不读书，论议纷然。有苏孝愠者，尝为范阳蓟令，事安禄山，具其事告之。禄山恩宠特异，谒见不常，因而奏之。玄宗大集登科人，御花萼楼亲试，登第者十无一二；而奭手持试纸，竟日不下一字，时谓之"曳白"。上怒，晋卿贬为安康郡太守，遥为武当郡太守，张倚为淮阳太守。敕曰："门庭之间，不能训子；选调之际，仍以托人。"时士子皆以为戏笑。

天宝三载闰二月，转魏郡太守，充河北采访处置使，居职三年，政化洽闻。会入计，因上表请归乡里。既至壶关，望县门而步。小吏进曰："太守位高德重，不宜自轻。"晋卿曰："《礼》：'下公门，轼路马。'况父母之邦，所宜尊敬。汝何言哉！"大会乡党，欢饮累日而去。又出俸钱三万为乡学本，以教授子弟。寻改河东太守、河东采访使，入为尚书、东京留守，徵为宪部尚书。属禄山逆，杨国忠以晋卿有时望，将抑之，乃奏云："宜以大臣镇遏东道。"遂出为陕州刺史、陕虢两州防御使。及入对，固辞老病，由是忤旨，改宪部尚书致仕。

及朝廷失守，衣冠流离道路，多为逆党所胁，自陈希烈、张均已下数十人尽赴洛阳，晋卿潜遁山谷，南投金州。会肃宗至凤翔，手诏追晋卿赴行在，即日拜为左相，军国大务悉以咨之。既收两京，以功封韩国公，食实封五百户，改为侍中。后以贼寇渐除，屡乞骸骨，优诏许之，罢知政事，为太子太傅。明年，帝思旧臣，复拜为侍中。

晋卿宽厚廉谨，为政举大纲，不问小过，所到有惠化。魏人思之，为立碑颂德。及秉钧衡，小心畏慎，未尝忤人意。性聪敏，达练事体，百司文簿，经目必晓，而修身守位，以智自全，议者比汉之胡广。

玄宗崩，肃宗诏晋卿摄冢宰。上表固辞曰："臣闻古者殷高宗在谅暗之中，百官听于冢宰，更无事迹，但存文字。且一时之事，礼不相沿。今残寇犹虞，日殷万务，皆缘兵马屯守讨袭，善算良谋，立胜擒敌。陛下若行古之道，居丧不言，苍生何依，百事皆废。伏读国家起居注，亦于礼部检见旧敕，恭惟太宗、高宗、大行皇帝在位之日，皆有国哀，视事不辍，以为君临天下，难徇常情。今遗诏有处分，皇帝宜三日而听政。陛下遵太宗故事，则无冢宰；遵大行皇帝遗诏，便合听朝。万姓颙颙，不胜大愿。伏惟陛下知理国之重，顺人心之切，以义断恩，从宜无改。今朝臣一命已上，皆言臣心昏貌朽，加以疾病，事有急速，断在须臾，凡圣不同，岂合受诏。陛下发哀已五日矣，愿准遗诏听政，则四夷万国，无任悲幸。"肃宗时疾弥留，览表殒绝，乃许。

　　数日，肃宗晏驾，代宗践阼，又诏晋卿摄冢宰。晋卿上表恳辞曰："臣以昔者天子居丧之时百官听于冢宰者，盖君幼小，御极事殷，情理当然。沿革不一，今古异同，而周武、汉文，合于通变，垂范作则，可举而行。又士或墨衰，时遇金革，岂非衔恤，谓义在断恩。且百善之至，无加于孝也，其有容瘁心绝，指景悼生，此匹夫守节之常情，殊王者嗣续之大计。昨二十日，陛下于大行皇帝枢前即位，是承先帝遗顾之言，亦前代不易之典。则知所略不为害，所存是适权，防威灭端，所利者大。陛下因心纯至，天地明察。伏以报劬劳之恩，申罔极之思，终身之痛，岂计朝夕！但以一日之内，万务在中，须达宸聪，始成国政。百僚万姓及僧道耆寿等，相顾聚言，以臣老且无能，愚岂测圣，况久无居摄，臣不敢奉诏。特乞陛下遵遗命，三日而听政。臣博听众情，不胜恳愿，伏望割痛抑哀，则天下悲幸。"上号泣从之。时晋卿年已衰暮，又患两足，上特放肩舆至中书，入阁不趋，累日一视事。历三朝，皆以谨密见称。

　　广德初，吐蕃寇长安。晋卿时病卧于私第，蕃闻之，舆入逼胁，晋卿闭口不言，贼不敢害。及上自陕至，册为太保，罢知政事，又诏以太保致仕。永泰元年四月薨，辍朝三日，令京兆少尹一员护丧事，缘葬诸物并官给，赗绢布五百段、米粟五百石。太常议谥曰"懿献"。初，晋卿东都留守，引用大理评事元载为推官。至是载为中书侍郎、平章事，怀旧恩，讽有司改谥曰文贞。大历七年，令配享肃宗庙庭。

　　裴冕，河东人也，为河东冠族。天宝初，以门荫再迁渭南县尉，以吏道闻。御史中丞王𫓧充京畿采访使，表为判官。迁监察御史，历殿中侍御史。冕虽无学术，守职通明，果于临事，𫓧甚委之。及𫓧得罪伏法，时宰臣李林甫方窃权柄，人咸惧之，𫓧宾佐数百，不敢窥𫓧门。冕独收𫓧尸，亲自护丧，瘗于近郊，冕自是知名。河西节度使哥舒翰表为行军司马，累迁员外郎中。

　　玄宗幸蜀，至益昌郡，遥诏太子充天下兵马元帅，以冕为御史中丞兼左庶子,为之副。是时,冕为河西行军司马,授御史中丞,诏赴朝廷。遇太子于平凉,具陈事势,劝之朔方,呕入灵武。冕与杜鸿渐、崔漪等劝进曰:"主上厌勤大位,南幸蜀川,宗社神器,须有所归,天意人事,不可少失,况贤智乎!"太子曰:"南平寇逆,奉迎銮舆,退居储贰,侍膳左右,岂不乐哉!公等何言之过也?"冕与杜鸿渐又进曰:"殿下藉累圣之资,有天下之表。元贞万国,二十余年,殷忧启圣,正在今日。所从殿下六军将士,皆关辅百姓,日夜思归。大军一散,不可复集,不如因而抚之以从众,臣等敢以死请。"凡劝进五上,乃依。肃宗即位,以定策功,迁中书侍郎、同中书门下平章事,倚以为政。

冕性忠勤,悉心奉公,稍得人心。然不识大体,以聚人曰财,乃下令卖官鬻爵,度尼僧道士,以储积为务。人不愿者,科令就之,其价益贱,事转为弊。肃宗移幸凤翔,罢冕知政事,迁右仆射。两京平,以功封冀国公,食实封五百户。寻加御史大夫、成都尹,充剑南西川节度使。又入为右仆射。永泰元年,与裴遵庆等并集贤待制。

代宗求旧,拜冕兼御史大夫,充护山陵使。冕以幸臣李辅国权盛,将附之,乃表辅国亲昵术士中书舍人刘烜充山陵使判官。烜坐法,冕坐贬施州刺史。数月,移沣州刺史,复征为左仆射。元载秉政。载为新平县尉,王铢辟在巡内,冕常引之,载颇德冕。会宰臣杜鸿渐卒,载遂举冕代之。冕时已衰瘵,载以其顺己,引为同列。受命之际,蹈舞绝倒,载趋而扶起,代为谢词。冕兼掌兵权留守之任,俸钱每月二千余贯。性本侈靡,好尚车服及营珍馔,名马在枥,直数百金者常十数。每会宾友,滋味品数,坐客有昧于名者。自创巾子,其状新奇,市肆因而效之,呼为"仆射样"。初代鸿渐,小吏以俸钱文簿白之,冕顾子弟,喜见于色,其嗜利若此。拜职未盈月,卒,大历四年十二月也。上悼之,辍朝三日,赠太尉,赠帛五百匹、粟五百石。

裴遵庆,绛州闻喜人也。代袭冠冕,为河东著族。遵庆志气深厚,机鉴敏达,自幼强学,博涉载籍,谨身晦迹,不干当世之务。以门荫累授潞府司法参军，时年已老，未为人所知。随调吏部，授大理寺丞，剖断刑狱，举正纲条，理行始著。迁司门员外、吏部员外郎，专判南曹。天宝中，海内无事，九流辐辏会府，每岁吏部选人，动盈万数。遵庆敏识强记，精核文簿，详而不滞，时称吏事第一，由是大知名。

天宝末，杨国忠当国，出不附己者例为外官，遵庆亦出为郡守。肃宗即位，征拜给事中、尚书右丞、吏部侍郎，恭俭克己，迟重谨密，颇有时望。上元中，萧华辅政，素知遵庆，每奏见，累称之，迁黄门侍郎、同中书门下平章事。广德初，仆固怀恩阻兵汾上，指中官为词，上以遵庆忠纯，特遣往汾州宣慰怀恩。遵庆既见怀恩，具陈朝旨，怀恩引过听命，将随遵庆朝谒，为副将范志诚以邪说惑之，怀恩遂以惧死为词。会蕃寇陷京师，乘舆幸陕，遵庆自汾州奔赴行在。及乘舆还京，以遵庆为太子少傅。

永泰元年，与裴冕等并于集贤院待制，罢知政事。寻改吏部尚书、右仆射，复知选事。时有选人天兴县尉陈琯于铨庭言词不逊，凌突无礼，代宗诏付遵庆于省门鞭三十，贬为吉州员外司户参军。遵庆敦守儒行，老而弥谨。尝为风狂族侄挝登闻喜告以不顺，上知其谬，不省，其见信如此。大历十年十月薨于位，年九十余。

遵庆初登省郎，尝著《王政记》，述今古礼体，识者览之，知有公辅之量。

子向，字俶仁，少以门荫历官至太子司议郎。建中初，李纾为同州刺史，奏向为从事。朱泚反，李怀光又叛河中，使其将赵贵先筑垒于同州，纾来奔奉天，向领州务。贵先因胁县尉林宝役徒板筑，不及期，将斩之，吏人百姓奔窜。向即诣贵先军垒，以逆顺之理责之，贵先感悟，遂来降，故同州不陷，向由是知名。累为京兆府户曹，转机阳、渭南县令，奏课皆第一，朝廷亟闻其理行，擢为户部员外郎。

德宗季年，天下方镇副倅多自选于朝，防一日有变，遂就而授之节制。向以选为太原少尹，德宗召见喻旨，寻用为行军司马、兼御史中丞，改汾州刺史，转郑州。又复为太原少尹，兼河东节度副使。

改晋州刺史，充本州防御使，迁虢州刺史。入为京尹兆少尹，拜同州刺史，充本州防御使。入为大理寺卿，出迁陕虢都防御、观察使。三岁，拜左散骑常侍，自常侍复为大理。

向本以名相子，以学行自饬，谨守其门风。历官仁智推爱，利及于人。至是，以年过致政，朝廷优异，乃以吏部尚书致仕于新昌里第。内外支属百余人，向所得俸禄，必同其费，及领外任，亦挈而随之。有孤茕疾苦不能自恤，向尤周给，至今称其孝睦焉。大和四年九月卒，年八十，赠太子少保。

子寅，登进士第，累官至御史大夫卒。子枢。

子枢，字纪圣，咸通十二年登进士第。宰相杜审权出镇河中，辟为从事，得秘书省校书郎，再迁蓝田尉。直弘文馆。大学士王铎深知之，铎罢相失职，枢亦久之不调。从僖宗幸蜀，中丞李焕奏为殿中侍御史，迁起居郎。中和初，王铎复见用，以旧恩徙为郑滑掌书记、检校司封郎中，赐金紫，入朝历兵、吏二员外郎。龙纪初，擢拜给事中，改京兆尹。宰相孔纬尤深奖遇。大顺中，纬以用兵无功贬官，枢坐累为右庶子，寻出为歙州刺史。乾宁初，入为右散骑常侍，从昭宗幸华州，为汴州宣谕使。

初，枢自歙州罢郡归朝，路经大梁，昌朱全忠兵威已振，枢以兄事之，全忠由是重之。及枢传诏，全忠皆禀朝旨，献奉相继，昭宗甚悦，乃迁兵部侍郎。时崔胤专政，亦倚全忠，二人因是相结，改枢吏部侍郎。未几，换户部侍郎、同平章事。其年冬，昭宗幸华州，崔胤贬官，枢亦为工部尚书。天子自岐下还宫，以枢检校右仆射、同平章事，出为广南节度使。制出，朱全忠保荐之，言枢有经世才，不可弃之岭表，寻复拜门下侍郎，监修国史，累兼吏部尚书，判度支。崔胤诛，以全忠素厚，相位如故。从昭宗迁洛阳，驻驿陕州，进右仆射、弘文馆大学士、太清宫使，充诸道盐铁转运使。

哀帝初嗣位，柳璨用事，全忠尝奏用牙将张廷范为太常卿，诸相议，枢曰："廷范勋臣，幸有方镇节钺之命，何藉乐卿？恐非元帅梁王之旨。”乃持之不下。俄而全忠闻枢言，谓宾佐曰：“吾常以裴十四器识真纯，不入浮薄之伍，观此议论，本态露矣。”切齿含怒。柳璨闻全忠言，寻希旨罢枢相位。和陵祔享，拜尚书左仆射。五月，责授朝散大夫、登州刺史，寻再贬泷州司户。六月十一日，行及滑州，全忠遣人杀之于白马驿，投尸于河，时年六十五。

　　史臣曰：晋卿谨身莅事，足为纯臣，避寇全忠，固彰大节。然博达精审，岂不知宽猛之道哉！奉林甫之旨，渗胥吏之意，悦附张倚，欺罔时君。生为重臣，谄林甫之势也；殁改美谥，引元载之恩焉。或言晋卿不为巧官者，诚不信也。冕力赞中兴，名居大位，奉公抱义，可以致身，卖官度僧，是何为政？及其老也，贪冒尤深。遵庆学术贞明，为国忠所出；恭俭谨密，遇萧华素知。位重行纯，老而弥笃，彼二公固有惭德。向克荷堂构，不坠门风。枢因盗而振，盗憎而亡，宜哉！君子守道远刑，盖虑此也。

　　赞曰：奥矣晋卿，食哉裴冕。遵庆父子，及之者鲜。

旧唐书卷一一四
列传第六四

鲁炅　裴茙　来瑱　周智光

鲁炅，范阳人也。身长七尺余，涉猎书史。天宝六年，陇右节度使哥舒翰引为别奏。颜真卿为监察御史，使至陇右，翰尝设宴，真卿谓翰曰：“中丞自郎将授将军，便登节制，后生可畏，得无人乎？”炅时立在阶下，翰指炅曰：“此人后当为节度使矣。”后以陇右破吐蕃跳荡功，累授右领军大将军同正员，赐紫金鱼袋。

禄山之乱，选任将帅。十五载正月，拜炅上洛太守，未行，迁南阳太守、本郡守捉，仍充防御使。寻兼御史大夫，充南阳节度使，以岭南、黔中、山南东道子弟五万人屯叶县北，滍水之南，筑栅，四面掘壕以自固。至五月，贼将武令珣、毕思琛等来击之，众欲出战，炅不许。贼于营西顺风烧烟，营内坐立不得，横门扇及木争出，磁集如雨，炅与中使薛道等挺身遁走，余众尽没。岭南节度使何履光、黔中节度使赵国珍、襄阳太守徐浩未至，裨将岭南、黔中、荆襄子弟半在军，多怀金银为资粮，军资器械尽弃于路如山积。至是贼徒不胜其富。

炅收合残卒，保南阳郡，为贼所围。寻而潼关失守，贼使哥舒翰招之，不从。又使伪将豫州刺史武令珣等攻之，累月不能克。武令珣死，又令田承嗣攻之。颍川太守来瑱、襄阳太守魏仲犀合势救之。犀使弟孟驯为将，领兵至明府桥，望贼而走，众遂大败。炅城中食尽，煮牛皮筋角而食之，米斗至四五十千，有价无米，鼠一头至四百文,饿死者相枕籍。肃宗使中官将军曹日昇来宣慰,路绝不得入。日升请单骑入致命,仲犀曰:"不可,贼若擒吾救使,我亦何安!"颜真卿适自河北次于襄阳,谓仲犀曰:"曹使既果决,不顾万死之地,何得沮之!纵为贼所获,是亡一使者;苟得入城,则万人之心固矣。公何爱焉?"中官冯廷瑰曰:"将军必能入,我请以两骑助之。"日昇又自有傔骑数人,仲犀又以数骑共十人同行。贼徒望见,知其骁锐,不敢逼。日昇既入城,显众初以为望绝,忽有使来宣命,皆踊跃一心。日昇以其十人至襄阳取粮,贼虽追之,不敢击,遂以一千人取音声路运粮而入,贼亦不能遏,又得相持数月。

炅在围中一年,救兵不至,昼夜苦战,人相食。至德二年五月十五日,率众持满传矢突围而出南阳,投襄阳。田承嗣来追,苦战二日,杀贼甚众。贼又知其决死,遂不敢逼。朝廷因除御史大夫、襄阳节度使。时贼志欲南侵江、汉,赖炅奋命扼其冲要,南夏所以保全。十月,王师收两京,承嗣、令珣等奔于河北。南阳遭大乱之后,距邓州二百里,人烟断绝,遗骸委积于墙堑间。十二月,策勋行赏,诏曰:"特进、太仆卿、南阳郡守、兼御史大夫、权知襄阳节度事、上柱国、金乡县公鲁炅,蕴是韬略,副兹节制,竭节保邦,悉心陷敌。表之旗帜,分以土田。可开府仪同三司、兼御史大夫,封岐国公,食宝封二百户,兼京兆尹。"

乾元元年,兼郑州刺史,充郑、陈、颍、亳等州节度使。上元二年,为淮西襄阳节度使、邓州刺史。十月,与朔方节度使司徒郭子仪、河东节度使太尉李光弼等九节度同围安庆绪于襄州。炅领淮西、襄阳节度行营步卒万人、马军三百,以李抱玉为兵马使,炅分界知东面之北。二年六月六日,贼将史思明自范阳来救,战于安阳河北,王师不利,炅中流矢奔退。时诸节度以回纥战败,因而退散,尽弃军粮器械,所过虏掠,炅兵士剽夺尤甚,人因惊怨。五日,至新郑县,闻郭子仪已整众屯谷水,李光弼还太原,炅忧惧,仰药而卒。

裴茙,以门荫入仕,累迁京兆府司录参军。来瑱镇陕州,引为判官;瑱移襄州,又为瑱行军司马,瑱遇之甚厚。及瑱淮西之败,逗留不行,茙密表闻奏。朝廷以瑱掌重兵,恶之,密诏以茙代瑱为襄州刺史,充防御使。茙本镇谷城,及受密命,乃率麾下二千人赴襄阳。时瑱亦奉诏依旧任,瑱遂设具于江津以俟之。茙初声言假道入朝,及见瑱,即云奉代,且欲视事。瑱报曰:"瑱已奉恩命复任此。"茙惶惑,喻其麾下曰:"此言必妄。"遂引射瑱军,因与瑱兵交战,茙大败,士卒死伤殆尽。茙走还谷城旧营,瑱追擒之。朝旨务安汉南,乃归咎于茙。宝应元年七月,敕曰:"前襄州刺史裴茙,性本顽疏,行惟狂悖。顷因试用,爰委军戎,守在要冲,无闻方略。所以申命来瑱,重抚汉南,即宜奔赴阙廷,谢其旷职。而乃顾惜名位,轻图毕端,诬构忠良,妄兴兵甲。遽令追召,敢欲逗留,是有无君之心,不唯罔上之罪。又转输之物,军国所资,擅为费用,其数甚广。据其抵犯,合置严诛。但自朕登极已来,屡施恩宥,肆诸朝市,所未忍为。宜宽殊死之刑,俾就投荒之谪,宜除名,长流费州。"

　　茙器局轻褊,初兴师徒,给用无节。及败挠,迟回赴召,将至京师,会有是命。既行,至蓝田驿,赐自尽。

　　来瑱,邠州永寿人也。父曜,起于卒伍。开元十八年,为鸿胪卿同正员、安西副都护、持节碛西副大使、四镇节度使,后为右领军大将军、仗内五坊等使,名著西陲。宝应元年,以子贵,赠太子太保。

　　瑱少尚名节,慷慨有大志,颇涉书传。天宝初,四镇从职。十一载,为左赞善大夫、殿中侍御史,充伊西、北庭行军司马。玄宗诏朝臣举智谋果决、才堪统众者各一人。拾遗张镐荐瑱有纵横之略,临事能断,堪当御侮之任。丁母忧,以孝闻。

　　安禄山反,张垍复荐之,起复兼汝南郡太守,未行,改颍川太守。贼攻之。城中积粟素多,瑱缮修有备。贼继至城下,瑱亲射之,无不应弦而毙。贼使降将毕思琛招瑱,琛即瑱父曜故将,城下拜泣吊瑱,瑱不应。前后杀贼颇众,咸呼瑱为"来嚼铁"。以功加银青光禄大夫,摄御史中丞、本郡防御使及河南淮南游奕逐要招讨等使。

鲁炅败于叶县，退守南阳，乃以瑱为南阳太守、兼御史中丞，充山南东道节度防御处置等使以代炅。寻以嗣虢王巨为御史大夫、河南节度使，因奏炅能守南阳，诏各复本位。贼攻围南阳累月，瑱分兵与襄阳节度使魏仲犀救之。犀遣弟孟驯将兵至明府桥，望风改走，贼追蹙，大败而还。兵素少，遇败，人情恟惧，瑱绥抚训练，贼不能侵。诏为淮南西道节度使。收复两京，与鲁炅同制加开府仪同三司、兼御史大夫，封颍国公，食实封二百户，余如故。

乾元元年，召为殿中监。二年，初除凉州刺史、河南节度经略副大使。未行，属相州官军为史思明所败，东京震骇。元帅司徒郭子仪镇谷水，乃以瑱为陕州刺史，充陕、虢等州节度，并潼关防御、团练、镇守使。乾元三年四月十三日，襄州军将张维瑾、曹玠率众谋乱，杀刺史史翔。以瑱为襄州刺史、兼御史大夫，充山南东道襄、邓、均、房、金、商、随、郢、复土州节度观察处置使。

上元三年，肃宗召瑱入京。瑱乐襄州，将士亦慕瑱之政，因讽将吏、州牧、县宰上表请留之，身赴诏命，行及邓州，复诏归镇。肃宗闻其计而恶之。后吕諲、王仲升及中官皆言瑱布恩惠，惧其得士心，以瑱为邓州刺史，充山南东道襄、邓、唐、复、郢、随等六州节度，余并如故。俄而淮西节度王仲升与贼将谢钦让战于申州城下，为贼所虏。初，仲升被围累月，吕諲病于江陵，瑱在襄州，又恐仲升构己，遂顾望不救。及师出，仲升已没。裴茙频表陈瑱之状，谋夺其位，称："瑱善谋而勇，崛强难制，宜早除之，可一战而擒也"。肃宗然之，遂以瑱检校户部尚书、兼御史大夫、安州刺史，充淮西申、安、蕲、黄、光、沔节度观察，兼河南陈、豫、许、郑、汴、曹、宋、颍、泗十五州节度观察使，外示尊崇，实夺其权也。加裴茙兼御史中丞、襄邓等七州防御使以代之。瑱惧不自安，上表称"淮西无粮馈军，臣去秋种得麦，请待收麦毕赴上"，复讽属吏请留之。裴茙于商州召募，以窥去就。

宝应元年五月，代宗即位，因复授瑱襄州节度、奉义军渭北兵马等使，官如故，潜令裴茙图之。其月十九日，裴茙率众浮汉江而下。日暮，候者白瑱，谋于帐下，副使薛南阳曰："尚书奉诏留镇，裴茂以兵代,是无名也。且茂之智勇,非尚书敌也,众心归尚书,不归于茂。彼若乘我之不虞,今夕而至,直烧城市,我众必惧而乱,彼乘乱而击,则可忧也。若及明而至,尚书破之必矣。"翌日平明,茂督军士五千列于谷水北,瑱以兵逆之,登高而阵,呼茂将士告之曰:"尔何事来?"曰:"尚书不受命,谨奉中丞伐罪人。若尚书受替,谨当释兵。"瑱曰:"恩制复除瑱此州。"乃取告身敕书以示,茂军皆曰:"伪也。承命讨君,岂千里空归,富贵在于今日。"遂争射之。瑱奔归旗下,薛南阳曰:"事急矣,请以三百骑为奇兵,尚书勿与之战。"两军相见,遂以麾下旁万山而出其背,表裹夹击,茂军大败,投水而死,杀获殆尽。茂及弟荐脱身北走,妻子并为瑱所擒,茂甚厚抚之。因抗表谢罪。擒茂于申口,送至京师,长流费州,赐死于蓝田故驿。

八月,瑱入朝谢罪,代宗特宠异之,迁兵部尚书、同中书门下平章事,依前山南东道节度、观察等使,代左仆射裴冕充山陵使。时中官骠骑大将军程元振居中用事,发瑱言涉不顺,王仲升贼平来归,证瑱与贼合,故令仲升陷贼三年。代宗含怒久之,因是下诏曰:

《春秋》之义,贵在于必书;君臣之间,法存于无赦。沮劝式遵于前典,进退莫匪于至公,恶稔既彰,明罚难贷。开府仪同三司、行兵部尚书、中书门下平章事、充山南东道节度观察处置等使、上柱国、颍国公来瑱,谬当任用,素乏器能,亟历班荣,累经节制。莅职蔑闻于成绩,登朝虚美于崇名。顷者分阃颁条,久淹江、汉。或频征不至,或移镇迟留,实乖堂陛之仪,爰及干戈之忿。朕以旧臣宿将,道在含弘,会其来庭,用甄后效。超登宰辅,光拜夏卿,列在三台,掩其一眚。山陵先远,事委近臣,谋谟素阙于大猷,卜祝颇闻于私议。实亏周慎,且间枢言,何以辅弼鼎司,仪刑簪绂?据其所犯,合置殊科。以尝侍轩闼,用存宽免之幸;缅范旧章,兼膺黜削之谴。其身官爵,一切削除。

宝应二年正月,贬播州县尉员外置,翌日,赐死于鄠县,籍没其家。瑱之被刑也,门客四散,掩于坎中。校书郎殷亮后至,独哭于尸侧,货所乘驴以备棺衾,夜诣县令长孙演以情告之,演义而从之。亮夜葬而祭,走归京师。代宗既悟元振之诬构,积其过而配流溱州。

先是,瑱行军司马庞充统兵二千人赴河南,至汝州,闻瑱死,将士鱼目等回兵袭襄州,左兵马使李昭御之,奔房州。昭及薛南阳与右兵马使梁崇义不叶相图,为崇义所杀。朝廷授崇义节度使、兼御史中丞以代瑱。崇义为瑱立祠,四时拜飨,不居瑱厅及正堂视事,于东厢下构一小室而寝止,抗疏哀请收葬,优诏许之。广德元年,追复官爵。

周智光,本以骑射从军,常有戎捷,自行间登偏裨。宦官鱼朝恩为观军容使,镇陕州与之昵狎。朝恩以扈从功,恩渥崇厚,奏请多允,屡于上前赏拔智光,累迁华州刺史、同华二州节度使及潼关防御使,加检校工部尚书、兼御史大夫。

永泰元年,吐蕃、回纥、党项羌、浑、奴刺十余万众寇奉天、醴泉等县,智光邀战,破于澄城,收驼马军资万计,因逐贼至鄜州。智光与杜冕不协,遂杀鄜州刺史张麟,坑杜冕家属八十一人,焚坊州庐舍三千余家。惧罪,召不赴命。朝廷外示优容,俾杜冕使梁州,实避仇也。

永泰二年十二月,智光专杀前虢州刺史、兼御史中丞庞充。充方居缞绖,潜行,智光追而斩之。又劫诸节度使进奉货物及转运米二万硕,据州反。智光自鄜坊专杀,朝廷患之,遂聚亡命不逞之徒,众至数万,纵其剽掠,以结其心。初,与陕州节度使皇甫温不协,监军张志斌自陕入奏,智光馆给礼慢,志斌责其不肃。智光大怒曰:"仆固怀恩岂有反状!皆由尔鼠辈作福作威,惧死不敢入朝。我本不反,今为尔作之。"因叱下斩之,脔其肉以饲从者。时淮南节度使、检校右仆射崔圆入觐,方物百万,智光强留其半。举选之士辚辚,或窃同州路以过,智光使部将邀斩于乾坑店,横死者众。优诏以智光为尚书左仆射,遣中使余元仙持告身以授之。智光受诏慢骂曰:"智光有数子,皆弯弓二百斤,有万人敌,堪出将入相。只如挟天子令诸侯,天下只有周智光合作。"在历数大臣之过。元仙股栗,智光赠绢百匹遣之。于州郭置生祠，俾将吏百姓祈祷。

大历二年正月，密诏关内河东副元帅、中书令郭子仪率兵讨智光，许以便宜从事。时同、华路绝，上召子仪女婿工部侍郎赵纵受口诏付子仪，纵裂帛写诏置蜡丸中，遣家童间道达焉。子仪奉诏将出师，华州将士相顾携贰。智光大将李汉惠自同州以其所管降子仪。贬智光为澧州刺史，散官勋封如故。乃听将一百人随身，便路赴任，其所部将士官吏，一无所问。乃以兵部侍郎张仲光为华州刺史、兼御史大夫、潼关防御使；又以大理卿敬括为同州刺史、兼御史大夫、长春宫等使。是日，智光为帐下将斩首，并子元耀、元干等二人来献。丁卯，枭智光首于皇城之南街，二子腰斩以示众。判官监察御史邵贲、都虞候蒋罗汉并伏诛，余党各以亲疏准法定罪。命有司具仪奏告太清宫、太庙、七陵。

时淮西节度使李忠臣入觐，次潼关，闻智光阻兵，驻所部将往御之。及智光死，忠臣进兵入华州大掠，自赤水至潼关二百里间，畜产财物殆尽，官吏至有著纸衣或数日不食者。

史臣曰：尝读《李陵传》，战败不能死，屈节降虏庭，君不得为忠臣，母不得为孝子，每长叹久之。炅收滍水败众，守南阳孤城，每蹈危机，竟效死节，料敌虽非其良将，事君不失为忠臣。茂浮躁无行，狂悖用兵，宜其死矣。瑱善军政，得士心，庶几干城御侮者哉！始固名位，为裴茂巧言；终归朝廷，遭元振诬构。赐死之辜匪辨，用刑之道不明。致旧将立祠，门吏偷葬，出将入相，一至于斯，惜哉！智光狂悖，不足与论。

赞曰：鲁炅谒节，来瑱枉死。裴茂凶人，智光逆子。

旧唐书卷一一五
列传第六五

崔器　赵国珍　崔瓘　敬括
韦元甫　魏少游　卫伯玉
李承

　　崔器,深州安平人也。曾祖恭礼,状貌丰硕,饮酒过斗。贞观中,拜驸马都尉,尚神尧馆陶公主。父肃然,平阴丞。

　　器有吏才,性介而少通,举明经,历官清谨。天宝六载,为万年尉,逾月拜监察御史。中丞宋浑为东畿采访使,引器为判官;浑坐赃流贬岭南,器亦随贬。十三年,量移京兆府司录,转都官员外郎,出为奉先令。逆胡陷西京,器没于贼,仍守奉先。居无何,属贼党同罗叛贼,长安守将安守忠、张通儒并亡匿。又渭上义兵起,一朝聚徒数万。器惧,所受贼文牒符敕,一时焚之,榜召义师,欲应渭上军。及渭上军破,贼将崔乾祐先镇蒲、同,使麾下骑三十人捉器,器遂北走灵武。

　　器素与吕諲善,諲引为御史中丞、兼户部侍郎。从肃宗至凤翔,加礼仪使。克复二京,为三司使。器草仪注,驾入城,令陷贼官立于含元殿前,露头跣足,抚膺顿首请罪,以刀杖环卫,令扈从群官宰臣已下视之。及收东京,令陈希烈已下数百人如西京之仪。器性阴刻乐祸,残忍寡恩,希旨奏陷贼官准律并合处死。肃宗将从其议,三司使、梁国公李岘执奏,固言不可,乃六等定罪,多所原宥,唯陈希烈、达奚珣斩于独柳树下。后萧华自相州贼中仕贼官归阙，奏云："贼中仕官等重为安庆绪所驱，胁至相州，初闻广平王奉宣恩命，释放陈希烈已下，皆相顾曰：'我等国家见待如此，悔恨何及。'及闻崔器议刑太重，众心复摇。"肃宗曰："朕必为崔器所误。"

吕𣵀骤荐器为吏部侍郎、御史大夫。上元元年七月，器病脚肿，月余疾亟，瞑目则见达奚珣，叩头曰："大尹不自由。"左右问之，器答曰："达奚大尹尝诉冤于我，我不之许。"如是三日而器卒。

赵国珍，牂牁之苗裔也。天宝中，以军功累迁黔府都督，兼本管经略等使。时南蛮阁罗凤叛，宰臣杨国忠兼剑南节度，遥制其务，屡丧师徒。中书舍人张渐荐国珍有武略，习知南方地形，国忠遂奏用之。在五溪凡十余年，中原兴师，唯黔中封境无虞。代宗践祚，特嘉之，召拜工部尚书。大历三年九月，以疾终，赠太子太傅。

崔瓘，博陵人也。以士行闻，莅职清谨。累迁至沣州刺史，下车削去烦苛，以安人为务。居二年，风化大行，流亡襁负而至，增户数万。有司以闻，优诏特加五阶，至银青光禄大夫，以甄能政。迁潭州刺史、兼御史中丞，充湖南都团练观察处置使。瓘到官，政在简肃，恭守礼法。将吏自经时艰，久不奉法，多不便之。大历五年四月，会月给粮储，兵马使臧玠与判官达奚观忿争，观曰："今幸无事。"玠曰："有事何逃？"厉色而去。是夜，玠遂构乱，犯州城，以杀达奚观为名。瓘惶遽走，逢玠兵至，遂遇害。代宗闻其事，悼惜久之。

敬括，河东人也。少以文词称。乡举进士，又应制登科，再迁右拾遗、内供奉、殿中侍御史。天宝末，宰臣杨国忠出不附己者，括以例为果州刺史。累迁给事中、兵部侍郎、大理卿。性深厚，志尚简淡，在职不务求名，因循而已。大历初，叛臣周智光伏诛，诏选循良为近辅，以括为同州刺史。岁余，入为御史大夫。迟重推诚于下，未尝以私害公，士颇称焉；而从容养望，不举纲纪，士亦经此少之。大历六年三月卒。

韦元甫，少修谨，敏于学行。初任滑州白马尉，以吏术知名。本
道采访使韦陟深器之，奏充支使，与同幕判官员锡齐名。元甫精于
简牍，锡详于讯覆，陟推诚待之，时谓"员推韦状"。元甫有器局，所
莅有声，累迁苏州刺史、浙江西道都团练观察等使。大历初，宰臣杜
鸿渐首荐之，微为尚书右丞。会淮南节度使缺，鸿渐又荐堪当重寄，
遂授扬州长史、兼御史大夫、淮南节度观察等使。在扬州三年，政尚
不扰，事亦粗理。大历六年八月，以疾卒于位。

魏少游，钜鹿人也。早以吏干知名，历职至朔方水陵转运副使。
肃宗幸灵武，杜鸿渐等奉迎，留少游知留后，备宫室扫除之事。少游
以肃宗远离宫阙，初至边藩，故丰供具以悦之。将至灵武，少游整骑
卒千余，干戈耀日，于灵武南界鸣沙县奉迎，备威仪振旅而入。肃宗
至灵武，殿宇御幄，皆象宫闱，诸王、公主各设本院，饮食进御，穷其
水陆。肃宗曰："我至此本欲成大事，安用此为！"命有司稍去之。累
迁卫尉卿。乾元二年十月，议率朝臣马以助军，少游与汉中郡王瑀
沮其议，上知之，贬渠州长史。后为京兆尹，请中书门下及两省五品
已上、尚书省四品已上、诸司正员三品已上、诸王、驸马中期周已上
亲及女婿外甥，不得任京兆府判官、畿令、赤县丞簿尉，敕从之。迁
刑部侍郎。

大历二年四月，出为洪州刺史、兼御史大夫，充江南西道都团
练观察等使。四年六月，封赵国公。贾明观者，本万年县捕贼卜胥，
刘希暹，恃鱼朝恩之势，恣行凶忍，毒甚豺虺。朝恩、希暹既诛，元载
当权，纳明观奸谋，容之，特令江西效力。明观未观出城，百姓万众
聚于城外，皆怀砖石候之，期投击以快意。载闻之，特令所由吏拥百
姓入城内，由是获免。在洪州二年，少游为观察使，承元载意苟容
之。及路嗣恭代少游，到州，即日杖杀，识者以是减魏之名，多路之
政。大历六年三月己未卒于官，赠太师。

少游居职，缘饰成务，有规检，善任人，果于集事。前后四领京尹，虽无赫赫之名，而踸踸廉谨，有足称者。

卫伯玉，有膂力，幼习艺。天宝中杖剑之安西，以边功累迁至员外诸卫将军。肃宗即位，兴师靖难，伯玉激愤，思立功名，自安西归长安。初为审策军兵马使出镇。乾元二年十月，逆贼史思明遣伪将李归仁铁骑三千来犯，伯玉以数百骑于疆子坂击破之，积尸满野，虏马六百匹，归仁与其党东走。以功迁右忌林军大将军，知军事。转四镇、北庭行营节度使。献俘百余人至阙下，诏解缚而赦之，迁伯玉神策军节度。上元二年二月，史思明领众西下图长安，史朝义率其党夜袭陕州。伯玉以兵逆击，大破贼于永宁。贼退，进位特进，封河东郡公。

广德元年冬，吐蕃寇京师，乘舆幸陕。以伯玉有干略，可当重寄，乃拜江陵尹、兼御史大夫，充荆南节度观察等使。寻加检校工部尚书，封城阳郡王。大历初，丁母忧，朝廷以王昂代其任，伯玉潜讽将吏不受诏，遂起复以本官为荆南节度等使，时议丑之。大历十一年二月入觐，以疾卒于京师。

李承，赵郡高邑人，吏部侍郎至远之孙，国子司业畲之第二子也。承幼孤，兄晔鞠养之。既长，事兄以孝闻。举明经高第，累至大理评事，充河南采访使郭纳判官。尹子奇围汴州，陷贼，拘承送洛阳。承在贼庭，密疏奸谋，多获闻达。两京克复，例贬抚州临川尉。数月除德清令，旬日拜监察御史。淮南节度使崔圆请留充判官，累迁检校刑部员外郎、兼侍御史。圆卒，历抚州、江州二刺史，课绩连最。迁检校考功郎中兼江州刺史，徵拜吏部郎中。寻为淮南西道黜陟使，奏于楚州置常丰堰以御海潮，屯田瘠卤，岁收十倍，至今受其利。

时梁崇义纵恣倨慢，朝廷将加讨伐。李希烈揣知之，上表数崇过恶，请率先诛讨。上悦之，每对朝臣多称希烈忠诚。承自黜陟回，因奏之曰："希烈将兵讨伐,必有微勋,但恐立功之后,纵恣跋扈,不禀朝宪,必劳王师问罪。"上初未之信。无几,希烈既平崇义,果有不顺之迹,上思承言,故骤加擢用。建中二年七月,拜同州刺史、河中尹、晋绛都防御观察使。九月,转襄州刺史、山南东道节度观察盐铁等使。希烈既破崇义,拥兵襄州,遂有其地。朝廷虑不受命,欲以禁兵送承,承请单骑径行。既至,希烈处承于外馆,迫胁万态,承恬然自安,誓死王事。希烈不能屈,遂剽虏阖境所有而去,襄、汉为之空。承治之一年,颇得完复。

初,希烈虽归蔡州,留将校等于襄州守当时所掠得财帛什物等,后使襄、汉,往来不绝。承亦使腹心臧叔雅往来许、蔡,厚结希烈腹心周曾、王玢、姚憺等。及曾等谋杀希烈,以众归朝,多承首建谋也。累赐密诏褒美之。承寻改检校工部尚书,兼潭州刺史、湖南都团练观察使。建中四年七月,卒于位,年六十二,赠吏部尚书。承少有雅望,至其从官,颇以贞廉才术见称于时。

史臣曰:自古酷吏滥刑,幸免者多矣,苟无强魂为祟,沮议者惑焉。器深文乐祸,居官令终,非达奚诉冤,无以显其阴责矣。国珍守黔溪,瓃修礼法,括推诚驭下,元甫为政宽简,少游规检集事,皆可称者。伯玉破敌立功,足为猛士,丁忧冒宠,终是武夫。承忠愨谋议,勤劳尽瘁,方之者鲜矣。

赞曰:崔器深文,达奚作祟。七子伊何?李承为最。

旧唐书卷一一六
列传第六六

肃宗代宗诸子 肃宗十三子 代宗二十子

越王系　承天皇帝倓　卫王佖
彭王仅　兖王僴　泾王侹　郓王荣
襄王僙　杞王倕　召王偲
恭懿太子佋　定王侗　淮阳王僖
昭靖太子邈　均王遐　睦王述
丹王逾　恩王连　韩王迵　简王遘
益王乃　隋王迅　荆王选　蜀王溯
忻王造　韶王暹　嘉王运　端王遇
循王遹　恭王通　原王逵　雅王逸

　　肃宗皇帝十四子：章敬皇后生代宗皇帝，宫人孙氏生越王系，张氏生承天皇帝，王氏生卫王佖，陈婕妤生彭王仅，韦妃生兖王僴，张美人生泾王侹，裴昭仪生襄王僙，段好生杞王倕，崔妃生召王偲，张皇后生恭懿太子佋、定王侗，宫人生郓王荣、宋王僖。

越王系，本名僴，肃宗第二子也。天宝中，封南阳郡王，授特进。至德二年十二月，进封赵王。乾元二年三月，九节度之兵溃于河北，史思明僭号于相州，王师未集，朝廷震骇。诏以李光弼握兵关东以代子仪。光弼请以亲贤统师，七月，诏曰：

握兵之要，古先为重；命帅之道，心膂攸凭。是知靖难夷凶，必资于金革；总戎授律，实仗于亲贤。盖将底宁邦家，保息黎献者矣。朕以薄德，缵承鸿绪，往属元凶暴乱，中夏不宁。上凭宗社之灵，下藉态罴之力，由是廓清咸、洛，拯此生人。顷以河朔残妖，尚稽天讨，蛇豕窃依于城堡，涂炭久被于齐氓，朕为人父母，宁忘闵念。虽好生息战，每冀其归降；而余孽昧恩，靡闻于悔祸。所以轩后亲征于獯鬻，周文致役于昆夷，古之用兵，盖非获已。

越王系幼禀异操，夙怀韬略，负东平之文学，蕴任城之智勇。性惟忠孝，持爱敬以立身；志尚权谋，有经通之远智。知子者父，方有属于维城；择能而授，俾克申于戎律。且凶徒啸聚，颇历岁时，恶既贯盈，理当扑灭。君亲有命，可不敬乎！俾展龙豹之韬，永清枭獍之类。可充天下兵马元帅，仍令司空、兼侍中、苏国公光弼副知节度行营事。应缘军司署置，所司准式。

九月，史思明陷洛阳，光弼以副元帅董兵守河阳，王不出京师。十月，下诏车驾亲征，谏官论奏乃止；王请行，不许。三年四月，改封越王。

宝应元年四月，肃宗寝疾弥留。皇后张氏与中官李辅国有隙，因皇太子监国，谋诛辅国，使人以肃宗命召太子入宫。皇后谓太子曰："贼臣辅国，久典禁军，四方诏令，皆出其口。顷矫制命，逼徙圣皇。今圣体弥留，心怀怏怏，常忌吾与汝。又闻射生内侍程元振结托黄门，将图不轨，若不诛之，祸在顷刻。"太子泣而对曰："此二人是陛下勋旧内臣，今圣躬不康，重以此事惊挠圣虑，情所难任。若决行此命，当出外徐图之。"后知太子难与共事，乃召系谓之曰："皇太子仁惠，不足以图平祸难。"复以除辅国谋告之，曰："汝能行此事乎?"系曰:"能。"后令内谒者监段恒俊与越王谋,召中官有武勇者二百余人,授甲于长生殿。是月乙丑,皇后矫诏召太子,程元振伺知之,告辅国。元振握兵于凌霄门候之,太子既至,以难告。太子曰:"必无此事。圣恙危笃,吾岂惧死不赴召乎?"元振曰:"为社稷计,行则祸及矣。"遂以兵护太子匿于飞龙厩。丙寅夜,元振、辅国勒兵于三殿前,收捕越王及同谋内侍朱光辉、段恒俊等百余人禁系,幽皇后于别殿,侍者十数人随之。是日,皇后、越王俱为辅国所害。

系子:建、逈、逾。建,中元年十一月,封武威郡王,授殿中监同正员;逈封兴道郡王,授殿中监同正员;逾封齐国公,光禄卿同正员。

承天皇帝倓,肃宗第三子也。天宝中,封建宁郡王,授太常卿同正员。英毅有才略,善射。禄山之乱,玄宗幸蜀,倓兄弟典亲兵扈从。车驾渡渭,百姓遮道乞留太子,太子谕之曰:"至尊奔播,吾不忍违离左右,俟吾见上奏闻。"倓于行宫谓太子曰:"逆胡犯顺,四海分崩,不因人情,何以兴复?夫有国家者,大孝莫若存社稷。今从至尊入蜀,则散关已东,非皇家所有,何以维属人情?殿下宜购募豪杰,暂往河西,收拾戎马,点集防边将卒,不下十万人,光弼、子仪,全军河朔,谋为兴复,计之上也。"广平王亦赞成之,于是令李辅国奏闻。玄宗欣然听纳,乃分从官、士卒以遣之。

时败卒胆破,兵仗不完,太子既北上,渡渭,一日百战。倓自选骁骑数百卫从,每苍黄颠沛之际,血战在前。太子或过时不得食,倓涕泗不自胜,上尤怜之,军士属目归于倓。至灵武,太子即帝位。广平既为元子,欲以倓为天下兵马元帅。侍臣曰:"广平王冢嗣,有君人之量。"上曰:"广平地当储贰,何假更为元帅?"左右曰:"广平今未册立,艰难时人尤属望于元帅。况太子从曰抚军,守曰监国。今之元帅,抚军也,广平为宜。"遂以广平为元帅,倓典亲军,李辅国为元帅府司马。

时张良娣有宠,倓性忠謇,因侍上屡言良娣颇自恣,辅国连结内外,欲倾动皇嗣。自是,日为良娣、辅国所构,云:"建宁恨不得兵权,颇畜异志。"肃宗怒,赐倓死。既而省悟,悔之。

明年冬,广平王收复两京,遣判官李泌入朝献捷。泌与上有东宫之旧,从容语及建宁事,肃宗改容谓泌曰:"倓于艰难时实得气力,无故为下人之所间,欲图害其兄,朕以社稷大计,割爱而为之所也。"泌对曰:"尔时臣在河西,岂不知其故。广平兄弟,天伦笃睦,至今广平言及建宁,则呜咽不已。陛下之言,出于谗口也。"帝因泣下曰:"事已及此,无如之何!"泌因奏曰:"臣幼稚时,念《黄台瓜辞》,陛下尝闻其说乎?高宗大帝有八子,睿宗最幼。天后所生四子,自为行第,故睿宗第四。长曰孝敬皇帝,为太子监国,而仁明孝悌。天后方图临朝,乃鸩杀孝敬,立雍王贤为太子。贤每日忧惕,知必不保全,与二弟同侍于父母之侧,无由敢言。乃作《黄台瓜辞》,令乐工歌之,冀天后闻之省悟,即生悛愍。辞云:'种瓜黄台下,瓜熟子离离。一摘使瓜好,再摘令瓜稀,三摘犹尚可,四摘抱蔓归。'而太子贤终为天后所逐,死于黔中。陛下有今日运祚,巳一摘矣,慎无再摘。"上愕然曰:"公安得有是言!"时广平王立大功,亦为张皇后所忌,潜构流言,泌因事讽动之。

及代宗即位,深思建宁之冤,追赠齐王。大历三年五月,诏曰:"故齐王倓,承天祚之庆,保鸿名之光。降志尊贤,高才好学,艺文博洽,智略宏通。断必知来,谋皆先事,识无不达,理至逾精。乃者寇盗横流,銮舆南幸。先圣以宸扆之恋,将侍君亲;惟王以宗庙之重,誓宁家国。克协朕志,载符天时,立辨群议之非,同献五原之计。中兴之盛,实藉奇功。景命不融,早从厚岁,天伦之爱,震悼良深。流涕追封,昨于东海,顷加表饰,未极哀荣。夫以参旧邦再造之勤,成天下一家之业,而存未峻其等,殁未尊其称,非所以旌徽烈,明至公也。朕以眇身,缵膺大宝,不及让王之礼,莫申太弟之嗣,所怀靡殚,邈想逾切,非常之命,宠锡攸宜。敬用追谥曰承天皇帝,与兴信公主第十四女张氏冥婚,谥曰恭顺皇后。有司准式,择日册命,改葬于顺陵,仍祔于奉天皇帝庙,同殿异室焉。

卫王佖，肃宗第四子。天宝中，封西平郡王，授殿中监同正员。早薨。宝应元年五月，追赠卫王。

彭王仅，肃宗第五子。天宝中，封新城郡王，授鸿胪卿同正员。至德二年十二月，进封彭王。乾元二年冬，史思明再陷河洛，关东用兵，人情震惧，群臣请以亲王遥统兵柄。三年，四月诏曰：

　　古之哲王，宅中御宇，莫不内封子弟，外建藩维。故周称百代，抑闻麟趾之美；汉命六官，亦树犬牙之制。历考前载，率由旧章。朕以薄德，缵承鸿绪，属豺狼未殄，金革犹虞。赖文武荩臣，协心同德，庶克清于玄祲，期永保于皇图。且授钺分符，义已先于用武；又维城作翰，道方弘于建亲。咨尔分阃之崇，成予磐石之固。彭王仅等，银潢毓庆，璇萼分辉，忠孝禀于天成，文武称其备用。今三秦之地，万国来庭，诚宜列皇子以建封，崇懿藩而制胜，是资固本，委以临戎。彭王仅可充河西节度大使，兖王侗可充北庭节度大使，泾王侹可充陇右节度大使，杞王倕可充陕西节度大使，兴王佋可充凤翔节度大使。

仅，是岁薨。

子镇，授太仆卿同正员，封常山郡王。

兖王侗，肃宗第六子。母韦妃，刑部尚书坚之妹。肃宗在东宫，选为太子妃，生侗及永和公主。坚后为李林甫诬构被诛，太子惧，奏请与妃离异，于别宫安置。侗，天宝中封颍川郡王，授太子詹事同正员。至德二年十二月，进封兖王。乾元三年，领北庭节度大使。宝应元年薨。

泾王侹，肃宗第七子。天宝中，封东阳郡王，授光禄卿同正员。至德二载十二月，进封泾王。乾元三年，领陇右节度大使。兴元元年薨。

　　郓王荣，肃宗第八子。天宝中，封灵昌郡王。早世。宝应元年五月，追赠郓王。

　　襄王僙，肃宗第九子。至德二载十二月，封襄王。贞元七年正月薨。

　　杞王倕，肃宗第十子。母段婕妤，贞元六年六月赠为昭仪。倕，至德二载封，贞元十四年薨。

　　召王偲，肃宗第十一子。至德二载十二月封，元和元年薨。

　　恭懿太子佋，肃宗第十二子。至德二载封兴王。上元元年六月薨。佋，皇后张氏所生，上尤钟爱。后屡危太子，欲以兴王为储贰，会薨而止。七月丁亥，诏曰：

　　厚礼所以饰终，易名所以表行。况情钟天属，宠及褒封，载畴加等之美，式备元储之赠，永怀轸念，有恻彝章。第十二子故兴王佋，毓庆璇源，分华若木，天资纯孝，神假聪明。河间聚书，幼闻乐善之旨；延陵听乐，早得知音之妙。顷以暂婴沉瘵，殆积旬时，而资敬益彰，颖晤逾爽。爱亲之恋，言不间于斯须；告诀之辞，事先符于梦寐。顾惟至性，实切深哀。将柞土析圭，载崇藩翰，闻《诗》对《易》，爰就琢磨。方冀成立，岂期夭丧。瑶英始茂，遽摧于当春；隙驷俄迁，忽沉于厚夜。兴言痛悼，闵惜良深。宜贲宠于青宫，俾哀荣于玄岁。可赠太子，谥曰恭懿。应缘丧葬，所司准式，仍令京兆尹刘晏充监护使。

诏宰臣李揆持节册命。十一月，葬于高阳原。其哀册曰：

　　　　维上元元年，太岁庚子，六月己未朔，二十六日甲申，皇第十二子持节凤翔等四州节度观察大使兴王佋，薨于中京内邸，殡于寝之西阶。粤八月丁亥，册赠皇太子，庙号恭懿。冬十一月庚寅，诏葬于长安之高阳原，礼也。燕隧开封，龙辒进辙，陈祖载而就位，俨涂刍以成列。皇帝哀玉林之闳景，悯璇尊之惟霜，瞻龙绰而增思，怀雁池而永伤。考谥惟古，褒崇有式。爰诏史司，恭宣懿德。其辞曰：

惟天祚唐，累叶重光，中兴宸景，再纽乾纲。本枝建国，磐石疏疆，克开龙胤，实曰贤王。骊源孕彩，日翰腾芳，深仁广孝，蕴艺含章。秀发童年，惠彰龀齿，蹈礼知方，承尊叶旨。对曰流辩，占凤擅美，鲁、卫后尘，间、平绝轨，胡孽初构，王师未班，爰从襁褓，载历险艰。爰备中掖，名崇懿藩，居常禀训，动不违颜。礼及佩觿，朝加分器，阼土延渥，登坛受帅。玉质金声，文经武纬，乐善为宝，崇儒是贵。浚哲外朗，温文内深，阅书成诵，观乐表音。《五经》在口，六律谐心，才优艺洽，绝古超今。蛇豕犹梗，寰区未乂。涤虑祈真，焚香演偈。食去荤血，心依定惠。庶福邦家，俾清凶秽。雾露婴疾，聪明害神，沉疴始遘，弥旷盈旬。止虑无扰，发言有伦，在膏方亟，问膳逾勤。云物告征，星辰变象，楚药无救，秦医莫仗。灵仪窅而上宾，徽音邈其长往。违旧邸于青社，即幽陵于黄壤。呜呼哀哉！

魂气夺兮去何之，精灵存兮孝有思。念君亲之永隔，托梦寐而来辞。延桂宫而震悼，贯椒壶而缠悲。旌遗芳于碣馆，贲新命于储闱。呜呼哀哉！先远戒候，占龟献吉。指鹑野而西临，背凤城而右出。天惨惨而苦雾，山苍苍而曀日。望驰道而长辞，赴幽涂而永毕。呜呼哀哉！生为宠王兮宸爱所钟，殁追上嗣兮朝典斯崇。升玉笙于洞府，阅银榜于泉宫。金石谁固，人生有终，简册攸记兮德音无穷。敢直词于篆美，庶永代而成风。呜呼哀哉！

佋薨时年八岁。既薨之夕，肃宗、张后俱梦佋有如平昔，拜辞流涕而去。帝方寝疾，追念过深，故特以储闱之赠宠之。上疾累月方平。

定王侗,肃宗第十三子。亦张后所生,佋之母弟。至德二载,封定王。宝应初薨,时年甚幼。

宋王僖,肃宗第十四子。初封淮阳王,早夭,追封宋王。

代宗皇帝二十子:睿真皇后沈氏生德宗皇帝,崔妃生昭靖太子,独孤皇后生韩王迥;余十七王,旧史不载母氏所出。

昭靖太子邈,代宗第二子。宣应元年,封郑王。大历初,代皇太子为天下兵马元帅。王好读书,以儒行闻。大历九年薨,废朝三日,由是罢元帅之职。上惜其才早夭,册赠昭靖太子,葬于万年县界。

均王遐,代宗第三子。早夭,贞元八年追封。

睦王述,代宗第四子。大历九年冬,田承嗣谋乱河朔,时郑王居长,典兵师,不幸薨落,诸王皆幼,多未封建。大臣奏议请封亲王,分领戎师,以威天下。十年二月,诏曰:

　　虞、夏之制,诸子疏封;汉、魏以还,十连授律。是用锡圭班瑞,盘石开疆,信通邑之纪纲,为中都之屏翰。然则旌钺之寄,推择攸难,因亲之任,各膺其命。第四子述、第五子逾、第六子连、第七子迥、第八子遘、第十三子造、第十四子暹、第十五子运、第十六子遇、第十七子遹、第十八子通、第十九子逵、第二十子逸等,并敏茂纯懿,禀于衷诚,温良孝恭,形于进对,动皆合义,居必有常。可以理众靖人,抚封宣化,而总列城之赋,缮分阃之谋,克勤公家,允辅王室。今则均茅社之宠,盛槐庭之仪,授钺登车,嗣兹朝典,维城之固,尔其懋哉。述可封睦王,充岭南节度支度营田、五府经略观察处置等大使;逾可封郴王,充渭北鄜、坊等州节度大使;连可封恩王;韩王迥可汴、宋等节度观察处置等大使;遘可封郯王;造可封忻王,充昭义军节度观察处置等大使;遏可封韶王,运可封嘉王,遇可封端王,通可封循王,通可封恭王,遘可封原王,逸可封雅王:仍并可封开府仪同三司。

是时,皇子胜衣者尽加王爵,不出阁。德宗朝,述为诸王之长。时分命中使周行天下,求访沈太后,诏以睦王为奉迎太后使,以工部尚书乔琳副之。贞元七年薨。

丹王逾,代宗第五子。大历十年,封郴王,领渭北鄜坊节度大使。建中四年,改丹王。元和十五年薨。

恩王连,代宗第六子。大历十年封,元和十二年薨。

韩王迥,代宗第七子。以母宠,既生而受封,虽冲幼,恩在郑王之亚。宝应元年,封韩王。贞元十二年薨,时年四十七。

简王遘,代宗第八子。大历十年,封郑王,建中四年,改封简王。元和四年薨。

益王乃,代宗第九子。大历四年封。

隋王迅,代宗第十子。大历十年封。兴元元年薨。

荆王选,代宗第十一子,早世。建中二年正月,追封荆王,赠开府仪同三司。

蜀王溯,代宗第十二子。大历十四年封。本名遂,建中二年改今名。

忻王造,代宗第十三子。大历十年封,仍领昭义军节度观察大使。元和六年薨。

韶王暹,代宗十四子。大历十年封,贞元十二年薨。

嘉王运,代宗十五子。大历十年封,贞元十七年薨。

端王遇,代宗十六子。大历十年封,贞元七年薨。

循王遹,代宗第十七子。大历十年封。

恭王通,代宗第十八子。大历十年封。

原王逵,代宗第十九子。大历十年封,大和六年薨。

雅王逸,代宗第二十子。大历十年封,贞元十五年薨。

史臣曰:艳妻破国,孽子败宗。前代英杰之君,率不免于斯累者,何也?良以爱恶不由于义断,毁誉遽逐于情移。虽申生孝己之仁,卒不能回君父之爱,悲哉!孝宣皇帝当屯剥之运,收忠义之心,忍行爱子之刑,终宥奸阉之罪,大雅君子,为之痛心。张后卒以凶终,固其宜矣。

赞曰:床箦之爱,人情易惑。以义制情,哲王令德。李侯悟主,韵谐金石。褒谥建宁,良堪太息。

旧唐书卷一一七
列传第六七

严武　郭英乂　崔宁　严震
严砺

　　严武，中书侍郎挺之子也。神气隽爽，敏于闻见。幼有成人之风，读书不究精义，涉猎而已。弱冠以门荫策名，陇右节度使哥舒翰奏充判官，迁侍御史。至德初，肃宗兴师靖难，大收才杰，武杖节赴行在。宰相房琯以武名臣之子，素重之，及是，首荐才略可称，累迁给事中。既收长安，以武为京兆少尹、兼御史中丞，时年三十二。以史思明阻兵不之官，优游京师，颇自矜大。出为绵州刺史，迁剑南东川节度使；入为太子宾客、兼御史中丞。

　　上皇诰以剑两川合为一道，拜武成都尹、兼御史大夫，充剑南节度使；入为太子宾客，迁京兆尹、兼御史大夫。二圣山陵，以武为桥道使。无何，罢兼御史大夫，改吏部侍郎，寻迁黄门侍郎。与宰臣元载深相结托，冀其引在同列。事未行，求为方面，复拜成都尹，充剑南节度等使。广德二年，破吐蕃七万余众，拔当狗城。十月，取盐川城，加检校吏部尚书，封郑国公。

　　前后在蜀累年，肆志逞欲，恣行猛政。梓州刺史章彝初为武判官，及是小不副意，赴成都杖杀之，由是威震一方。蜀土颇饶珍产，武穷极奢靡，赏赐无度，或由一言赏至百万。蜀方闾里以征敛殆至匮竭，然蕃房亦不敢犯境。而性本狂荡，视事多率胸臆，虽慈母言不之顾。初为剑南节度使，旧相房琯出为管内刺史，琯于武有荐导之恩,武骄倨,见琯略无朝礼,甚为时议所贬。永泰元年四月,以疾终,时年四十。

郭英乂,先朝陇右节度使、左羽林军将军知运之季子也。少以父业,习知武艺,策名河、陇间,以军功累迁诸卫员外将军。至德初,肃宗兴师朔野,英乂以将门子特见任用,迁陇右节度使、兼御史中丞。既收二京,征还阙下,掌禁兵。迁羽林军大将军,加特进。以家艰去职。

朝廷方讨史思明,选任将帅,乃起英乂为陕州刺史,充陕西节度、潼关防御等使,寻加御史大夫,兼神策军节度。代宗即位,加检校户部尚书、兼御史大夫。元帅雍王自陕统诸军讨贼洛阳,留英乂在陕为后殿。东都平,以英乂权为东都留守。既至东都,不能禁暴,纵麾下兵与朔方、回纥之众大掠都城,延及郑、汝等州,比屋荡尽。广德元年,策勋加实封二百户,征拜尚书右仆射,封定襄郡王。恃富而骄,于京城创起甲第,穷极奢靡。与宰臣元载交结,以久其权。

会剑南节度使严武卒,载以英乂代之,兼成都尹,充剑南节度使。既至成都,肆行不轨,无所忌惮。玄宗幸蜀时旧宫,置为道士观,内有玄宗铸金真容及乘舆侍卫图画。先是,节度使每至,皆先拜而后视事。英乂以观地形胜,乃入居之,其真容图画,悉遭毁坏。见者无不愤怒,以军政苛酷,无敢发言。又颇恣狂荡,聚女人骑驴击毬,制钿驴鞍及诸服用,皆侈靡装饰,日费数万,以为笑乐。未尝问百姓间事,人颇怨之。又以西山兵马使崔旰得众心,屡抑之。旰因蜀人之怨,自西山率麾下五千余众袭成都,英乂出军拒之,其众皆叛,反攻英乂。英乂奔于简州,普州刺史韩澄斩英乂首以送旰,并屠其妻子焉。

崔宁,卫州人,本名旰。虽儒家子,喜纵横之术。卫州刺史茹璋授旰符离令,既罢,久不调,遂客游剑南,从军为步卒,事鲜于仲通。又随李宓讨云南,宓战败,旰归成都。行军司马崔论见旰,悦其状貌，又以其宗姓厚遇，荐为衙将。历事崔圆、裴冕。冕遭流谤，朝廷将遣使推按，旰部下截耳称冤，中使奏之。旰亦赴京师，授司戈，历司阶、折冲郎将军等官。

宝应初，蜀中乱，山贼拥绝县道，代宗忧之。严武荐旰为利州刺史，既至，山贼遁散，由是知名。严武为剑南节度，赴镇过利州，心欲辟旰为部将，以利非属部，旰难辄去，俾旰筹之。旰曰："节度使张献诚见忌，且又好利，诚能重赂之，旰可以从大夫矣。"武至剑南，遗献诚奇锦珍贝，价兼百金，献诚大悦。武乃遗献诚书求旰，献诚然之，令旰移疾去郡。旰乃之剑南，武奏为汉州刺史。

久之，吐蕃与诸杂羌戎寇陷西山柘、静等州，诏严武收复。武遣旰统兵西山，旰善抚士卒，皆愿致死命。始次贼城，周围皆石砾，攻具无所设。唯东南隅环丈之地，壤土可穴，谍知之以告。旰昼夜穿地道攻之，再宿而拔其城。因拓地数百里，下城寨数四。番众相语曰："崔旰，神兵也。"将更前进，以粮尽还师。武大悦，装七宝舆迎旰入成都，以夸士众，赏赉过厚。

永泰元年五月，严武卒，杜济为西川行军司马，权知军府事。时郭英干为都知兵马使，郭嘉琳为都虞候，皆请英干兄英乂为节度使。旰时为西山都知兵马使，与军众共请大将王崇俊为节度使。二奏俱至京师，会朝廷已除英乂，旰使因见英乂陈其事。英乂至成都，数日，诬杀王崇俊，又召旰还成都。英乂减将健粮赐，人心怨怒。旰在西山闻之，大恐，乃托备吐蕃，未赴成都。英乂怒，出兵声言助旰讨吐蕃，其实袭之也。旰家在汉州，英乂迁之成都，通其妾媵。旰知之，转入深山。英乂自率师攻旰，值天大寒，雪深数尺，英乂士马冻死者数百人，众心离叛。旰遂出兵拒敌，英乂与之接战，英乂军大败而还，收余兵才千人，归成都，将卒因多逃散。

初，天宝中，剑南节度使鲜于仲通当建一使院，院宇甚华丽。及玄宗幸蜀，当居之，因为道观，兼写玄宗真容，置之正室，英乂因入观行香，悦其竹树，遂奏请以仲通书院为军营，及移去真容自居之，旰闻之，谓将士曰："英乂反矣！不然，何得除毁玄宗真容而自居之?"乃率兵攻成都,面乂出兵于城西门,令柏茂琳为前军,郭英干为左军,郭嘉琳为后军,与旰战。茂琳等军累败,军人多投旰。旰令降将统兵与英乂转战,大败之,兵至子城,英乂单骑奔简州,为普州刺史韩澄所杀。时邛、剑所在起兵相攻,剑南大乱。

永泰二年二月,乃以黄门侍郎平章事杜鸿渐兼成都尹、山南西道剑南东川西川邛南等道副元帅、剑南西川节度使。鸿渐出骆谷,有谋者曰:"相公驻车阆州,遥制剑南,数移牒述英乂过失,言旰有方略;旰腹心摄诸州刺史者皆奏正之,令旰及将校不疑怨。然后与东川节度使张献诚及诸贼帅合议,数出兵攻旰。既数道连兵,未经一年,兵势减耗,旰穷,必束身归朝。此上策也。"鸿渐畏懦,计疑未决。会旰使至,卑辞厚礼,送缯锦数千匹。沤渐贪其利,遂至成都,日与判官杜亚、杨炎将吏等高会纵观,军州政事悉委旰,仍连表闻荐。

先时,张献诚数与旰战,献诚屡败,旌节皆为旰所夺。朝廷因鸿渐之请,加成都尹,兼西山防御使、西川节度行军司马,仍赐名曰宁。大历二年,鸿渐归朝,遂授宁西川节度使。恃地险人富,乃厚敛财货,结权贵,令弟宽留京师。元载及诸子有所欲,宽恣与之,故宽骤历御史知杂事、御史中丞。宽兄审亦任郎中、谏议大夫、给事中。宁在蜀十余年,地险兵强,肆侈穷欲,将吏妻妾,多为所淫污,朝廷患之而不能诘。累加尚书左仆射。

大历十四年入朝,迁司空、平章事,兼山陵使,寻代乔琳为御史大夫、平章事。宁以为选择御史当出大夫,不谋及宰相,乃奏请以李衡、于结等数人为御史。杨炎大怒,其状遂寝。炎又数谗毁刘晏,宁又救解之。宁既厚结元载已久,杨炎又出自载门,宁初附炎,炎因此大怒。

其年十月,南蛮大下,与吐蕃三道合进:一出茂州,过文川及灌口;一出扶、文,过方维、白坝;一出黎坝、雅,过邛、郲。戎酋诚其众曰:"吾要蜀川为东府,凡技巧之工皆送逻娑,平岁赋一缣而已。"是蛮之入,连陷郡邑,士庶奔亡山谷。属宁在朝,军中无帅,德宗促宁还镇。炎惧宁怨己,入蜀难制,谓德宗曰:"蜀川天下奥壤,自宁擅置其中,朝廷失其外府十四年矣。今宁来朝,尚有全师守蜀。货利之厚,适中奉给,贡赋所入,与无地同。始宁与诸将等夷,独因叛乱得位,不敢自有,以恩柔煦育,威令不行。今虽归之,必无功,是徒遣也;若有功,义不可夺。则西川之奥,败固失之,胜亦非国家所有。陛下熟察。"帝曰:"卿策何从?"炎曰:"请无归宁今朱泚所部范阳劲兵,戍在近甸,促令与禁兵杂往,举无不捷。因是役得置亲兵内其腹中,蜀将必不敢动。然后换授他帅,以收其权,得千里肥饶之地,是因小祸受大福也。"帝曰"善",即止宁不行。乃发禁兵四千、范阳兵五千,赴援东川。出军自江油趣白坝,与山南兵合击,蛮兵败走。范阳军又击破于七盘,遂拔新城,戎、蛮大败。凡斩首六千,生擒六百,伤者殆半,饥寒陨于崖谷者八九万。

宁遂罢西川节度使,制授检校司空、同中书门下平章事、御史大夫、京畿观察使,兼灵州大都督、单于镇北大都护、朔方节度等使,兼鄜坊丹延都团练观察使。托以重臣绥靖北边,但令居鄜州。虽以宁为节度,每道皆置留后,自得奏事,炎悉讽令伺宁过犯。杜希全为灵州,王翃为振武,李建征为翃州,及戴休颜、杜从政、吕希倩等,皆炎署置也。宁巡边至夏州,刺史吕希倩与宁同力招抚党项,归降者甚多。炎恶之,因奏希倩抚绥之功,才堪委任。召归朝,除右仆射知省事,以神武将军时常春代之。

朱泚之乱,上卒迫行幸,百僚诸王鲜有知者。宁后数日自贼中来,上初喜甚。宁私谓所亲曰:"圣上聪明英迈,从善如转规,但为卢杞所惑至此尔。"杞闻之,潜与王翃图议陷之。初,泾原兵作乱之夕,宁与翃及御史大夫于颀俱出延平门而西,数下马便液,每下辄良久。翃等促之,不敢前。又惧贼兵追及,翃乃大声而言曰:"已至此,不必顾望。"至奉天,翃具以事闻。会朱泚行反间,伪除柳浑宰相,署宁中书令。宁朔方掌书记康湛时为盩屋尉,翃逼湛作宁遗朱泚书,使宁无以自辩,翃遂献之。杞因诬奏曰:"崔宁初无葵藿向日之心,闻于城中与朱泚坚为盟约,所以后于百辟。今事果验。使凶渠外逼,奸臣内谋,则大事去矣。"因俯伏歔欷曰:"臣备位宰相,危不能持,颠不能扶,宜当万死,伏待斧钺。"上命左右扶起之。既还,俄有中人引宁于幕后,二力士自后缢杀之,时年六十一。初,将诛宁,召至朝堂,云令江淮宣慰。寻命翰林学士陆贽草诛宁制;赘求宁与泚书,将以状生之。复乱言云,其书已失。宁既得罪,籍没其家。中外称其冤,乃赦其家,归其资产。贞元十二年六月,宁故将夏绥银节度使韩潭奏请以新加礼部尚书恩制以雪宁之罪。诏从之,任其家收葬。

初,宁入朝,留弟宽守成都。泸州杨子琳乘间以精骑数千突入成都,据城守之。宽屡战力屈,子琳威声颇盛。宁妾任氏魁伟果干,乃出其家财十万募勇士,信宿间得千人,设队伍将校,手自麾兵,以逼子琳。子琳惧,城内米尽,乃拔城自溃。子琳素有妖术,其夕致大雨,引舟至庭除,登之而遁。

宁季弟密,密子绘,父子皆以文雅称,历使府从事。绘生四子:蠲、黯、确、颜,皆以进士擢第。

蠲字越卿,元和五年擢第,累辟使府。宝历中,入朝监察御史。太和初,为侍御史,三迁户部郎中,出为汝州刺史。开成初,以司勋郎中徵,寻以本官知制诰。明年,正拜舍人。三年,权知礼部贡举。四年,拜礼部侍郎,转户部。上疏论国忌日设僧斋,百官行香,事无经据。诏曰:"朕以郊庙之礼,严奉祖宗,备物尽诚,庶几昭格。恭惟忌日之感,所谓终身之忧。而近代以来,归依释、老,徵二教以设食,会百辟以行香。将以有助圣灵,冥资福祚。有异皇王之术,颇乖教义之宗。昨得崔蠲奏论,遂遣讨寻本末,礼文令式,曾不该明,习俗因循,雅当整革。其两京、天下州府,以国忌日为寺观设斋焚香,从今已后,并宜停罢。"

蠲寻为华州刺史、镇国军等使,再历方镇。子荛。

荛字野夫。大中二年,擢进士第,累官至尚书郎、知制诰。正拜中书舍人、户部侍郎。乾符中,自尚书右丞迁吏部侍郎。荛美文词,善谈论，而驭事简率，铨管非所长。出为陕州观察使，以器韵自高，不屑细故，权移仆下。时河南寇盗蜂起，王仙芝乱汉南，朝纲不振，而莞自恃清贵，不恤人之疾苦。百姓诉旱，莞指庭树曰："此尚有叶，何旱之有？"乃笞之，吏民结怨。既而为军人所逐，饥渴甚，投民舍求水，民以溺饮之。初为军人所俘，翦其髭发，拜而获免。以失守贬端州司马，复入为左散骑常侍，卒。

子居敬、居俭。居敬终尚书郎，居俭中兴终户部尚书。

黯字直卿，大和二年，进士擢第。开成初，为青州从事。入为监察御史，奏郊庙祭器不虔，请敕有司。文宗谓宰臣曰："宗庙之事，朕合亲奉其礼，但以千乘万骑，动费国用，每有司行事之日，被衣冠坐以俟旦。比闻主者不虔，祭器劳敝，非事神蠲洁之义。卿宜严敕有司，道吾此意。"黯具条奏以闻。寻适员外郎。会昌中，为谏议大夫。

确字岳卿，颜字希卿，位皆至尚书郎。

严震，字遐闻，梓州盐停人。世为田家，以财雄于乡里。至德、乾元已后，震屡出家财以助边军，授州长史、王府谘议参军。东川节度判官韦收荐震才用于节度使严武，遂授合州长史。及严武移西种，署为押衙，改恒王府司马。严武以宗姓之故，军府之事多以委之。又历试卫尉、太常少卿。严武卒，乃罢归。东川节度使又奏为渝州刺史，以疾免。山南西道节度使又奏为凤州刺史，加侍御史，丁母忧罢。起复本官，仍充兴、凤两州团练使，累加开府仪同三司、兼御史中丞。为政清严，兴利除害，远近称美。建中初，司勋郎中韦桢为山、剑黜陟使，荐震理行为山南第一，特赐上下考，封郧国公。在凤州十四年，能政不渝。

建中三年，代贾耽为梁州刺史、兼御史大夫、山南西道节度观察等使。及朱泚窃据京城，李怀光顿军咸阳，又与之连结。泚令腹心穆庭光、宋瑗等齐白书诱震同叛，震集众斩庭光等。时李怀光连贼,德宗欲移幸山南。震既闻顺动,遣吏驰表往奉天迎驾,仍令大将张用诚领兵五千至盩厔已东迎护,上闻之喜。既而用诚为贼所诱,欲谋背逆,朝廷忧之。会震又遣牙将马勋奉表迎候,上临轩召勋与之语,勋对曰:"臣请计日至山南取节度使符召用诚,即不受召,臣当斩其首以复。"上喜曰:"卿何日当至?"勋克日时而奏,帝勉劳之。勋既得震符,乃请壮丁五人偕行。既出骆谷,用诚以勋未知其谋,乃以数百骑迎勋,勋与俱之传舍,用诚左右森然。勋先聚草发火于驿外,军士争附火。勋乃从容出怀中符示之曰:"大夫召君。"用诚惶惧起走,壮士自背束手而擒之。不虞用诚子居后,引刀斫勋,勋左右遽承其臂,刀下不甚,微伤勋首。遂格杀其子,而仆用诚于地。壮士跨其腹,以刃拟其喉曰:"出声即死!"勋即其营,军士已被甲执兵矣。勋大言曰:"汝等父母妻子皆在梁州,一朝弃之,欲从用诚反逆,有何利也?但灭汝族耳!大夫使我取张用诚,不问汝辈,欲何为乎?"众皆詟服。于是缚用诚送州,震杖杀之,拔其副将,使率其众迎驾。勋以药封首驰赴行在,愆约半日,上颇忧之,及勋至,上喜动颜色。翌日,车驾发奉天,及入骆谷,李怀光遣数百骑来袭,赖山南兵击之而退,舆驾无警急之患。寻加震检校户部尚书,赐实封二百户。

三月,德宗至梁州。山南地贫,粮食难给,宰臣议请幸成都府。震奏曰:"山南地接京畿,李晟方图收复,藉六军声援。如幸西川,则晟未见收复之期也。幸陛下徐思其宜。"议未决,李晟表至,请车驾驻跸梁、洋,以图收复,群议乃止。梁、汉之间,刀耕火耨,民以采稆为事,虽节察十五郡,而赋额不敌中原三数县。自安、史之后,多为山贼剽掠,户口流散大半。洎六师驻跸,震设法劝课,鸠聚财赋,以给行在,民不至烦,供亿无厌。其年六月,收复京城,车驾将还京师,进位检校尚书左仆射。诏曰:"朕遭罗寇难,播越梁、岷,蒸庶烦于供亿,武旅勤于捍卫。凡百执事,各奉阙司,眷于是邦,复我兴运,宜加崇大,以示将来。宜改梁州为兴元府,官名品制,同京兆、河南府;郑县升为赤,诸县升为畿。见任州县官,考满日放选,百姓给复一年。洋州宜升为望,见任州县官,考满减两选。山南西道将士,并与甄叙。"以震为兴元尹,赐实封二百户。

贞元元年十一月,德宗亲祀昊天上帝于南郊,震入朝陪祭。十一年二月,加同平章事。贞元十五年六月卒,时年七十六,废朝三日,册赠太保,赙布帛米粟有差。及丧将至,令百官以资赴宅吊哭。

严砺,震之宗人也。性轻躁,多奸谋,以便佞在军,历职至山南东道节度都虞候、兴州刺史、兼监察御史。贞元十五年,严震卒,以砺权留府事,兼遗表荐砺才堪委任。七月,超授兴元尹,兼御史大夫,山南西道节度、支度营田、观察使。诏下,谏官御史以为除拜不当。是日,谏议、给事、补阙、拾遗并归门下省共议:砺资历甚浅,人望素轻,遽领节旄,恐非允当。既兼杂话,发论喧然。拾遗李繁独奏云:"昨除拜严砺,众以为不当。谏议大夫苗拯云:'已三度表论,未见听允。'给事中许孟容曰:'诚如此,不旷职矣。'"又云:"李元素、陈京、王舒并见拯及孟容言议。'上遗三司使诘之。拯状云:"实于众中言曾论奏,不言三度。"繁证之不已。孟容等又云:"拯实言两度。"拯请依众状。翌日,贬拯万州刺史,李繁播州参军,并同正。砺在位贪残,士民不堪其苦。素恶凤州刺史马勋,诬奏贬贺州司户。纵情肆志,皆此类也。元和四年三月卒。卒后,御史元稹奉使两川按察,纠劾砺在任日赃罪数十万。诏徵其赃,以死恕其罪。

史臣曰:爵人于朝,与众共之;刑人于市,与众弃之。繇崔宁、除严砺,时君之政可知矣,辅相之才可见矣!武不禀父风,有违母诲,凡为人子者,得不戒哉!虽有周、孔之才,不足称也,况狂夫乎!英乂失政,其死也宜哉。严震立功,其道也显矣。

赞曰:英乂失政,崔宁发身。武为士子,震作纯臣。

旧唐书卷一一八
列传第六八

元载 王昂附　李少良 邺谟附
王缙　杨炎　黎干 刘忠翼附
庾准

　　元载，凤翔岐山人也，家本寒微。父景升，任员外官，不理产业，常居岐州。载母携载适景升，冒姓元氏。载自幼嗜学，好属文，性敏惠，博览子史，尤学道书。家贫，徒步随乡赋，累上不升第。天宝初，玄宗崇奉道教，下诏求明庄、老、文、列四子之学者。载策入高科，授邠州新平尉。监宗御史韦镒充使监选黔中，引载为判官，载名稍著，选大理评事。东都留守苗晋卿又引为判官，迁大理司直。

　　肃宗即位，急于军务，诸道廉使随才擢用。时载避地江左，苏州刺史、江东采访使李希言表载为副，拜祠部员外郎，迁洪州刺史。两京平，入为度支郎中。载智性敏悟，善奏对，肃宗嘉之，委以国计，俾充使江、淮，都领漕挽之任，寻加御史中丞。数月征入，迁户部侍郎、度支使并诸道转运使。既至朝廷，会肃宗寝疾。载与幸臣李辅国善，辅国妻元氏，载之诸宗，因是相昵狎。时辅国权倾海内，举无违者，会选京尹，辅国乃以载兼京兆尹。载意属国柄，诣辅国恳辞京尹，辅国识其意，然之。翌日拜载同中书门下平章事，度支转运使如故。

　　旬日，肃宗晏驾，代宗即位，辅国势愈重，称载于上前。载能伺上意，颇承恩遇，迁中书侍郎、同中书门下平章事，加集贤殿大学士，修国史。又加银青光禄大夫，封许昌县子。载以度支转运使职务繁碎，负荷且重，虑伤名，阻大位，素与刘晏相友善，乃悉以钱谷之务委之，荐晏自代，载自加营田使。李辅国罢职，又加判天下元帅行军司马。广德元年，与宰臣刘晏、裴遵庆同扈从至陕。及舆驾还宫，遵庆皆罢所任，载恩宠弥盛。辅国死，载复结内侍董秀，多与之金帛，委主书卓英倩潜通密旨。以是上有所属，载必先知之，承意探微，言必玄合，上益信任之。妻王氏狠戾自专，载出朝谒，纵子伯和等游于外，上封人顾繇奏之，上方任载以政，反罪繇而已。

内侍鱼朝恩负恃权宠，不与载协，载常惮之。大历四年冬，乘间密奏朝恩专权不轨，请除之。朝恩骄横，天下咸怒，上亦知之，及闻载奏，适会于心。载遂结北军大将同谋，以防万虑。五年三月，朝恩伏法，度支使第五琦以朝恩党坐累，载兼判度支，志气自若，谓己有除恶之功，是非前贤，以为文武才略，莫己之若。外委胥吏，内听妇言。城中开南北二甲第，室宇宏丽，冠绝当时。又于近郊起亭榭，所至之处，帷帐什器，皆于宿设，储不改供。城南膏腴别墅，连疆接畛，凡数十所，婢仆曳罗绮一百余人，恣为不法，侈僭无度。江、淮方面，京辇要司，皆排去忠良，引用贪猥。士有求进者，不结子弟，则谒主书，货贿公行，近年以来，未有其比。

与王缙同列，缙方务聚财，遂睦于载，二人相得甚欢，日益纵横。代宗尽察其迹，以载任寄多年，俗全君臣之分，载尝独见，上诫之，不悛。

初，扈驾自陕还，与缙上表，请以河中府为中都，秋杪行幸，春首还京，以避蕃戎侵轶之患。帝初纳之，遣条奏以闻。自鱼朝恩就诛，志颇盈满，遂抗表请建中都，文多不载。大略以关辅、河东等十州户税入奉京师，创置精兵五万，管在中都，以威四方，辞多开阖。自以为表入事行，潜遣所由吏于河中经营。

节度寄理于泾州。大历八年，蕃戎入邠宁之后，朝议以为三辅已西，无襟带之固，而泾州散地，不足以守。载尝为西州刺史，知河西、陇右之要害，指画于上前曰："今国家西境极于潘源，吐蕃防戍在摧沙堡,而原州界其间。原州当西塞之口,接陇山之固,草肥水甘,旧垒存焉。吐蕃比毁其垣墉,弃之不居。其西则监牧故地,皆有长濠巨堑,重复深固。原州虽早霜,黍稷不艺,而有平凉附其东,独耕一县,可以足食。请移京西军戍原州,乘间筑之,贮粟一年。戎人夏牧多在青海,羽书覆至,已逾月矣。今运筑并作,不二旬可毕。移子仪大军居泾,以为根本,分兵守石门、木峡、陇山之关。北抵于河,皆连山峻岭,寇不可越。稍置鸣沙县、丰安军为之羽翼,北带灵武五城为之形势。然后举陇右之地以至安西,是谓断西戎之胫,朝廷可高枕矣。"兼图其地形以献。载密使人逾陇山,入原州,量井泉,计徒庸,车乘畚插之器皆具。检校左仆射田神功沮之曰:"夫兴师料敌,老将所难。陛下信一书生言,举国从之,听误矣。"上迟疑不决,会载得罪乃止。

　　初,六年,载条奏应缘别敕授文武六品以下,敕出后望令吏部、兵部便附甲团奏,不得检勘,从之。时功状奏拟,结衔多谬,载欲权归于己,虑有司驳正。会有上封人李少良密以载丑迹闻,载知之,奏于上前,少良等数人悉毙于公府。由是道路以目,不敢议载之短。门庭之内,非其党与不接,平素交友,涉于道义者悉疏弃之。

　　代宗宽仁明恕,审其所由,凡累年,载长恶不悛,众怒上闻。大历十二年三月庚辰,仗下后,上御延英殿,命左金吾大将军吴凑收载、缙于政事堂,各留系本所,并中书主事卓英倩、李待荣及载男仲武、季能并收禁,命吏部尚书刘晏讯鞫。晏以载受任树党,布于天下,不敢专断,请他官共事。敕御史大夫李涵、右散骑常侍萧昕、兵部侍郎袁傪、礼部侍郎常衮、谏议大夫杜亚同推究其状。辩罪问端,皆出自禁中,仍遣中使诘以阴事,载、缙皆伏罪。是日,宦官左卫将军、知内侍省事董秀与载同恶,先载于禁中杖杀之。敕曰:"任直去邪,悬于帝典;奖善惩恶,急于时政。和鼎之寄,匪易其人。中书侍郎、同中书门下平章事元载,性颇奸回,迹非正直。宠待逾分,早践钧衡。亮弼之功,未能经邦成务;挟邪之志,常以罔上面欺。阴托妖巫,夜行解祷,用图非望,庶逭典章。纳受赃私,贸鬻官秩。凶妻忍害,暴子侵牟,曾不堤防,恣其凌虐。行僻辞矫,心狠貌恭,使沉抑之流,无因自达,赏罚差谬,罔不由兹。顷以君臣之间,重于去就,冀其迁善,掩而不言。曾无悔非,弥益凶戾,年序滋远,衅恶贯盈。将肃政于朝班,俾申明于宪网,宜赐自尽。朕涉道犹浅,知人不明,理绩未彰,遗阙斯众,致兹刑辟,悯愧良深。俛俯行之,务申沮劝,凡在中外,悉朕怀焉。”

又制曰:“门下侍郎、同中书门下平章事王缙,附会奸邪,阿谀谗佞。据兹犯状,罪至难容,矜以耄及,未忍加刑。俾申屈法之恩,贷以岳牧之秩。可使持节括州诸军事,守括州刺史,宜即赴任。于戏!朕恭己南面,推诚股肱,敷求哲人,将弼予理。昧于任使,过在朕躬,无旷厥官,各慎厥职。”初,晏等承旨,缙亦处极法,晏谓涵曰:“重刑再覆,国之常典,况诛大臣,岂得不覆奏!又法有首从,二人同刑,亦宜重取进止。”涵等咸听命。及晏等覆奏,上乃减缙罪从轻。

载长子伯和,先是贬在扬州兵曹参军,载得罪,命中使驰传于扬州赐死。次子仲武,祠部员外郎,次子季能,秘书省校书郎,并载妻王氏并赐死。女资敬寺尼真一,收入掖庭。王氏,开元中河西节度使忠嗣之女也,素以凶戾闻,恣其子伯和等为虐。伯和恃父威势,唯以聚敛财货,征求音乐为事。

载在相位多年,权倾四海,外方珍异,皆集其门,如恐不及。名姝、异乐,资货不可胜计,故伯和、仲武等得肆其志。轻浮之士,奔其门者,如恐不及。名姝、异乐,禁中无者有之。兄弟各贮妓妾于室,倡优偎亵之戏,天伦同观,略无愧耻。及得罪,行路无嗟惜者。中使董秀、主书卓英倩、李待荣及阴阳人李季连,以载之故,皆处极法。遣中官于万年县界黄台卿毁载祖及父母坟墓,斩棺弃柩,及私庙木主;并载大宁里、安仁里二宅,充修百司廨宇。以载籍没钟乳五百两分赐中书门下御史台五品已上、尚书省四品已上。

王昂者,出自戎旅,以军功累迁河中尹,充河中节度使。贪纵不法,务于聚敛,以货藩身。永泰元年正月,检校刑部尚书知省事,改殿中少监。元载秉政，与载深相结托。大历五年六月，为江陵尹、兼御史大夫，充刑南节度观察使，代卫伯玉。昂既行，伯玉讽大将杨猷等拒昂，乞留伯玉，诏许之。昂复检校刑部尚书，知省事。专事奢靡，广修第宅，多畜妓妾，以逞其志。在刑部，虽公务有程，昂耽徇私宴，连日不视曹事。性贪吝，无愧苟得，乃鬻公廨园菜，收其钱以润屋，甚为时论所丑。元载诛，贬连州刺史，遣中使监至万州，过硖江，坠江而卒。

李少良者，以吏用，早从使幕，因职迁殿中侍御史。罢，游京师，干谒权贵。时元载专政，所居第宅崇侈，子弟纵横，货贿公行，士庶咸嫉之。少良怨不见用，乘众怒以抗疏上闻。留少良于禁内客省，少良友人韦颂因至禁门访少良，少良漏其言；颂不慎密，遂为载备知之，乃奏少良狂妄，诏下御史台讯鞫。是时御史大夫缺，载以张延赏为之，属意焉。少良以泄禁中奏议，制使陆珽同伏罪。初，韦颂及珽俱与少良友善，与载子弟亲党款狎。颂得少良微旨，漏于载所亲，遂达于载。载密召珽问之，珽具白其状及禁中语。载得之，奏于上前，上大怒，并付京兆府决杀。珽，国子司业善经之子也，少传父业，颇通经史，性浮躁而疏，故及于累。

大历中，元载弄权自恣，人皆恶之。八年七月，晋州男子郇谟以麻辫发，持竹筐及苇席哭于东市。人问其故，对曰："有三十字请献于上。若无堪，便以竹筐贮尸，弃之于野。"京兆府以闻。上即召见，赐衣，馆于禁内客省。其献三十字，各论一事。其要者："团"字、"监"字。团者，请罢诸州团练使；监者，请罢诸道监军使。殿中御史杨护职居左巡，郇谟哭市，护不闻奏，上以为蔽匿，贬连州桂阳县丞员外置。元载当承宠得志，每改张朝政，出于载手，中外共怒，当时归咎于载，故少良封事于前，郇谟哭市于后。凡百有位，宜为明诫。

王缙字夏卿，河中人也。少好学，与兄维早以文翰著名。缙连应草泽及文辞清丽举，累授侍御史、武部员外。禄山之乱，选为太原少尹,与李光弼同守太原,功效谋略,众所推先,加宪部侍郎,兼本官。时兄维陷贼,受伪署,贼平,维付吏议,缙请以己官赎维之罪,特为减等。

缙寻入拜国子祭酒,改凤翔尹、秦陇州防御使,历工部侍郎、左散骑常侍。撰《玄宗哀册文》,时称为工。改兵部侍郎。属平殄史朝义,河朔未安,诏缙以本官河北宣慰,奉使称旨。广德二年,拜黄门侍郎、同平章事、太微宫使、弘文崇贤馆大学士。其年,河南副元帅李光弼薨于徐州,以缙为侍中、持节都统河南、淮西、山南东道诸节度行营事。缙恳让侍中,从之,加上柱国,兼东都留守。岁余,迁河南副元帅,请减军资钱四十万贯修东都殿宇。大历三年,幽州节度使李怀仙死,以缙领幽州、卢龙节度。缙赴镇而还,委政于燕将朱希彩。又属河东节度辛云京卒,遂兼太原尹、北都留守、河东节度营田观察等使。缙又让河南副元帅、东都留守,从之。太原旧将王无纵、张奉璋等恃功,且以缙儒者易之,每事多违约束。缙一朝悉召斩之,将校股栗。

二岁,罢河东归朝,授门下侍郎、中书门下平章事。时元载用事,缙卑附之,不敢与忤,然恃才与老,多所傲忽。载所不悦,心虽希载旨,然以言辞凌诟,无所忌惮。时京兆尹黎干者,戎州人也,数论事,载甚病之,而力不能去也。干尝白事于缙,缙曰:"尹,南方君子也,安知朝礼!"其慢而侮人,率如此类。

缙弟兄奉佛,不茹荤血,缙晚年尤甚。与杜鸿渐舍财造寺无限极。妻李氏卒,舍道政里第为寺,为之追福,奏其额曰宝应,度僧三十人住持。每节度观察使入朝,必延至宝应寺,讽令施财,助己修缮。初,代宗喜祠祀,未甚重佛,而元载、杜鸿渐与缙喜饭僧徒。代宗尝问以福业报应事,载等因而启奏,代宗由是奉之过当,尝令僧百余人于宫中陈设佛像,经行念诵,谓之内道场。其饮膳之厚,穷极珍异,出入乘厩马,度支具禀给。每西蕃入寇,必令群僧讲诵《仁王经》,以攘虏寇。苟幸其退,则横加锡赐。胡僧不空,官至卿监,封国公,通籍禁中,势移公卿,争权擅威,日相凌夺。凡京畿之丰田美利,多归于寺观,吏不能制。僧之徒侣,虽有赃奸畜乱,败戮相继,而代宗信心不易,乃诏天下官吏不得箠曳僧尼。又见缙等施财立寺,穷极环丽,每对扬启沃,必以业果为证。以为国家庆祚灵长,皆福报所资,业力已定,虽小有患难,不足道也。故禄山、思明毒乱方炽,而皆有子祸;仆固怀恩将乱而死;西戎犯阙,未击而退。此皆非人事之明征也。帝信之愈甚。公卿大臣既挂以业报,则人事弃而不修,故大历刑政,日以凌迟,有由然也。

五台山有金阁寺,铸铜为瓦,涂金于上,照耀山谷,计钱巨亿万。缙为宰相,给中书符牒,令台山僧数十人分行郡县,聚徒讲说,以求货利。代宗七月望日于内道场造盂兰盆,饰以金翠,所费百万。又设高祖已下七圣神座,备幡节、龙伞、衣裳之制,各书尊号于幡上以识之,舁出内,陈于寺观。是日,排仪仗,百僚序立于光顺门以俟之,幡花喜舞,迎呼道路。岁以为常,而识者嗤其不典,其伤教之源始于缙也。

李氏,初为左丞韦济妻,济卒,奔缙。缙嬖之,冒称为妻,实妾也。又纵弟妹女尼等广纳财贿,贪猥之迹如市贾焉。元载得罪,缙连坐贬括州刺史,移处州刺史。大历十四年,除太子宾客,留司东都。建中二年十二月卒,年八十二。

杨炎字公南,凤翔人。曾祖大宝,武德初为龙门令,刘武周陷晋、绛,攻之不降,城破被害,褒赠全节侯。祖哲,以孝行有异,旌其门闾。父播,登进士第,隐居不仕,玄宗征为谏议大夫,弃官就养,亦以孝行祯祥,表其门闾。肃宗就加散骑常侍,赐号玄靖先生,名在《逸人传》。

炎美须眉,风骨峻峙,文藻雄丽,汧、陇之间,号为小杨山人。释褐,辟河西节度掌书记。神乌令李大简尝因醉辱炎,至是与炎同幕,率左右反接之,铁棒挝之二百,流血被地,几死。节度使吕崇贲爱其才,不之责。后副元帅李光弼奏为判官,不应,征拜起居舍人,辞禄就养岐下。丁忧,庐于墓前,号泣不绝声,有紫芝白雀之祥,又表其门闾。孝著三代，门树六阙，古未有也。服阕久之，起为司勋员外郎，改兵部，转礼部郎中、知制诰。迁中书舍人，与常衮并掌纶诰，衮长于除书，炎善为德音，自开元已来，言诏制之美者，时称常、杨焉。

炎乐贤下士，以汲引为己任，人士归之。尝为《李楷洛碑》，辞甚工，文士莫不成诵之。迁吏部侍郎，修国史。元载自作相，常选擢朝士有文学才望者一人厚遇之，将以代己。初，引礼部郎中刘单；单卒，引吏部侍郎薛邕；邕贬，又引炎。载亲重炎，无与为比。载败，坐贬道州司马。德宗即位，议用宰相，崔祐甫荐炎有文学器用，上亦自闻其名，拜银青光禄大夫、门下侍郎、同平章事。炎有风仪，博以文学，早负时称，天下翕然，望为贤相。

初，国家旧制，天下财赋皆纳于左藏库，而太府四时以数闻，尚书比部覆其出入，上下相辖，无失遗。及第五琦为度支、盐铁使，京师多豪将，求取无节，琦不能禁，乃悉以租赋进入大盈内库，以中人主之意，天子以取给为便，故不复出。是以天下公赋，为人君私藏，有司不得窥其多少，国用不能计其赢缩，殆二十年矣。中宫以冗名持簿书，领其事者三百人，皆奉给其间，连结根固不可动。及炎作相，顿首于上前，论之曰："夫财赋，邦国之大本，生人之喉命，天下理乱轻重皆由焉。是以前代历选重臣主之，犹惧不集，往往覆败，大计一失，则天下动摇。先朝权制，中人领其职，以五尺宦竖操邦之本，丰俭盈虚，虽大臣不得知，则无以计天下利害。臣愚待罪宰辅，陛下至德，惟人是恤，参校蠹弊，无斯之甚。请出之以归有司，度宫中经费一岁几何，量数奉入，不敢亏用。如此，然后可以议政。惟陛下察焉。"诏曰："凡财赋皆归左藏库，一用旧式，每岁于数中量进三五十万入大盈，而度支先以其全数闻。"炎以片言移人主意，议者以为难，中外称之。

初定令式，国家有租赋庸调之法。开元中，玄宗修道德，以宽仁为理本，故不为版籍之书，人户浸溢，堤防不禁。丁口转死，非旧名矣；田亩移换，非旧额矣；贫富升降，非旧第矣。户部徒以空文总其故书，盖得非当时之实。旧制，人丁戍边者，蠲其租庸，六岁免归。玄宗方事夷狄,戍者多死不返,边将怙宠而讳,不以死申,故其贯籍之名不除。至天宝中,王鉷为户口使,方务聚敛,以丁籍且存,则丁身焉往,是隐课而不出耳。遂案旧籍,计除六年之外,积征其家三十年租庸。天下之人苦而无告,则租庸之法弊久矣。迨至德之后,天下兵起,始以兵役,因之饥疠,征求运输,百役并作,人户凋耗,版图空虚。军国之用,仰给于度支、转运二使;四方征镇,又自给于节度、都团练使。赋敛之司数四,而莫相统摄,于是纲目大坏,朝廷不能覆诸使,诸使不能覆诸州,四方贡献,悉入内库。权臣猾吏,因缘为奸,或公托进献,私为赃盗者动万万计。河南、山东、荆襄、剑南有重兵处,皆厚自奉养,王赋所入无几。吏职之名,随人署置;俸给厚薄,由其增损。故科敛之名凡数百,废者不削,重者不去,新旧仍积,不知其涯。百姓受命而供之,沥膏血,鬻亲爱,旬输月送无休息。吏因其苛,蚕食于人。凡富人多丁者,率为官为僧,以色役免;贫人无所入则丁存。故课免于上,而赋增于下。是以天下残瘁,荡为浮人,乡居地著者百不四五,如是者殆三十年。

炎因奏对,恳言其弊,乃请作两税法,以一其名,曰:“凡百役之费,一钱之敛,先度其数而赋于人,量出以制入。户无主客,以见居为簿;人无丁中,以贫富为差。不居处而行商者,在所郡县税三十之一,度所与居者均,使无侥利。居人之税,秋夏两征之,俗有不便者正之。其租庸杂徭悉省,而丁额不废,申报出入如旧式。其田亩之税,率以大历十四年垦田之数为准而均征之。夏税无过六月,秋税无过十一月。逾岁之后,有户增而税减轻,及人散而失均者,进退长吏,而以尚书度支总统焉。”德宗善而行之,诏谕中外。而掌赋者沮其非利,言租庸之令四百余年,旧制不可轻改。上行之不疑,天下便之。人不土断而地著,赋不加敛而增入,版籍不造而得其虚实,贪吏不诚而奸无所取。自是轻重之权,始归于朝廷。

炎救时之弊,颇有嘉声。莅事数月,属崔佑甫疾病,多不视事,乔琳罢免,炎遂独当国政。佑甫之所制作,炎隳之。初减薄护作元陵功优,人心始不悦。又专意报恩复雠。道州录事参军王沼有微恩于炎，举沼为监察御史。感元载恩，专务行载旧事以报之。初，载得罪，左仆射刘晏讯劾之，元载诛，炎亦坐贬，故深怨晏。晏领东都、河南、江淮、山南东道转运、租庸、青苗、盐铁使，炎作相数月，欲贬晏，先罢其使，天下钱谷皆归金部、仓部。又献议开丰州陵阳渠，发京畿人夫于西城就役，闾里骚扰，事竟无成。

初，大历末，元载议请城原州，以遏西悉入寇之冲要，事未行而载诛。及炎得政，建中二年二月，奏请城原州，先牒泾原节度使段秀实，令为之具。征秀实报曰："凡安边却敌之长策，宜缓以计图之，无宜草草兴功也。又春事方作，请待农隙而缉其事。"炎怒，征秀实为司农卿。以邠宁别驾李怀光居前督作，以检校司空平章事朱泚、御史大夫平章事崔宁各统兵万人以翼后。三月，诏下泾州为具。泾军怒而言曰："吾曹为国西门之屏，十余年矣！始治于邠，才置农桑，地著之安；而徒于此，置榛莽之中，手披足践，才立城垒；又投之塞外，吾何罪而置此乎！"李怀光监朔方军，法令严峻，频杀大将。泾州裨将刘文喜因人怨怒，拒不受诏，上疏复求段秀实为帅，否则朱泚。于是以朱泚代怀光，文喜又不奉诏。泾有劲兵二万，闭城拒守，令其子入质吐蕃以求援。时方炎旱，人情骚动，群臣皆请赦文喜，上皆不省。德宗减服御以给军人，城中军士当受春服，赐与如故。命朱泚、李怀光等军攻之，乃筑垒环之。泾州别将刘海宾斩文喜首，传之阙下。苟非海宾效顺，必生边患，皆因炎以喜怒易帅，泾帅结怨故也。原州竟不能城。

炎既构刘晏之罪贬官，司农卿庚准与晏有隙，乃用准为荆南节度使，讽令诬晏以忠州叛，杀之，妻子徙岭表，朝野为之侧目。李正己上表请杀晏之罪，指斥朝廷。炎惧，乃遣腹心分往诸道：裴冀，东都、河阳、魏博；孙成，泽潞、磁邢、幽州；卢东美，河南、淄青；李舟，山南、湖南；王定，淮西。声言宣慰，而意实说谤。且言"晏之得罪，以昔年附会奸邪，谋立独孤妃为皇后，上自恶之，非他过也"。或有密奏"炎遣五使往诸镇者，恐天下以杀刘晏之罪归己，推过于上耳"。乃使中人复炎辞于正己，还报信然。自此德宗有意诛炎矣，待事而发。乃擢用卢杞为门下侍郎、平章事，炎转中书侍郎，仍平章事。二人同事秉政，杞无文学，仪貌寝陋，炎恶而忽之，每托疾息于他阁，多不会食，杞亦衔恨之。旧制，中书舍人分押尚书六曹，以平奏报，开元初废其职，杞请复之，炎固以为不可。杞益怒，又密启中书主书过，逐之。炎怒曰："主书，吾局吏也，有过吾自治之，奈何而相侵？"

属梁崇义叛换，德宗欲以淮西节度使李希烈统诸军讨之。炎谏曰："希烈始与李忠臣为子，亲任无双，竟逐忠臣而取其位，背本若此，岂可信也！居常无尺寸功，犹强不奉法，异日平贼后，恃功邀上，陛下何以驭之？"初，炎之南来，途经襄、汉，固劝崇义入朝，崇义不能从，已怀反侧。寻又使其党李舟使驰说，崇义固而拒命，遂图叛逆，皆炎迫而成之。至是，德宗欲假希烈兵势以讨崇义，然后别图希烈。炎又固言不可，上不能平，乃曰："朕业许之矣，不能食言。"遂以希烈统诸军。

会德宗尝访宰相群臣中可以大任者，卢杞荐张镒、严郢，而炎举崔昭、赵惠伯。上以炎论议疏阔，遂罢炎相，为左仆射。后数日中谢，对于延英，及出，驰归，不至中书，卢杞自是益怒焉。杞寻引严郢为御史大夫。初，郢为京兆尹，不附炎，炎怒之，讽御史张著弹郢，郢罢兼御史中丞。炎又凤闻源休与郢有隙，乃拔休自流人为京兆尹，令伺郢过。休莅官后，与郢友善，炎大怒。张光晟方谋议杀回纥酋帅，炎乃以休为入回纥使，休几为虏所杀。郢寻坐以度田不实，改为大理卿，时人惜之。至是，杞因群情所欲，又知郢与炎有隙，故引荐之。

炎子弘业不肖，多犯禁，受赂请托，郢按之，兼得其他过。初，炎将立家庙，先有私第在东都，令河南尹赵惠伯货之，惠伯为炎市为官廨。时惠伯自河中尹、都团练观察等使初受代，郢奏追捕惠伯诘案。御史以炎为宰相，抑吏货市私第，贵估其宅，贱入其币，计以为赃。杞召大理正田晋评罪，晋曰："宰臣于庶官，比之监临，官市贾有羡利，计其利以乞取论罪，当夺官。"杞怒，谪晋衡州司马。更召他吏绳之,曰:"监主自盗,罪绞。"开元中,萧嵩将于曲江南立私庙,寻以玄宗临幸之所,恐置庙非便,乃罢之。至是,炎以其地为庙,有飞语者云:"此地有王气,炎故取之,必有异图。"语闻,上愈怒。及台司上具狱,诏三司使同覆之。建中二年十月,诏曰:"尚书左仆射杨炎,托以文艺,累登清贯,虽谪居荒服,而虚称犹存。朕初临万邦,思弘大化,务擢非次,招纳时髦。拔自郡佐,登于鼎司,独委心膂,信任无疑。而乃不思竭诚,敢为奸蠹,进邪丑正,既伪且坚,党援因依,动涉情故。隳法败度,罔上行私,苟利其身,不顾于国。加以内无训诫,外有交通,纵恣诈欺,以成赃贿。询其事迹,本末乖谬,蔑恩弃德,负我何深!考状议刑,罪在难宥。但以朕于将相,义切始终,顾全大体,特有弘贷,俾从远谪,以肃具僚。可崖州司马同正,仍驰驿发遣。"去崖州百里赐死,年五十五。

炎早有文章,亦励志节,及为中书舍人,附会元载,时议已薄之。后坐载贬官,愤恚益甚,归而得政,睚眦必仇,险害之性附于心,唯其爱憎,不顾公道,以至于败。惠伯亦坐炎贬费州多田尉,寻亦杀之。

黎干者,戎州人。始以善星纬术数进,待诏翰林,累官至谏议大夫。寻迁京兆尹,以严肃为理,人颇便之,而因缘附会,与时上下。大历二年,改刑部侍郎。鱼朝恩伏诛,坐交通出为桂州刺史、本管观察使。至江陵,丁母忧。久之,会京兆尹缺,人颇思干。八年,复拜京兆尹、兼御史大夫。干自以得志,无心为理,贪暴益甚,徇于财色。十三年,除兵部侍郎。性险,挟左道,结中贵,以希主恩,代宗甚惑之。时中官刘忠翼宠任方盛,干结之素厚,尝通其奸谋。及德宗初即位,干犹以诡道求进,密居舆中诣忠翼第。事发,诏曰:"兵部侍郎黎干,害若豺狼,特进刘忠翼,掩义隐贼,并除名长流。"既行,市里儿童数千人噪聚,怀瓦砾投击之,捕贼尉不能止,遂皆赐死于蓝田驿。

忠翼,宦官也,本名清潭,与董秀皆有宠于代宗。天宪在口,势回日月,贪饕纳贿,货产巨万。大历中,德宗居东宫,斡及清潭尝有奸谋动摇。及是,积前罪以诛之。

庾准,常州人。父光先,天宝中文部侍郎。准以门荫入仕,昵于宰相王缙,缙骤引至职方郎中、知制诰,迁中书舍人。准素寡文学,以柔媚自进,既非儒流,甚为时论所薄。寻改御史中丞,迁尚书左丞。缙得罪,出为汝州刺史。复入为司农卿,与杨炎厚善。炎欲杀刘晏,知准与晏有隙,乃用为荆南节度。准乃上言得晏与朱泚书,且有怨望,又召补州兵以拒命。于是先杀晏,然后下诏赐自尽,海内冤之。炎以杀晏征准为尚书左丞。建中三年六月丁巳卒,时年五十一。赠工部尚书。

史臣曰:仲尼云,富与贵是人之欲,不以道得之不处。反乎是道者小人。载谄辅国以进身,弄时权而固位,众怒难犯,长晋不悛,家亡而诛及妻儿,身死而殃及祖祢。缙附会奸邪,以至颠覆。炎隳崔祐甫之规,怒段秀实之直,酬恩报怨,以私害公。三子者咸著文章,殊乖德行。“不常其德,或承之羞”,大《易》之义也。富贵不以其道,小人之事哉!观庾准之险,遭王缙之复;徇杨炎之意,曲致刘晏之冤。积恶而获令终者,其在余殃乎!

赞曰:载、缙、炎、准,交相附会。《左传》有言,贪人败类。

旧唐书卷一一九
列传第六九

杨绾　崔祐甫 _{子植　植再从兄俭}
常衮

　　杨绾字公权,华州华阴人也。祖温玉,则天朝为户部侍郎、国子祭酒。父侃,开元中醴泉令,皆以儒行称。绾生聪惠,年四岁,处群从之中,敏识过人。尝夜宴亲宾,各举坐中物以四声呼之,诸宾未言,绾应声指铁灯树曰:"灯盏柄曲。"众咸异之。及长,好学不倦,博通经史,九流七略,无不该览,尤工文辞,藻思清赡。而宗尚玄理,沉静寡欲,常独处一室,左右经书,凝尘满席,澹如也。含光晦用,不欲名彰,每属文,耻于自白,非知己不可得而见。早孤家贫,养母以孝闻,甘旨或阙,忧见于色。亲友讽令干禄,举进士,调补太子正字。天宝十三年,玄宗御勤政楼,试博通坟典、洞晓玄经、辞藻宏丽、军谋出众等举人,命有司供食,既暮而罢。取辞藻宏丽外,别试诗赋各一首。制举试诗赋,自此始也。时登科者三人,绾为之首,超授右拾遗。

　　天宝末,安禄山反,肃宗即位于灵武。绾自贼中冒难,披榛求食,以赴行在。时朝廷方急贤,及绾至,众心咸悦,拜起居舍人、知制诰。历司勋员外郎、职方郎中,掌诰如故。迁中书舍人,兼修国史。故事,舍人年深者谓之"阁老",公廨杂料,归阁老者五之四。绾以为品秩同列,给受宜均,悉平分之,甚为时论归美。

　　再迁礼部侍郎,上疏条奏贡举之弊曰:

　　国之选士,必藉贤良。盖取孝友纯备,言行敦实,居常育德，动不违仁。体忠信之资，履谦恭之操，藏器则未尝自伐，虚心而所应必诚。夫如是，故能率己从政，化人镇俗者也。自叔叶浇诈，兹道浸微，争尚文辞，互相矜衒。马卿浮薄，竟不周于任用；赵虚诞，终取摈于乡闾。自时厥后，其道弥盛，不思实行，皆徇空名，败俗伤教，备载前史，古人比文章于郑、卫，盖有由也。

近炀帝始置进士之科，当时犹试策而已。至高宗朝，刘思立为考功员外郎，又奏进士加杂文，明经填帖，从此积弊，浸转成俗。幼能就学，皆诵当代之诗；长而博文，不越诸家之集。递相党与，用致虚声，《六经》则未尝开卷，《三史》则皆同挂壁。况复征以孔门之道，责其君子之儒者哉！祖习既深，奔竞为务。矜能者曾无愧色，勇进者但欲凌人，以毁訾为常谈，以向背为己任。投刺干谒，驱驰于要津；露才扬己，喧腾于当代。古之贤良方正，岂有如此者乎！朝之公卿，以此待士，家之长老，以此垂训。欲其返淳朴，怀礼让，守忠信，识廉隅，何可得也！譬之于水，其流已浊，若不澄本，何当复清。方今圣德御天，再宁寰宇，四海之内，颙颙向化，皆延颈举踵，思圣朝之理也。不以此时而理之，则太平之政又乖矣。

凡国之大柄，莫先择士。自古哲后，皆侧席待贤；今之取人，令投牒自举，非经国之体也。望请依古制，县令察孝廉，审知其乡闾有孝友信义廉耻之行，加以经业，才堪策试者，以孝廉为名，荐之于州。刺史当以礼待之，试其所通之学，其通者送名于省。自县至省，不得令举人辄自陈牒。比来有到状保辩识牒等，一切并停。其所习经，取《左传》、《公羊》、《谷梁》、《礼纪》、《周礼》、《仪礼》、《尚书》、《毛诗》、《周易》，任通一经，务取深义奥旨，通诸家之义。试日，差诸司有儒学者对问，每经问义十条，问毕对策三道。其策皆问古今理体及当时要务，取堪行用者。其经义并策全通为上第，望付吏部便与官；其经义通八、策通二为中第，与出身；下第罢归。其明经比试帖经，殊非古义,皆诵帖括,冀图侥幸。并近有道举,亦非理国之体,望请与明经、进士并停。其国子监举人,亦请准此。如有行业不著,所由妄相推荐,请量加贬黜。所冀数年之间,人伦一变,既归实学,当识大猷。居家者必修德业,从政者皆知廉耻,浮竞自止,敦庞自劝,教人之本,实在兹焉。事若施行,即别立条例。

诏左右丞、诸司侍郎、御史大夫、中丞、给、舍同议奏闻。给事中李廙、给事中李栖筠、尚书左丞贾至、京兆尹兼御史大严武所奏议状与绾同。尚书左丞至议曰:

谨按夏之政尚忠,殷之政尚敬,周之政尚文,然则文与忠敬,皆统人之行也。且谥号述行,行美极文,文兴则忠敬存焉。是故前代以文取士,本文行也,由辞以观行,则及辞也。宣父称颜子不迁怒,不贰过,谓之好学。至乎修《春秋》,则游、夏之徒不能措一辞,不亦明乎! 间者礼部取人,有乖斯义。《易》曰:"观乎人文以化成天下。"《关雎》之义曰:"先王以是经夫妇,成孝敬,厚人伦,美教化,移风俗,盖王政之所由废兴也。"故延陵听《诗》,知诸侯之存亡。今试学者以帖字为精通,不穷旨义,岂能知迁怒贰过之道乎? 考文者以声病为是非,唯择浮艳,岂能知移风易俗化天下之事乎? 是以上失其源而下袭其流,波荡不知所止,先王之道,莫能行也。夫先王之道削,则小人之道长;小人之道长,则乱臣贼子生焉。臣弑其君,子弑其父,非一朝一夕之故,其所由来者渐矣。渐者何? 谓忠信之凌颓,耻尚之失所,末学之驰骋,儒道之不举,四者皆取士之失也。

夫一国之事,系一人之本谓之风。赞扬其风,卿大夫何尝不出于士乎? 今取士试之小道,而不以远者大者,使干禄之徒,趋驰末术,是诱导之差也。夫以蜗蚓之饵杂垂沧海,而望吞舟之鱼,不亦难乎! 所以食垂饵者皆小鱼,就科目者皆小艺。四人之业,士最关于风化。近代趋仕,靡然向风,致使禄山一呼而四海震荡,思明再乱而十年不复。向使礼让之道弘,仁义之道著,则忠臣孝子比屋可封,逆节不得而萌也,人心不得而摇也。

且夏有天下四百载，禹之道丧而殷始兴焉；殷有天下六百祀，汤之法弃而周始兴焉；周有天下八百年，文、武之政废而秦始并焉。观三代之选士任贤，皆考实行，故能风化淳一，运祚长远。秦坑儒士，二代而亡。汉兴，杂三代之政，弘四科之举，西京始振经术之学，东都终持名节之行。至有近戚窃位，强臣擅权，弱主外，母后专政，而社稷不陨，终彼四百，岂非兴学行道、扇化于乡里哉？厥后文章道弊，尚于浮俊，取士术异，苟济一时。自魏至隋，仅四百载，三光分景，九州阻域，窃号僭位，德义不修，是以子孙速颠，享国咸促。国家革魏、晋、梁、隋之弊，承夏、殷、周、汉之业，四坳既宅，九州攸同，覆焘亭育，合德天地。安有舍皇王举士之道，纵乱代取人之术？此公卿大夫之辱也。杨绾所奏，实为正论。

然自典午覆败，中原版荡，戎狄乱华，衣冠迁徙，南北分裂，人多侨处。圣朝一平区宇，尚复因循，版图则张，闾井未设，士居乡土，百无一二，因缘官族，所在耕业，地望系之数百年之外，而身皆东西南北之人焉。今欲依古制乡举里选，犹恐取士之未尽也，请兼广学校，以弘训诱。今京有太学，州县有小学，兵革一动，生徒流离，儒臣师氏，禄廪无向。贡士不称行实，胄子何尝讲习，独礼部每岁擢甲乙之第，谓弘奖擢，不其谬欤？祇足长浮薄之风，启侥幸之路矣。其国子博士等，望加员数，厚其禄秩，选通儒硕生，间居其职。十道大郡，量置太学馆，令博士出外，兼领郡官，召置生徒。依乎故事，保桑梓者乡里举焉，在流寓者庠序推焉。朝而行之，夕见其利。如此则青青不复兴刺，扰扰由其归本矣。人伦之始，王化之先，不是过也。

李廙等议与绾协，文多不载。宰臣等奏以举人旧业已成，难于速改，其今岁举人，望且许应旧举，来岁奉诏，仍敕礼部即具条例奏闻。代宗以废进士科问翰林学士，对曰："进士行来已久，遽废之，恐失人业。"乃诏孝廉与旧举兼行。绾又奏岁贡孝悌力田及童子科等，其孝悌力田，宜有实状，童子越众，不在常科，同之岁贡，恐长侥幸之路。诏停之。再迁吏部侍郎，历典举选，精核人物，以公平称。

时元载秉政，公卿多附之，绾孤立中道，清贞自守，未尝私谒。载以绾雅望素高，外示尊重，心实疏忌。会鱼朝恩死，载以朝恩尝判国子监事，尘污太学，宜得名儒，以清其秩，乃奏为国子祭酒，实欲以散地处之。载贪冒日甚，天下清议，亦归于绾，上深知之，以载久在枢衡，未即罢遣。仍迁绾为太常卿，充礼仪使，以郊庙礼久废，藉绾振起之也，亦以观其效用。是年三月，载伏诛，上乃拜绾中书侍郎、同中书门下平章事、集贤殿崇文馆大学士，兼修国史。绾久积公辅之望，及诏出，朝野相贺。绾累表恳让，上属意稍重，绾不敢辞。

绾素以德行著闻，质性贞廉，车服俭朴，居庙堂未数月，人心自化。御史中丞崔宽，剑南西川节度使宁之弟，家富于财，有别墅在皇城之南，池馆台榭，当时第一，宽即日潜遣毁拆。中书令郭子仪在邠州行营，闻绾拜相，座内音乐减散五分之四。京兆尹黎干以承恩，每出入驺驭百亦，亦即日减损车骑，唯留十骑而已。其余望风变奢从俭者，不可胜数，其镇俗移风若此。

绾有宿痼疾，居职旬日，中风，优诏令就中书省摄养，每引见延英殿，特许扶入。时厘革旧弊，唯绾是瞻，恩遇莫二。绾累抗疏辞位，频招敦勉不许。及绾疾亟，上日发中使就第存问，尚药御医，且夕在侧，上闻其有间，喜见容色。数日而薨，中使在门，驰奏于上，代宗震悼久之，辍朝三日。诏曰：

　　王者之于大臣也，存则寄其腹心，均于肢体，参于军国之重，叙以阴阳之和；殁则谏其事功，加之命数，告于宗庙之祭，禭以绂冕之章，则九原可归，百辟知劝。故朝议大夫、守中书侍郎、同中书门下平章事、集贤殿崇文馆大学士、监修国史、上柱国、赐紫金鱼袋杨绾，性合元和，身齐律度，道匡雅俗，器重宗彝。宽柔敬恭，协于九德；文行忠信，弘于四教。内无耳目之役，以孝悌传于家；外无车服之容，以贞实形于代。西掖专宥密之地，南宫领选举之源。以儒术首于国庠，以礼度掌于高庙，简廉其质，条职同休。顷以任其其才，毒流于政，爰登清净之辅，庶谐至理之期。道风既穆于朝班，俭德已行于海内。虽贤人之业，冀于可久；而夫子之命，末如之何。方有凭依，遽此沦谢，屏予之欢，震悼良深。所怀莫从，长想何及。况历官有素丝之节，居家无匹帛之余，故饰以华衮，增其法赗，备膺典策，载贲朝经。可赠司徒。

又诏文武百僚临于其第，遣内常侍吴承倩会吊，赠绢千匹、布三百端。上深惜之，顾谓朝臣曰："天不使朕致太平，何夺我杨绾之速也！俯及大敛，与卿等悲悼同之。"宰辅赗赠恩遇哀荣之盛，近年未有其比。太常初谥曰"文贞"。诏曰："褒德劝善，《春秋》之旧章；考行易名，礼经之通典。垂范作则，存乎格言。朝议大夫、中书侍郎、同中书门下平章事、集贤殿崇文馆大学士、修国史、上柱国、赐紫金鱼袋、赠司徒杨绾，履道居贞，含和毓德，行为人纪，文合典谟。清而晦名，无自伐之善；约以师俭，有不矜之谦。方册直书，秩宗相礼，辞称良史，学茂醇儒。委在枢衡，掌兹密命，弥契沃心之道，累陈造膝之诚。将以布天下五行之和，同君臣一德之运，遽轸藏舟之欢，未展济川之才。素业久而弥彰，清风殁而可尚。自古饰终之义，皆锡以美名。谥法曰：'忠信爱人曰文，平易不懈曰简。'宜谥曰文简。"比部郎中苏端，性疏狂，嫉其贤，乃肆毁黩，异同其议。上怒，贬端为广州员外司马。

绾俭薄自乐，未尝留意家产，口不问生计，累任清要，无宅一区，所得俸禄，随月分给亲故。清识过人，至如往哲微言，《五经》奥义，先儒未悟者，绾一览究其精理。雅尚玄言，宗释道二教，尝著《王开先生传》以见意，文多不载。凡所知友，皆一时名流。或造之者，清谈终日，未尝及名利。或有客欲以世务干者，见绾言必玄远，不敢发辞，内愧而退。大历中，德望日崇，天下雅正之士争趋其门，至有数千里来者。以清德坐镇雅俗，时比之杨震、邴吉、山涛、谢安之俦也。

崔佑甫字贻孙。祖蛭，怀州长史。父沔，黄门侍郎，谥曰孝公。家以清俭礼法,为士流之则。佑甫举进士,历寿安尉。安禄山陷洛阳,士庶奔迸,佑甫独崎危于矢石之间,潜入私庙,负木主以窜。历起居舍人、司勋吏部员外郎,累拜兼御史中丞、永平军行军司马,寻知本军京师留后。性刚直,无所容受,遇事不回。累迁中书舍人。时中书侍郎阙,佑甫省事,数为宰相常衮所侵,佑甫不从;衮怒之,奏令分知吏部选,每有拟官,衮多驳下,言数相侵。

时朱泚上言,陇州将赵贵家猫鼠同乳,不相为害,以为祯祥。诏遣中使以示于朝,衮率百僚度贺,佑甫独否。中官诘其故,答曰:"此物之失常也,可吊不可贺。"中使征其状,佑甫上奏言:

> 臣闻天生万物,刚柔有性,圣人因之,重训作则。《礼记郊特牲》曰:"迎猫,为其食田鼠也。"然则猫之食鼠,载在礼黄,以其除害利人,虽微必录。今此猫对鼠不食,仁则仁矣,无乃失于性乎!鼠之为物,昼伏夜动,诗人赋之曰:"相鼠有体,人而无礼。"又曰:"硕鼠硕鼠,无食我黍。"其序曰:"贪而畏人,若大鼠也。"臣旋观之,虽云动物,异于麋鹿麈兔,彼皆以时杀获,为国之用。猫受人养育,职既不修,亦何异于法吏不勤触邪,疆吏不勤捍敌。又按礼部式具列三瑞,无猫不食鼠之目,以兹称庆,臣所未详。伏以国家化洽理平,天符沓至,纷纶杂沓,吏不绝书。今兹猫鼠,不可滥厕。若以刘向《五行传》论之,恐须申命宪司,察听贪吏,诫诸边候,无失徼巡。猫能致功,鼠不为害。

代宗深嘉之。衮益恶佑甫。

代宗初崩,发哀于西宫,衮以独受任遇,哀逾等礼。例,晨夕临者,皆十五举音,而衮辄哀冲涕泗,或中墀返哭,顾慕若不能去,同列者皆不悦。及衮与礼司议群臣丧服,曰:"案《礼》,为君斩衰三年。汉文权制,犹三十六日。国家太宗崩,遗诏亦三十六日,而群臣延之,既葬而除,约四月也。高宗崩,服绝轻重,如汉故事,武太后崩亦然。及玄宗、肃宗崩,始变天子丧为二十七日。且当时遗诏虽曰'天下吏人三日释服',在朝群臣实服二十七日而除,则朝臣宜如皇帝之制。"佑甫执曰:"伏准遗诏,无朝臣庶人之别,但言'天下人吏,敕到后出临,三日皆释服',则朝野中外,何非天下?凡百执事,谁非吏职? 则皇帝宜二十七日而群臣当三日也。"衮曰:"案贺循注义,吏者,谓官长所署,则今胥吏耳,非公卿百僚之例。"祐甫曰:"《左传》云:'委之三吏。'则三公也。史称循吏、良吏者,岂胥徒欤?"衮曰:"礼,非天降地出,人情而已。且公卿大臣,荣受殊宠,故宜异数。今与黔首同制,信宿而除之,于尔安乎?"祐甫曰:"若遣诏何? 诏旨可改,孰不可?"衮坚诤不服,而声色甚厉,不为礼节。又衮方哭于钩陈之前,而衮从吏或扶之,祐甫指示于众曰:"臣哭于君前,有扶礼乎?"衮闻之,不堪其怒。乃上言祐甫率情变礼,轻议国典,请谪为潮州刺史。内议太重,改为河南少尹。

初,肃宗时天下事殷,而宰相不减三四员,更直掌事。若休沐各在第,有诏旨出入,非大事不欲历抵诸第,许令直事者一人假署同列之名以进,遂为故事。是时,中书令郭子仪、检校司空平章事朱泚,名是宰臣,当署制敕,至于密勿之议,则莫得闻。时德宗践祚未旬日,居不言之际,衮循旧事,代署二人之名进。贬祐甫敕出,子仪及泚皆表明祐甫不当贬谪,上曰:"向言可谪,今言非罪,何也?"二人皆奏实未尝有可谪之言,德宗大骇,谓衮诬罔。是日,百僚且经序立于月华门,立贬衮为河南少尹,以祐甫为门下侍郎、平章事,两换其职。祐甫出至昭应县,征还。寻转中书侍郎,修国史,仍平章事。

时上初即位,庶务皆委宰司。自至德、乾元中,天下多战伐,启奏填委,故官赏紊杂。及永泰之后,四方既定,而元载秉政,公道隘塞,官由贿成。中书主书卓英倩、李待荣辈用事,势倾朝列,天下官爵,大者出元载,小者自倩、荣。四方赍货贿求官者,道路相属,靡不称遂而去,于是纲纪大坏。及元载败,杨绾寻卒,常衮当国,杜绝其门,四方奏请,莫有过者,虽权势与匹夫等。非以辞赋登科者,莫得进用。虽贿赂稍绝,然无所甄异,故贤愚同滞。及祐甫代衮,荐延推举,无复疑滞,日除十数人,作相未逾年,凡除吏几八百员,多称允当。上尝谓曰:"有人谤卿所除拟官,多涉亲故,何也?"祐甫奏曰:"臣频奉圣旨,令臣进拟庶官,进拟必须谙其才行。臣若与其相识,方可粗谙，方可粗谙，若素不知闻，何由知其言行？获谤之由，实在于此。”上以为然。

神策军使王驾鹤掌禁兵十余年，权倾中外，德宗初登极，将令白琇珪侍之，惧其生变。佑甫召驾鹤与语，留连之，琇珪已赴军视事矣。时李正己畏惧德宗威德，乃表献钱三十万贯。上欲纳其奏，虑正己未可诚信，以计逗留止之，未有其辞，延问宰相。佑甫对曰：“正己奸诈，诚如圣虑。臣请因使往淄青，便令宣慰将士，因以正己所献钱锡赉诸军人，且使深荷圣德，又令外藩知朝廷不重财货。”上悦从之，正己大惭，而心畏服焉。佑甫谋猷启沃，多所弘益，天下以为可复贞观、开元之太平也。

至冬被疾，肩舆入中书，卧而承旨，或休假在第，大事必令中使咨决。薨时年六十，上甚悼惜之，废朝三日，册赠太傅，赙布帛米粟有差，谥曰文贞。无子，遗命犹子植为嗣。有文集三十卷。故事，门下侍郎未尝有赠三师者，德宗以佑甫謇謇有大臣节，故特宠异之。朱泚之乱，佑甫妻王氏陷于贼中，泚以尝与佑甫同列，雅重其为人，乃遗王氏缯帛菽粟，王氏受而缄封之，及德宗还京，具陈其状以献。士君子益重佑甫家法，宜其享令名也。

植字公修，佑甫弟庐江令婴甫子。植既为相，上言出继伯父胤，推恩不及于父，诏赠婴甫吏部侍郎。植潜心经史，尤精《易象》。累历清要，为给事中，时称举职。时皇甫镈以宰相判度支，请减内外官俸禄，植封还敕书，极谏而止。镈复奏诸州府盐院两税、榷酒、盐利、匹段等加估定数，及近年天下所纳盐酒利抬估者一切征收，诏皆可之。植抗疏论奏，令宰臣召植宣旨嘉谕之，物议罪镈而美植。寻除御史中丞，入阁弹事，颇振纲纪。

长庆初，拜中书侍郎、同中书门下平章事。穆宗尝谓侍臣曰：“国家贞观中，文皇帝躬行帝道，治致升平。及神龙、景龙之间，继有内难，玄宗平定，兴复不易，而声明最盛，历年长久，何道而然？”植对曰：“前代创业之君，多起自人间，知百姓疾苦。初承丕业，皆能厉精思理。太宗文皇帝特禀上圣之资，同符尧、舜之道，是以贞观一朝，四海宁晏。有房玄龄、杜如晦、魏征、王珪之属为甫佐股肱，君明臣忠，事无不理，圣贤相遇，固宜如此。玄宗守文继体，尝经天后朝艰危，开元初得姚崇、宋璟，委之为政。此二人者，天生俊杰，动必推公，夙夜孜孜，致君于道。璟尝手写《尚书无逸》一篇，为图以献。玄宗置之内殿，出入观省，咸记在心，每欢古人至言，后代莫及，故任贤戒欲，心归冲漠。开元之末，因《无逸图》朽坏，始以山水图代之。自后既无座右箴规，又信奸臣用事，天宝之世，稍倦于勤，王道于斯缺矣。建中初，德宗皇帝尝问先臣佑甫开元、天宝治乱之殊，先臣具陈本末。臣在童莽，即闻其说，信知古人以韦、弦作戒，其益弘多。陛下既虚心理道，亦望以《无逸》为元龟，则天下幸甚。"穆宗善其对。

　　他日，复谓宰臣曰："前史称汉文帝惜十家之产而罢露台。又云身衣弋绨，履革舄，集上书囊以为殿帷，何太俭也！信有此乎？"植对曰："良史所记，必非妄言。汉兴，承亡秦残酷之后，项氏战争之余，海内凋弊，生人力竭。汉文仁明之主，起自代邸，知稼穑之艰难，是以即位之后，躬行俭约。继以景帝，犹遵此风。由是海内黔首，咸乐其生，家给户足。迨至武帝，公私殷富，用能出师征伐，威行四方，钱至贯朽，谷至红腐。上务侈靡，资用复竭，末年税及舟车六畜，人不聊生，户口减半，乃下哀痛之诏，封丞相为富人侯。皆汉史明征，用为事实。且耕蚕之劝，出自人力，用既无度，何由以至富强！据武帝嗣位之初，物力阜殷，前代无比，固当因文帝俭约之致也。"上曰："卿言甚善，患行之为难耳。"

　　宪宗皇帝削平群盗，河朔三镇复入提封。长庆初，幽州节度使刘总表以幽、苏七州上献，请朝廷命帅。总仍惧部将构乱，乃籍其豪锐者先送京师。时朱克融在籍中。植与同列杜元颖素不知兵，且无远虑。克融等在京羁旅穷饿，日诣中书乞官，殊不介意。及张弘靖赴镇，令克融等从还。不数月，克融囚弘靖，害宾佐，结王廷凑，国家复失河朔，职植兄弟之由。乃罢知政事，守刑部尚书，出为华州刺史。大和三年正月卒，年五十八。植虽器量谨厚，而无开物成务之才,及丧师异方,天下尤其失策。

　　俟字德长。祖涛,大理卿李公沔之弟也。涛生仪甫,终大理丞,即俟之父。以门荫由太庙齐郎调授太平、东阳二主簿。李衡廉察湖南、江西,辟为宾佐,坐事沉废。久之,复以选授宣州录事参军。观察使崔衍奇其才,奏加章服,俟辞而不受。李巽镇江西,奏为副使,得监察裹行,又从巽领使,为河阴院盐铁留后。入为侍御史,寻改膳部员外,充转运判官。入为膳部郎中,充荆襄十道两税使,赐金紫。迁苏州刺史,理行为第一。转潭州刺史、湖南都团练观察使。湖南旧法,丰年贸易不出境,邻部灾荒不相恤。俟至,谓属吏曰:“此非人情也,无宜闭粜,重困于民也。”自是商贾通流。入为户部侍郎、判度支。

　　时俟再从弟植为宰相,俟性刚褊,恃其权宠,与夺任情。时朝廷以王承元归国,命田弘正移帅镇州。弘正之行,以魏卒二千为帐下,又以常山之人久隔朝化,人情易为变扰,累表请留魏卒为纲纪,其粮赐请度支岁给。穆宗下宰臣议,俟固言魏、镇各有镇兵,朝廷无例支给,恐为事例,不可听从。弘正不获已,遣魏卒还藩,不数日而镇州乱,弘正遇害。穆宗失德,俟党方盛,人不敢纠其罪。罢领度支,检校礼部尚书,出为凤翔节度等使。不期岁,召为河南尹,时年七十,抗疏致仕,诏以户部尚书归第。明年暴卒,辍朝一日,赠太子少保,谥曰肃。俟居官清严,所至必理,然性介急,待僚属不以礼节,恃己之廉,见赃污者如仇焉。

　　子岩,登进士第,辟襄阳掌书记、监察御史,方雅有父风。

　　常衮,京兆人也。父无为,三原县丞,以衮累赠仆射。衮,天宝末举进士,历太子正字,累授补阙、起居郎。宝应二年,选为翰林学士、考功员外郎中、知制诰,依前翰林学士。永泰元年,选中书舍人。衮文章俊拔,当时推重,与杨炎同为舍人,时称为常杨。性清直孤洁,不妄交游。内侍鱼朝恩恃权宠,兼领国子监事,衮上疏以为不可。时朝廷多事，西北边虏，连为寇盗，衮累上章陈其利害，代宗甚顾遇之，加集贤院学士。大历元年，迁礼部侍郎，仍为学士。时中官刘忠翼权倾内外，泾原节度马璘又累著功勋，恩宠莫二，各有亲戚干贡部及求为两馆生，衮皆执理，人皆畏之。

元载之得罪，令衮与刘晏、李涵等鞫之，狱竟，拜衮门下侍郎、同平章事，太清、太微宫使，崇文、弘文馆大学士，与杨绾同掌枢务。代宗尤信重绾。绾弘通多可，衮颇务苛细，求清俭之称，与绾之道不同。先是，百官俸料寡薄，绾与衮奏请加之。时韩滉判度支，衮与滉各骋私怀，所加俸料，厚薄由己。时少列各定月俸为三十五千，滉怒司业张参，唯止给三十千；衮恶少詹事赵惎，遂给二十五千。太子洗马，实司经局长官，文学为之贰，衮有亲戚任文学者给十二千，而给洗马十千。其轻重任情，不通时政，多如此类。

无几，杨绾卒，衮独当政。故事，每日出内封食以赐宰相，馔可食十数人，衮特请罢之，迄今便为故事。又将故让堂封，同列以为不可而止。议者以为厚禄重赐，所以优贤崇国政也，不能，当辞位，不宜辞禄食。政事堂有后门，盖宰相时到中书舍人院，咨访政事，以自广也，衮又塞绝其门，以示尊大，不相往来。既惩元载为政时公道梗涩，贿赂朋党大行，不以财势者无因入仕。衮一切杜绝之，中外百司奏请，皆执不与，权与匹夫等，尤排摈非文辞登科第者。虽窒卖官之路，政事大致壅滞。

代宗既素重杨绾，欲以政事委之。绾寻卒，衮与绾志尚素异，嫉而怒之。有司议谥绾为文贞，衮微讽比部郎中苏端令驳之，毁绾过甚，端坐黜官。时既无中书侍郎，舍人崔祐甫领省事，衮以为同中书门下平章事兼得总中书省，遂管综中书胥史、省事去就及其案牍，祐甫不能平之，累至忿竞。遂令祐甫分知吏部选事，所拟官又多驳下。时衮散官尚朝议，又无封爵，郭子仪因入朝奏之，遂特加银青光禄大夫，封河内郡公。及代宗崩，与祐甫争论丧服轻重，代相署奏。初换祐甫河南少尹，再贬为潮州刺史。杨炎入相，素与衮善，建中元年，迁福建观察使。四年正月卒，时年五十五。久之，赠左仆射。有文集六十卷。

　　史臣曰：善人为邦百年，即可胜残去杀，杨绾入相数日，遽致移风易俗。周、召、伊、傅、萧、张、房、杜，历代为相之显者，蔑闻斯道也。尝读诸集，赏善多溢美，书罪多溢恶；如杨绾拜相之麻，赠官之制，改谥之诏，则当时秉笔者无愧色矣。昔赵文子荐士七十，古为美谈；崔佑甫除吏八百，人无间言。开物成务之才，灭私徇公之道可知也。噫！公权余旬日而薨，贻孙未期年而逝，邃古已来，理世少而乱世多，其义在兹矣。常衮之辈，不足云耳。

　　赞曰：公权儒道，贻孙相才。命乎不永，时哉可哀。

旧唐书卷一二〇
列传第七〇

郭子仪 子曜 晞 暖 曙 晤 映 晞子钢

暖子钊　钑

郭子仪,华州郑县人。父敬之,历绥、渭、桂、寿、泗五州刺史,以子仪贵,赠太保,追封祁国公。子仪长六尺余,体貌秀杰,始以武举高等补左卫长史,累历诸军使,天宝八载,于木剌山置横塞军及安北都护府,命子仪领其使,拜左卫大将军。十三载,移横塞军及安北都护府于记清栅北筑城,仍改横塞为天德军,子仪为之使,兼九原太守、朔方节度右兵马使,

十四载,安禄山反,十一月,以子仪为卫尉卿,兼灵武郡太守,充朔方节度使,诏子仪以本军东讨。前举兵出单于府,收静边军,斩贼将周万顷,传首阙下。禄山遣大同军使高秀岩寇河曲,子仪击败之,进收云中马邑,开东陉,以功加御史大夫。

十五载正月,贼将蔡希德陷常山郡,执颜杲卿,河北郡县皆为贼守。二月,子仪与河东节度使李光弼率师下井陉,拔常山郡,破贼于九门,南攻赵郡,生擒贼四千,皆舍之,斩伪太守郭献璆,获兵仗数万。师还常山,贼将史思明以数万人蹑其后,我行亦行,我止亦止。子仪选骁骑五百更挑之,三日至行唐,贼疲乃退,我军乘之,又败于沙河,禄山闻思明败,乃以精兵益之。我军至恒阳,贼亦随至。子仪坚壁自固,贼来则守,贼去则追,昼扬其兵,夕袭其幕,贼人不及息,数日,光弼议曰:"贼怠矣,可以战。"六月,子仪、光弼率仆固

怀恩、浑释之、陈回光等阵于嘉山,贼将史思明、蔡希德、尹子奇等亦结阵而至,一战败之,斩馘四万级,生擒五千人,获马五千匹,思明露发跣足奔于博陵。于是河北十余郡皆斩贼守者以迎王师,子仪将北图范阳,军声大振。

是月,哥舒翰为贼所败,潼关不守,玄宗幸蜀,肃宗幸灵武,子仪副使杜鸿渐为朔方留后,奏迎车驾,七月,肃宗即位,以贼据两京,方谋收复,诏子仪班师。八月,子仪与李光弼率步骑五万至自河北。时朝廷初立,兵众寡弱,虽得牧马,军容缺然。及子仪、光弼全师赴行在,军声遂振,兴复之势,民有望焉。诏以子仪为兵部尚书同中书门下平章事,依前灵州大都府长史、朔方军节度使。肃宗大阅六军,南趋关辅,至彭原郡,宰相房琯请兵万人,自为统帅以讨贼,帝素重琯,许之。兵及陈涛,为贼所败,丧师殆尽。方事讨除,而军半殆,唯倚朔方军为根本。十一月,贼将阿史那从礼以同罗、仆骨五千骑出塞,诱河曲九府、六胡州部落数万,欲近行在,子信与回纥首领葛逻支往击败之,斩获数万,河曲平定。

贼将崔乾佑守潼关。二年三月,子仪大千破贼于潼关,崔乾佑退保蒲津,时永乐尉赵复、河东司户韩畏、司士徐晃、宗子李藏锋等,陷贼在蒲州,四人密谋俟王师则为内应,及子仪攻蒲州,赵复等斩贼守陴者,开门纳子仪,乾佑与麾下数千人北安邑,安邑百姓伪降,乾佑兵入将半,下悬门击之,乾佑未入,遂行脱身东走。子仪遂收陕郡永丰仓。自是潼、陕之间无复寇钞。

是月,安禄山死,朝廷欲图大举,诏子仪还凤翔,四月,进位司空,充关内、河东副元帅。五月,诏子仪帅师趋京城,师于潏水之西,与贼将安太清、安守忠战,王师不利,其众大溃,尽委兵仗于清渠之上。子仪收合余众,保武功,诣阙请罪,乞降官资,乃降为左仆射,余如故。九月,从元帅广平王率蕃汉之师十五万进收长安。回纥遣叶护太子领四千骑助国讨贼,子仪与叶护宴狎修好,相与誓平国难,相得甚好,子仪奉元帅为中军,与贼将安守忠、李归仁战于京西香积寺之北,王师结阵横亘三十里,贼众十万陈于北,归仁先薄我军,我军乱，李嗣业奋命驰突，擒贼十余骑乃定。回纥以奇兵出贼阵之后夹攻之，贼军大溃，自午至酉，斩首六万级。贼将张儒守长安，闻归仁等败。是夜奔陕郡，翌日，广平王入京师，老幼百万，夹道欢叫，涕泣而言曰："不图今日复见官军。"广平王休士三日，率师东趋。肃宗在凤翔闻捷，群臣称贺，帝以宗庙被焚，悲咽不自胜，臣僚无不感泣。

　　十月，安庆绪遣严庄悉其众十万来赴陕州，与张通儒同抗官军。贼闻官军至，悉其众屯于陕西，负山为阵，子仪以大军击其前，回纥登山乘其背，遇贼潜师于山中，与斗过期，大军稍却，贼分兵三千人，绝我归路，众心大摇，子仪麾回纥令进，尽杀之。师驰至其后，于黄埃中发十余箭，贼惊顾曰："回纥来!"即时大败，僵尸遍山泽。严庄、张通儒走归洛阳，遂与安庆绪渡河保相州。子仪奉广平王入东都，陈兵于天津桥南，士庶欢呼于路。伪侍中陈希烈、伪中书令张垍等三百余人素服请罪，王慰抚遣之。是时，河东、河西、河南贼所盗郡邑皆平，以功加司徒，封代国公，食邑千户，寻入朝，天子遣兵仗戎容迎于灞上，肃宗劳之曰："虽吾之家国，实由卿再造。"子仪顿首感谢，十二月，还东都，命子仪经营北讨。

　　乾元元年七月，破贼河上，擒伪将安守忠以献，遂朝京师，敕百僚班迎于长乐驿，帝御望春楼待之，进位中书令，九月，奉诏大举子仪与河东节度使李光弼、关内节度使王思礼、北庭行营节度李嗣业、襄邓节度使鲁炅、荆南节度季广琛、河南节度使崔光远、滑濮节度许叔冀、平卢兵马使董秦等九节度之师讨安庆绪，帝以子仪、光弼俱是元勋，难相统属，故不立元帅，唯以中官鱼朝恩为观军容宣慰使，十月，子仪自杏园渡河，围卫州。安庆绪与其骁将安雄俊、崔乾佑、薛嵩、田承嗣悉其众来援，分为三军，子仪阵以待之，预选射者三千人伏于壁内，诫之曰："俟吾小却，贼必争进，则登城鼓噪，弓弩齐发以近迫之。"既战，子仪伪遁，贼果乘之，及垒门，遽闻鼓噪，俄而弓弩齐发，矢注如雨，贼徒震骇，子仪整众追之，贼众大败。是役也，获伪郑王安庆和以献，遂收卫州，进军趋邺，与贼再战于愁思冈,贼军又败,乃连营围之。庆绪遣薛嵩以所乘马十争求救于史思明,且言禅代。十二月,思明遣将李归仁率众赴之,营于滏阳。

二年正月,史思明自率范阳精卒复陷魏州,乃伪称燕王。王师虽众,军无统帅,进退无所承禀,自冬徂春,竟未破贼,但引漳水以灌其城,城中食尽,易子而食。二月,思明率众自魏州来,李光弼、王思礼、许叔冀、鲁炅前军遇贼于南,与之接战,夷伤相半,鲁炅中流矢,子仪为后阵,未及合战,大风遽起,吹沙拔木,天地晦暝,跬步不辨物色。我师溃而南,贼军溃而北,委弃兵仗辎重,累积于路,诸军各还本镇。子仪以朔方军保河阳,断浮桥,有诏令留守东都,三月,以子仪为东都畿、山南东道、河南诸道行营元帅。

中官鱼朝恩素害子仪之功,因其不振,媒蘖之,寻召还京师,天子以赵王系为天下兵马元帅,李光弼副之,委以陕东军事,代子仪之任。子仪虽失兵柄,乃心王室,以祸难未平,不遑寝息,俄而史思明再陷河洛,朝廷旰食,复虑蕃寇逼近京畿,三年正月,授子仪邠宁、鄜坊两镇节度使,仍留京师,言事者以子仪有社稷大功,今残蘖未除,不宜置之散地,肃宗深然之。上元元年九月,以子仪为诸道兵马都统,管崇嗣副之,令率英武、威远等禁军及河西、河东诸镇之师,取邠宁、朔方、大同、横野,径抵范阳,诏下旬日,复为朝恩所间,事竟不行。

上元二年二月,李光弼兵败于邙山,河阳失守,鱼朝恩退保陕州,三年二月,河中军乱,杀其帅李国贞。时太原节度邓景山亦为部下所杀,恐其合从连贼,朝廷忧之。后裴帅臣未能弹压,势不获已,遂用子仪为朔方、河中、北庭、潞、仪、泽、沁等州节度委营兼兴平、定国副元帅,充本管观察处置使,进封汾阳郡王,出镇绛州。三月,子仪辞赴镇,肃宗不豫,群臣莫有见者。子仪请曰:"老臣受命,将死于外,不见陛下,目不瞑矣。"帝乃引至卧内,谓子仪曰:"河东之事,一以委卿。"子仪呜咽流涕。赐御马、银器、杂采,别赐绢四万匹、布五万端以赏军。子仪至绛,擒其杀国贞贼首王元振数十人诛之。太原辛云京闻子仪诛元振,京诛害景山者,由是河东诸镇率皆奉法。

四月,代宗即位,内官程元振用事,自矜定策之功,忌嫉宿将,以子仪功高难制,巧行离间,请罢副元帅,加实封七百户,充肃宗山陵使,子仪既谢恩,上表进肃宗所赐前后诏敕,因自陈诉曰:

> 臣德薄蝉翼,命轻鸿毛,累蒙国恩,猥厕朝列。会天地震荡,中原血战,臣北自灵武,册先皇帝,乃举兵而南,大搜于岐阳,先帝忧勤宗社,托臣以家国。俾副陛下扫两京之妖祲。陛下雄图断,再造区宇,自后不以臣寡劣,委文武之二柄,外敷邦教,内调鼎任,是以常许国家之死,实荷日月之明。臣本愚浅,言多诋直,虑此招谤,上渎冤旒。陛下居高听卑,察臣不贰,皇天后土,察臣无私。伏以器忌满盈,日增兢惕,焉敢偷全,久妨贤路。自受恩塞下,制敌行间东西十年,前后百战,天寒剑折,溅血露衣;野宿魂惊,饮冰伤骨,跋涉难阻,出没死生,所仗唯天,以至今日。陛下曲垂惠奖,念及勤劳,贻臣诏书一千余首,圣旨微婉,慰谕绸缪,彰微臣一时之功,成子孙万代之宝。处灵武、河北、河南、彭原、鹿坊、河东、凤翔、两京、绛州,臣所经行,赐手诏敕书凡二十卷,昧死上进,庶烦听览。

诏答曰:“朕不德不明,俾大臣忧疑,朕之过也。朕甚自愧,公勿以为虑。”代宗以子仪顷同患难,收复两京,礼之逾厚,时史朝义尚据洛阳,元帅雍王率师进讨,宗欲以子仪副之,而鱼朝恩、程元振乱政,杀裴茂、来镇,子仪既为所间,其事遂寝,乃留京师。

俄而梁崇义据襄阳叛,仆固怀恩阻兵于汾州,引回纥、吐蕃之众入寇河西。明年十月,吐蕃陷泾州,虏刺史高晖,晖遂与蕃军为乡导,引贼深入京畿,掠奉天、武功,济渭而击,缘山而东。渭北行营兵马使吕日将逆战于盩屋,自辰至酉,杀蕃军数千,然其徒多殒。贼将逼京师,君上计无所出,遽诏子仪为关内副元帅,出镇咸阳。子仪自相州不利,李光弼代掌兵柄,及征还朝廷,部曲散去。及是承诏,部下唯二十骑,强取民家畜产以助军。至咸阳,蕃军已过渭水。其日,天子避狄幸陕州。子仪闻上避狄,雪涕还京,至则车驾已发。射生将王献忠从驾,沿路遂以四百骑叛,仍逼丰王已下十王欲投于贼。

子仪入开远门,遇之,诘丰王等所向,遂护送行在。子仪以三千骑傍南山,至商州,得武关防兵及六军散卒四千人,招辑亡逸,其军渐振。蕃寇犯京城,得故邠王守礼子广武王承宏,立帝号,假署百官。子仪遣六军兵马使张知节、乌崇福、羽林军使长孙全绪等将兵万人为前锋,营于韩公堆,盛张旗帜,鼓鞞震山谷。全绪遣禁军旧将王甫入长安,阴结少年豪侠以为内应,一日,齐击鼓于朱雀街,蕃军惶骇而去。大将李忠义先屯兵苑中,谓北节度使王仲升守朝堂。子仪以大军续进,至浐西。射生将王抚自署为京兆尹,聚兵二千人,扰乱京城,子仪召抚杀之。诏子仪权京城留守。

自西蕃入寇,车驾东幸,天下皆咎程元振,谏官屡论之。元振惧,又以子仪复立功,不欲天子还京,劝帝且都洛阳以避蕃寇,代宗然之,下诏有日。子仪闻之,因兵部侍郎张重光宣慰回,附章论奏曰:

臣闻雍州之地,古称天府,右控陇、蜀,左扼崤、函,前有终南、太华之险,后有清渭、浊河之固,神明之奥,王者所都。地方数千里,带甲十余万,兵强士勇,雄视八八,有利则出攻,无利则入守。此用武之国,非诸夏所同,秦、汉因之,卒成帝业。其后或处之而泰,去之而亡,前史所书,不唯一姓。及隋氏季末,炀帝南迁,河、洛丘墟,兵戈乱起,高祖唱义,亦先入关,惟能翦灭奸雄,底定区宇,以至于太宗、高宗之盛,中宗、玄宗之明,多在秦川,鲜居东洛,间者羯胡构乱,九服分崩,河北、河南,尽从逆命。然而先帝仗朔方之众,庆绪奔亡;陛一藉西土之师,朝义就戮。岂唯天道助顺,抑亦地形使然,此陛下所知,非臣饰说。

近因吐蕃凌逼,銮驾东巡。盖以六军之兵,素非精练,皆市肆屠沽之人,务挂虚名,苟避征赋,及驱以就战,百无一堪。亦有潜输货财,因以求免。又中官掩蔽,庶政多荒。遂令陛下振荡不安,退居陕服。斯盖关于委任失所,岂可谓秦地非良者哉!今道路云云,不知信否,咸谓陛下已有成命,将幸洛都。臣熟思其端,未见其利。夫以东周之地,久陷贼中,宫室焚烧,十不存一。百曹荒废，曾无尺椽，中间畿内，不满千户。井邑榛棘，豺狼所噑，既乏军储，又鲜人力。东至郑、汴，达于徐方，北自覃怀，经于相土，人烟断绝，千里萧条，将何以奉万乘之牲饩，供百官之次舍？矧其土地狭扼，才数百里间，东有成皋，南有二室，险不足恃，适为战场。陛下奈何弃久安之势，从至危之策，忽社稷之计，生天下之心。臣虽至愚，窃为陛下不取。

　　且圣旨所虑，岂不以京畿新遭剽掠，田野空虚，恐粮食不充，国用有阙，以臣所见，深谓不然。昔卫文公小国之君，诸侯之主耳，遭懿公为狄所灭，始庐于曹，衣大布之衣，冠大帛之冠，元年革车三十乘，季年三百乘，卒能恢复旧业，享无疆之休，况明明天子，躬俭节用，苟能黜素餐之吏，去冗食之官，抑坚刁、易牙之权，任蘧瑗、史鳅之直，薄征弛力，恤隐追鳏，委诸相以简贤任能，付老臣以练兵御侮，则黎元自理，寇盗自平，中兴之功，旬月可冀，卜年之期，永永无极矣。愿时过顺动，回銮上都，再造邦家，唯新庶政，奉宗庙以修荐享，谒陵寝以崇孝思，臣虽陨越，死无所恨。

代宗省表，垂泣谓左右曰："子仪用心，真社稷臣也。可亟还京师。"十一月，车驾自陕还宫，子仪伏地请罪，帝驻车劳之曰："朕用卿不早，故及于此。"乃赐铁券，图形凌烟阁。

是时，河北副元帅仆固怀恩方顿军汾州，掠并、汾诸县以为己邑，乃以子仪兼关内河东副元帅、河中节度观察使，出镇河中。蕃戎既退，仆固怀恩部下离散，是月，怀恩子瑒主兵榆次，为帐下将张惟岳所杀，传首京师。惟岳以瑒之众归于子仪，怀恩惧，弃其母而走灵州。明年九月，以子仪守太尉，充北道邠宁、泾原、河西已东通和蕃及朔方招抚观察使，其关内河东副元帅、中书令如故。子仪以怀恩未诛，不宜让使，坚辞太尉，曰："太尉职雄任重，窃忧非据，辄敢上闻，伏奉诏书，末允诚恳。臣畴昔之分，早知止足，今兹累请，窃惧满盈。义实由衷，事非矫饰，志之所至，敢不尽言。自兵乱已来，纪纲侵坏，时多躁竞，俗少廉隅。德薄而位尊，功微而赏厚，实繁有众，不可殚论。臣每见之，深以为念。昔范宣子让，其下皆让，栾黡为汰，不敢违也。臣诚薄劣，窃慕古人，务欲以身率先，大变浮俗，是用勤勤恳恳，愿罢此官，庶礼让兴行由臣而致也。臣位为上相，爵为真王，参启沃之谋，受腹心之寄，恩荣已极，功业已成，寻合乞骸，保全余齿。但以寇仇在近，家国未安，臣子之心，不敢宁处。苟西戎即叙，怀恩就擒，畴昔官爵，誓无所受，必当追踪范蠡，继迹留侯。臣之鄙怀，切在于此。"优诏不许。子仪见上，感泣恳让，乃止。

十月，仆固怀恩引吐蕃、回纥、党项数十万南下，京师大恐，子仪出镇奉天。帝召子仪问御戎之计，子仪曰："以臣所见，怀恩无能为也。"帝问其故，对曰："怀恩虽称骁勇，素失士心，今所以能为乱者，引思归之人耳。怀恩本臣偏将，其下皆臣之部曲，臣恩信尝及之，今臣为大将，必不忍以锋刃相向，以此知其无能为也。"虏寇邠州，子仪在泾阳，子仪令长男朔方兵马使曜率师援之，与邠宁节度使白孝德闭城拒守。怀恩前锋至奉天，近城挑战，诸将请击之，子仪止之曰："夫客兵深入，利在速战，不可争锋。彼皆吾之部曲，缓之自当携贰；若近之，是速其战，战则胜负未可知，敢言战者斩！"坚壁待之，果不战而退。子仪自泾阳入朝，帝御安福门待之，命子仪楼上行朝见之礼，宴赐隆厚。

十一月，以子仪为尚书令，上表恳辞曰："臣以薄劣，素乏行能，逢时扰攘，猥蒙驱策，内参朝政，外总兵权。上不能翼戴三光，下不能纠逖群匪，功微赏厚，任重恩深，覆悚之忧，实盈癙瘵，臣昨所以固辞太尉，乞保余年，殊私曲临，遂见矜许。窃谓陛下已知其愿，深察其心，岂意未历旬时，复延宠命，以臣褊浅，又寡智谋，安可谬职南宫，当兹大任。况太宗昔居蕃邸，尝践此官，累圣相承，旷而不置。皇太子为雍王之日，陛下以其总兵薄伐，平定关东，饮至策勋，再有斯授。岂臣末识，敢乱大伦，德薄位尊，难逃天子之责；负乘致寇，复速神明之诛。伏乞天慈，俯停新命。"答诏不允。翌日，敕所司令子仪于尚书省视事。诏宰相百僚送上，遣射生五百骑执戟翼从，自朝堂至省，赐教坊乐。子仪不受，复上表曰：

臣伏以尚书令，武德之际，太宗为之，昨沥恳上陈，请罢斯职；而陛下未垂亮察，务欲褒崇，区区微诚，益用惶惧，何则？太宗立极之主，圣德在人，自后因废此官，永代作则，陛下守文继体，固当奉而行之，岂可徇私老臣，隳落厥成式，上掩陛下之德，下贻万方之非。臣虽至愚，安敢轻受，况久经兵乱，僭赏者多，一人之身，兼官数四，朱紫同色，清浊不分，"烂羊"之谣，复闻圣代，臣顷观其弊，思革其源，以逆寇犹存，未敢轻议。今元凶沮败，计日成擒，中外无虞，妖氛渐息。此陛下作法之际，审官之时，固合始于老臣，化及班列。岂可轻为此举，以乱国章。国章乱于上，则庶政隳于下，海内之政皆乱，则国家又安得永代而无患哉！陛下苟能从臣之言，俯察诚请，彼贪荣冒进者，亦将各让其所兼之官，自然天下文明，百工式叙，太平之业，可得而复也。臣诚蒙鄙，识昧古今，志之所切，实在于此。

手诏答曰："优崇之命，所以报功；总领之司，期于赋政。卿人居台铉，出统戎旃，爰自先朝，累匡多难，靖群氛于海表，凝庶绩于天阶，敏事而寡言，居敬而行简，人难其易，尔易其难，所以命掌六联，首兹百辟，顾循时议，佥谓允谐，而屡拜封章，恳怀让挹，守淳素之道，语政理之源，无待礼成，曲从德让，宜宣示于外，编之史册。"遣内侍鱼朝恩传诏，赐美人卢氏等六人，从者八人，并车服、帷帐、床蓐、珍玩之具。

时蕃虏屡寇就畿，倚蒲、陕为内地，常以重兵镇之。永泰元年五月，以子仪都统河南道节度行营，出镇河中。八月，仆固怀恩诱吐蕃、回纥、党项、羌、浑、奴剌，山贼任敷、郑庭、郝德、刘开元等三十余万南下，先发数人掠同州，期自华阴趋蓝田，以扼南路，怀恩率重兵继其后。回纥、吐蕃自泾、邠、凤翔数吐，掠奉天、醴泉。京师震恐，天子下诏亲征，命李忠臣屯东渭桥，李光进屯云阳，马璘、郝廷玉屯便桥，骆奉行、李日越屯盩厔，李抱玉屯凤翔，周智光屯同州，杜冕屯坊州，天子以禁军屯苑内京城壮丁，并令团结。城二门塞其一。鱼朝恩括士庶私马，重兵捉城门，市民由窦穴而遁去，人情危迫。

是时,急召子仪自河中至,于泾阳,而虏骑已合。子仪一军万余人,而杂虏围之数重。子仪使李国臣、高升拒其东,魏楚玉当其南,陈回光当其西,朱元琮当其北。子仪率甲骑二千出没于左右前后,虏见而问曰:"此谁也?"报曰:"郭令公也。"回纥曰:"令公存乎?仆固怀恩言天可汗已弃四海,令公亦谢世,中国无主,故从其来。今令公存,天可汗存乎?"报之曰:"皇帝万岁无疆。"回纥皆曰:"怀恩欺我。"子仪又使谕之曰:"公等顷年远涉万里,前除凶逆,恢复二京。是时子仪与公等周旋艰难,何日亡之。今忽弃旧好,助一叛臣,何其愚也!且怀恩背主弃亲,于公等何有?"回纥曰:"谓令公亡矣,不然,何以至此。令公诚存,安得而见之?"子仪将出,诸将谏曰:"戎狄之心,不可信也,请无往。"子仪曰:"虏有数十倍之众,今力固不敌,且至诚感神,况虏辈乎!"诸将曰:"请选铁骑五百卫从。"子仪曰:"适足以为害也。"乃传呼曰:"令公来!"虏初疑,持满注矢以待之。子仪以数十骑徐出,免胄而劳之曰:"安乎?久同忠义,何至于是?"回纥皆舍兵下马齐拜曰:"果吾父也。"子仪召其首领,各饮之酒,与之罗锦,欢言如初。

子仪说回纥曰:"吐蕃本吾舅甥之国,无负而至,是无亲也。若倒戈乘之,如拾地芥耳。其羊马满野,长数百里,是谓天赐,不可失也。今能逐戎以利举,与我继好而凯旋,不亦善乎!"会怀恩暴死于鸣沙,群虏无所统摄,遂许诺,乃遣首领石野那等入朝,子仪遣朔方兵马使白元光与回纥会军。吐蕃知其谋,是夜奔退。回纥与元光追之,子仪大军继其后,大破吐蕃十余万于灵武台西原,斩首五万,生擒万人,收其所掠士女四千人,获牛羊驼马,三百里内不绝。子仪自泾阳入朝,加实封二百户,还镇河中。

大历元年十二月,华州节度使周智光杀监军张志斌谋叛,帝以同、华路阻,召子仪女婿工部侍郎赵纵受口诏往河中,令子仪起军讨之。纵请为蜡书,令家僮间道赐子仪,奉诏大阅军戎,将发,同华将吏闻军起,乃斩智光父子,传京师,二年二月,子仪入朝,宰相元载、王缙、仆射裴冕、京兆尹黎干、内侍鱼朝恩共出钱三十万,置宴于子仪第，恩出罗锦二百匹，为子仪缠头之费，极欢而罢，九月，吐蕃寇泾州，召子仪以步骑三万自河中移屯泾阳。十月，蕃军退至灵州，邀击败之，斩馘二万。十二月，盗发子仪父墓，捕盗未获。人以鱼朝恩素恶子仪，疑其使之。子仪心知其故，及自泾阳将入，议者虑其构变，公卿忧之。及子仪入见，帝言之，子仪号泣奏曰："臣久主兵，不能禁暴，军士残人之墓，固亦多矣。此臣不忠不孝，上获天谴，非人患也。"朝廷乃安。三年三月，还河中，八月，吐蕃寇灵武。九月，诏子仪率师五万自河中移镇奉天。是月，白元光大破吐蕃于灵武。十月，子仪入朝，还镇河中。

时议以西蕃侵寇，京师不安，马璘虽在邠州，力不能拒，乃以子仪兼邠宁庆节度，自河中移镇邠州，徙马璘为泾原节度使。八年十月，吐蕃寇泾州，子仪遣先锋兵马使浑瑊逆战于宜禄，不利。会马璘设伏于潘源，与瑊合击，大破蕃军，俘斩数万计。回纥赤心马一万匹，有司以国计不充，请市千匹。子仪以回纥前后立功，不宜阻意，请自纳一年俸物，充回纥马价，虽诏旨不允，内外称之。九年，入朝，代宗召对延英，语及西蕃充斥，苦战不暇，言发涕零，既退，复上封论备吐蕃利害，曰：

> 朔方，国之北门，西御大戎，北虞猃狁，五城相去三千余里。开元、天宝中，战士十万，战马三万，才敌一隅。自先皇帝龙飞灵武，战士从陛下收复两京，东西南北，曾无宁岁。中年以仆固之役，又经耗散，人亡三分之二，比于天宝中有十分之一。今吐蕃充斥，势强十倍，兼河、陇之地，杂羌、浑之众，每岁来规近郊。以朔方减十倍之军，当吐蕃加十倍之骑，欲求制胜，岂易为力！近人内地，称四节度，每将盈万，每贼兼乘数四。臣所统将士，不当贼四分之一，所有征马，不当贼百分之二，诚合固守，不宜与战。又得马璘牒，贼拟涉渭而南。臣若坚壁，恐犯畿甸；若过畿内，则国人大恐，诸道易摇。外有吐蕃之强，中有易摇之众，外畏内惧，将何以安？

> 臣伏以陛下横制胜之术，力非不足，但虑简练未精，进退

未一,时淹师老,地阔势分。愿陛下更询谠议,慎择名将,俾之
统军,于诸道各抽精卒,成四五万,则制胜道必矣,未可失时。
臣又料河南、河北、山南、江淮小镇数千,大镇数万,空耗月饩,
曾不习战。臣请抽赴关中,教之战阵,则军声益振,攻守必全,
亦长久之计也。臣狥蒙任遇,垂二十年,今齿发已衰,愿避贤
路,止足之诚,神明所鉴。

诏曰:"卿忧深虑远,殊沃朕心。始终倚赖,未可执辞也。"

德宗即位,诏还朝,摄冢宰,充山陵使,赐号"尚父",进位太尉、
中书令,增实封通计二千尸,给一千五百人粮,二百匹马草料,所领
诸使副元帅并罢。诸子弟女婿拜官者十余人。建中二年夏,子仪病
甚,德宗令舒王谊传诏省问,及门,郭氏子弟迎拜于外,王不答拜;
子仪卧不能兴,以手叩头谢恩而已。六月十四日薨。时年八十五,
德宗闻之震悼,废朝五日,诏曰:

天地以四时成物,元首以股肱作辅,公台之任,鼎足相承,
上以调三光,下以蒙五岳,允厘庶绩,镇抚四夷,体元和之气,
根贞一之德,功大而不伐,身处高而更安。尚父比吕望之名,为
师增周公之位,盛业可久,殁而弥光。故太尉、兼中书令、柱国、
汾阳郡王、尚父子仪,天降人杰,生知王佐,训师如子,料敌若
神。昔天宝多难,羯胡作祸,咸秦失险,河洛为戎。公能扶翼萧
宗,载造区夏。于国有患,劳其戡定;于边有寇,藉其驱除,安社
稷必在于绛侯,定羌戎无逾于充国。绛台绥四散之众,泾阳降
十万之虏。勋高今古,名詟夷狄,而劳乎征镇,二纪于兹。

顷以春秋既高,疆场多事,罢彼旄钺,宠在台衡。以公柱石
四朝,藩翰万里,忠贞悬日月,宠遇冠于人臣,尊其元老,加以
崇号,期寿考之永,养勋贤之德。膏肓生疾,药石靡攻,人之云
亡,梁木斯坏。虽赗礼加等,辍朝增日,悼之流涕,曷可弭忘。更
议追崇,名位斯极,而尊为尚父,官协太师,虽爵秩则同,而体
望尤重。敛以衮冕,旌我元臣。圣祖图陵,所宜陪葬,式墓表文
终之德,象山追去病之勋,千载如存,九原可作,册命之礼,有

司备焉。可赠太师，陪葬建陵。仍令所司备礼册命，赙绢三千
匹、布三千端、米麦三千石。

旧令一品坟高丈八，而诏特加十尺。群臣以次赴宅吊哭。凶丧所须，
并令官给。及葬，上御安福门临哭送之，百僚陪位陨泣，赐谥曰忠
武，配飨代宗庙庭。

子曜、旰、晞、㫰、晤、暧、曙、映等八人，婿七人，皆朝廷重官。诸
孙数十人，每群孙问安，不尽辨，颔之而已。参佐官吏六十余人，后
位至将相，升朝秩贵位，勒其姓名于石，今在河中府。人士荣之。

史臣裴泊曰：汾阳事上诚尽，临下宽厚，每降城下邑，所至之
处，必得士心。前后遭罹臣程元振、鱼朝恩潜毁百端，时方握强兵，
或方临戎敌，诏命征之，未尝不即日应召，故谗谤不能行。代宗幸陕
时，令以数十骑觇贼，及在泾阳，又陷于胡虏重围之中，皆以身许
国，未尝以危亡易虑，亦遇天幸，竟免患难。田承嗣方跋扈魏州，傲
狠无礼，子仪尝遣使至，承嗣西望拜之，指其膝谓使者曰："兹膝不
屈于人若干岁矣，今为公拜。"李灵曜据汴州，公私财赋一皆遏绝，
独子仪封币经其境，莫敢留之，必持兵卫送。其为豺虎所服如此。麾
下老将若李怀光辈数十人，皆王侯重贵，子仪颐指进退，如仆隶焉。
幕府之盛，近代无比。始与李光弼齐名，虽威略不逮，而宽厚得人过
之。岁入官俸二十四万贯，私利不在焉。其宅在亲仁里，居其里四
分之一，中通永巷，家人三千，相出入者，不知其居。前后赐良田美
器，名园甲馆，声色珍玩，堆积羡溢，不可胜纪。代宗不名，呼为大
臣。天下以其身为安危者殆二十年。校中书令考二十有四。权倾
天下而朝不忌，功盖一代而主不疑，侈穷人欲而君子不之罪。富贵
寿考，繁衍安泰，哀荣终始，人道之盛，此无缺焉，唯以谗怒诬奏判
官户部郎中张谭杖杀之，物议为薄。

曜，子仪长子。性孝友廉谨。子仪出征于外，留曜治家，少长千
人，皆得其所。诸弟争饰池馆，盛其车服，曜以俭朴自处。累迁至太

子宾客。建中初，子仪罢兵柄，乃遍加诸子官，以曜为太子少保。子仪薨，曜遵遗命，四朝所赐名马珍玩，悉皆上献，德宗复赐之，曜乃散诸昆弟。子仪薨后，杨炎、卢杞相次秉政，奸谄用事，尤忌勋族。子仪之婿太仆卿赵纵、少府少监李洞清、光禄卿王宰，皆以家人告讦细过，相次贬黜，曜家大恐，赖宰相张镒力为庇护，奸人幸其危惧，多论夺田宅奴婢，曜不敢诉。德宗微知之，诏曰："尚父子仪，有大勋力，保乂皇家，尝誓以山河，琢之金石，十世之宥，其可忘也！其家前时与人为市，以子仪身殁，或被诬构，欲论夺之，有司无得为理。"诏下方已曜居丧得礼，若儒家子，服未阕寝疾，或劝其茹葱薤，曜竟不属口。建中四年三月卒，赠太子太傅。

　　晞，子仪次第三子。少善骑射，常从父征伐。初以战功授左赞善大夫，从广平王收复两京，晞力战于香积寺、陕西，皆出奇兵克捷，以功加银青光禄大夫、鸿胪卿。后河中军乱，节度使李国贞、荔非元礼于绛，诏以子仪为河东关内副元帅，镇绛州。时四方扰叛，多逐戎帅，子仪至绛，诛其元恶，其党颇不自安，欲谋翻发。晞知其谋，选亲兵四千，伏甲以防之，常持弓警夜，不寐者凡七十日，叛将竟不敢发，以功拜殿中监。广德二年，仆固怀恩诱吐蕃、回纥入寇，加晞御史中丞，领朔方军以援邠州。与马璘合势，大破蕃军。其年冬，怀恩诱虏再寇邠州，阵于泾北，子仪令晞率步卒五千、骑军五百出西南掩击之。晞以兵寡不敌，持而不战，及至晡晚，乘其半济而击之，大破獯虏，斩首五千级。是时连战皆捷，诏加御史大夫，子仪固让不受。永泰二年，检校左散骑常侍。大历七年，加开府仪同三司。十二年，丁母忧；服除，加检校工部尚书，判秘书省事。建中二年，丁父丧，持服京城。朱泚构逆，遣人就第问讯，欲令掌兵，晞佯瘖噤口不言，泚以兵协之，晞终不语，贼知其不可用，乃止。晞潜奔奉天，仅而获免。

　　初，晞兄曜袭父代国公，实封二千户，及曜卒，诏曰："故尚父、太尉、中书令、汾阳王，功格上玄，道光下土，积其善庆，垂裕无穷。

虽嫡长云殂,支宗斯盛,汾阳旧邑,盖有丕承,其男前左散骑常侍、
驸马都尉、食实封五百户暧,凤禀义方,居忠履孝,俪崇银榜,摅美
金章,继抚先封,允宜听复,暧兄检校工部尚书;守太子宾客、赵国
公晞,并弟右金吾将军、祁国公、食实封二百五十户曙,太子左谕德
映等,并休有令名,保其先业,宜允推恩之典,以明延嗣之诚。其实
封二千户,宜惟式减半,余可分袭。暧可袭人国公,仍通前袭三百
户;晞可二百五十户;曙可五十户,通前三百七十户;映可二百三十
五户。"寻又诏尚父子仪男晞、暧、映、曙四人所袭实封,各减五十
户,以赐郭曜男锌、郭晤男镨各袭一百户。

晞至行在,复检校工部尚书、太子詹事;从驾还京,改太子宾
客。晞子钢为朔方节度使杜希全宾佐,希全以钢摄丰州刺史。晞以
钢幼弱,恐不任边职,贞元元年,晞上章请罢钢官。德宗遣中使召
之,钢疑以他事见摄,乃单骑走入吐蕃。蕃将见钢独叛,不纳,置之
筏上,流入黄河令归,杜希全得之,送赴京师,赐钢自尽,晞亦坐子
免官。明年,复授太子宾客。贞元十年卒,赠兵部尚书。晞次子钧,
钧子承嘏别有传。

暧,子仪第六子。年十余岁,尚代宗第四女升平公主。时升平
年亦与暧相类。大历中,恩宠冠于戚里,岁时,锡赍珍玩,不可胜纪。
大历十三年,有诏毁除白渠水支流碾硙,以妨民溉田。升平有脂粉
硙两轮。郭子仪私硙两轮,所司未敢毁彻。公主见代宗诉之,帝谓
公主曰:"吾行此诏,盖为苍生,尔岂不识我意耶?可为众率先。"公
主即日命毁。由是势门碾硙八十余所,皆毁之。暧检校左散骑常侍。
建中末,公主坐事,留之禁中,暧亦不令出入。既而朱泚之乱,不知
车驾幸奉天,为贼所逼,欲授伪官,暧辞以居丧被疾。既而与兄晞、
弟曙及升平公主皆奔奉天,德宗喜,并释前咎,待之如初,复银青光
禄大夫、检校左散骑常侍。从驾至山南,改太常卿同正员。

贞元中,帝为皇孙广陵郡王纳暧女为妃。暧,贞元十六年七月
卒,赠尚书左仆射,升平公主,元和五年十月薨。赠虢国大长公主,

谥曰懿，广陵王即位，为宪宗皇帝，妃生穆宗皇帝。元和十五年，穆宗即位，尊郭妃为皇太后，诏曰："追远饰终，先王令典。况积仁累义，事已显于身前；祥会庆传，福遂流于天下。式光盛德，爰举徽章，尊尊亲亲，于是乎在。皇太后父赠尚收左仆射暧，克荷崇构，有劳王家，孝友本于生知，英毕发于事任，实修一德，历仕三朝，建中末年，属有大难，华力扈驾，忘躯即戎，忠贞之节，国史明备。才高望洽，是膺沁水之祥，德厚流光，乃启涂山之祚，肆予小子，获缵大业，未展定申之命，敢缘褒纪之恩，俾继维师，用光缛礼。可赠太傅。"暧子钊、钒、铦。

曙，代宗朝累历农卿，居父忧，建中三年冬，舒王谊为淮西、山南诸道大元帅，以曙检校左庶子，为元帅府都押牙，京城乱，从幸山南，转太府卿。随驾还京，拜左金吾卫大将军。贞元末卒。

钊，伟姿仪，身长七尺。方口丰下，沉默寡言。母升平长公主。代宗朝，钊为外孙，恩宠逾等，起家为太常寺奉礼郎，德宗朝，累官至太子右庶子。元和初，为左金吾卫大将军，充左街使。九年十一月，检校工部尚书，兼邠州刺史，充邠宁节度使。数岁，检校户部尚书，人为司农卿。钊，大勋之后，姻联戚里，而谦和接物，恭慎自持，居家临民，无骄怠之色，无奢侈之失，士君子重之。十五年正月，宪宗寝疾弥旬，诸中贵人秉权者欲议废立，纷纷未定。穆宗在东宫，心甚忧之，遣人问计于钊，钊曰："殿下身为皇太子，但旦夕视膳，谨守以俟，又何虑乎！"迄今称钊得元舅之体。

穆宗即位，册皇太后南内，推崇外氏，以钊兼司农卿。未几，检校户部尚书，充河阳三城怀节度使。岁中，换河中尹、河中晋绛慈隰节度使。钊历践藩镇，以汾阳胄胤，材能选用，不独恁椒房之势，所莅简约不挠，其俗自理，敬宗即位，尊郭太后为太皇太后，征钊为兵部尚书，兼检校尚书左仆射。明年，出为梓州刺史、剑南东川节度使。文宗即位，加司空。大和三年冬，南蛮陷嶲州，遂寇西川，杜元颖失于控御,蛮军陷成都府外城,朝廷未暇除帅,乃以钊兼领西川节度。蛮军已寇梓州,诸道援军未至,川军寡弱,不可令战。钊致书于蛮首领篡巅,责以侵寇之意,篡巅曰:"杜元颖不守疆场,屡侵吾圉,以是修报也。"与钊修好而退。朝廷嘉之,授成都尹、剑南西川度使。与南诏立约,疆陲不扰。以疾求代。四年入为太常卿、检校司徒。十二月,在道卒,诏赠司徒。子仲文、仲辞。

钕,母升平长公主,大历、贞元之间,恩礼冠诸主。顺宗在东宫,以女德阳郡主尚钕,时钕与公主年末及冠,郡主尤为德宗之所钟爱,故钕之贵宠,夸耀一时。顺宗即位,改封德阳为汉阳公主。钕累官至卫尉卿、马都尉,改殿中监。穆宗即位,钕为叔舅,改右金吾卫大半军、兼御史大夫,左街使,城南有汾阳王别墅,林泉之致,莫之与比,穆宗常游幸之,置酒极欢而罢,赐钕甚厚,俄加检校工部尚书,兼太子詹事,充闲厩宫苑使。从容贵位三十余年,而椒房之宠,国舅之恩,近代已来,无有其比。而钕恭逊虔恪,不以富贵骄人,士无贤不肖,接之以礼,由是中外称之。长庆二年十月卒,赠尚书左仆射,仍以其弟铦代钕为太子詹事,充闲厩宫苑使。

仲文,大和末为殿中少监。开成初,诏仲文袭父太原郡公,制下,给事中封敕奏曰:"伏准制书,赠司徒郭钊嫡男仲文袭封太原郡公者,臣近房知郭钊妻沈氏,公主之女,代宗皇帝外孙,有男仲辞,已选尚主。仲文不合假冒,自称嫡子。若仲文承嫡,即沈氏须黜居别室,仲辞不合配尚贵主。伏以郭仲文,尚父子仪之孙,太皇太后之侄,戚里勋门,无与俦比,婚姻嫡庶,朝野具知,夺宗之配,实玷风教,且仲文、仲辞既非同出,袭封尚主,不可并行。伏请付台勘当。"诏曰:"以万年县尉仲辞袭封。"仲文落下,以太皇太后侄,不之罪。寻以仲辞为银青光禄大夫、检校殿中少监驸马都尉,袭封太原郡公,尚饶阳公主。又仲辞兄詹事府丞仲恭,为银青光禄大夫,尚金堂公主。

郭幼明，尚父子仪之母弟也。性谨愿无过，不工武艺，喜宾客饮燕，居家御众，皆得其欢心。以子勖业，累历大卿监。大历八年卒，赠太子太傅。

子昕，肃宗末为四镇留后。自关、陇陷蕃，为虏所隔，其四镇、北庭使额，李嗣业、荔非元礼绵遥领之。昕阻隔十五年，建中二年，与伊西北庭节度使李元忠俱遣使于朝，德宗嘉之，诏曰："四镇、二庭，统任西夏五十七蕃十姓部落，国朝以来，相次率职。自关、陇失守，东西阻绝，忠义之徒，泣血相守，慎固封略，奉尊朝法，皆侯伯守将交修共理之所致也，伊西北庭节度使李元忠，可北庭大都护；四镇节度留后郭昕，可安西大都护、四镇节度使。其将吏已下叙官，可超七资。"

李元忠，本姓曹，名令忠，以功赐姓名。时昕使自回纥历诸蕃部，方达于朝。又有袁光庭者，为伊州刺史，陇右诸郡皆陷，光庭坚守伊州，吐蕃攻之累年，兵尽食竭，光庭先刃其妻子，自焚而死，因昕使知之，赠工部尚书。

史臣曰：天宝之季，盗起幽陵，万乘播迁，两都覆没。天祚土德，实生汾阳。自河朔班师，关西殄寇，身捍豺虎，手披荆榛。七八年间，其勤至矣，再造王室，勋高一代。及国威复振，群小肆谗，位重恳辞，失宠无怨，不幸危而邀君父，不挟以报仇雠，晏然效忠，有死无二，诚大雅君子，社稷纯臣。自秦、汉已还，勋力之盛，无与伦比。而晞、暧于缯粗之中，拔身虎口，赴难奉天，可谓忠孝之门有嗣矣。

赞曰：猗欤汾阳，功扶昊苍。秉仁蹈义，铁心石肠。四朝静乱，五福其昌。为臣之节，敢告忠良。

旧唐书卷一二一
列传第七一

仆固怀恩　　梁崇义　　李怀光

　　仆固怀恩，铁勒部落仆骨歌滥拔延之曾孙，语讹谓之仆固。贞观二十年，铁勒九姓大首领率其部落来降，分置瀚海、燕然、金微、幽陵等九都督府于夏州，别为蕃州以御边，授歌滥拔延为右武卫大将军、金微都督。拔延生乙李啜拔，乙李啜拔生怀恩，世袭都督。天宝中，加左领军大将军同正员、特进。历事节度王忠嗣、安思顺，皆以善格斗，达诸蕃情，有统御材，委之心腹。及安禄山反，从郭子仪讨高秀岩于云中，破之，又败薛忠义于背度山下，抗贼七千骑，生擒忠义男，袭下马邑郡。十五载，进与李光弼合势，及史思明战于常山、赵郡、沙河、嘉山，皆大破之，怀恩功居多。

　　肃宗即位于灵武，怀恩从郭子仪赴行在所。时同罗部落自西京叛贼，北寇朔方。子仪与怀恩击之。怀恩子玢领徒击贼，兵败而降，寻又自拔而归，怀恩叱而斩之。将士慑骇，无不一当百，遂破同罗千余骑于河上，尽收其器械、驼马。肃宗虽仗朔方之众，将假蕃兵以张形势，乃遣怀恩与敦煌王承寀使于回纥，请兵结好。回纥可汗遂以女妻承寀，兼请公主，遣首领随怀恩入朝。

　　二年正月，又从子仪下冯翊、河东二郡，走伪将崔乾祐，又袭破潼关。贼将安守忠、李归仁自京率众来援，苦战二日，官军败绩。怀恩退至渭水，无舟楫，抱马以渡，存者仅半，乃奔归子仪于河东，整其余众。四月，子仪赴凤翔。李归仁以劲卒五千邀之于三原北。子仪窘急,使怀恩及王升、陈回光、浑释之、李国贞等五将伏兵于渠留运桥以待之,贼至伏发,归仁大败而走。又从子仪战于清渠,不利,归于凤翔。及回纥使叶护帝数千骑来赴国难,南蛮、大食之卒相继而至。肃宗乃遣广平王为元帅,以子仪为副,而怀恩领回纥兵从之汶水。贼伏兵于营东,怀恩引回纥驰杀之,匹马不归,贼乃大溃。日幕,怀恩谓王曰:"贼必弃城走矣。请以二百骑马追之,缚取李归仁、田乾真、安守忠、张通儒。"王曰:"将军战亦疲矣,且休息,迨明而后图之。"怀恩曰:"归仁、守忠,天下骁贼也。骤胜而败,此天与我也,奈何纵之不取? 若使得众,复为我患,虽悔无及。夫战尚速,何明日为?"王固止之,令还营。怀恩又固请,往而复反,一夕四五起。迟明谍至,守忠等果逃。又从王大破贼于陕西之新店,收两京,皆立殊功。以前后功加开府仪同三司、鸿胪卿同正员、同节度副使。十二月,封丰国公,食实封二百户。

乾元元年九月,遣九节度发庆绪于相州。从郭子仪领朔方行营,破安太清,下怀、卫二州,围相州,战悉思岗,凡经五月,常为先锋,坚敌大阵,必经其战,勇冠三军。寻充都知兵马使。及李光弼代子仪,怀恩又副之。乾元二年,进封大宁郡王,迁御史大夫、朔方行营节度。又从李光弼守河阳,破周义,擒徐璜玉、安太清,拔怀州,皆摧锋陷敌,功冠诸将。其男玚又以开府仪同三司从将兵于其军,每深入房阵,以勇敢闻,军中号为"斗将"。

怀恩为人雄毅寡言,应对舒缓,而刚决犯上,始居偏裨之中,意有不合,虽主将必诟怒之。郭子仪为帅,以宽厚容众,素重怀恩,其麾下皆朔方蕃汉劲卒,悖功怙将,多为不法,子仪每事优容之,行师用兵,倚以辑事。而光弼持法严肃,法不贷下,怀恩心惮而颇不叶。上元二年,从李光弼与史思明战于邙山,不利。肃宗以怀恩功高,恩顾特异诸将,至冬,加工部尚书,敕李辅国及常参官送上,太官造食以宠之。

代宗即位,拜陇右节度,未行,改朔方行营节度,以副郭子仪。其秋,上使中官刘清潭请兵于回纥登里可汗,登里已为史朝义诱之倾国入塞,众号十万,关中骚扰,上使殿中监药子昂驰于塞上劳之,遇于忻州。先是,肃宗以宁国公主下嫁于毗伽阙可汗,毗伽阙汗又以少子请婚,肃宗以怀恩女妻之。毗伽可汗死,小子代立,即登里可汗。登里立,以怀恩女为可敦。至是,可汗请与怀恩及怀恩之母相见,召从之。怀恩嫌疑不敢,上因赐铁券,手诏以遣之,即令其母便发。怀恩与回纥可汗相见于太原,可汗大悦,遂许助讨朝义,于是进兵,历太原、汾、晋,营于陕州以俟期。十月,诏天下兵马元帅雍王为中军先锋,以怀恩为副,加同中书门下平章事,领河东、朔方节度行营及镇西、回纥兵马赴陕州,并令诸道节度一时齐进。怀恩与回纥左杀为先锋,观军容使鱼朝恩、陕州节度郭英义为后殿,自渑池入;陈郑节度李抱玉自河阳入;河南副元帅、雍王留陕州。怀恩等师至黄水,贼徒数万,坚栅自固。恩阵于西原上,广张旗帜以当之,命骁骑及回纥之众傍南山出于东北,两军举旗内应,表裹击之,一鼓而拔,贼死者数万。朝义领铁骑十万来,阵于昭觉寺,贼皆殊死决战,短兵既接,相杀甚众。官军骤击之,贼阵而不动,鱼朝恩令射生五百人下马。弓弩乱发,多中贼而死,阵亦如初。镇西节度使马璘曰:"事急矣!"遂援旗而进,单骑奔击,夺贼两牌,突入万众之中,左右披靡,大军乘之而入,朝义大败,斩首一万六千级,生擒四千六百人,降者三万二千人。转战于石榴园、老君庙,贼党又败,人马蹂践,填于尚书谷,朝义轻骑而走。怀恩乃进书东京及河阳城,封其府库,伪中收令许叔冀、王佩等,承制释之,悉皆安堵。

　　怀恩留回纥可汗营于河阳,乃使其子右厢兵马使瑒、北庭朔方兵马使高辅成以步军万余乘胜逐北。怀恩常压贼而行,至于郑州,再战皆捷;进至汴州,伪节度张献诚开门出降;又拔滑州,追破朝义于卫州。伪睢阳节度田承嗣、李进超、李达卢等兵马四万众,又与朝义合,据河来拒。瑒连盘济师,登岸薄之,贼党悉奔,长驱至昌乐县东。朝义率魏州兵马来战,又败走,达卢来降,贼徒震骇。于是相州伪节度薛嵩以相、卫州、洺、邢、赵降于李抱玉、高辅成、尚文恣;伪恒阳节度李宝臣以深、恒、定、易四州降于河东节度辛云京。朝义至贝州，又与伪大将薛忠义两节度合。瑒至临清县，惧贼气盛，驻军以俟变。朝义领众三万并攻具来攻，瑒令高彦宗、浑日进、李光逸等设三伏以待之。贼半渡，伏发，合击而走之。其时回纥又至，官军益振，瑒卷甲驰之，大战于下博县东南。贼背水而阵，大军冲击而崩之，积尸拥流而下。朝义又走莫州。于是河击副元帅都知兵使薛兼训、兵马使郝廷玉、衮郓节度使辛云京会师于下博，进军莫州城下。朝义与田承嗣频出挑战，大败而旋，临阵杀其伪尚书敬荣。朝义惧，自分万余众投归义县，留承嗣守城。于是淄青节度侯希逸继诸将同为攻守，凡月余日。瑒与高彦崇、侯希逸、薛兼训等以众三万追及朝义于归义县，交锋而贼溃。属幽州节度使李怀仙送降款，瑒顿兵于其境，遣怀仙分兵追蹑。二年三月，朝义至平州石城县温泉栅，穷蹙，走入长林自缢，怀仙使妻弟徐有济传其首以献。又降田承嗣之军，河北悉平，怀恩乃与诸将班师。

先是，去冬郭子仪以怀恩有平定河朔之功，让位于怀恩，遂授河北副元帅、尚左仆射、兼中书令、灵州大都督府长史、单于镇北大都护、朔方节度使，仍加实封四百户，通前一千户，春，又加太子少师，充朔方都知兵马使、同节度副大使，食实封五百户，庄宅各一所，仍与一子五品官。高辅成太子少傅、兼御史中丞，充河北副元帅都知兵马使，加实封三百户，仍与一子五品官。高彦崇太子宾客，依旧朔方右厢兵马使，实封二百户，庄宅各赐一所，与一子五品官。

遂诏怀恩统可汗还蕃，遂自相州西郭口趣潞州，与回纥汗会，出太原之北，怀恩初至太原，辛云京以可汗是其子婿，疑其召戎，闭关不报，且惧可汗相袭，不敢犒军；及还，亦如之。怀恩父子宣力王室，攻城野战，无役不从，一举灭史朝义，复燕、赵韩、魏之地，自以为功无以让。至是，又为云京所拒，怀恩怒，上表列其状，顿军汾州。会中官骆奉先使于云京，云京言怀恩与可汗为约，逆状已露，乃与奉先厚结欢。奉先回至怀恩所，其母数让奉先曰："尔等与我兄约为兄弟，今又亲云京，何两面乎？虽然，前事勿伦，自今母子兄弟如初。"酒酣，怀恩起舞，奉先赠缠头采。怀恩将酬其贶，奉先遽告发，恩曰:"明日端午,请宿为令节。"奉先固辞,恩苦邀之,命藏其马。中夕谓其从者曰:"向者责吾,又收吾马。是将害我也。"奉先惧,遂逾垣而走,怀恩惊,遽令追还其马。奉先使回,奏其反状。怀恩累奏请诛云京、奉先,上以云京有功,手诏和解之,怀恩遂有贰于我。至七月,改元广德,册勋拜太保,仍与一子三品、一子四品官并阶,仍加实封五百户。仆固玚一子五品官,加实封一百户,仍赐铁券,以各藏太庙,画像于凌烟阁。寻玚为御史大夫、朔方行营节度。

怀恩以寇难已来,一门之内死王事者四十六人,女嫁绝域,再收两京,皆导引回纥,摧灭强敌,而为人媒孽,蕃性犷戾,怏怏不已。乃上书自叙功伐,曰:

广德元年八月二十三日,开府仪同三司、尚书左仆射、兼中书令、朔方节度副大使、河北副元帅;上柱国、大宁郡王臣怀恩。刺肝沥血,谨顿首顿首上书宝应圣文神武皇帝陛下。臣家本蕃夷,代居边塞,爰自祖父,早沐国恩。臣年未弱冠,即蒙上皇驱策,出人死生,竭力疆场,叨承先帝报功,时年已授特进。洎乎禄山作乱,大振王师,臣累任偏裨,决死靖难,上以安社稷,下以拯生灵,仗皇天之威神,灭狂胡之丑类。无何,思明继逆,又据东周,宸极不安,海内腾沸。臣谬承大行皇帝委任,授以兵权,誓雪国仇,以匡时难。盖门忠烈,咸愿杀身,野战攻城,皆先士卒,兄弟死于阵敌,子侄没于军前,九族之亲,十不存一,纵有在者,疮痍遍身。况陛下潜龙之时,亲统师旅,臣忝事麾下,陛下悉臣愚诚。大行皇帝未捐宫馆之时,臣频立微效,累沾官赏,遂被辅国等谗害,几至破家,便夺兵权,逾年宿卫。臣虽内省无疚,终惧谗佞倾危,以日继时,命县秋叶,至将归骨泉壤,永谢明时幸遇陛下龙翟天衢,继缵鸿业,知臣负谤,察臣丹心,遂开独见之明,杜绝众多之口,特拔臣于汧、陇,再任臣于朔方。诚谓游魂返骸,枯骨再肉,使臣得竭驽蹇之力,回锥刀之功,上答陛下再造之恩,下展微臣犬马之志。

去年秋末,回纥仗义而来,士庶不知,悉皆惊骇。陛下以臣

与其姻娅，令至太原祗迎，一切事宜，许臣逐便处置。遂与可汗
计议、分道用兵、克复洛阳、平荡幽、蓟，惟有神策兵马，顿军独
住陈留。可汗时在洛阳，即被朝恩征猜阻，要为流议，已失蕃
情。臣自平贼却回，天恩又令饯送，臣遂罄竭家产，为国周旋，
发遣外蕃，贵图上道。行至山北，被奉先、云京共生异见，妄作
加诸，闭城不出祗迎，仍令潜行窃盗。蕃夷怨怒，早欲相仇，臣
遂弥缝，方得出界。及其祖饯事了，回至太原，臣忝迹鼎司，又
承重寄，奉先、云京曾无礼数，闭关不出相看。臣遂过汾州，休
息士马，凡经数日，不遣一介知闻。自以行事乖疏，恐臣先有论
奏，遂乃构其谤黩，妄起异端，扇动军城，以为设备，又臣从潞
府过日，见抱玉祗迎回纥，庶事用心，恳称家资罄于公用，又与
臣为兼银器四事，臣于加纥处得绢，便与抱玉二千匹以充答
赠。今被抱玉共相组织，将此往来之觌，便为结托之私，贵在厚
诬，务相倾夺。陛下不垂明察，采听流言，欲令忠直之臣，枉陷
谗邪之党。臣实不欺天地，不负神明，夙夜三思，臣罪有六：

　　往年同罗背叛，河曲骚然，经略数军，兵围不解。臣不顾老
母，走投灵州。先帝嘉臣忠诚，遂遣征兵讨叛，使得河曲清泰，
贼徒奔亡。是臣不忠于国，其罪一也。

　　臣男玢尝被同罗虏将，盖亦制不由己，旋即弃逆归顺，却
来投臣，臣斩之以令士众。且臣不爱骨肉之重，而徇忠义之诚，
是臣不忠于国，其罪二也。

　　臣有二女，俱聘远蕃，为国和亲，合从讨难，致使贼徒殄
灭，寰宇清平。是臣不忠于国，其罪三也。

　　臣及男玚，不顾危亡，身先行阵，父子效命，志宁邦家。是
臣不忠于国，于罪四也。

　　陛下委臣副元帅之权，令臣指麾河北。其新附节度使，皆
握强兵，臣之抚绥，悉安反侧，州县既定，赋税以时。是臣不忠
于国，其罪五也。

　　臣叶和回纥，戡定凶徒，天下削平，蕃夷归国，使其永为邻

好,著急难,万姓安宁,干戈止息,二圣山陵事毕,陛下忠孝两全。是臣不忠于国,其罪六也。

臣既负六罪,诚合万诛,延颈辕门,以待斧锧,过此以往,更无他违。陛下若以此诛臣,何异伍子胥存吴,卒浮尸于江上,大夫种霸越,终赐剑于稽山。唯尝吞恨九泉,衔冤千古,复何诉哉!复何诉哉!

且葵藿尚解仰阳,犬马犹能恋主,臣忝恩至重,委任非轻,夙夜思奉天颜,岂暂心离魏阙,诚恐以忠获罪,龟镜不遥。顷者来瑱受诛,朝廷不示其罪,天下忠义,从此生疑。况瑱功业素高,人多所忌,不审圣衷独断,复为奸臣弄权?臣欲入朝,恐罹斯祸,诸道节度使皆惧,非臣独敢如此。近闻追诏数人,并皆不至,实畏中官谗口,又惧陛下损伤,岂唯是臣不忠,只为固邪在侧。且臣前后所奏骆奉先词情,非不撝实,陛下竟无处置,宠用弥深。皆由同类相从,致蒙蔽圣聪,人皆惧死,谁复敢言!臣义切君臣,志夏社稷,若无极谏,有负圣朝,敢肆愚忠,以干鼎镬,况今西有犬戎背乱,东有吴、越不庭,均房群盗纵横鹿、坊稽胡草扰。陛下不思外御,而乃内忌忠良,何以混一车书。而使梯航纳贶?天下至大,岂可暂轻。

伏承四方敷奏之人,引对之时,陛下皆云与骠骑商量,曾不委宰臣可否。或有稽留数月,不放归还,远近之心,转加疑阻,且臣朔方将士,功效最高,为先帝中兴主人,是陛下蒙尘故吏,曾不别加优奖,却信嫉妒谤词,子仪先已被猜,臣今又遭毁默。弓藏乌尽,兔死犬烹,臣昔谓非,今方知实,且臣息军汾上,关键大开,收马放羊,曾无守备,分兵数郡,贵免般粮,劝课农桑,务安黎庶,有何状迹,而涉异端。陛下必信矫词,何殊指鹿为马?陛下傥斥邪佞,亲附忠良,益削狐疑,敷陈政化,使君臣无二,天下归心,则窥边之戎,不足为患,梗命之寇,将复何忧,偃武修文,其则不远。陛上若不纳愚恳,且贵因循,臣实不敢保家,陛下岂参安国!忠言利行,良药愈病,伏惟陛下图之。

臣今戎事已安，粮储且继，深愿一至阙下，披露心肝，再睹圣颜，万死无恨。臣欲公然进发，虑恐将士留连。臣今便托巡晋、绛等州，于彼迁延且住，谨遣押衙开府仪同三司、试太常卿张休臧先进书兼口奏事。伏惟陛下览臣此书，知臣诚恳，特垂圣断，勿议近臣，待臣如初，浮谤不入，臣当死节王命，誓酬国恩，仍请遣一介专使至绛州问臣，臣即便与同行，冀获蹈舞轩陛。鄙臣愚虑，不顾死亡。轻触天威，战汗无地。

九月，上以回纥近塞，怀恩又与辛云京有隙，上欲其悔过，推心以待之。恐其不信，诏黄门侍郎裴遵庆使汾州喻旨，且察其去就。遵庆既至，怀恩抱其足号泣而诉，遵庆因宣圣恩优厚，讽令入朝，怀恩许诺。副将范志诚说之曰："公以诸言交构，有功高不赏之惧、嫌隙已成，奈何入不测之朝，公不见来瑱、李光弼之事乎！功成而不见容，二臣以走、诛。"怀恩然之。明日，又以惧死为辞，许令一子入朝，志诚又不可。遵庆复命。御史大夫王翊自回纥使还，怀恩与可汗往来，恐泄其事，乃止之。遂令子瑒率众攻云京，云京出战，瑒大败而旋，进围榆次，朝廷患之。先是，尚书右丞颜真卿请奉诏召怀恩，上因以真卿为刑部尚书、兼御史大夫往宣慰之。真卿曰："臣往请行者，时也；今方受命，事无益矣。"上问其故，对曰："怀恩阻兵，是其反侧明矣。顷陛下避狄于陕郊，臣方责以《春秋》之义，云寡君蒙尘于郊，敢不恭问官守。当是时也，怀恩来朝，以助讨贼，则其辞顺。今陛下攘去犬戎，即宫京邑，怀恩进不勤王，退不释众，其辞曲，必不来矣。且明怀恩反者，独辛云京、李抱玉、骆奉先、鱼朝恩四人耳，自外朝臣，咸言其枉。然怀恩将士，皆子仪部曲，恩信结其心，陛下何不以子仪代之，喻以逆顺祸福，必相率而归耳。"上从之。子仪至河中，仆固瑒已为朔方兵马使张惟岳等四人斩其首献于阙下。怀恩闻之，率麾下数百骑，弃其母。渡河北走灵武。余众闻子仪到，束甲来奔，归者数万。怀恩至灵武，啸聚亡命，其众复振。上念其勋旧，不欲罪功臣，厚抚其家，怀恩终不从。其母月余日竟以寿终。又遥授太师、兼中书令、大宁王，余并停。

是秋为乡导,诱吐蕃十万人寇泾、邠州,祭来瑱之墓,自序云"俱遭放逐"。寇奉天、醴泉,郭子仪拒之而退。永泰元年,上征天下兵以防之。怀恩又纠合诸蕃,众号二十万,南犯京师;遣吐蕃之众自北道先寇醴泉、奉天,任敷、郑庭、郝德自东道寇奉先、同州,羌、浑、奴剌之众自西道寇盩厔、凤翔,朝廷大骇,诏遣郭子仪屯泾阳,浑日进、白元光屯奉天,李光进屯云阳,马璘、郝廷玉屯中渭桥,董秦屯东渭桥,骆奉先、李日越屯盩厔,李抱玉屯凤翔,周智光、杜冕屯同州。上亲率六军,令鱼朝恩屯苑中,下诏亲征。

怀恩领回纥及朔方之众继进行,至鸣沙县,遇疾舁归。九月九日,死于灵武,部曲以乡法焚而葬之。张韶代领其众,为徐璜玉所杀;璜玉领其众,又为范志诚所杀,志诚领其众。回纥进寇泾阳,诸军坚壁不战。吐蕃相持二十余日,又闻怀恩死,与回纥争长,自相疑贰,莫敢先进,遂大掠居人,焚烧舍宇,驱男女数万而去,所过践禾谷殆尽。回纥乃诣子仪降,请击吐蕃以自效。子仪分兵随之,大破吐蕃于泾州界。任敷又败走,羌、浑又多降于李抱玉。

怀恩逆命三年,再犯顺,连诸蕃之众,为国大患,士不解甲,粮尽馈军。适幸天亡,而上为之隐恶,前后下制,未尝言其反。及怀恩死,群臣以闻,上为之悯默曰:"怀恩不反,为左右所误。"其宽仁如此。闰十月,怀恩侄名臣领千余骑来降。

梁崇义,长安人。以升斗给役于市,有膂力,能卷金舒钩。后为羽林射生,从来瑱于襄阳,沉默寡言,众悦之,累迁为偏裨。瑱朝京师,分使诸将戍福昌、南阳,来瑱被诛,戍者皆溃归。崇义时在南阳,统归师径人襄州,与同列李昭、薛南阳相让为长,不决。诸将请曰:"兵非梁卿主之不可。"遂推崇义为帅。宝应二年三月,崇义杀昭与南阳,以协众心,朝廷因授其节度焉。以襄州荐履兵祸,屈法含容,姑务息人也。历御史中丞、大夫、尚书。遂与田承嗣、李正已、薛嵩、李宝臣为辅车之势,奄有襄、汉七州之地,带甲二万,连结根固,未尝朝观,然于群凶,地最褊,兵最少,法令最理,礼貌最恭。其地跨东南之冲，数有王命之所宣洽，故其人知化。所亲尝劝其来朝，崇义曰："吾本帅来公有大勋庸，当上元中以阉竖谗读言，逡巡稽召，及代宗嗣位，不俟驾行，旋见诛族，今吾衅盈而事久，若之何见上？"

建中元年，淮西节度使李希烈数请兴师讨崇义，崇义惧，军旅之事加严焉。流人郭昔告其为变，崇义闻之，请罪昔，坐决杖配流，命金部员外郎李舟谕旨以安之。初，刘文喜作难，舟尝入其城说利害，文喜拘之，会帐下杀文喜而降。四方反侧者闻之，谓舟必能覆军杀将，是以皆恶。及舟至，又劝其入觐，言颇切直，崇义益不悦。二年春，发五使宣谕诸道，而舟复如荆、襄，崇义虑有变，拒境不纳，上方"军中疑惧，请换他使。"由是益不安，凶谋日深，宾僚或有忠言沮劝，多遭伤害。

时群凶方自疑阻，朝廷将仗大信，欲来而安之，以示天下。乃加崇义同平章事，其妻子悉加封赏，且赐铁券誓之，兼授其裨将兰杲为邓州刺史，遣御史张著赍手诏征之。崇义益恐怖，误持满而受命，兰杲奉诏书，又不敢发，驰诣崇义请命，崇义益疑惧，对著号哭，不受诏。由是征四方兵，使希烈统击之。崇义乃发兵攻江陵，以通黔、岭及四望，大败而归，遂屯襄、邓。希烈先发千余人守临汉，崇义屠之，无遗噍。既而希烈统大军缘汉，而崇义使将翟晖、杜少诚迎战于蛮水，希烈大破之；复合于涑口，又破之。二将求降，希烈受之，使统本兵入襄阳号令，以安百姓。崇义领亲兵老小闭壁，将守者斩关争出，不可止。其年八月，崇义与其妻投井而死，传首阙下，其亲戚希烈皆戮之，选其从临汉之役者三千人，悉斩之。

李怀光，渤海靺鞨羯人也。本姓茹，其先徙于幽州，父常为朔方列将，以战功赐姓氏，更名嘉庆。怀光少从军，以武艺壮勇称，朔方节度使郭子仪礼之益厚。上元中，累迁试太仆、太常卿，主右衙兵将，积功劳至开府仪同三司，为朔方之都虞候。永泰初，实封三百户。大历六年，兼御史中丞，间一年，兼御史大夫，加为军都虞候。性清勤严猛，而敢诛杀，虽亲戚犯法，皆不挠避，子仪性宽厚，不亲军事,纪纲任怀光,军中尤畏之,亦称为理。十二年,以母忧罢职,明年,起复本官,仍兼邠、宁、庆三州都将。

德宗即位,罢子仪节度副元帅,以其所部分隶诸将,遂以怀光起复检校刑部尚书,兼河中尹、邠州刺史、邠宁庆晋绛慈显节度支度营田观察押诸蕃部落等使,先是,怀光频岁率师城长武以处军士,城据原首,临泾水,俯瞰通道,吐蕃自是不敢南侵,为西边要防矣。建中初,泾原四镇节度使段秀实为宰相杨炎所恶,征为司农卿。上将复城原州,乃以怀光兼泾州刺史、泾原四镇北庭节度使。时怀光挟私怨,新诛杀朔方旧将温儒雅等数人,泾州军士咸畏之。刘文喜因众不欲,遂以城叛,诏朱泚与怀光将兵讨平之,加检校太子少师。二年,迁检校左仆射,兼灵州大都督、单于镇北大都护、朔方节度支度营田观察盐池押诸蕃部落六城水运使,实封四百户,邠宁节度等使如故。

时马燧、李抱真诸军同讨魏城未拔,朱滔、王武俊皆反,连兵救悦。三年,诏遣怀光统朔方兵步骑一万五千同讨田悦,怀光勇而无谋,至魏城之日,营垒未设,因与滔等大战于惬山,为滔等所败。复为悦决水以灌之,诸军不利,因与燧等退军于魏县,寻加同平章事,益实封二百户。自是与滔等相持不战。明年十月,泾原之卒叛,上居奉天。朱泚既僭大号,遣中使驰告河北诸帅,怀光率军奔命,时属泥淖,怀光奋厉军士,道自蒲津渡河,败泚骑兵于醴泉,直赴奉天。前数日,先遣裨将张韶持表封蜡丸随贼攻城,乘间逾堑,呼城上人曰:“朔方军使也。”乃以绳引上城而入,比登堞,身中数十矢,时上在重围中,守拒益急,既知怀光军至,令张韶号令于城上,人心乃安,怀又败泚兵于鲁店,泚乃解兵还走入城。

怀光性粗厉疏慢,缘道数言卢杞、赵赞、白志贞等奸佞,且曰:“天下之乱,皆此辈也。吾见上,当请诛之。”杞等微知之,惧甚,因说上令怀光乘胜逐泚,收复京师,不可许至奉天,德宗从之,怀光屯军咸阳,数上表暴扬杞等罪恶,上不得已为贬杞、赵赞、白志贞慰安之。以疏中使翟文秀,上之信任也。又杀之。怀光既不敢进军,迁延自疑，因谋为乱。初，诏遣崔汉衡使于吐蕃，出兵佐收京城，蕃相尚结赞曰："蕃法，进军以统兵大臣为信。今奉制书，无怀光名署，故不敢前。"上闻之，遣翰林学士陆贽诣怀光议用蕃军，怀光坚执言不可者三，不肯署制，词慢，且谓贽曰："尔何所能？"兴元元年二月，诏加太尉，兼赐铁券，遣李升及中使邓鸣鹤赍券喻旨。怀光怒甚，投券于地曰："凡人臣反，则赐铁券，今授怀光，是使反也。"词气益悖，众为之惧。

时怀光部将韩游瓌掌兵在奉天，怀光乃与游瓌书，约令为变，游瓌密奏之。翌日，怀光又使趣之，游瓌复奏闻。数日，怀光又使趣游瓌，为门者所捕。怀光且宣言曰："吾今与朱泚连和，车驾尝须引避"由是上遽幸梁州。时李晟已移军东渭桥，怀光复劫李建微、杨惠元等军，移于好畤，其下颇多扤贰，先是朱泚甚畏之。至是因欲臣之。怀光虏劫无所得，益疑慎不自安，居二旬，乃驱兵分为部队，掠泾阳、三原、富平，自同州往河中。神策将孟涉、段威勇自三原拥兵三千余人奔归李晟，怀光不能遏。韩游瓌杀怀光留后张昕，以邠州从顺。戴休颜自奉天令于军曰："怀光已反。"乃令城守驰表以闻。上于是授游瓌、休颜节度使。乃除怀光太子太保，罢其余官，其所管委本军择一人功高望崇者统之，皆不奉诏。四月，怀光至河中，遂偷有同、绛等州，按兵观望。

李晟既收复京师，上遣给事中孔巢父、中使唥守盈持诏征之，怀光素服受命。巢父乃宣言于众："太尉军中谁可领军事者？"怀光左右皆胡虏，因发怒，乱持兵杀巢父及守盈，自是缮兵益修守拒。上还京师，以侍中浑瑊为河中节度副元帅，将兵讨怀光。瑊复破同州，屯军不进，为怀光所败。时仍岁旱蝗，京师初复，经费不给，言事者多请赦怀光。时河东节度使马燧威名素著，乃加燧率军拔绛州，与瑊及镇国军节度骆元光、邠宁节度韩游瓌、鄜坊节度唐朝臣会兵同讨怀光，燧率军拔绛州，至宝鼎，虑怀光西走，唐突京邑，乃舍军朝京师。既还，与瑊先自河东而降其骁将尉珪、徐庭光，统诸军以围河中。贞元元年秋，朔方部将牛名俊斩怀光首以降燧，其子璀刃其弟

数人,乃自杀。怀光死时年五十七,寻诏以男一人为嗣,赐庄宅各一所,仍还怀光尸首,任其收葬,妻子并从沣州。五年,又诏曰:

怀旧念功,仁之大也;兴灭继绝,义之弘也。昔蔡叔圮族,周公封其子于东土;韩信干纪,汉后爵其孥以弓高。候君集之不率景化,我太宗存其胤以主祀。详考先王之道,洎乎烈祖之训,皆以刑佐德俾人响方,则斧钺之诛,甲兵之伐,盖不得已而用也。曩岁盗臣窃发,国步多虞,朕狩于近郊,指期薄伐,将振昆阳之旅,以兴涿鹿之功,征师未于诸侯,卫士且疲于七萃。而李怀光三军夙驾,千里勤王,上假雷霆之威,下逐虎狼之众。义功方始,守节靡终,潜构祸胎,拒违朝命,弃同即异,舍顺效逆。为臣至此,在法必诛,犹示绥怀,庶其牵夏,而枭音益历,狰突莫迁,大戮所加,曾无噍类。虽自贻伊戚,与众弃之,百言念尔劳,何嗟及矣?以其前效犹在,孤魂无归,怀之怅然,是用凄轸,予欲布陈大惠,冀以化成,保合太和,期于刑措,宜以怀光外孙燕八八赐姓李氏,名承绪,授左卫率府胄曹参军,承怀光之后。仍赐钱一千贯,任于怀光墓侧置立庄图,侍养怀光妻王氏,并备四时享奠之礼。呜呼! 朕实不德,临于兆人,泣辜宥罪,素诚所志,尔其保姓受氏,宣力承家,勉绍乃考之建国庸,无若尔父之违王命。

初,怀光授首,其子璀、瑗等皆死,唯妻王氏在,故上特舍其死,及是又思怀光旧勋,哀其绝后,乃命承绪继之。

史臣曰:仆固怀恩、李怀光,咸以勇力,有劳王家,为臣不终,遂行反噬,其罪大矣。然辛云京、骆奉先、卢杞、白志贞辈,致彼二逆,贻忧时君,亦可谓国之谗贼矣。梁崇义既无令始,又无善终,与妻投泉,何塞其咎。

赞曰:臣之事君,有死无二。怀恩、怀光,凶终一至。崇义多奸,国家所弃。迷而亡归,自速其毙。

旧唐书卷一二二
列传第七二

张献诚 　弟献恭　献甫　献恭子煦
路嗣恭 　子恕　　曲环　　崔汉衡
杨朝晟　　樊泽　　李叔明
裴胄

　　张献诚，陕州平陆人，幽州节度使、幽州大都督府长史守珪之子也。天宝末，陷逆贼安禄山，受伪官；连陷史思明，为思明守汴州，统逆兵数万。宝应元年冬，东都平，史朝义逃归汴州，献诚不纳，举州及所统兵归国，诏拜汴州刺史，充汴州节度使。逾年来朝，代宗宠赐甚厚。三迁检校工部尚书，兼梁州刺史，充山南西道观察使。广德二年十月，擒南山贼帅高玉以献。永泰二年正月，献名马二、丝绢杂货共十万匹。是月，兼充剑南东川节度观察使，封邓国公。西川崔旰杀郭英乂，献诚率众战于梓州，为旰所败，献诚仅以身免。大历二年四月，献诚以疾上表乞归私第，仍荐堂弟试太常卿兼右羽林将军献恭以自代。诏许之，以献诚检校户部尚书，知省事。八月，献诚以疾抗疏辞官，无几，卒于私第。

　　献恭，守珪守弟守瑜子。累以军功官至试太常卿，兼右羽林将军，代献诚为梁州刺史、兼御史中丞，充山南西道节度观察使。大历十二年七月，献恭破吐蕃万余众于岷州。建中二年正月，加检校兵部尚书，为东都留守。三年正月，为太府卿、容州刺史、本管经略招讨使。四年七月，与浑瑊、卢杞、司农卿段秀实与吐蕃尚结赞筑坛于京城之西会盟，如清水之仪。兴元元年六月，转检校吏部尚书，仍与一子正员官。

卢杞移饶州刺史，给事中袁高论其不可。献恭因入对紫宸殿，上言："高所奏至当，臣恐烦圣听，不敢缕陈其事。"德宗不悟，献恭复奏曰："袁高是陛下一良臣，望特优异。"德宗顾谓宰臣李勉等曰："朕欲授杞一小州刺史可乎？"对曰："陛下授大州亦可，其奈士庶失望何！"献恭守正不挠也如此。

献甫，守珪弟左武卫将军、赠户部尚书守琦之子。献甫少随诸兄从军，初为偏裨，以军功累授试光禄卿、殿中监、河中节度副元帅都知兵马使，检校兵部尚书、兼御史大夫。建中初，从节度使贾耽征梁崇义于襄、汉，以功加太子詹事。及幸奉天、兴元，献甫首至，从浑瑊征讨有功，及复京邑，入为金吾将军。时李怀光未平，吐蕃侵扰西边，献甫领禁军出镇咸阳，凡累年，军民悦之。贞元四年，迁检校刑部尚书，兼邠州刺史、邠宁庆节度观察使。乃于彭原置义仓，方渠、马岭等县选险要之地以为烽堡。又上疏请复监州及洪门、洛原等镇，各置兵防以备蕃寇，朝廷从之。贞元四年九月，吐蕃将尚志董星、论莽罗等寇宁州，献甫率众御之，斩首百余级，吐蕃遁边城。贞元十二年，加检校左仆射。五月丙申卒，年六十一，废朝三日，赠司空，赙物有差。

献恭子煦，尝随献甫征讨，积战功累迁至夏州节度使。元和八年十二月，振武军遂出节度使李进贤而屠其家，杀判官严澈。宪宗怒，遣煦以夏州兵二千人赴振武，仍许以便宜击断。九年正月，赐绢三万匹以助军资。河东节度使王锷遣兵五千会煦于善羊栅，诏煦入振武，诛作乱苏国珍等二百五十三人乃定。是岁十二月卒，赠太子太保。

路嗣恭，京兆三原人。始名剑客，历仕郡县，有能名，累至神乌令，考绩上上，为天下最，以其能，赐名嗣恭。历工部尚书、兼御史大夫、灵州大都督府长史，充关内副元帅郭子仪副使，知朔方节度营田押诸蕃部等使，嗣恭披荆棘以守之。大将御史中丞孙守亮握重兵，倔强不受制，嗣恭称疾召至，因杀之，威信大行。永泰三年，检校刑部尚书，知省事。大历六年七月，为江南西道团练观察使，在官恭恪，善理财赋。贾明观者，事北军都虞候刘希暹，鱼朝恩诛，希暹从坐，明观积恶犯众怒。时宰相元载受赂，遣江南效力，魏少游承载意苟容之。及嗣恭代少游，即日杖杀，识者称之。

大历八年，岭南将哥舒晃杀节度使吕崇贲反，五岭骚扰，诏加嗣恭兼岭南节度观察使。嗣恭擢流入孟瑶、敬冕，使分其务：瑶主大军，当其冲；冕自间道轻入，招集义勇，得八十人，以挠其心腹。二人皆有全策诡计，出其不意，遂斩晃及诛其同恶万余人，筑为京观，俚洞之宿恶者皆族诛之，五岭削平。拜检校兵部尚书，知省事。

嗣恭起于郡县吏，以至大官，皆以恭恪为理著称。及平广州，商舶之徒，多因晃事诛之，嗣恭前后没其家财宝数百万贯，尽入私室，不以贡献。代宗心甚衔之，故嗣恭虽有平方面功，止转检校兵部尚书，无所酬劳。及德宗即位，杨炎受其货，始叙前功，除兵部尚书、东都留守。寻加怀、郑、汝、陕四州、河阳三城节度及东都畿观察使。征至京师卒，时年七十一，废朝一日，赠左仆射。

子恕，字体仁。初，岭南衙将哥舒晃反，诏嗣恭自江西致讨，授检校工部员外郎，得以军前便从事。俄而降者继路，于是擢降将伊慎，推心用之。贼平，恕功居多，年才三十，为怀州刺史。久之，转京兆少尹、监门卫大将军、兼御史中丞、教练招讨等使。其后为鄜坊观察使、太子詹事。坐事贬吉州刺史，迁太子宾客。以右散骑常侍致仕卒，年七十三，赠洪州都督。恕私第有佳林园，自贞元初李纾、包佶辈迄于元和末,仅四十年,朝之名卿,咸从之游,高歌纵酒,不屑外虑,未尝问家事,人亦以和易称之。

曲环,陕州安邑人也。父彬,为南使正监,因家于陇右,以环故累赠兵部尚书。环少读兵书,尤以勇敢骑射闻。天宝中,从哥舒翰攻拔石堡城,收黄河九曲、洪济等城,累授果毅别将。安禄山反,从襄阳节度鲁炅守邓州,拒贼将武令珣,战数十合,环功居多,超授左清道率。又从李抱玉守河阳南城,寻将兵守泽州,破贼骁将安晓,救特拜羽林将军。又将别部兵合诸军同讨史朝义,平河北,累转金吾大将军,并同正员,随李抱玉移军京西。大历中,领兵陇州,频破吐蕃,加特进、太常卿。

上初嗣位,吐蕃大寇剑南,诏环以邠、陇兵五千驰往,大破戎虏,收七盘城、威武军及维、茂二州,西戎奔遁。环大振功名而还,加太子宾客,赐以名马。与诸将讨泾州叛将刘文喜,平之,加开府仪同三司、兼御史中丞,充邠、陇两军都知兵马使。时李纳拥兵侵逼徐州,令环与刘玄佐同救援,累破李纳叛党,环以功最,加御史大夫。建中三年十月,加检校左常侍,充邠、陇行营节度使。

李希烈侵陷汴州,环与诸军守固宁陵、陈州,大破希烈军于陈州城下,杀逆党三万五千人,擒其骁将翟晖以献,希烈因遁归蔡州。环以功加检校工部尚书,兼陈州刺史。希烈平,加环兼许州刺史、陈许等州节度观察,加实封三百户。陈、蔡二州以希烈扰乱,遭剿劫颇甚,人多逃窜他邑以避祸。环勤身恭俭,赋税均平,政令宽简,不三二岁,襁负而归者相属,训农理戎,兵食皆丰羡。十二年,加检校左仆射。卒时年七十四,废朝一日,赠司空,赗布帛米粟有差。

崔汉衡,博陵人也。性沉厚宽博,善与人交。释褐,授沂州费令。滑州节度使令狐彰奏署掌记,累迁殿中侍御史。大历六年,拜检校礼部员外郎,为和吐蕃副使;还,迁右司郎中,改万年令。建中三年,为殿中少监、兼御史大夫,充和蕃使,与吐蕃使区颊赞至自蕃中。时吐蕃大相尚结息忍而好杀，以常覆败于剑南，思刷其耻，不肯约和。其次相尚结赞有材略，因言于赞普，请定界明约以息边人，赞普然之，竟以结赞代结息为大相，约和好，期以十月十五日会盟于境上。戊申，以汉衡为鸿胪卿。四年，吐蕃朝贡，加检校工部尚书，复使吐蕃。兴元初，上居奉天，吐蕃遣帅佐浑瑊败朱泚兵于武功，以功转检校兵部尚书、兼秘书监、西京留守。无几，真拜兵部尚书，为东都、淄青、魏博赈给宣慰使。明年，为幽州宣慰使，所至皆称职。贞元三年，副侍中浑瑊与吐蕃会盟于平凉，吐蕃背约，瑊仅免，时无备预，在会免者什无一二，士卒死者以千数。汉衡与同陷者并至河州，结赞令召之，以频使于蕃，结赞素信重，与孟日华、中官刘延邕俱至石门，而遣五骑送至境上。四年七月，加检校吏部尚书、晋慈隰观察使，寻加都防御使。十一年四月卒。

杨朝晟字叔明，夏州朔方人也。初在朔方为步军先锋，尝有功，授甘泉府果毅。建中初，从李怀光讨刘文喜于泾州，斩获生擒居多，授骠骑大将军，稍为右先锋兵马使。后李纳寇徐州，从唐朝臣征讨，尝冠军锋，以功授开府仪同三司、检校太子宾客。

上在奉天，李怀光自山东赴难，以朝晟为左厢兵马使，将千余人下咸阳以挫朱泚，加御史中丞，实封一百五十户。及怀光反于河中，朝晟被胁在军。上幸梁、洋，韩游瓌退于邠、宁。怀光以尝在邠、宁，迫制如属城，以贼党张昕在邠州总后务。昕惧难作，乃大索军资，征卒乘，约明潜发，归于怀光。朝晟父怀宾为游瓌将，因夜以数十骑斩昕及同谋，游瓌即日使怀宾奉表闻奏，上召劳问，授兼御史中丞，正除游瓌邠宁节度使。间谍至河中，朝晟闻其事，泣告怀光曰："父立功于国，子合诛戮，不可主兵矣。"怀光遂縻之。及诸军进围河中，韩游瓌营于长春宫，怀宾身当战伐。及怀光平，上念其忠，俾副元帅浑瑊特原朝晟，遂为游瓌都虞候。时父子同军，皆为开府宾客、御史中丞，荣于军中。

后诏征游瓌宿卫，以左金吾将军张献甫为检校刑部尚书、兼御史大夫、邠宁庆节度观察使，代韩游瓌。初，游瓌以吐蕃犯塞，自将兵戍宁州，及受代，以是月壬子夜轻骑潜遁归阙。其将卒素骄怠，畏张献甫之严，因游瓌夜出，茍内千余人遂叛掠，且因监军杨明义邀奏出奔将范希朝为节度。朝晟时为都虞候，初逃于郊，翌日乃来，绐其众曰："所请甚惬，我来贺也。"由是稍安。朝晟及诸将谋诛首恶者，乙卯，朝晟率诸将经数日以告曰："前请者不获，张尚书昨日已入邠州，汝等皆当死，吾不能尽杀，各言戎首以归罪焉，余无所问。"于是众中唱二百余人，斩之乃定。上擢希朝为宁州刺史，以副献甫。献甫入奏朝晟功，加御史大夫。

九年，城监州，征兵以护外境，朝晟分统士马镇木波。献甫卒，诏以朝晟代之。其年，丁母忧，起复左金吾大将军同正、邠州刺史，大夫如故。十年春，朝晟奏："方渠、合道、木波，皆贼路也，请城其地以备之。"诏问："所须几何？"朝晟奏曰："臣部下兵自可集事，不烦外助。"复问："前筑监州，凡兴师七万，今何其易也？"朝晟曰："监州之役，诸军蕃戎尽知之。今臣境迫虏，若大兴兵，即蕃戎来寇，寇则战，战则无暇城矣。今请密发军士，不十日至塞下，未三旬而功毕。"蕃人始乘障，数日而退。初，军次方渠，无水，师徒嚣然，遽有青蛇乘高而下，视其迹，水随而流。朝晟令筑防环之，遂为停泉，军人仰饮以足，图其事上闻，诏置祠焉。十五年二月，免丧，加检校工部尚书。是夏，以防秋移军宁州，遘疾，来年正月卒。

樊泽字安时，河中人也。父咏，开元中举草泽，授试大理评事，累赠兵部尚书。泽长于河朔，相卫节度薛嵩奏为磁州司仓、尧山县令。建中元年，举贤良对策，礼部侍郎于邵厚遇之。与杨炎善，荐为补阙，历都官员外郎。泽好读兵书，朝廷以其有将帅材，寻兼御史中丞，充通和蕃使，蕃中用事宰相尚结赞深礼之。寻从凤翔节度张镒与吐蕃会盟于清水，迁金部郎中、御史中丞、山南节度行军司马。时李希烈背叛，诏以普王为行军元帅，征泽为谏议大夫、元帅行军右司马。属驾幸奉天，普王不行，泽改右庶子、兼中丞，复为山南东道行军司马。寻代贾耽为襄州刺史、兼御史大夫、山南东道节度观察等使。

泽有武艺，每与诸将射猎，常出其右，人心服之，贼众畏焉。频与李希烈凶党接战，前后擒降其骁将张嘉瑜、杜文朝、梁俊之、李克诚、薛翼等，收唐、随二州。希烈既平，泽丁母忧，起复右卫大将军同正，余如故。三年，代张伯仪为荆南节度观察等使、江陵尹、兼御史大夫。三岁，加检校礼部尚书，会襄州节度曹王皋卒于镇，军中剽劫扰乱，以泽威惠素著于襄、汉，复代曹王皋为襄州刺史、山南东道节度使。十二年，加检校右仆射。卒年五十，赠司空，赙布帛米粟有差。其日将宴百官，废朝改取他日。

李叔明字晋卿，阆州新政人。本姓鲜于氏，代为豪族。兄仲通，天宝末为京光尹、剑南节度使。兄弟并涉学，轻财好施。叔明，初为剑南节度使杨国忠判官。乾元后为司勋员外郎，副汉中王瑀使回纥，回纥接礼稍倨，叔明离位责之曰："大国通好，贤王奉使，可汗于大唐子婿，岂可恃微功而傲乎！唐法不然。"可汗改容加敬。复命，迁司门郎中。后为京兆少尹，无几，以疾辞，除右庶子，出为邛州刺史。寻拜东川节度、遂州刺史，后移镇梓州，检校户部尚书。时东川兵荒之后，凋残颇甚，叔明理之近二十年，招抚氓庶，夷落获安。

大历末，有阆州严氏子上疏称"叔明少孤，养子于外族，遂冒姓焉，请复之"，诏从焉。叔明初不知其从外氏姓，意丑其事，遂抗表乞赐宗姓。代宗以戎镇寄重，许之，仍置严氏子于法。及驾幸奉天，其子升翊从。叔明每私疏诚励，见危临难，当誓以死。升奉父严训，果著勋效，识者嘉之。叔明既朝京师，以本官兼右仆射，乞骸骨，改太子太傅致仕，卒，谥曰襄。叔明总戎年深，积聚财货，子孙骄淫，殁才数年，遗业荡尽。

裴胄字胤叔，其先河东闻喜人，今代葬河南。伯父宽，户部尚书，有名于开元、天宝间。胄明经及第，解褐补太仆寺主簿。属二京陷覆，沦避他州。贼平，授秘书省正字，累转秘书郎。陈少游陈郑节度留后，奏胄试大理司直。少游罢，陇右节度李抱玉奏授监察御史，不得意，归免。陈少游为宣歙观察，复辟在幕府，抱玉怒，奏桐卢尉。

浙西观察使李栖筠有重望，虚心下士，幕府盛选才彦。观察判官许鸿谦有学识，栖筠常异席，事多咨之；崔造辈皆所荐引，一见胄，深重之，荐于栖筠，奏授大理评事、观察支度使。代宗以元载隳紊朝纲，征栖筠入朝，内制授御史大夫，方将大用，载怙权，栖筠居顾问刺举之职，与不平。及栖筠卒，胄护栖筠丧归洛阳，众论危之，胄坦然行心，无所顾望。淮南节度陈少游奏检校主客员外、兼侍御史、观察判官。寻为行军司马，迁宣州刺史。

杨炎初作相，锐意为元载报仇，凡其枝党无漏。适会胄部人积胄官时服杂俸钱为赃者，炎命酷吏员寓深按其事，贬汀州司马。寻征为少府少监，除京兆少尹，以父名不拜，换国子司业。迁湖南观察都团练使，移江南西道。前江西观察使李兼罢省南昌军千余人，收其资粮，分为月进，胄至，奏其本末，罢之。会荆南节度樊泽移镇襄阳，宰相方议其人，上首命胄代泽，仍兼御史大夫。

胄简俭恒一，时诸道节度观察使竞剥下厚敛，制奇锦异绫，以进奉为名。又贵人宣命，必竭公藏以贾其欢。胄待之有节，皆不盈数金，常赋之外无横敛，宴劳礼止三爵，未尝酣乐。时武臣多厮养畜宾介，微失则奏流死，胄以书生始，奏贬书记梁易从，君子薄其进退宾客不以礼，物议薄之。贞元十九年十月卒，时年七十五，赠右仆射，谥曰成。

史臣曰：三献谋臣节，克绍家风。路嗣恭从微至著，执法简廉。环理兵劝农，独彰善政。汉衡诚悫奉职。朝晟忠孝权谋。泽威惠荆、襄。叔明见危誓死，立政惠民。胄抱义危行，守政奉公。皆贤帅矣。然嗣恭聚财，为功名之瑕玷；叔明聚财，致子孙之骄淫。财之污人，诚可诫也。

赞曰：张、路、曲、崔，樊、杨、李、裴，守忠臣之道，皆贤帅之才。

旧唐书卷一二三
列传第七三

刘晏　第五琦　班宏　王绍
李巽

刘晏字士安，曹州南华人。年七岁，举神童，授秘书省正字。累授夏县令，有能名。历殿中侍御史，迁度支郎中、杭陇华三州刺史，寻迁河南尹。时史朝义盗据东都，寄理长水。入为京兆尹，顷之，加户部侍郎、兼御史中丞，判度支，委府事于司录张群、杜亚，综大体，议论号为称职。无何，为酷吏敬羽所构，贬通州刺史。复入为京兆尹、户部侍郎，判度支。时颜真卿以文学正直出为利州刺史，晏举真卿自代为户部，乃加国子祭酒。宝应二年，迁吏部尚书、平章事，领度支盐铁转运租庸使。坐与中官程元振交通，元振得罪，晏罢相，为太子宾客。授御史大夫，领东都、河南、江淮、山南等道转运租庸盐铁使如故。

时新承兵戈之后，中外艰食，说师米价斗至一千，官厨无兼时之积，禁军乏食，畿县百姓乃捋穗以供之。晏受命后，以转运为已任，凡所经历，必究利病之由。至江淮，以书遗元载曰：

浮于淮、泗，达于汴，入于河，西循底柱、硖石、少华，楚帆越客，直抵建章、长乐，此安社稷之奇策也。晏宾于东朝，犹有官谤，相分终始故旧，不信流言，贾谊复召宣室，弘羊重兴功利，敢不悉力以答所知。驱马陕郊，三门渠津遗迹。到河阴、巩、洛，见宇文恺置梁公堰，分黄河水入通济渠；大夫李杰新堤故事,饰像河庙,凛然如生。涉荥郊、浚泽,遥瞻淮甸,步步探讨,知昔人用心,则潭、衡、桂阳必多积谷,关辅汲汲,只缘兵粮。漕引潇、湘、沿庭,万里几日,沦波挂席,西指长安。三秦之人,待此而饱;六军之众,待此而强。天子无侧席之忧,都人见泛舟之役;四方旅拒者可以破胆,三河流离进于兹请命。相公匡戴明主,为富人侯,此今之切务,不可失也。使仆涮洗瑕秽,率堪愚懦,尝恁经义,请护河堤,冥勤在官,不辞水死。

然运之利病,各有四五焉,晏自尹京入为计相,共五年矣。京师三辅百姓,唯苦税亩伤多,若使江、湖米来每年三二十万,即顿减徭赋,歌舞皇泽,其利一也。东都残毁,百无一存。若米运流通,则饥人皆附,村落邑里,从此滋多。命之日,引海陵之仓以食巩、洛是计之得者,其利二也。诸将有在边者,诸戎有侵败王略者,或闻三江、五湖,贡输红粒,云帆桂楫,输纳帝乡,军志曰:"先声后实,可以震耀夷夏。"其利三也。自古帝王之盛,皆云书同文,车同轨,日月所照,莫不率俾。今舟车既通,商贾往来,百货杂集,航海梯山,圣神辉光,渐近贞观、永徽之盛,其利四也。

所可疑者,函、陕凋残,东周尤甚。过宜阳、熊耳,至武牢、成皋,五百里中,编户千余而已。居无尺椽,人无烟爨,萧条凄惨,兽游鬼哭。牛必羸角,舆必说辕,栈车挽漕,亦不易求。今于无人之境,兴此劳人之运,固难就矣,其病一也。河、汴有初,不修则毁淀,故每年正月发近县丁男,塞长葭,决沮淤,清明桃花已后,远水自然安流,阳侯、宓妃,不复太息。顷因寇难,总不掏拓,泽灭水,岸石崩,役夫需于沙,津吏旋于泞,千里洄上,风水舟行,其病二也。东垣、底柱,渑池、二陵,北河运处五六百里,戍卒久绝,县吏空拳,夺攘奸宄,窟穴囊橐,夹河为薮,豺狼猸狿,舟行所经,寇亦能往,其病三也。东自淮阴,西临蒲坂亘三千里,屯戍相望。中军皆鼎司元侯,贱卒仪同青紫,每云食半菽,又云无挟纩,挽漕所至,船到便留,即非单车使折简书所能制矣，其病四也。惟小子毕其虑奔走之，惟中书主关其利裁成之。

晏累年已来，事缺名毁，圣慈含育，特赐生全。月余家居，遽即临遣，恩荣感切，思殚百身。见一水不通，愿荷锸而先往；见一粒不运，愿负米而先趋，焦心苦形，期报明主，丹诚未克，漕引多虞，屏营中流，掩泣献状。

自此每岁运米数十万石以济关中。

又至德初，为国用不足，令第五琦于诸道榷盐以助军用，及晏代其任，法益精密，官无遗利。初，岁入钱六十万贯，季年所入逾十倍，而人无厌苦。大历末，通计一岁征赋所入总一千二百万贯，而盐利且过半。累迁吏部尚书。大历四年六月，与右仆射裴遵庆同赴本曹视事。敕尚食增置储供，许内侍鱼朝恩及宰臣已下常朝官咸诣省送上。八年，知三铨选事。

十二年三月，诛宰臣元载，晏奉诏讯鞫。晏以载居任树党，布于天下，不敢专断，请他官共事。敕御史大夫李涵、右散骑常侍萧昕、兵部侍郎袁修、礼部侍郎常衮、谏议大夫杜亚同推，载皆款伏。初，晏承旨，门下侍郎、同平章事王缙亦处极法，晏谓涵等曰："重刑再覆，国之常典，况诛大臣，得不覆奏？又法有首从，二人同刑，亦宜重取进止。"涵等从命。及晏等覆奏，代宗乃减缙罪从轻。缙之生，晏平反之力也。

十三年十二月，为尚书左仆射。时宰臣能专政，以晏久掌铨衡，时议平允，兼司储蓄，职举功深，虑公望日崇，上心有属，窃忌之，乃奏晏朝廷旧德，宜为百吏师长，外示崇重，内实去其权。及奏上，以晏使务方理，代其任者难其人，使务、知三铨并如故。李灵曜之乱也，河南节帅所据，多不奉法令，征赋亦随之；州县虽益减，晏以羡余相补，人不加赋，所入仍旧，议者称其能。自诸道巡院距京师，重价募疾足，置递相望，四方物价之上下，虽极远不四五日知，故食货之重轻，尽权在掌握，朝廷获美利而天下无甚贵甚贱之忧，得其术矣。凡所任使，多收后进有干能者。其所总领，务乎急促，趋利者化之,遂以成风。当时权势,或以亲戚为托,晏亦应之,俸给之多少,命官之迟速,必如其志,然未尝得亲职事。其所领要务,必一时之选,故晏没后二十余年,韩洄、元锈、裴腴、包佶、卢征、李衡继掌财赋,皆晏故吏。其吏居数千里之外,奉教令如在目前,虽寝兴宴语,而无欺绐,四方动静,莫不先知,事有可贺者,必先上章奏。江淮茶、橘,晏与本道观察使各岁贡之,皆欲其先至。有土之官,或封山断道,禁前发者,晏厚以力致之,常先他司,由是甚不为藩镇所便。

晏理家以俭约称,而重交敦旧,颇以财货遗天下名士,故人多称之。善训诸子,咸有学艺,任事十余年,权势之重,邻于宰相,要官重职,颇出其门。既有材力,视事敏速,乘机无滞,然多任数。挟权贵,固恩泽,有口者必利啖之。当大历时,事贵因循,军国之用,皆仰于晏,未尝检辖。

德宗嗣位,言事者称转运可罢多矣。初,杨炎为吏部侍郎,晏为尚书,各恃权使气,两不相得。炎坐元载贬,晏快之,昌言于朝。及炎入相,追怒有事,且以晏与元载隙憾,时人言载之得罪,晏有力焉,炎将为载复仇,又时人风言代宗宠独孤妃而又爱其子韩王迥,晏密启请立独孤为皇后。炎因对欷流涕奏言:“赖祖宗福佑,先皇与陛下不为贼臣所间。不然,刘晏、黎干之辈。摇动社稷,凶谋果矣。今干以伏罪,晏犹领权,臣为宰相,不能正持此事,罪当万死。”崔佑甫奏言:“此事暧昧,陛下以廓然大赦,不当究寻虚语。”朱泚、崔宁又从傍与佑甫救解之,宁言颇切,炎大怒,故斥宁令出镇鄜坊以摧挫之。遂罢晏转运等使,寻贬为忠州刺史。炎欲诬构其罪,知庾准与晏素有隙,举为荆南节度,以伺晏动静。准乃奏晏与朱泚书祈救解,言多怨望,炎又证成其事,上以为然。是月庚午,晏已受诛,使回奏报,诬晏以忠州谋叛,下诏暴言其罪,时年六十六,天下冤之。家属徙岭表,连累者数十人。贞元五年,上悟,方录晏子执经,授太常博士;少子宗经,秘书郎。执经上请削官赠父,特追赠郑州刺史。

第五琦,京兆长安人。少孤,事兄华,敬顺过人。及长,有吏才,以富国强兵之术自任。天宝初,事韦坚,坚败贬官。累至须江丞,时太守贺兰进明甚重之。会安禄山反,进明迁北海郡太守,奏琦为录事参军。禄山已陷河间、信都等五郡,进明未有战功,玄宗大怒,遣中使封刀促之。曰:"收地不得,即斩明之首。"进明惶惧,莫知所出,琦乃劝令厚以财帛募勇敢士,出奇力战,前收所陷之郡,令琦奏事,至蜀中,琦得谒见,奏言:"方今之急在兵,兵之强弱在赋,赋之所出,江淮居多。若假臣职任,使济军须,臣能使赏给之资,不劳圣虑。"玄宗大喜,即日拜监察御史,勾当江淮租庸使。寻拜殿中侍御史。寻加山南等五道度支使,促办应卒,事无违阙,迁司金郎中、兼御史中丞,使如故。于是创立盐法,就山海井灶收权其盐,官置吏出粜。其旧业户并浮人愿为业者,免其杂徭,隶盐铁使,盗煮私市罪有差,百姓除租庸外,无得横赋,人不益税而上用以饶。迁户部侍郎、兼御史中丞,专判度支,领河南等道支度都勾当转运租庸监铁铸钱、司农太府出纳、山南东西江西淮南馆驿等使。

　　乾元二年,以本官加同中书门下平章事。初,琦以国用未足,币重货轻,乃请铸乾元重宝钱,以一当十行用之。及作相,又请更铸重轮乾元钱,一当五十,与乾元钱及开元通宝钱三品并行。既而谷价腾贵,饿殍死亡,枕藉道路,又盗铸争起,中外皆以琦变法之弊,封奏日闻。乾元二年十月,贬忠州长史,既在道,有告琦受人黄金二百两者,遣御史刘期光追按之。琦对曰:"二百两金十三斤重,忝为宰相,不可自持。若其付受有怵,即请准法科罪。"期光以为此是琦伏罪也。遽奏之,请除名,配流夷州,驰驿发遣,仍差纲领送至彼。

　　宝应初,起为郎州刺史,甚有能政,入迁太子宾客。属吐蕃寇陷京师,代宗幸陕,关内副元帅郭子仪请琦为粮料使、兼御史大夫,充关内元帅副使。未几,改京兆尹。车驾克复,专判度支,兼诸道铸钱盐铁转运常平等使。累封扶风郡公。又加京兆尹,改户部侍郎,判度支。前后领财赋十余年。鱼朝恩伏诛,琦坐与款狎,出为处州刺史,历饶、湖二州。入为太子宾客、东都留司。上以其材,将复任用,召还京师,信宿而卒,年七十。赠太子少保。

子峰,峰妇郑氏女,皆以孝著,旌表其门。

班宏,卫州汲人也。祖思简,春官员外郎。父景倩,秘书监。宏少举进士,授右司御胄曹,后为薛景先凤翔掌书记,又为高适剑南观察判官,累拜大理司直,摄监察御史。时青城山有妖贼张安居以左道惑众,事觉,多诬引大将,冀以缓死,宏验理而速杀之,人心乃安。既而郭英义代适,以厌人望,奏署秘书郎,兼雒令,以疾免。

大历三年,迁起居舍人,寻兼理匦使。四迁至给事中。时李宝臣卒于其位,子惟岳匿丧求位,上遣宏使成德问疾,且喻之。惟岳厚赂宏,皆不受,还报合旨,迁刑部侍郎,兼京官考使。时右仆射崔宁考兵部侍郎刘乃上下,宏驳曰:"夷荒靖难,专在节制,尺籍伍符,不校省司。夫上行宣美之名,则下开趋竞之路;上行阿容,下必朋党。"因削去之。乃知而谢曰:"乃虽不敏,敢掠一美以徼二罪乎?"寻除吏部侍郎,为吐蕃会盟使李揆之副。

贞元初,仍岁旱蝗,上以赋调为急,改户部侍郎,为度支使韩滉之副。迁尚书,复副窦参。初为大理司直,宏已为刑部侍郎,及参为相,领度支,上以宏久司国计,因令副之。且曰:"朕藉参宰相以临远,众务悉委于卿,勿以辞也。"参以宏先贵,常私解悦之曰:"参后来,一朝居尚书之上,甚不自安,一年之后,当归此使。"宏心喜。岁余。参绝不复言。宏性刚愎。为人间之,且怒食言,公事多异。杨子院,盐铁转运委藏也,宏以御史中丞徐粲主之,既不理,且以贿闻,参欲代之,宏执不可。参又选诸院吏,未尝访宏,乃疏参,所用者过恶以闻,事辄留中。无何,参以使劳加吏部尚书,而宏进封萧国公,怨参以虚号宠之,间恶愈甚。每奉诏营建,宏必极壮丽,亲程课役,人厚结权幸以倾参。

张滂先善于宏,宏荐为司农少卿,及参欲以滂分掌江淮盐铁,询之于宏,宏以滂嫉恶,虑以法绳徐粲,因曰:"滂强戾难制,不可用。"滂知之,八年三月,恭遂为上所疏,乃让度支使,遂以宏专判,而参不欲使务悉归于宏,问计京兆尹薛珏,珏曰:"二子交恶,而滂刚决,若分盐铁转运于滂,必能制宏。"参乃荐滂为户部侍郎、盐铁使、判转运,尚隶于宏以悦之。江、淮两税,悉宏主之,置巡院,然令宏、滂共择其官。滂请盐铁旧簿书于宏,宏不与之。每署院官,宏、滂更相是非,莫有用者。滂乃奏曰:"玨宏与臣相戾,巡院多阙官。臣掌财赋,国家大计,职不修,无所逃罪。今宏若此,何以辑事?"遂令分掌之。无几,宏言于宰相赵憬、陆贽曰:"宏职转运,年运江淮米五十万斛,前年增七十万斛,以实太仓,幸无过。今职移于人,不知何谓?"滂时在侧,忿然曰:"尚书失言甚矣!若运务毕举,朝廷固不夺之,盖由丧公钱,纵奸吏故也。且凡为度支胥吏,不一岁,资累钜万,僮马第宅,僭于王公,非盗官财,何以致是?道路喧喧,无不知之,圣上故令滂分掌。公问所言,无乃归怨于上乎?"宏默然不对。是日,宏称疾于第,滂往问之,宏不见,憬、贽乃以宏、滂之言上闻。由是遵大历故事,如刘晏、韩滉所分。滂至扬州按徐粲,逮仆妾子侄,得赃钜万,乃徙岭表。故参得罪,宏颇有力焉。勤恪官署,晨入夕归,下吏劳而未尝厌苦,清白勤干,称之于时。贞元八年七月卒,年七十三,废朝,加赠,谥曰敬。

王绍,本家于太原,今为京兆万年人。旧名与宪宗同,永贞年改焉。少时,颜真卿器重之,因绍旧名,字之曰德素,奏授武康尉。萧复为常州刺史,辟为从事;包佶领租庸盐铁,亦以绍为判官。时李希烈阻兵,江淮租输,所在艰阻,特移运路自颍入汴。绍奉佶表诣阙,属德宗西幸,绍乃督缘路轻货,趣金、商路,倍程出洋州以赴行在。德宗亲劳之,谓绍曰:"六军未有春服,我犹衣裘。"绍俯伏流涕,奏曰:"包佶令臣间道进奉数约五十万。"上曰:"道路回远,经费悬急,卿之所奏,岂可望耶?"后五日而所督继至,上深赖焉。

贞元中,为仓部员外郎。时属兵革旱,蝗之后,令户部收阙官俸,兼税茶及诸色无名之钱,以为水旱之备。绍自拜仓部,便准诏主判,及迁户部、兵部郎中,皆独司其务。擢拜户部侍郎,寻判度支。后二年,迁户部尚书。德宗临驭岁久,机务不由台司,自窦参、陆贽已后,宰臣备位而已。德宗以绍谨密,恩遇特异,凡主重务八年,政之大小,多所访决。绍未尝泄漏,亦不矜衒。顺宗即位,王叔文始夺其权,拜兵部尚书,寻除检校吏部尚书、东都留守。元和初,迁检校尚书右仆射、徐州刺史、武宁军节度,复以濠、泗二州隶焉。时承张愔之后,兵骄难治,绍修辑军政,人甚安之。六年,征拜兵部尚书,兼判户部事。九年卒,年七十二,赠左仆射,谥曰敬。

李巽字令叔,赵郡人。少苦心为学,以明经调补华州参军,拔萃登科,授鄠县尉。周历台省,由左司郎中出为常州刺史。逾年,召为给事中,出为湖南观察使,锐于为理。五年,改江西观察使,加检校散骑常侍、兼御史大夫。巽持下以法,吏不敢欺,而动必察之。

顺宗即位,入为兵部侍郎。司徒杜佑判度支盐铁转运使,以巽干治,奏为副使。佑辞重位,巽遂专领度支盐铁使。榷管之法,号为难重,唯大历中仆射刘晏雅得其术,赋入丰羡。巽掌使一年,征课所入,类晏之多岁,明年过之,又一年加一百八十万贯。旧制,每岁运江淮米五十万斛抵河阴,久不盈其数,唯巽三年登焉。迁兵部尚书,明年改吏部尚书,使任如故。

巽精于吏职,盖性使然也。虽在私家,亦置案牍簿书,勾检如公署焉。人吏有过,丝毫无所贷,虽在千里外,其恐栗如在巽前。初,程异附王叔文贬窜,巽知其吏才明辨,奏而用之,宪宗不违其请。异勾检簿籍,又精于巽,故课最加衍,亦异之助焉。巽为吏部尚书,卧疾,郎官相率省问,巽初不言其病,与之考校程课,商略功利,至其夕而卒。然性强很狡恶,忌刻颇甚,乘德宗之怒,谋杀窦参,物论冤之。初,参为宰相,不悦于巽,自左司郎中出为常州刺史,仍促其行,不数月,参贬郴州司马。久之,巽自给事中为湖南观察使,郴即属郡也。宣武军节度使刘士宁以擅袭父任,物议不可,朝廷不得已而授之。及参之贬。士宁尝以绢数匹苞赂参,巽在湖南具奏其事,言参与藩镇交通,德宗怒,遂赐参死,议者冤之。巽廉察江西,徇喜怒之情,而无罪被戮者多矣。元和四年四月卒,时七十一,赠尚书左仆射。

史臣曰：历代操利柄为国计者，莫不损下益上，危人自安，变法以弄权，敛怨以构祸，皆有之矣。如刘晏通拥滞，任才能，富其国而不劳于民，俭于家而利于众。或问曰："郑子产吏不能欺，宓子贱吏不忍欺，西门豹吏不敢欺。三子者，古之贤人也，吏皆怀其欺而不能、不忍、不敢也。晏之吏，远近自不欺者何也？答曰：盖任其才而得其人也。晏殁，故吏二十余年继掌财赋，不其是哉！《史记·货殖》云："平枲齐物，关市不乏，治国之道也。"晏致天下，无甚贵甚贱之物，泛言治国者，其可及乎！举真卿才，忠也，减王缙罪，正也，忠正之道，复出于人。呜呼！木秀于林，风必摧之，常衮见忌于前，杨炎至冤于后，可为长叹息矣！时讥有口者以利唼之，苟不塞谗口，何以持重权？即无以展其才，济其国矣。是其术也，又何讥焉。第五琦促办应卒，民不加赋，而国丰饶，亦庶几矣。然铸钱变法，物贵身危，其何陋哉！凡利国者，农商之外，不可为也。宏、滂争权树党，皆非令人。绍之谨密干事，巽之瞵察精辨，亦足可称。

赞曰：丰财忠良，晏道为长。琦、宏、滂、巽，咸以利彰。

旧唐书卷一二四
列传第七四

薛嵩 子平 嵩弟 　令狐彰 子建 运
通 田神功 弟神玉 侯希逸
李正己 子纳 纳子师古 师道 宗人洧附

薛嵩，绛州万泉人。祖仁贵，高宗朝名将，封平阳郡公。父楚玉，为范阳、平卢节度使。嵩少以门荫，落拓不事家产，有膂力，善骑射，不知书。自天下兵起，束身戎伍，委质逆徒。广德元年，东都平，时皇太子为天下兵马元帅，遣仆固怀恩收河朔。嵩为贼守相州，闻贼朝义兵溃，王师至，嵩惶惑迎拜于怀恩马前，怀恩释之，令守旧职，时怀恩二心已萌。怀恩平河朔旋，乃奏嵩及田承嗣、张志忠、李怀仙分理河北道；诏遂以嵩为相州刺史，充相、卫、洺、邢等州节度观察使，承嗣镇魏州，志忠镇恒州，怀仙镇幽州，各据数州之地。时多事之后，姑欲安人，遂以重寄委嵩。嵩感恩奉职，数年间，管内粗理，累迁检校右仆射。大历八年正月卒。诏遣弟 知留后，累加 太子少师。大历十年正月丁酉，昭义军兵马使裴志清盗所将兵逐 ，举众归田承嗣以叛。 奔于洺州，上表乞入朝，许之。至京，素服于银台门待罪，诏释之。

嵩子平，年十二，为磁州刺史。嵩卒，军吏欲用河北故事，胁平知留后务，平伪许之，让于叔父 ，一夕以丧归。及免丧，累授右卫将军，在南衙凡三十年。宰相杜黄裳深器之，荐为汝州刺史、兼御史中丞，理有能名。元和七年，淮西用兵，自左龙武大将军授兼御史大夫、滑州刺史、郑滑节度观察等使，累有战功。滑州城西距黄河二里，每岁常为水患。平询访得古河道，接卫州黎阳县界。平率魏博节度使田弘正同上闻，开古河南北长十四里，决旧河以分水势，滑人遂无水患。居镇六年，入为左金吾大将军。未几，复为郑滑节度观察使。及平李师道，朝廷以东平十二州析为三道，以淄、青、齐、登、莱五州平卢军，以平为节度、观察等使，仍押新罗、渤海两蕃使。

长庆元年，幽镇叛，杜叔良统横海全军讨伐不胜，王庭凑围牛元翼于深州。棣州为贼所窘，朝廷乃委平以偏师授棣州，平即遣将李叔佐以兵五百救之。居数月，刺史王稷馈给稍薄，兵士怨怒，叔佐不能戢，宵溃而归。仍推突将马狼儿为帅，行及青城镇，劫镇将李自劝，并其众；次至博昌镇，复劫其镇兵，共得七千余人，径逼青州城。城中兵士不敌，平悉府库并家财募二千精卒，逆击之，仍先以骑兵掩其家属辎重，贼众惶惑反顾，因大败。狼儿与其同恶十数辈脱身窜匿，余党降，稍后者斩于鞫场。明日，狼儿亦就擒戮，胁从者放归田里。诏加右仆射，进封魏国公，由是远近畏伏平之威略。

在镇六周岁，兵甲完利，井赋均一。至是入觐，百姓遮道乞留，数日乃得出。时人以为近日节制，罕有其比。宝历元年，归朝，进加检校左仆射、兼户部尚书。逾月，复检校司空，兼河中绛隰节度观察等使。大和二年，复以晋州、慈州隶河中，益兵三千人，加平检校司徒。在河中凡六年，召拜太子太保。明年，上疏乞老，以司徒致仕，居一年卒，册赠太傅。

嵩族子雄，初为嵩属吏，知卫州事，嵩殁，特诏授卫州刺史。魏博节度田承嗣诱为乱，雄不从，承嗣遣刺客盗杀之。

令狐彰，京兆富平人也。远祖自炖煌徙家焉，代有冠冕。父濞，天宝中任邓州录事参军，以清白闻，本道采访使宋鼎引为判官。初任范阳县尉，通幽州人女，生彰，及秩满，留彰于母氏，彰遂少长范

阳。偶傥有胆气，涉猎书传，粗知文义，善弓矢，乃策名从军，事安禄
山。天宝中，以军功累迁至左卫员外郎将。

安禄山叛逆，以本官随贼党张通儒赴京师，通儒伪署为城内左
街使。王师收复二京，随通儒等遁走河朔，又陷逆贼史思明，伪署为
博州刺史及滑州刺史，令统数千兵戍滑台。彰感激忠义，思立名节，
乃潜谋归顺。会中官杨万定监滑州军，彰遂募勇士善于水者，俾乘
夜涉河，达表奏于万定，请以所管贼一将兵马及州县归顺，万定以
闻。自禄山构逆，为贼守者，未有举州向化，肃宗得彰表，大悦，赐书
慰劳。时彰移镇杏园渡，遂为思明所疑，思明乃遣所亲薛岌统精卒
围杏园攻之。彰乃明示三军，晓以逆顺，众心感附，咸悉力为用。与
贼兵战，大破之，溃围而出，遂以麾下将士数百人随万定入朝。肃宗
深奖之，礼甚优厚，赐甲第一区、名马数匹，并帷帐什器颇盛，拜御
史中丞，兼滑州刺史、滑、亳、魏、博等六州节度，仍加银青光禄大
夫，镇滑州，委平残寇。及史朝义灭，迁御史大夫，封霍国公，寻加检
校工部尚书。未几，检校右仆射，余并如故。

彰在职，风化大行。滑州疮痍未复，城邑为墟，彰以身励下，一
志农战，内检军戎，外牧黎庶，法令严酷，人不敢犯。数年间，田畴大
辟，库藏充积，岁奉王税及修贡献，未尝暂阙。时犬戎犯边，征兵防
狄。彰遣属吏部统营伍，自滑至京之西郊，向二千余里，甲士三千
人，率自赍粮，所过州县，路次供拟，皆让而不受，经闾里不犯秋毫，
识者称之。然性识猜阻，人有忤意，不加省察，辄至毙踣，此其短也。
临终，手疏辞表，诫子以忠孝守节，又举能自代。表曰：

　　臣自事陛下，得备藩守，受恩则重，效节未终，长辞圣朝，
痛入心骨，臣诚哀恳，顿首顿首。臣受性刚拙，亦能包含。顷因
鱼朝恩将掠亳州，遂与臣结怨，当其纵暴，臣不敢入朝，专听天
诛，即欲奔谒。及鱼朝恩死，即臣属疾苦，又遭家艰，力微眼暗，
行动须人，拜舞不能，数月有阙。欲请替辞退，即日望稍瘳，冀
得康强，荣归朝觐。自冬末旧疾益重，疮肿又生，气息奄奄，遂
期殒殁。不遂一朝天阙，一拜龙颜，臣礼不终，忠诚莫展，臣之

大罪，下惭先代，仰愧圣朝。臣竭诚事上，誓立大节，天地神明，实知臣心。心不遂行，言发自痛。当使仓粮钱绢羊马牛畜一切已上，并先有部署；三军兵士，州县官吏等，各恭旧职，祗待圣恩。臣伏见吏部尚书刘晏及工部尚书李勉，知识忠贞，堪委大事，伏愿陛下速令检校，上副圣心。臣男建等，行不为非，行亦近道，今勒归东都私第，使他年为臣报国，下慰幽魂。临殁昏乱，伏表哀咽。

上览表，嗟悼久之。特下诏褒美曰：

> 中卫社稷，外修疆事，合于一体，以靖庶邦，其在有终，谓之不朽。观前代文武通贤，有匡时戡难，迫于大化，不忘时君，未尝不嘉尚而流叹也。今有忠烈之臣彰，刚直形外，纯和积中，本于孝敬，辅以才略，统制藩阃，服劳王家。往以母老，躬于就养，岂不恋阙，以兹旷年。及苴麻在艰，忧谕权夺，踊绝伤足，泪尽丧明，入觐之期，良愿莫遂。想其风彩，久轸顾怀，遽见沦没，用深追悼。嗟乎！方疾之时，以情自疏，无所有隐，见之于词。复节守常，条上军簿，请择良帅，命于中朝。乃令遗胤，爰归东洛，教忠以报国，约礼以居丧。古人所谓生不交利，死不属其子，夫岂远哉！节概诚亮，高绝无邻，喟然感伤，鉴寐增恸。有以见东州士大夫勤王尊主之志，用嘉其休，可以垂范，宣付史馆，式昭名臣。

子、建、运、通。

建，大历四年十二月，彰遣入朝，特加兼御史中丞，归滑州。及彰卒，滑三军逼夺情礼，建守死不从，举家归京师。服阕，累转至右龙虎军使。德宗以泾原兵乱，出幸奉天，建方教射于军中，遂以四百人随驾为后殿。至奉天，以建为行在中军鼓角使。幸梁州，转行在右厢兵马使、右羽林大将军、兼御史大夫。兴元元年六月，加检校左散骑常侍、行在都知兵马使、左神武大将军。建妻李氏，恒帅宝臣女也，建恶，将弃之，乃诬与佣教生邢士伦奸通。建召士伦榜杀之，因逐其妻。士伦母闻，不胜其痛，卒。李氏奏请按劾，诏令三司诘之。李氏及奴婢款证，被诬颇明白，建方自首伏。建会赦免坐。德宗诏曰："子育黎元，未能禁暴，在予之责，用轸于怀。宜辍常膳五百千文，充葬士伦母子。其父既衰耄，至无所归，良深矜念，委京兆尹厚加存恤。"贞元四年七月，以前官为右领军大将军。五年三月，以专杀不辜，德宗念旧勋，特容贷之；复陈诉，词甚虚冈，遂贬施州别驾同正，卒于贬所。贞元六年九月，赠右领军大将军。十年，赠扬州大都督。

运为东都留守将，逐贼出郊，其日有劫转运绢于道者，杜亚以运豪家子，意其为之，乃令判官穆员及从事张弘靖同鞫其事。员与弘靖皆以运职在牙门，必不为盗，抗请不按。亚不听，而怒斥逐员等，令亲事将武金鞫之。金笞棰运从者十余人，一人笞死，九人不胜考掠自诬，竟无赃状。亚具以闻，请流运于岭表。德宗令侍御史李元素、刑部员外崔从质、大理司直卢士瞻三司覆按运狱，既竟，明运迹非行盗，以曾捕掠人于家，配流归州。武金肆虐作威，教人通款，配流建州。后岁余，齐抗捕得劫转运绢贼郭郤、朱瞿昙等人及赃绢，诏令杜亚与留台同劾之，皆首伏。然终不原运，运死于归州，人士冤之。

元和中，宰相李吉甫奏曰："臣伏见代宗朝滑州节度使令狐彰临终上表，悉以土地兵甲籍上朝廷，遣诸子随表归阙。代宗以彰遗表宣示百僚，当时在位者闻之，无不感叹。今有次子通在。臣每感彰同时河朔诸镇，付子传孙，无不熏灼数代；唯彰忠义感激，奉国忘家，遣子入朝，以土地归于先帝。贞元中，长子建坐事死于施州，幼子运亦无罪流于归州，欲使忠义之人，何所激劝？今通幸存，得遇明圣，伏乞陛下召之与语，如堪用，望垂奖录。"宪宗念彰之忠，即授通赞善大夫，出为宿州刺史。时讨淮、蔡，用为泗州刺史。岁中改寿州团练使、检校御史中丞。每与贼战，必虚张虏获，得贼数人，即为露布上之，宰相武元衡笑而不奏；如有败衄，即不敢上闻。后为贼所

攻,境上城栅并陷,通走固州城,闭壁不出。宪宗遣李文通往宣慰,
度其将至,遂令代通,贬为昭州司户,移抚州司马。十四年,征为右
卫将军,制下,给事中崔植封还制书,言通前刺寿州失律,不宜遽加
奖任。宪宗令宰相宣喻门下,言通父有功于国,不宜逐弃其子,制命
方行。岁余,出为淄州刺史。长庆初,入为左卫大将军,卒。

　　田神功,冀州人也。家本微贱。天宝末,为县里胥,会河朔兵兴,
从事幽、蓟。上元元年,为平卢节度都知兵马使,兼鸿胪卿,于郑州
破贼四千余众,生擒逆贼大将四人,牛马器械不可胜数。寻为邓景
山所引,至扬州,大掠百姓商人资产,郡内比屋发掘略偏,商胡波斯
被杀者数千人。二年二月,生擒逆贼刘展,送于阙下。以擒展功,累
迁检校工部尚书、兼御史大夫、汴宋等八州节度使。大历三年三月,
朝京师,献马十匹、金银器五十件、缯彩一万匹。时郭子仪入朝,请
宴宰臣等于私第,神功效其请,亦以许之。寻加检校右仆射,赴尚书
省视事,特诏宰臣已下百官送上,仍加知省事以宠之。
　　神功忠朴干勇,当时所称。八年冬,复觐阙廷,遘疾,信宿而终。
上悼惜,为之彻乐,废朝三日;赠司徒,赙绢一千匹、布五百端;特许
百官吊丧,赐屏风茵褥于灵座,并赐千僧齐以追福,至德已来,将帅
不兼三事者,哀荣无比。
　　弟神玉,自曹州刺史权汴州留后。大历十年正月,加检校兵部
郎中、兼御史中丞,为汴州刺史,知汴州节度观察留后事并河阳、泽
潞等兵马,直据淇门,会李承昭讨魏博田承嗣。十一年卒,诏滑州李
勉代之。

　　侯希逸,平卢人也。少习武艺。天宝末,安禄山反,署其腹心徐
归道为平卢节度。希逸时为平卢裨将,率兵与安东都护王玄志袭杀
归道,使以闻,诏以玄志为平卢节度使。乾元元年冬,玄志病卒,军
人共推立希逸为平卢军使,朝廷因授节度使。既数为贼所迫,希逸
率励将士,累破贼徒向润客、李怀仙等。既淹岁月,且无救援,又为

奚虏所侵,希逸拔其军二万余人,且行且战,遂达于青州。会田神功、能元皓于兖州,青州遂陷于希逸,诏就加希逸为平卢、淄青节度使。自是迄今,淄青节度皆带平卢之名也。

希逸初领淄青,甚著声称,理兵务农,远近美之。宝应元年,与诸节度同讨袭史朝义,平之,加检校工部尚书,赐实封,图形凌烟阁。以私艰去职。大历十一年九月,起复检校尚书右仆射、上柱国,封淮阳郡王。后渐纵恣,政事怠惰,尤崇奉释教,且好畋游,兴功创寺宇,军州苦之。永泰元年,因与巫者夜宿于城外,军士乃闭之不纳。希逸奔归朝廷,拜检校右仆射,久之,加知省事,迁司空。诏出而卒,废朝三日,赠太保。

李正己,高丽人也。本名怀玉,生于平卢。乾元元年,平卢节度使王玄志卒,会有敕遣使来存问,怀玉恐玄志子为节度,遂杀之,与军人共推立侯希逸为军帅。希逸母即怀玉姑也。后与希逸同至青州,累至折冲将军,骁健有勇力。宝应中,众军讨史朝义,至郑州。回纥方强暴恣横,诸节度皆下之,正己时为军候,独欲以气吞之。因与其角逐,众军聚观,约曰:“后者批之。”既逐而先,正己擒其领而批其背,回纥尿液俱下,众军呼笑,虏惭,繇是不敢为暴。

节度使侯希逸即其外兄也,用为兵马使。正己沉毅得众心,希逸因事解其职,军中皆言其非罪,不当废。会军人逐希逸,希逸奔走,遂立正己为帅,朝廷因授平卢、淄青节度观察使、海运押新罗、渤海两蕃使、检校工部尚书、兼御史大夫、青州刺史,赐今名。寻加检校尚书右仆射,封饶阳郡王。大历十一年十月,检校司空、同中书门下平章事。十三年,请入属籍,从之。为政严酷,所在不敢偶语。初有淄、青、齐、海、登、莱、沂、密、德、棣等州之地,与田承嗣、令狐彰、薛嵩、李宝臣、梁崇义更相影响。大历中,薛嵩死,及李灵曜之乱,诸道共攻其地,得者为己邑,正己复得曹、濮、徐、兖、郓,共有十五州,内视同列,货市渤海名马,岁岁不绝。法令齐一,赋税均轻,最称强大。尝攻田承嗣,威震邻敌。历检校司空、左仆射、兼御史大夫,加平章事、太子太保、司徒。

后自青州徙居郓州，使子纳及腹心之将分理其地。建中后，畏惧朝廷，多不自安。闻将筑汴州，乃移兵屯济阴，昼夜教习为备。河南骚然，天下为忧，羽檄驰走，征兵以益备。又于徐州增兵，以扼江淮，于是运输为之改道。未几，发疽卒，时年四十九。子纳擅总兵政，秘之数月，乃发丧。纳阻兵，兴元元年四月，归顺，方赠正己太尉。

纳少时，正己遣将兵备秋，代宗召见嘉之，自奉礼郎超拜殿中丞、兼侍御史，赐紫金鱼袋。历检校仓部郎中，兼总父兵，奏署淄州刺史。正己将兵击田承嗣，奏署节度观察留后。寻迁青州刺史，又奏署行军司马，兼曹州刺史、曹沂徐兖沂海留后，又加御史大夫。

建中初，正己、田悦、梁崇义、张惟岳皆反。二年，正己卒，纳秘丧，统父众，仍复为乱。比会悦于濮阳，遣大将卫俊将兵一千救悦，为河东节度使马燧败于洹水，杀伤殆尽。诏诸军诛之，纳从叔父洧以徐州，李士真以德州，及棣州李长卿，皆以州归顺。纳以彭城险陋，又怒洧背宗，乃悉兵围之。诏宣武军节度刘洽与诸军救之，大败纳兵于城下。后将兵于濮阳，洽攻破其城外。纳自城上见洽，涕泣悔罪，遣判官房说以其弟经、男成务朝京师，请因洽从顺。会中使宋凤朝见之，谓纳计蹙，欲诛破之以为己功，奏请无舍，上乃械说等击禁中。纳遂归郓州，复与李希烈、朱滔、王武俊、田悦合谋皆反，伪称齐王，建置百官。及兴元之降罪己诏，纳乃效顺，诏加检校工部尚书、平卢军节度、淄青等州观察使。无几，检校右仆射、同中书门下平章事。时希烈围陈州，纳遣兵与诸军奋击，大破之，因解围。加检校司空，封五百户。贞元初，升郓州为大都督府，改授长史。年三十四，薨于位，废朝三日，赠赗有差。

子师古，累奏至青州刺史。贞元八年，纳死，军中以师古代其位而上请，朝廷因而授之。起复右金吾大将军同正、平卢及青淄齐节度营田观察、海运陆运押新罗渤海两蕃使。成德军节度王武俊率师次于德、棣二州,将取蛤蜍及三汊城。棣州之盐池与蛤蜍岁出盐数十万斛,棣州之隶淄青也,其刺史李长卿以城入朱滔,而蛤蜍为纳所据,因城而戍之,以专盐利。其后武俊以败朱滔功,以德、棣二州隶之,蛤蜍犹为纳戍。纳初于德州南跨河而城以守之,谓之三汊,交田绪以通魏博路,而侵掠德州,为武俊患。及纳卒,师古继之。武俊以其年弱初立,旧将多死,心颇易之,乃率众兵以取蛤蜍、三汊为名,其实欲窥纳之境。师古令棣州降将赵镐拒之。武俊令其子士清将兵先济于滴河,会士清营中火起,军惊,恶之,未进。德宗遣使谕旨,武俊即罢还。师古毁三汊口城,从诏旨。师古虽外奉朝命,而尝畜侵轶之谋,招集亡命,必厚养之,其得罪于朝而逃诣师古者,因即用之。其有任使于外者,皆留其妻子,或谋归款于朝,事泄,族其家,众畏死而不敢异图。

贞元十年五月,师古服阕,加检校礼部尚书。十二年正月,检校尚书右仆射。十一月,师古丁母忧,起复左金吾上将军同正。十五年正月,师古、杜佑、李乐妾媵并为国夫人。十六年六月,与淮南节度使杜佑同制加中书门下平章事。及德宗遗诏下,告哀使未至,义成军节度使李元素以与师古邻道,录遗诏报师古,以示无外。师古遂集将士,引元素使者谓曰:"师古近得邸吏状,具承圣躬万福。李元素岂欲反,乃忽伪录遗诏以寄。师古三代受国恩,位兼将相,见贼不可以不讨。"遂杖元素使者,遽出兵以讨元素为名,冀因国丧以侵州县。俄闻顺宗即位,师古乃罢兵。后累官至检校司徒、兼侍中。卒,赠太傅。

师道,师古异母弟。其母张忠志女。师道时知密州事,师古死,其奴不发丧,潜使迎师道于密而奉之。朝命久未至,师道谋于将吏,或欲加兵于四境,其判官高沐固止之。乃请进两税,守盐法,申官员,遣判官崔承宠、孔目官林英相继奏事。时杜黄裳作相,欲乘其未定也,以计分削之,宪宗以蜀川方扰,不能加兵于师道。元和元年七月,遂命建王审遥领节度,授师道检校左散骑常侍、兼御史大夫,权知郓州事,充淄青节度留后。十月,加检校工部尚书,兼郓州大都督府长史,充平卢军及淄青节度副大使,知节度事、管内支度营田观察处置、陆运海运押新罗渤海两蕃等使。自正己至师道,窃有郓、曹等十二州,六十年矣。惧众不附己,皆用严法制之。大将持兵镇于外者,皆质其妻子;或谋归款于朝,事泄,其家无少长皆杀之。以故能劫其众,父子兄弟相传焉。五年七月,检校尚书右仆射。

十年,王师讨蔡州,师道使贼烧河阴仓,断建陵桥。初,师道置留邸于河南府,兵谍杂以往来,吏不敢辨。因吴元济北犯汝、郑,郊几多警,防御兵尽戍伊阙,师道潜以兵数十百人内其邸,谋焚宫阙而肆杀掠。既烹牛飨众矣,明日将出,会有小将杨进、李再兴者诣留守吕元膺,告变,元膺追伊阙兵围之,半日不敢进攻。防御判官王茂元杀一人而后进,或有毁其墙而入者。贼众突出杀人,围兵奔骇,贼得结伍中衢,内其妻子于囊橐中,以甲胄殿而行,防御兵不敢追。贼出长夏门,转掠郊墅,东济伊水,入嵩山。元膺诫境上兵重购以捕之。数月,有山棚鬻鹿于市,贼遇而夺之,山棚走而征其党,或引官军共围之谷中,尽获之。穷理得其魁首,乃中岳寺僧圆静,年八十余,尝为史思明将,伟悍过人。初执之,使巨力者奋锤,不能折胫。圆静骂曰:"鼠子,折人脚犹不能,敢称健儿乎!"乃自置其足教折之。临刑,乃曰:"误我事,不得使洛城流血。"死者凡数十人。留守御将二人、都亭驿卒五人、甘水驿卒三人,皆潜受其职署,而为耳之目,自始谋及将败,无知者。

初,师道多买田于伊阙、陆浑之间,凡十所处,欲以舍山棚而衣食之。有訾嘉珍、门察者,潜部分之,以属圆静,以师道钱千万伪理嵩山之佛光寺,期以嘉珍窃发时举火于山中,集二县山棚人作乱。及穷按之,嘉珍、门察,乃贼武元衡者,元膺具状以闻。及诛吴元济,师道恐惧,上表乞听朝旨,请割三州并遣长子入侍宿卫,诏许之。

师道识暗,政事皆决于群婢。婢有号蒲大姊、袁七娘者,为谋主,乃言曰:"自先司徒以来,有此十二州,奈何一日无苦而割之耶!今境内兵士数十万人,不献三州,不过发兵相加,可以力战,战不胜，乃议割地，未晚也。"师道从之而止，表言军情不叶，乃诏诸军讨伐。十年十二月，武宁军节度使李愿遣将王智兴击破师道之众九千，斩首二千余级，获牛马四千，遂至平阴。十一年十一月，加师道司空，仍遣给事中柳公绰往宣慰，且观所为，欲宽容之。师道苟以逊顺为辞，长恶不悛。十三年七月，沧州节度使郑权破淄青贼于齐州福城县，斩首五百余级。十月，徐州节度使李愬、兵马使李佑于兖州鱼台县破贼三千余人。魏博节度使弘正率本军自阳刘渡河，距郓州九十里下营，再接战，破贼三万余众，生擒三千人，收器械不可胜纪。陈许节度使李光颜于濮阳县界破贼，收斗门城、杜庄栅。田弘正复于故东阿县界破贼五万。诸军四合，累下城栅。

师道使刘悟将兵当魏博军，既败，数令促战。师未进，乃使奴召悟计事。悟知其来杀己，乃称病不出，召将吏谋曰："魏博兵强，乘胜出战，必败吾师，不出则死。今天子所诛，司空一人而已。悟与公等皆被驱逐就死地，何如转祸为福，杀其来使，以兵趣郓州，立大功以求富贵。"众皆曰："善。"乃迎其使而斩之，遂齐师道追牒，以兵趣郓州。及夜，至门，示以师道追牒，乃得入。兵士继进，至球场，因围其内城，以火攻之，擒师道而斩其首，送于魏博军，元和十四年二月也。是月，弘正献于京师，天子命左右军如受馘仪，先献于太庙郊社，宪宗御兴安门受之，百僚称贺。

初，东军诸道行营节度擒逆贼将夏侯澄等共四十七人，诏曰："附丽凶党，拒抗王师，国有常刑，悉合诛戮。朕以久居污俗，皆被胁从，况讨伐已来，时日未几，纵怀转祸之计，未有效款之由，情似可矜，朕不忍杀。况三军百姓，孰非吾人，诏令颁行，罪止师道。方欲拯于涂炭，是用活其性命，诚为屈法，庶使知恩。并宜特从释放，仍令却递送至魏博及义成行营，各委节度收管驱使。如父母血属犹在贼中，或羸老疾病情切归还者，仍量事优当放去，务相全贷，何所疑留。"及澄等至行营，贼觇知传告，叛徒皆感朝恩，由是刘悟得行其谋焉。

师道妻魏氏及小男并配掖庭。堂弟师贤、师智配流春州，侄弘巽配流雷州。诏分其十二州为三节度,俾马总、薛平、王遂分镇焉。仍命宰臣崔群撰碑以纪其绩。国家自天宝末安禄山首乱两河,至宝应元年王师平史朝义,其将薛嵩、李怀仙、田承嗣、李宝臣等受伪命分领州郡,朝廷厌兵,因仆固怀恩请,就加官爵。及侯希逸为军人逐出,正己又据齐、鲁之地,既而递相胶固,联结姻好,职贡不入,法令不加,率以为常。仍皆署其子为副大使,父死子立,则以三军之请闻,亦有为大将所杀而自立者。自安、史以后,迄至于贞元,朝廷多务优容,每闻擅袭,因而授之,以故六十余年,两河号为反侧之俗。宪宗知人善任,削平乱迹,两河复为王土焉。师道妻魏氏,元和十五年出家为尼。

洧,正己从父兄也。正己用为徐州刺史。正己死,子纳犯宋州,洧以其州归顺,加御史大夫,封潮阳郡王,食实封二百户,充招谕使。初,洧遣摄巡官崔程奉表至京师,令口奏并白宰相:"徐州恐不能独当贼,若得徐、海、沂三州节度都团练使,即必立功。况海、沂两州,亦并为贼纳所据,非国家州县。其刺史王涉、马万通等,洧并素与之约,若有诏命,冀必成功。"程乍自外到阙,以为宰相一也,乃先以其言白张镒,镒言于卢杞。杞怒程不先白己,故洧所请不行,杞妨公害私,皆此类也。及李纳遣兵攻徐州,刘洽与诸将击退之,贼势未衰,始加洧徐、海、沂都团练观察使,寻加密州。时海、密州皆为贼所据,不受洧命。旋加洧检校户部尚书。未几,疽发背,稍平,乃大具糜饼,饭僧于市,洧乘平肩舆自临其场,市人欢呼,洧惊,疽溃于背而卒,赠左仆射。

史臣曰:自安、史乱离,河朔割据,虽外尊朝旨,而内蓄奸谋。薛嵩祖父,国之名将,及身濡足贼廷,既沐国恩,尚存家法,守土奉职,终身一心,果有令人,克全余庆。彭居丧循礼,有士子之风;驭众权谋,著将军之业。中外善政,终始令名,成功不居,告老致仕,方之者鲜矣。背逆归国,治兵牧民,上表推诚,举贤代己,时称能善始善终者也。建志禀遗训,克全令名,不能终保功业,惜哉!神功忠勇,竟著勋名;希逸荒狂,自失茅土。师道祖父弟兄,盗据青、郓,得计则潜图凶逆,失势则伪奉朝旨,向背任情,数十年矣。或问曰:师古之前,三帅而不灭;师道继立,数年而亡者,何哉?答曰:纳与师古,自运奸谋,躬临戎事;朝廷任卢杞,以私妨公,致怀光变忠为逆,李纳父子,宜其苟延。洎宪宗当朝,裴度为相,君臣道合,中外情通;师道外任诸奴,内听群婢,军民携贰,家族灭亡,不亦宜乎!假息数年,犹为多矣,何所疑焉?

　　赞曰:田神功勇能立勋,令狐彰死不失节。薛平振家,世以显扬,师道任臧,获而亡灭。

旧唐书卷一二五
列传第七五

张镒 冯河清附　刘从一　萧复
复族子位　佩　偲　柳浑

　　张镒,苏州人,朔方节度使齐丘之子也。以门荫授左卫兵曹参军。郭子仪为关内副元帅,以尝伏事齐丘,辟镒为判官。授大理评事,迁殿中侍御史。乾元初,华原令卢杞以公事呵责邑人内侍齐令诜,令诜衔之,构诬。外发镒按验,杞当降官,及下有司,杞当杖死。镒具公服白其母曰:“上疏理杞,杞必免死,镒必坐贬。若以私则镒负于当官,贬则以太夫人为忧,敢问所安?”母曰:“尔无累于道,吾所安也。”遂执奏正罪,杞获配流,镒贬抚州司户。量移晋陵令,未之官,洪吉观察张镐辟为判官,奏授殿中侍御史。迁屯田员外郎,转祠部、右司二员外。母忧居丧有闻,免丧,除司勋员外。交游不杂,与杨绾、崔佑甫相善。

　　大历五年,除濠州刺史,为政清净,州事大理。乃招经术之士,讲训生徒,比去郡,升明经者四十余人。撰《三礼图》九卷、《五经微旨》十四卷、《孟子音义》三卷。李灵曜反于汴州,镒训练乡兵,严守御之备,诏书褒异,加侍御史、沿淮镇守使。寻迁寿州刺史,使如故。德宗即位,除江南西道都团练观察使、洪州刺史、兼御史中丞,征拜吏部侍郎,寻除河中晋绛都防御观察使。到官数日,改汴滑节度观察使、汴州刺史、兼御史大夫,以疾辞,逗留于中路,征入,养疾私第。未几,拜中书侍郎、平章事、集贤殿学士,修国史。

建中三年正月，太仆卿赵纵为奴当千发其阴事，纵下御史台，贬循州司马，留当千于内侍省。镒上疏论之曰：

伏见赵纵为奴所告下狱，人皆震惧，未测圣情。贞观二年，太宗谓侍臣曰：“比有奴告其主谋逆，此极弊法，特须禁断。假令有谋反者，必不独成，自有他人论之，岂藉其奴告也。自今已后，奴告主者皆不受，尽令斩决。”由是贱不得干贵，下不得陵上，教化之本既正，悖乱之渐不生。为国之经，百代难改，欲全其事体，实在防微。顷者长安令李济得罪因奴，万年令霍晏得罪因婢，愚贱之辈，悖慢成风，主反畏之，动遭诬告，充溢府县，莫能断决。建中元年五月二十八日，诏曰：“准斗竞律，诸奴婢告主，非谋叛已上者，同自首法，并准律处分。”自此奴婢复顺，狱诉稍息。今赵纵非叛逆，奴实奸凶，奴在禁中，纵独下狱，考之于法，或恐未正。将帅之功，莫大于子仪；人臣之位，莫大于尚父。殁身未几，坟土仅干，两婿先已当辜，赵纵今又下狱。设令纵实抵法，所告非奴，才经数月，连罪三婿。录勋念旧，犹或可容，况在章程，本宜宥免。陛下方诛群贼，大用武臣，虽见宠于当时，恐息望于他日。太宗之令典尚在，陛下之明诏始行，一朝偕违，不与众守，于教化恐失，于刑法恐烦，所益悉无，所伤至广。臣非私赵纵，非恶此奴，叨居股肱，职在匡弼，斯是大体，敢不极言。伏乞圣慈，纳臣愚恳。

上深纳之，纵于是左贬而已，当千杖杀之。镒乃令召子仪家僮数百人，以死奴示之。

卢杞忌镒名重道直，无以陷之，以方用兵西边，杞乃伪请行，上固以不可，因荐镒以中书侍郎为凤翔陇右节度使代朱泚，与吐蕃相尚结赞等盟于清水。将盟，镒与结赞约各以二千人赴坛所，执兵者半之，列于坛外二百步；散从者半之，分立坛下。镒与宾佐齐映、齐抗及盟官崔汉衡、樊泽、常鲁、于頔等七人，皆朝服；结赞与其本国将相论悉颊藏、论热、论利陀、斯官者、论力徐等亦七人，俱升坛为盟。初，约汉以牛，蕃以马为牲，镒耻与之盟，将杀其礼，乃请结赞曰："汉非牛不田，蕃非马不行，今请以羊豕犬三物代之。"结赞许诺。时塞外无豕，结赞请以羝羊，镒出犬、白羊，乃坎于坛北刑之，杂血一器而歃，盟文曰：

> 唐有天下，恢奄禹迹，舟车所至，莫不率俾。以累圣重光，十年惟永，恢王者之丕业，被四海以声教。与吐蕃赞普，代为婚姻，因结邻好，安危同体，甥舅之国，将二百年。其间或因小忿，弃惠为仇，封疆骚然，靡有宁岁。皇帝践阼，悯兹黎元，乃释俘囚，悉归蕃落。二国展礼，同兹协和，行人往复，累布成命，是必诈谋不起，兵革不用矣。彼犹以两国之要，求之永久，古有结盟，今请用之。国家务息边人，外其故地，弃利蹈义，坚盟从约。今国家所守界：泾州西至弹筝峡西口，陇州西至清水县，凤州西至同父县，暨剑南西山、大渡河东，为汉界。蕃国守镇在兰、渭、原、会，西至临洮，又东至成州，抵剑南西界磨些诸蛮、大渡水西南，为蕃界。其兵马镇守之处州县见有居人，彼此两边见属汉诸蛮，以今所分见住处依前为定。其黄河以北，从故新泉军直北至大碛，南至贺兰山骆驼岭为界，中间悉为闲田。盟文所有不载者，蕃有兵马处蕃守，汉有兵马处汉守，不得侵越。其先未有兵马处，不得杂置并筑城堡耕种。今二国将相受辞而会，齐戒将事，告天地山川之神，惟神照临，无得愆坠。其盟文藏于郊庙，副在有司，二国之诚，其永保之。

结赞亦出盟文，不加于坎，但埋牲而已。盟毕，结赞请镒就坛之西南隅佛幄中焚香为誓，誓毕，复升坛饮酒。献酬之礼，各用其物，以将厚意而归。

德宗将幸奉天，镒窃知之，将迎銮驾，具财货服用献行在。李楚琳者，尝事朱泚，得其心。军司马齐映等密谋曰："楚琳不去，必为乱。"乃遣楚琳屯于陇州。楚琳知其谋，乃托故不时发。镒始以迎驾心忧惑，以楚琳承命去矣，殊不促其行。镒修饰边幅，不为军士所悦。是夜，楚琳遂与其党王汾、李卓、牛僧伽等作乱。镒夜缒而走，判官齐映自水窦出，齐抗为佣保负荷而逃，皆获免。镒出凤翔三十

里,及二子皆为候骑所得,楚琳俱杀之;判官王沼、张元度、柳遇、李
淑被杀。寻赠太子太傅,葬事官给。

　　冯河清者,京兆人也。初以武艺从军,隶朔方节度郭子仪,以战
功授左卫大将军同正;隶泾原节度马璘,频以偏师御吐蕃,甚有杀
获之功。历试太子詹事、兼御史中丞,充兵马使。建中四年,节度使
姚令言奉诏率兵赴关东,以河清知兵马留后,判官、殿中侍御史姚
况知州事。及令言至京师,所统兵叛,上幸奉天,河清与况闻之,乃
集三军大哭,因共激励将吏,誓敦诚节,众颇义之。即时发甲仗、器
械、车百余辆,连夜送行在所。时驾初迁幸,六军虽集,苍黄之际,都
无戎器,及泾州甲仗至,军士大振。特诏褒其诚效,拜四镇北庭行军
泾原节度使、兼御史大夫;姚况兼御史中丞、行军司马。俄加河清检
校工部尚书。贼泚及姚令言累遣间谍招诱,河清辄拘而戮焉。及驾
幸梁州,其将田希鉴潜通泚,使结凶党害河清。寻赠尚书左仆射,葬
事官给。兴元元年,赠太子少傅。

　　刘从一,中书侍郎林甫之玄孙也。祖令植,礼部侍郎。父孺之,
京兆府少尹。从一少举进士,大历中宏词,授秘书省校书郎,以调中
第,补渭南尉,雅为常衮所推重。及衮为相,迁监察御史。居无何,
丁母忧。服除,宰相卢杞荐之,超迁侍御史。居数月,以亲避除刑部
员外郎。建中末,普王之为元帅也,迁吏部郎中、兼御史中丞,为元
帅判官。德宗居奉天,拜刑部侍郎、平章事,从幸梁州。明年六月,
改中书侍郎、平章事。岁中,加集贤殿大学士、修史。上遇之甚厚,
以容身远罪而已,不能有所匡辅。无几,以疾请告,至是,病甚辞位,
章疏六上,乃许,除户部尚书。寻卒,年四十四,辍朝三日,赠太子太
傅。初,林甫生祥道,麟德初为右相,祥道即从一曾伯祖也。令植从
父兄齐贤,弘道初为侍中。自祥道至从一,刘氏凡三相。

　　萧复字履初,太子太师嵩之孙,新昌公主之子。父衡,太仆卿、

驸马都尉。少秉清操，其群从兄弟，竞饰舆马，以侈靡相尚，复衣汗
濯之衣，独居一室，习学不倦，非词人儒士不与之游。伯华每叹异
之。以主荫，初为宫门郎，累至太子仆。

广德中，连岁不稔，谷价翔贵，家贫，将鬻昭应别业。时宰相王
缙闻其林泉之美，心欲之，乃使弟纮诱焉，曰："足下之才，固宜居右
职，如以别业奉家兄，当以要地处矣。"复对曰："仆以家贫而鬻旧
业，将以拯济孀幼耳，倘以易美职于身，令门内冻馁，非鄙夫之心
也。"缙憾之，乃罢复官。沉废数年，复处之自若。后累至尚书郎。大
历十四年，自常州刺史为潭州刺史、湖南观察使。及为同州刺史，州
人阻饥，有京畿观察使储廪在境内，复辄以赈贷，为有司所劾削阶。
朋友唁之，复怡然曰："苟利于人，敢惮薄罚。"寻为兵部侍郎。

建中末，普王为襄汉元帅，以复为户部尚书、统军长史，以复父
名衡，特诏避之，未行。扈驾奉天，拜吏部尚书、平章事。复尝奏曰：
"宦者自艰难已来，初为监军，自尔恩幸过重。此辈只合委宫掖之
寄，不可参兵机政事之权。"上不悦，又请别对，奏云："陛下临御之
初，圣德光被，自用杨炎、卢杞秉政，惛渎皇猷，以致今日。今虽危
急，伏愿陛下深革睿思，微臣敢当此任。若令臣依阿偷免，臣不敢旷
职。"卢杞奏对于上前，阿谀顺旨，复正色曰："卢杞之词不正。"德宗
愕然，退谓左右曰："萧复颇轻朕。"遂令往江南宣抚。

先时，淮南节度陈少游首称臣于李希烈，凤翔将李楚琳杀节度
使张镒以应朱泚，镒判官韦皋先知陇州留后，首杀幽叛卒数百人，
不应楚琳。复江南使回，与宰相同对讫，复独留，奏曰："陛下自返宫
阙，勋臣已蒙官爵，唯旌善惩恶，未有区分。陈少游将相之寄最崇，
首败臣节；韦皋名宦最卑，特建忠义。请令韦皋代少游，则天下明然
知逆顺之理。"上许之。复出，宰相李勉、卢翰、刘从一方同归中书，
中使马钦绪至，揖从一，附耳语而退，诸相各归阁。从一诣复曰："适
钦绪宣旨，令与公商量朝来所奏便进，勿令李勉、卢翰知。"复曰：
"适来奏对，亦闻斯旨，然未谕圣心，已面陈述，上意尚尔，复未敢言
其事。"复又曰："唐、虞有金曰之论，朝廷有事，尚合与公卿同议。今

勉、翰不可在相位，即去之；既在相位，合同商量，何故独避此之一节？且与公行之无爽，但恐寝以成俗，此政之大弊也。”竟不言于从一。从一奏之，上寝不悦。复累表辞疾，请罢知政事，从之，守太子左庶子。三年，坐郜国公主亲累，检校左庶子，于饶州安置。四年，终于饶州，时年五十七。

复门望高华，志砺名节，与流俗不甚通狎。及登台辅，临事不苟，颇为同列所嫉，以故居位不久。性孝友，居家甚睦，为族子所累，晏然屏退，口未尝言。

郜国公主者，肃宗之女也，出降驸马萧升，升于复为从兄弟，升早卒。贞元中，蜀州别驾萧鼎、商州丰阳令韦恪、前彭州司马李万、太子詹事李升等出入主第，秽声流闻。德宗怒，幽主于别第，李万决杀，升贬岭南，萧鼎、韦恪决四十，长流岭表。又言公主行厌祷，其子位为祷文，位弟佩、儒、偲及异父兄驸马都尉裴液，并长流端州。公主女为皇太子妃，即顺宗也。太子惧，亦请与妃离婚。六年，郜国薨，位兄弟及液诏还京师。液父徽，初尚郜国；徽卒，尚萧升。

柳浑字夷旷，襄州人，其先自河东徙焉。六代祖恢，梁仆射。浑少孤。父庆休，官至渤海丞，而志学栖贫。天宝初，举进士，补单父尉。至德中，为江西采访使皇甫侁判官，累除衢州司马。未至，召拜监察御史。台中执法之地，动限仪矩，浑性放旷，不甚检束，僚长拘局，忿其疏纵。浑不乐，乞外任，执政惜其才，奏为左补阙。明年，除殿中侍御史，知江西租庸院事。

大历初，魏少游镇江西，奏署判官，累授检校司封郎中。州理有开元寺僧与徒夜饮，醉而延火，归罪于守门喑奴，军候亦受财，同上其状，少游信焉。人知奴冤，莫肯言。浑与崔佑甫遽入白，少游惊问，醉僧首伏。既而谢曰：“微二君子，几成老夫暗劣矣。”自此以公正闻。及路嗣恭领镇，复以为都团练副使。十二年，拜袁州刺史。

居二年，崔佑甫入相，荐为谏议大夫、浙江东西黜陟使，累迁尚书左丞。及驾在奉天，微服徒行，遁终南山谷，逾旬方达行在。扈从至梁州，改左散骑常侍。初，浑之归行在，贼沘籍其名甚，愿以致之，犹疑匿在闾里，乃加宰相。及克复，浑尚名载，乃上言："顷为狂贼点秽，臣实耻称旧名，矧字或带戈，时当偃武，请改名浑。"

贞元二年，拜兵部侍郎，封宜城县伯。三年正月，加同平章事，仍判门下省。时上命玉工为带，坠坏一銙，乃私市以补；及献，上指曰："此何不相类？"工人伏罪，上命决死。诏至中书，浑执曰："陛下若便杀则已，若下有司，即须议谳。且方春行刑，容臣条奏定罪。"以误伤乘舆器服，杖六十，余工释放，诏从之。复奏："故尚书左丞田季羔，公忠正直，先朝名臣。其祖、父皆以孝行旌表门闾，京城隋朝旧第，季羔一家而已。今被堂侄伯强进状，请货宅召市人马，以讨吐蕃。一开此门，恐滋不逞。讨贼自有国计，岂资侥幸之徒？且毁弃义门，亏损风教，望少责罚，亦可惩劝。"上可其奏。

先时，韩滉自浙西入觐，朝廷委政待之，至于调兵食，笼盐铁，勾官吏赃罚，锄豪强兼并，上悉仗焉。每奏事，或日旰，他相充分位而已，公卿救过不能暇，无敢枝梧者。浑虽滉所引，心恶其专政，正色让之曰："先相公以狷察为相，不满岁而罢；今相公榜吏于省中至死，且非刑人之地，奈何蹈前非而又甚焉？专立威福，岂尊主卑臣之礼！"滉感悟愧悔，为霁威焉。及白志贞除浙西观察使，浑焉曰："志贞一末吏险人，纵称廉谨，不当顿居重职。"适遇浑以疾称告，即日诏下。疾间，因乞骸骨，优诏不许。其判门下，主吏白当过官，浑愀然曰："列官分职，复更挠之，非礼法也。千里辞家，以干微禄，邑主辞办，岂虑无能，矧旌善进贤，事不在此。"故其年注拟，无退量者。

及浑珹与吐蕃会盟之日，上御便殿谓宰相曰："和戎息师，国之大计，今日将士与卿同欢。"马燧前贺曰："今之一盟，百年内更无蕃寇。"浑曰："五帝无诰誓之盟，皆在季末。今盛明之代，岂又行于夷狄！人面兽心，难以信结，今日盟约，臣窃忧之。"李晟继言曰："臣生长边城，知蕃戎心，今日之事，诚如浑言。"上变色曰："柳浑书生，未达边事；大臣智略，果亦有斯言乎！"皆顿首俯伏，遽令归中书。其夜三更，邠宁节度韩游瓌飞驿叩苑门，奏盟会不成，将校覆没，兵临近镇,上惊欢,即递其表以示浑。诘旦,临轩慰勉浑曰:"卿文儒之士,而万里知军戎之情。"自此骤加礼异。时张延赏与浑同列,延赏怙权矜己,而嫉浑守正,俾其所厚谓浑曰:"相公旧德,但节言于庙堂,则重位可久。"浑曰:"为吾谢张相公,柳浑头可断,而舌不可禁也。"自是为其所挤,寻除常侍,罢知政事。贞元五年二月,以疾终,年七十五。有文集十卷。

浑母兄识,笃意文章,有重名于开元、天宝间,与萧颖士、元德秀、刘迅相亚。其练理创端,往往诣极,当时作者,咸伏其简拔,而趣尚辨博。浑亦善为文,然趋时向功,非沉思之所及。浑警辩,好谐谑放达,与人交,豁然无隐。性节俭,不治产业,官至丞相,假宅而居。罢相数日,则命亲族寻胜,宴醉方归,陶陶然忘其黜免。时李勉、卢翰皆退罢居第,相谓曰:"吾辈力柳宜城,悉为拘俗之人也。"

史臣曰:张镒、萧复、柳浑,节行才能,讦谟亮直,皆足相明主,平泰阶,而卢杞忌之于前,延赏排之于后,管仲有言:"任君子,使小人间之,害霸也。"德宗黜贤相,位奸臣,致朱泚、怀光之乱,是失其人也,岂尤其时哉!河清殁于王事,乃显忠贞;从一举自奸人,固宜循默。

赞曰:得人则兴,失人则亡。镒、复、浑去,宗社其殃。

旧唐书卷一二六
列传第七六

李揆　李涵　陈少游　卢慧
裴谞

　　李揆字端卿,陇西成纪人,而家于郑州,代为冠族。秦府学士、给事中玄道玄孙,秘书监、赠吏部尚书成裕之子。少聪敏好学,善属文。开元末,举进士,补陈留尉,献书阙下,诏中书试文章,擢拜右拾遗。改右补阙、起居郎,知宗子表疏。迁司勋员外郎、考功郎中,并知制诰。扈从剑南,拜中书舍人。

　　乾元初,兼礼部侍郎。揆尝以主司取士,多不考实,徒峻其堤防,索其书策,殊未知艺不至者,文史之圉亦不能摛词,深昧求贤之意也。其试进士文章,请于庭中设《五经》、诸史及《切韵》本于床,而引贡士谓之曰:“大国选士,但务得才,经籍在此,请恣寻检。”由是数月之间,美声上闻,未及毕事,迁中书侍郎、平章事、集贤殿崇文馆大学士、修国史。

　　揆美风仪,善奏对,每有敷陈,皆符献替。肃宗赏叹之,尝谓揆曰:“卿门地、人物、文章,皆当代所推。”故时人称为三绝。其为舍人也,宗室请加张皇后“翊圣”之号,肃宗召揆问之,对曰:“臣观往古后妃,终则有谥,生加尊号,未之前闻。京龙失政,韦氏专恣,加号翊圣,今若加皇后之号,与韦氏同。陛下明圣,动遵典礼,岂可踪景龙故事哉!”肃宗惊曰:“凡才几误我家事。”遂止。时代宗自广平王改封成王,张皇后有子数岁,阴有夺宗之议。揆因对见,肃宗从容曰:

"成王嫡长有功,今当命嗣,卿意何如?"揆拜贺曰:"陛下言及于此,社稷之福,天下幸甚,臣不胜大庆。"肃宗喜曰:"朕计决矣。"自此颇承恩遇,遂蒙大用。

时京师多盗贼,有通衢杀人置沟中者,李辅国方恣横,上请选羽林骑士五百人以备巡检。揆上疏曰:"昔西汉以南北军相统摄,故周勃因南军入北军,遂安刘氏。皇朝置南北衙,文武区分,以相伺察。今以羽林代金吾警夜,忽有非常之变,将何以制之?"遂制罢羽林之请。

揆在相位,决事献替,虽甚博辨,性锐于名利,深为物议所非。又其兄皆自有时名,滞于冗官,竟不引进。同列吕𬤇,地望虽悬,政事在揆之右,罢相,自宾客为荆南节度,声问甚美。惧其重入,遂密令直省至𬤇管内构求𬤇过失。𬤇密疏自陈,乃贬揆莱州长史同正员,其制旨曰:"扇湖南之八州,沮江陵之节制。"揆既黜官,数日,其兄皆改授为司门员外郎。后累年,揆量移歙州刺史。

初,揆秉政,侍中苗晋卿累荐元载为重官。揆自恃门望,以载地寒,意甚轻易,不纳,而谓晋卿曰:"龙章凤姿之士不见用,獐头鼠目之子乃求官。"载衔恨颇深。及载登相位,因揆当徙职,遂奏为试秘书监,江淮养疾。既无禄俸,家复贫乏,嬬孤百口,丐食取给。萍寄诸州,凡十五六年,其牧守稍薄,则又移居,故其迁徙者,盖十余州焉。元载以罪诛,除揆睦州刺史,入拜国子祭酒、礼部尚书,为卢杞所恶。德宗在山南,令充入蕃会盟使,加左仆射。行至凤州,以疾卒,兴元元年四月也,年七十四。赠司空,丧事官给。

李涵,高平王道立曾孙。父少康,宋州刺史。涵简素恭慎,有名宗室,累授赞善大夫兼侍御史。朔方节度郭子仪奏为关内盐池判官。肃宗北幸平凉,未有所适。涵与朔方留后杜鸿渐,草笺具朔方兵马招集之势,军资仓储库物之数,咸推涵宗枝之英,纯厚忠信,乃令涵奉笺至平凉谒见。涵敷奏明辩,动合事机,肃宗大悦,除右司员外郎,累至司封郎中、宗正少卿。

宝应元年。初平河朔，代宗以涵忠谨洽闻，迁左庶子、兼御史中丞、河北宣慰使。会丁母忧，起复本官而行，每州县邮驿，公事之外，未尝启口，疏饭饮水，席地而息。使还，请罢官终丧制，代宗以其毁瘠，许之。服阕，除给事中，迁尚书左丞。以幽州之乱，充河朔宣慰使。大历六年正月，为苏州刺史、兼御史大夫，充浙江西道都团练观察等使。十一年，来朝，拜御史大夫。京几观察使李栖筠殁，代之。

德宗即位，以涵和易，无专割之才，除太子少傅，充山陵副使。涵判官殿中侍御史吕渭上言：“涵父名少康，今官名犯讳，恐乖礼典。”宰相崔佑甫奏曰：“若朝廷事有乖舛，群臣悉能如此，实太平之道。”除渭司门员外郎。寻有人言：“涵昔为宗正少卿，此时无言，今为少傅，妄有奏议。”诏曰：“吕渭僭陈章奏，为其本使薄诉官名。朕以宋有司城之嫌，晋有词曹之讳，叹其忠于所事，亦谓确以上闻。乃加殊恩，俾膺厚赏。近闻所陈‘少’字，往岁已任少卿，昔是今非，罔我何甚！岂得谬当朝典，更厕周行，宜佐遐藩，用诫薄俗。可歙州司马同正。”由是改涵为检校工部尚书、兼光禄卿，仍充山陵副使。无几，以右仆射致仕。兴元元年九月卒，追赠太子太保。

陈少游，博州人也。祖俨，安西副都护。父庆，右武卫兵曹参军，以少游累赠工部尚书。少游幼聪辩，初书《庄》、《列》、《老子》，为崇玄馆学生，众推引讲经。时同列有私习经义者，期升坐日相问难。及会，少游摄齐升坐，音韵清辩，观者属目。所引文句，悉兼他义，诸生不能对，甚为大学士陈希烈所欢赏，又以同宗，遇之甚厚。

既擢第，补渝州南平令，理甚有声。至德中，河东节度王思礼奏为参谋，累授大理司直、监察殿中侍御史、节度判官。宝应元年，入为金部员外郎。寻授侍御史、回纥粮料使，改检校职方员外郎。充使检校郎官，自少游始也。明年，仆固怀恩奏为河北副元帅判官、兵部郎中、兼侍御史。迁晋州刺史，改同州刺史，未视事，又历晋、郑二州刺史。少游为理，长于权变，时推干济，然厚敛财货，光结权幸，以是频获迁擢。无几，泽潞节度使李抱玉表为副使、御史中丞、陈郑二州留后。

永泰二年，抱玉又奏为陇右行军司马，拜检校左庶子，依前兼中丞。其年，除桂州刺史、桂管观察使。少游以岭徼迥远，欲规求近郡。时中官董秀掌枢密用事，少游乃宿于其里，候其下直，际晚谒之，从容曰："七郎家中人数几何？每月所费复几何？"秀曰："久忝近职，家累甚重，又属时物腾贵，一月过千余贯。"少游曰："据此之费，俸钱不足支数日，其余常须数求外人，方可取济。倘有输诚供亿者，但留心庇覆之，固易为力耳。少游虽不才，请以一身独供七郎之费，每岁请献钱五万贯。今见有大半，请即受纳，余到官续送。免贵人劳虑，不亦可乎？"秀既逾于始望，欣惬颇甚，因与之厚相结。少游言讫，泣曰："南方炎瘴，深怆违辞，但恐不生还再睹颜色矣。"秀遽曰："中丞美才，不当远官，请从容旬日，冀竭蹇分。"时少游又已纳贿于元载子仲武矣。秀、载内外引荐，数日，拜宣州刺史、宣歙池者团练观察使。

大历五年，改越州刺史、兼御史大夫、浙东观察使。八年，迁扬州大都督府长史、淮南节度观察使，仍加银青光禄大夫，封颍川县开国子。所在悉心绥辑，而多以任数为政，好行小惠，胥吏得职，人亦获安。及朝廷多事，奏请本道两税钱千增二百。因诏诸道悉如淮南，监每一斗更加一百文。少游十余年间，三总大藩，皆天下股厚处也。以故征求贸易，且无虚日，敛积财宝，累巨亿万，多赂遗权贵，视文雅清流之士，蔑如也。初结元载，每年馈金帛约十万贯，又多纳赂于用事中官骆奉先、刘清潭、吴承倩等，由是美声达于中禁。后见元载在相位年深，以过犯渐见疑忌，少游亦稍疏之。无何，载子伯和贬官扬州，少游外与之交结，而阴使人伺其过失，密以上闻。代宗以为忠，待之益厚。

上即位，累加检校礼部、兵部尚书。建中三年，李纳反叛，少游以师收徐、海等州，寻弃之，退军盱眙。又加检校左仆射，赐实封三百户。其年，就加同平章事。关播尝为少游宾僚，卢杞早年与之同在仆固怀恩使府，故骤加其官秩。

　　四年十月,驾幸奉天,度支汴东两税使包佶在扬州,尚未知也。佶判官崔沅遽报少游,佶时所总赋税钱帛约信八百万贯在焉,少游意以为贼据京师,未即收复,遂胁取其财物。先使判官崔颛就佶强索其纳给文历,并请供二百万贯钱物以助军费,佶答曰:"所用财帛,须承敕命。"未与之。颛勃然曰:"中丞若得,为刘长卿;不尔,为崔众矣。"长卿尝任租庸使,为吴仲孺所困,崔众供军吝财,为光弼所杀,故颛言及之,佶大惧,不敢固护,财帛将转输入京师者,悉为少游夺之。佶自谒,少游止焉,长揖而遣,既惧祸,奔往白沙。少游又遣判官房孺复召之,佶愈托,惧以巡检,因急棹过江,妻子伏案牍中。至上元,复为韩滉所拘留,佶先有兵三千,守御财货,令高越、元甫将焉,少游尽夺之。随佶渡江者,又为韩滉所留,佶但领胥吏往江、鄂等州。佶于弹丸中置表,以少游胁取财帛事。会少游使继至,上问曰:"少游取包佶财帛,有之乎?"对曰:"臣发扬州后,非所知也。"上曰:"少游国之守臣,或防他盗,供费军旅,收亦何伤。"时方隔阻绝,国命未振,远近闻之大惊,咸以圣情达于变通,明见万里。少游后闻之,乃安。

　　及李希烈陷汴州,声言欲袭江淮。少游惧,乃使参谋温述由寿州送款于希烈曰:"濠、寿、舒、庐,寻令罢垒,韬戈卷甲,伫候指挥。"少游又遣巡官赵诜于郓州结李纳。其年,希烈僭号,遣其将杨丰齐伪赦书赴扬州,至寿州,为刺史张建封候骑所得,建封对中使二人及少游判官许子瑞廷责丰而斩之。希烈闻之大怒,即署其大将杜少诚为伪仆射、淮南节度,令先平寿州,后取广陵。建封于霍丘坚栅,严加守禁,少诚竟不能进。后包佶入朝,具奏少游夺财赋事状,少游大惧,乃上表,以所取包佶财货,皆是供军急用,今请据数却纳。既而州府残破,无以上填,乃与腹心孔目官等设法重税管内百姓以供之。无何,刘洽收汴州,得希烈伪起居注"某月日陈少游上表归顺"。少游闻之,惭惶发疾,数日而卒,年六十一,赠太尉,赙布帛,葬祭如常仪。

卢慈，幽州范阳人也，贞观中工部侍郎义恭玄孙也。父子骞，颍王府谘议参军，以慈赠秘书少监。慈少以门荫入仕，在职以干局称。累授阆州录事参军、监察殿中御史、侍御史、金州刺史。宰相杨炎遇之颇厚，召入左司郎中、京兆少尹，迁大尹。慈无术学，善事权要，为政苛躁。卢杞甚恶之，讽有司弹奏，坐贬抚州司马同正，改饶州刺史，迁福州刺史、福建观察使。贞元二年七月，以疾终。

裴谞字士明，河南洛阳人。父宽，礼部尚书，有重名于开元、天宝间。谞少举明经，补河南府参军，通达简率，不好苛细。积官至京兆仓曹，丁父丧，居东都。是时，安禄山盗陷二京，东都收复，迁太子司议郎。无几，虢王巨奏署侍御史、襄邓营田判官，丁母忧。东都复为史思明所陷，谞藏匿山谷。思明尝为谞父将校，怀旧恩，又素慕谞名，欲必得之，因令捕骑数十迹逐得谞。思明见之，甚喜，呼为郎君，不名，伪授御史中丞，主击断。时思明残杀宗室，谞阴缓之，全活者数百人。又尝疏贼短长以闻，事泄，思明大怒诟骂，仅而免死。贼平，除太子中允，迁考功郎中，数召见言事。

代宗居陕，谞步怀考功及南曹二印赴行在，上见而谓之曰："疾风知劲草，果信矣。"将以为御史中丞，为元载所排，为河东道租庸盐铁等使。时关辅大旱，谞入计，代宗召见便殿，问谞："榷酤之利，一岁出入几何？"谞久之不对。上复问之，对曰："臣有所思。"上曰："何思？"对曰："臣自河东来，其间所历三百里，见农人悉叹，谷菽未种。诚谓陛下轸念，先问人之疾苦，而乃责臣以利。孟子曰：理国者，仁义而已，何以利为？由是未敢即对也。"上前坐曰："微公言，吾不闻此。"拜左司郎中。上时访以事，执政者，忌之出为虔州刺史，历饶、庐、亳三州刺史。入为右金吾将军。

建中初，上以刑名理天下，百吏震悚。时十月禁屠杀，以甫近山陵，禁益严。尚父、汾阳王郭子仪隶人杀羊以入，门者觉之，谞列奏状，上以为不畏强御，累遣宣谕。或谓谞曰："郭公有社稷功，岂不为盖之？"谞笑曰："非尔所解。且郭公威权太盛，上新即位，必谞党附者众。今发其细过，以明不弄权耳。吾上以尽事君之道，下以安大臣，不亦可乎？"时于朝堂别置三司以决庶狱，辩争者辄击登闻鼓，谞上疏曰："夫谏鼓谤木之设，所以达幽枉，延直言今轻猾之人，援桴鸣鼓，始动天听，竟因纤微。若然者，安用吏理乎！"上然之，悉归有司。谞以法吏舞文，多挟宿怨，因献《狱官箴》以讽。无何，坐年善僧抵法，贬阆州司马。征为右庶子，改千牛上将军。会吐蕃入寇，寻拜吏部侍郎、兼御史大夫，为吐蕃使，不行。无几，转太子宾客、兵部侍郎、河南尹、东都副留守。

谞自河南凡五代为官，入视事，未尝当正处，不鞫人于赃罪，以宽厚和易为理。贞元九年十一月，以疾终，年七十五，赠礼部尚书。

史臣曰：李揆发言沃心，幸遇明主；蔽贤固位，终非令人，少游逐势利随时，卢慈事权要巧宦，察言观行，皆无可称。涵节行著闻，谞和易为理，庶几近仁也。

赞曰：李、陈、卢、慈，言行非真。涵、谞和易，庶乎近仁。

旧唐书卷一二七
列传第七七

姚令言　张光晟　源休
乔琳　张涉　蒋镇　洪经纶
彭偃

　　姚令言,河中人也。少应募,起于卒伍,隶泾原节度马璘。以战功累授金吾大将军同正,为衙前兵马使,改试太常卿、兼御史中丞。建中元年,孟皞为泾原节度留后,自以文吏进身,不乐军旅,频表荐令言谨肃,堪任将帅。皞寻归朝廷,遂拜令言为四镇北庭行营泾原节度使、泾州刺史、兼御史大夫。

　　建中四年,李希烈叛,寇陷汝州,诏哥舒曜率师攻之,营于襄城。希烈兵数万围襄城,势甚危急。十月,诏令言率本镇兵五万赴援。泾师离镇,多携子弟而来,望至京师以获厚赏,及师上路,一无所赐。时诏京兆尹王翃犒军士,唯粮食菜啖而已,军士覆而不顾,皆愤怒,扬言曰:"吾辈弃父母妻子,将死于难,而食不得饱,安能以草命捍白刃耶!国家琼林、大盈,宝货堆积,不取此以自活,何往耶?"行次浐水,乃返戈,大呼鼓噪而还。令言曰:"比约东都有厚赏,儿郎勿草草,此非求活之良图也。"众不听,以戈环令言请退,令言急奏之。上恐,令内库出缯彩二十车驰赐之,军声浩浩,令言不能戢。街市居人狼狈走窜,乱兵呼曰:"勿走,不税汝间架矣!"德宗令普王与学士姜公辅往抚劳之,才出内门,贼已斩关,阵于丹凤楼下。是日,德宗仓卒出幸,贼纵入府库辇运,极力而止。

　　时太尉朱泚罢镇居晋昌里第,是夜,叛卒谋曰:"朱太尉久囚于宅,若迎为主,大事济矣。"泚尝节制泾州,众知其失权,废居怏怏,又幸泚宽和,乃请令言率骑迎泚于晋昌里。泚初尽疑,以食饲之,徐观众意,既而诸校齐至,乃自第张炬火入居含元殿。既僭号,乃以令言为侍中,与源休同知贼政事。

　　既以身先逆乱,颇尽心于贼,害宗室,围奉天,皆令言为首帅也。群凶宴乐,既醉,令言与源休论功,令言自比萧何,源休曰:"帷幄之谋,成秦之业,无出予之右者。吾比萧何无让,子当曹参可矣。"时朝士在贼廷者,闻之皆笑,谓源休为火迫酂侯。朱泚败,令言与张廷芝尚有众万人,从泚将入吐蕃。至泾州,欲投田希鉴,希鉴伪致礼诱之,与泚俱斩首来献。

　　张光晟,京兆盩厔人,起于行间。天宝末,哥舒翰兵败潼关,大将王思礼所乘马中流矢而毙,光晟时在骑卒之中,因下,以马授思礼。思礼问其姓名,不告而退,思礼阴记其形貌,常使人密求之。无何,思礼为河东节度使,其偏将辛云京为代州刺史,屡为将校谮毁,思礼怒焉。云京惶惧,不知所出。光晟时隶云京麾下,因间进曰:"光晟素有德于王司空,比不言者,耻以旧恩受赏。今使君忧迫,光晟请奉命一见司空,则使君之难可解。"云京然其计,即令之太原。乃谒思礼,未及言旧,思礼识之,遽曰:"尔岂非吾故人乎?何相见之晚也!"光晟遂陈潼关之事,思礼大喜,因执其手感泣曰:"吾有今日,子之力也。求子颇久,竟此相遇,何慰如之?"命同榻而坐,结为兄弟。光晟遂述云京之屈,思礼曰:"云京比涉谤言,过亦不细,今为故人,特舍之矣。"即日擢光晟为兵马使,赍田宅、缣帛甚厚,累奏特进,试太常少卿,委以心腹。及云京为河东节度使,又奏光晟为代州刺史。

　　大历末,迁单于都护、兼御史中丞、振武军使。代宗密谓之曰:"北蕃纵横日久,当思所御之计。"光晟既受命,至镇,威令甚行。建中元年,回纥突董梅录领众并杂种胡等自京师还国,舆载金帛,相属于道。光晟讶其装橐颇多,潜令驿吏以长锥刺之,则皆辇归所诱致京师妇人也。遂绐突董及所领徒悉令赴宴,酒酣,光晟伏甲尽拘而杀之,死者千余人,唯留二胡归国复命。遂部其妇人,给粮还京,收其金帛,赏赉军士。后回纥遣使来诉,上不欲甚阻蕃情,征拜右金吾将军。回纥犹怨怼不已,又降为睦王傅,寻改太仆卿,负才怏怏不得志。

贼泚僭逆,署光晟伪节度使兼宰相。及泚众频败,遂择精兵五千配光晟,营于九曲,去东渭桥凡十余里。光晟潜使于李晟,有归顺之意。晟进兵入苑,光晟劝贼泚宜速西奔,光晟以数千人送泚出城,因率众回降于晟。晟以其诚款,又爱其材,欲奏用之,俾令归私第,表请特减其罪。每大宴会,皆令就坐,华州节度使骆元光诟之曰:"吾不能与反虏同席!"拂衣还营。晟不得已,拘之私第,后有诏言其状迹不可原,乃斩之。

源休,相州临漳人,京兆尹光舆之子也。休以干局,累授监察御史、殿中侍御史、青苗使判官,迁虞部员外郎。出潭州刺史,入为主客郎中,迁给事中、御史中丞、左庶子。其妻,即吏部侍郎王翊女也。恩小忿而离,妻族上诉,下御史台验理,休迟留不答款状,除名,配流溱州。久之,移岳州。

建中初,杨炎执政,以京兆尹严郢威名稍著,心欲倾之。郢,即王翊甥婿也。休与王氏离绝之时,炎风闻休、郢有隙,遂擢休自流人为京兆少尹,俾令伺郢过失。休既职久,与郢亲善,炎怒之,奏令以本官兼御史中丞,奉使回纥。休至振武,军使张光晟已杀回纥突董等,上初欲遂绝其使,令休还,待命于太原。久之方遣,仍令休归其突董、翳密施大小梅录等四尸。突董者,即武义可汗之叔父也。尸既至,可汗令宰臣已下具彩服车马来迎。其补宰相颉于思迦坐大帐,立休等于帐外雪中,诘杀突董等故。休曰:"突董等自与张光晟忿斗而死,非天子命也。"又问:"使者背唐国,负罪当死,不能自戮耶？不然，何假手于我杀之也？"凡将杀者数矣，言颇悖慢，乃引去，供饩甚薄，留之五十余日，乃得还。可汗使谓休曰："我国人皆欲杀汝，唯我不然。汝国已杀突董等，吾又杀汝，犹以血洗血，污益甚尔。吾今以水洗血，不亦善乎！所欠吾马直绢一百八十万匹，当速归之。"遣散支将军康赤心等随休来朝，休竟不得见其可汗。寻遣赤心等归，与之帛十万匹、金银十万两，偿其马直。休履危而还，宰相卢杞又恐复命之日以口辩结恩，将至太原，遽奏为光禄卿。休以其远使赏薄，居常怨望。

会泾原兵叛，立朱泚为主。初但称太尉，朝官谒泚者，悉劝奉迎銮加驾，既不合泚意而退。及休至，遂屏人移时，言多悖逆，盛陈成败，称述符命，劝令僭号。泚悦其言，以休为宰相，判度支。休遂为谋主，至于兵食军资，迁除补拟，内外咨谋，一禀休画。故时人云："源休之逆，甚于朱泚。"朝廷大臣之奔窜不获者，多为休所诱致，以至戮辱，职休而为，盖非一焉。又劝泚锄薙宗室，以绝人望，命万年县贼曹尉杨偘专其断决，诸王子孙遇害不可胜数。泚败走，休随至宁州。泚死，休走凤翔，为其部曲所杀，传首来献。休三子并斩于东市，籍没其家。

乔琳，太原人。少孤贫志学，以文词称。天宝初，举进士，补成武尉，累授兴平尉。朔方节度郭子仪辟为掌书记，寻拜监察御史。琳倜傥疏诞，好谈谐，侮谑僚列，颇无礼检。同院御史毕耀初与琳嘲诮往复，因成衅隙，遂以公事互相告诉，坐贬巴州员外司户。遂起为南郭令，改殿中侍御史，充山南节度张献诚行军司马。使罢，为剑南东川节度鲜于叔明判官。改检校驾部郎中、果绵遂三州刺史、兼御史中丞。入为大理少卿、国子祭酒。出为怀州刺史。琳素与张涉友善，上在春宫，涉尝为侍读。及嗣位，多以政事询访于涉，盛称琳识度材略，堪备大用，因拜御史大夫、平章事。琳本粗材，又年高有耳疾，上每顾问，对答失次，论奏不合时。幸居相位，凡八十余日，除工部尚书，罢知政事，寻加迎皇太后副使。

朱泚之乱，扈从至奉天，转吏部尚书，迁太子太师。再幸梁、洋，琳从至盩厔，托以马乏迟留，上以琳旧老，心敬重之，慰谕颇至，以御马一匹给焉。又恳辞以老疾不堪山阻登顿，上怅然，赐之所执策曰："勉为良图，与卿决矣。"后数日，乃削发为僧，止仙游寺。贼泚闻之，遂令数十骑追至京城，俾为伪吏部尚书。令源休被公服，馈肉食，琳虽辞让，而僧言求施。琳掌贼中吏部，选人前请曰："所注某官不稳便。"琳谓之曰："足下谓此选竟稳便乎？"及官军收京师，当处极刑，时琳已七十余，李晟悯其衰老，表请减死。上以其累经重任，顿亏臣节，自受逆命，颇闻讥谐悖慢之言，背义负恩，固不可舍，命斩之。临刑欢曰："乔琳以七月七日生，亦以此日死，岂非命欤！"

张涉者，蒲州人，家世儒者。涉依国学为诸生讲说，稍迁国子博士，亦能为文，尝请有司日试万言，时呼张万言。德宗在春宫，受经于涉。涉及即位之夕，召涉入宫，访以庶政，大小之事皆咨之。翌日，诏居翰林，恩礼甚厚，亲重莫比，自博士迁散骑常侍。上方属意宰辅，唯贤是择，故求人于不次之地。涉举怀州刺史乔琳为相，上授之不疑，天下闻之者皆愕然。数月，琳以不称职罢，上由是疏涉。涉俄受前湖南都团练使辛京杲赃事发，诏曰："尊师之道，礼有所加；议故之法，恩有所掩。张涉贿赂交通，颇骇时听，常所亲重，良深叹惜。宜放归田里。"

蒋镇，常州义兴人，尚书左丞洌之子也。与史炼并以文学进。天宝末举贤良，累授左拾遗、司封员外郎，转谏议大夫。时户部侍郎、判度支韩滉上言："河中盐池生瑞盐，实土德之上瑞。"上以秋霖稍多，水潦为患，不宜生瑞，命镇驰驿检行之。镇奏与滉同，仍上表贺，请宣付史馆，并请置神祠，锡其嘉号宝应灵庆池。时霖潦弥月，坏居人庐舍非一，盐池为潦水所入，其味多苦。韩滉虑盐户减税，诈奏雨不坏池，池生瑞盐，镇庇之饰诈，识者丑之。转给事中、工部侍郎，以简俭称于时。

其妹婿源溥，即休之弟也，以姻媾之故，与休交好。泾师之叛，镇潜窜，夜至鄠县西，马蹶堕沟涧中，伤足不能进。时兄炼已与源休相率受贼伪官。镇仆人有逃归投炼，云镇病足在泚。炼与源休闻之大喜，遂言于贼泚。泚素慕镇清名，即令骑二百求之鄠县西。明日，拥镇而至，署为伪宰相。既知不免，每忧沮，常怀刃将自裁，多为兄炼所救而罢。数日后，复谋窜匿，竟以性懦畏怯，计终不果。然源休与泚频议，欲逼胁潜藏衣冠，大加杀戮，镇辄力争救，获全者甚众。至是，与兄炼等并授伪职，斩于东市西北街。

初，镇父冽，叔涣，当禄山、思明之乱，并授伪职，然以家风修整，为士大夫所称。镇兄弟亦以教义礼法为己任，而贪禄爱死，节隳身戮，为天下笑。

洪经纶，建中初为黜陟使。至东都，访闻魏州田悦食粮兵凡七万人，经纶素昧时机，先符停其兵四万人，令归农亩。田悦伪顺命，即依符罢之；而大集所罢兵士，激怒之曰："尔等在军旅，各有父母妻子，既为黜陟使所罢，如何得衣食？"遂大哭。悦乃尽出家财衣服厚给之，各令还其部伍，自此人坚叛心，由是罢职。及朱泚反，伪授太常少卿。

彭偃，少负俊才，锐于进取，为当涂者所抑，形于言色。大历末，为都官员外郎。时剑南东川观察使李叔明上言，以"佛、道二教，无益于时，请粗加澄汰。其东川寺观，请定为二等：上寺留僧二十一人；上观留道士十四人，降杀以七，皆精选有道行者，余悉令返初。兰若、道场无名者皆废"。德宗曰："叔明此奏，可为天下通制，不唯剑南一道。"下尚书集议。偃献议曰：

　　王者之政，变人心为上，因人心次之，不变不因，循常守固者为下。故非有独见之明，不能行非常之事。今陛下以惟新之政，为万代法，若不革旧风，令归正道者，非也。

　　当今道士，有名无实，时俗鲜重，乱政犹轻。唯有僧尼，颇为秽杂。自西方之教,被于中国,去圣日远,空门不行五浊,比丘但行粗法。爰自后汉,至于陈、隋,僧之废灭,其亦数乎!或至坑杀,殆无遗余。前代帝王,岂恶僧道之善如此之深耶?盖其乱人亦已其矣。且佛之立教,清净无为,若以色见,即是邪法,开示悟入,唯有一门,所以三乘之人,比之外道。况今出家者皆是无识下劣之流,纵其戒行高洁,在于王者,已无用矣,况是苟避征徭,于杀盗淫秽,无所不犯乎!今叔明之心甚善,然臣恐其奸吏诋欺,而去者未必非,留者不必是,无益于国,不能息奸。既不变人心,亦不因人心,强制力持,难致远耳。

　　臣闻天生烝人,必将有职,游行浮食,王制所禁。故有才者受爵禄,不肖者出租征,此古之常道也。今天下僧道,不耕而食,不织而衣,广作危言险语,以惑愚者。一僧衣食,岁计约三万有余,五丁所出,不能致此。举一僧以计天下,其费可知。陛下日旰忧勤,将去人害,此而不救,奚其为政?臣伏请僧道未满五十者,每年输绢四匹;尼及女道士未满五十者,每年输绢二匹;其杂色役与百姓同。有才智者令入仕,请还俗为平人者听。但令就役课,为僧何伤。臣窃料其所出,不下今之租赋三分之一,然则陛下这国富矣,苍生之害除矣。其年过五十者,请皆免之。夫子曰:“五十而知天命。”列子曰:“不班白,不知道。”人年五十,嗜欲已衰,纵不出家,心已近道,况戒律检其情性哉!臣以为此令既行,僧道规避还俗者固已太半。其所老精修者,必尽为人师,则道、释二教益重明矣。

议者是之,上颇善其言。大臣以二教行之已久,列圣奉之,不宜顿扰,宜去其太甚,其议不行。

　　偃以才地当掌文诰,以躁求为时论所抑,郁郁不得志。泾师之乱,从驾不及,匿于田家,为贼所得。朱泚素知之,得偃甚喜,伪署中书舍人,僭号辞令,皆偃为之。贼败,与伪中丞崔宣、贼将杜如江、吴希光等十三人,李晟收之,俱斩于安国寺前。

　　史臣曰：肇分阴阳，爰有生死，修短二事，贤愚一途。故君子遇夷险之机，不易其节；小人昧逆顺之道，而陷于刑。鸿毛泰山，斯为至论。令言远总师徒，首为叛逆；光晟初当委任，危输款诚；源休虽曰士流，甚于元恶；乔琳巧辞真主，俯就伪官；蒋镇贪禄隳节，皆曰小人。经纶之徒，不足言尔。

　　赞曰：时争逆顺，命击死生。君子守节，小人正刑。

旧唐书卷一二八

列传第七八

段秀实 子伯伦　　颜真卿 子颎　硕

　　段秀实字成公,陇州汧阳人也。祖达,左卫中郎。父行琛,洮州司马,以秀实赠扬州大都督。秀实性至孝,六岁,母疾,水浆不入口七日,疾有间,然后饮食。及长,沉厚有断。

　　天宝四载,安西节度马灵察署为别将,从讨护蜜有功,授安西府别将。七载,高仙芝代灵察,举兵围怛逻斯,黑衣救至,仙芝大衄,军士相失。夜中闻都将李嗣业之声,因大呼责之曰:“军败而求免,非丈夫也。”嗣业甚惭,遂与秀实收合散卒,复得成军。师还,嗣业请于仙芝,以秀实为判官,授斥候府果毅。十二载,封常清代仙芝,讨大勃律,师资贺萨劳城,一战而胜。常清逐之,秀实进曰:“贼兵赢,饵我也,请备左右,搜其山林。”遂歼其伏,改绥德府折冲。

　　肃宗即位于灵武,征安西兵节度使梁宰,宰潜怀异图。秀实谓嗣业曰:“岂有天子告急,臣下晏然,信滔妄之说,岂明公之意耶?”嗣业遂见宰,请发兵,从之。乃出步骑五千,令嗣业统赴朔方,以秀实为援,累有战功。而秀实父殁,哀毁过礼。嗣业既授节制,思秀实如失左右手,表请起复,为义王友,充节度判官。

　　安庆绪奔邺,嗣业与诸军围之,安西辎重委于河内。乃奏秀实为怀州长史,知军州,加节度留后。诸军进战于悉思冈,嗣业为流矢所中,卒于军,众推安西兵马使荔非元礼代之。秀实闻嗣业之丧,乃遗先锋将白孝德书,令发卒护嗣业丧送河内。秀实率将吏哭待于境,倾私财以奉葬事。元礼多其义,奏试光禄少卿,依前节度判官。

邙山之败,军徙翼城,元礼为麾下所杀,将佐亦多遇害,而秀实独以智全。众推白孝德为节度使,人心稍定。又迁试光禄卿,为孝德判官。孝德改镇邠宁,奏秀实试太常卿、支度营田二副使。大军西迁,所过掠夺。又以邠宁乏食,难于馈运,乃请军于奉天。是时公廪亦竭,县吏忧恐多逃匿,群行剽盗,孝德不能禁。秀实私曰:"使我为军候,当不如此。"军司马言之,遂以秀实为都虞候,权知奉天行营事,号令严一,军府安泰,代宗闻而嗟赏久之。兵还于邠宁,复为都虞候,寻拜泾州刺史。

大历元年,马璘奏加开府仪同三司。军中有能引二十四弓而犯盗者,璘欲免之,秀实曰:"将有私爱,则法令不一,虽韩、白复生,亦不能为理。"璘善其议,竟使杀之。璘决事有不合理者,必固争之,得璘引过乃已。璘城泾州,秀实掌留后,归还,加御史中丞。璘既奉诏徙镇泾州,其士众尝自四镇、北庭赴难中原,侨居骤移,颇积劳怨。万斧将王童之因人心动摇,导以为乱。或告其事,且曰:"候严,警鼓为约矣。"秀实乃召鼓人,阳怒失节,且戒之曰:"每更筹尽,必来报。"每白之,辄延数刻,四更毕而曙。既差互,童之乱不能作。明日,告者复曰:"今夜将焚草场,期救火者同作乱。"秀实使严加警备。夜半火发,乃使令于军中曰:"救火者斩。"童之居外营,请入救火,不许。明日斩之,捕杀其党凡十余人以徇,曰:"敢后徙者族!"于是迁泾州。既至其理所,人烟忧绝,兵无廪食。朝廷忧之,遂诏璘遥管郑、颖二州,以赡泾原军,俾秀实为留后,二州甚理。璘思其绩用,又奏行军司马,兼都知兵马使。

八年,吐蕃来寇,战于盐仓,我军不利。璘为寇戎所隔,逮暮未还,败将溃兵争道而入。时都将焦令谌与诸将四五辈狼狈而至,秀实召让之曰:"兵法:失将,麾下当斩。公等忘其死而欲安其家耶!"令谌等恐惧,下拜数十。秀实乃悉驱城中士卒未出战者,使骁将统之,东依古原,列奇兵示贼将战,且以收合败亡。蕃众望之,不敢逼。及夜,璘方获归。

十一年，璘疾甚，不能视事，请秀实摄节度副使兼左厢兵马使。秀实乃以十将张羽飞为招召将，分兵按甲，以备非常。璘卒，而军中行哭赴丧事于内，李汉惠接宾客于外，非其亲不得居丧侧，族谈离立者捕而囚之。都虞候史廷干、裨将崔珍张景华谋作乱，秀实乃送廷干于京师，徙珍及景华外镇，军中遂定，不戮一人。寻拜秀实泾州刺史、兼御史大夫，四镇北庭行军泾原郑颍节度使。三四年间，吐蕃不敢犯塞，清约率易，远近称之。非公会，不听乐饮酒，私室无妓媵，无赢财，退公之后，端居静虑而已。德宗嗣位，就加检校礼部尚书、张掖郡王。

建中元年，宰相杨炎欲行元载旧志，筑原州城，开陵阳渠，诏中使上闻，仍问秀实可否之状。秀实以为方春不可兴土功，请俟农隙。炎以其沮己之谋，遂除司农卿，以邠宁节度李怀光兼泾原节度命名，以事西拓。无何，刘文喜叛，亦不果城。

四年，朱泚盗据宫阙，源休教泚伪迎銮驾，阴济逆志。泚乃遣其将韩旻领马步三千疾趋奉天。时苍黄之中，未有武备。泚以秀实尝为泾原节度，颇得士心，后罢兵权，以为蓄愤且久，必肯同恶，乃召与谋议。秀实初诈从之，阴说大将刘海宾、何明礼、姚令言判官岐灵岳同谋杀泚，以兵迎乘舆。三人者，皆秀实凤所奖遇，遂皆许诺。及韩旻追驾，秀实以为宗社之危，期于顷刻，乃使人真诚谕灵岳，窃令言印。不遂，乃倒用司农印印符以追兵。旻至骆驿得符，军人亦莫辩其印文，惶遽而回。秀实谓海宾等曰：“旻之来，吾党无遗类矣！我当直搏杀泚，不得则死，终不能向此贼称臣。”乃与海宾约，事急为继，而令明礼应于外。明日，泚召秀实议事，源休、姚令言、李忠臣、李子平皆在坐。秀实戎服，与泚并膝，语至僭位，秀实勃然而起，执休腕夺其象笏，奋跃而前，唾泚而大骂曰：“狂贼，吾恨不斩汝万段，我岂逐汝反耶！”遂击之。泚举臂自捍，才中其颡，流血匍匐而走。凶徒愕然，初不敢动；而海宾等不至，秀实乃曰：“我不同汝反，何不杀我！”凶党群至，遂遇害焉。海宾、明礼、灵岳相次被杀。德宗在奉天闻其事，惜其委用不至，垂涕久之。

初，秀实见禁兵寡少，不足以备非常，乃上疏曰："臣闻天子曰万乘，诸侯曰千乘，大夫曰百乘，此盖以大制小，以十制一也。尊君卑臣，强干弱枝之义，在于此矣。今外有不庭之虏，内有梗命之臣，窃观禁兵不精，其数全少，卒有患难，将何待之！且猛虎所以百兽畏者，为爪牙也。若去其爪牙，则犬彘马牛悉能为敌。伏愿少留圣虑，冀裨万一。"及泾原兵作乱，召神策六军，遂无一人至者。秀实守节不二，竟殁于贼，其明略义烈如此。

兴元元年二月，诏曰："见危致命之谓忠，临义有勇之谓烈。惟尔克励臣节，不惮杀身；惟予式嘉乃勋，懋昭大典。曰台不德，罔克若天，遘兹殷忧，变起都邑。惟尔卿士，嗷然靡依，逼畏所加，淄渑共混。故开府仪同三司、检校礼部尚书、兼司农卿、上柱国、张掖郡王段秀实，操行岳立，忠厚精至，义形于色，勇必有仁。顷者尝镇泾原，克著威惠，叛卒知训，咨尔以诚。贼泚藏奸，欺尔以诈。守人臣之大节，见元恶之深情，端委国门，挺身白刃。誓碎凶渠之首，以敌君父之雠，视死如归，履虎致貙咥。噫，天末悔祸，事乖垂成，雄风壮图，振骇群盗。昔王蠋守死以全节，周颙正色而抗词，惟我信臣，无愧前哲。声震寰宇，义冠古今，足以激励人伦，光昭史册。不有殊等之赏，孰表非常之功。爰议畴庸，特超检限，著之甲令，树此风声。可赠太尉，谥曰忠烈，宣付史官，仍赐实封五百户、庄宅各一区。长子与三品正员官，诸子并与五品正员官。仍废朝三日，收京城之后，以礼葬祭，旌表门闾。朕承天子人，临驭亿兆，一夫不获，时予之辜。况诚信不达，屡致寇戎，使抱义之臣，陷于凶逆。有临危致命，殁而逾彰；有因事成功，权以合道。苟利社稷，存亡一致，酬报之典，岂限常伦。并委所访其事迹，续具条奏，当加褒异，锡其井赋。图形云阁，书功鼎彝，以彰我有服节死义之臣，传于不朽。"

德宗还京，又诏曰："赠太尉秀实，授乎贞烈，激其颓风，苍黄之中，密蕴雄断。将纾国难，诡收寇兵，挠其凶谋，果集吾事。挺身径进，奋击渠魁，英名凛然，振迈千古。宜差官致祭，并旌表门闾，缘葬所须，一切官给。仍于墓所官为立碑，以扬徽烈。"自贞元后累朝凡赦书节文褒奖忠烈,必以秀实为首。

其子伯伦,累官至太子詹事。大和二年正月奏:"亡父赠太尉秀实,准前后制赦令所司置庙立碑,今营造已毕,取今月二十五日行升祔礼。"诏曰:"秀实忠卫宗社,功配庙食,义风所激,千载凛然。间代勋力,须异等夷,宜赐绫绢五百匹,以度支物充。仍令所司供少牢,并给卤簿人夫,兼太常博士一人检校。"寻加伯伦检校左散骑常侍,兼殿中盐。大和四年十一月,迁右金吾卫大将军、兼御史大夫,充街使。八年七月,检校工部尚书,充福建等州都团练观察使,入为太仆卿,卒。宰臣李石奏曰:"伯伦,秀实之子。自古殁身以卫社稷者,无如秀实之贤。"文宗悯然曰:"伯伦宜加赙赠。"仍辍朝一日,以礼忠臣之嗣。

颜真卿字清臣,琅邪临沂人也。五代祖之推,北齐黄门侍郎。真卿少勤学业,有词藻,尤工书。开元中,举进士,登甲科。事亲以孝闻。四命为盐察御史,充河西陇右军试覆屯交兵使。五原有冤狱,久不决,真卿至,立辩之。天方旱,狱决乃雨,郡人呼之为"御史雨"。又充河东朔方试覆屯交兵使。有郑延祚者,母卒二十九年,殡僧舍垣地,真卿劾奏之,兄弟三十年不齿,天下耸动。迁殿中御史、东都畿采访判官,转侍御史、武部员外郎。杨国忠怒其不附己,出为平原太守。

安禄山逆节颇著,真卿以霖雨为托,修城浚池,阴料丁壮,储廪实;乃阳会文士,泛舟外池,饮酒赋诗。或谮于禄山,禄山亦密侦之,以为书生不足虞也。无几,禄山果反,河朔尽陷;独平原城守具备,乃使司兵参军李平驰奏之。玄宗初闻禄山之变,叹曰:"河北二十四郡,岂无一忠臣乎!"得平来,大喜,顾左右曰:"朕不识颜真卿形状何如,所为得如此!"禄山初尚移牒真卿,令以平原、博平军屯七千人防河津,以博平太守张献直为副。真卿乃募勇士,旬日得万人,遣录事参军李择交统之简阅,以刁万岁、和琳、徐浩、马相如、高抗朗等为将。

禄山既陷洛阳，杀留守李憕、御史中丞卢奕、判官蒋清，以三首遣段子光来徇河北。真卿恐摇人心，乃诈谓诸将曰："我识此三人，首皆非也。"遂腰斩子光，密藏三首。异日，乃取三首冠饰，草续支体，棺敛祭殡，为位恸哭，人心益附。禄山遣其将李钦凑、高邈、何千年等守土门。真卿从父兄常山太守杲卿与长史袁履谦谋杀凑、邈，擒千年送京师。土门既开，十七郡同日归顺，共推真卿为帅，得兵二十余万，横绝燕、赵。诏加真卿户部侍郎，依前平原太守。

清河客李萼，年二十余，与郡人来乞师，谓真卿曰："闻公义烈，首唱大顺，河朔诸郡恃公为长城。今清河，实公之西邻也，仆幸寓家，得其虚实，知可为长者用。今计其蓄积，足以三平原之富，士卒可以二平原之强。公因而抚之，腹心辅车之郡，其他小城，运之如臂使指耳。唯公所意，谁敢不从。"真卿借兵千人。萼将去，真卿谓之曰："兵出也，吾子何以教我？"萼曰："今闻朝廷使程千里统众十万自太行东下，将出崞口，为贼所扼，兵不得前。今若先伐魏郡，斩袁知泰，太守司马垂使为西南主；分兵开崞口之路，出千里之兵使讨邺、幽陵；平原、清河合同志十万之众徇洛阳，分兵而制其冲。计王师亦不下十万，公当坚壁，无与挑战，不数十日，贼必溃而相图矣。"真卿然之，乃移牒清河等郡，遣其大将李择交、副将平原县令范东馥、裨将和琳、徐浩等进兵，与清河四千人合势，而博平以千人来，三郡之师屯于博平，去堂邑县西南十里。袁知泰遣其将白嗣深、乙舒蒙等以二万人来拒战，贼大败，斩首万余级。肃宗幸灵武，授工部尚书、兼御史大夫、河北采访招讨使。禄山乘虚遣史思明、尹子奇急攻河北诸郡，饶阳、河间、景城、乐安相次陷没，独平原、博平、清河三郡城守，然人心危汤，不可复振。

至德元年十月，弃郡渡河，历江淮、荆襄。二年四月，朝于凤翔，授宪部尚书，寻加御史大夫。中书舍人兼吏部侍郎崔漪带酒容入朝，谏议大夫李何忌在班不肃，真卿劾之；贬漪为右庶子，何忌西平郡司马。元帅广平王领朔方蕃汉兵号二十万来收长安，出辞之日，百僚致谒于朝堂。百僚拜，答拜，辞亦如之。王当阙不乘马，步出木马门而后乘。管崇嗣为王都虞候,先王上马,真卿进状弹之。肃宗曰:"朕儿子每出,谆谆教诫之,故不敢失礼。崇嗣老将,有足疾,姑欲优容之,卿勿复言。"乃以奏状还真卿。虽天子蒙尘,典法不废。洎銮舆将复宫阙,遣左司郎中李巽先行,陈告宗庙之礼,有司署祝文,称"嗣皇帝"。真卿谓礼仪使崔器曰:"上皇在蜀,可乎?"器遽奏改之。中旨宣劳,以为名儒深达礼体。时太庙为贼所毁,真卿奏曰:"春秋时,新宫灾,鲁成公三日哭。今太庙既为盗毁,请筑坛于野,皇帝东向哭,然后遣使。"竟不能从。军国之事,知无不言。为宰相所忌,出为同州刺史,转蒲州刺史。为御史唐旻所构,贬饶州刺史。旋拜升州刺史、浙江西道节度使,征为刑部尚书。李辅国矫诏迁玄宗居西宫,真卿乃首率百僚上表请问起居,辅国恶之,奏贬蓬州长史。

代宗嗣位,拜利州刺史,迁户部侍郎,除荆南节度使,未行而罢,除尚书左丞。车驾自陕将还,真卿请皇帝先谒五陵、九庙而后还宫。宰相元载谓真卿曰:"公所见虽美,其如不合事宜何?"真卿怒,前曰:"用舍在相公耳,言者何罪?然朝廷之事,岂堪相公再破除耶!"载深衔之。旋改检校刑部尚书知省事,累进封鲁郡公。

时元载引用私党,惧朝臣论奏其短,乃请:百官凡欲论事,皆先白长官,长官白宰相,然后上闻。真卿上疏曰:

御史中丞李进等传宰相语,称奉进止:"缘诸司官奏事颇多,朕不惮省览,但所奏多挟谗毁;自今论事者,诸司官皆须先白长官,长官白宰相,宰相定可否,然后奏闻者。"臣自闻此语已来,朝野嚣然,人心亦多衰退。何则?诸司长官皆达官也,言皆专达于天子也。郎官、御史者,陛下腹心耳目之臣也。故其出使天下,事无巨细得失,皆令访察,回日奏闻,所以明四目、达四聪也。今陛下欲自屏耳目,使不聪明,则天下何述焉。《诗》云:"营营青蝇,止于棘。谗言罔极,交乱四国。"以其能变白为黑,变黑为白也。诗人深恶之,故曰:"取彼谗人,投畀豺虎。豺虎不食,投畀有北。"则夏之伯明、楚之无极、汉之江充,皆谗人也,孰不恶之?陛下恶之,深得君人之体矣。陛下何深回听察，其言虚诬者，则谗人也，因诛殛之；其言不虚者，则正人也，因奖励之。陛下舍此不为，使众人皆谓陛下不能明察，倦于听览，以此为辞，拒其谏诤，臣窃为陛下痛惜之。

臣闻太宗勤于听览，庶政以理，故著《司门式》云："其有无门籍人，有急奏者，皆令盐门司与仗家引奏，不许关碍。"所以防壅蔽也。并置立仗马二匹，须有乘骑便往，所以平治天下，正用此道也。天宝已后，李林甫威权日盛，群臣不先谘宰相辄奏事者，仍托以他故中伤，犹不敢明约百司，令先白宰相。又阉官袁思艺日宣诏至中书，玄宗动静，必告林甫，先意奏请，玄宗惊喜若神。以此权柄恩宠日甚，道路以目。上意不下宣，下情不上达，所以渐致潼关之祸，皆权臣误主，不遵太宗之法故也。陵夷至于今日，天下之蔽，尽萃于圣躬，岂陛下招致之乎？盖其所从来者渐矣。自艰难之初，百姓尚未凋弊，太平之理，立可便致。属李辅国用权，宰相专政，递相姑息，莫肯直言。大开三司，不安反侧，逆贼散落，将士将走党项，合集土贼，至今为患。伪将更相惊恐，因思明危惧，扇动却反。又今相州败散，东都陷没，先帝由此忧勤，至于损寿，臣每思之，痛节心骨。

今天下兵戈未戢，疮痍未平，陛下岂得不日闻谠言以广视听，而欲顿隔忠谠之路乎！臣窃闻陛下在陕州时，奏事者不限贵贱，务广闻见，乃尧、舜之事也。凡百臣庶，以为太宗之理，可翘足而待也。臣又闻君子难进易退，由此言之，朝廷开不讳之路，犹恐不言，况怀厌怠，令宰相宣进止，使御史台作条目，不令直进。从此人人不敢奏事，则陛下闻见，只在三数人耳。天下之士，方钳口结舌，陛下后见无人奏事，必谓朝廷无事可论，岂知惧不敢进，即林甫、国忠复起矣。凡百臣度，以为危殆之期，又翘足而至也。如今日之事，旷古未有，虽李林甫、杨国忠犹不敢公然如此。今陛下不早觉悟，渐成孤立，后纵悔之无及矣！臣实知忤大臣者，罪在不测，不忍孤负陛下，无任恳迫之至。

其激切如此。于是中人争写内本布于外。

后摄祭太庙，以祭器不修言于朝，载坐以诽谤，贬硖州别驾、抚州湖州刺史。元载伏诛，拜刑部尚书。代宗崩，为礼仪使。又以高祖已下七圣谥号繁多，乃上议请取初谥为定。今日袁傪以诡言排之，遂罢。杨炎为相，恶之，改太子少傅，礼仪使如旧，外示崇宠，实去其权也。

卢杞专权，忌之，改太子太师，罢礼仪使，谕于真卿曰："方面之任，何处为便？"真卿候杞于中书曰："真卿以褊性为小人所憎，窜逐非一。今已羸老，幸相公庇之。相公先中丞传首至平原，面上血真卿不敢衣拭，以舌舐之，相公忍不相容乎？"杞矍然下拜，而含怒心。会李希烈陷汝州，杞乃奏曰："颜真卿四方所信，使谕之，可不劳师旅。"上从之，朝廷失色。李勉闻之，以为失一元老，贻朝廷羞，乃密表请留。又遣逆于路，不及。

初见希烈，欲宣诏旨，希烈养子千余人露刃争前迫真卿，将食其肉。诸将丛绕慢骂，举刃以拟之，真卿不动。希烈遽以身蔽之，而麾其众，众退，乃揖真卿就馆舍。因逼为章表，今雪己，愿罢兵马。累遣真卿兄子岘与从吏凡数辈继来京师。上皆不报。每于诸子书，令严奉家庙，恤诸孤而已。希烈大宴逆党，召真卿坐，使观倡优斥黩朝政为戏，真卿怒曰："相公，人臣也，奈何使此曹如是乎？"拂衣而起，希烈惭，亦呵止。时朱滔、王武俊、田悦、李纳使在坐，目真卿谓希烈曰："闻太师名德久矣，相公欲建大号，而太师至，非天命正位？欲求宰相，孰先太师乎？"真卿正色叱之曰："是何宰相耶！君等闻颜杲卿无？是吾兄也。禄山反，首举义兵，及被害，诟骂不绝于口。吾今年向八十，官至太师，守吾兄之节，死而后已，岂受汝辈诱胁耶！"诸贼不敢复出口。

希烈乃拘真卿，令甲士十人守，掘方丈坎于庭，曰"坑颜"，真卿怡然不介意。后张伯仪败绩于安州，希烈令齐伯仪旌节首级夸示真卿，真卿恸哭投地。后其大将周曾等谋袭汝州，因回兵杀希烈，奉真卿为节度。事泄，希烈杀曾等，遂送真卿于龙兴寺。真卿度必死，乃作遗表,自为墓志、祭文,常指寝室西壁下云:"吾殡所也。"希烈既陷汴州,僭伪号,使人问仪于真卿,真卿曰:"老夫耄矣,曾掌国礼,所记者诸侯朝觐礼耳。"

兴元元年,王师复振,逆贼虑变起蔡州,乃遣其将辛景臻、安华至真卿所,积柴庭中,沃之以油,且传逆词曰:"不能屈节,当自烧。"真卿乃投身赴火,景臻等遽止之,复告希烈。德宗复宫阙,希烈弟希倩在朱泚党中,例伏诛。希烈闻之怒,兴元元年八月三日,乃使阉奴与景臻等杀真卿。先曰:"有敕。"真卿拜,奴曰:"宜赐卿死。"真卿曰:"老臣无状,罪当死,然不知使不何日从长安来?"奴曰:"从大梁来。"真卿骂曰:"乃逆贼耳,何敕耶!"遂缢杀之,年七十七。

及淮、泗平,贞元元年,陈仙奇使护送真卿丧归京师。德宗痛悼异常,废朝五日,谥曰文忠。复下诏曰:"君臣之义,生录其功,殁厚其礼,况才优匡国,忠至灭身。朕自兴叹,劳于寤寐。故光禄大夫、守太子太师、上柱国、鲁郡公颜真卿,器质天资,公忠杰出,出入四朝,坚贞一志。属贼臣扰乱,委以存谕,拘胁累岁,死而不挠,稽其盛节,实谓犹生。朕致贻斯祸,惭悼靡及,式崇嘉命,兼延尔嗣。可赠司徒,仍赐布帛五百端。男頵、硕等丧制终,所司奏超授官秩。"贞元六年十一月南郊,敕书节文授真卿一子五品正员官,故頵得录用。文宗诏曰:"朕每览国史,见忠烈之臣,未尝不嗟叹久之,思有以报。如闻从览、弘式,实真卿之孙。永惟九原,既不可作,旌其嗣续,谅协典彝。考绩已深于宦途者,命列于中台;官次未齿于缙绅者,俾佐于左辅。庶使天下再新义风。"以真卿曾孙弘式为同州参军。

史臣曰:每思先轸免胄,子路结缨,虽云其忠,未闻于道。如成公孝于家,能于军,忠于国,是武之英也;苟无杨炎弄权,若任之为将,遂展其才,岂有朱泚之祸焉!如清臣富于学,守其正,全其节,是文之杰也;苟无卢杞恶直,若任之为相,遂行其道,岂有希烈之叛焉!夫国得贤则安,失贤则危。德宗内信奸邪,外斥良善,几致危也,宜哉。噫,"仁以为己任,不亦重乎;死而后已,不亦远乎!"二君守道殁身，为时垂训，希代之士也，光文武之道焉。

赞曰：自古皆死，得正为顺。二公云亡，万代垂训。

旧唐书卷一二九
列传第七九

韩滉 子皋 弟洄 　张延赏 子引
靖子文规 次宗

　　韩滉字太冲,太子少师休之子也。少贞介好学,以荫解褐左威
卫骑曹参军,出为同官主簿。至德初,青齐节度邓景山辟为判官,授
盐察御史、兼北海郡司马,以道路阻绝,因避地山南。采访使李承昭
奏充判官,授通州长史、彭王府谘议参军。邓景山移镇淮南,又表为
宾佐,未行,除殿中侍御史,追赴京师。先是,滉兄法知制诰,草王玙
拜官之词,不加虚美,玙颇衔之。及其秉政,诸使奏滉兄弟者,必以
冗官授之。滉免相,群议称其屈,累迁至祠部、考功、吏部三员外郎。
　　滉公洁强直,明于吏道,判南曹凡五年,详究簿书,无遗纤隐。
大历中,改吏部郎中、给事中。时盗杀富平令韦当,县吏捕获贼党,
而名隶北军,盐军鱼朝恩以有武材,请诏原其罪,滉密疏驳奏,贼遂
伏辜。迁尚书右丞。五年,知兵部选。六年,改户部侍郎、判度支。
自至德、乾元已后,所在军兴,赋税无度,帑藏给纳,多务因循。滉既
常司计,清勤检辖,不容奸妄,下吏及四方行纲过犯者,必痛绳之。
又属大历五年已后,蕃戎罕侵,连岁丰稔,故滉能储积谷帛,帑藏稍
实。然苛克颇甚,覆治按牍,勾剥深文,人多咨怨。
　　大历十二年秋,霖雨害稼,京兆尹黎干奏畿县损田,滉执云干
奏不实。乃命御史巡覆,回奏诸县凡损三万一千一百九十五顷。时
渭南令刘藻曲附滉,言所部无损,户部分巡御史赵计复检行,奏与

藻合。代宗览奏，以为水旱咸均，不宜渭南独免，申命御史朱敖再检，渭南损田三千余顷。上谓敖曰："县令职在字人，不损犹宜称损，损而不问，岂有恤隐之意耶！卿之此行，可谓称职。"下有司讯鞫，藻、计皆伏罪，藻贬万州南浦员外尉，计贬丰州员外司户。滉弄权树党，皆此类也。俄改太常卿，议未息，又出为晋州刺史。数月，拜苏州刺史、浙江东西都团练观察使。寻加检校礼部尚书、兼御史大夫、润州刺史、镇海军节度使。

滉既移镇，安辑百姓，均其租税，未及逾年，境内称理。及建中年冬，泾师之乱，德宗出幸，河、汴骚然，滉训练士卒，锻砺戈甲，称为精劲。李希烈既陷汴州，滉乃择其锐卒，令裨将李长荣、王栖曜与宣武军节度刘玄佐掎角讨袭，解宁陵之围，复宋、汴之路，滉功居多。

然自关中多难，滉即于所部闭关梁，筑石头五城，自京口至玉山，禁马牛出境；造楼船战舰三十余艘，以舟师五千人由海门扬威武，至申浦而还；毁撤上元县佛寺道观四十余所，修坞壁，建业抵京岘，楼雉相属，以佛殿材于石头城缮置馆第数十。时滉以国家多难，恐有永嘉渡江之事，以为备预，以迎銮驾，亦申儆自守也。城中穿深井十丈近百所，下与江平，俾偏将丘涔督其役。涔酷虐士卒，日役千人，朝令夕办，去城数十里内先贤丘墓，多令毁废。明年正月，追李长荣等戍军还，以其所亲吏卢复为宣州刺史、采石军使，增营垒，教习长兵。以佛寺铜钟铸弩牙兵器。陈少游时镇扬州，以甲士三千人临江大阅，滉亦以兵三千人临金山，与少游相应，楼船于江中，以金银缯彩互相聘赍。而自德宗出居，及归京师，军用既繁，道路又阻，关中饥馑，加之以灾蝗，江南、两浙转输粟帛，府无虚月，朝廷赖焉。

兴元元年，就加检校吏部尚书。数月，又加检校右仆射。贞元元年七月，拜检校左仆射、同平章事，使并如故。二年春，特封晋国公。其年十一月，来朝京师。时右丞元琇判度支，以关辅旱俭，请运江淮租米以给京师。上以滉浙江东节度，素著威名，加江淮转运使，欲令专督运。琇以滉性刚愎，难与集事，乃条奏滉督运江南米至扬子,凡一十八里,扬子南北,皆元琇主之。滉深怒于琇。琇以京师钱重货轻,切疾之,乃于江东盐院收获见钱四十余万贯,令转送入关。琇不许,乃诬奏云:"运千钱至京师,费钱至万,于国有害。"请罢之。上以问琇,琇奏曰:"一千之重,约与一斗米均。滉自江南水路至京,一千之所运,费三百耳,岂至万乎?"上然之,遣中使赍手诏令运钱。滉坚执以为不可。其年十二月,加滉度支诸道转运盐铁等使,遂逞宿怒,累诬奏琇,贬雷州司户。其责既重,举朝以为非罪,多窃议者。尚书左丞董晋谓宰臣刘滋、齐映曰:"元左丞忽有贬责,未知罪名,用刑一滥,谁不危惧?假有权臣骋志,相公何不奏请三司详断之。去年关辅用兵,时方蝗旱,琇总国计,夙夜忧勤,以赡给师旅,不增一赋,军国皆济,斯可谓之劳臣也。今见播逐,恐失人心,人心一摇,则有闻鸡起舞者矣。窃为相公痛惜之。"滋、映但引过而已。给事袁高又抗疏申理之,滉诬公以朋党,寝而不行。

时两河罢兵,中土宁乂,滉上言:"吐蕃盗有河湟,为日已久。大历已前,中国多难,所以肆其侵轶。臣闻其近岁已来,兵众浸弱,西迫大食之强,北病回纥之众,东有南诏之妨,计其分镇之外,战兵在河、陇五六万而已。国家第令三数良将,长驱十万众,于源、鄯、洮、渭并修坚城,各置二万人,足当守御之要。臣请以当道所贮蓄财赋为馈运之资,以充三年之费。然后营田积粟,且耕且战,收复河、陇二十余州,可翘足而待也。"上甚纳其言。滉之入朝也,路由汴州,厚结刘玄佐,将荐其可任边事,玄佐纳其赂,因许之。及来觐,上访问焉,初颇禀命,及滉以疾归第,玄佐意怠,遂辞边任,盛陈犬戎未衰,不可轻进。滉贞元三年二月,以疾薨,遂寝其事,年六十五。上震悼久之,废朝三日,赠太傅,赙面帛米粟有差。

滉,宰相子,幼有美名,其所结交,皆时之俊彦,非公直者不与之亲密。性持节俭,志在奉公,衣裘茵祗,十年一易,居处陋薄,才蔽风雨。弟洄常于里宅增修廊宇,自江南至,即命撤去之,曰:"先公容焉,吾辈奉之,常恐失坠,所有摧圮,葺之则已,岂敢改作,以伤俭德。"自居重位,愈清俭嫉恶,弥缝阙漏,知无不为,家人资产,未尝在意。入仕之初，以至卿相，凡四十年，相继乘马五匹，皆及敝帷。尤工书，兼善丹青，以绘事非急务，自晦其能，未尝传之。好《易象》及《春秋》，著《春秋通例》及《天事序议》各一卷。然以前辈早达，稍薄后进。晚岁至京师，丞郎卿佐，接之颇倨，众不能平。其在浙右也，政令明察，末年伤于严急，巡内婺州傍县有犯其令者，诛及邻伍，死者数十百人。又俾推覆官分察境内，情涉疑似，必置极法，诛杀残忍，一判即剿数十人，且无虚日。虽令行禁止，而冤滥相寻。议者以滉统制一方，颇著勤绩，自幼立名贞廉，晚途政甚苛惨，身未达则饰情以进，得其志则本质遂彰。子群、皋。群，官至考功员外郎。

皋字仲文，凤负令名，而器质重厚，有大臣之度。由云阳尉擢贤良科，拜右拾遗，转左补阙，累迁起居郎、考功员外郎。俄丁父艰，德宗遣中人京第慰问，仍宣令论撰滉之事业，皋号泣承命，立草数千言，德宗嘉之。及免丧，执政者拟考功郎中，御笔加知制诰。迁中书舍人、御史中丞、尚书右丞、兵部侍郎，皆称职。改京兆尹，奏郑锋为仓曹，专掌钱谷。锋苛刻剥下为事，人皆咨怨。又劝皋搜索府中杂钱，折籴百姓粟麦等三十万石进奉，以图恩宠。皋纳其计，寻奏锋为兴平县令。及贞元十四年，春夏大旱，粟麦枯槁，畿内百姓，累经皋陈诉，以府中仓库虚竭，忧迫惶惑，不敢实奏。会唐安公主女出适右庶子李诉，内官中使于诉家往来，百姓遮道投状，内官继以事上闻。德宗下诏曰："京邑为四方之则，长吏受亲人之寄，实击邦本，以分朕忧，苟非其才，是紊于理。正议大夫、守京兆尹、赐紫金鱼袋韩皋，比践清贯，颇闻谨恪，委之尹正，冀效公忠。乃者邦畿之间，粟麦不稔，朕念兹黎庶，方议蠲除，自宜悉心，以副勤恤。皋奏报失实，处理无方，致令闾井不安，嚣然上诉。及令覆视，皆涉虚词，壅蔽颇深，罔惑斯甚。宜加惩诫，以勖守官。可抚州司马，员外置同正员，驰驿发遣。"锋亦寻出为汀州司马。皋无几移杭州刺史，复拜尚书右丞。

皋恃前辈，颇以简倨自处。顺宗时，王叔文常盛，皋嫉之，谓人曰："吾不能事新贵。"皋从弟晔，幸于叔文，以告之，因出为鄂州刺

史、岳鄂蕲沔等州观察使。入为东都留守。元和八年六月,加检校
吏部尚书,兼许州刺史,充忠武军节度等使。以陈、许二州水潦之
后,赐皋绫绢布葛十万端匹,以助军资宴赏。所理以简俭称。入为
吏部尚书,兼太子少傅,判太常卿事。元和十一年三月,皇太后王氏
崩,以皋充大明宫使。十五年闰正月,充宪宗山陵礼仪使。三月,穆
宗以师保之旧,加检校右仆射。十二月,以铨司考科目人失实,与刑
部侍郎知选事李建罚一月俸料。长庆元年正月,正拜尚书右仆射。
二年四月,转左仆射,赴尚书省上事,命中使宣赐酒馔,及宰臣百僚
送上,皆如近式。其年,以本官东都留守,行及戏源驿暴卒,年七十
九。赠太子太保。大和元年,谥曰贞。

　　皋生知音律,尝观弹琴,至《止息》,叹曰:“妙哉!”嵇生之为是
曲也,其当晋、魏之际乎!其音主商,商为秋声。秋也者,天将摇落
肃杀,其岁之晏乎!又晋乘金运,商,金声,此所以知魏之季而晋将
代也。慢其商弦,与宫同音,是臣夺君之义也,所以知司马氏之将篡
也。司马懿受魏明帝顾托后嗣,反有篡夺之心,自诛曹爽,逆节弥
露。王陵都督扬州,谋立荆王彪;毋丘俭、文钦、诸葛诞前后相继为
扬州都督,咸有匡复魏室之谋,皆为懿父子所杀。叔夜以扬州故广
陵之地,彼四人者,皆魏室文武大臣,咸败散于广陵,始也。《止息》
者,晋虽暴兴,终止息于此也。其哀愤躁蹙,惨痛迫胁之旨,尽在于
是矣。永嘉之乱,其应乎!叔夜撰此,将贻后代之知音者,且避晋、
魏之祸,所以托之神鬼也。”

　　洄以荫绪受任,刘晏判盐铁度支,辟为属吏,累官至谏议大夫、
知制诰。与元载善,载诛,以累贬邵州司户同正员。建中元年二月,
复谏议大夫。先以刘晏兼领度支,晏既罢黜,令天下钱谷各归尚书
省。本司废职罢事,久无纲纪,徒收其名而莫综其任,国用出入,未
有所统,故转洄户部侍郎、判度支。洄上言:“江淮钱盐,岁铸钱四万
五千贯,输于京师,度工用转送之费,每贯计钱二千,是本倍利也。
今商州有红崖冶,出铜益多,又有洛源盐,久废不理。请增工凿山以
取铜,兴洛源故盐,置十炉铸之。岁计出钱七万二千贯,度工用转送

之费,贯计钱九百,则利浮本矣。其江淮七盐,请皆罢之。"复以"天下铜铁之冶,是曰山泽之利,当归于王者,非诸侯方岳所有。今诸道节度都团练使皆占之,非宜也,请总隶盐铁使"。皆从之。

洄与杨炎善,炎得罪,常不自安。无何,兄子皋抗疏理炎罪,德宗意洄令为之,寻贬蜀州刺史。兴元元年三月,入为兵部侍郎。六月,为京兆尹。七月,加御史大夫。贞元二年正月,刑部侍郎刘太真党于宰相卢杞得罪,以洄代太真为刑部侍郎,寻复兵部侍郎。贞元七年十一月,为国子祭酒。

张延赏,中书令嘉贞之子。幼孤,本名宝符,开元末,玄宗召见,赐名延赏,取"赏延于世"之义,特授左司御率府兵曹参军。博涉经史,达于政事,侍中、韩国公苗晋卿见而奇之,以女妻焉。肃宗在凤翔,擢拜盐察御史,赐绯鱼袋,转殿中侍御史。关内节度使王思礼请为从事,思礼领河东,又为太原少尹,兼行军司马、北都副留守。

代宗幸陕,除给事中,转御史中丞、中书舍人。大历二年,拜河南尹,充诸道营田副使。河洛久当兵冲,闾井丘墟,延赏勤身率下,政尚简约,疏导河渠,修筑宫庙,数年间流庸归附,邦畿复完,诏书褒美焉。时罢河南、西山、山南副元帅,以其兵镇东都,延赏权知东都留守以领之,理行第一,入朝拜御史大夫。初,上封人李少良潜以元载阴事闻,载党知之,奏少良狂妄,下御史台讯鞫,欲有所属。延赏不承其意,寻出为扬州刺史、淮南节度观察等使。属岁旱歉,人有亡去他境者,吏或拘之。延赏曰:"夫食,人之所恃而生也,此居而坐毙,适彼而可生,得存吾人,又何限于彼也。"乃具舟楫而遣之,俾吏修其庐室,已其逋债,而归者增于其旧。边江之瓜洲,舟航凑会,而悬属江南,延赏奏请以江为界,人甚为便。寻以母忧去职,终制授检校礼部尚书、江陵尹、兼御史大夫、荆南节度观察使。

数年,改检校兵部尚书、成都尹、剑南西川节度观察使,依前兼御史大夫,寻就加吏部尚书。建中四年十一月,部将西山兵马使张朏以兵入成都为乱,延赏奔汉州鹿头,戍将叱干遂等讨之。其月,斩朏及同恶者,复归成都。先是兵革屡扰,自天宝末杨国忠用事南蛮,三蜀疲弊,属车驾迁幸;其后郭英乂淫崔宁之室,遂纵崔宁、杨琳交乱;及崔宁得志,复极侈靡,故蜀土残弊,荡然无制度。延赏薄赋约事,动遵法度,仅至庶富焉。建中末,驾在山南,延赏贡奉供亿,颇竭忠力焉。驾在梁州,倚剑南蜀川为根本。

贞元元年,以宰相刘从一有疾,诏征延赏为中书侍郎、同中书门下平章事。与凤翔节度使李晟不协,晟表论延赏过恶,德宗重违晟意,延赏至兴元,改授左仆射。初,大历末,吐蕃寇剑南,李晟领神策军戍之,及旋师,以成都官妓高氏归。延赏闻而大怒,即使将吏令追还焉。晟颇衔之,形于词色。三年正月,晟入朝,诏晟与延赏释憾,德宗注意于延赏,将用之。会浙西观察使韩滉来朝,尝有德于晟,因会宴说晟使释憾,遂同饮极欢,且请晟表荐为相,晟然之,于是复加同中书门下平章事。及延赏当国用事,晟请一子聘其女,固情好焉,延赏拒而不许。晟谓人曰:“武人性快,若释旧恶于杯酒之间,终欢可解。文士难犯,虽修睦于外,而蓄怒于内,今不许婚,衅未忘也,得无惧焉!”无几,延赏果谋罢晟兵权。初,吐蕃尚结赞兴兵入陇州,抵凤翔,无所虏掠,且曰:“召我来,何不持牛酒劳军?”徐乃引去,持是以间晟。晟令牙将王佖选锐兵三千设伏汧阳,大败吐蕃,结赞仅免,自是数遣使乞和。晟朝于京师,奏曰:“戎狄无信,不可许。”宰相韩滉又扶晟议,请调军食以继之,上意将帅生事邀功。会滉卒,延赏揣上意,遂行其志,奏令给事中郑云逵代之。上不许,且曰:“晟有社稷之功,令自举代己者。”于是始用邢君牙焉。拜晟太尉、兼中书令,奉朝请而已。是年五月,吐蕃果背约以劫浑瑊。及册晟太尉,故事,临轩册拜三公,中书令读册,侍中奉礼,如阙,即以宰相摄之。延赏欲轻其礼,始令兵部尚书崔汉衡摄中书令读册,时议非之。

延赏奏议请省官员,曰:“为政之本,必先命官。旧制官员繁而且费,州县残破,职此之由。臣在荆南、剑南,所管州县阙官员者,少不下十数年,吏部未尝补授,但令一官假摄,公事亦理。以此言之,员可减无疑也。请减官员,收其禄俸,资幕职战士,俾刘玄佐复河湟,军用不乏矣。"上然之。初,韩滉入朝,至汴州,厚结刘玄佐,将荐其可委边任,玄佐亦欲自效,初禀命,及滉卒,玄佐以疾辞,上遣中官劳问,卧以受命。延赏知不可用,奏用李抱真,抱真亦辞不行。时抱真判官陈云奏事京师,延赏俾县劝抱真,竟拒绝之。盖以延赏挟怨罢李晟兵柄,由是武臣不附。自建议减员之后,物议不平。延赏惧,量留其官,下诏曰:"诸州府停减及所留官,并使合厘务。其中有先考满及充职掌,遇停减或恐公务有阙,宜委长吏于合停官中取考浅人清白干举者,留填阙官,差摄讫闻奏。但取才堪,不限资序。如当州官少,任以邻州官充。其州县诸色部送,准旧例以当州官及本土寄客有资产干了者差遣。"及减员人众,道路怨叹,日闻于上。侍中马燧奏减员太甚,恐不可行;太子少保韦伦及常参官等各抗疏以减员招怨,并请复之;浙西观察使白志贞亦以疏论。时延赏疾甚,在私第;李泌初为相,采于群情,由是官员悉复。贞元三年七月薨,年六十一,废朝三日,赠太保,赙礼加等,谥曰成肃。

子弘靖,字元理,雅厚信直。少以门荫授河南府参军,调补蓝田尉。东都留守杜亚辟为从事,奏改盐察御史裹行,转殿中侍御史、内供奉。留守将令狐运逐贼出郊,其日有劫转运绢于道者,亚以运豪家子,意其为之,乃令判官穆员及弘靖同鞫其事。员与弘靖皆以运职在牙门,必不为盗,坚请不按。亚不听,遂以狱闻,仍斥员及弘靖出幕府,有诏令三司使杂治之,后果于河南界得贼。无何,德阳公主下嫁,治第将侵弘靖家庙。弘靖拜表陈情,具述祖考之德,德宗慰抚之,不令毁庙。又献赋美二京之制,德宗嘉其文,擢授盐察御史。转殿中侍御史、礼部员外郎;迁兵部郎中、知制诰、中书舍人、知东都选事;拜工部侍郎,转户部侍郎、陕州观察、河中节度使;拜刑部尚书、同中书门下平章事。

吴少阳死,其子元济擅主留务,宪宗怒,欲下诏诛之。弘靖请先命吊赠使,待其不恭,然后加兵,宪宗从其议。寻加中书侍郎平章事。盗杀宰相武元衡,京师索贼未得。时王承宗邸中有镇卒张晏辈数人,行止无状,人多意之,诏录付御史陈中师按之,皆附致其罪,如京中所说。弘靖疑其不直,骤于上前言之,宪宗不听,竟杀张晏辈。及田弘正入郓,按簿书,亦有杀元衡者,但事暧昧,互有所说,卒未得其实。又杀张晏后,宪宗欲遂伐承宗。弘靖以为戎事并兴,鲜有济者,不若并攻元济,待淮西平,然后悉师河朔。宪宗业已北讨,不为之止,然亦重违其言。弘靖知终不听用,遂自陈乞罢政事。俄检校吏部尚书、同中书门下平章事,充太原节度使。行未及镇,果下诏诛承宗。弘靖以骤谏不行,宜用自效,大阅军实,请躬讨承宗。诏许出军,不许自往。俄而魏博、泽潞悉为承宗所败,有诏实赏其前言。弘靖即间道发使恳喻承宗,承宗因亦款附。旋征拜吏部尚书,迁检校右仆射、宣武军节度使,时韩弘入觐之后也。弘靖用政宽缓,代弘之理。俄以刘总累求归阙,且请弘靖代己,制加检校司空平章事,充幽州、卢龙等军节度使。

　弘靖之入幽州也,蓟人无老幼男女,皆夹道而观焉。河朔军帅冒寒暑,多与士卒同,无张盖安舆之别。弘靖久富贵,又不知风土,入燕之时,肩舆于三军之中,蓟人颇骇之。弘靖以禄山、思明之乱,始自幽州,欲于事初尽革其俗,乃发禄山墓,毁其棺柩,人尤失望。从事有韦雍、张宗厚数辈,复轻肆嗜酒,常夜饮醉归,烛火满街,前后呵叱,蓟人所不习之事。又雍等诟责吏卒,多以反虏名之,谓军士曰:“今天下无事,汝辈挽得两石力弓,不如识一丁字。”中以意气自负,深恨之。刘总归朝,以钱一百万贯赐军士,弘靖留二十万贯充军府杂用。蓟人不胜其愤,遂相率以叛,囚弘靖于蓟门馆,执韦雍、张宗厚辈数人,皆杀之。续有张彻者,自远使回,军人以其无过,不欲加害,将引置馆中。彻不知其心,遂索弘靖所在,大骂军人,亦为乱兵所杀。明日,吏卒稍稍自悔,悉诣馆,请弘靖为帅,愿改心事之。凡三请,弘靖卒不对。军人乃相谓曰:“相公无言,是不赦吾曹必矣,军中岂可一日无帅!”遂取朱洄为兵马留后。朝廷既除洄子克融为幽州节度使,乃贬弘靖为抚州刺史。未几,迁太子宾客、少保、少师。长庆四年六月卒,年六十五。

　　元和初，王承宗阻兵，刘总父济备陈征讨之术，请身先之。及出军，累拔城邑。总既继父，愿述先志，且欲尽更河朔旧风。长庆初，累表求入朝，兼请分割所理之地，然后归朝。其意欲以幽、涿、营州一道，请弘靖理之；瀛州为一道，卢士玫理之；平、蓟、妫、檀为一道，请薛平理之。仍籍军中宿将，尽荐于阙下，因望朝廷升奖，使幽、蓟之人，皆有希美爵禄之意。及疏上，穆宗且欲速得范阳，宰臣崔植、杜元颖又不为远大经略，但欲重弘靖所授而省其事局。唯瀛、莫两州许置观察使，其他郡悉命弘靖统之。时总所荐将校俱在京师旅舍军中，久而不问，朱克融辈仅至假衣丐食，日诣中书求官，不胜其困。及除弘靖，命悉还本军。克融辈虽得复归，皆深怀觖望，其后因为叛乱。初，总以平、蓟、妫、檀请薛平，于分裂之中尤为上策，而朝廷不能行之，竟致后患，人到于今惜之。

　　子文规、景初、嗣庆、次宗。

　　文规，历拾遗、补阙、吏部员外郎。开成三年十一月，右丞韦温弹劾文规：长庆中父弘靖陷在幽州，文规徘徊京师，不寻赴难，不宜尘污南宫，乃出为安州刺史。累迁右散骑常侍、兼御史中丞、桂管都防御观察使。

　　景初，历职使府，官止殿中侍御史。

　　嗣庆，位终河南少尹。

　　次宗最有文学，稽古履行。开成中，为起居舍人。文宗复故事，每入阁，左右史执笔立于螭头之下，宰相奏事，得以备录。宰臣既退，上召左右史更质证所奏是非，故开成政事，详于史氏，次宗尤称奉职。改礼部员外郎，以兄文规为韦温不放入省出官，次宗坚辞省秩，改国子博士兼史馆修撰。出为舒州刺史，卒。

　　文规子彦远，大中初由左补阙为尚书祠部员外郎。景初子天保，嗣庆子彦修，次宗子曼容。延赏东都旧第在思顺里，亭馆之丽，甲于都城，子孙五代，无所加工，时号"三相张氏"云。

　　史臣曰：君民足则国富，将相和则国安，反是道焉，非得人者。

滉杀元琇,奏瑞盐,逞斡运之能,非贞纯之士,刻下罔上,以为己功。幸逢多事之朝,例在姑息之地,幸而获免,余无可称。延赏以私害公,罢李晟兵柄,使武臣不陈其力矣;晋直丑正,挤柳浑相位,致贤者不进其才矣。象恭僄功,皆四凶之迹也,虽以荫继世,以才进身,蹈非道者,实小人哉!延赏历典名藩,皆称善政,及登大位,乃彰饰情。皋迭处大僚,徒称旧德;弘靖轻傲边事,欺减军资;洄附元载、杨炎,继及累贬,俱非守正中立者也。《书》云:"世禄之家,鲜克由礼。"不其是欤!

赞曰:韩滉刻下,延赏害公。皋、洄继世,弘靖兴戎。

旧唐书卷一三○
列传第八○

王玙 道士李国祯，梁镇奏疏附　李泌 子繁
顾况附　崔造　关播 李元平附

　　王玙，少习礼学，博求祠祭仪注以干时。开元末，玄宗方尊道术，靡神不宗。玙抗疏引古今祀典，请置春坛，祀青帝于国东郊，玄宗甚然之，因迁太常博士、侍御史，充祠祭使。玙专以祀事希幸，每行祠祷，或焚纸钱，祷祈福祐，近于巫觋，由是过承恩遇。

　　肃宗即位，累迁太常卿，以祠祷每多赐赉。乾元三年七月，兼蒲州刺史，充蒲、同、绛等州节度使。中书令崔圆罢相，乃以玙为中书侍郎、同中书门下平章事。人物时望，素不为众所称，及当枢务，声问顿减。玙又奏置太一神坛于南郊之东，请上躬行祀事。肃宗尝不豫，太卜云："祟在山川。"玙乃遣女巫分行天下，祈祭名山大川。巫皆盛服乘传而行，上令中使盐之，因缘为奸，所至干托长吏，以邀赂遗。一巫盛年而美，以恶少年数十自随，尤为蠹弊，与其徒宿于黄州传舍。刺史左震晨至，驿门扃鐍，不可启，震破锁而入，曳女巫阶下斩之，所从恶少年皆毙。阅其赃赂数十万，震籍以上闻，仍请赃钱代贫民租税，其中使发遣归京，肃宗不能诘。肃宗亲谒九宫神，殷勤于祠祷，皆玙所启也。岁余，罢知政事，为刑部尚书。上元二年，兼扬州长史、御史大夫，充淮南节度使。肃宗南郊礼毕，以玙使持节都督越州诸军事、越州刺史，充浙江东道节度观察处置使，本官兼御史大夫，祠祭使如故。入为太子少保，转少师。大历三年六月卒。

玠以祭祀妄致位将相，时以左道进者，往往有之。广德二年八月，道士李国祯以道术见，因奏皇室仙系，宜修崇灵迹，请于昭应县南三十里山顶置天华上宫露台、大地婆父、三皇、道君、太古天皇、中古伏义娲皇等祠堂，并置扫洒宫户一百户。又于县之东义扶谷故湫置龙堂，并许之。时岁饥荒，人甚不安，昭应县令梁镇上表曰：

臣闻国以人为本，害其本则非国；神以人为主，虐其主则非神。故昔之圣王，所以极陈理道，明著祀典，将爱其人而慎用其财力，敬其神而虔恭于祠祭。故神享其明德而降之福，人受其大赖而尽其力，然后神人以和，而国家可保也。一昨孟贼作孽，水旱为灾，虽王畿皆遍，而臣县最苦。此则神之不能御大灾明矣，又何力于陛下百得列祀典哉！且以残弊之余，当凶荒之岁，丁壮素出家入仕，羸老方飞刍挽粟，今但供亿王事，已不堪命，更奔走鬼道，何以聊生？

臣又闻天地之神，尊之极者，扫地可祭，精意可飨。陛下亦何必废先王之典，崇俗巫之说，走南亩之客，杀东邻之牛，而后冀非妄之福。陛下虽欲为人祈福，福未至而人已困矣！其不可一也。陛下不视昔者有道之君，至德之后，曷不卑宫室，恶饮食，恭己以遂万物之性哉！陛下今违神亭育之心，竭人疲困之力，如是又何从而致其福哉？此又不可二也。又陛下宗庙之敬极矣，尚无一月三祭之礼；今此独为，则宗庙之灵，将等以亲疏，校以厚薄，陛下又何以言哉？此又不可三也。又大地婆父，祀典无文，言甚不经，义无可取。若陛下特与大地建祖宗之庙，必上天贻向背之责，陛下又何以为词哉？此又不可四也。夫湫者，龙之所居也。龙得水则神，无水则蝼蚁之匹也。故知水存则龙在，水竭则龙亡，此愚智之所同知矣。今湫竭已久，龙安所存？陛下又崇饰祠宇，丰洁荐奠，为去龙之穴，破生人之产，人且怨矣，神何钦哉！此又不可五也。其道君、三皇、五帝，则两京及所都之外，皆建宫观祠庙，时设齐醮飨祀，国有彝典，官有常礼，盖无阙失，何劳神役灵？此又不可六也。臣稽先王之典礼,观前圣之轨躅,休咎丰凶,灾祥祸福,必主帝王五事,不在山川百神。此又不可七也。

臣伏察此弊,颇知其由。盖以道士李国祯等动众则得人,兴工则获利,祭礼则受胙,主执则弄权。是以鼓动禁中,荧惑天听,逾越险阻,负荷粢盛,以晶击年,无时而息。曾不谓神功力,空止竭人膏血,以使人神胥怨,灾孽并生。罔上害人,左道乱政,原情定罪,非杀而何!

臣昨受命之时,亲承圣旨,备存安绥,许逐权宜。诚愿沉邺县之巫,安流弊之俗,其所兴两祠土木之功,凡青之役、三六之祭、洒扫之户,谨明宣旨,并以权宜停讫。人吏百姓等,知陛下以从善为心,嫉恶为务,蠲除不急,划革烦苛,皆喧呼于庭,抃跃于路,所征粮糗,无不乐输。臣伏以国祯等并交结中贵,狡蠹成性,臣虽忘身许国,不惧谗构,终恐贿及豪右,复为奸恶。其国祯等见据状推勘,如获赃状,伏望许臣征收,便充当县邮馆本用。其湫既竭,不可更置祠堂,又不当为大地建立祖庙,臣并请停。其三皇、道君、天皇、伏羲、女娲等,既先各有宫庙,望请并于本所依礼齐祭。

上从之。

李泌字长源,其先辽东襄平人,西魏太保、八柱国司徒徒何弼之六代孙。今居京兆,吴房令承休之子。少聪敏,博涉经史,精究《易象》,善属文,尤工于诗,以王佐自负。张九龄、韦虚心、张廷圭皆器重之。泌操尚不羁,耻随常格仕进。天宝中,自嵩山上书论当世务,玄宗召见,令待诏翰林,仍东宫供奉。杨国忠忌其才辩,奏泌尝为《感遇诗》,讽刺时政,诏于蕲春郡安置,乃潜遁名山,以习隐自适。

天宝末,禄山构难,肃宗北巡,至灵武即位,遣使访召。会泌自嵩、颍间冒难奔赴行在,至彭原郡谒见,陈古今成败之机,甚称旨,延致卧内,动皆顾问。泌称山人,固辞官秩,特以散官宠之,解褐拜银青光禄大夫，俾掌枢务。至于四方文状、将相迁除，皆与泌参，权逾宰相，仍判元帅广平王军司马事。肃宗每谓曰："卿当上皇天宝中，为朕师友，下判广平王行军，朕父子三人，资卿道义。"其见重如此。寻为中书令崔圆、幸臣李辅国害其能，将有不利于泌。泌惧，乞游衡山，优诏许之，给以三品禄俸，遂隐衡岳，绝粒栖神。

数年，代宗即位，召为翰林学士，颇承恩遇。及元载辅政，恶其异己，因江南道观察都团练使魏少游奏求参佐，称泌有才，拜检校秘书少监，充江南西道判官，幸其出也。寻改为检校郎中，依前判官。元载诛，乃驰传入谒，上见悦之。又为宰相常衮所忌，出为楚州刺史。及谢恩，具陈恋阙，上素重之，留京数月。会沣州刺史阙，衮盛陈泌理行，以荆南凋瘵，遂辍泌理之。诏曰："荆南都会，粤在沣阳，俾人归厚，惟贤是牧。以泌文可以化成风俗，政可以全活茕嫠。爰命颁条，期乎共理，无薄淮阳之守，勉思渤海之功。可检校御史中丞，充沣朗硖团练使。"重其礼而遣之。无几，改杭州刺史，以理称。

兴元初，征赴行在，迁左散骑常侍。贞元元年，除陕州长史，充陕虢都防御观察使。二年六月，泌奏："虢州卢氏山冶，近出瑟瑟，请充献，禁人开采。"诏曰："瑟瑟之宝，中土所无，今产于近甸，实为录贶。朕不饰器玩，不尚珍奇，常思返朴之风，用明躬俭之节。其出瑟瑟之处，任百姓求采，不宜禁止。"就加泌检校礼部尚书。时陈、许戍边卒三千自京西逃归，至州境，泌潜师险隘，左右攻击，尽诛之。

寻拜中书侍郎、平章事、集贤崇文馆学士、修国史。初，张延赏大减官员，人情咨怨，泌请复之，以从人欲，因是奏罢兼试额内占阙等官，加百官俸料，随闲剧加置手力课，上从之，人人以为便。而窦参旁奏，遂改易，使同品之内，月俸多少累等。泌又奏请罢拾遗、补阙，上虽不从，亦不授人，故谏司惟韩皋、归登而已。泌仍命收其署餐钱，令登等寓食于中书舍人，故时戏云："韩谏议虽分左右，归拾遗莫辨存亡。"如是者三年。至贞元五年，以前东都防御判官、殿中侍御史、内供奉韦绶为左补阙，监察御史梁肃右补阙。既复置，人心忻然。顺宗在春宫，妃萧氏母郜国公主交通外人，上疑其有他，连坐贬黜者数人，皇储亦危。泌百端奏说，上意方解。

泌颇有谠直之风，而谈神仙诡道，或云尝与赤松子、王乔、安期、羡门游处，故为代所轻，虽诡道求容，不为时君所重。德宗初即位，尤恶巫祝怪诞之士。初，肃宗重阴阳祠祝之说，用妖人王玙为宰相，或命巫媪乘驿行郡县以为厌胜。凡有所兴造功役，动牵禁忌。而黎干用左道位至尹京，尝内集众工，编刺珠绣为御衣，既成而焚之，以为禳祫，且无虚月。德宗在中宫，颇知其事，即位之后，罢集僧于内道场，除巫祝之祀。有司言宣政内廊坏，请修缮，而太卜云："孟冬为魁冈，不利穿筑，请卜他月。"帝曰："《春秋》之义，启塞从时，何魁冈之有？"卒使修之。又代宗山陵灵驾发引，上号送于承天门，见辒辌不当道，稍指午未间。问其故，有司对曰："陛下本命在午，故不敢当道。"上号泣曰："安有枉灵驾而谋身利。"卒命直午而行。及建中末，寇戎内梗，桑道茂有城奉天之说，上稍以时日禁忌为意，而雅闻泌长于鬼道，故自外征还，以至大用，时论不能为慊。及在相位，随时俯仰，无足可称。复引顾况辈轻薄之流，动为朝士戏侮，颇贻讥诮。年六十八薨，赠太子太傅，赙礼有加。泌放旷敏辩，好大言，自出入中禁，累为权幸忌嫉，恒由智免；终以言论纵横，上悟圣主，以跻引位。有文集二十卷。

子繁，少聪警，有才名，无行义。泌为相，尝引荐夏县处士北平阳城为谏议大夫。城道直，既遇知己，深德之。及泌殁，户部尚书裴延龄巧佞奉上，德宗信任，窃弄威权，举朝侧目。城中正之士。尤忿嫉之。一日尽疏基过恶，欲密论奏，以繁故人子，为可亲信，遂示其疏草，兼请繁缮写。繁既写，悉能记之，其夕乃径诣延龄，具述其事。延龄闻之，即时请对，尽以城章中欲论事件，一一先自解。及城疏入，德宗以为妄，不之省。泌与右补阙、翰林学士梁肃友善，尝命繁持所著文请肃润色。繁亦自有学术，肃待之甚厚，因许师事，日熟其门。及肃卒，繁乱其配，士君子无不叹骇，积年委弃。后起为太常博士，太常卿权德舆奏斥之，除河南府士曹掾。以其警悟异常，泌之故人为宰相，左右援拯，后得累居郡守，而力学不倦。罢随州刺史，归京师,久不承恩。

韦处厚入相,厚待之。宝历二年六月,敬宗降诞日,御三殿,特诏兵部侍郎丁公著、太常少卿陆亘与繁等三人抗浮图道士讲论。九月,除大理少卿,复加弘文馆学士。时谏官御史章疏相继,宰臣不得已,出为亳州刺史。州境尝有群贼,剽人庐舍,劫取货财,累政擒捕不获。繁潜设机谋,悉知贼之巢穴,出兵尽加诛斩。时议责繁以不先启闻廉使,涉于擅兴之罪,朝廷遣盐察御史舒元舆按问。元舆素与繁有隙,复以初官,锐于生事,乃尽反其狱辞,以为繁滥杀无辜,状奏,敕于京兆府赐死,时人冤之。其后元舆被祸,人以为有报应焉。

初,泌流放江南,与柳浑、顾况为人外之交,吟咏自适。而浑先达,故泌复得入官于朝。

顾况者,苏州人。能为歌诗,性诙谐,虽王公之贵与之交者,必戏侮之,然以嘲诮能文,人多狎之。柳浑辅政,以校书郎征。复遇李泌继入,自谓已知秉枢要,当得达官,久之方迁著作郎,况心不乐,求归于吴。而班列群官,咸有侮玩之目,皆恶嫉之。及泌卒,不哭,而有调笑之言,为宪司所劾,贬饶州司户。有文集二十卷。其《赠柳宜城》辞句,率多戏剧,文体皆此类也。

子非熊,登进士第,累佐使府,亦有诗名于时。

崔造字玄宰,博陵安平人,少涉学,永泰中,与韩会、卢东美、张正则为友,皆侨居上元,好谈经济之略,尝以王佐自许,时人号为“四夔”。浙西观察使李栖筠引为宾僚,累至左司员外郎。与刘晏善,及晏遭杨炎、庾准诬奏伏诛,造累贬信州长史。

朱泚之逆,造为建州刺史,闻难作,驰檄邻州,请齐举义兵,遂高发所部,得二千人,德宗闻而嘉之。及收京师,诏征造至蓝田,以舅源休明逆伏诛,上疏请罪,不敢即赴阙。上以为知礼,优诏慰勉,拜吏部郎中、给事中。贞元二年正月,与中书舍人齐映各守本官、同平章事。时京畿兵乱之后，仍岁蝗旱，府无储积。德宗以造敢言，为能立事，故不次登用。

造久从事江外，嫉钱谷诸使罔上之弊，乃奏天下两税钱物，委本道观察使、本州刺史选官典部送上都；诸道水陆运使及度支、巡院、江淮转运使等并停；其度支、盐铁，委尚书省本司判；其尚书省六职，令宰臣分判。乃以户部侍郎元琇判诸道盐铁、榷酒等事；户部侍郎吉中孚判度支及诸道两税事；宰臣齐映判兵部承旨及杂事；宰臣李勉判刑部；宰臣刘滋判吏部、礼部；造判户部、工部。又以岁饥，浙江东西道入运米每年七十五万石，今更令两税折纳米一百万石，委两浙节度使韩滉运送一百万石至东渭桥；其淮南濠寿旨米、洪潭屯米，委淮南节度使杜亚运送二十万石至东渭桥。诸道有盐铁处，依旧置巡院勾当；河阴见在米及诸道先付度支、巡院般运在路钱物，委度支依前勾当，其未离本道者，分付观察使发遣，仍委中书门下年终类例诸道课最闻奏。造与元琇素厚，罢使之后，以盐铁之任委之。而韩滉方司转运，朝廷仰给其漕发。滉以司务久行，不可遽改。德宗复以滉为江淮转运使，余如造所条奏。元琇以滉性刚难制，乃复奏江淮转运，其江南米自江至扬子凡十八里，请滉主之；扬子已北，琇主之。滉闻之怒，掎摭琇盐铁司事论奏。德宗不获已，罢琇判使，转尚书右丞。其年秋初，江淮漕米大至京师，德宗嘉其功，以滉专领度支、诸道盐铁转运等使，造所条奏皆改。物议亦以造所奏虽举旧典，然凶荒之岁，难为集事，乃罢造知政事，守太子右庶子，贬琇雷州司户。造初奏太锐，及琇改官，忧惧成疾，数月不能视事。明年九月卒，年五十一。

关播字务元，卫州汲人也。天宝末，举进士。邓景山为淮南节度使，辟为从事，累授卫佐评事，迁右补阙。善言物理，尤精释氏之学。大历中，神策军使王驾鹤妻关氏以播与同宗，深遇之。元载恶其交往，出为河南府兵曹，摄职数县，皆有政能。陈少游领浙东、淮南，又辟为判官，历检校金部员外，摄滁州刺史。李灵曜阻兵，跋扈于梁汴。少游自总兵镇汴上，所在盗贼蜂起。播调阅州兵，令其守备。又为政清净简惠，既无盗贼，人甚安之。杨绾、常衮知政事，荐播为都官员外郎。

德宗登极，湖南山洞中有王国良者，聚众为盗，令播往宣抚之。临行，召对于别殿，上问政理之要，播奏云："为政之本，须求有道贤人，乃可得理。"上谓播云："朕下诏求贤良，当躬亲阅试，亦遣使臣黜陟，广加搜访闻荐，擢其能者用之，冀以傅理。"播奏曰："下诏求贤，黜陟举荐，唯得求名文词之士，安有有道贤人肯随牒举选乎？"上悦其言，谓播曰："卿且使去，回日当与卿论政事。"播又奏曰："臣今奉诏招抚，国良不受命，臣请便宜恩命，语邻境速出兵翦除。"上曰："卿言深合朕意。"使回，改兵部员外，迁河中少尹。

建中初，张镒为河中少尹。镒寻入相，二年七月，迁播给事中。旧例，诸司甲库，皆是胥吏掌知，为弊颇久，播始建议并以士人知之，至今称当。转刑部侍郎、奉迎皇太后副使。卢杞以播柔缓，冀其易制，骤称荐之。寻迁吏部侍郎，转刑部尚书、知删定。奏上元中，诏择古今名将十人于武成王庙配享，如文宣王庙之仪。播以"太公古称大贤，今其下称亚圣，于义不安。又孔子十哲，皆是当时弟子，今所择名将，年代不同，于义既乖，于是又失。臣请删去名将配享之仪及十哲之称。"从之。

建中三年十月，拜银青光禄大夫、中书侍郎、同中书门下平章事、集贤殿崇文馆大学士、修国史。时政事决在卢杞，播但敛衽取容而已。乏于知人之鉴，好大言虚诞者，播必悦而亲信之。有李元平、陶公达、张愻、刘承诫，皆言谈诡妄，夸大可立功名，亦有微材薄艺。播累奏云元平等皆可将相也，请阅试用之，上以为然，以元平为补阙。会淮西节度李希烈叛乱，上以汝州要镇，令选择刺史。播荐元平为汝州刺史，寻加检校吏部郎中、汝州别驾，知州事。元平至州旬日，为希烈所擒，汝州陷贼，中外哂之。由是公达等未克任用。播与卢杞等从驾幸奉天，既而卢杞、白志贞等并贬黜，播尚知政事，中外嚣然，以为不可，遂罢相，改刑部尚书。大臣韦伦等泣于朝曰："宰相不能谋猷翊赞，以至今日，而尚为尚书，可痛心也！"

贞元四年，回纥请和亲，以咸安公主出降可汗，令播以本官加检校右仆射、兼御史大夫，持节充送咸安公主及册可汗使，奉使往来，皆清俭谨慎，蕃人悦之。使回，迁兵部尚书，固辞疾，请罢官，改太子少师致仕。播致仕之后，减去僮仆车骑，闭关守静，不萦外事，士君子重之。贞元十三年正月卒，时年七十九，废朝一日，赠太子太保。

李元平者，宗室子。始为湖南观察使肃复判官，试大理评事。性疏傲，敢大言，好论兵，天下贤士大夫无可其意者，以是人多衔怒。关播奇重之，许以将帅。时希烈反叛，朝廷以汝州与贼接壤，刺史韦光裔懦弱不任职，播乃盛称元平，特召见，超左补阙，不数日，擢为检校吏部郎中，兼汝州别驾，知州事。既至部，募工徒缮理邽郭，希烈乃使勇士应募，执役板筑，凡入数百人，元平不之觉。希烈遣伪将李克诚以数百骑突至其城，先应募执役者应于内，缚元平驰去。既见希烈，遗下污地。希烈见其无须眇小，戏谓克诚曰："使汝取李元平，何得将元平儿来？"因谩骂曰："盲宰相使汝当我，何待我浅耶！"伪署为御史中丞。播闻元平得用，仍欺于人曰："李生功业济矣。"言必能覆希烈而建功也。居无何，希烈用为宰相，或告其有二者，乃断一指以自誓。希烈既死，或有人言在贼中微有谋虑，贷死流于珍州。会赦得归剡中，浙东观察使皇甫政表闻其到，以发上怒，复流贺州而死。

史臣曰：蒸尝礿祀，前王制以奉先；怪力乱神，宣圣鄙而不语。凡云左道，固有旧章，矧假于鬼神，乃至将相，既处代天之位，爰滋乱政之源。国祯妖人疑众，妄恢其祀典；梁镇正士抗疏，方悟其上心。泌见可进而知难退，足为高率智辩之士；居相位而谈鬼神，乃见狂妄浮薄之踪。《王制》云："执左道以乱政，杀。"宁无畏乎！繁之丑行，弃于当时，竟陷非辜，谅由素履。造为臣得礼，莅事非能；播居位取容,举人败事。皆非国器,咸历台司,失人者亡,国其危矣。

赞曰:玙、泌、造、播,俱非相材。国祯左道,梁生直哉!

旧唐书卷一三一
列传第八一

李勉　李皋 子象古　道古

　　李勉字玄卿，郑王元懿曾孙也。父择言，为汉襄相岐四州刺史、安德郡公，所历皆以严干闻。在汉州，张嘉贞为益州长史、判都督事，性简贵，待管内刺史礼隔，而引择言同榻，坐谈政理，时人荣之。勉幼勤经史，长而沉雅清峻，宗于虚玄，以近属陪位，累授开封尉。时升平日久，且汴州水陆所凑，邑居庞杂，号为难理，勉与联尉卢成轨等，并有擒奸摘伏之名。

　　至德初，从至灵武，拜盐察御史。属朝廷右武，勋臣恃宠，多不知礼。大将管崇嗣于行在朝堂背阙而坐，言笑自若，勉劾之，拘于有司，肃宗特原之，叹曰：“吾有李勉，始知朝迁尊也。”迁司膳员外郎。时关东献俘百余，诏并处斩，囚有仰天欢者，勉过问之，对曰：“某被胁制守官，非逆者。”勉乃哀之，上言曰：“元恶未殄，遭点污者半天下，皆欲澡心归化。若尽杀之，是驱天下以资凶逆也。”肃宗遽令奔骑宥释，由是归化日至。

　　克复西京，累历清要，四迁至河南少尹。累为河东节度王思礼、朔方河东都统李国贞行军司马，寻迁梁州都督、山南西道观察使。勉以故吏前密县尉王晔勤干，俾摄南郑令，俄有诏处死，勉问其故，乃为权幸所诬。勉询将吏曰：“上方藉牧宰为人父母，岂以潜言而杀不辜乎！”即停诏拘晔，飞表上闻，晔遂获宥，而勉竟为执政所非，追入为大理少卿。谒见，面陈王晔无罪，政事条举，尽力吏也。肃宗嘉其守正，乃除太常少卿。王晔后以推择拜大理评事、龙门令，终有能名，时称知人。

肃宗将大用勉，会李辅国宠任，意欲勉降礼于己。勉不为之屈，竟为所抑，出历汾州、虢州刺史，改京兆尹、检校右庶子、兼御史中丞、都畿观察使。寻兼河南尹，明年罢尹，以中丞归西台，又除江西观察使。贼帅陈庄连陷江西州县，偏将吕太一、武日升相继背叛，勉与诸道力战，悉攻平之。部人有父病，以蛊道为木偶人，署勉名位，瘗于其陇，或以告，曰："为父攘灾，亦可矜也。"舍之。

大历二年，来朝，拜京兆尹、兼御史大夫，政尚简肃。宦官鱼朝恩为观军容使，仍知国子盐事，恃宠含威，天宪在舌。前尹黎干写心候事，动必求媚，每朝恩入盐，倾府人吏具数百人之饩以待之。及勉莅职旬月，朝恩入盐，府吏先期有请，勉曰："军容使判国子盐事，勉候太学，军容宜厚具主礼。勉忝京尹，军容倘惠顾府廷，岂敢不具蔬馔。"朝恩闻而衔之，因不复至太学，勉亦寻受代。

四年，除广州刺史，兼岭南节度观察使。番禺贼帅冯崇道、桂州叛将朱济时等阻洞为乱，前后累岁，陷没十余州。勉至，遣将李观与容州刺史王翃并力招讨，悉斩之，五岭平。前后西域舶泛海至者岁才四五，勉性廉洁，舶来都不检阅，故末年至者四十余。在官累年，器用车服无增饰。及代归，至石门停舟，悉搜家人所贮南货犀诸物，投之江中，耆老以为可继前朝宋璟、卢奂、李朝隐之徒。人吏诣阙请立碑，代宗许之。十年，拜工部尚书。及滑亳永平军节度令狐彰卒，遗表举勉自代，因除之。在镇八年，以旧德清重，不严而理，东诸侯虽暴骜者，亦宗敬之。

十一年，汴宋留后田神玉卒，诏加勉汴州刺史、汴宋节度使。未行，汴州将李灵曜阻兵，北结田承嗣，承嗣使侄悦将锐兵戍之。诏勉与李忠臣、马燧等攻讨，大破之，悦仅以身免。灵曜北走，勉骑将杜如江擒之以献，代宗褒赏甚厚。既而李忠臣代镇汴州，而勉仍旧镇。忠臣遇下贪虐，明年为麾下所逐，诏复加勉汴宋节度使，移理汴州，余并如故。德宗嗣位，加检校吏部尚书，寻加平章事。建中元年，检校左仆射，充河南汴宋滑亳河阳等道都统，余如故。四年，李希烈反，以他盗为名，悉众来寇汴州。勉城守累月，救援莫至，谓其将曰："希烈凶逆残酷，若与较力，必多杀无辜，吾不忍也。"遂潜师溃围，南奔宋州。诏以司徒平章事征。既至朝廷，素服请罪，优诏复其位，勉引过备位而已。

无何，卢杞自新州员外司马除沣州刺史，给事中袁高以杞邪佞蠹政，贬未塞责，停诏执表，遂授沣州别驾。他日，上谓勉曰："众人皆言卢杞奸邪，朕何不知！卿知其状乎？"对曰："天下皆知其奸邪，独陛下不知，所以为奸邪也。"时人多其正直，然自是见疏。累表辞位，遂罢知政事，加太子太保。贞元四年卒，年七十二，上颇愍悼之，册赠太傅，赙物有差，丧葬官给。

勉坦率素淡，好古尚奇，清廉简易，为宗臣之表。善鼓琴，好属诗，妙知音律，能自制琴，又有巧思。及在相位，向二十年，禄俸皆遗亲党，身没无私积。其在大官，礼贤下士，终始尽心。以名士李巡、张参为判官，卒于幕，三岁之内，每遇宴饮，必设虚位于筵次，陈膳执爵，辞色凄恻，论者美之。或曰："勉失守梁城，亦可贬也。"议者曰："不然。当贼烈之始乱，其慓悍阴祸，凶焰不可当，天方厚其毒而降之罚。况勉应变非长，援军莫至，又其时关辅已俶扰矣，人心已动摇矣。以文史之才，当虎狼之队，其全师奔宋，非量力之耻也。与其坐受丧败，不犹愈乎！"

李皋字子兰，曹王明玄孙，嗣王戢之子。少补左司御率府兵曹参军。天宝十一载嗣封，授都水使者，三迁至秘书少监，皆同正。多智数，善因事以自便。奉太妃郑氏以孝闻。

上元初，京师旱，米斗直数千，死者甚多。皋度俸不足养，亟请外官，不允，乃故抵微法，贬温州长史。无几，摄行州事。岁俭，州有官粟数十万斛，皋欲行赈救，掾吏叩头乞候上旨，皋曰："夫人日不再食，当死，安暇禀命！若杀我一身，活数千人命，利莫大焉。"于是开仓尽散之。以擅贷之罪，飞章自劾。天子闻而嘉之，答以优诏，就加少府盐。皋行县，见一媪垂白而泣，哀而问之，对曰："李氏之妇，有二子：钧、锷，宦游二十年不归，贫无以自给。"时钧为殿中侍御史，锷为京兆府法曹，俱以文艺登科，名重于时。皋曰：'入则孝，出则悌，行有余力，然后可以学文。'若二子者，岂可备于列位！"由是举奏，并除名勿齿。改处州别驾，行州事，以良政闻。征至京，未召见，因上书言理道，拜衡州刺史。坐小法，贬潮州刺史。时杨炎谪官道州，知皋事直，及为相，复拜衡州。初，皋为御史覆讯，惧贻太妃忧，竟出则素服，入则公服，言貌如平常，太妃竟不知。及为潮州，诡词谓迁，至是复位，方泣以白，且言非疾不敢有闻。

建中元年，迁湖南观察使。前使辛京杲贪残，有将王国良镇邵州武冈县，豪富，京杲以死罪加之。国良危惧，因人所苦，遂散财聚众，据县以叛，诸道同讨，联岁不能下，皋授命日，乃曰："驱疲氓，诛反侧，非所以奉圣朝事。"遣使遗国良书曰："观将军非敢大逆，盖遭谗嫉，救误死而已。将军遇我，何不速降？我与将军同为辛京杲所构，我已蒙圣朝昭雪，使我何心持刃杀将军耶！将军以为不然，我以阵术破将军阵，以攻法屠将军城，非将军所度也。"国良捧书，且忧且喜，遣使请降，亦未必决。皋即日赴县受降，中道有候骑驰告曰："国良军中有变，言降是诈也。"皋曰："非尔辈所知。"遂留麾下兵，单骑假称使者，径入国良垒中。国良召使者入，皋遂大叫军中曰："有人识曹王否？只我是。国良何不速降？"一军愕眙不敢动，适有识者走至，传呼曰："是。"国良匍匐叩头请罪。皋执手约为兄弟，尽焚攻守之备，散仓库，给兵士，令复农桑。有诏赦国良罪，赐名惟新。

建中二年，丁母艰，奉丧至江陵。会梁崇义反，乃授起复左卫大将军，复还湖南，寻加散骑常侍。李希烈反，迁江西道节度使、洪州刺史、兼御史大夫。至州，集将吏而令曰："尝有功未申者，别为行；有策谋及器能堪佐军者，别为行。"有裨将伊慎、李伯潜、刘旻皆自占，皋察其词气，验其有功，悉补大将。擢王锷委之中军，以马彝、许孟容为宾佐。缮甲兵，具战舰，将军二万余。初，伊慎将江西兵从李希烈平襄州，及反，惧皋任之，乃阴遣遗之锁甲，又诈为慎书往复，置遗于境。上闻,即遣中使斩慎,皋表请舍令自效。会与贼夹江为阵,中使又至,皋乃勉令以功自赎,赐之以秘乘马及器甲,令将锋而先,皋率军继之,责其有功,果大破贼,斩首数百级,慎方得免罪。贼树堡栅于蔡山,皋度峻险不可攻,乃声言西取蕲州,理战舰,分兵傍南涯,与舟师溯江而上。贼以老弱守栅,引军循江随战舰,南北与皋兵相直,去蔡山三百余里。皋令步兵登舟,顺流东下,不日拔蔡山。贼还救,间一日方至,大破之,因进拔蕲州,降其将李良,又取黄州,斩首千余,兵益振。舒王为元帅,加皋前军兵马使。

德宗居奉天,淮南节度陈少游强取盐铁钱,其使包佶以财币江,次于蕲口。时希烈已屠汴州,又遣骁将杜少诚将步骑万余来寇蕲、黄,将绝江道。皋遣伊慎将七千众御之,遇于永安戍。慎列三栅,相去才四里,列鼓角中栅。少诚至,分兵围之,部队未严,声鼓面三栅齐出奋击,不为行阵,贼乱,少诚败走,斩首万级,封尸为京观。以功加银青光禄大夫,进封五百户。上至梁州,进献继至。皋以上蒙尘于外,不敢居城府,乃于西塞山上游大洲屯军,从近县为军市,商货毕至。加工部尚书。驾还京师,又遣伊慎、王锷将兵围安州,州城阻涢水为固,攻之累日不下。希烈遣甥刘戒虚将步骑八千来援。皋命李伯潜分师迎击于应山,获戒虚及大将二、裨将二十,斩首千余。面缚戒虚等之城下,乃使人说之,贼曰:"得大将及宾佐一二人为信,当降。"皋乃使王锷、马彝绳城而入,城中大呼,乃出降。希烈又遣兵援随州,皋令伊慎击于厉乡,大破之,复平静、白雁等关。希烈惧,乃戢兵。

贞元初,拜江陵尹、荆南节度等使,江汉倚皋为固。未几,李思登以随州降。凡下州四、县十七,大小十余阵,未尝败衄。淮西既平,请护丧祔东都,上遣中使吊,赠父右仆射,母曹国太妃。葬毕来朝,诏还镇,出东都以拜墓,观者荣之。

先,江陵东北有废田傍汉古堤二处,每夏则溢,皋始命塞之,广田五千顷,亩得一钟。规江南废洲为庐舍,架江为二桥,流人自占二千余户。自荆至乐乡凡二百里,旅舍乡聚凡十数,大者皆数百家。楚俗佻薄，不穿井，饮陂泽，皋始命合钱开井以便人。

初平希烈，吴少诚杀陈仙奇，上以襄、邓要扼，三年，除襄州刺史、山南东道节度等使，割汝、随隶焉。练兵积粮，市回鹘马益骑兵，尝大畋以教士，少诚惮之。性勤俭，知人疾苦，设盐司，能参听下，持将吏短长，赏罚必信。所至常平物，贵则出卖之，给将吏廪俸，豪家不得擅其利。常运心巧思为战舰，挟二轮蹈之，翔风鼓，疾若挂帆席，所造省易而久固。又造欹器，进入内中。每遗人物，常自秤量。署之官匹帛皆印之，绝吏之私。

初，扶风马彝未知名，皋始辟之，卒以正直称。汉阳王张柬之有林园在州西，公府多假之游宴，皋将贾之，彝敛衽而言曰："张汉阳有中兴功，今遗业当百代保之，王纵欲之，奈何令其子孙自鬻焉！"皋谢曰："主吏失词，为足下羞；微足下，安得闻此言！"以改过迁善、知人任下为己任，故宾从将佐多至大官。贞元八年三月，暴卒于位，年六十，废朝三日，赠右仆射，赗吊有差，谥曰成。子象古、道古、复古。

象古自衡州刺史为安南都护。元和十四年，为杨清所杀，妻子支党无噍类焉。杨清者，代为南方酋豪，属象古贪纵，人心不附，又恶清之强，自叹州刺史召为牙门将，郁郁不快。无何，邕管黄家贼叛，诏象古发兵数道共讨之，象古命清领兵三千赴焉。清与其子志烈及所亲杜士交潜谋回戈，夜袭安南，数日城陷，象古故及于害。朝廷命唐州刺史桂仲武为都护，且招谕之，赦清，以为琼州刺史。仲武至境，清不纳，复约束部署，刑戮惨虐，人无聊生。仲武使人谕其酋豪，数月间，归附继至，约兵七千余人，收其城，斩清及其子志贞，籍没其家。志烈与士交败，保于长州之凿溪，寻以所部兵来降。

道古登进士第，迁司门员外郎。便佞巧宦，早升朝籍，常以酒肴棋博游公卿门，角赌之际，每伪为不胜而厚偿之，故当时有虚名，而嗜利者悉与之狎。历利、随、唐、睦四州刺史，由黔中观察为鄂岳沔蕲安黄团练观察使,时元和十一年也。初,以柳公绰在镇无功,议将代之,裴度言:"道古嗣曹王皋之子,皋尝以江汉兵遏希烈之乱,威惠至今在人,复用其子,必能继美。"宪宗然之,故有此授。及赴镇,倍道而行,以数骑径入安州城。时公绰殊未意道古至,惶骇而出,家财多为所夺。十二年,道古攻申州,克其罗城,乃进围逼其中城。城中守卒夜帅妇人登城而呼,悬门窃发,分出其众,道古之众惊乱,为虏所杀。初,李听守安州,未尝退衄。及道古至,诬奏听,移去之,乃自帅兵出穆陵。士卒骄惰,赐给多阙,其度支供军钱,道古半以奉权幸,半以没己,人皆怨怒,不肯力战。贼亦易道古,以羸兵抵之,故道古前后再攻破申州外城而不能拔。至李诉入蔡州,乃降。

元和十三年,入为宗正卿。道古在鄂州日,以贪暴闻,惧终得罪,乃荐山人柳泌以媚于上。后又为左金吾卫将军。宪宗季年颇信方士,锐于服食,诏天下搜访奇士。宰相皇甫镈方谀媚固宠,道古言柳泌有道术,镈得而进之,待诏翰林。宪宗服饵过当,暴成狂躁之疾,以至弃代。穆宗在东宫,扼腕于其事,及居丧,皆窜逐诛之。镈既贬责,授道古循州司马,终以服凡药,欧血而卒。

史臣曰:李勉、李皋,禀性端庄,处身廉洁,临民莅事,动有美声,可谓宗臣之英也。若夫治军旅,御寇戎,谋必臧,战必胜,则又勉不及皋远矣。道古便佞,奸以事君,何父子之不相类也。

赞曰:我宗之英,曰皋与勉,才虽不同,道岂相远。

旧唐书卷一三二
列传第八二

李抱玉　李抱真　王虔休
卢从史　李芃　李澄 <small>族弟元素</small>

　　李抱玉,武德功臣安兴贵之裔。代居河西,善养名马,为时所称。群从兄弟,或徙居京华,习文儒,与士人通婚者,稍染士风。抱玉少长西州,好骑射,常从军幕,沉毅有谋,小心忠谨。

　　乾元初,太尉李光弼引为偏裨,屡建勋绩,由是知名。二年,自特进、右羽林军大将军、知军事,迁鸿胪卿员外置同正员,持节郑州诸军事兼郑州刺史、摄御史中丞、郑陈颍亳四州节度。时史思明陷洛阳,光弼守河阳,贼兵锋方盛,光弼谓抱玉曰:"将军能为我守南城二日乎?"抱玉曰:"过期若何?"光弼曰:"过期而救不至,任弃城也。"贼帅周挚领安太清、徐黄玉等先次南城,将陷之,抱玉乃绐之曰:"吾粮尽,明日当降。"贼众大喜,敛军以俟之。抱玉因得缮完设备,明日,坚壁请战。贼怒欺绐,急攻之。抱玉出奇兵,表裏夹攻,杀伤甚众,挚军退。光弼自将于中滩城,挚舍南城攻中滩,不胜,乃整军将攻北城。光弼以兵出战,大败之。固河阳,复怀州,皆功居第一,迁泽州刺史、兼御史中丞。代宗即位,擢为泽潞节度使、潞州大都督府长史、兼御史大夫,加领陈、郑二州,迁兵部尚书。抱玉上言:"臣贯属凉州,本姓安氏,以禄山构祸,耻与同姓,去至德二年五月,蒙恩赐姓李氏,今请割贯属京兆府长安县。许之,因是举宗并赐国姓。

　　广德元年冬,吐蕃寇京师,乘舆幸陕,诸军溃卒及村闾亡命相聚为盗,京城南面子午等五谷群盗颇害居人,朝廷遣薛景仙领兵为五谷使招讨,连月不捷,乃诏抱玉兼凤翔节度使讨之。抱玉探知贼帅行止之处,先分屯诸谷,乃设奇潜使轻锐数百南自洋州入攻之。贼帅高玉方与诸偷会,遽为锐卒数十人掩擒之,因大搜获偷党,悉斩之,余党不讨自溃,旬日内五谷平。以功迁司空,余并如故。

时吐蕃每岁犯境,上以岐阳国之西门,寄在抱玉,恩宠无比,迁同中书门下平章事,又兼山南西道节度使、河西陇右山南西道副元帅、判梁州事,连统三道节制,兼领凤翔、潞、梁三大府,秩处三公。抱玉以任位崇重,抗疏恳让司空及山南西道节度、判梁州事,乞退授兵部尚书。上嘉其谦让,许之。抱玉凡镇凤翔十余年,虽无破虏之功,而禁暴安人,颇为当时所称。大历十二年卒,上甚悼之,辍朝三日,赠太保。

李抱真,抱玉从父弟也。抱玉为泽潞节度使,甚器抱真,任以军事,累授汾州别驾。当是时,仆固怀恩反于汾州,抱真陷焉。乃脱身归京师。代宗以怀恩倚回纥,所将朔方兵又劲,忧甚,召见抱真问状,因奏曰:"郭子仪领朔方之众,人多思之。怀恩欺其众,曰'子仪为朝恩所杀',诈而用之。今复子仪之位,可不战而克。"其后怀恩子瑒为其下所杀,怀恩奔遁,多如抱真策,因是迁殿中少监。居顷之,为陈郑、泽潞节度留后,抱真因中谢言曰:"臣虽无可取,当今百姓劳逸,击在牧守,愿得一郡以自试。"上许之,改授泽州刺史,兼为泽潞节度副使。居二年,转怀州刺史,复为怀泽潞观察使留后,凡八年。

抱玉卒,抱真仍领留后。抱真密揣山东当有变,上党且当兵冲,是时乘战余之地,土瘠赋重,人益困,无以养军士。籍户丁男,三选其一,有材力者免其租徭,给弓矢,令之曰:"农之隙,则分曹角射;岁终,吾当会试。"及期,按簿而征之,都试以示赏罚,复命之如初。比三年,则皆善射,抱真曰:"军可用矣。"于是举部内乡兵,得成卒二万,前既不禀费,府库益实,及缮甲兵,为战具,遂雄视山东。是时,天下称昭义军步兵冠诸军。无几,复代李承昭为昭义军及磁邢节度观察留后,加散骑常侍。

德宗即位,拜检校工部尚书,兼潞州长史、昭义军节度支度营田、泽潞磁邢观察使。建中三年,田悦以魏博反,乃悉兵围邢州及临洺益急,诏河东节度使马燧及神策兵救之。抱真与燧败悦兵于双冈,斩悦将杨朝光,又击破悦于临洺,遂解临洺及邢州之围,以功加检校兵部尚书。复与燧大破悦于洹水,悦以数百骑走归魏州。复与燧围魏州,又败悦于城下,以功加检校右仆射。时悦窘蹙,朱滔、王武俊皆反,联兵救悦,抱真与燧等退次魏县。上幸奉天,中使告问至,诸将皆仰天恸哭。李怀光席卷奔命,马燧、李芃各引兵归镇。朱滔既污宫阙,时李希烈陷大梁,李纳亦反郓州。无何,上幸梁州,李怀光又窃据河中。抱真独于扰攘倾溃之中,以山东三州外抗群贼,内辑军士,群贼深惮之。

兴元初,迁检校左仆射、平章事。时朱滔悉幽蓟军,借兵回纥,拥众五万,南向以应滔,攻围贝州。初,群贼附于希烈,希烈僭伪,有臣属群贼意,群心稍离。上自奉天下罪己之诏,悉赦群贼,抱真乃遣门客贾林以大义说武俊,合从击朱滔,武俊许之。时两军尚相疑,抱真乃以数骑径入武俊营。其将去也,宾客皆止之,抱真遣军司马卢玄卿勒军部分曰:“仆今日此举,系天下安危。仆死不还,领军事以听朝命,亦唯子;奋励士马,东向雪仆之耻,亦唯子。”言讫而去。武俊设备甚严,抱真曰:“朱滔、希烈僭窃大位,朱滔攻围贝州,此辈皆欲陵驾吾属。足下既不能自振数贼之上,舍九叶天子而北面臣反虏乎?乃者圣上奉天下罪己之诏,可谓禹、汤之主也。”因言及播越,持武俊哭,涕泗交下,武俊亦哭,感动左右。因退卧武俊帐中,甘寝久之。武俊感其不疑,待之益恭,指心仰天曰:“此身已许公死敌矣。”遂与结为兄弟而别,约明日合战,遂击破朱滔于经城,以功加检校司空,实封五百户。贞元初,朝于京师,居顷之,还镇。

抱真沉断多智计,尝欲招致天下贤俊,闻人之善,必令持货币数千里邀致之;至与语无可采者,渐退之。时天下无事,乃大起台榭，穿池沼以自娱。晚节又好方士，以冀长生。有孙季长者，为抱真炼金丹，绐抱真曰："服之当升仟。"遂署为宾僚。数谓参佐曰："此丹秦皇、汉武皆不能得，唯我遇之，他年朝上清，不复偶公辈矣。"复梦驾鹤冲天，寤而刻木鹤、衣道士衣以习乘之。凡服丹二万丸，腹坚不食，将死，不知人者数日矣。道士牛洞玄以猪肪谷漆下之，殆尽。病少间，季长复曰："垂上仟，何自弃也！"益服三千丸，顷之卒。初，抱真久疾，好机祥，或令厌胜，为巫祝所惑，请降官爵以禳除之。是年，凡七上章让司空，复为检校左仆射。贞元十年卒，时年六十二，废朝三日，赠太保，赙以布帛米粟有差。

　　抱真薨之日，其子殿中侍御史缄匿丧不发。营田副使卢会昌令抱真从甥元仲经潜与缄谋，其明日，将吏会集，仲经诈为抱真令曰："吾疾甚，不能莅职，今令缄掌军事，诸军善佐之。"节度副使李说及诸将吏俯首，皆曰："诺。"须臾，缄盛服而出，众皆拜之，缄乃悉府藏颁赏军士。卢会昌仍诈为抱真表，请以职事付缄。翌日，又令诸将连奏请缄领军。上已闻抱真卒，乃遣中使第五守进驰传观变，且令以军事属于大将王延贵。守进至潞州，缄诈言抱真疾病，请见明日。如此者凡三日，缄乃出造中使，左右皆陈兵，其严备。中使谓缄曰："朝廷已知相公薨殁，令以兵务属延贵，侍御宜归发丧行服也。"缄愕然，出谓诸将曰："有诏不许缄掌事，诸公意如何？"将吏莫有对者。缄惧而退，遽以使印及管胥钥归盐军。是日，乃发丧，毕一哭。中使召延贵，以口诏令视事，趣遣缄赴东都。元仲经逃于外，延贵捕得杀之。既归罪仲经，卢会昌得不坐。缄初谋乱，遣裨将陈荣诈以文书告成德节度使王武俊，求假财帛，武俊大怒曰："吾与汝府公善者，冀恭王命，非同恶也。今闻已亡，孰诈令其子而不俟朝旨耶？何敢告我，况有求也！"乃因陈荣而遣使让缄焉。

　　王虔休字君佐，汝州梁人也。本名延贵。少涉猎书籍，乡里间以信义畏慕之，尤好武艺。大历中，汝州刺史李深用之为将。久之，泽潞节度李抱真闻名，厚以财帛招之，累授兵马使押衙。建中初，抱真统兵马与诸将征讨河北，其双冈、水寨营等阵，虔休攻战居多，擢为步军都虞候，累加兼御史中丞、大夫，赐实封百户。洎抱真卒，裨将元仲经等议立抱真子缄，军中扰乱，虔休正色言于众曰："军州是天子军州，将帅阙，合待朝命，何乃云云，妄生异意！"军中服从其言，由是竟免溃乱。朝廷知而嘉之，以邕王为昭义节度观察大使，授虔休潞州左司马，依前兼御史大夫，掌留后，仍赐名虔休。号令安抚，军州大理。二岁，迁潞州长史、昭义军节度、泽潞磁邢洺观察使，寻加检校工部尚书。贞元十五年卒，年六十二，废朝三日，赠左仆射，赙以布帛米粟。

虔休性恭勤，俭省节用，管内州仓庾皆积粮储，可支军人数岁。又常撰《诞圣乐曲》以进，其表曰：

> 臣闻于师，夫君子为能知乐，是故审音以知声，审乐以知政，则理道备矣。清明广大，终始周旋，与天地同其和，与四时合其序，岂止于钟鼓管磬云乎哉！臣伏见开元中天长节著于甲令，每于是日海县欢娱，称万寿之无疆，乐一人之有庆，故能追尧接舜，迈禹逾汤，自周已后，不能议矣。"臣窃以陛下降诞之辰，未有惟新之曲。虽太和已布于六气，而大乐未宣于八音，无乃臣子之分，或有所阙。愚臣为不揆顽昧，敢思祖述，每思歌窃抃，忘寝与食久矣。适遇有知音者，与臣论及乐章，探微赜奥，穷理尽性，臣乃遣造《继天诞圣乐》一曲。大抵以宫为调，表五音之奉君也；以土为德，知五运之居中也。凡二十五遍，法二十四气而足成一岁也。每遍一十六拍，象八元、八凯登庸于朝也。所冀《云门》、《咸池》，永传于律吕，空桑、孤竹，合荐于宫悬，不闻沾滞之声，长作中和之乐。可使九域之人，顿忘于肉味；四夷之俗，皆播于薰风。与唐惟休，终古尽善。臣不胜恳款屏营之至，谨昧死陈献以闻。其所造谱，谨同封进。

先时，有太常乐工刘玠流落至潞州，虔休因令造此曲以进，今《中和乐》起此也。

卢从史，其先自元魏已来，冠冕颇盛，父虔，少孤，好学，举进士，历御史府三院、刑部郎中，江汝二州刺史、秘书监。从史少矜力，习骑射，游泽、潞军，节度使李长荣用为大将。德宗中岁，每命节制，必令采访本军为其所归者。长荣卒，从史因军情，且善迎奉中使，得授昭义军节度使。渐狂恣不道，至夺部将妻妾，而辩给矫妄，从事孔戡等以言直不从引去。前年丁父忧，朝旨未议起复，属王士真卒，从史窃献诛承宗计以希上意，用是起授，委其成功。及诏下讨贼，兵出，逗留不进，阴与承宗通谋，令军士潜怀贼号；又高其刍粟之假，售于度支，讽朝廷求宰相；且诬奏诸军与贼通，兵不可进。上深患之。

护军中尉吐突承璀将神策兵与之对垒，从史往往过其营博戏。从史沓贪好得，承璀出宝带、奇玩以炫耀之，时其爱悦而遗焉，从史喜甚，日益狎。上知其事，取裴垍之谋，因戒承璀伺其来博，揖语，幕下伏壮士，突起，持挃出帐后缚之，内车中，驰以赴阙。从者惊乱，斩十数人，余号令乃定，且宣谕密诏，追赴阙庭。都将乌重胤素怀忠顺，乃严戒其军，众不敢动。会夜，使疾驱，未明出境，道路人莫知。元和五年四月，制曰：

邪以蓄众，自致覆车；奸以事君，所宜用钺。故楚人告变，韩信患释于事先；蜀土征灾，钟会祸生于部下。况害深楚、蜀，功匪钟、韩，构此厉阶，布于公议。怀私负德，合置于严科；屈法申恩，尚从于宽典。前昭义军节度副大使、知节度事卢从史，擢自裨将，居于大藩，不思报国之诚，每设徇身之计。比丁家祸，曾无戚容，行弃人伦，孝亏天性。属常山称乱，朝制未行，固愿兴师，苟求复位。刻期效用，请以身先；指日投诚，誓云独致。示于怀抚，推以信诚。排众论以释其苴麻，决中心而授之斧钺，委以重任，命之专征。章奏所陈，事无违者；恩光是贷，予何爱焉。而乃冒利蓄奸，瘝政败度，成师既出，保敌而交通；邪计以行，临戎而向背。诸侯尽力而不应，遗寇游魂而是托。臣节既丧，恩岂念于生成；台位干求，礼顿亏于忠敬。肆其丑行，炽以凶

威,至于逼胁军中,潜施贼号;陵污麾下,实玷皇风。货以藩身,
虐而用众,士庶怨而罔恤,将校劳而不图。禀于陶钧,行事至
此,负我何多,且辜覆载之仁,宁逭神鬼之责。况顷年上请,就
食山东,及遣旋师,不时恭命,致动其众,觊生其心,赖刘济抗
忠正之辞,使邪竖绝迟回之计。加以偏毁邻境,密疏事情,反覆
百端,高下万变,心无耻愧,事至满盈。朕念以始终,务于含贷,
所期悔过,岂谓逾凶。而昭义军忠节凤彰,义声昭著,发其众
怒,叶以一心,顾大恶而不容,幸全躯而自免,宜从大戮,以正
彝章。尚以曾列方隅,尝经任使,惜君臣之体,抑中外之情,俾
投魑魅之乡,以解人神之愤。可贬驭州司马。呜呼!奸由事验,
自开弃绝之门;祸实己招,岂漏恢疏之纲。凡百多士,宜谅朕
怀。

子继宗等四人并贬岭外。

　　李芃字茂初,赵郡人也。解褐上邽主簿,三迁试大理评事,摄监
察御史、山南东道观察支使。严武为京兆尹,举为长安尉。李勉为
江西观察使,署奏秘书郎、兼盐察御史,为判官。永泰初,转兼殿中
侍御史。

　　时宣、饶二州人方清、陈庄聚众据山洞,西绝江路,劫商旅以为
乱。芃乃请于秋浦置州,守其要地,以破其谋。李勉然其计,以闻,
代宗嘉之,以宣州之秋浦、青阳、饶州之至德置池州焉。芃摄行州
事,无几,乃兼侍御史。居无何,魏少游代勉为使,复署奏检校虞部
员外郎,赐金紫,为都团练副使。顷之,摄江州刺史,州人便之。丁
母忧,免丧,永平军节度李勉署奏检校工部郎中、兼侍御史,为判
官,寻摄陈州刺史。岁中,即值李灵曜反于汴州,勉署芃兼亳州防御
使,练达军事,兵备甚肃;又开陈、颍运路,以通漕挽。

　　德宗嗣位,授检校太常少卿、兼御史中丞、河阳三城镇遏使。抚
劳备至,资禀善者,必先军士。间一年,为节度使路嗣恭之副,加检
校左庶子、河阳三城怀州节度观察使,以东畿汜水等五县隶焉。时

河南北连大兵,诏益以神策、汝、陕之师。芃进收新乡、共城,遂围卫州。明年,诏与河东节度马燧等诸军破田悦于洹水,以功加检校兵部尚书,累封开郡王,实封一百户。进围悦于魏州,将符璘以精骑五百夜降,芃开营以纳之。明日,归璘于招讨使。上居奉天,敛军还。

兴元初,检校右仆射,无何,以疾固让罢归。芃将请告,谓所亲曰:"今年夏被蝗旱,人主厌兵革,然则天下城垒坚厚矣,戈铤铦利矣,以力胜之,则有得失,其可尽乎!除弊之急,莫先德化,循而理之,斯易致耳。方镇之戴翼时主,宜先退让,贪权持禄,吾所不取也。吾既疾病,岂能言而不践乎!"乃手疏乞罢。贞元元年卒,年六十四,废朝一日,赠太子太保。

李澄,辽东襄平人,隋蒲山公宽之后也。居京兆。父镐,清江太守,以澄赠工部尚书。澄以武艺为偏将,累除试将作监,隶于江淮都统李峘。建中初,以检校太子宾客、兼御史中丞,隶于永平军节度使李勉。及勉移理汴州,乃奏澄为滑州刺史。四年冬,李希烈陷汴州,勉奔归行在,澄遂以城降希烈,伪署尚书令,兼滑州永平军节度使。

兴元元年春,澄密令亲信人卢融间道赍表达于奉天,上嘉之,乃以帛诏藏于蜡丸中,加澄刑部尚书,兼汴州刺史、汴滑节度观察使。澄秘而未宣,乃集州兵严加训习。希烈颇疑之,乃令养子六百人戍之,以虞其变。希烈苦攻宁陵,邀澄率其众至石柱。澄令纵火焚营而伪遁,诱六百人因惊行剽而加其罪,果大俘掠,悉令斩之以告。希烈不能诘焉。无几,何希烈遣其将翟晖等寇陈州,久之未复。

是岁十月,澄以汴州兵寡,度希烈不能制己,又会中官薛盈珍持节且至,加检校兵部尚书,封武威郡王,赐实封五百户。澄乃乘势力焚贼旌节,誓众归国。及十一月,希烈既失澄,又闻翟晖大败,由是奔归蔡州。澄遽率众将复汴州,屯于城北门,悝怯不敢进。及宣武军节度使刘洽师至城东门,贼将田怀珍开关以纳之。翌日,澄方自北入,洽已据子城。澄乃舍于浚仪县,两军将士,日有忿竞,不自安。会郑州贼将孙液通款于澄,澄遣其子清赴之。先是,河阳军节度使李芃遣其将雍颢攻郑州，颢所过纵掠，液拒之尤固；及清至，遂纳之。颢怒攻液，清以众助之，杀登城者数十人，颢方引退，又焚阳武而归。澄乃出赴郑州，朝廷特授清检校太子宾客、兼御史中丞，更名克宁。

贞元元年三月，就加澄检校左仆射、义成军郑滑许等州节度使。二年卒，年五十四，废朝一日，赠司空，帽布帛粟有差，仍令左散骑常侍归崇敬充吊祭使，所缘丧葬，并勒官给。

澄实以八月癸未终，克宁秘之，以九月庚寅，欲自起视事。其行军司马马铉不许，克宁阴遣杀之，乃墨绖而出，加卒于城门，将为不顺。刘洽出师屯于境上以制之，且使告谕切至，由是克宁不敢妄发，然道路绝商旅者凡十四五日。及贾耽代澄，克宁护丧将归，乃悉索府中财货，以夜出城，军人从而剥夺，及明殆尽。澄枢至京师，又赐克宁庄一所、钱千贯、粟麦二千石。澄初封陇西郡公，进武威郡王，每上疏连称二封，颇为时人所哂。

李元素字大朴，蒲山公密之孙。任侍御史，时杜亚为东都留守，恶大将令狐运，会盗发洛城之北，运适与其部下畋于北郊，亚意其为盗，遂执讯之，逮击者四十余人。监察御史杨宁按其事，亚以为不直，密表陈之，宁遂得罪。亚将逞其宿怒，且以得贼为功，上表指明运为盗之状，上信而不疑。宰臣以狱大宜审，奏请覆之，命元素就决，亚迎路以狱成告。元素验之五日，尽释其囚以还。亚大惊，且怒，亲追送，马上责之，元素不答。亚遂上疏，又诬元素。元素还奏，言未毕，上怒曰："出俟命。"元素曰："臣未尽词。"上又曰："且去。"元素复奏曰："一出得复见陛下，乞容尽词。"上意稍缓，元素尽言运冤状明白，上乃寤曰："非卿，孰能辨之！"后数月，竟得其真贼，元素由是为时器重，迁给事中。时美官缺，必指元素。迁尚书右丞。数月，郑滑节度卢群卒，遂命元素兼御史大夫，镇郑滑，就加检校工部尚书，在镇称理。

元和初，征拜御史大夫。自贞元中位缺，久难其人，至是元素以名望召拜，中外耸听。及居位，一无修举，但规求作相。久之，浸不得志，见客必曰："无以某官散相疏也。"见属官必先拜，脂韦在列，大失人情。李锜为乱江南，遂授元素浙西道节度观察处置等使。数月受代，入拜国子祭酒，寻迁太常卿，转户部尚书、判度支。

元素少孤，奉长姊友敬加于人，及其姊殁，沉悲沟疾，上疏恳辞职，从之。数月，以出妻免官。初，元素再娶妻王氏，石泉公方庆之孙，性柔弱，元素为郎官时娶之，甚礼重，及贵溺情仆妾，遂薄之。且又无子，而前妻之子已长，无良，元素寝疾昏惑，听谮遂出之，给与非厚。妻族上诉，乃诏曰："李元素病中上表，恳切披陈，云'妻王氏，礼义殊乖，愿与离绝'。初谓素有丑行，不能显言，以其大官之家，所以令自处置。访闻不曾告报妻族，亦无明过可书，盖是中情不和，遂至于此。胁以王命，当日遣归，给送之间，又至单薄。不唯王氏受辱，实亦朝情悉惊。如此理家，合当惩责。宜停官，仍令与王氏钱物，通所奏数满五千贯。"元和五年卒，赠陕州大都督。

史臣曰：李抱玉、李抱真，以武勇之材，兼忠义之行，有唐之良将也。且如农隙教潞人之射，数骑入武俊之营，非有奇谋，孰能如是。惜乎服食求仙，为药所误。王虔休不党偾命，有足可嘉；卢众史动多怀奸，自贻伊戚。芃则老也知足，澄则过而改图。元素为御史时，执德不回；居大夫日，其心甚短。因缘七出，益露丑声，善少恶多，又何足算。

赞曰：抱玉、抱真，我朝良将。虔休之心，亦多可尚。史怀奸谋，芃将禄让。澄迷却行，素贪一响。吾谁与欺，岂如忠谅。

旧唐书卷一三三
列传第八三

李晟　子愿 愬 听 凭宪 恕 憑 忠
王佖附

　　李晟字良器,陇右临洮人。祖思恭,父钦,代居陇右为裨将。晟
生数岁而孤,事母孝谨,性雄烈,有才,善骑射。年十八从军,身长六
尺,勇敢绝伦。时河西节度使王忠嗣击吐蕃,有骁将乘城拒斗,颇伤
士卒,忠嗣募军中能射者射之。晟引弓一发而毙,三军皆大呼,忠嗣
厚赏之,因抚其背曰:"此万人敌也。"凤翔节度使高升雅闻其名,召
补列将。尝击叠州叛羌于高当川,又击宕州连狂羌于罕山,皆破之,
累迁左羽林大将军同正。广德初,凤翔节度使孙志直署晟总游兵,
击破党项羌高玉等,以功授特进、试光禄卿,转试太常卿。
　　大历初,李抱玉镇凤翔,署晟为右军都将。四年,吐蕃围灵州,
抱玉遣晟将兵五千以击吐蕃,晟辞曰:"以众则不足,以谋则太多。"
乃请将兵千人疾出大震关,至临洮,屠定秦堡,焚其积聚,虏堡帅慕
容谷钟而还,吐蕃因解灵州之围而去。拜开府仪同三司。无几,兼
左金吾卫大将军、泾原四镇北庭都知兵马使,并总游兵。无何,节度
使马璘与吐蕃战于盐仓,兵败,晟率所部横击之,拔璘出乱兵之中,
以功封合川郡王。璘忌晟威名,又遇之不以礼,令朝京师,代宗留居
宿卫,为右神策都将。德宗即位,吐蕃寇剑南,时节度使崔宁朝京
师,三川震恐,乃诏晟将神策兵救之,授太子宾客。晟乃逾漏天,拔
飞越,廓清肃宁三城,绝大渡河,获首虏千余级,虏乃引退,历留成

都数月而还。

建中二年，魏博田悦反，将兵围临洺、邢州，诏以晟为神策先锋都知兵马使，与河东节度使马燧、昭义节度使李抱真合兵救临洺。寻加兼御史中丞。河东、昭义军攻杨光于临洺南，晟与河东骑将李自良、李奉国击鉴于双冈，悦兵却，遂斩朝光。战于临洺，诸军皆却。晟引兵渡洺水，乘冰而济，横击悦军，王师复振，击悦，大破之。三年正月，复以诸道军击败悦军于洹水，遂进攻魏州，以功加检校左散骑常侍，实封百户。无几，兼魏府左司马。时朱滔、王武俊联兵在深、赵，怒朝廷赏功薄，田悦知其可间，遣使求援，滔与武俊应之，遂以兵围康日知于赵州。李抱真分兵二千人守邢州，马燧大怒，欲班师。晟谓燧曰："初奉诏进讨，三帅齐进。李尚书以邢州与赵州接壤，分兵守之，诚未为害，其精卒锐将皆在于此，令公遽自引去，奈王事何？"燧释然谢晟，燧乃自造抱真垒，与之交欢如初。

王武俊攻赵州，晟乃献状请解赵州之围，欲引兵赴定州与张孝忠合势，欲图范阳。德宗壮之，加晟御史大夫，俾禁军将军莫仁擢、赵光铣、杜季泚皆隶焉。晟自魏州引军而北，径趋赵州，武俊闻之，解围而去。晟留赵州三日，与孝忠兵合，北略恒州，围朱滔将郑景济于清苑，决水以灌之。田悦、王武俊皆遣兵来救，战于白楼。贼犯义武军，稍却，晟引步骑击破之，晟所乘马连中流矢。逾月，城中益急，滔、武俊大惧，乃悉收魏博之众而来，复围晟军。晟内围景济，外与滔等拒战，日数合，自正月至于五月。会晟病甚，不知人者数焉，军吏合谋，乃以马舆还定州，贼不敢逼。

晟疾间，复将进师，会京城变起，德宗在奉天，诏晟赴难。晟承诏泣下，即日欲赴关辅。义武军间于朱滔、王武俊，倚晟为轻重，不欲晟去，数谋沮止晟军。晟谓将吏曰："天子播越于外，人臣当百舍一息，死而后已。张义武欲沮吾行，吾当以爱子为质，选良马以啖其意。"乃留子冯以为婚。义武军有大将为孝忠委信者谒晟，晟乃解玉带以遗之，因曰："吾欲西行，愿以为别。"陈赴难之意，受带者果德晟，乃谏孝忠勿止晟。晟得引军逾飞狐，师次代州，诏加晟检校工部尚书、神策行营节度使，实封二百户。晟军令严肃，所过樵采无犯。自河中由薄津而军渭北，壁东渭桥以逼泚。时刘德信将子弟军救襄城，败于扈涧，闻难，率余军先次渭南，与晟合军。军无统一，晟不能制，因德信入晟军，乃数其罪斩之。晟以数骑驰入德信军，抚劳其众，无敢动者。既并德信军，军益振。

时朔方节度使李怀光亦自河北赴难，军于咸阳，不欲晟独当一面以分己功，乃奏请与晟合，乃诏晟移军合怀光军。晟奉诏引军至陈涛斜，军垒未成，贼兵遽至，晟乃出阵，且言于怀光曰："贼坚保宫苑，攻之未必克；今离其窟穴，敢出索战，此殆天以贼赐明公也！"怀光恐晟立功，乃曰："吾军适至，马未秣，士未饭，讵可战耶？不如蓄锐养威，俟时而举。"晟知其意，遂收军入垒，时兴元元年正月也。每将合战，必自异，衣锦裘、绣帽前行，亲自指导。怀光望见恶之，乃谓晟曰："将帅当持重，岂宜自表饰以啖贼也！"晟曰："晟久在泾原，军士颇相畏服，故欲令其先识以夺其心耳。"怀光益不悦，阴有异志，迁延不进。晟因人说怀光曰："寇贼窃据京邑，天子出居近甸，兵柄庙略，属在明公。公宜观兵速进，晟愿以所部得奉严令，为公前驱，虽死不悔。"怀光益拒之。晟兵军于朔方军北，每晟与怀光同至城下，怀光军辄虏驱牛马，百姓苦之；晟军无所犯。怀光军恶其独善，乃分所获与之，晟军不敢受。

久之，怀光将谋沮晟军，计未有所出。时神策军以旧例给赐厚于诸军，怀光奏曰："贼寇未平，军中给赐，咸宜均一。今神策独厚，诸军皆以为言，臣无以止之，惟陛下裁处。"怀光计欲因是令晟自署侵削己军，以挠破之。德宗忧之，欲以诸军同神策，则财赋不给，无可奈何，乃遣翰林学士陆贽往怀光军宣谕，仍令怀光与晟参议所宜以闻。贽、晟俱会于怀光军，怀光言曰："军士禀赐不均，何以令战？"贽未有言，数顾晟。晟曰："公为元帅，弛张号令，皆得专之。晟当将一军，唯公所指，以效死命。至于增损衣食，公当裁之。"怀光默然，无以难晟，又不欲侵刻神策军发自己，乃止。

怀光屯咸阳，坚壁八十余日，不肯出军，德宗忧之，屡降中使，促以收复之期。怀光托以卒疲，更请休息，以伺其便，然阴与朱泚交通，其迹渐露。晟惧为所并，乃密疏请移军东渭桥，以分贼势，上初未之许。晟以怀光反状已明，缓急宜有所备，蜀、汉之路，不可壅也，请以裨将赵光铣为洋州刺史，唐良臣为利州刺史，晟子婿张彧为剑州刺史，各将兵五百以防未然。上初纳之，未果行。无何，吐蕃请以后佐诛泚，上欲亲总六师，移幸咸阳，以促诸军进讨。怀光闻之大骇，疑上夺其军，谋乱益急。时鄜坊节度李建徽、神策将杨惠元及晟，并与怀光联营，晟以事迫，会有中使过晟军，晟乃宣令云："奉诏徙屯渭桥。"乃结阵而行，至渭桥。不数日，怀光果劫建徽、惠元而并其兵，建徽遁免，惠元为怀光所害。

是日，车驾幸梁州。时变生仓卒，百官扈从者十二三，骆谷道路险阻，储供无素，从官乏食，上叹曰："早从李晟之言，三蜀可坐致也。"晟大将张少弘自行在传口诏授晟尚书左仆射、同中书门下平章事，以安众心。晟拜哭受命，且曰："长安宗庙所在，为天下本，若皆执羁靮，谁复京师？"及浚城隍，缮兵甲，以图收复。晟以孤军独当强寇，恐为二贼之所并，乃卑词厚币，伪致诚于怀光，外示推崇，内为之备。时刍粟未集，乃令检校户部郎中张彧假京兆少尹，择官吏以赋渭北畿县。不旬日，刍粮皆足，晟乃大陈三军，令之曰："国家多难，乱逆继兴，属车驾西幸，关中无主。予代受国恩，见危死节，臣子之分，况当此时，不能诛灭凶渠，以取富贵，非人豪也。渭桥横跨大川，断贼首尾，吾与公等戮力勤王，择利而进，兴复大业，建不世之功，能从我乎？"三军无不泣下，曰："唯公所使。"晟亦歔欷流涕。

是时，朱泚盗据京城，怀光图为反噬，河朔僭伪者三，李纳虎视于河南，希烈鸱张于汴、郑。晟内无货财，外无转输，以孤军而抗剧贼，而锐气不衰，徒以忠义感于人心，故英豪归向。戴休颜率奉天之众，韩游瓌治邠宁之师，骆元光以华州之兵守潼关，尚可孤以神策之旅屯七盘，皆禀晟节度，晟军大振。怀光以休颜、游瓌从晟，益惧。晟又致书于怀光，谕以祸福，令破贼迎銮，以掩前过。怀光卒不悟，军众渐多离散，糗粮且竭，虏剥无所得，惧为晟所袭。三月，怀光自三原、富平东抵奉天，所至焚掠，乃自冯翊入据河中。怀光将孟涉、段威勇者，本神策将，晋怀光之不臣，既至富平，结阵于军中，外向大呼而去，怀光不能制。涉、威勇以数千人归晟，乃陈兵受涉等降卒，乃奏授涉检校工部尚书，威勇兼御史大夫。

德宗之幸山南，既入骆谷，谓浑瑊曰："渭桥在贼腹内，兵势悬隔，李晟可办事乎？"瑊对曰："李晟秉义执志，临事不可夺，以臣计之，破贼必矣。"帝意始安。是月，浑瑊步将上官望自间道怀诏书加晟检校右仆射，兼河中尹、河中晋绛慈隰节度使，益实封三百户，又兼京畿、渭北、鄜坊丹延节度招讨使。晟承诏流涕。时帝欲移幸西川，晟上表："请驻跸梁汉，击亿兆之心，图翦灭之势。若规小舍大，作都岷峨，即人心失望，武士谋臣无所施矣。"四月，有诏加晟京畿、渭北、鄜坊、商华兵马副元帅。时京兆府司录李敬仲自京城来，谏议大夫郑云逵自奉天至，晟以京兆少尹张彧为副使，郑云逵为行军司马，李敬仲为节度判官，俾同主军画。又请以怀光旧将唐良臣保潼关，以河中节度授之，戴休颜守奉天，请以鄜坊节度授之，上皆从之。渭桥旧有粟十余万斛，度支先馈怀光军欲尽，晟又奏曰："近畿虽乘兵乱，犹可赋敛，傥寇贼未灭，宿兵旷时，人废耕桑，又无储蓄，非防微制胜之术也。"上纳之。晟乃于畿甸率聚征赋，吏民乐输，守御益固，由是军不乏食。

神策军家族多陷于泚，晟家亦百口在贼中，左右或有言及家者，晟因泣下曰："乘舆何在？而敢恤家乎！"泚又使晟小吏王无忌之婿诣晟军，且曰："公家无恙，城中有书闻。"晟曰："尔敢与贼为间！"遽命斩之。时转输不至，盛夏军士或衣裘褐，晟亦同劳苦，每以大义奋激士心，卒无离叛者。会将吏数辈自贼中逃来，言泚众携离可灭之状，士心益奋。先是，贼将姚令言及伪中丞崔宣咸使谍觇我军，为逻骑所得，拘送于晟，晟解缚，食而遣之，诫之曰："尔报崔宣，善为贼守，诸人勉力自固，勿不忠于贼也！"

五月三日，晟引军抵通化门，耀武而还，贼不敢出。晟集将佐，图兵所向，诸将曰："先拔外城，既有市里，然后北清宫阙。"晟曰：

"若先收坊市,巷厚隘狭,间以居人,若贼设伏格斗,百姓嚣溃,非计也。且贼重兵坚甲,皆在苑中,若自苑击其心腹,彼将图走不暇,如此则宫阙保安,市不易肆,计之上也。"诸将曰:"善。"乃移书浑瑊、骆元光、尚可孤,克期进军于城下。

其月二十五日夜,晟自乐渭桥移军于光泰门外米仓村,以薄京城。晟临高指麾,令设壕栅以候贼军。俄而贼众大至,贼骁将张庭芝、李希倩逼栅求战,晟谓诸将曰:"吾恐贼不出,今冒死而来,天赞我也!"勒吴诜、康英俊、史万顷、孟涉待纵兵击之。时华州营在北,兵少,贼并力攻之,晟遣李演、孟华以精卒救之。中军鼓噪,演力战,大破之,乘胜入光泰门;再战,又败之,僵尸蔽地,余众走入白华,夜闻恸哭之声。

翌日,将复出师,诸将请待西军至,则左右夹攻。晟曰:"贼既伤败,须乘胜扑灭,若俟其有备,岂王师之利耶!如待西军,恐失机便。二十八日,晟大集诸将骆元光、尚可孤,兵马使吴诜、王佖,都虞候邢君牙、李演、史万顷,神策将孟涉、康英俊,华州将郭审金、权文成,商州将彭元俊等,号令誓师华,陈兵于光泰门外。乃使王佖、李演率骑军,史万顷领步卒,直抵苑墙神麚村。晟先是夜使人开苑墙二百余步,至是贼已树木栅之,贼倚栅拒战。晟叱军士曰:"安得纵贼如此,当先斩公等!"万顷惧,先登,拔栅而入,王佖骑军继进,贼即奔溃,获贼将段诚谏,大军分道并入,鼓噪雷动。姚令言、张庭芝、李希倩犹力捍官军,晟令决胜军使唐良臣、兵马使赵光铣、杨万荣、孟日华等步骑齐进,贼军阵成而屡北。战下余合,乘胜驱蹙,至于白华。忽有贼骑千余出于官军之背,晟以麾下百余骑驰之,左右呼曰:"相公来!"贼闻之惊溃,官军追斩,不可胜诗。朱泚、姚令言、张庭芝尚有众万人,相率遁走,晟遣田子奇追之,其余凶党相率来降。

是日,晟军入京城,勒兵屯于含元殿前,晟舍于右金吾仗,仍号令诸军曰:"晟实不武,上凭睿算,下赖士心,幸得歼厥凶渠,肃清宫禁,皆三军之力也。长安士庶,久陷贼庭,若小有震惊,则非伐罪吊人之义也。晟与公等各有家室,离别数年,今已成功,相见非晚,五日内不得辄通家信,违命者斩。"乃遣京兆尹李齐运、摄长安令陈元众、摄万年令韦上伋告喻百姓,居人安堵,秋毫无所犯。尚可孤军人有擅取贼马者,晟大将高明曜虏贼女妓一人,司马伷取贼马二匹,晟皆立斩之,莫敢忤视。士庶无不感悦,咸嘘欷流涕,远坊居人,亦有经宿方知者。二十九日,令孟涉屯于白华,尚可孤屯望仙门,骆元光屯章敬寺,晟自屯于安国寺。是日,斩贼将李希倩等八人,徇于市。

六月四日,晟破贼露布至梁州,上览之感泣,群臣无不陨涕,因上寿称万岁,奏曰:"李晟虔奉圣谟,荡涤凶丑。然古之树勋,力复都邑者,往往有之;至于不惊宗庙,不易市肆,长安人不识旗鼓,安堵如初,自三代以来,未之有也。"上曰:"天生李晟,为社稷万人,不为朕也。"百官拜贺而退。是日,晟斩伪相李忠臣、张光晟、蒋镇、乔琳、洪经纶、崔宣等,又表守臣节不屈于贼者程镇之、刘乃、蒋沇、赵晔、薛岌等。

晟初屯渭桥时,荧惑守岁,久之方退,宾介或劝曰:"今荧惑已退,皇家之利也,可速用兵。"晟曰:"天子外次,人臣但当死节,垂象玄远,吾安知天道耶!"至是,谓参佐曰:"前者士大夫劝晟出兵,非敢拒也,且军可用之,不可使知。尝闻五纬盈缩无准,晟惧复来守岁,则我军不战而自溃。"参佐叹服,皆曰:"非所及也。"

寻拜晟司徒,兼中书令,实封一千户。

晟综理以备百司,令大将吴诜将兵三千至宝鸡清道,晟又请至凤翔迎扈,不许。七月十三日,德宗至自兴元,浑瑊、韩游瓌、戴休颜以其兵扈从,晟与骆元光、尚可孤以其兵奉迎。时元从禁军及山南、陇州、凤翔之众,步骑凡十余万,旌旗连亘数十里,倾城士庶,夹道欢呼。晟以戎服谒见于三桥,上驻马劳之。晟再拜稽首,初贺元恶殄灭,宗庙再清,宫闱咸肃,抃舞感涕,跪而言曰:"臣忝备爪牙之任,不能早诛妖逆,至銮舆再迁。及师于城隅,累月方殄贼寇,皆臣庸懦不任职之责,敢请死罪。"伏于路左。上为之掩涕,命给事中齐映宣旨,令左右起晟于马前。是月,御殿大赦,赠晟父钦太子太保,母王氏赠代国夫人，赐永崇里第及泾阳上田、延平门之林囿、女乐八人。入第之日，京兆府供收酒馔，赐教坊乐具，鼓吹迎导，宰臣节将送之，京师以为荣观。上思晟勋力，制纪功碑，俾皇太子书之，刊石立于东渭桥，与天地悠久，又令太子书碑词以赐晟。

晟以泾州倚边，屡害戎帅，数为乱阶，乃上书请理不用命者，兼备耕以积粟，攘却西蕃，上皆从之。诏以晟兼凤翔尹、凤翔陇右节度使，仍充陇右泾原节度，兼管内诸军及四镇、北庭行营兵马副元帅，改封西平郡王。初，帝在奉天，凤翔军乱，杀其帅张镒，立小将李楚琳。至是楚琳在朝，晟请以楚琳俱往凤翔，将诛之，上以初复京师，方安反侧，不许。八月，晟至凤翔，理杀张镒之罪，斩王斌等十余人。初，朱泚乱时，泾州亦杀其帅冯河清，立别将田希鉴，方属播迁，不遑讨伐，以泾帅授之。至是，晟奏曰："近者中原兵祸，皆起泾州，且其地逼西戎，易为反覆。希鉴凶徒，将校骄逆，若不惩革，终为后患。"从之。晟至凤翔，托以巡边，至泾州，希鉴迎谒，于坐执而诛之，并诛害河清者石奇等三十余人，具事以闻。上曰："泾州乱逆泉数，非晟莫能理之。"还镇，表右龙武将军李观为泾原节度使，吐蕃深畏之。晟常曰："河、陇之陷也，岂吐蕃力取之，皆因将帅贪暴，种落携贰，人不得耕稼，殿转东徙，自弃之耳。且土无丝絮，人苦征役，思唐之心，岂有已乎！"乃倾家财以赏降者，以怀来之。降虏浪息曩，晟奏封王，每蕃使至，晟必置息曩于坐，衣于锦袍、金带以宠异之。蕃人皆相指目，荣羡息曩。

蕃相尚结赞颇多诈谋，尤恶晟，乃相与议云："唐之名将，李晟与马燧、浑瑊耳。不去三人，必为我忧。"乃行反间，遣使因马燧以请和，既和，即请盟，复因盟以虏瑊，因以卖燧。贞元二年九月，吐蕃用尚结赞之计，乃大兴兵入陇州，抵凤翔，无所虏掠，且曰："召我来，何不以牛酒犒劳？"徐乃引去，持是间晟也。是役也，晟先令衙将王佖选锐兵三千，设伏于汧阳，诫之曰："蕃军过城下，勿击首尾，首尾纵败，中军力全，若合势攻汝，必受其弊。但俟其前军已过，见五方旗、武豹衣，则其中军也，突其不意，可建奇功。"佖如晟节度，果遇结赞。及出奋击,贼皆披靡,佖军不识结赞,故结赞仅而获免。十月,晟出师袭吐蕃摧沙堡,拔之,斩其堡使扈屈律悉蒙等,自是结赞数遣使乞和。十二月,晟朝京师,奏曰:"戎狄无信,不可许。"宰相韩滉又扶晟议,请调军食以给晟,命将击之。上方厌兵,疑将帅生事邀功。会滉卒,张延赏秉政,与晟有隙,屡于上前间晟,言不可久令典兵。延赏欲用刘玄佐、李抱真,委以西北边事,俾立功以压晟,德宗竟纳延赏之言,罢晟兵柄。三年三月,册拜晟为太尉、中书令,奉朝请而已。其年闰五月,浑瑊与尚结赞同盟于平凉,果为蕃兵所劫,瑊单马仅免,将吏皆陷。六月,罢河东节度使马燧为司徒,尽中尚结赞之谋。

晟既罢兵权,朝谒之外,罕所过从。有通王府长史丁琼者,亦为张延赏所排,心怀怨望,乃求见晟言事,且曰:"太尉功业至大,犹罢兵权,自古功高,无有保全者。国家倘有变故,琼愿备左右,狡兔三穴,盍早图之。"晟怒曰:"尔安得不祥之言!"遂执琼以闻。四年三月,诏为晟立五庙,以晟高祖芝赠陇州刺史,曾祖嵩赠泽州刺史,祖思恭赠幽州大都督。庙成,官给牲牢、祭器、休帐,礼官相仪以祔焉。

五年九月,晟与侍中马燧见于延英殿,上嘉其勋力,诏曰:"昔我列祖,乘乾坤之荡涤,扫隋季之荒屯,体元御极,作人父母;则亦有熊罴之士,不二心之臣,左右经纶,参翊缔构,昭文德,恢武功,威不若,康不乂,用端命于上帝,付畀四方。宇宙既清,日月既贞,王业既成,太阶既平;乃图厥容,列于斯阁,懋昭绩效,式表仪形,一以不忘于朝夕,一以永垂乎来裔,君臣之义,厚莫重焉。贞元己巳岁秋九月,我行西宫,瞻宏阁崇构,见老臣遗像,颙然肃然,和敬在色,想云龙之叶应,感致业之艰难。睹往思今,取类非远。且功与时并,才为代生,苟蕴其才,遇其时。尊主庇人,何代不有?在中宗,则桓彦范等著其辅戴之绩;在玄宗,则刘幽求等申翼奉之勋;在肃宗,则郭子仪扫珍氛祲;今则李晟等保宁朕躬。咸宣力肆勤,光复宗社。订之前烈,夫岂多谢,阙而未录,孰谓旌贤。况念功纪德,文祖所为也,在予曷其敢怠!有司宜叙年代先后,各图其像于旧臣之次,仍令皇太子书朕是命,纪于壁焉。庶播嘉庸,式昭于下,俾后来者尚揖清颜,知元勋之不朽。"复命皇太子书其文以赐晟,晟刻石于门左。

初,晟在凤翔,谓宾介曰:"魏征能直言极谏,致太宗于尧、舜之上,真忠臣也,仆所慕之。"行军司马李叔度对曰:"此缙绅儒者之事,非勋德所宜。"晟敛容曰:"行军失言。传称'邦有道,危言危行'。今休明之期,晟幸得备位将相,心有不可,忍而不言,岂可谓有犯无隐,知无不为者耶!是非在人主所择耳。"叔度惭而退。故晟为相,每当上所顾问,必极言匪躬,尽大臣之节。性沉默,未尝泄于所亲。临下明察,每理军,必曰某有劳,某能其事,虽厮养小善,必记主名。尤恶下为朋党相构,好善嫉恶,出于天性。尝有恩者,厚报之。初,谭元澄为岚州刺史,尝有恩于晟,后坐贬于岳州;比晟贵,上疏理之,诏赠元澄宁州刺史。元澄三子,晟抚待勤至,皆为成就官学,人皆义之。理家以严称,诸子侄非晨昏不得谒见,言不及公事,视王氏甥如己子。尝正岁,崔氏女妇省,未及阶,晟却之曰:"尔有家,况姑在堂,妇当奉酒醴供馈,以待宾客。遂不视而遣还家,其达礼敦教如此。贞元九年八月薨,时年六十七。上震悼出涕,废朝五日,令百官就第临吊,命京兆尹李充盐护丧事,官给葬具,赙赗加等。比大敛,上手书致意,送枢前,曰:

皇帝遣宫闱令弟五守进致旨于故太尉、中书令、西平郡王、赠太师之灵曰:天祚我邦,是生才杰,禀阴阳之粹气,实山岳之降灵。弘济患难,保佑王室;扫荡气祲,廓清上京。忠诚感于人神,功业施于社稷,匡时定乱,实赖元勋。洎领上台,克谐中外,讦谟帝道,叶赞皇猷。常竭嘉言,以匡不逮,情所亲重,义无间然。方期与国同休,永为帮邦翰。比婴疾恙,虽历旬时,日冀痊除,重期相见,弼予在位,终致和平。丰图药饵无征,奄至薨逝,丧我贤哲,亏我股肱,天不慭遗,痛惜何极!呜呼!大夏方构,旋失栋梁;巨川未济,遂亡舟楫。君臣之义,追恸益深,循省遗章,倍增感切。卿一门胤嗣,朕必终始保持。况愿等弟兄,承卿教训,朕之志义,岂忘平生?纵卿不言,朕亦存信。比者卿

　　在之日,却未见朕深心,今卿与朕长乖,方冀知朕诚志。无以为
　　念,发言涕零,是用躬述数行,贵写所怀得尽。临纸遣使,不能
　　饰词,魂而有知,当体朕意。

册赠太师,谥曰忠武。晟薨后,城盐州,复盐池,上赐宰臣新盐,恻然
思晟,乃令致盐于灵座。又时遣中使至晟第存抚诸子,教戒备至,闻
愿等有一善,上喜形于色,终始,无与晟比。

　　元和四年,诏曰:"夫能定社稷,济生人,存不朽之名,垂可久之
业者,必报以殊常之宠,待以亲比之恩,与国无穷,时惟茂典。故奉
天定难功臣、太尉、兼中书令、上柱国、西平郡王、食实封一千五百
户、赠太师李晟,间代英贤,自天忠义,迈济时之宏算,抱经武之长
材,贯以至诚,协于一德,尝遭屯难之际,实著戡定之功。鲸鲵既歼,
宫庙斯复,眷兹勋伐,则既褒崇。永言天步之夷,载怀邦杰之力,思
加崇于往烈,爰协比于后昆,睦以宗亲,将予厚意。其家宜令编附属
籍。晟配飨德宗朝庭。"

　　晟十五子:侗、伷、偕,无禄早世;次愿、聪、总、愻、凭、恕、宪、愬、
懿、听、慈、殷、聪、总官卑而卒,而愿、愬、听最知名。

　　愿,幼谦谨寡过,晟立大勋,诸子犹无官,宰相奏陈,德宗即日
召愿拜银青光禄大夫、太子宾客、上柱国。旧制,勋至上柱国,赐门
戟,即令赐愿,乃与父并列荣戟于门。九年,丁父忧。十一年,服阕,
德宗召见愿等于延英,悯然久之曰:"朕在宫中,常念卿等,追怀勋
德,何日忘之。又闻卿等居丧得礼,朕甚嘉之。"各赐衣一袭、绢三千
匹。愿依前授太子宾客,兄弟同日拜官者九人。寻转左卫大将军。
　　元和元年八月,检校礼部尚书,兼夏州刺史、夏绥银宥等州节
度使,威令简肃,甚得绥怀之术。客有亡马者,以状告愿,愿以状榜
于路,悬金以购之。不三日,所亡马系之榜下,仍置书一缄曰:"马逸
及群,不时告,罪当死,敢以良马一匹赎罪,并亡马谨纳于路。"愿付
客亡马而纵其良马。境内严肃,多如此类。转徐州刺史、武宁军节
度使。到镇,以青、郓不恭,奉命讨伐,屠城下邑,捷奏屡闻。无何,

有疾，以其弟诉代为徐帅，入为刑部尚书。疾愈，检校尚书左仆射，兼凤翔尹、凤翔陇右节度使。然自是颇怠于为理，无复素志，声色之外，全不介怀。

长庆二年二月，检校司空，兼汴州刺史、宣武军节度使。先是，张弘靖为汴帅，以厚赏安士心。及愿至，帑藏已竭，而愿恣其奢侈，门内数百口，仰给官司，不恤军政，赏赉不及弘靖时，而以威刑驭下。又令妻弟窦缓将亲兵，缓亦骄傲黩货，以是群情聚怨。是岁七月四日夜，牙将李臣则、薛志忠、秦邻等三人宿直，突入窦缓帐中，斩缓首以徇。愿闻有变，与左右数人露发而走，登子城北楼，悬縋而下，水由窗而出。比晓，行十数里，遇野人驱驴，夺而乘之，得至郑州。愿妻窦氏死于乱兵之手，子三人匿而获免，仆妾为军士所俘。城中大掠三日，乃立其牙将李介为留后，以邀旄钺，月余，方诛之。愿坐贬随州刺史。朝廷念晟之勋，终不加罪，入为左金吾卫大将军。长庆四年六月，复检校司空，兼河中尹，充河中晋绛慈隰节度使。河中之政，亦如岐、梁。加以愿结托权幸，厚行赂遗，赋入随尽，军府萧然，赖遽疾终，不尔，蒲人必有更变。宝应元年六月卒，赠司徒。

愬以父荫起家，授太常寺协律郎，迁卫尉少卿。愬早丧所出，保养于晋国夫人王氏，及卒，晟以本非正室，令服缌，号哭不忍，晟感之，因许服缌。既练，丁父忧，愬与仲弟宪庐于墓侧，德宗不许，诏令归第。居一宿，徒跣复往，上知不可夺，遂许终制。服阙，授右庶子，转少府监、左庶子。出为坊、晋二州刺史。以理行殊异，加金紫光禄大夫。复为庶子，累迁至太子詹事，宫苑闲厩使。

愬有筹略，善骑射。元和十一年，用兵讨蔡州吴元济。七月，唐邓节度使高霞寓战败，又命袁滋为帅，滋亦无功。愬抗表自陈，愿于军前自效。宰相李逢吉亦以诉才可用，遂检校左散骑常侍，兼邓州刺史、御史大夫，充随唐邓节度使。兵士摧败之余，气势伤沮，愬揣知其情，乃不肃军阵，不severe部伍。或以不肃为言，愬曰："贼方安袁尚书之宽易，吾不欲使其改备。"乃给告三军曰："天子知愬柔而忍耻，故令抚养尔辈。战者,非吾事也。"军众信而乐之。愬又散其优乐,未尝宴乐,士卒伤夷者,亲自抚之。贼以尝败高、袁二帅,又以愬名位非所畏惮者,不甚增其备。

愬沉勇长算,推诚待士,故有用其卑弱之势,出贼不意。居半岁,知人可用,乃谋袭蔡,表请济师。诏河中、鄜坊骑兵二千人益之,由是完缉器械,阴计戎事。尝获贼将丁士良,召入与语,辞气不挠,愬异之,因释其缚,置为捉生将。士良感之,乃曰:"贼将吴秀琳总众数千,不可遽破者,用陈光洽之谋也。士良能擒光洽以降秀琳。"愬从之,果擒光洽。十二月,吴秀琳以文成栅兵三千降。愬乃径徙之新兴栅,遂以秀琳之众攻吴房县,收其外城。初,将攻吴房,军吏曰:"往亡日,请避之。"愬曰:"贼以往亡谓吾不来,正可击也。"及战,胜捷而归。贼以骁骑五百追诉,愬下马据胡床,令众悉力赴战,射杀贼将孙忠宪,乃退。或劝愬遂拔吴房,诉曰:"取之则合势而固其穴,不如留之以分其力。"

初,吴秀琳之降,愬单骑至栅下与之语,亲释其缚,署为衙将。秀琳感恩,期于效报,谓愬曰:"若欲破贼,须得李祐,某无能为也。祐者,贼之骑将,有胆略,守兴桥栅,常侮易官军,去来不可备。"愬召其将史用诚诫之曰:"今祐以众获麦于张柴,尔可以三百骑伏旁林中,又使摇旆于前,示将焚麦者。祐素易我军,必轻而来逐,尔以轻骑捕之,必获祐。"用诚等如其料,果擒祐而还。官军常苦祐,皆请杀之,愬不听,解缚而客礼之,愬乘间常召祐及李忠义,屏人而语,或至夜分。忠义,亦降将也,本名宪,愬致之。军中多谏愬,愬益宠祐。始募敢死者三千人以为突将,愬自教习之。愬将袭元济,会雨水,自五月至七月不止,沟塍溃溢,不可出师。军吏咸以不杀愬为言,简翰日至,且言得贼谍者具言其事。愬无以止之,乃持祐泣曰:"岂天意不欲平此贼,何尔一身见夺于众口!"愬又虑诸军先以谤闻,则不能全祐,乃械送京师,先表请释,且言:"必杀祐,则无以成功者。"比祐至京,诏释以还愬,乃署为散兵马使,令佩刀巡警,出入帐中,略无猜闲。又改为六院兵马使。旧军令,有舍贼谍者屠其家,愬除其令，因使厚之，谍反以情告愬，愬益知贼中虚实。

陈许节度使李光颜勇冠诸军，贼悉以精卒抗光颜。由是愬乘其无备，十月，将袭蔡州，其月七日，使判官郑澥告师期于裴度。十日夜，以李祐率突将三千为先锋，李忠义副之，愬自帅中军三千，田进诚以后军三千殿而行。初出文成栅，众请所向，愬曰："东六十里止。"至贼境，曰张柴寨，尽杀其戍卒，令军士少息，缮羁鞠甲胄发刃觳弓，复建旆而出。是日，阴晦雨雪，大风裂旗旆，马栗而不能跃，士卒苦寒，抱戈僵仆者道路相望。其川泽梁迳险夷，张柴已东，师人未尝蹈其境，皆谓投身不测。初至张柴，诸将请所止，愬曰："入蔡州取吴元济也。"诸将失色。监军使哭而言曰："果落李祐计中！"愬不听，促令进军，皆谓必不生还；然已从愬之令，无敢为身计者。愬道分五百人断洄曲路桥，其夜冻死者十二三。又分五百人断朗山路。自张柴行七十里，比至悬瓠城，夜半，寻愈甚。近城有鹅鸭池，愬令惊击之，以杂其声。贼恃吴房、朗山之固，晏然无一人知者。李祐、李忠义坎墉而先登，敢锐者从之，尽杀守门卒而登其门，留击柝者。黎明，雪亦止，愬入，止元济外宅。蔡吏告元济曰："城已陷矣。"元济曰："是洄曲子弟归求寒衣耳。"俄闻愬军号令将士云："常侍传语。"乃曰："何常侍得至于此？"遂驱率左右乘子城拒捍。田进诚以兵环而攻之。愬计元济犹望董重质来救，乃令访重质家安恤之，使其家人持书召重质。重质单骑而归愬，白衣泥首，愬以客礼待之。田进诚焚子城南门，元济城上请罪，进诚梯而下之，乃槛送京师。其申、光二州及诸镇兵尚二万余人，相次来降。

自元济就擒，愬不戮一人，其为元济执事帐下厨厩之间者，皆复其职，使之不疑。乃屯兵鞠场以待裴度。翌日，度至，愬具橐鞬候度马首。度将避之，愬曰："此方不识上下等威之分久矣，请公因以示之。"度以宰相礼受愬迎谒，众皆耸观。明日，愬军还于文成栅。十一月，诏以愬检校尚书左仆射，兼襄州刺史、山南东道节度、襄、邓、隋、唐、复、郢、均、房等州观察等使、上柱国，封凉国公，食邑三千户，食实封五百户，一子五品正员。

宪宗有意复陇右故地,元和十三年五月,授愬凤翔陇右节度使,仍诏路由阙下。愬未发,属李师道再叛,诏田弘正、义成、宣武等军讨之,乃移愬为徐州刺史、武宁军节度使,代其兄愿。兄弟交换岐、徐三镇,旬日间再践父兄之任。愬至徐方,理兵有方略。时蔡将董重质贬春州司户,愬上表请恕重质赐之,堪于军前驱使,即诏征还送武宁军,愬乃署为牙将。愬破贼金乡,凡十一战,擒贼将五十,俘斩万计。

淄青平,将有事燕、赵。元和十五年九月,以愬检校左仆射、同中书门下平章事、潞州大都督府长史、昭义节度使,仍赐兴宁里第。十月,王承宗卒,魏博田弘正移任镇州。愬至潞州,四月,迁魏州大都督府长史、魏博节度使。长庆元年,幽、镇复乱,诉闻之,素服以令三军曰:“魏人所以富庶而能通知圣化者,由田公故也。天子以其仁而爱人,使理镇冀。且田公出于魏,抚师七年,一旦镇人不道,敢兹残害,以魏为无人也。若父兄子弟食田公恩者,其何以报?”众皆恸哭。又以玉带、宝剑与牛元翼,遣使谓之曰:“吾先人常以此剑立大勋,吾又以此剑平蔡寇,今镇人叛逆,公以此翦之。”元翼承命感激,乃以剑及带令于军中,报之曰:“愿以众从,竭其死力。”方有制置,会疾作,不能治军,人违纪律,功遂无成。朝廷以田布代之,除太子少保,归东都。是年十月,卒于洛阳,时年四十九。穆宗闻之震悼,赗赠加等,赠太尉。

始,晟克复京城,市不改肆;及愬平淮蔡,复踵其美。父子仍建大勋,虽昆仲皆领兵符,而功业不侔于愬,近代无以比伦。加以行己有常,俭不违礼,弟兄席父勋宠,率以仆马第宅相矜,唯愬六迁大镇,所处先人旧宅一院而已。晚岁忽于取士,辟请不得其人,至使吏缘为奸,军政不肃,物论稍减,惜哉!

听七岁,以荫授太常寺协律郎,常入公署,吏胥小之,不为致敬,听令鞭之见血,父晟奇之。后随吐突承璀讨王承宗,为神策行营兵马使。时昭义卢从史持两端,无心讨贼,承璀用听计,擒从史以献。转左骁卫将军、兼御史中丞。出为安州刺史,随鄂岳观察使柳公绰讨吴元济,军中动静,悉用听谋,军声遂振。元和中,讨李师道,听为楚州刺史,统淮南之师。郓人素易淮军,听潜训练,出其不意,趋海州,据险要,破沭阳兵,降朐山戍,怀仁、东海两城望风乞降,山东平。元和十四年五月,以功授检校左散骑常侍、夏州刺史、夏绥银宥节度使。十五年六月,改灵州大都督府长史、灵盐节度使。境内有光禄渠,废塞岁久,欲起屯田以代转输,听复开决旧渠,溉田千余顷,至今赖之。就加检校工部尚书。

初,听为羽林将军,有名马,穆宗有东宫,令近侍讽听献之,听以职总亲军,不敢从。及即位之始,幽、冀不廷,太原与二镇接境,方议易帅,宰臣进拟,上皆不允,谓宰臣曰:"李听为羽林将军,不与朕马,是必可任。"长庆二年二月,授检校兵部尚书、太原尹、北京留守、河东节度使,代裴度。四年七月,转滑州刺史、义成军节度使。大和二年,讨李同捷,时魏博行营将于志沼潜结沧、镇,擅回戈攻其帅史宪诚。诏听帅师援之,大破其叛卒,志沼奔镇州,为王庭凑所杀,听遂凯旋,以功封凉国公,授一子五品官。王庭凑再违朝旨,诏听以全师屯由贝州。路由魏州,史宪诚惧听见袭,衷甲郊迎,候吏密白听,乃令兵士匣刃橐弓,休于野外,魏人遂安。后宪诚欲入觐,竭其府库,魏人怨之,杀宪诚,衙军立其大将何进滔。诏听兼领魏博节度使,将兵北渡,魏人不纳,听乘城拒守,乃屯兵馆陶。魏兵遽袭,听不为备,其军大败,无复部伍,昼夜奔走,仅而获免,丧师过半,辎车兵仗并皆委弃。御史中丞温造、殿中侍御史崔蠡弹之曰:

> 臣闻赏罚不立,无以示天下;是非一贯,莫能建大中。窃见义成军节度使李听,昨者资其承藉,委以统戎,俾代宪诚,付之雄镇。总二万虎貔之旅,位极宠荣;兼两藩节制之权,心无报效。况陛下授以神算,假以天威,入魏之期,克日先定。而听拥旄观望,按甲迁延,荧惑人心,逗挠军政。遂使宪诚陷于屠戮,乱众肆其奸凶,失六郡于垂成,固危巢于已覆。委贝州而不守,烧劫无遗;望浅口而疾驱,狼狈就道。自图苟免,不吝苞羞,蔑

弃朝章，有同儿戏。魏州之乱，职听之由，论其负恩，万死犹幸。伏以封常清河南失律，斩于关门；高霞寓唐邓破伤，投诸退裔；浑镐节制易定，将战而兵力不支；袁滋逗留西川，欲进而凶渠尚在。或亲当矢石，或躬历艰危，势屈贼锋，竟申朝典，未曾贷法，必震皇威。今李听罪状凤闻，中外愤惋，比之常清等辈，万万过之。若陛下犹示含弘，不置极法，臣等恐宪章坠地，天下寒心。伏请付法。

上不之罪，罢兵柄，为太子少师。

听颇赂遗权幸以为援，居无何，复检校司徒，起为邠宁节度使。邠州衙厅，相传不利葺修，以至隳坏，听曰："帅臣凿凶门而出，岂有拘于巫祝而隳公署耶！"遂命葺之，卒无变异。大和六年，转武宁军节度使。时听有苍头为徐州将，不欲听至，听先使亲吏慰劳徐人，为苍头所杀。听不敢进，固以疾辞，用为太子太保。七年，出守凤翔，时人荣之。九年，改陈许节度，未至镇，复除太子太保分司。开成元年，出为河中尹、河中晋慈隰节度使。四年，以疾求代，除太子太保。是岁十月卒，时年六十一，赠司徒。

听十领节旄，所不至者三镇。莅官苛细，好将迎遗赂，故急于聚敛，穷极侈欲。位至一品，竟终牖下，非西平之遗德，焉能及此乎！

宪，晟第五子。晟十子，宪、诉最仁孝。及长，好儒术，以礼法修整，起家太原府参军醴泉县尉。于頔镇襄阳，辟为从事。时吴少诚据淮西，独惮頔之威，当时咸以宪谋画致之。元和八年，田弘正以魏博奉朝旨，辟宪为从事，授卫州刺史，迁绛州，所至以理行称。入为宗正少卿，迁光禄卿。穆宗即位，以太和公主降回鹘，命金吾大将军胡证充送公主使，命宪副之。使还，献《入蕃道里记》，迁检校左散骑常侍，兼太府卿。出为洪州刺史、江西观察使。大和二年，转岭南节度使。宪虽勋伐之家，然累历事任，皆以吏能擢用，所履官秩，政绩流闻。性本明恕，尤精律学，屡详决冤狱，活无罪者数百人。以能入官，官无败事，士君子多之。大和三年八月卒，时年五十六。

凭,累历诸卫大将军,恕太子洗马,并以荫授官,累迁至少卿监。

慈,累官至右龙武大将军,沉湎酒色,恣为豪侈,积债至数千万。其子贷回鹘钱一万余贯不偿,为回鹘所诉,文宗怒,贬慈为定州司法参军。

王佖,晟之甥。雄武善骑射,自晟河西、河北出师,佖无役不从。朱泚之乱,晟攻贼于光泰门,贼锋尚劲,逾与兵马使李演逾苑墙血战,败贼前锋,诸军方振,论功为神策将。吐蕃之寇泾原,佖伏卒击尚结赞,几获,由是深为吐蕃所畏。晟视佖恩宠与愿、恕不殊,给与过之。晟既为张延赏媒孽罢兵权,亦不用佖为将帅,入为左卫上将军。元和中,愿、恕兄弟在方镇,佖检校工部尚书、灵州大都督府长史、朔方灵盐节度使。先是,吐蕃欲成乌兰桥于河壖,先贮材木,朔方节度使每遣人潜载之,委于河流,终莫能成。至是,蕃人知佖贪而无谋,先厚遗之,然后兴役成桥,仍筑月城围守之。自是朔方御寇不暇,边上至为恨。长庆三年四月卒。

史臣曰:西平器伟材雄,人望而畏,出身事主,落落有将帅之风,见义能勇,听受不疑,忠于事君,长于应变,诚一代之贤将也。观恒山之役,立谈释二帅之憾;泾师之乱,号哭赴奉天之危,可不为忠义乎!对白华之进军,知平凉之必诈,沮星变之议,移渭桥之军,可不为应变乎!解带结孝忠之心,请婚释延赏之怨,嫉恶有楚琳之请,惩乱行希鉴之诛,可不为明于决断乎!而德宗皇帝听断不明,无人君之量,俾功臣困谗愬之口,奸人秉衡石之权,丁琼之言,诚堪太息。虽齷齪刻渭桥之石,区区赐烟阁之铭,亦何心哉!作善遗庆,诸子俱才,元和平贼之功,听、恕居其半。父子昆弟,皆以功名始终,道家所忌之谈,李氏以善胜矣。

　　赞曰:桓桓太师,义勇天资。运钟祸乱,力拯颠危。愬事章武,诛蔡平齐。凌烟画图,父子为宜。

旧唐书卷一三四
列传第八四

马燧 子畅 燧兄炫 浑瑊 子镐 锣

　　马燧字洵美，汝州郏城人，其先自右扶风徙焉。祖珉，官至左玉钤卫仓曹。父季龙，尝举明《孙吴》，傥傥善兵法，官至岚州刺史、幽州经略军使。燧少时，尝与诸兄读书，乃辍卷叹曰："天下将有事矣，丈夫当建功于代，以济四海，安能矻矻为一儒哉！"燧姿度魁异，长六尺二寸，沉勇多智略，该涉群书，尤善兵法。

　　安禄山反，俾光禄卿贾循守范阳。燧说循曰："禄山负恩首乱，虽陷洛城，必当夷灭。公盍建不代之功，诛其逆将向润客、牛廷玠，拔其根柢，禄山西不能入关，则坐而受擒，天下可定也。"循虽善之，计不时决，事泄，禄山果遣韩朝阳来召循。朝阳至范阳，与循语，阴伏壮士以弓绖缢杀之。燧脱身走西山，隐者徐遇匿之。逾月，间行归平原。平原不守，复走魏郡。

　　宝应中，泽潞节度使李抱玉署奏赵城尉。是时回纥大军还国，恃复东都之功，倔强恣睢，所过或虏掠廪粟，供饩小不如意，恣行杀害。抱玉具共办，宾介皆惮不敢行，燧自赞请主邮驿。比回纥至，则先赂其渠帅，与明要约，回纥乃授燧旗帜为识，犯令者命燧戮之。燧取死囚给左右厮役，小违令，辄杀之。因纥相顾失色，虏涉其境，无敢暴掠。抱玉益奇之。燧因说抱玉曰："属者与回纥言，燧得其情。今仆固怀恩恃功树党，李怀仙、张忠志、薛嵩、田承嗣分授疆土，皆出于怀恩，其子玚桃勇不义。以燧度之，将必窥太原西山为乱，公宜深备之。无何,怀恩果与太原都将李竭诚通谋,将取太原,其帅辛云京觉之,斩竭诚,固城自守,怀恩遣其子瑒率兵围之。初,回纥北归,遣其将安恪、石常庭将兵数百及诱募附丽者复数千人以守河阳。东都所房掠重货,悉积河阳。是时,怀恩遣薛嵩自相、卫馈以粮绝河津。抱玉令燧诣薛嵩说之,嵩乃绝怀恩从顺。署奏左武卫兵曹。

历太子通事舍人,迁著作郎、营田判官。无几,迁秘书少监、兼殿中侍御史,为节度判官、承务郎,迁郑州刺史。燧乃劝课农亩,总其户籍,岁一税之,州人以为便。大历四年,改怀州刺史。乘乱兵之后,其夏大旱,人失耕稼;燧乃务修教化,将吏有父母者,燧辄造之施敬,收葬暴骨,去其烦苛。至秋,界中生租谷,人颇赖之。

抱玉移镇凤翔,以汧阳被边,署奏陇州刺史、兼御史中丞。州西有通道,广二百余步,上连峻山,山与吐蕃相直,房每入寇,皆出于此。燧乃按行险易,立石种树以塞之,下置二门,设篱櫓,八日而功毕。会抱玉入觐,与燧俱行。久之,代宗知其能,召见,拜商州刺史、兼御中丞、防御水陆运使。

大历十年,河阳古城兵乱,逐镇将常休明,以燧检校左散骑常侍、御史大夫、河阳三城使。十一年五月,汴州大将李灵耀反,因据州城,绝运路,以邀节制。代宗务姑息人,因授灵耀汴、宋等八州节度留后。灵耀不受命,乃潜结魏博;田承嗣乃遣兄子悦将兵援灵耀,破永平军将刘洽。诏燧与淮西节度使李忠臣合军讨灵耀。忠臣惧贼,焚庐舍西走。燧劝其还兵,请为前锋,击破田悦,进逼汴州。忠臣行汴南,燧引军行汴北,又败灵耀将张清于西梁固。灵耀选锐兵八千,号为"饿狼军";燧独引军击破之,进至浚仪。是时,河阳兵冠诸军。承嗣又遣悦将兵二万救灵耀,破永平军将杜如江,略曹州,又败李正己游军,击走刘洽、长孙全绪等军,乘胜去汴州一舍,方阵而进。忠臣会宋州、淮南、浙西兵,与战不利,请救于燧,燧引四千人为奇兵击破之,田悦匹马遁去。灵耀知悦败,明日以百骑夜走,汴州悉降,燧让功于忠臣。忠臣素暴戾,燧不欲入汴城,乃引军退舍于板桥。忠臣入城,果专其功,因会击杀宋州刺史李僧惠。燧还河阳。

大历十四年六月，检校工部尚书、太原尹、北都留守、河东节度留后，寻为节度使。太原承前政鲍防百井败军之后，兵甲寡弱，燧乃悉召将吏牧马厮役，得数千人，悉补骑卒，教之数月，为精骑。造甲者必令长短三等，称其所衣，以便进趋。又造战车，蒙以狻猊象，列戟于后，行则载兵甲，止则为营阵，或塞险以遏奔冲，器械无不犀利。居一年，阵兵三万，开广场以习战阵，教其进退坐作之势。

建中二年六月，朝于京师，加检校兵部尚书，令还太原。初，田悦新代承嗣统兵，恐人不附己，诈效诚款，燧上疏明其必反，宜先备之。其年，悦果与淄青、恒冀通谋，自将兵三万围邢州，次临洺，筑重城，绝其内外，以拒救兵，邢州将李洪、临洺将张伾，皆坚守不拔。昭义军告急，乃诏燧将步骑二万与昭义节度使李抱真、神策行营兵马使李晟合军救临洺。燧军出崿口，兵未过险，乃遣持书喻悦，且示之好，悦谓燧畏之。十一月，师次邯郸，悦遣使至，燧皆斩之以徇；遣兵击破其支军，射杀其将成炫之。悦自攻临洺，遣大将杨朝光将兵万人，于临洺南双冈东西列二栅以御燧。燧乃率李抱真、李晟进军，营于二栅之中。其夜，东栅走归悦。明日，燧进军营明山，取其弃栅以置辎重。悦谓将吏曰："朝光坚栅不下万人，假令燧等尽锐攻之，比数日，计不能下，杀伤必甚。吾此必拔临洺，赏劳军士而与之战，必胜之术也。"悦乃分恒州李惟岳救兵五千以助朝光，燧率军攻朝光，田悦将万余人救之。燧乃令大将李自良、李奉国将骑兵合神策军于双冈御之，令曰："令悦得过，当斩尔！"自良等击却悦。燧乃令推火车以焚其栅，斩朝光及大将卢子昌，斩首五千余级，生虏八百余人。居五日，进军至临洺，田悦悉军复战。燧自将锐兵扼其冲口，凡百余合，士皆决死，悦兵大败，斩首万余级，生虏九百人，得谷三十万斛，器甲称是。悦收败兵夜遁，邢州围亦解。以功加右仆射。先战，燧誓军中，战胜请以家财行赏，既胜，尽出其私财以颁将士。德宗嘉之，诏度支出钱五万贯行赏，还燧家财。寻加魏博招讨使。

三年正月，田悦求救于淄青、恒冀，李纳遣大将卫俊将兵万人救悦，李惟岳亦遣兵三千赴援。悦收合散卒二万余人，壁于洹水，淄青军其东,恒冀军其西,首尾相应。燧率诸军进屯于邺,奏请益河阳兵,诏河阳节度使李芃将兵会之。军次于漳,悦遣将王光进以兵守长桥,筑月城以为固,军不得渡。燧乃于下流以车数百乘,维以铁锁,锁绝中流,实以土囊以遏水,水稍浅,诸军毕渡。是时军粮少,悦深壁不战,欲老燧军。燧令诸军持十日粮,进次仓口,与悦夹洹水而军。抱真与李芃问曰:"粮少而深入,何也?"燧曰:"粮少利速战,兵法善于致人,不致于人。今田悦与淄青、恒三军为首尾,计欲不战,以老我师;若分军击其左右,兵少未可必破,悦且来救,是前后受敌也。兵法所谓攻其必救,彼固当战也,燧为诸军合而破之。"燧乃造三桥道逾洹水,日挑战,悦不敢出。恒州兵以军少,惧为燧所并,引军合于悦。悦谓燧明日复挑战,乃伏兵万人,欲邀燧。燧乃令诸军半夜皆食,先鸡鸣时击鼓吹角,潜师傍洹水径趋魏州,令曰:"闻贼至,则止为阵。"又令百骑吹鼓角,皆留于后,仍抱薪持火,待军毕发,止鼓角匿其旁,伺悦军毕渡,焚其桥。军行十数里,悦乃率淄青、恒州步骑四万余人逾桥掩其后,乘风纵火,鼓噪而进。燧乃坐,申令无动。命前除草斩榛棘广百叔以为阵;燧出阵,募勇力得五千余人,分为前列,以俟贼至。比悦军至,则火止气乏,力少衰,乃纵兵击之,悦军大败。时神策、昭义、河阳军小却,河东军既胜,诸军还斗,合击又大破之。迫洹水,悦军走桥,桥已焚矣。悦军乱,赴水,斩首二万余级,杀大将孙晋卿、安墨啜,生获三千余人,溺死者不可胜纪。淄青军殆尽,死者相枕藉三十余里。

悦收败卒千余人走魏州,至门,州将李长春闭门不纳。久之,追兵不至,比明,乃纳悦。悦既入,杀长春,婴城自守。数日,李再春以博州降,悦克昂以洺州降,王光进以长桥降。悦遣符璘、李瑶将五百骑送淄青兵还镇,璘、瑶因来降燧。魏州先引御河入城南流,燧令塞其领口,河流绝,城中益恐。悦乃遣许士则、侯藏徒步间行说朱滔、王武俊,借兵求救。时王武俊已杀李惟岳,传首京师,授武俊恒冀观察都防御使;时武俊同列张孝忠已为易定节度使,武俊独为防御使,又割赵、深二州为一镇,以康日知为观察使,甚为怨望,且素轻孝忠,耻名在下。时朱滔讨李惟岳,拔深州,求隶幽州不得,亦怨望。由是滔、武俊同谋救悦。悦恃燕、赵之援,又出兵二万背城而阵,燧复与诸军击破之。五月,加燧同中书门下平章事。

六月,朱滔、王武俊联兵五万来救悦,至于城下。诸帅议退兵,燧固不可,德宗遣朔方节度使李怀光将朔方军步骑万五千人赴燧。是月晦,怀光亦至。怀光勇而无谋,军至之日,未休息,坚请与滔等战,王师不利。悦等决水灌燧等军,燧兵屈粮少,七月,燧与诸军退次魏县。是月,诏加燧魏州大都督府长史,兼魏博贝四州节度、观察、招讨等使。田悦、朱滔、王武俊军亦至魏县,与官军隔河对垒。十一月,三盗于魏县军中递相推奖王号:朱滔称冀王,田悦称魏王,王武俊称赵王;又遣使于李纳,纳称齐王。四道其推淮西李希烈为天下兵马元帅、太尉、建兴王,皆伪署官号,如国初行台之制,而名目止颇有妖僻者,然未敢伪称年号。而五盗合从图倾社稷,两河鼎沸,寇盗横行;燧等虽志在勤王,竟莫能驱攘患难。

四年十月,泾师犯阙,帝幸奉天,燧引军还太原。议者云:“燧若乘田悦洹水之败,并力攻之,时城中败卒无三二千人,皆夷伤未起,日夕俟降;燧与抱真不和,迁延于击贼,乃致三盗连结,至今为梗,职燧之由。”燧至太原,遣行军司马王权将兵五千赴奉天,又遣男汇及大将之子与俱来,壁于中渭桥。及帝幸梁州,权、汇领兵还镇。燧以晋阳王业所起,度都城东面平易受敌,时天下骚动,北边数有警急,乃引晋水架汾而注城之东,潴以为池,寇至计省守陴者万人;又决汾水环城,多为池沼,树柳以固堤。寻兼保宁军节度使。

兴元元年正月,加检校司徒,封北平郡王。七月,德宗还京,加燧奉诚军及晋绛慈隰节度并管内诸军行营副元帅,令与侍中浑瑊、镇国军节度使骆元光同讨河中。初,李怀光据河中,燧遣使招谕之,怀光妹婿要廷珍守晋州,衙将毛朝扬守隰州,郑抗守慈州,皆相次降燧。初,王武俊自魏县还镇,虽去伪号,而攻围赵州不解,康日知窘蹙,欲弃赵州,燧奏曰:“可诏武俊与抱真同击朱滔,以深、赵隶武俊,请改日知为晋慈隰节度使。”日知未至而三州降燧,故又加燧晋

慈隰节度使。燧乃表让三州于日知,且言因降而授之,恐后有功者
踵以为常。上嘉而许之。燧乃遣使迎日知,既至,籍府库而归之,日
知喜且过望。

九月十五日,燧帅步骑三万次于降,分兵收夏县,略稷山,攻龙
门,降其将冯万兴、任象玉。燧以兵攻绛州,十月,拔其外城,其夜伪
刺史王克同与大将达奚小进弃城走,降其众四千人。又遣大将李自
良、谷秀分兵略定闻喜、夏县、万泉、虞乡、永乐、猗氏六县,降其将
辛姚及兵五千人。谷秀以犯令虏士女,斩之以徇。

贞元元年,军次宝鼎,败贼骑兵于陶城,前锋将李黯追击之,射
杀贼将徐伯文,斩首万余级,获马五百匹。是岁,天下蝗旱,物价腾
踊,军乏粮饷,而京师言事多请舍怀光,上意未决。燧以怀光逆节尤
甚,河中密迩京邑,反覆不可保信,舍之无以示天下,虑上为左右所
惑,且兵事尚密。六月,燧乃舍军以数百骑朝于京师。比召见,燧曰:
“臣虽不武,得刍粮支一月,足以平河中。”上许之。

七月,燧因朝京师,乃与浑瑊、骆元光、韩游环合军,次于长春
宫。怀光将徐廷光以兵六千守宫城,御备甚严。燧度长春不下,则
怀光自固,攻之旷日持久,所伤必甚,乃挺射至城下呼廷光。廷光素
惮燧威名,则拜于城上。燧度廷光心已屈,乃徐谓之曰:“我来自朝
廷,可西面受命。”廷光复拜。燧乃喻之曰:“公等皆朔方将士,禄山
以来,首建大勋,四十余年,功伐最高,奈何弃祖父之勋力,背君上,
为族灭之计耶!从吾,非止免祸,富贵可图也。”贼徒皆不对。燧又
曰:“尔以吾言不诚,今相去不远数步,尔当射我!”乃披襟示之。廷
光感泣俯伏,军士亦泣下。先一日,贼焦篱堡守将尉珪以兵二千因
堡降燧;廷光东道既绝,乃率众出降。燧以数骑径入城,处之不疑,
莫不畏服,众大呼曰:“吾辈复得为王人矣!”浑瑊由是服燧,私谓参
佐曰:“予尝谓马公用兵与予不相远,但惊怪累败田悦;今观其行兵
料敌,吾不逮远矣!”八月,燧移军于焦篱堡。其夜,贼太原堡守将吴
冏弃堡而遁,其下皆降。燧率诸军济河,兵凡八万,阵于城下。是日,
贼将牛名俊斩怀光首以城降。其守兵犹一万六千人,斩贼将阎晏、

孟宝、张清、吴罔等七人以徇,为怀光胁虏者皆舍之。

　　燧自朝京师还行营,凡二十七日而河中平。诏书褒美,迁光禄大夫,兼侍中,仍与一子五品正员官。宴赐毕,还太原。是行也,德宗赐燧《宸扆》、《台衡》二铭。序曰:

　　　　朕每览上古之书,及唐、虞之际,君臣相得,坚贤同时,日夕孜孜,讲论至道,或陈其鉴诚,或讽以咏歌,焕乎典谟,百代是式,有以见启沃之道,理化之端,意甚慕之,而未能迨也。顷灵盐节度使杜希全著书上献,多所规谏,聊为《君臣箴》,用答其意。河东等副元帅、司徒燧固请勒石,贻厥后人。朕以文既非工,义又非备,垂诸来裔,良所恧焉。起予者商,因之有作,庶乎朝夕自儆,且俾后代知我文武毁邦之臣欤。

《宸扆铭》曰:

　　　　天生蒸人,性命元淳,嗜欲交驰,利害纠纷。元主乃乱,树之以君,九域茫茫,万情云云。目不备睹,耳难偏闻,睹之闻之,矧又非真。事失其源,道远莫亲,理得其要,化行如神。失源维何,不自正身,正身之方,先诚其意。罔从尔欲,罔载尔伪,体道崇德,本仁率义。必信若寒暑,无私象天地,感而遂通,百虑一致。任人之术,各当其器,舍短从长,理无求备。事多总集,众才咸遂,知而必任,任而勿贰。以天下之目为鉴,我鉴斯明;以天下之心为谋,我谋则智。求贤惟广,辩理惟精,逆耳咈心,必嘉乃诚。顺旨苟容,亦察其情,斥去奸谀,全度忠贞。先人立言,为代作程,谔谔者昌,唯唯者倾,系以兴亡,曷云其轻。承天子人,夫岂不贵,伊昔哲王,夙夜祗畏。驭朽为戒,纳隍为志,神将害盈,天匪假易。四海为家,夫岂不富,伊昔哲王,勤俭固陋。土阶罔饰,露台罢构,远奇伎淫巧,放珍禽怪兽。敬之慎之,天命可祐。欲令必行,顺人之情,欲诚必著,清己之虑,心无亿诈,事必忠恕。凡将有为,靡不三思,喜怒以节,动静以时。毫厘或差,祸害亦随,慢易厥初,悔其曷追。刑不可长,武不可恃,作威逞力,厉阶斯起。垂旒蔽聪,黈纩塞耳,含弘光大,是亦为美。覆之如天，爱之如子，仁心感人，率土自理。嗟予寡昧，嗣守丕图，寇戎荐兴，德化未孚。大业兢兢，其敢以渝，俯察物情，仰稽典谟，作诫斯言，置于坐隅。

《台衡铭》曰：

天列台星，垂象于人，圣人则天，亦建辅臣。以翼以弼，为衡为钧，如耳目应心，如股肱运身，是则同体，孰云非亲。阴阳相推，四序成岁，君臣相得，万邦作乂。感同风云，合若符契，以道匡救，尽规献替，木必从绳，金其用砺。帝者之盛，时惟陶唐，乃闻畴咨，仄陋明扬。洎乎有虞，二八腾芳。爰迨伊尹，相于成汤。载生姜牙，谅彼武王。道无不行，谋无不臧，君圣臣贤，运泰时康。汉高既兴，萧、曹亦彰。烈烈我祖，膺期而昌，划灭群凶，砥平四方。惟卫及英，启辟封疆；曰房与杜，振理维纲；亦有魏征，忠謇昂昂。伟兹众材，为栋为梁，荡荡巍巍，邦家有光。是知道之废兴，系于时主，主之得失，资于台辅。经之以文，纬之以武，出为方、伯，入作申、甫，绝维载张，阙衮斯补。惟德是倚，惟才是求，人不易知，德亦难周。傅说板筑，夷吾射钩，任之不疑，千载垂休，体于至公，何鄙何仇。追惟哲主，必赖良弼，矧予不德，暗于理术。师旅繁起，政刑多失，遘兹艰屯，夙夜祗栗。翊我戴我，实惟勋贤，内熙庶绩，外总十连，威武载扬，谋猷日宣。长城压境，巨舰济川，同德同心，扶危持颠。予嘉尔诚，尔相予理，惟后失道，亦臣之耻。自昔格言，慎终如始，功藏鼎彝，道冠图史。无俾伊、傅，克专厥美，作鉴勒铭。永世是纪。

燧至太原，乃勒二铭于起义堂西偏，帝为题额，其崇宠如此。

二年冬，吐蕃大将尚结赞陷盐、夏二州，各留兵守之，结赞大军屯于鸣沙，自冬及春，羊马多死，粮饷不继。德宗以燧为绥银麟胜招讨使，令与华帅骆元光、邠帅韩游瓌及凤翔诸镇之师会于河西进讨。燧出师，次石州。结赞闻之惧遣使请和，仍约盟会，上皆不许。又遣其大将论颊热厚礼卑辞申情于燧请和，燧频表论奏，上坚不许。三年正月，燧军还太原。四月，燧与论颊热俱入朝，燧盛言蕃情可保,请许其盟,上然之。燧既入朝,结赞遂自鸣沙还蕃。是岁闰五月十五日,侍中浑瑊与蕃相尚结赞盟于平凉,为蕃军所劫,狼狈仅免,陷将吏六十余员,由燧之谬谋也,坐是夺兵权。六月,以燧守司徒,兼侍中、北平王如故,仍赐妓乐,奉朝请而已。

五年九月,燧与太尉李晟召见于延英殿,上嘉其有大勋力,皆图形凌烟阁,列于元臣之次。九年七月,燧对于延英。初,上以燧足疾,不令朝谒;是日,燧以冬首入朝,敕许不拜而坐。时太尉晟初薨,帝谓燧曰:“常时卿与太尉晟同来,今独见卿,不觉悲怆。”上嘘欷久之。燧既退,足疾,仆于地,上亲掖起之,送及于陛,燧顿首泣谢。累上表乞骸,陈让侍中,优诏不许。贞元十一年八月薨,时年七十。先是,司天频奏荧惑,太白犯太微上将,间一月而燧薨。废朝四日,诏京兆尹韩皋监护丧事,嗣吴王巘为吊祭赠赗使,册赠太尉,谥曰庄武。

史臣曰:燧雄勇强力,常先计后战,又善誓师,将战,亲自号令,士无不慷慨感动,战皆决死,未尝折北,谋得兵胜,冠于一时。然力能擒田悦而不取,纳蕃帅之伪款而保其必盟;平凉之会,大臣几陷,关畿摇动,此谓才有余而心不至,议者惜而恨之。

子汇、畅。畅以父荫累迁至鸿胪少卿,留京师。建中三年,燧讨田悦于山东,时岁旱,京师括率商户,人心甚摇。凤翔留镇幽州兵,多离散入南山为盗。殿中丞李云端与其党袁封、单超俊、李诚信、冀信等与畅善,因饮食聚会,言时事将危;畅乃遣家人温靖与父书,具陈利害,可班师还镇。燧怒,执靖具奏其状,令兄炫执畅请罪。德宗以燧方讨贼,不竟其事,诛云端等十一人,敕炫就第杖畅三十,上于是罢括率之令。燧赀货甲天下,燧既卒,畅承旧业,屡为豪幸邀取。贞元末,中尉申志廉讽畅令献田园第宅,顺宗复赐畅。畅初为汇妻所诉,析其产,中贵又逼取,仍指使施于佛寺,畅不敢吝;晚年财产并尽,身殁之后,诸子无室可居,以至冻馁。今奉诚园亭馆,即畅旧第也。畅终少府监，赠工部尚书。

子继祖，以祖荫，四岁为太子舍人，累迁至殿中少监，年三十七卒。

马炫字弱翁，燧之仲兄，少以儒学闻于时，隐居苏门山，不应辟召。至德中，李光弼镇太原，辟为掌书记、试大理评事、监察御史，历侍御史。常参谋议，光弼甚重之，奏授比部、刑部郎中。田神功镇汴州，奏授节度判官、检校兵部郎中。转连州刺史，征拜吏部郎中，又出为阆州刺史，入为大理少卿。建中初，为润州刺史，黜陟使柳载以清白闻，征拜太子右庶子，迁左散骑常侍。弟燧为司徒，以亲比拜刑部侍郎，以疾辞，改兵部尚书致仕。贞元七年卒，时年七十九。

浑瑊，皋兰州人也，本铁勒九姓部落之浑部也。高祖大俟利发浑阿贪支，贞观中为皋兰州刺史。曾祖元庆、祖大寿、父释之，皆代为皋兰都督。大寿，开元初历左领卫中郎将、太子仆同正。释之，少有武艺，从朔方军，积战功于边上，累迁至开府仪同三司、试太常卿、宁朔郡王。广德中，与吐蕃战，没于灵武，年四十九。

瑊本名曰进，年十余岁即善骑射，随父战伐，破贺鲁部，下石堡城，收龙驹岛，勇冠诸军，累授折冲果毅。后节度使安思顺遣瑊提偏师深入葛禄部，经狐媚碛，略特罗斯山，大破阿布思部；又与诸军城永清栅、天安军，迁中郎将。

安禄山构逆，瑊从李光弼出师河北，定诸郡邑。贼将有李立节者，素称骁勇，与瑊格斗，临阵斩之，迁右骁卫将军。既而肃宗即位于灵武，瑊统兵赴行在，至天德，遇蕃军入寇，瑊击败之。从郭子仪收两京，讨安庆绪，破贼于新乡。改检校太仆卿，充武锋军使。又从仆固怀恩讨史朝义，前后数十战。朝义平，加开府信同三司、太常卿，赐实封二百户。

及怀恩谋乱，令子玚与瑊率军围榆次，朔方将杀玚，瑊率所部归郭子仪。会瑊父释之战死，又起复本官，为朔方行营左厢兵马使。

从子仪讨吐蕃于邠州，以功加御史中丞。军还，盛秋于邠。会吐蕃大入寇，至奉天，瑊拒战于漠谷，大破蕃军。以功加太子宾客，复屯于奉天。华州周智光反，子仪奉诏讨之，令瑊领马步万人攻下同州。智光平，诏以邠、宁、庆三州隶朔方军，子仪领之；子仪令瑊先率兵至邠州，使于宜禄县防秋。岁余，加兼御史大夫。

大历七年，吐蕃大寇边，瑊与泾原节度使马璘会兵，大破蕃贼于黄菩原。自是，每年常戍于长武城，临盛秋。十二年，领邠州刺史。其年，吐蕃入寇庆州方渠、怀安等镇，瑊击却之。十二年，子仪入朝，令瑊知邠宁庆三州兵马留后。十三年，回纥侵太原，破鲍防军，北归，颇为边患。以瑊为石岭关已南诸军都知兵马使，率兵掎角逐之，虏骑引退。其年八月，加检校工部尚书、单于副都护、振武军使。十四年，郭子仪拜太尉，号尚父，分所管内别置三节度，以瑊兼单于大都护，充振武军、东受降城、镇北大都护府、绥银麟胜等军州节度副大使知节度使事、管内支度营田等使。其年，复以崔宁为朔方节度使，领子仪旧管，征瑊为左金吾卫大将军，兼左街使。

建中四年，李希烈遣间谍诈为瑊书与希烈交通，瑊奏其状，上特保订之，仍赐瑊马一匹并鞍辔，锦彩二百匹。时以普王为荆襄等道兵马元帅讨李希烈，大开府幕，以瑊检校户部尚书、御史大夫，充中军都虞候。会泾师乱，德宗幸奉天，后三日，瑊率家人子弟自京城至，乃署为行糙在都虞候、检校兵部尚书、京畿渭北节度观察使。居数日，邠宁节度使韩游瓌与庆州刺史论惟明统兵三千，自乾陵北过，赴醴泉以拒朱泚。会谍报泚已出兵，帝遽令追游瓌兵，才至奉天，贼军果至。游瓌等战于城东，王师不利，遂乘胜奔突，将入，官军与贼隔门相持，自卯至午，杀伤颇甚。门内有草车数乘，瑊令推车塞门，焚之以外御，乘火力战，贼方解去，然重围已合。贼大修攻具，以僧法坚为匠师，毁佛寺房宇以为梯橹。是月，贼自丁未至辛未，四面攻城，昼夜矢石不绝，瑊随机应敌，仅能自固。

十一月，灵武节度使杜希全、盐州刺史戴休颜、夏州刺史时常春合兵六千人赴难。将至，上议其所向，宰相卢杞、白志贞以漠谷路为便。珹曰："漠谷险隘，必为贼所邀，若取乾陵北过，附柏城而行，便取城东北鸡子堆下，与城中掎角相应，且分贼势，朱泚必不更于陵寝往来。"杞曰："漠谷路近，若虑逆贼邀击，即出兵应接，若取乾陵路，恐惊陵寝。"珹曰："今朱泚围城，斩伐柏城，以夜继昼，惊动已多。今城中危急，伫望救军，唯希全等率先赴难，安危是赖，所系非轻，制置不宜差跌。但令希全等于鸡子堆下营，固守善地，贼泚可以计破也。"卢杞等曰："陛下以顺讨逆，不可自惊陵寝。"白志贞从而赞之，上从杞议。希全等进至漠谷，果为贼军邀击，夺据水口，乘高以大弩、巨石左右夹击，杀伤颇甚；城中出兵应援，亦为贼挫锐而退。希全等各归还本镇，贼攻城逾急，壕堑圜之。旬日，复偏攻东北角，矢石乱入，昼夜如雨，城中死伤者甚众。重围救绝，刍粟俱尽，城中伺贼休息，辄遣人城外捃拾樵采以进御。人心危蹙，上与珹对泣。贼泚北据乾陵，下瞰城内，身衣黄衣，蔽以翟扇，前后左右，皆朱紫阉官，宴赐拜舞，纷纭旁午。城中动息，贼俯窥之，慢辞戏侮，以为破在漏刻之顷，时令骑将环城招公卿、士庶，责以不识天命。

十五日，贼造云桥成，阔数十丈，以巨轮为脚，推之使前，施湿毡生牛革，多悬水囊以为障，直指城东北隅，两旁构木为庐，冒以牛革，回还相属，负土运薪于其下，以填壕堑，矢石不能伤。城中汹惧，相顾失色。上召珹勉谕之，令斋空名告身自御史大夫、实封五百户已下者千余轴，募诸军突将敢死之士以当之；兼赐珹御笔一管，当战胜，量其功伐，即署其名授之，不足者，笔书其身，因命以位。仍谓珹曰："朕便与卿别，更不用对来，纵有急切，令马承倩在卿处，但令附奏。"珹俯伏呜咽，上亦悲恸不自胜，抚珹背而遣。前一日，珹与防城使侯仲庄揣云桥来路，先凿地道，下可深丈余，上积马粪，深五六尺。次二日，即令烈火，次一日复下柴薪夜烧之，平明，火焰高于城垒。是时，北风正急，贼乃随风推桥以薄城下，贼三千余人相继而登。城上士卒皆久寒馁，又少甲胄，珹但感激诚厉之。以饥弱之众，当剧贼之锋，虽力战应敌，人忧不济，公卿已下，仰首祝天。贼徒至地道所，桥脚偏陷，不能进。须臾，风回焰转，云桥焚为灰烬，贼焚死者数千,城中欢噪振地。时瑊中流矢,遽自拔之,血流沾沫,格斗不已,初不言疮痛,以激士心。是日,上先授瑊二子官,余授将校有差。贼又别造云桥,周以重铁,方就,而朔方节度使李怀光自魏县行营赴难,先遣兵马使张韶入奏。韶至奉天,与贼填堑者相杂,临城忽大呼,谓城上曰:"我李怀光使也,怀光自河北领大军至矣。"即绳引而登。城中得怀光表,欢声振动,贼众不之测,乃令舁韶巡于城上。翌日,怀光大军次醴泉。是夜,贼解围而去。

兴元元年正月,以瑊为行在都知兵马使。二月,赐实封五百户。是月,德宗移幸山南。时怀光叛逆,二贼连结,寇盗纵横,瑊分布诸军,以为翼卫,才入谷口,而怀光追骑遽至,瑊令侯仲庄以后军击败之。三月,加检校左仆射、同中书门下平章事,兼灵州都督、灵盐丰夏等州、定远西城、天德军节度等使,仍充朔方邠宁振武等道兼永平军奉天行营兵马副元帅,上临轩授钺,用汉拜韩信故事。是月,瑊将诸军赴京畿,贼将韩旻、张廷芝、宋归朝等拒我师于武功,瑊与吐蕃将论莽罗之众大破贼于武亭川,斩首万余级。瑊便赴奉天应接李晟,抗京城西面。五月,李晟自东渭桥抵京城攻贼,瑊亦与韩游瓌、戴休颜西面诸军会合。晟破贼之日,瑊亦进收咸阳。寻闻朱泚、姚令言奔败,命诸军分道邀击,其众离溃,相率来降。选劲骑三千急追泚至泾州,贼将诛泚,传首来献。

六月,加瑊侍中。论收京城之功,加实封李晟一千户,瑊八百户,韩游瓌、戴休颜四百户,骆元光、尚可孤五百户。七月,德宗还宫,以瑊守本官,兼河中尹、河中绛慈隰节度使,仍充河中同陕虢节度及管内诸军行营兵马副元帅,改封咸宁郡王。九月,赐瑊大宁里甲第、女乐五人,入第之日,宰臣、节将送之,一如李晟入第之仪。以李怀光未平,又加朔方行营兵马副元帅,与河东节度使马燧会兵进讨。贞元元年八月,河中平,以功加检校司空,与一子五品正员官。是冬望,皇帝亲郊昊天上帝,瑊入朝陪祀毕,还镇河中。

三年,吐蕃入寇,至凤翔,为李晟邀击之,又袭破其摧沙堡,吐蕃深恨之。尚结赞入寇,陷我盐、夏二州,以兵守之。欲长驱犯京师,

而畏瑊与李晟、马燧,欲阴计图之。乃卑词逊礼告燧,请重立盟誓,
则蕃军引去,德宗不许。马燧自入朝言之,上乃令崔翰入蕃报结赞,
言还我盐、夏,则许同盟。结赞谓翰曰:"清水之会,同盟人少,是以
和好轻慢不成;今蕃相及元帅已下凡二十一人赴盟。灵州节度使杜
希全、泾原节度使李观皆和善守信,境外重之,此时须请预盟。"翰
约盟于清水,且先归我盐、夏二州,结赞曰:"清水非吉地,请会盟于
原州土梨树。"又请盟毕归二州。翰归,备奏其事,神策将马有麟奏
曰:"土梨树地多险,恐蕃军隐伏不利,不如于平凉,其地坦平,且近
泾州,就之为便。"乃定盟于平凉川。

初,结赞请李观,杜希全预盟,欲执之,径犯京师。

诏报之曰:"杜希全职在灵州,不可出境,李观又已改官;今遣
侍中浑瑊充盟会使。"五月,瑊自咸阳入朝,诏授平凉盟会使,兵部
尚书崔汉衡副之,司勋郎中郑叔矩为判官。瑊统兵二万,又诏华州
节度使骆元光以本镇兵从瑊。

闰月十五日,瑊与结赞会平凉。初,约以兵三千列于坛之东西,
散手四百人至坛下,各遣游军相觇伺。是时,蕃军精骑数万列于坛
西,蕃之游军贯穿我军之中。瑊将梁奉贞率六十骑为游军,才至坛
所,为蕃军所执。结赞又谓瑊曰:"请侍中已下具衣冠剑佩。"瑊与监
军宋凤朝、崔汉衡等入幕次,坦无他虑。结赞命伐鼓三通,其众呼噪
而至。瑊遽出自幕后,偶得他马,跨而奔驰,追骑云合,流矢雨集而
不伤。会瑊将辛荣以数百人据北阜,与贼血战,追骑方止,瑊仅得
免,辛荣兵尽矢穷,力屈而降。宋凤朝、瑊判官郑彞,为追兵所杀;崔
汉衡、中官俱文珍、刘延、李清朝,汉衡判官郑叔矩、瑊判官路泌、袁
同直、大将军扶余准、马宁、神策将孟日华、李至言、乐演明、范澄、
马弇等六十余人,皆陷于贼。尚结赞至原州,列坐帐中,召陷蕃将吏
让之,因怒瑊曰:"武功之捷,吐蕃之力,许以泾州、灵州相报,竟食
其言,负我深矣,举国同怨。本劫是盟,志在擒瑊。吾已为金枷待瑊,
将献赞普;既已失之,虚致君等何为?"乃放俱文珍、马宁、马弇归
朝。

七月，瑊自奉天入朝，素服待罪，诏释之而后见。俄而吐蕃入寇京畿，瑊镇奉天。十月，还河中。四年七月，加邠、宁、庆副元帅。十二年二月，加检校司徒，兼中书令，诸使、副元帅如故。十五年十二月二日，薨于镇。废朝五日，群臣于延英奉慰。诏赠太师，谥曰忠武，赙绢布四千匹、米粟三千石。及丧车将至，又为废朝。应缘丧事，所司准式支给，命京兆尹监护。葬日，赐绢五百匹。

瑊忠勤谨慎，功高不伐，在藩方岁时贡奉，必躬亲阅视；每有颁锡，虽居远地，如在帝前。位极将相，无忘谦抑，物论方之金日䃅，故深为德宗委信，猜间不能入，君子多之。子炼、镐、锣。

镐，瑊第二子。性谦谨，多与士大夫游。历延、唐二州刺史，军政吏职，有可称者。及元和中，诸道出师讨王承宗，属义武军节度使任迪简病不能军，以镐藉父威名，足以镇定，乃以镐检校右散骑常侍，充义武军节度副使。九月六日，加检校工部尚书，代迪简为节度使。镐治兵练卒，颇有威望，然不能观衅养锐，以期必胜。镇、定相去九十里，元和十一年冬，镐率全师压贼境而军，距贼垒三十里。镐谋虑不周，但耀兵锋，无所控制，贼乃分兵潜入定州界焚烧驱掠。镐怒，进攻贼垒，交锋而败，师徒殆丧其半，余众还定州，乱不可遏，朝廷乃除陈楚代之。楚闻乱，驰入定州。镐为乱兵所劫，以至裸露。楚既整戢，于乱兵处率敛衣服还镐，方得归朝，坐贬韶州刺史。后代州刺史韩重华奏收得镐供军钱绢十余万贯匹，再贬循州刺史。岁余卒。

锣，瑊第三子。以父荫起家为诸卫参军，历诸卫将军。元和初，出为丰州刺史、天德军使，坐赃贬袁州司户，宪宗思咸宁之勋，比例从轻。五年，征为袁王傅，复赐金紫，迁殿中监。开成初，宰相拟寿州刺史，文宗曰："锣，勋臣子弟，岂可委以牧民。仲尼有言，'不如多与之邑'，今我念其先人之功，与之致富可也。"宰臣曰："锣常历名郡，有政能。"乃从之。三年，入为右金吾卫大将军、知街事，历诸卫大将军,卒。

　　史臣曰:马司徒之方略,浑咸宁之忠荩,各奋节义,为时名臣。
然元城之师,失策于田悦;平凉之会,几陷于吐蕃,此亦术有所不至
也。缅思建中之乱,四海波腾,贼泚窃发之辰,宗祀不绝如线,苟非
忠臣致命,化危为安,则李氏之宗社倾矣。
　　赞曰:北平之勋,排难解纷。咸宁蹈义,感慨匡君。再隆基构,
克珍昏氛。回天捧日,实赖将军。

旧唐书卷一三五
列传第八五

卢杞 子元辅　白志贞　裴延龄
韦渠牟　李齐运　李实
韦执谊　王叔文 王伾附　程异
皇甫镈 镈弟镛

　　卢杞字子良，故相怀慎之孙。父奕，天宝末为东台御史中丞；洛城为安禄山所陷，奕守司而遇害。杞以门荫，解褐清道率府兵曹。朔方节度使仆固怀恩辟为掌书记、试大理评事、监察御史，以病免。入补鸿胪丞，迁殿中侍御史、膳部员外郎，出为忠州刺史。至荆南，谒节度使卫伯玉，伯玉不悦。杞移病归京师，历刑部员外郎、金部吏部二郎中。

　　杞貌陋而色如蓝，人皆鬼视之。不耻恶衣粝食，人以为能嗣怀慎之清节，亦未识其心。颇有口辩。出为虢州刺史。建中初，征为御史中丞。时尚父子仪病，百官造问，皆不屏姬侍；及闻杞至，子仪悉令屏去，独隐几以待之。杞去，家人问其故，子仪曰："杞形陋而心险，左右见之必笑。若此人得权，即吾族无类矣。"

　　及居纠弹顾问之地，论奏称旨，迁御史大夫。旬日，为门下侍郎、同中书门下平章事。既居相位，忌能妒贤，迎吠阴害，小不附者，必致之于死，将起势立威，以久其权。杨炎以杞陋貌无识，同处台司,心甚不悦,为杞所谮,逐于崖州。德宗幸奉天,崔宁流涕论时事,杞闻恶之,谮于德宗,言宁与朱泚盟誓,故至迟回,宁遂见杀。恶颜真卿之直言,令奉使李希烈,竟殁于贼。初,京兆尹严郢与杨炎有隙,杞乃擢郢为御史大夫以倾炎。炎既贬死,心又恶郢,图欲去之。宰相张镒忠正有才,上所委信,杞颇恶之。会朱滔、朱泚弟兄不睦,有泚判官蔡廷玉者离间滔,滔论奏,请杀之。廷玉既贬,殿中侍御史郑詹遣吏监送,廷玉投水而卒。杞因奏曰:“恐朱泚疑为诏旨,请三司按鞫詹;又御史所为,禀大夫命,并令按郢。”詹与张镒善,每伺杞昼眠,辄诣镒,杞知之。他日,杞假寝佯熟,伺詹果来,方与镒语,杞遽至镒阁中,詹趋避杞,杞遽言密事,镒曰:“殿中郑侍御在此。”杞佯愕曰:“向者所言,非他人所宜闻。”时三司使方按詹、郢,狱未具而奏杀詹,贬郢为驭州刺史。镒寻罢相,出镇凤翔。其阴祸贼物如此。李揆旧德,虑德宗复用,乃遣使西蕃,天下无不扼腕痛愤,然无敢言者。户部侍郎、判度支杜佑,甚承恩顾,为杞媒孽,贬饶州刺史。

　　初,上即位,擢崔佑甫为想,颇用道德宽大,以弘上意,故建中初政声蔼然,海内想望贞观之理;及杞为相,讽上以刑名整齐天下。初,李希烈衣讨梁崇义,崇义诛而希烈叛,尽据淮右、襄、邓之郡邑。恒州李宝臣死,其子惟岳邀节钺,遂与田悦缔结以抗王师,由是河北、河南连兵不息。度支使杜佑计诸道用军月费一百余万贯,京师帑廪不支数月;且得五百万贯,可支半岁,则用兵济矣。杞乃以户部侍郎赵赞判度支,赞亦计无所施,乃与其党太常博士韦都宾等谋行括率,以为泉货所聚,在于富商,钱出万贯者,留万贯为业,有余,官借以给军,冀得五百万贯。上许之,约以罢兵后以公钱还。敕既下,京兆少尹韦祯督责颇峻,长安尉薛萃荷校乘车,搜人财货,意其不实,即行搒捶,人不胜冤痛,或有自缢而死者,京师嚣然如被贼盗。都计富户田宅奴婢等估,才及八十八万贯。又以僦柜纳质积钱货贮粟麦等,一切借四分之一,封其柜窖,长安为之罢市,百姓相率千万众邀宰相于道诉之。杞初虽慰谕,后无以遏,即疾驱而归。计僦质与借商,才二百万贯。德宗知下民怨急,诏皆罢之,然宿师在野,日须供馈。

明年六月，赵赞又请税间架、算除陌。凡屋两架为一间，分为三等：上等每间二千，中等一千，下等五百。所由吏秉笔执筹，入人第舍而计之。凡没一间，杖六十，告者赏钱五十贯文。除陌法，天下公私给与贸易，率一贯旧算二十，益加算为五十，给与物或两换者，约钱为率算之。市主人牙子各给印纸，人有买卖，随自署记，翌日合算之。有自贸易不用市牙子者，验其私簿，投状自其有私簿投状。其有隐钱百，没入，二千杖六十，告者赏钱十千，出于其家。法既行，主人市牙得专其柄，率多隐盗，公家所入，百不得半，怨讟之声，嚣然满于天下。及十月，泾师犯阙，乱兵呼于市曰："不夺汝商户僦质矣！不税汝间架除陌矣！"是时人心愁怨，泾师乘间谋乱，奉天之奔播，职杞之由。故天下无贤不肖，视杞如仇。

德宗在奉天，为朱泚攻围，李怀光自魏县赴难。或谓王翃、赵赞曰："怀光累叹愤，欲以为宰相谋议乖方，度支赋敛烦重，京尹刻薄军粮，乘舆播迁，三臣之罪也。今怀光勋业崇重，圣上必开襟布诚，询问得失，使其言入，岂不殆哉！"翃、赞白于杞，杞大骇惧，从容奏曰："怀光勋业，宗社是赖。臣闻贼徒破胆，皆无守心。若因其兵威，可以一举破贼；今若许其朝觐，则必赐宴，赐宴则留连，使贼得京城，则从容完备，恐难图之。不如使怀光乘胜进收京城，破竹之势，不可失也。"帝然之，乃诏怀光率众屯便桥，克期齐进。怀光大怒，遂谋异志，德宗方悟为杞所构。物议喧腾，归咎于杞，乃贬为新州司马，白志贞恩州司马，赵赞为播州司马。

遇赦，移吉州长史。在贬所谓人曰："吾必再入用。"是日，上果用杞为饶州刺史。给事中袁高宿直，当草杞制，遂执以谒宰相卢翰、刘从一曰："杞作相三年，矫诬阴贼，排斥忠良，朋附者咳唾立至青云，睚眦者顾盼以挤沟壑。傲很背德，反乱天常，播越銮舆，疮痍天下，皆杞之为也。幸免诛戮，唯示贬黜，寻以稍迁近地，更授大郡，恐失天下望，惟相公执奏之，事尚可救。"翰、从一不悦，遂改命舍人草制。明日诏下，袁高执奏曰："卢杞为政，极恣凶恶。三军将校，愿食其肉，百辟卿士，嫉之若雠。”谏官赵需、裴佶、宇文炫、卢景亮、张荐等上疏曰：“伏以吉州长史卢杞，外矫俭简，内藏奸邪，三年擅权，百揆失序，恶直丑正，乱国殄人，天地神祇所知，蛮夷华夏同弃。伏惟故事，皆得上闻，自杞为相，要官大臣，动逾月不敢奏闻，百僚惴惴，常惧颠危。及京邑倾沦，皇舆播越，陛下炳然觉悟，出弃退荒，制曰：‘忠谠壅于上闻，朝野为之侧目。’由是忠良激劝，内外欢欣；今复用为饶州刺史，众情失望，皆谓非宜。臣闻君之所以临万姓者，政也；万姓之所以戴君者，心也。倘加巨奸之宠，必失万姓之心，乞回圣慈，遽辍新命。”疏奏不答。谏官又论曰：“卢杞蒙蔽天听，隳紊朝典，致乱危国，职杞之由，可谓公私巨蠹，中外弃物。自闻再加擢用，忠良痛骨，士庶寒心。臣昨者沥肝上闻，冒死不恐，冀回宸眷，用快群情；至今拳拳，未奉圣旨，物议腾沸，行路惊嗟。人之无良，一至于此。伏乞俯从众望，永弃奸臣。幸免诛夷，足明恩贷；特加荣宠，恐造祸阶。臣等忝列谏司，今陈狂瞽。”给事中袁高坚执不下。乃改授沣州别驾。翌日延英，上谓宰臣曰：“朕欲授杞一小州刺史，可乎？”李勉对曰：“陛下授杞大郡亦可，其如兆庶失望何？”上曰：“众人论杞奸邪，朕何不知？”勉曰：“卢杞奸邪，天下人皆知；唯陛不知，此所以为奸邪也！”德宗默然良久。散骑常侍李泌复对，上曰：“卢杞之事，朕已可袁高所奏，如何？”泌拜而言曰：“累日外人窃议，以陛下同汉之桓、灵；臣今亲承圣旨，乃知尧、舜之不逮也！”德宗大悦，慰勉之。杞寻卒于沣州。

　　子元辅，字子望，少以清行闻于时。进士擢第，授崇文馆校书郎。德宗思杞不已，乃求其后，特恩拜左拾遗，再迁左司员外郎，历杭、常、绛三州刺史。以课最高，征为吏部郎中，迁给事中，改刑部侍郎。自兵部侍郎同为华州刺史、潼关、防御、镇国军等使，复为兵部侍郎。元辅自祖至曾，以名节著于史册。元辅简洁贞方，绰继门风，历践清贯，人亦不以父之丑行为累，人士归美。大和三年八月卒，时年五十六。

白志贞者，太原人，本名琇珪。出于胥吏，事节度使李光弼，小心勤恪，勤多计数，光弼深委信之，帐中之事，与琇珪参决。代宗素知之，光弼薨后，用为司农少卿，迁太卿，在寺十余年，德宗尝召见与语，引为腹心，遂用为神策军使、检校左散骑常侍、兼御史大夫，赐名志贞。善伺候上意，言无不从。

建中四年，李希烈陷汝州，命志贞为京城召募使。时尚父子仪婿端王傅吴仲孺家财巨万，以国家召募有急，惧不自安，乃上表请以子弟率奴客从军，德宗嘉之，超授五品官。由是志贞请令节度、观察、团练等使并尝为是官者，令家出子弟甲马从军，亦与其男官。是时豪家不肖子幸之，贫而有知者苦之。自是京师人心摇震，不保家室。时禁军募致，悉委志贞，两军应赴京师，杀伤殆尽，都不奏闻，皆以京师沽贩之徒以填其阙。其人皆在市尘，及泾师犯阙，诏志贞以神策军拒贼，无人至者，上无以御寇，乃图出幸。时令狐建以龙武军四百人从驾至奉天，仍以志贞为行在都知兵马使。闻李怀光至，恐暴扬其罪，乃与卢杞同沮怀光入朝，众议喧沸，言致播迁，卢杞、志贞之罪也。故与杞同贬，遇赦量移阆州别驾。

贞元二年，迁果州刺史，宰臣李勉及谏官表疏论列，言志贞与卢杞罪均，未宜叙用，固执不许，凡旬日，方下其诏。贞元三年，迁润州刺史、兼御史大夫、浙西观察使。是年六月卒。

裴延龄，河东人。父旭，和州刺史。延龄，乾元末为氾水县尉，遇东都陷贼，因寓居鄂州，缀缉裴绚所注《史记》之阙遗，自号小裴。后华州刺史董晋辟为防御判官；黜陟使荐其能。调授太常博士。卢杞为相，擢为膳部员外郎、集贤院直学士，改祠部郎中。崔造作相，改易度支之务，令延龄知东都度支院。及韩滉领度支，召赴京，守本官，延龄不待诏命，遽入集贤院视事。宰相延赏恶其轻率，出为昭应令，与京兆尹郑叔则论辨是非，攻讦叔则之短。时李泌为相，厚于叔则；中丞窦参恃恩宠，恶泌而祐延龄。叔则坐贬为永州刺史，延龄改著作郎。窦参寻作相，用为太府少卿，转司农少卿。

　　贞元八年，班宏卒，以延龄守本官，权领度支。自揣不通殖货之务，乃多设钩距，召度支老吏与谋，以求恩顾，乃奏云："天下每年出入钱物，新陈相因，常不减六七千万贯，唯有一给，差舛散失，莫可知之。请于左藏库中分置别库：欠、负、耗、剩等库及季库、月给，纳诸色钱物。"上皆从之。且欲多张名目以惑上听，其实于钱物更无增加，唯虚费簿书、人吏耳。

　　其年，迁户部侍郎、判度支，奏请令京兆府以两税青苗钱市草百万围送苑中。宰相陆贽、赵憬议，以为："若市送百万围草，即一府百姓，自冬历夏，般载不了，百役供应，须悉停罢，又妨夺农务。请令府县量市三二万围，各贮侧近处，他时要即支用。"京西有污池卑湿处，时有芦苇生焉，亦不过数亩，延龄乃奏曰："厩马冬月合在槽枥秣饲，夏中即须牧放。臣近寻访知长安、咸阳两县界有陂池数百顷，请以为内厩牧马之地；且去京城十数里，与苑厩中无别。"上初信之，言于宰相，对曰："恐必无此。"上乃差官阅视，事皆虚妄，延龄既惭且怒。又诬奏李充为百姓妄请积年和市物价，特敕令折填，谓之"底折钱"。尝因奏对请积年钱帛以实帑藏，上曰："若为可得钱物？"延龄奏曰："开元、天宝中，天下户仅千万，百司公务殷繁，官员尚或有阙；自兵兴已来，户口减耗大半，今一官可兼领数司。伏请自今已后，内外百司官阙，未须补置，收其阙官禄俸，以实帑藏。"

　　后因对事，上谓延龄曰："朕所居浴堂院、殿一栿，以年多之故，似有损蠹，欲换之未能。"对曰："宗庙事至重，殿栿事至轻。况陛下自有本分钱物，用之不竭。"上惊曰："本分钱何也？"对曰："此是经义证据，愚儒常材不能知，陛下正合问臣，唯臣知之。准礼经，天下赋税当为三分：一分充干豆，一分充宾客，一分充君之庖厨。乾豆者，供宗庙也。今陛下奉宗庙，虽至敬至严，至丰至厚，亦不能一分财物也。只如鸿胪礼宾、诸国蕃客，至于回纥马价，用一分钱物，尚有赢羡甚多。况陛下御膳宫厨皆极简俭，所用外分赐百官充俸料、飨钱等，犹未能尽。据此而言，庖厨者之余，其数尚多，皆陛下本分也。用修数十殿亦不合疑虑，何况一栿。"上曰："经义如此，人总不曾言之。"领之而已。又因计料造神龙寺，须长五十尺松木，延龄奏曰："臣近于同州检得一谷木，可数千条，皆长八十尺。"上曰："人言开元、天宝中侧近求觅长五六十尺木，尚未易，须于岚、胜州采市，如今何为近处便有此木？"延龄奏曰："臣闻贤材、珍宝、异物，皆在处常有，但遇圣君即出见。今此木生关辅，盖为圣君，岂开元、天宝合得有也！"

时陆贽秉政，上素所礼重，每于延英极论其诞妄，不可令掌财赋。德宗以为排摈，待延龄益厚。贽上书疏其失曰：

前岁秋首，班宏丧亡，特诏延龄继司邦赋。数日之内，遽衒功能，奏称："勾获隐欺，计钱二十万贯，请贮别库以为羡余，供御所须，永无匮乏。"陛下欣然信纳，因谓委任得人。既赖盈余之财，稍弘心意之欲，兴作浸广，宣索渐多。延龄务实前言，且希睿旨，不敢告阙，不敢辞难。勾获既是虚言，无以应命；供办皆承严约，苟在及期。遂乃搜求市尘，豪夺入献；追捕夫匠，迫胁就功。以敕索为名，而不酬其直；以和雇为称，而不偿其备。都城之中，列肆为之昼闭；兴役之所，百工比于幽囚。聚诅连郡，遮诉盈路，持纲者莫敢致诘，巡察者莫敢为言。时有讦而言之，翻谓党邪丑直。天子毂下，嚣声沸腾，四方观瞻，何所取则。荡心于上，敛怨于人，欺天陷君，远近危惧，此其罪之大者也。

总制邦用，度支是司；出纳货财，太府攸职。凡是太府出纳，皆禀度支文符，太府依符以奉行，度支凭案以勘覆，互相关键，用绝奸欺。其出纳之数，则每旬申闻；见在之数，则每月计奏。皆经度支勾覆，又有御史监临，旬旬相承，月月相继。明若指掌，端如贯珠，财货多少，无容隐漏。延龄务行邪谄，公肆诬欺，遂奏云"左藏库司多有失落，近因检阅使置簿书，乃于粪土之中收得十三万两，其匹段杂货又百万有余，皆是文帐脱遗，并同已弃之物。今所收获，即是羡余，悉合移入杂库，以供别敕支用者"。其时特宣进旨，并依所奏施行。太府卿韦少华抗疏上陈,殊不引伏,确称"每月申奏,皆是见在数中,请令推寻,足验奸诈"。两司既有论执,理须详辨是非,陛下纵其妄欺,不加按问。以在库之物为收获之功,以常赋之财为羡余之费,罔上无畏,示人不惭,此又罪之大者也。

国家府库,出纳有常,延龄险猾售奸,诡谲求媚,遂于左藏之内,分建六库之名,意在别贮赢余,以奉人主私欲。曾不知王者之体,天下为家,国不足则取之于人,人不足则资之于国,在国为官物,在人为私财,何谓赢余,须别收贮?是必巧诈以变移官物,暴法以刻削私财,舍此二途,其将安取?陛下方务崇信,不加检裁,姑务保持,曾无诘责。延龄谓能蔽惑,不复惧思,奸威既沮于四方,险态复行于内府。由是蹂躏官属,倾倒货财,移东就西,便为课绩,取此适彼,遂号羡余,愚弄朝廷,有同儿戏。

夫理天下者,以义为本,以利为末,以人为本,以财为末,本盛则其末自举,末大则其本必倾。自古及今,德义立而利用不丰,人庶安而财货不给,因以丧邦失位者,未之有也。故曰:"不患寡而患不均,不患贫而患不安。""有德必有人,有人必有土,有土必有财。""百姓足,君孰与不足?"盖谓此也。自古及今,德义不立而利用克宣,人庶不安而财货可保,因以兴邦固位者,未之有也。故曰:"财散则人聚,财聚则人散。""与其有聚敛之臣,宁有盗臣。"无令侵削兆人,为天子取怨于下也。

且陛下初膺宝历,志翦群凶,师旅繁兴,征求浸广,榷算侵剥,下无聊生。是以泾原叛徒,乘人怨咨,白昼犯阙,都邑氓庶,恬然不惊,反与贼众相从,比肩而入宫殿。虽蚩蚩之性,靡所不为,然亦由德泽未洽,而暴令驱之,以至于是也。于时内府之积,尚如丘山,竟资凶渠,以饵贪卒,此则陛下躬睹之矣。是乃失人而聚货,夫何利之有焉!

车驾既幸奉天,逆泚旋肆围逼,一垒之内,万乘所屯,窘如涸流,庶物空匮。尝欲发一健步出觇贼军,其人恳以苦寒为辞,跪奏乞一襦袴,陛下为之求觅不致,竟闵默而遣之。又尝宫壶之中，服用有阙，圣旨方以戎事为急，不忍重烦于人，乃剥亲王饰带之金，卖以给直。是时行从将吏，赴难师徒，苍黄奔驰，咸未冬服，渐属凝冱，且无薪蒸，饥冻内攻，矢石外迫。昼则荷戈奋迅，夜则映堞呻吟，凌风飚，冒霜雪，逾四旬而众无携贰，卒能走强贼全危城者，陛下岂有严刑重赏使之然耶？唯以不厚其身，不藏其货，与众庶同其忧患，与士伍共其有无，乃能使人捐躯命而捍寇仇，馁之不离，冻之不憾，临危而不易其守，见死而不去其君，所谓"圣人感人心而天下和平"，此其效也。

　　及乎重围既解，诸路稍通，赋税渐臻，贡献继至，乃于行宫外庑之下，别置琼林、大盈之司。未赏功劳，遽私贿玩，甚沮惟新之望，颇携死义之心，于是舆诵兴讥，而军士始怨矣。财聚人散，不其然乎！旋属蝥贼内兴，翠华南狩，奉天所积财货，悉复歼于乱军。既迁岷、梁，日不暇给，独冯大顺，遂复皇都。是知天子者，以得人为资，以蓄义为富。人苟归附，何患蔑资，义苟修崇，何忧不富，岂在贮之内府，方为己有哉！故藏于天下者，天子之富也；藏于境内者，诸侯之富也；藏于囷仓篋椟者，农夫、商买之富也。奈何以天子之贵，海内之富，而猥行诸侯之弃德，守农商之鄙业哉！

　　陛下若谓厚取可以恢武功，则建中之取既无成矣；若谓多积可以为己有，则建中之积又不在矣；若谓徇欲不足伤理化，则建中之失伤己甚矣；若谓敛怨不足致危亡，则建中之乱危亦至矣！然而遽能靖滔天之祸，成中兴之功者，良以陛下有侧身修励之志，有罪己悔惧之辞，罢息诛求，敦尚节俭，涣发大号，与人更新；故灵只感陛下之诚，臣庶感陛下之意，释憾回虑，化危为安。陛下亦当为宗庙社稷建不拔之永图，为子孙黎元立可久之休业，惩前事徇欲之失，复日新盛德之言；岂宜更纵险邪，复行克暴，事之追悔，其可再乎！

　　臣又窃虑陛下纳彼盗言，坠其奸计，以为搏噬拿攫，怨集有司，积聚丰盈，利归君上，是又大谬，所宜慎思。夫人主昏明，

系于所任，咎繇、夔、契之道长，而虞舜享浚哲之名；皇甫、桀、
榾之孽行，而周厉婴颠覆之祸。自古何尝有小人柄用，而灾患
不及邦国者乎！譬犹操兵以刃人，天下不委罪于兵而委罪于所
操之主；畜蛊以殃物，天下不归咎于蛊而归咎于所畜之家，理
有必然，不可不察。

　　臣伏虑陛下以延龄之进，独出宸衷，延龄之言，多顺圣旨，
今若以罪置辟，则似为众所挤，故欲保持，用彰坚断。若然，陛
下与人终始之意则美矣，其于改过勿吝，去邪勿疑之道，或未
尽善。今希旨自默，浸以成风，奖之使言，犹惧不既，若又阴抑，
谁当贡诚。或恐未亮斯言，请以一事为证。只如延龄凶妄，流
布寰区，上自公卿近臣，下迨舆台贱品，喧喧谈议，亿万为徒，
能以上言，其人有几？陛下诚令亲信博采舆词，参较比来所闻，
足鉴人间情伪。

　　臣以卑鄙位，当台衡，既极崇高，又承渥泽。岂不知观时附
会，足保旧恩，随众沉浮，免贻厚责。谢病黜退，护知几之名；党
奸苟容，无见嫉之患。何急自苦，独当豺狼，上违欢情，下饵谗
口。良以内顾庸昧，一无所堪；夙蒙眷知，唯以诚直。绸缪帷扆，
一纪于兹，圣慈既以此见容，愚臣亦以此自负。从陛下历播迁
之危，睹陛下致兴复之难，至今追思，犹为心悸；所以畏覆车而
骇虑，惧毁室而悲鸣，盖情激于衷，虽欲罢而不能自默！因事陈
请，虽已频烦，天听上高，未垂谅察，辄申悃款，以极愚诚。忧深
故语烦，意退故词切，以微臣自固之谋则过，于陛下虑患之计
则忠。糜躯奉君，所不敢避；沽名衒直，亦不忍为。愿回睿聪，
为国熟虑，社稷是赖，岂唯微臣。

书奏，德宗不悦，待延龄益厚。时盐铁转运使张滂、京兆尹李充、司
农卿李铦，以事相关，皆证延龄妖妄。德宗罢陆贽知政事，为太子宾
客；滂充、铦悉罢职左迁。

　　十一年春暮，上数畋于苑中，时久旱；人情忧惴，延龄遽上疏
曰：“陆贽、李充等失权，心怀怨望，今专大言于众曰：‘天下炎旱，人

庶流亡,度支多欠阙诸军粮草。'以激怒群情。"后数日,上又幸苑中,适会神策军人诉度支欠厩马刍草。上思延龄言,即时回驾,下诏斥逐赞、充、滂、铦等,朝廷中外惴恐。延龄方谋害在朝正直之士,会谏议大夫阳城等伏阁切谏,事遂且止。赞、充等虽已贬黜,延龄憾之未已,乃掩捕李充腹心吏张忠,捶掠楚痛,令为之词,云"前后隐没官钱五十余万贯,米麦称是,其钱物多结托权势,充妻常于犊车中将金宝缯帛遗陆贽妻"。忠不胜楚毒,并依延龄教抑之辞,具于款占。忠妻、母于光顺门投匦诉冤,诏御史台推问,一宿得其实状,事皆虚,乃释忠。延龄又奏京兆府妄破用钱谷,请令比部勾覆,以比部郎中崔元尝为陆贽所黜故也。及崔凶勾覆钱谷,又无交涉。

　　延龄既锐意以苛刻剥下附上为功,每奏对际,皆恣骋诡怪虚妄,他人莫敢言者,延龄言之不疑,亦人之所未尝闻。德宗颇知其诞妄,但以其敢言无隐,一欲访闻外事,故断意用之。延龄恃之,谓必得宰相,尤好慢骂,毁诋朝臣,班行为之侧目。及卧病载度支官物置于私家,亦无敢言者。贞元十二年卒,时年六十九。延龄死,中外相贺,唯德宗悼惜不已,册赠太子少保。

　　韦渠牟,京兆万年人。六代祖范,魏西阳太守,后周封郿城公。渠牟少慧悟,涉览经史。初为道士,后为僧。兴元中,韩滉镇浙西,奏授试秘书郎,累转四门博士。

　　贞元十二年四月,德宗诞日,御麟德殿,召给事中徐岱、兵部郎中赵需、礼部郎中许孟容与渠牟及道士万参成、沙门谭延等十二人,讲论儒、道、释三教。渠牟枝词游说,捷口水注;上谓其讲辩有素,听之意动。数日,转秘书郎,奏诗七十韵;旬日,迁右补阙、内供奉,僚列初不有之。在延英既对宰相,多使中贵人召渠牟于官次,同辈始注目矣。岁终,迁右谏议大夫。时延英对秉政赋之臣,昼漏率下二三刻为常,渠牟奏事,率漏下五六刻,上笑语款狎,往往外闻。渠牟形神佻躁,无士君子器,志向不根道德,众雅知不能以正道开悟上意。

陆贽免相后,上躬亲庶政,不复委成宰相,庙堂备员,行文书而已。除守宰、御史,皆帝自选择。然居深宫,所狎而取信者裴延龄、李齐运、王绍、李实、韦执谊洎渠牟,皆权倾相府。延龄、李实,奸欺多端,甚伤国体;绍无所发明;而渠牟名素轻,颇张恩势以招趋向者,门庭填委。茅山处士崔芊征至阙下,郑随自山人再至补阙,冯伉自醴泉令为给事中、皇太子侍读,皆渠牟延荐之。上既偏有所听,浮薄率背本衔进,不复藏器蕴德,皆奔驰请谒,刓蹄甘辞以附渠牟。居无何,迁太府卿,赐金紫,又转太常卿。贞元十七年卒,时年五十三,赠刑部尚书,仍谥曰忠。

李齐运者,蒋王恽之孙也。解褐宁王府东阁祭酒,七迁至监察御史。江淮都统李峘辟为幕府,累转工部郎中,为长安县令,职事修理。历京兆少尹、陕府长史。

建中末,改河中尹、晋绛慈隰观察使。时李怀光自山东卷甲奔难,昼夜倍道,比至河中,力疲,休兵三日,齐运倾力犒设,军人皆悦。怀光既反,驱兵还保河中,齐运不能敌,弃城而走,除为京兆尹,兼御史大夫。时贼扰京城,李晟军东渭桥,齐运据攘之中,征募工役,版筑城垒,飞刍挽粟以应晟。收复之际,颇有力焉。

贞元中,蝗旱方炽,齐运无政术,乃以韩洄代之,改宗正卿、兼御史大夫、闲厩宫苑使。改检校礼部尚书,兼殿中监。寻正拜礼部尚书、兼殿中监使如故。其后十余岁,宰臣内殿对后,齐运常次进,贡其计虑,以决群议。齐运无学术,不知大体,但甘言取信而已。荐李锜为浙西观察使,受赂数十万计。举李词为湖州刺史,既而邑人告其赃犯,上以齐运故,不问而遣之。齐运被疾,岁余不能朝请,朝廷除授,往往降中人就宅咨决。末以妾卫氏为正室,身为礼部尚书冕服以行其礼,人士嗤诮。贞元十二年卒,时年七十二,赠尚书左仆射。

李实者,道王元庆玄孙。以荫入仕,六转至潭州司马。洪州节度使、嗣曹王皋辟为判官，迁蕲州刺史。皋为山南东道节度使，复用为节度判官、检校太子宾客、员外郎。皋卒，新帅未至，实知留后，刻薄军士衣食，军士怨叛，谋杀之，实夜缒城而出。归诣京师，用为司农少卿，加检校工部尚书、司农卿。

贞元十九年，为京兆尹，卿及兼官如故。寻封嗣道王。自为京尹，恃宠强复，不顾文法，人皆侧目。二十年春夏旱，关中大歉，实为政猛暴，方务聚敛进奉，以固恩顾，百姓所诉，一不介意。因入对，德宗问人疾苦，实奏曰："今年虽旱，谷田甚好。"由是租税皆不免，人穷无告，乃彻屋瓦木，卖麦苗以供赋敛。优人成辅端因戏作语，为秦民艰苦之状云："秦地城池二百年，何期如此贱田园，一顷麦苗石伍米，三间堂屋二千钱。"凡如此语有数十篇。实闻之怒，言辅端诽谤国政，德宗遽令决杀。当时言者曰："瞽诵箴谏，取其诙谐以托讽谏，优伶旧事也。设谤木，采刍荛，本欲达下情，存讽议，辅端不可加罪。"德宗亦深悔，京师无不切齿以怒实。

故事，府官避台官，实常遇侍御史王播于道，实不肯避，导从如常。播诘其从者，实怒，奏播为三原令，谢之日，庭诟之。陵轹公百执事，随其喜怒，诬奏迁逐者相继，朝士畏而恶之。又诬奏万年令李众，贬虔州司马，奏虞部员外郎房启代众，升黜如其意，怙势之色，警然在眉睫间。故事，吏部将奏科目，奥密，朝官不通书问，而实身诣选曹迫赵宗儒，且以势恐之。前岁，权德舆为礼部侍郎，实托私荐士，不能如意，后遂大录二十人迫德舆曰："可依此第之；不尔，必出外官，悔无及也。"德舆虽不从，然颇惧其诬奏。

二十一年，有诏蠲畿内逋租，实违诏征之，百姓大困，官吏多遭笞罚，剥割掊敛，聚钱三十万贯，胥吏无犯者，即按之。有乞丐丝发固死；无者，且曰"死亦不屈"，亦杖杀之。京师贵贱同苦其暴虐。顺宗在谅暗逾月，实毙人于府者十数，遂议逐之，乃贬通州长史。制出，市人皆袖瓦石投其首；实知之，由月营门自苑西出，人人相贺。后遇赦量移骁州，在道卒。

韦执谊者,京兆人。父浼,官卑。执谊幼聪俊有才,进士擢第,应制策高等,拜右拾遗,召入翰林为学士,年才二十余。德宗尤宠异相与唱和歌诗,与裴延龄、韦渠牟等出入禁中,略备顾问。德宗载诞日,皇太子献佛像,德宗命执谊为画像赞,上令太子赐执谊缣帛以酬之。执谊至东宫谢太子,卒然无以藉言,太子因曰:"学士知王叔文乎?彼伟才也。"执谊因是与叔文交甚密。俄丁母忧,服阕,起为南宫郎。德宗时,召入禁中。

初,贞元十九年,补缺张正一因上书言事得召见,王仲舒、韦成季、刘伯刍、裴茝、常仲孺、吕洞等以尝同官相善,以正一得召见,偕往贺之。或告执谊曰:"正一等上疏论君与王叔文朋党事。"执谊信然之,因召对,奏曰:"韦成季等朋聚觊望。"德宗令金吾伺之,得其相过从饮食数度,于是尽逐成季等六七人,当时莫测其由。

及顺宗即位,久疾不任朝政,王叔文用事,乃用执谊为宰相,乃自朝议郎、吏部郎中、骑都尉赐绯鱼袋,授尚书左丞、同平章事,仍赐金紫。叔文欲专国政,故令执谊为宰相于外,己自专于内。执谊既为叔文引用,不敢负情,然迫于公议,时时立异,密令人谢叔文曰:"不敢负约为异,欲共成国家之事故也。"叔文诟怒,遂成仇怨;执谊既因之得位,亦欲矛盾掩其迹。

及宪宗受内禅,王伾、王叔文徒党并逐,尚以执谊是宰相杜黄裳之婿,故数月后贬崖州司户。初,执谊自卑官,常忌讳不欲人言岭南州县名。为郎官时,尝与同舍诣职方观图,每至岭南州,执家遽命去之,闭目不视。及拜相,还所坐堂,见北壁有图,不就省,七八日,试观之,乃崖州图也,以为不祥,甚恶之,不敢出口。及坐叔文之贬,果往崖州,卒于贬所。

王叔文者,越州山阴人也。以棋待诏,粗知书,好言理道。德宗令直东宫。太子尝与侍读论政道,因言宫市之弊,太子曰:"寡人见上,当极言之。"诸生称赞其美,叔文独无言。罢坐,太子谓叔文曰:"向论宫市,君独无言何也?"叔文曰:"皇太子之事上也,视膳问安之外，不合辄预外事。陛下在位岁久，如小人离间，谓殿下收取人情，则安能自解？"太子谢之曰："苟无先生，安得闻此言！"由是重之，宫中之事，倚之裁决。每对太子言，则曰："某可为相，某可为将，幸异日用之。"密结当代知名之士而欲侥幸速进者，与韦执谊、陆质、吕温、李景俭、韩晔、韩泰、陈谏、柳宗元、刘禹锡等十数人，定为死交；而凌准、程异，又因其党以进；藩镇侯伯，亦有阴行赂遗请交者。

德宗崩，已宣遗诏，时上寝疾久，不复关庶政，深居施帘帷，阉官李中言、美人牛昭容侍左右，百官上议，自帷中可其奏。王伾常谕上属意叔文，宫中诸黄门稍稍知之。其日，召自右银台门居于翰林，为学士。叔文与吏部郎中韦执谊相善，请用为宰相。叔文因王伾，伾因李忠言，忠言因牛昭容，转相结构。事下翰林，叔文定可否，宣于中书，俾执谊承奏于外。与韩泰、柳宗元、刘禹锡、陈谏、凌准、韩晔唱和，曰管，曰葛，曰伊，曰周，凡其党倜然自得，谓天下无人。

叔文贱时，每言钱谷为国大本，将可以盈缩兵赋，可操柄市士。叔文初入翰林，自蔡州司功为起居郎，俄兼充度支、盐铁副使，以杜祐领使，其实成于叔文。数月，转尚书户部侍郎，领使、学士如故。内官俱文珍恶其弄权，乃削去学士之职。制出，叔文大骇，谓人曰："叔文须时至此商量公事，若不带此职，无由入内。"王伾为之论请，乃许三、五日一入翰林，竟削内职。叔文始入内廷，阴构密命，机形不见，因腾口善恶进退之。人未窥其本，信为奇才。及司两使利柄，齿于外朝，愚智同曰："城狐山鬼，必夜号窟居以祸福人，亦神而畏之；一旦昼出路驰，无能必矣。"

叔文在省署，不复举其职事，引其党与窃语，谋夺内官兵柄，乃以故将范希朝统京西北诸镇行营兵马使，韩泰副之。初，中人尚未悟，会边上诸将各以状辞中尉，且言方属希朝，中人始悟兵柄为叔文所夺，中尉乃止诸镇无以兵马入。希朝、韩泰已至奉天，诸将不至，乃还。无几，叔文母死。前一日，叔文置酒馔于翰林院，宴诸学士及内官李忠言、俱文珍、刘光奇等。中饮，叔文白诸人曰："叔文母疾病,比来尽心戮力为国家事,不避好恶难易者,欲以报圣人之重知也。若一去此职,百谤斯至,谁肯助叔文一言者,望诸君开怀见察。"又曰:"羊士谔非毁叔文,欲杖杀之,而韦执谊懦而不遂。叔文生平不识刘辟,乃以韦皋意求领三川,辟排门相干,欲执叔文手,岂非凶人耶!叔文已令扫木场,将斩之,韦执谊苦执不可。每念失此两贼,令人不快。"又自陈判度支已来,兴利除害,以为己功。俱文珍随语折之,叔文无以对。

叔文未欲立皇太子。顺宗既久疾未平,群臣中外请立太子,既而诏下立广陵王为太子,天下皆悦;叔文独有忧色,而不敢言其事,但吟杜甫题诸葛亮祠堂诗末句云:"出师未捷身先死,长使英雄泪满襟。"因歔欷泣下,人皆窃笑之。皇太子监国,贬为渝州司户,明年诛之。

王伾,杭州人。始为翰林侍书待诏,累迁至正议大夫、殿中丞、皇太子侍书。顺宗即位,迁左散骑常侍,依前翰林待诏。

伾阘茸,不如叔文,唯招贿赂,无大志,貌寝陋,吴语,素为太子之所亵狎;而叔文颇任气自许,粗知书,好言事,顺宗稍敬之,不得如伾出入无间。叔文入止翰林,而伾入至柿林院,见李忠言、牛昭容等。然各有所主:伾主往来传授;王叔文主决断;韦执谊为文诰;刘禹锡、陈谏、韩晔、韩泰、柳宗元、房启、凌准等谋议唱和,采听外事。而伾与叔文及诸朋党之门,车马填凑,而伾门尤盛,珍玩赂遗,岁时不绝。室中为无门大窍,唯开一柜,足以受物,以藏金宝,其妻或寝卧于上。与叔文同贬开州司马。

王叔文最所重者,李景俭、吕温。叔文用事时,景俭居丧于东都;吕温使吐蕃,留半岁,叔文败方归。陆质为皇太子侍读,寻卒。

伾、叔文既逐,诏贬其党韩晔饶州司马,韩泰虔州司马,陈谏台州司马,柳宗元永州司马,刘禹锡朗州司马,凌准连州司马,程异郴州司马,韦执谊崖州司马。

韩晔,宰相滉之族子,有俊才,依附韦执谊,累迁尚书司封郎中。叔文败,贬池州刺史,寻改饶州司马,量移汀州刺史,又转永州卒。

陈谏至叔文败,已出为河中少尹,自台州司马量移封州刺史,转通州卒。

凌准,贞元二十年自浙东观察判官、侍御史召入,王叔文与准有旧,引用为翰林学士,转员外郎。坐叔文贬连州。准有史学,尚古文,撰《邠志》二卷。

韩泰,贞元中累迁至户部郎中,王叔文用为范希朝神策行营节度行军司马。泰最有筹画,能决阴事,深为伾、叔文之所重,坐贬,自虔州司马量移漳州刺史,迁郴州。

柳宗元、刘禹锡自有传。

程异,京兆长安人。尝侍父疾,乡里以孝悌称。明经及第,释褐扬州海陵主簿。登《开元礼》科,授华州郑县尉。精于吏职,部判无滞。杜刺同州,帅河中,皆从为宾佐。

贞元末,擢授监察御史,迁虞部员外郎,充盐铁转运、扬子院留后。时王叔文用事,由迳放利者皆附之,异亦被引用。叔文败,坐贬岳州刺史,改柳州司马。元和初,盐铁使李巽荐异晓达钱谷,请弃瑕录用,擢为侍御史,复为扬子留后,累检校兵部郎中、淮南等五道两税使。异自悔前非,厉己竭节,江淮钱谷之弊,多所铲革。入为太府少卿、太卿,转卫尉卿,兼御史中丞,充盐铁转运副使。

时淮西用兵,国用不足,异使江表以调征赋,且讽有土者以饶羡入贡,至则不剥下,不浚财,经费以赢,人颇便之。由是专领盐铁转运使、兼御史大夫。三年九月,转工部侍郎、同中书门下平章事,领使如故。议者以异起铁谷吏,一旦位冠百僚,人情大为不可。异自知叨据,以谦逊自牧,月余日,不敢知印秉笔。异知西北边军政不理,建议置巡边使,上问谁可使者,异请自行。议未决,无疾而卒,元和十四年四月也。赠左仆射,谥曰恭。异性廉约,殁官第,家无余财,人士多之。

皇甫镈，安定朝那人。祖邻几，汝州刺史。父愉，常州刺史。镈贞元初登进士第，登贤良文学制科，授监察御史。丁母忧，免丧，坐居丧时薄游，除詹事府司直。转吏部员外郎、判南曹，凡三年，颇钤制奸吏。改吏部郎中，三迁司农卿、兼御史在丞，赐金紫，判度支，俄拜户部侍郎。时方讨淮西，切于馈运，镈勾剥严急。储供办集，益承宠遇，加兼御史大夫。

十三年，与盐铁使程异同日以本官同平章事，领使如故。镈虽有吏才，素无公望，特以聚敛媚上，刻削希恩。诏书既下，物情骇异，至于贾贩无识，亦相嗤诮。宰相崔群、裴度以物议上闻，宪宗怒而不听。度上疏乞罢知政事，因论之曰：

臣日昨于延英陈乞，伏奉圣旨，未遂愚衷，窃以上古明王圣帝，致理兴化，虽由元首，亦在股肱。所以述尧、舜之道，则言稷、契、皋、夔；纪太宗、玄宗之德，则言房、杜、姚、宋。自古至今，未有不任辅弼而能独理天下者。况今天下，异于十年已前，方驱驾文武，廓清寇乱，建升平之业，十已得八九。然华夏安否，系于朝廷，朝廷轻重，在于宰相。如臣驽钝，夙夜战兢，常以为上有圣君，下无贤臣，不能增日月之明，广天地之德。遂使每事皆劳圣心，所以平贼安人，费力如此，实由臣辈不称所职。方期陛下博采物议，旁求人望，致之辅弼，责之化成；而乃忽取微人，列于重地，始则殿庭班列，相与惊骇，次则街衢市肆，相与笑呼。伏计远近流闻，与京师无异。何者？天子如堂，宰臣如陛，陛高则堂高，陛卑则堂不得高矣，宰臣失人，则天子不得尊矣。

伏以陛下睿哲文明，唯天所授，凡所阅视，洞达无遗。所以比来选任宰相，纵道不周物，才不济时，公望所归，皆有可取。悦皇甫镈自掌财赋，唯事割剥，以苛为察，以刻为明。自京北、京西城镇及百司并远近州府，应是仰给度支之处，无不苦口切齿，愿食其肉；犹赖臣等每加劝诫，或为奏论，庶事之中，抑令通济。比者淮西诸军粮料，所破五成钱，其实只与一成、两成，士卒怨怒，皆欲离叛。臣到行营，方且慰喻，直其迁延不进，供军渐难，俱能前行，必有优赏，以此约定，然后切勒供军官，且支九月一日两成已上钱，俱容努力，方将小安，不然必有溃散。今旧兵悉向淄青讨代，忽闻此人入相，则必相与惊扰，以为更有前时之事，则无告诉之忧。虽侵刻不少，然漏落亦多，所以罢兵之后，经费钱数一千三十万贯，此事犹可。直以性惟狡诈，言不诚实，朝三暮四，天下共知，惟能上惑圣聪，足见奸邪之极。程异虽人品凡俗，然心事和平，处之烦剧，或亦得力，但升之相位，便在公卿之上，实亦非宜。如皇甫镈，天下之人，怨入骨髓，陛下今日收为股肱，列在台鼎，切恐不可，伏惟图之。倘陛下纳臣恳款，速赐移易，以副天下之望，则天下幸甚。伏闻李修疾病，亦求入来，如浙西观察使，且与亦得。

臣知一言出口，必犯天威，但使言行，甘心护戾。今继者臣若不退，天下之人谓臣有负恩宠；今退既未许，言又不听，如火烧心，若箭攒体。臣自无足惜，惜陛下今日事势。何者？淮西荡定，河北咸宁，承宗敛手削地，程权束身赴阙，韩弘舆疾讨贼，此岂京师气力能制其命，只是朝廷处置能服其心。今继既开中兴，再造区夏，陛下何忍却自破除，使亿万之众离心，四方诸侯解体？凡百君子，皆欲恸哭。况陛下任臣之意，岂比常人；臣事陛下之心，敢同众士？所以昧死重封以闻，如不足观，臣当引领受责。陛下引一市肆商徒，与臣同列，在臣亦有何损，陛下实有所伤，不胜愤懑惶恐之至。时宪宗以世道渐平，欲肆意娱乐，池台馆宇，稍增崇饰，而异、镈探知上旨，数贡羡余，以备经构，故帝独排物议相之；见裴度疏，以为朋党，竟不省览。

镈知公议不可，益以巧媚自固，奏减内外官俸钱以赡国用；敕下，给事中崔祐封还诏书，其事方罢。时内出积年库物付度支估价，例皆陈朽，镈尽以善价买之，以给边军。罗谷缯彩，触风断裂，随手散坏，军士怨怒，皆聚而焚之。裴度奏事，因言边军焚赐之意，镈因引其足奏曰："此靴乃内库出者，臣以俸钱二千买之，坚韧可以久服，所言不可用，皆诈也。"帝以为然，由是镈益无忌惮。裴度有用兵伐叛之功，镈心嫉之，与宰相李逢吉、令狐楚合势挤出镇太原。崔群有公望，为搢绅所重，属言时政之弊，镈恶之，因议宪宗尊号，乃奏曰：、昨群臣议上徽号，崔群于陛下惜'孝德'两字。"宪宗怒，黜群为湖南观察使。又与金吾将军李道古叶为奸谋，荐引方士柳泌、僧大通，言可致长生。中尉吐突承璀恩宠莫二，镈厚赂结其欢心，故及相位。

穆宗在东宫，备闻镈之奸邪，及居谅暗，听政之日，诏："皇甫镈器本凡近，性惟险狭，行靡所顾，文无可观，虽早践朝伦，而素乖公望。自掌邦计，属当军兴，以剥下为徇公，既鼓众怒；以矫迹为孤立，用塞人言。洎尘台司，益蠹时政，不知经国之大体，不虑安边之远图，三军多冻馁之忧，百姓深凋瘵之弊。事皆罔蔽，言悉虚诬，远近咸知，朝野同怨。而又恣求方士，上惑先朝，潜通奸人，罪在难舍。合加窜殛，以正刑章，俾黜遐荒，尚存宽典。"又诏曰："山人柳沁辄怀左道，上惑先朝，固求牧人，贵欲疑众，自知虚诞，仍便奔逃。僧大通医方不精，药术皆妄。既延祸衅，俱是奸邪，邦国固有常刑，人神所宜共弃，宜付京兆府决重杖一顿处死。"

柳泌本曰杨仁力，少习医术，言多诞妄。李道古奸回巧宦，与泌密谋求进，言之于皇甫镈，因征入禁中。自云能致灵药，言："天台山多灵草，群仙所会，臣尝知之，而力不能致。愿为天台长吏，因以求之。"起徒步为台州刺史，仍赐金紫。谏官论奏曰："列圣亦有好方士者，亦与官号，未尝令赋政临民。"宪宗曰："烦一郡之力而致神仙长年，臣子于君父何爱焉！"由是莫敢有言者。裴泠以极言被黜。泌到天台，驱身吏民于山谷间，声言采药，鞭笞躁急。岁余一无所得，惧诈发获罪，举家入山谷。浙东观察使追捕，送于京师，镈与李道古恳保证之，必能可致灵药，乃待诏翰林院。宪宗服泌药，日益烦躁，喜怒不常，内官惧非罪见戮，遂为弑逆。大通自云寿一百五十载，久得药力。又有田佐元者，凤翔虢人，自言有奇术，能变瓦砾为金，白衣授虢县令。初，柳泌系京兆府，狱吏叱之曰："何苦作此虚矫？"泌曰："吾本无此心，是李道古教我，且云寿四百岁。"府吏防虞周密，恐其隐化；及衣就诛，一无变异，但炙灼之瘢痍浃身而已。镈卒于贬所。

镈弟镛，端士也。亦进士擢第，累历宣歙、凤翔使府从事，入为殿中侍御史，转比部员外郎、河南县令、都官郎中、河南少尹。时镈为宰相，领度支，恩宠殊异。镛恶其太盛，每弟兄宴语，即极言之，镈颇不悦。乃求为分司，除右庶子。及镈获罪，朝廷素知镛有先见之明，不之罪，征为国子祭酒，改太子宾客、秘书监。开成初，除太子少保分司，卒年四十九。镛能文，尤工诗什，乐道自怡，不屑世务，当时名士皆与之交。有集十八卷，著《性言》十四篇。

史臣曰：奸邪害正，自古有之；而矫诞无忌，妨贤伤善，未有如延龄、皇甫之甚也。臣每读陆丞相论延龄疏，未尝不泣下沾衿，其守正效忠，为宗社大计，非端士益友，安能感激犯难如此！异哉德宗之为人主也。忠良不用，谗慝是崇，乃至身播国屯，几将覆灭，尚独保延龄之是，不悟卢杞之非，悲夫！执谊、叔文，乘时多僻，而欲斡运六合，斟酌万几；刘、柳诸生，逐臭市利，何狂妄之甚也！章武雄材睿断，鄯削厉阶；洎逐群、度而相异、镈，盖季年之妖惑也，夫何言哉！

赞曰：贞元之风，好佞恶忠。龄、镈害善，为国蠹虫。裴、陆献替，嫉恶如风。天听匪谌，吾道斯穷。

旧唐书卷一三六
列传第八六

窦参 <small>从子申附</small> 齐映 刘滋 <small>族弟赞附</small> 卢迈 崔损 齐抗

　　窦参字时中,工部尚书诞之玄孙。父审言,闻喜尉,以参贵赠吏部尚书。参习法令,通政术,性矜严,强直而果断。少以门荫,累官至万年尉。时同僚有直官曹者,将夕,闻亲疾,请参代之。会狱囚亡走,京兆尹按直簿,将奏,参遽请曰:"彼以汲状谒,参实代之,宜当罪。"坐贬江夏尉,人多义之。

　　累迁奉先尉。县人曹芬,名隶北军,芬素凶暴,因醉殴其女弟,其父救之不得,遂投井死。参捕理芬兄弟当死,众官皆请俟免丧,参曰:"子因父生,父由子死。若以丧延罪,是杀父不坐也。"皆正其罪而杖杀之,一县畏伏。转大理司直。按狱江淮,次扬州,节度使陈少游骄蹇,不郊迎,令军吏传问,参正辞让之,少游悔惧,促诣参,参不俟济江。还奏合旨。时婺州刺史邓珽坐赃八千贯,珽与执政有旧,以会赦,欲免赃。诏百寮于尚书省杂议,多希执政意,参独坚执正之于法,竟征赃。明年。除监察御史,奉使按湖南判官马彝狱。时彝举属令脏,罪至千贯,为得罪者之子因权幸诬奏秦彝,参竟白彝无罪。彝实能吏,后累佐曹王皋,以正直强干徇。

　　参转殿中侍御史,改金部员外郎、刑部郎中、侍御史、知杂事。无几,迁御史中丞,不避权贵,理狱以严称。数蒙召见,论天下事,又与执政多异同,上深器之,或参决大政。时宰颇忌之,多所排抑,亦无以伤参。然多率情坏法。初定百官俸料，以尝为司直，党其官，故给俸多于本寺丞，又定百官班秩，初令太常少卿在左右庶子之上，又恶詹事李升，遂移詹事班退居诸府尹之下，甚为有识所嗤。寻兼户部侍郎。时京师人家豕生两首四足，有司欲奏，参曰："此为豕祸，安可上闻！"命弃之。是时，郊牛生犊有六足者，太仆卿周皓白宰相请奏，李泌亦戏答以遣之。

故淮南节度使陈少游子正仪请袭封，参大署尚书省门曰："陈少游位兼将相之崇，节变艰危之际，君上含垢，未能发明，愚子何心，辄求传袭。"

正仪惧，不敢求封而去。时神策将军孟华有战功，为大将军所诬奏，称华谋反，有右龙武将军李建玉，前陷吐蕃，久之自拔，为部曲诬告潜通吐蕃：皆当死，无以自白，参悉理出之，由是人皆属望。

明年，拜中书侍郎、同平章事，领度支、盐铁转运使。每宰相间日于延英召对，诸相皆出，参必居后久之，以度支为辞，实专大政。参无学术，但多引用亲党，使居要职，以为耳目，四方藩帅，皆畏惧之。李纳既惮参，馈遗毕至，外示敬参，实阴间之。上所亲信，多非毁参。实申又与吴通玄通犯事觉，参任情好恶，恃权贪利，不知纪极，终以此败。贬参郴州别驾，贞元余年四月也。

参至郴州，汴州节度使刘士宁遗参绢五千匹。湖南观察使，李异与参有隙，遂具以闻；又中使逢士宁使于路，亦奏其事。德宗大怒，欲杀参。宰相陆贽曰："窦参与臣无分。因事报怨，人之常情。然臣参宰衡，合存公体，以参罪犯，置之于死，恐用刑太过。"于是且止。寻又遣中使谓贽等曰："卿等所奏，于大体虽好，然此人交结中外，其意难测，朕寻情状，其事灼然。又窦参在彼，与诸戎帅交通，社稷事重，卿等速进文书处分。"

贽奏曰："臣面承德音，幸奏密旨，皆以社稷为言，又知根寻已审，敢不上同忧愤，内绝狐疑，岂愿迟回，更贻念虑。但以参常经重任，斯谓大臣，进退之间，犹宜有礼，诛戮之际，不可无名。刘晏久掌货财，当时亦招怨谤，及加罪责，事不分明，叛者既得以为辞，众人亦为之怀愍。用刑暧昧，损累不轻，事例未遥，所宜重慎。窦参顷司钧轴，颇怙恩私，贪受货财，引纵亲党，此则朝廷同议，天下共传。至于潜怀异图，将起大恶，迹既未露，人皆莫知。臣等亲奉天颜，议加刑辟，但闻凶险之意，尚昧结构之由。况在众流，何由备悉，忽行峻罚，必谓冤诬，群情震惊，事亦非细。若不付外推鞫，则恐难定罪名，乞留睿聪，更少详度。窦参于臣，素亦无分，陛下固已明知，有何顾怀，辄欲营救，良以事关国体，义绝私嫌，所冀典刑不滥于清时，君道免亏于圣德。”乃再贬为欢州司马。男景伯，配泉州；女尼真如，隶郴州；其财物婢妾，传送京师。参时为左右中官深怒，谤沮不已，未至欢州，赐死于邕州武经镇，时年六十。

窦申者，参之族子。累迁至京兆少尹，转给事中。参特爱之，每议除授，多访于申，申或泄之，以招权受赂。申所至，人目之为喜鹊。德宗颇闻其事，数诫参曰：“卿他日必为申所累，不如出之以掩物议。”参曰：“臣无强子侄，申虽疏属，臣素亲之，不忍远出，请保无他犯。”帝曰：“卿虽自保，如众人何？”参固如前对。申亦不悛。

兵部侍郎陆贽与参有隙。吴通微弟兄与贽同在翰林，俱承德宗顾遇，亦争宠不协。金吾大将军、嗣虢王则之与申及通微、通玄善，遂相与倾。贽考贡举，言贽考贡不实。吴通玄娶宗室女为外妇，德宗知其毁贽，且令察视，具得其奸状，乃贬则之为昭州司马，吴通玄为泉州司马，窦申为道州司马。不旬日，贬参郴州别驾，即日以陆贽为宰相。明年，窦参再贬欢州。德宗谓陆贽曰：“窦申、窦荣、李则之首末同恶。无所不至，又有细微，不比窦参，便宜商量处置，所有亲密，并发遣于远恶处。”贽奏曰：

窦参罪犯，诚合诛夷，圣德含弘，务全事体，特宽严宪，俯贷余生。始终之恩，实足感于庶品；仁熙之惠，不独幸于斯人。所议贬官，谨具别状。其窦申、窦荣、李则之等，既皆同恶，固亦难容；然以得罪相因，法有首从，首当居重，从合从轻。参既蒙恩矜全，申等亦宜减降。又于党与之内，亦有淑慝之殊，稍示区分,足彰沮劝。窦荣与参虽非近属,亦甚相亲,然于款密之中,都无邪僻之事。仍闻激愤,屡有直言,因此渐构猜嫌,晚年颇见疏忌。若论今者阴事,则尚未究端由,如据比来所行,应不至凶险,恐须差异,以表详明。臣等商量,窦荣更贬远官,窦申、则之并除名配流,庶允从轻之典,以洽好生之恩。夫趋势附权,时俗常态,苟无高节出众,何能特立不群。窦参久尘钧衡,特承宠渥,君之所任,孰敢不从。或游于门庭,或序以中表,或偏被接引,或骤与荐延,如此之徒,十常八九。若总流议,皆谓党私,自非甚与交亲,安可悉从贬累。况窦参罢黜,殆欲周星,应是私党近亲,当时并已连坐,人心久定,不可复摇。臣等商量,除与窦参阴谋邪事外,一切不问。

诏从之,由是申等得配流岭南。既赐参死,乃杖杀申,诸窦皆贬,荣得免死。

齐映,瀛州高阳人。父玘,试太常少卿,兼检校工部郎中。映登进士第,应博学宏辞,授河南府参军。滑亳节度使令狐彰辟为掌书记,累授监察御史。彰疾甚,映草遗表,因与谋后事,映说彰令上表请代,令子建归京师,彰皆从之,因妻以女。彰卒后兵乱,映脱身归东都,河阳三城使马燧辟为判官,奏殿中侍御史。

建中初,卢杞为宰相,荐之,迁刑部员外郎,会张镒出镇凤翔,奏为判官。映口辩,颇更军事,数以论奏合旨。寻转行军司马、兼御史在丞。德宗在奉天,凤翔逼于贼泚。镒懦缓不晓兵家事,部将有李楚琳者,慓悍凶暴,军中畏之,乘间将谋乱。先数日,映与同列齐抗觉其谋,乃言于镒,请早图之。镒不从映言,乃示其宽大,召楚琳语之曰:“欲令公使于外。”楚琳恐,是夜作乱,乃杀镒以应泚;军中多为映指道,故得免。因赴奉天行在,除御史中丞。

兴元初,从幸梁州,每过险,映常执辔。会御马遽骇,奔跳颇甚,帝惧伤映,令舍辔,映坚执久之,乃止。帝问其故,曰:“马奔蹶,不过伤臣;如舍之,或犯清尘,虽臣万死,何以塞责?”上嘉奖无已。在梁

州,拜给事中。映白皙长大,言音高朗。上自山南还京,常令映侍左
右,或令前马,至城邑州镇,俾映宣诏令,帝益亲信之。其年冬,转中
书舍人。

贞元二年,以本官与左散骑常侍刘滋、给事中崔造同拜平章
事。滋以端默雅重寡言,映谦和美言悦下,无所是非,政事多决于
造。无几,造疾病,映当国政,乘间亦敢言事。时吐蕃数入寇,人情
摇动,且言帝欲行幸避狄。映奏曰:“戎狄乱华,臣之罪也。今人情
恐惧,谓陛下理装具糇粮,臣闻大福不再,奈何不与臣等熟计之?”
因俯伏流涕,上亦为之感动。时给事中袁高忤旨,映连请为左丞、御
史大夫。

映于东都举进士及宏词时,张延赏为河南尹、东都留守,厚映。
及映为相,延赏罢相为左仆射,数画时事令映行之,及为所亲求官,
映多不应。延赏怒,言映非宰相器。三年正月,贬映夔州刺史,又转
衡州。七年,授御史中丞、桂管观察使,又改洪州刺史、江西观察使。
映常以顷为相辅,无大过而罢,冀其复入用,乃倍敛贡奉,及大为金
银器以希旨。先是,银瓶高者五尺余,李兼为江西观察使,乃进六尺
者。至是,因帝诞日端午,映为瓶高八尺者以献。贞元十一年七月
卒,时年四十八,赠礼部尚书。

刘滋字公茂,左散骑常侍子玄之孙。父贶,开元初为左拾遗,父
子仍代为史官。贶依刘向《说苑》撰《续说苑》一十卷以献,玄宗嘉
之。滋少以门荫,调授太子正字,历涟水令。吏部侍郎杨绾荐滋堪
为谏官,拜左补阙,改太常卿,复为左补阙。辞官侍亲还东都,河南
尹李廙署奏功曹参军。无几,丁母丧,服除,迁屯田员外郎,转司勋
员外郎,判南曹,勤于吏职,孜孜奉法。迁司勋郎中,累拜给事中。从
幸奉天,转太常少卿,掌礼仪。兴元元年,改吏部侍郎,往洪州知选
事。时京师寇盗之后,天下蝗旱,谷价翔贵,选人不能赴调,乃命滋
江南典选,以便江、岭之人,时称举职。

贞元三年,迁左散骑常侍、同中书门下平章事,在相位无所启

奏,但多谦退,廉谨畏慎而已。三年正月,守本官,罢知政事。四年,复为吏部侍郎。六年,迁吏部尚书。窦参以宰相为吏部尚书,换刑部尚书。无何,御史台劾奏滋前在吏部选人渝滥,诏夺金紫阶。滋有经学,善持论,性廉洁刻苦,嫉恶,掌选多所发摘更代,诈伪者尤畏之。十年十月卒,时年六十六,赠陕州大都督。

　　觊从兄赞,大历中左散骑常侍汇之子。少以资荫补吏,累授户县丞。宰相杜鸿渐自剑南还朝,途出于户,赞储供精办。鸿渐判官杨炎以赞名儒之子,荐之,累授侍御史、浙江观察判官。杨炎作相,擢为歙州刺史,以勤干闻。有老妇人捃拾榛丛间,猛兽将噬之,幼女号呼搏兽而救之,母子俱免。宣歙观察使韩滉表其异行,加金紫之服,再迁常州刺史。韩滉入相,分旧所统为三道,以赞为宣州刺史、兼御史中丞、宣歙池都团练观察使。赞在宣州十余年。

　　赞祖子玄开元朝一代名儒,父汇博涉经史,唯赞不知书,但以强猛立威,官吏畏之,重足一迹。宣为天下沃饶,赞久为廉察,厚敛殖货,务贡奉以希恩。子弟皆亏庭训,虽童年稚齿,便能侮易骄人,人士鄙之。贞元十二年卒,时年七十,赠吏部尚书。

　　卢迈字子玄,范阳人。少以孝友谨厚称,深为叔舅崔祐甫所亲重。两经及第,历太子正字、蓝田尉。以书判拔萃,授河南主簿,充集贤校理。朝臣荐其文行,迁右补阙、侍御史、刑部吏部员外郎。迈以叔父兄弟姊妹悉在江介,属蝗虫岁饥,恳求江南上佐,由是授滁州刺史。入为司门郎中,迁右谏议大夫,累上表言时政得失。转给事中,属校定考课,迈固让,以授官日近,未有政绩,不敢当上考,时人重之。迁尚书右丞。

　　将作监元亘当摄太尉享昭德皇后庙,以私忌日不受誓诫,为御史劾奏,诏尚书省与礼官、法官集议。迈奏状曰:"臣按《礼记》,大夫士将祭于公,既视濯而父母死,犹奉祭。又按唐礼,散斋有大功之丧,致斋有周亲丧,斋中疾病,即还家不奉祭事,皆无忌日不受誓诫之文。虽假宁令忌日给假一日，《春秋》之义，不以家事辞王事。今直以假宁常式，而违摄祭新命，酌其轻重，誓诚则祀事之严。校其礼式，忌日乃寻常之制，详求典据，事缘荐献，不宜以忌为辞。"由是亘坐罚俸。

迈九年以本官同中书门下平章事；岁余，迁中书侍郎。时大政决在陆贽、赵憬，迈谨身中立，守文奉法而已。而友爱恭俭。迈从父弟起，为剑南西川判官，卒于成都，归葬于洛阳，路由京师，迈奏请至城东哭于其柩，许之。近代宰臣多自以为崇重，三服之亲，或不过从而吊临；而迈独振薄俗，请临弟丧，士君子是之。

十二年九月，迈于政事堂中风，肩舆而归，上表请罢官，不许，诏宰臣就第问疾。自是凡五上表，坚乞骸骨，诏曰："卿操履贞方，器识淹茂，自居台辅，益见忠清。方藉谋猷，遽婴疾疹，岁月滋久，章表屡闻，陈请再三，挥谦难夺。且备养贤之礼，宜遂优闲之秩，告免之诚，虽为恳至，俯从来奏，良用怃然。"乃除太子宾客。贞元十四年卒，时年六十，赠太子太傅，赗以布帛。迈再娶无子，以从父弟子纪为嗣。

崔损字至无，博陵人。高祖行功已后，名位卑替。损大历末进士擢第，登博学宏词科，授秘书省校书郎，再授咸阳尉。外舅王翃为京兆尹，改大理评事，累迁兵部郎中。贞元十一年，迁右谏议大夫。会门下侍郎平章事赵憬卒，中书侍郎平章事卢迈风病请告，户部尚书裴延龄素与损善，乃荐之于德宗。十二年，以本官同中书门下平章事，与给事中赵宗儒同日知政事，并赐金紫。初，二相有故，旬日中外颙望名德，损比无声实，及制下之日，中外失望。性龊龊谨慎，每延英论事，未尝有言。

十四年秋，转门下侍郎平章事。是岁，以昭陵旧宫为野火所焚，所司请修奉。"昭陵旧宫在山上，置来岁久，曾经野火烧燹，摧毁略尽，其宫寻移在瑶台寺左侧。今属通年，欲议修置，缘供水稍远，百姓劳弊，今欲于见住行宫处修创，冀久远便人。又为移改旧制，恐礼意未周，宜令宰臣百僚集议。"议者多云："旧宫既焚，宜移就山下。"上意不欲迁移，只于山上重造，命损为八陵修奉使。于是献、昭、乾、定、泰五陵造屋五百七十间，桥陵一百四十间，元陵三十间，唯建陵仍旧，但修葺而已。所缘陵寝中床蓐帷幄一事以上，帝亲自阅视，然后授损送于陵所。

损以久疾在家，赐绢二百匹以为医药。南北两省清要，损皆历践之，在位无称于人者。身居宰相，母野殡，不言展墓，不议迁祔；姊为尼，殁于近寺，终丧不临，士君子罪之。加以过为恭逊，接见便僻，不止于容身而已。自建中以后，宰相罕有久在位者，数岁罪黜；损用此中上意，窃大任者八年。上亦知物议鄙其持禄取容，然怜而厚之。贞元十九年卒，赠太子太傅，赗布帛五百端、米粟四百石。

齐抗字退举，天宝中平阳太守浣之孙。父翱，一命卑官卒，以抗贵，累赠国子祭酒。抗少隐会稽剡中读书，为文长于笺奏。大历中，寿州刺史张镒辟为判官，明闲吏事，敏于文学，镒甚重之。建中初，镒为江西观察使，抗亦随在幕府。三年，镒自中书侍郎平章事出镇凤翔，奏抗为监察御史，仍为宾佐，幕中筹画，多出于抗。

德宗在奉天，镒为李楚琳所害。抗奔赴行在，拜侍御史，旬日改户部员外郎。宰相萧复为江淮宣慰使，以抗为判官。德宗还京，大盗之后，天下旱蝗，国用尽竭。盐铁转运使元琇以抗有才用，奏授仓部郎中，条理江淮盐务。贞元初，为水陆运副使，督江淮漕运以给京师。迁谏议大夫。历处州刺史，转潭州刺史、湖南都团练观察使。入为给事中。又为河南尹，历秘书监、太常卿，代郑余庆为中书侍郎、同中书门下平章事。

先时每年吏部选人试判，别奏官考覆，第其上下；既考，中书门下复奏择官覆定，浸以为例。抗乃奏曰："吏部尚书、侍郎，已是朝廷精选，不宜别差考官重覆。"其年他官考判讫，俾吏部侍郎自覆，一岁遂除考判官，盖抗所论奏也。故事，礼部侍郎掌贡举，其亲故即试于考功，谓之"别头举人"，抗亦奏罢之。寻奏省诸州府别驾、田曹、司田官及判司之双曹者,复省中书省驱使官及诸胥吏。

寻加修国史。抗虽读书,无远智大略,凡为官,必求至精,末乃滋彰,物论薄其隘刻。遇疾,上表请罢,改太子宾客,竟不任朝谢。贞元二十年卒,时年六十五,赠户部尚书,又赐其家绢二百匹。

史臣曰:窦参朋党,不顾君上之诚,斯为悖矣。齐映曲贡希用甚谬,而爱君莅事,往往有长者之言。滋、迈家行修谨,临事可称,器虽龌龊,无废为君子矣。而损、抗之比,夫何足云,遽污台槐,盖时主之容易耳。

赞曰:物之同器,贵于私通。窦阿齐佞,偏诐斯同。滋、迈之行,可以饰躬。康济蒸民,胡为厥中。

旧唐书卷一三七
列传第八七

徐浩　赵涓 子博宣　卢南史附
刘太真　李纾　邵说　于邵
崔元翰　于公异　吕渭 子温　恭
俭 让　郑云逵　李益　李贺

　　徐浩字季海,越州人。父峤,官至洛州刺史,浩少举明经,工草隶,以文学为张说所器重,调授鲁山主簿。说荐为丽正殿校理,三迁右拾遗,仍为校理。幽州节度使张守圭奏在幕府,改监察御史。丁父忧,服除,授京兆司录,以母忧去职。数年,调授河南司录,历河阳令,以善政称。拜太子司议郎,迁金部员外郎,历宪部郎中。安禄山反,出为襄阳太守、本郡防御使,赐以金紫之服。

　　肃宗即位,召拜中书舍人,时天下事殷,诏令多出于浩。浩属词赡给,又工楷隶,肃宗悦其能,加兼尚书右丞。玄宗传位诰册,皆浩为之,参两宫文翰,宠遇罕与为比。除国子祭酒,坐事贬庐州长史。代宗征拜中书舍人、集贤殿学士,寻迁工部侍郎、岭南节度观察使、兼御史大夫,又为吏部侍郎、集贤殿学士。坐以妾弟冒选,托侍郎薛邕注授京尉,为御史大夫李栖筠所弹,坐贬明州别驾。

　　德宗即位,征拜彭王傅。建中三年,以疾卒,年八十,赠太子少师。初,浩以文雅称;及授广州,典选部,多积货财,又嬖其妾侯莫陈氏，颇干政事，为时论所贬。

赵涓，冀州人也。幼有文学。天宝初，举进士，补郿城尉，累授监察御史、右司员外郎。河南副元帅王绪奏充判官，授检校兵部郎中、兼侍御史，迁给事中、太常少卿，出为衢州刺史。

永泰初，涓为监察御史。时禁中失火，烧屋室数十间，火发处与东宫稍近，代宗深疑之，涓为巡使，俾令即讯。涓周历墙宇，按据迹状，乃上直中官遗火所致也，推鞫明审，颇尽事情。既奏，代宗称赏焉。德宗时在东宫，常感涓之究理详细，及刺衢州，年考既深，又与观察使韩滉不相得，滉奏免涓官，德宗见其名，谓宰臣曰："岂非永泰初御史赵涓乎？"对曰："然。"即拜尚书左丞。无何，知吏部选，扈从梁州。兴元元年卒，赠户部尚书。

子博宣，登进士第，文章俊拔，性率多酒。陈许节度使曲环辟为从事，宾筵之间，多所忽略，环不能容。朝廷方讨淮、蔡，环诬奏博宣受吴少诚赂为反间，又妄说国家休咎，扇惑军情。时博宣权知舞阳县事，诏令环决杖四十，流于康州，人皆以为枉。

先是，侍御史卢南史坐事贬信州员外司马，至郡，准例得厅事一人，每月请纸笔钱，前后五年，计钱一千贯。南史以官闲冗，放吏归，纳其纸笔钱六十余千。刺史姚骥劾奏南史，以为赃，又劾南史买铅烧黄丹。德宗遣监察御史郑楚相、刑部员外郎裴澥、大理评事陈正仪充三司使，同往按鞫。将行，并召于延英，谓之曰："卿等必须详审，无令漏罪衔冤。"三人将退，裴澥独留，奏曰："臣按姚骥奏状，称南中取厅事纸笔钱计赃六十余贯，虽于公法有违，量事且非巨蠹。"上曰："此事亦未为甚，未知烧铅何如？"澥曰："烧铅为丹，格令不禁。准天宝十三载敕，铅、铜、锡不许私家买卖货易，盖防私铸钱，本亦不言烧铅为丹。南史违敕买铅，不得无罪。伏以陛下自登宝位，及天宝、大历以来，未曾降三司使至江南；今忽录此小事，令三司使往，非唯损耗州县，亦恐远处闻之，各怀忧惧。臣闻开元中张九龄为五岭按察使,有录事参军告龄非法,朝廷止令大理评事往按。大历中,鄂岳观察使吴仲孺与转运使判官刘长卿纷竞,仲孺奏长卿犯赃二十万贯,时止差监察御史苗伾就推。今姚骥所奏事状无多,臣堪任此行,即请独往,恐不须三司并行为使。"德宗忻然曰:"卿言是矣。"乃覆召楚相、正仪与澥俱坐,谓之曰:"朕懵于理道,处事未精,适见裴澥所奏,深协事宜,亦不用三人总去,但行首一人行可也,卿等便宜付宰臣改敕。"德宗不务大体,以察为明,皆此类也。而博宣、南史坐诬枉摈逐,赖裴澥悟主,南史不至深罪,后得召还。

刘太真,宣州人。涉学,善属文,少师事词人萧颖士。天宝末,举进士。大历中,为淮南节度使陈少游掌书记,征拜起居郎。累历台阁,自中书舍人转工部、刑部二侍郎。性怯诡随。及转礼部侍郎,掌贡举,宰执姻族,方镇子弟,先收擢之。又常叙少游勋绩,拟之桓、文,大招物论。贞元五年,贬信州刺史,到州寻卒。

太真尤长于诗句,每出一篇,人皆讽诵。德宗文思俊拔,每有御制,即命朝臣毕和。真元四年九月,赐宴曲江亭,帝为诗,序曰:

朕在位仅将十载,实赖忠贤左右,克致小康。是以择三令节,锡兹宴赏,俾大夫、卿士得同欢洽也。夫共其戚者同其休,有其初者贵其终,咨尔群僚,颂朕不暇,乐而能节,职思其忧,咸若时则,庶乎理矣。因重阳之会,聊示所怀。

早衣对庭燎,躬化勤意诚。时此万枢暇,适与佳节并。曲池洁寒流,芳菊舒金英。乾坤爽气澄,台殿秋光清。朝野庆年丰,高会多欢声。永怀无荒诚,良士同斯情。

因诏曰:"卿等重阳会宴,朕想欢洽,欣慰良多,情发于中,因制诗序。今赐卿等一本,可中书门下简定文词士三五十人应制,同用'清'字,明日内于延英门进来。"宰臣李泌等虽奉诏简择,难于取舍,由是百僚皆和。上自考其诗,以太真及李纾等四人为上等,鲍防、于邵等四人为次等,张濛、殷亮等二十三人为下等;而李晟、马燧、李泌三宰相之诗,不加考第。

初，朱泚、怀光之乱，关辅荐饥，贞元三年以后，仍岁丰稔，人始复生人之乐。德宗诏曰："此者卿士内外，朝夕公务，今方隅无事，蒸民小康，其正月晦日、三月三日、九月九日三节日，宜任文武百僚择胜地追赏。每节宰相、常参官共赐钱五百贯文，翰林学士一百贯文，左右神威、神策等十军各赐五百贯，金吾、英武、威远及诸卫将军共赐二百贯，客省奏事共赐一百贯，委度支每节前五日支付，永为常制。"

李纾字仲舒，礼部侍郎希言之子。少有文学。天宝末，拜秘书省校书郎。大历初，吏部侍郎李季卿荐为左补阙，累迁司封员外郎、知制诰，改中书舍人。寻自虢州刺史征拜礼部侍郎。德宗居奉天，择为同州刺史，寻弃州诣梁州行在，拜兵部侍郎。反正，兼知选事。李怀光诛，河东节度及诸军会河中，诏往宣劳节度，使还，敷奏合旨，拜礼部侍郎。

纾通达，善诙谐，好接后进，厚自奉养，鲜华舆马，以放达蕴藉称。虽为大官，而佚游佐宴，不尝自忘。尝议享武成王不当视文宣庙，奏云："准开元十九年敕，置齐太公庙，以张良配，太常卿及少卿、丞充三献官。又按《开元礼》祝文云'皇帝遣某官昭告于齐太公、汉留侯'。至上元年，敕追赠太公为武成王，享祭之典，一同文宣王，有司因差太尉充献官，兼御置祝板。伏以太公即周之太师，张良即汉之少傅，圣朝列于祀典，已极褒崇；今屈礼于至尊，施敬于臣佐，理或过当，神何敢歆。伏以文宣垂教，百代宗师，五常三纲，非其训不明，有国有家，非其制不立，故孟轲称'生人已来，一人而已'。由是正素王之位，加先圣之名，乐用宫悬，献差太尉，尊师崇道，雅合政经。且太公述作止于《六韬》，勖业形于一代，岂宜拟诸盛德，均其殊礼！其祝文请不进署，'敢昭告'请改为'敬祭于'，'其昭告'请改为'致祭于留侯'，其献官请准旧式，差太常卿已下充。"诏百僚进议。文武官上言，互有异同。诏曰："帝德广运，乃武乃文，文化武功，皇王之二柄，祀礼教敬，国章孔明。自今宜上将军以下充献官，余依纾所奏。"纾又奉诏为《兴元纪功述》及郊庙乐章,诸所论著甚众。卒于官,年六十二。贞元八年,赠礼部尚书。

邵说,相州安阳人。举进士,为史思明判官,历事思明、朝义,常掌兵事。朝义之败,说降于军前,郭子仪爱其才,留于幕下。累授长安令、秘书少监,迁吏部侍郎、太子詹事,以才干称。谈者或以宰相许之,金吾将军裴儆谓谏议大夫柳载曰:"以鄙夫所度,说得祸不久矣。且说与史思明父子定君臣之分,居剧官,掌兵柄,亡躯犯顺,前后百战,于贼庭掠名家子女以为婢仆者数十人,剽盗宝货,不知纪极。力屈然后降,朝廷宥以不死,获齿班序,无厚颜,而又遑遑求财,崇饰第宅,附托贵幸,以求大用,不知愧惧,而有得色,其能久乎!"

建中三年,严郢得罪,说与郢厚善,劝朱泚抗疏申其冤,说为草其奏,上知之,贬说归州刺史,竟卒于贬所。

于邵字相门,其先家于代,今为京兆万年人。曾祖笃,户部尚书。邵天宝末进士登科,书判超绝,授崇文馆校书郎。累历使府,入为起居郎,再迁比部郎中,尚二十考第于吏部,以当称。无何,出为道州刺史,未就道,转巴州。时岁俭,夷獠数千相聚山泽,围州掠众,邵励州兵以拒之。旬有二日,遣使说喻,盗邀邵面降,邵儒服出城,盗罗拜而降,围解。节度使李抱玉以闻,超迁梓州,以疾不至,迁兵部郎中。西川节度使崔宁请留为支度副使。寻拜谏议大夫、知制诰,再迁礼部侍郎、史馆修撰,为三司使。以撰上尊号册,赐阶三品,当时大诏令,皆出于邵。顷之,与御史中丞袁高、给事中蒋镇杂理左丞薛邕诏狱。邵以为邕犯在赦前,奏出之,失旨,贬桂州长史。贞元初,除原王傅,后为太子宾客,与宰相陆贽不睦。八年,出为杭州刺史,以疾请告,坐贬衢州别驾,移江州别驾,卒年八十一。

邵性孝悌,内行修洁,老而弥笃。初,樊泽常举贤良方正,邵一见之于京师,曰:"将相之材也。"不十五年,泽为节将。崔凶翰年近五十,始举进士,邵异其文,擢第甲科,且曰:"不十五年,当掌诏令。"竟如其言。独孤授举博学宏词,吏部考为乙第,在中书覆升甲科。人称其当。有集四十卷。

崔元翰者,博陵人。进士擢第,登博学宏词制科,双应贤良方正、直言极谏科,三举皆升甲第,年已五十余。李洧公镇滑台,辟为从事。后北平王马燧在太原,闻其名,致礼命之,又为燧府掌书记。入朝为太常博士、礼部员外郎。窦参辅政,用为知制诰,诏令温雅,合于典谟。然性太刚褊简傲,不能取容于时,每发言论,略无阿徇,忤执政旨,故掌诰二年,而官不迁。竟罢知制诰,守比部郎中。

元翰苦心文章,时年七十余,好学不倦。既介独耿直,故少交游,唯秉一操,伏膺翰墨。其对策及奏记、碑志,师法班固、蔡伯喈,而致思精密。为时所摈,终于散位。

于公异者,吴人。登进士第,文章精拔,为时所称。建中末,为李晟招讨府掌书记。兴元元年,收京城,公异为露布上行在云:"臣已肃清宫禁,祗奉寝园,钟簴不移,庙貌如故。"德宗览之。泣下不自胜,左右为之呜咽。既而曰:"不知谁为之?"或对曰:"于公异之词也。"上称善久之。

公异初应进士时,与举人陆贽不协;至是贽为翰林学士,闻上称与,尤不悦。时议者言之,公异少时不为后母所容,自游宦成名,不归乡里;及贞元中陆贽为宰相,奏公异无素行,黜之。诏曰:"祠部员外郎于公异,顷以才名,升于省闼。其少也,为父母之所不容,宜其引慝在躬,孝行不匮,匿名迹于畎亩,候安否于门闾,俾其亲之过不彰,庶其诚之至必感。安于弃斥,游学远方,忘其温靖之恋,竟至存亡之隔,为人子者,忍至是乎!宜放归田里,俾自循省。其举公异官尚书左丞卢迈,宜夺俸两月。"时中书舍人高郢荐监察御史元敦义,及睹公异谴逐,惧为所累,乃上疏首陈敦义亏于礼教,诏嘉郢之知过,俾敦义罢归。公异竟名位不振,坎坷而卒,人士惜其才,恶贽之褊急焉。

吕渭字君载,河中人。父延之,越州刺史、浙江东道节度使。渭举进士,累授婺州永康令、大理评事。浙西观察使李涵辟为支使,再迁殿中侍御史。涵自御史大夫改太子少傅,渭上言:"涵父名少康,今涵为少傅,恐乖朝典。"由是特授渭司门员外郎。寻为御使史台劾奏:"涵再任少卿,此时都不言;今为少傅,疑以散慢,乃为不可。"由是贬渭歙州司马,改涵检校工部尚书、兼光禄卿。

渭累授舒州刺史、吏部员外、驾部郎中、知制诰、中书舍人,母忧罢。服阕,授太子右庶子、礼部侍郎。中书省有柳树,建中末枯死,兴元元年车驾还京后,其树再荣。人谓之瑞柳。渭试进士,取瑞柳为赋题,上闻而嘉之。渭又结附裴延龄之子操,举进士,文词非工,渭擢之登第,为正人嗤鄙。因入阁遗失请托文记,遂出为潭州刺史、兼御史中丞、尖南都团练观察使,在任三岁,政甚烦碎。贞元十六年卒,年六十六,赠陕州大都督。子温、恭、俭、让。

温字化光,贞元末登进士第,与翰林学士韦执谊善。顺宗在东宫,侍书王叔文劝太子招纳时之英俊以自辅,温与执谊尤为叔文所眷起家再命拜左拾遗。二十年冬,副工部侍郎张荐为入吐蕃使,行至凤翔,转侍御史,赐绯袍牙笏。明年,德宗晏驾,顺宗即位,张荐卒于青海,吐蕃以中国丧祸,留温经年。时王叔文用事,故与温同游东宫者,皆不次任用,温在蕃中,悲叹久之。元和元年,使还,转户部员外郎。时柳宗元等九人坐叔文贬逐,唯温以奉使免。

温天才俊拔,文彩赡逸,为时流柳宗元、刘禹锡所称。然性多险诈,好奇近利,与窦群、羊士谔趣尚相狎。群为韦夏卿所荐,自处士不数年至御史中丞,李吉甫尤奇待之。三年,吉甫为中官所恶,将出镇扬州,温欲乘其有间倾之。温自司封员外郎转刑部郎中,窦群请为知杂。吉甫以疾在第,召医人陈登诊视,夜宿于安邑里第。温伺知之,诘旦,令吏捕登鞫问之,又奏劾吉甫交通术士。宪宗异之,召登面讯,其事皆虚,乃贬群为湖南观察使,羊士谔资州刺史,温均州刺史。朝议以所责太轻,妖再贬黔南,温贬道州刺史。五年,转衡州,秩满归京,不得意,发疾卒。

温文体富艳,有丘明、班固之风,所著《凌烟阁功臣铭》、《张始兴画赞》、《移博士书》,颇为文士所赏,有文集十卷。

恭、俭皆至侍御史,让至太子右庶子,皆有美才。自后吉甫再入中书,长庆以后,李德裕党盛,吕氏诸子无至达官者。

郑云逵,荥阳人。大历初,举进士。性果诞敢言。客游两河,以画干于朱泚,泚悦,乃表为节度掌书记、检校祠部员外郎,仍以弟滔女妻之。泚将入觐,先令云逵入奏;及泚至京,以事怒云逵,奏贬莫州参军。滔代泚后,请为判官。滔助田悦为逆,云逵谕之不从,遂弃妻子驰归长安,帝嘉其来,留于客省,超拜谏议大夫。奉天之难,云逵奔赴行在,李晟以为行军司马,戎略多以咨之。历秘书少监、给事中,寻拜大理卿,迁刑部、兵部二侍郎,迁御史中丞,充顺宗山陵桥道置顿使。

云逵初为朱泚判官,常忤同幕蔡庭玉;庭玉白泚,黜为莫州录事参军。滔复奏为判官,因深构庭玉于滔;滔为泚留后事,有请于泚,庭玉又辄隳之。又有判官朱体微,亦蒙泚亲信,与庭玉常从容言于泚曰:“滔非长者,不可付以兵权。”滔窃知之。后滔南讨有功,云逵数激怒之,滔乃抗表论庭玉等离间骨肉;及滔叛,帝乃召泚以表示之,故归罪于庭玉等以悦滔,滔亦终叛。

三年,云逵奏:其弟前太仆丞方逵,“受性凶悖,不知君亲,众恶备身,训教莫及,结聚凶党,江中劫人。臣亡父先臣旷杖至一百,终不能毙。张延赏任扬州日,亦曾犯延赏法,决杀复苏。至于常言,皆呼臣亡父先臣名,亲戚所知,无可教语。昨闻于豳、宁、庆等州干谒节度及州县乞丐,今见在武功县南,西戎俯近,恐有异谋;若不冒死奏闻,必恐覆臣家族。”诏令京兆府锢身递送黔州,付李模于僻远州驱使,勿许东西。

云逵元和元年拜右金吾卫大将军，岁中改京兆尹。五年五月卒。

李益，肃宗朝宰相揆之族子。登进士第，长为歌诗。贞元末，与宗人李贺齐名。每作一篇，为教坊乐人以赂求取，唱为供奉歌词。其《征人歌》、《早行篇》，好事者画为屏障，"回乐峰前沙似雪，受降城外月如霜"之句，天下以为歌词。然少有痴病，而多猜忌，防闲妻妾，过为苛酷，而有散灰扃户之谭闻于时，故时谓妒痴为"李益疾"；以是久之不调，而流辈皆居显位。益不得意，北游河朔，幽州刘济辟为从事，常与济诗而有"不上望京楼"之句。

宪宗雅闻其名，自河北召还，用为秘书少监、集贤殿学士。自负才地，多所凌忽，为众不容，谏官举其幽州诗句，降居散秩。俄复用为秘书监，迁太子宾客、集贤学士判院事，转右散骑常侍。大和初，以礼部尚书致仕，卒。

李贺字长吉，宗室郑王之后。父名晋肃，以是不应进士，韩愈为之作《讳辨》，贺竟不就试。手笔敏捷，尤长于歌篇。其文思体势，如崇岸峭壁，万刃崛起，当时文士从而效之，无能仿佛者。其乐府词数十篇，至于云韶乐工，无不讽诵。补太常侍协律郎，卒时年二十四。

史臣曰：文学之士，代不乏才。永泰、贞元之间，如徐浩、赵涓诸公，可谓一时之秀也。然太真以畏懦闻，邵说以僭侈失，于公异、吕渭、李益皆有微累，故知全其德者罕矣。

赞曰：名以才显，才兼德尊。徐、赵、刘、李，厥声远闻。邵、于、吕、郑，其名久存。半乏全德，愧于后人。

旧唐书卷一三八
列传第八八

赵憬　韦伦　贾耽　姜公辅

　　赵憬字退翁，天水陇西人也。总章中吏部侍郎、同东西台三品仁本之曾孙。祖谊，历左司郎中。父道先，洪州录事参军。憬少好学，志行修洁，不求闻达。宝应中，玄宗、肃宗梓宫未祔，有司议山陵制度，时西蕃入寇，天下饥馑，憬以褐衣上疏，宜遵俭制，时人称之。后连为州从事，试江夏尉。累迁监察御史，随牒藩府，历殿中侍御史、太子舍人。居母忧，哀毁几绝。服除，建中初，擢授水部员外郎，未拜，会湖观察使李丞请为副使、检校工部郎中充职。岁馀，丞卒，遂知留后事。寻授潭州刺史、兼御史中丞、湖南观察使，仍赐金紫。居二岁，受代归京师，阖门静居，不与人交。久之，特召对于别殿。憬多学问，有辞辩，敷奏称旨，上悦，拜给事中。

　　贞元四年，回纥请结和亲，诏以咸安公主降回纥，命检讨右仆射关播充使，憬以本官兼御史中丞为副。前后使回纥者，多私齐缯絮，蕃中市马回以窥利，憬一无所市，人叹美之。使还，迁尚书左丞，纲辖省务，清勤奉职。窦参为宰相，恶其能，请出为同州刺史，上不从。

　　八年四月，窦参罢黜，憬与陆贽并拜中书侍郎、同中书门下平章事。憬深于理道，常言：“为政之本，在于选贤能，务节俭，薄赋敛，宽刑罚。”对扬之际，必以此为言，乃献审官六议曰：

　　臣谬登宰府，四年于兹，恭承德音，未尝不以求贤为切。至于延荐，职在愚臣，虽当代天之工，且乏知人之鉴，渐积岁月，负于圣明，无补王猷，有妨贤路。况多疾恙，兼虑阙遗，顷奉表章，备陈肝膈。陛下以臣性拙直，身病可矜，不弃屑微，尚加委任。自此思省，报效尤难，莫副尧、舜之心，空怀尸素之惧。伏惟陛下法象应期，圣神广运，云行雨施，皆发自然，训诰典谟，悉经睿览。臣所以不敢援引古昔，上烦天聪，且以用人之要，愿伸鄙见。复念稽颡丹陛，仰对宸严，謇讷易穷，遽数难辩，理详则麋渎颇甚，言略则利害未宣。若默以求容，苟而窃位，纵天地之仁幸免，而中外之责何逃，非陛下用臣之意也。其所欲言者，皆陛下圣虑之内，臣以顶戴恩造，不知所为，身被风毒，渐觉沉痼，是以勤勤恳恳，切于愚诚也。臣闻贞观、开元之际，宰辅论事，或多上书，所冀获尽情理。今臣酌前代之损益，体当时之通变，谨献《审官六议》，伏惟闲宴时赐省览。

其大指，议相，则曰："宜博采众贤，用为辅弼。今中外知其贤者，伏愿陛下用之，识其能者任之，求其全材，恐不可得。"

议进用庶官，则曰："异同之论，是非难办。由考课难于实效，好恶杂于众声，所以访之弥多，得之弥少。选士古今为难，拔十得五，贤愚犹半。陛下谓臣曰：'何必五也？十得二三斯可矣。'圣主思贤至是，而宰臣不能进之，臣之罪也。进贤在于广任用，明殿最，举大节，弃其小瑕，随其所能，试之以事，用人之大纲也。"

议京诸司阙官，则曰："当今要官多阙，闲官十无一二。文武任用，资序递迁，要官本以材行，闲官多由恩泽。朝廷或将任，多拟要官则人少阙多，闲官则人多阙少；明当选拔者转少，在优容者转，多宜补阙员，务育材用。大厦永固，是栋梁榱桷之全也；圣朝致理，亦庶官群吏之能也。"

议中外考课官，则曰："汉以数易长吏，谓之弊政。其有能理者，辄增秩赐金，或八九年、十余年，乃入为九卿，或迁三辅，功绩茂异遂至丞相，其间不隔数官。今陛下内选庶僚，外委州府，课绩高者，不次超升，致理之法，无逾于此。臣愚以为黜陟且立年限，若所居要重,未当迁移,就加爵秩。其余进退,令知褒之必应,迟速之有常。如课绩在中,年考及限,与之平转,中外迭处,历试其能,使无苟且之心,又无滞淹之虑。"

议举遗滞,则曰:"官司既广,必委宰辅以举之;宰辅不能遍知,又询于庶官,弈官不能遍知,又访于众人。众声嚣然,互有臧否,十人举之未信,一人毁之可疑,迨至于今,兹弊未改。其所以然者,非尽为爱憎也,苦于不审实而承声言之。大凡常人之心,以称人之善为清,以攻人之过为直,苟有除授,多生横议。由是宰臣每将荐用,亦自重难,日往月来,未副圣意。宜须采听时论,以所举多者先用,必非大故,皆不弃之。"

议擢用诸使府僚属,则曰:"诸使辟吏,各自精求,务于得人,将重府望。既经试效,能否可知,擢其贤能,置之朝列。或曰外使须才,固不可夺。臣知必不然也。属者使府宾介,每有登朝,本使殊以为荣,自喜知人,且明公选。大凡才能之士,名位未达,多在方镇,日月在上,谁不知之,思登阙庭,如望霄汉,宜须博采,无宜久滞。"上优诏答之。

时吏部侍郎杜黄裳为中贵谗潜及他过犯,御史中丞穆赞、京兆少尹韦武、万年县令李宣、长安令卢云皆为裴延龄构陷,将加斥逐,憬保护救解之,故多从轻贬。初,憬廉察湖南,令狐峘、崔儆并为巡属刺史。峘尝历中书舍人、礼部侍郎,儆久在朝列,所为或亏法令,憬每以正道制之。峘、儆密遣人数憬罪状,毁之于朝。及憬为相,拔儆自大理卿为尚书右丞,峘先贬官为别驾,又擢为吉州刺史,时人多之。

憬与陆贽同知政事,贽恃久在禁庭,特承恩顾,以国政为己任,才周岁,转憬为门下侍郎,憬由是深衔之,数以目疾请告,不甚当政事,因是不相协。裴延龄奸诈恣睢,满朝侧目,憬初与贽约于上前论之;及延英奏对,贽极言延龄奸邪诳诞之状,不可任用,德宗不悦,形于颜色,憬默然无言,由是罢贽平章事,而憬当国矣。

时宰相贾耽、卢迈与憬三人。十二年春正月,耽、迈皆有假,故憬独对于延英。上问曰：“近日起居注记何事？”憬对曰：“古者左史记言，人君动止，有实言随即记录，起居注是也。国朝永徽中，起居唯得对仗承旨，仗下后谋议皆不得闻，其记注唯编制敕，更无他事。所以长寿中姚璹知政事，以为亲承德音谟训，若不宣旨宰相，史官无以得书，璹请宰相一人记录所论军国政事，谓之时政记，每月送史馆。既而时政记又废。”上曰：“君举必书，义存劝诫。既尝有时政记，宰臣宜依故事为之。”起居无何，憬卒，时政记亦不行。

憬特承恩顾，性清俭，虽为宰辅，居第仆使，类贫士大夫之家，所得俸入，先置私庙，而竟不立第舍田产。其年八月，遇暴疾，信宿而卒，时年六十一。子元亮进憬遗表草曰：“臣叨荷圣慈，窃尘台鼎，年序颇久，绩用无闻，负乘之败已彰，覆𫗧之咎俄及。而天与之疾，福过生灾，自今日卯时以来，稍加困重，针灸不及，药饵奚施。奄然游魂，终当就木，冥冥残喘，岂忍辞天。号呼涕泠，侧息心断，反风结草，誓报深恩，虽死犹生，岂孤素愿。无任感恩呜咽痛恨之至。”德宗尤悼惜之，废朝三日，册赠太子太傅，赙帛五百端、米粟四百石，令鸿胪卿王权充册吊使。

元亮官至左司郎中、侍御史知杂事卒。次子全亮，官至侍御史、桂管防御判官。元亮兄宣亮、弟承亮，皆以门荫授官。

韦伦，开元、天宝中朔方节度使光乘之子。少以荫累授蓝田县尉。以吏事勤恪，杨国忠署为铸钱内作使判官。国忠恃权宠，又邀名称，多征诸州县农人令铸钱，农夫既非本色工匠，被所由抑令就役，多遭笞罚，人不聊生。伦白国忠曰：“铸钱须得本色人，今抑百姓农人为之，尤费力无功，人且兴谤。请厚悬市价，募工晓者为之。”由是役使减少，而益铸钱之数。天宝末，宫内土木功无虚日，内作人吏因缘为奸，伦乃躬亲阅视，省费减倍。改大理评事。

会安禄山反，车驾幸蜀，拜伦监察御史、剑南节度行军司马，兼充置顿使判官，寻改屯田员外、兼侍御史。时内官禁军相次到蜀，所在侵暴，号为难理；伦清俭率身以化之，蜀川咸赖其理。竟遭中官毁潜,贬衡州司户。属江都、河南并陷贼,漕运路绝,度支使第五琦荐伦有理能,拜商州刺史,充荆襄等道租庸使。会襄州裨将康楚元、张嘉延聚众为叛,凶党万余人,自称东楚义王,襄州刺史王政弃城遁走。嘉延又南袭破江陵,汉、沔馈运阻绝,朝廷旰食。伦乃调发兵甲驻邓州界,凶党有来降者,必厚加接待。数日后,楚元众颇怠,伦进军击之,生擒楚元以献,余众悉走散,收租庸钱物仅二百万贯,并不失坠。荆、襄二州平,诏除崔光远为襄州节度使,征伦为卫尉卿。旬日,又本官兼宁州刺史、招讨处置等使,寻又兼陇州刺史。

乾元三年,襄州大将张瑾杀节度使史翙作乱,乃以伦为襄州刺史、兼御史大夫、山南东道襄邓等十州节度使。时李辅国秉权用事,节将除拜,皆出其门。伦既为朝廷公用,又不私谒辅国,伦受命未行,改秦州刺史、兼御史中丞、本州防御使。时吐蕃、党项岁岁入寇,边将奔命不暇。伦至秦州,屡与虏战,兵寡无援,频致败衄,连贬巴州长史、思州务川县尉。

代宗即位,起为忠州刺史,历台、饶二州。以中官吕太一于岭南矫诏募兵为乱,乃以伦为韶州刺史、兼御史中丞、韶连郴三州都团练使。竟遭太一用赂反间,贬信州司马、虔州司户、隋州司户、随州司马。遇赦,旅寓于洪州十数年。

德宗即位,选堪使绝域者,征伦拜太常少卿、兼御史中丞,持节充通和吐蕃使。伦至蕃中,初宣谕皇恩,次述国威德还振,蕃人大悦,赞普入献方物。使还,迁太常卿、兼御史大夫,加银青光禄大夫。再入吐蕃,奉使称旨,西蕃敬服。朝廷得失,数上疏言之。又为宰相卢杞所恶,改太子少保,累加开府仪同三司。泾师之乱,驾幸奉天。及卢杞、白志贞、赵赞等贬官,关播罢相为刑部尚书,伦于朝堂呜咽而言曰:“宰相不能弼谐启沃,使天下一至于此!仍为尚书,天下何由致理?”闻者敬惮之。从驾梁州,还京,又欲擢用卢杞为刑州刺史,又上表切言不可,深为忠正之士所称叹。以年逾七十,表请休官,改太子少师,致仕,封郧国公。时李楚琳以仆射兼卫尉卿,李忠诚以尚书兼少府监,伦上言曰:“楚琳凶逆,忠诚蕃戎丑类,不合厕列清班。"又表请置义仓以防水旱,摆贤良任之左右;又言吐蕃必无信约,专须防备,不可轻易。上每善遇之。伦居家孝友,抚弟侄以慈爱称。贞元十四年十二月卒,时年八十三,赠杨州都督。

贾耽字敦诗,沧州南皮人。以两经登第,调授贝州临清县尉。上疏论时政,授降州正平尉。从事河东,检校膳部员外郎、太原少尹、北都副留守。又检校礼部郎中、节度副使。改汾州刺史,在郡七年,政绩茂异。入为鸿胪卿,时左右威远营棣鸿胪,耽仍领其使。大历十四年十一月,检校左散骑常侍、兼梁州刺史、御史大夫、山南西道节度使。

建中三年十一月,检校工部尚书、兼御史大夫、山南东道节度使。德宗移幸梁州,兴元元年二月,耽使行军司马樊泽奏事于行在,泽既复命,方大宴诸将,有急牒至,言泽代耽为节度使,而召耽为工部尚书。耽得牒内怀中,宴饮不改容,及散,召樊泽,以诏授之曰:"诏以行军为节度使,耽今即上路。"因告将吏使谒泽。牙将张献甫曰:"天子巡幸山南,尚书使行军奉表起居,而行军敢自图节钺,夺尚书土地,此可谓事人不忠。军中皆不伏,请杀樊泽。"耽曰:"公是何言欤!天子有命,即为节度使矣。耽今赴行在,便与公偕行。"即日离镇,以献甫自随,军中乃安。寻以本官为东都留守、东畿汝南防御使。贞元二年,改检校右仆射、兼滑州刺史、义成军节度使。是时淄青节度使李纳虽去伪王号,外奉朝旨,而心常蓄并吞之谋。纳兵士数千人自行营归,路由滑州,大将请城外馆之,耽曰:"与人邻道,奈何野处其兵?"命馆之城内,淄青将士皆心服之。耽善射好猎,每出畋不过百骑,往往猎于李纳之境。纳闻之,大喜,心畏其度量,不敢异图。九年,征为右仆射、同中书门下平章事。

耽好地理学,凡四夷之使及使四夷还者,必与之从容,讯其山川土之终始。是以九州之夷险,百蛮之土俗,区分指画,备究源流。自吐蕃陷陇右积年,国家守于内地,旧时镇戍,不可复知。耽乃画陇右、山南图,兼黄河经界远近,聚其说为书十卷,表献曰:

　　臣闻楚左史倚相能读《九丘》，晋司空裴秀创为六体；《九丘》乃成赋之古经，六体则为图之新意。臣虽愚昧，夙尝师范，累蒙拔擢，遂忝台司。虽历践职任，诚多旷阙，而率土山川，不忘瘝瘝。其大图外薄四海，内别九州，必藉精详，乃可摹写，见更缯集，续冀毕功。然而陇右一隅，久沦蕃寇，职方失其图记，境土难以区分。辄扣课虚微，采掇与议，画《关中陇右及山南九州等图》一轴。伏以洮、湟旧墟，连接监牧；甘、凉右地，控带朔陲。岐路之侦候交通，军镇之备御卫要，莫不匠意就实，依稀像真。如圣恩遣将护边，新书授律，则灵、庆之设险在目，原、会之封略可知。诸州诸军，须论里数人额；诸山诸水，须言首尾源流。图上不可备书，凭据必资记注，谨撰《别录》六卷。又黄河为四渎之宗，西戎乃群羌之帅，臣并研寻史牒，蕰弃浮词，罄所闻知，编为四卷，通录都成十卷。文义鄙朴，伏增惭悚。

德宗览之称善，赐厩马一匹、银采百匹、银瓶盘各一。

至十七年，又撰成《海内华夷图》及《古今郡国县道四夷述》四十卷，表献之，曰：

　　臣闻地以博厚载物，万国棋布；海以委输环外，百蛮绣错。中夏则五服、九州，殊俗则七戎、六狄，普天之下，莫非王臣。昔毋丘出师，东铭不耐；甘英奉使，西抵条支；奄蔡乃大泽无涯，罽宾实则悬度作险。或道理回还，或名号改移，古来通儒，罕遍详究。臣弱冠之岁，好闻方言，筮仕之辰，注意地理，究观研考，垂三十年。绝域之比邻，异蕃之习俗，梯山献琛之路，乘舶来朝之人，咸究竟其源流，访求其居处。阛阓之行贾，戎貊之遗老，莫不听其言而掇其要；闾阎之琐语，风谣之小说，亦收其是而芟其伪。

　　然殷、周以降，封略益明，承历数者八家，浑区宇者五姓，声教所及，惟唐为大。秦皇罢侯置守，长城起于临洮；孝武却地开边，障塞限于鸡鹿；东汉则哀牢请吏；西晋则裨离结辙；隋室列四郡于卑和海西，创三州于扶南江北，辽阳失律，因而弃之。

高祖神尧皇帝诞膺天命,奄有四方。太宗继明重熙,柔远能迩,逾太碛通道,北至仙娥,于骨利斡置玄阙州。高宗嗣守丕绩,克广前烈,遣单车赍诏,西越葱山,于波剌斯立疾陵府。中宗复配天之业,不失旧物。睿宗含先天之量,惟新永图。玄宗以大孝清内,以无为理外,大宛骥骤,岁弃内厩,与贰师之穷兵黩武,岂同年哉!肃宗扫平氛寝,润泽生人。代宗划除残孽,彝伦攸叙。伏惟皇帝陛下,以上圣之姿,当太平之运,敦信明义,履信包元,惠养黎蒸,怀柔遐裔。故泸南贡丽水之金,漠北献余吾之马,玄化洋溢,率土沾濡。

臣幼切磋于师友,长趋侍于轩墀,自揣屡愚,叨荣非据,鸿私莫答,夙夜兢惶。去与元元年,伏奉进止,令臣修撰国图,旋即充使魏州、汴州,出镇东洛、东都,间以众务,不遂专门,绩用尚亏,忧愧弥切。近乃力竭衰病,思殚所闻见,蒙于丹青。谨令工人画《海内华夷图》一轴,广三丈,从三尺,率以一寸折成百里。别章甫左衽,莫高山大川;缩四极于纤缩,分百郡于作绩。宇宙虽广,舒之不盈庭;舟车所通,览之咸在目。并撰《古今郡国县道四夷述》四十卷,中国以《禹贡》为首,外夷以《班史》发源,郡县纪其增减,蕃落叙其衰盛。前地理书以黔州属酉阳,今则改人巴郡;前西戎志以安国为安息,今则改人康居。凡诸疏舛,悉从厘正。陇西、十地,播弃于永初之中;辽东、乐浪,陷屈于建安之际。曹公弃陉北,晋氏迁江南,缘边累经侵盗,故墟日致堙毁。旧史撰录,十得二三,今书搜补,所获大半。《周礼职方》,以淄、时为幽州之浸,以华山为荆河之镇,既有乖于《禹贡》,又不出于淹中,多闻阙疑,讵敢编次。其古郡国题以墨,今州县题以朱,今古殊文,执习简易。臣学谢小成,才非博物。伏波之聚米,开示众军;郪侯之图书,方知阨塞。企慕前哲,尝所寄心,辄罄庸陋,多惭纰缪。

优诏答之,赐锦采二百匹、袍段六、锦帐二、银瓶盘各一、银柜二、马一匹,进封魏国公。

顺宗即位，检校司空，守左仆射，知政事如故。时王叔文用事。政出群小，耽恶其乱，屡移病乞骸，不许。耽性长者，不善臧否人物。自居相位，凡十三年，虽不能以安危大计启沃于人主，而常以检身厉行以律人。每自朝归第，接对宾客，终日无倦，至于家人近习，未尝见其喜慢之色，古之淳德君子，何以加焉！永贞元年十月卒，时年七十六，废朝四日，册赠太傅，谥曰元靖。

姜公辅，不知何许人。登进士第，为校书郎。应制策科高等，授左拾遗，召入翰林为学士。岁满当改官，公辅上书自陈，以母老家贫，以府据俸给稍优，乃求兼京兆尹户曹参军，特承恩顾。才高有器识，每对见言事，德宗多从之。

建中四年十月，泾师犯阙，德宗苍惶自苑北便门出幸，公辅马前谏曰："朱泚尝为泾原帅，得士心。昨以朱滔叛，坐夺兵权，泚常忧愤不得志。不如使人捕之，使陪銮驾，忽群凶立之，必贻国患。臣顷曾陈奏，陛下苟不能坦怀待之，则杀之，养兽自贻其患，悔且无益。"德宗曰："已无及矣！"从幸至奉天，拜谏议大夫，俄以本官同中书门下平章事。

从幸山南，车驾至城固县，唐安公主死。上之长女，昭德皇后所生，性聪敏仁孝，上所钟爱。初，诏尚韦宥，未克礼会而播迁；及死，上悲悼尤甚，诏所司厚其葬礼。公辅谏曰："非久克复京城，公主必须归葬，今于行路，且宜俭薄，以济军士。"德宗怒，谓翰林学士陆贽所曰："唐安夭亡，不欲于此为茔垅，宜令造一砖塔安置，功费甚微，不合关宰相论列。姜公辅忽进表章，都无道理，但欲指朕过失，拟自取名。朕比擢拔为腹心，乃负朕如此！"贽对曰："公辅官是谏议，职居宰衡，献替固其职分。本立辅臣，置之左右，朝夕纳诲，意在防微，微而弼之，乃其所也。陛下以造塔役费微小，非宰相所论之事，但问理之是非，岂论事之大小。若造塔为是，役虽大而作之何伤；若造塔为非，费虽小而言者何罪。"帝又曰："卿未会朕意。朕以公辅才行，共宰相都不相当，在奉天时已欲罢免，后因公辅辞退，朕已面许。寻属怀光背叛,遂且因循,容至山南。公辅知朕拟改官,所以固论造塔,卖直取名。据此用心,岂是良善!朕所惆怅者,只缘如此。"贽所再三救护,帝怒不已,乃罢为左庶子。寻丁母忧,服阕,授右庶子,久之不迁。

洎陆贽知政事,以有翰林之旧,数告贽求官。贽密谓公辅曰:"予尝见郴州窦相,言为公奏拟数矣,上旨不允,有怒公之言。"公辅恐惧,上疏乞罢官为道士,久之未报。后又廷奏,德宗问其故,公辅不敢泄贽,便以参言为对。帝怒,贬公辅为泉州别驾,又遣中使赍诏责窦参。顺宗即位,起为吉州刺史,寻卒。宪宗朝赠礼部尚书。

史臣曰:贾魏公以温克长者,致位丞相,据献甫之请,畋李纳之郊,则器略可知矣。韦郧公慷慨节义,困于谗邪,命矣夫!赵丞相区分检裁,求为雅士,以争权而陷陆贽,则前时以德报怨,其可信乎!公辅一言悟主,骤及台司,一言不合,疏遽疏薄,则加膝坠泉之间,君道可知矣!

赞曰:元靖吁谟,真谓纯儒。手调鼎饪,心运地图。姜躁赵险,并跃天衢。哀哉韦公,终困谗夫。

旧唐书卷一三九
列传第八九

陆　贽

　　陆贽字敬舆，苏州嘉兴人。父侃，溧阳令，以贽贵，赠礼部尚书。贽少孤，特立不群，颇勤儒学。年十八登进士第，以博学宏词登科，授华州郑县尉。罢秩，东归省母，路由寿州，刺史张镒有时名，贽往谒之。镒初不甚知，留三日，再见与语，遂大称赏，请结忘年之契。及辞，遗贽钱百万，曰："愿备太夫人一日之膳。"贽不纳，唯受新茶一串而已，曰："敢不承君厚意。"又以书判拔萃，选授渭南县主簿，迁监察御史。德宗在东宫时，素知贽名，乃召为翰林学士，转祠部员外郎。贽性忠尽，既居近密，感人主重知，思有以效报，故政或有缺，巨细必陈，由是顾待益厚。

　　建中四年，朱泚谋逆，从驾幸奉天。时天下叛乱，机务填委，征发指踪，千端万绪，一日之内，诏书数百。贽挥翰起草，思如泉注，初若不经思虑，既成之后，莫不曲尽事情，中于机会，胥吏简札不暇，同舍皆伏其能。转考功郎中，依前充职。尝启德宗曰："今盗遍天下，舆驾播迁，陛下宜痛自引过，以感动人心。昔成汤以罪己勃兴，楚昭以善言复国。陛下诚能不吝改过，以言谢天下，使书诏无忌，臣虽愚陋，可以仰副圣情，庶令反侧之徒，革心向化。"德宗然之。故奉天所下书诏，虽武夫悍卒，无不挥涕感激，多贽所为也。

　　其年冬，议欲以新岁改元，而卜祝之流，皆以国家数钟百六，凡事宜有变革，以应时数。上谓贽曰："往年群臣请上尊号'圣神文武'四字；今缘寇难，诸事并宜改更，众欲朕旧号之中更加一两字，其事何如？"贽奏曰："尊号之与，本非古制。行于安泰之日，已累谦冲；袭乎丧乱之时，尤伤事体。今者銮舆播越，未复宫闱，宗社震惊，尚愆禋祀，中区多梗，大憝犹存。此乃人情向背之秋，天意去就之际，陛下宜深自惩励，收揽群心，痛自贬损，以谢灵谴，不可近从末议，重益美名。"帝曰："卿所奏陈，虽理体甚切，然时运必须小有改变，亦不可执滞，卿更思理。"贽曰："古之人君称号，或称皇、称帝，或称王，但一字而已；至暴秦，乃兼皇帝二字，后代因之，及昏僻之君，乃有圣刘、天元之号。是知人主轻重，不在自称，崇其号无补于徽猷，损其名不伤其德美。然而损之有谦光稽古之善，崇之获矜能纳谄之讥，得失不侔，居然可辨。况今时遭迍否，事属倾危，尤宜惧思，以自贬抑。必也俯稽术数，须有变更，与其增美称而失人心，不若黜旧号以祗天戒。天时人事，理必相符，人既好谦，天亦助顺。陛下诚能断自宸鉴，焕发德音，引咎降名，深示刻责，惟谦与顺，一举而二美从之。"德宗从之，但改与元年号而已。

初，德宗仓皇出幸，府藏委弃，凝泐之际，士众多寒，服御之外，无尺缣丈帛；及贼泚解围，诸藩贡奉继至，乃于奉天行在贮贡物于廊下，仍题曰琼林、大盈二库名。贽谏曰：

琼林、大盈，自古悉无其制，传诸耆旧之说，皆云创自开元。贵臣贪权，饰巧求媚，乃言："郡邑贡赋所用，盍各区分：赋税当委于有司，以给经用；贡献宜归于天子，以奉私求。"玄宗悦之，新是二库，荡心侈欲，萌柢于兹，迨乎失邦，终以饵寇。《记》曰："货悖而入，必悖而出。"岂其效欤！

陛下嗣位之初，务遵理道，敦行俭约，斥远贪饕。虽内库藏，未归太府，而诸方曲献，不入禁闱，清风肃然，海内不变。近以寇逆乱常，銮与外幸，既属忧危之运，宜增徽励之诚。臣昨奉使军营，出经行殿，忽见右廊之下，榜列二库之名，惧然若惊，不识所以。何者？天衢尚梗，师旅方殷，痛心呻吟之声，噢咻未息；忠勤战守之效，赏赉未行。诸道贡珍，遽私别库，万目所视，孰能忍情？窃揣军情，或忿觖望，或忿形谤读，或丑肆讴谣，颇含思乱之情，亦有悔忠之意。是知氓俗昏鄙，识昧高卑，不可以尊极临，而可以庆义感。

顷者六师初降，百物无储，外盾凶徒，内防危堞，昼夜不息，殆将五旬，冻饿交侵，死伤相枕，毕命同力，竟夷大艰。良以陛下不厚其身，不私其欲，绝甘以同卒伍，辍食以啖功劳。无猛制人而不携，怀所感也；无厚赏士而不怨，悉所由也。今者攻围已解，衣食已丰，而谤读方与，军情稍沮，岂不以勇夫常性，嗜货矜功，其患难既与之同忧，而好乐不与之同利，苟异恬默，能无怨咨！此理之常，故不足怪。《记》曰："财散则民聚。"岂其效欤！陛下天资英圣，见善必迁，是将化蓄怨为衔恩，反过差为至当，促珍遗寇，永垂鸿名，大圣应机，固当不俟终日。

上嘉纳之，令去其题署。

兴元元年，李怀光异志已萌，欲激怒诸军，上表论诸军衣粮薄，神策衣粮厚，厚薄不均，难以驱战，意在挠沮进军。李晟密奏，恐其有变，上忧之，遣贽使怀光军宣谕。使还，贽奏事曰：

贼泚稽诛，保聚宫苑，势穷援绝，引日偷生。怀光总仗顺之军，乘制胜之气，鼓行芟翦，易若摧枯，而乃寇奔不追，师老不用，诸帅每欲进取，怀光辄沮其谋。据兹事情，殊不可解。陛下意在全护，委曲听从，观其所为，亦未知感。若不别为规略，渐相制持，唯以姑息求安，终恐变故难测。此诚事机危迫之秋也，故不可以寻常容易处之。

今李晟奏请移军，适遇臣衔命宣慰，怀光偶论此事，臣遂泛问所宜，怀光乃增云："李晟既欲别行，某亦都不要藉。"臣犹虑有翻覆，因美其军强盛，怀光大自矜夸，转有轻晟之意。臣又从容问云："昨发离行在之日，未知有此商量；今日从此却回，或恐圣旨顾问，事之可否，决定何如？"怀光已肆轻言，不可中变，遂云："恩命许去，事亦无妨。"要约再三，非不详审，虽欲追悔，固难为词。伏望即以李晟表出付中书，敕下依奏，别赐怀光手诏,示以移军事由。其手诏大意云:"昨得李晟奏,请移军城东以分贼势,朕缘未知利害,本欲委卿商量,适会陆贽从彼宣慰回,云见卿论叙军情,语及于此,仍言许去,事亦无妨,遂敕本军允其所请。卿宜授以谋略,分路夹攻,务使叶齐,克平寇孽。"如此词婉而直,理当而明,虽蓄异端,何由起怨?

臣初奉使谕旨,本缘粮料不均,偶属移军,事相谐会。又幸怀光诡对,且无阻绝之言,机宜合并,若有幽赞,一失其便,后何可追,幸垂裁察!

德宗初望怀光回意破贼,故晟屡奏移军不许;及贽缕陈怀光反状,乃可晟之奏,遂移军东渭桥。而鄜坊节度李建徽、神策行营阳惠元犹在咸阳,贽虑怀光并建徽等军,又奏曰:

怀光当管师徒,足以独制凶寇,逗留未进,抑有他由。所患太强,不资傍助。比者又遣李晟、李建徽、阳惠元三节度之众附丽其营,无益成功,祇忧生事。何则?四军悬垒,群帅异心,论势力则悬绝高卑,据职名则不相统属。怀光轻晟等兵位下,而忿其制不从心,晟等疑怀光养寇蓄奸,而怨其事多陵己,端居则互防飞谤,欲战则递恐分功,龃龉不和,嫌寡遂构,俾之同处,必不两全。强者晋积而后亡,弱者势危而先覆,覆亡之祸,翘足可期。旧寇未平,新患方起,忧欢所切,实堪疚心。太上消匿于未萌,其次救失于始兆,况乎事情已露,祸难垂成,委而不谋,何以制乱?李晟见机虑变,先请移军就东,建徽、惠元,势转孤弱,为其吞噬,理在必然。他日虽有良图,亦恐不能自拔,拯其危急,唯在此时。今因李晟愿行,便遣合军同往,噬言晟兵素少,虑为贼沘所邀,藉此两军迭为掎角,仍先谕旨,密使促装,诏书至营,即日进路,怀光意虽不欲,然亦计无所施。是谓先人有夺人之心,疾雷不及掩耳者也。

夫制军驭将,所贵见情,离合疾徐,各有宜适。当离者合之则召乱,当合者离之则寡功,当疾而徐则失机,当徐而疾则漏策。得其要,契其时,然后举无败措无危势。而今者屯兵而不肯为用，聚将而罔能叶心，自为鲸鲵，变在朝夕。留之不足以相制，徒长厉阶；析之各竞于擅能，或成勋绩。事有必应，断无可疑。

德宗曰："卿之所料极善。然李晟移军，怀光心已惆怅，若更遣建徽、惠元就东，则使得为词。且俟旬时。"晟至东渭桥，不旬日，怀光果夺两节度兵，建徽单骑遁而获免，惠元中路被执，害之。报至行在，人情大恐。翌日移幸山南。贽练达兵机，率如此类。

二月，从幸梁州，转谏议大夫，依前充学士。先是，凤翔翔衙将李楚琳乘泾师之乱杀节度使张镒，归款朱泚；及奉天解围，楚琳遣使贡奉，时方艰阻，不获已，命为凤翔节度使。然德宗忿其弑逆，心不能容，才至汉中，欲令浑瑊代为节度。贽谏曰："楚琳之罪，固不容诛，但以乘舆未复，大憝犹存，勤王之师，悉在畿内，急宣速告，晷刻是争。高岭则道迂且遥，骆谷复为贼所扼，仅通王命，唯在褒斜，此路若又阻艰，南北便成隔绝。以诸镇危疑之势，居二逆诱胁之中，恟恟群情，各怀向背。贼胜则往，我胜则来，其间事机，不容差跌。傥楚琳发憾，公肆猖狂，南塞要卫，东延巨猾，则我咽喉梗而心膂分矣，其势岂不病哉！"上释然开悟，乃善待楚琳使，优诏安慰其心。德宗至梁，欲以谷口已北从臣赐号曰"奉天定难功臣"，谷口已南随扈者曰"元从功臣"，不选朝官，一例俱赐。贽奏曰："破贼扞难，武臣之效。至如宫闱近侍，班列员僚，但驰走从行而已，忽与介胄夺命之士，俱号功臣，伏恐武臣愤惋。"乃止。

李晟既收京城，遣中使宣付翰林院具录先散失宫人名字，令草诏赐浑瑊，遣于奉天寻访，以得为限，仍量与资粮送赴行在。贽不时奉诏，进状论之曰：

顷以理道乖错，祸乱荐钟，陛下思咎惧灾，裕人罪己，屡降大号，誓将更新。天下之人，垂涕相贺，惩忿释怨，煦仁戴明，毕力同心，共平多难。止土崩于绝岸，收版荡于横流，珍寇清都，不失旧物。实由陛下至诚动于天地，深悔感于神人，故得百灵降康，兆庶归德。苟不如此，自古何尝有损弃宫阙，失守宗祧，继逆于赴难之师，再迁于蒙尘之日，不逾半岁，而复兴大业者乎！

今渠魁始平，法驾将返，近自郊甸，还周宝瀛，百役疲瘵之氓，重战伤残之卒，皆忍死扶病，倾耳耸肩，想闻德声，翘望圣泽。陛下固当感上天悔祸之眷，荷列祖垂裕之休，将士锋刃之殃，愍黎元涂炭之酷。以致寇为戒，以居上为危，以务理为忧，以复宫为急。损之又损，尚惧汰侈之易滋；艰之惟艰，犹患戒慎之难久。谋始尽善，克终已稀，始而不谋，终则何有！夫以内人为号，盖是中壸末流，天子之尊，富有宫掖，如此等辈，固繁有徒，但恐伤多，岂忧乏使。翦除元恶，会未浃辰，奔贺往来，道途如织，何必自亏君德，首访妇人，又令资速赴行在。万目阅视，众口流传，恐非所以答庆赖之心，副惟新之望也。

夫事有先后，义有重轻，重者宜先，轻者宜后。武王克殷，有未及下车而为之者，有下车而为之者，盖美其不失先后之宜也。自翠华播越，万姓靡依，清庙震惊，三时乏祀，当今所务，莫大于斯。诚宜速遣大臣，驰传先往，迎复神主，修整郊坛，展禋享之仪，申告谢之意。然后吊恤死义，慰犒有功，绥辑黎蒸，优问耆耊，安定反侧，宽宥胁从，宣畅郁堙，褒奖忠直，官失职之士，复废业之人，是皆宜先，不可后也。至如崇饰服器，缮缉殿台，备耳目之娱，选巾栉之侍，是皆宜后，不可先也。

散失内人，已经累月，既当离乱之际，必为将士所私。其人若稍有知，不求当自陈献；其人若甚无识，求之适使忧虞。自因寇乱丧亡，颇有大于此者，一闻搜索，怀惧必多，余孽尚繁，群情未一，因而善抚，犹恐危疑，若又惧之，于何不有。昔人所以掩绝缨而饮盗马者，岂必忘其情爱，盖知为君之体然也。以小妨大，明者不为，天下固多亵人，何必独在于此。所令撰赐浑瑊诏书，未敢顺旨。

帝遂不降诏，但遣使而已。

德宗还京，转中书舍人，学士如故。初，贽受张镒知，得居内职；

及镒为卢杞所排，赞常忧惴；及杞贬黜，始敢上书言事，德宗好文，
益深顾遇。奉天解围后，德宗言及违离宗庙，呜咽流涕曰："致寇之
由，实朕之过。"赞亦流涕而对曰："臣思致今日之患者，群臣之罪
也。"赞意盖为卢杞、赵赞等也。上欲掩杞之失，则曰："虽朕德薄，致
兹祸乱，亦运数前定，事不由人。"赞又极言杞等罪状，上虽貌从，心
颇不悦。吴通微兄弟俱在翰林，亦承德宗宠遇，文章才器不迨赞，而
能交结权幸，共短赞于上前。故刘从一、姜公辅自卑品仓惶之中，皆
登辅相；而赞为朋党所挤，同职害其能，加以言事激切，动失上之欢
心，故久之不为辅相。其于议论应对，明练理体，敷陈剖判，下笔如
神，当时名流，无不推挹。贞元初，李抱真入朝，从容奏曰："陛下幸
奉天、山南时，赦书至山东，宣谕之时，士卒无不感泣，臣即时见人
情如此，知贼不足平也。"

　　时赞母韦氏在江东，上遣中使迎至京师，缙绅荣之。俄丁母忧，
东归洛阳，寓居嵩山丰乐寺。藩镇赙赠及别陈饷遗，一无所取；与韦
皋布衣时相善，唯西川致遗，奏而受之。赞父初葬苏州，至是欲合
葬，上遣中使护其枢车至洛，其礼遇如此。免丧，权知兵部侍郎，依
前充学士。中谢日，赞伏地而泣，德宗为之改容叙慰。恩遇既隆，中
外属意为辅弼，而宰相窦参素忌赞，赞亦知参之所为，言参默货，由
是与参不平。七年，罢学士，正拜兵部侍郎，知贡举。时崔元翰、梁
肃文艺冠时，赞输心于肃，肃与元翰推荐艺实之士，升第之日，虽众
望不惬，然一岁选士，终十四五，数年之内，居台省清近者十余人。

　　八年四月，窦参得罪，以赞为中书侍郎、门下同平章事。赞久为
邪党所挤，困而得位，意在不负恩奖，悉心报国，以天下事为己任。
上即位之初，用杨炎、卢杞秉政，树立朋党，排挤良善，卒致天下沸
腾，銮与奔播。惩是之失，贞元已后，虽立辅臣，至于小官除拟，上必
再三详问，久之方下。及赞知政事，请许台省长官自荐属官，仍保任
之，事有旷败，兼坐举主。上许之，俄又宣旨曰："外议与'诸司所举
多引用亲党，兼通赂遗，不得实才。'此法行之非便，今后卿等宜自
选择，勿用诸司延荐。"赞论奏曰：

臣实顽鄙，一无所堪，猥蒙任使，待罪宰相。虽怀窃位之惧，且乏知人之明，自揣庸虚，终难上报。唯知广求地才之路，使贤者各以汇征；启至公之门，令职司皆得自达。既蒙允许，即宜宣行。南宫举人，才至十数，或非台省旧吏，则是使府佐僚，累经荐延，多历事任。论其资望，既不愧于班行；考其行能，又未闻于阙败。遽以腾口，上烦圣聪，道之难行，亦可知矣。

陛下勤求理道，务徇物情，因谓举荐非宜，复委宰臣拣择。其为崇任辅弼，博采与词，可谓圣德之盛者。然于委任责成之道，听言考实之方，闲邪存诚，犹恐有阙。陛下既纳臣言而用之，旋闻横议而止之，于臣谋不责成，于横议不考实，此乃谋失者得以辞其罪，议曲者得以肆其诬。率是而行，触类而长，固无必定之计，亦无必实之言。计不定则理道难成，言不实则小人得志，国家之病，常必由之。昔齐桓公问管仲害霸之事，对曰："得贤不能任，害霸也；用而不能终，害霸也；与贤人谋事而与小人议之，害霸也。"为小人者，不必悉怀险踊，故覆邦家。盖以其意性回邪，趣向狭促，以沮议为出众，以自异为不群，趋近利而昧远图，效小信而伤大道，况又言行难保，恣其非心者乎！

伏以宰辅，常制不过数人，人之所知，固有限极，不通遍谙诸士，备阅群才。若令悉命群官，理须展转询访，是则变公举为私荐，易明敭为暗投。傥如议者之言，所举多有情故，举于君上，且未绝私，荐于宰臣，安肯无诈，失人之弊，必又甚焉。所以承前命官，罕有不涉私谤，虽则秉钧不一，或自行情，亦由私访所亲，转为所卖。其弊非远，圣鉴明知。今又将徇浮言，专任宰臣除吏，宰臣不遍谙识，踵前须访于人。若访亲朋，则是悔其覆车，不易故辙；若访于朝列，则是求其私荐，不如公举之愈也。二者利害，惟陛下更详择焉。恐不如委任长官，慎拣僚属，所拣既少，所求亦精，得贤有监识之名，失实当暗谬之责。人之常性，莫不爱身，况于台省长官，皆是当朝华选，孰肯徇私妄举以伤名取责者耶！所谓台省长官，即仆射、尚书、左右丞、侍郎及御史大夫、中丞是也。陛下比择辅相,多亦出于其中。今之宰臣,则往日台省长官也,今之台省长官,乃将来之宰臣也,但是职名暂异,固非行业顿殊。岂有为长官之时不能举一二属吏,居宰臣之位则可择千百具僚,物议悠悠,其惑斯甚。

夫求才贵广,考课贵精。求广在于各举所知,长吏之荐择是也;贵精在于按名责实,宰臣之序进是也。往者则天太后践祚临朝,欲收人心,尤务拔擢,弘委任之意,开汲引之门,进用不疑,求访无倦,非但人得荐士,亦许自举其才。所荐必行,所举辄试,其于选士之道,岂不伤于容易哉!而课责既严,进退皆速,不肖者旋黜,才能者骤升,是以当代谓知人之明,累朝赖多士之用。此乃近于求才贵广,考课贵精之效也。

陛下诞膺宝历,思致理平,虽好贤之心,有逾于前哲,而得人之盛,未迨于往时。盖由赏鉴独任于圣聪,搜择住地公举,仍启登延之路,罕施练核之方。遂使先进者渐益凋讹,后来者不相接续,施一令则谤沮互起,用一人则疮痏立成。此乃失于选才太精,制法不一之患也。则天举用之法,伤易而得人;陛下慎拣之规,太精而失士。陛下选任宰相,必异于庶官;精择长官,必愈于末品。及至宰相献规,长吏荐士,陛下即但纳横议,不稽始谋。是乃任以重者轻其言,待以轻者重其事,且又不办所毁之虚实,不校所试之短长。人之多言,何所不至,是将使人无所措其手足,岂独选任之道失其端而已乎!

上虽嘉其所陈,长官荐士之招,竟追寝之。

国朝旧制,吏部选人,每年调集,自乾元已后,属宿兵于野,岁或凶荒,遂三年一置选。由是选人停拥,其数猥多,文书不接,真伪难辨,吏缘为奸,注授乘滥,而有十年不得调者。贽奏吏部分内外官员为三分,计阙集人,每年置选,故选司之弊,十去七八,天下称之。

贽与贾耽、卢迈、赵憬同知政事,百司有所申覆,皆更让不言可否。旧例,宰臣当旬秉笔决事,每十日一易,贽请准故事,令秉笔者以应之。又以河陇陷蕃已来,西北边常以重兵守备,谓之防秋,皆河南、江淮诸镇之军也，更番往来，疲于戍役。贽以中原之兵，不习边事，及盾房战贼，多有败衄，又苦边将名目太多，诸军统制不一，缓急无以应敌，乃上疏论其事曰：

臣历观前代书史，皆谓镇抚四夷，宰相之任，不揆暗劣，屡敢上言，诚以备边御戎，国家之重事；理兵足食，备御之大经。兵不治则无可用之师，食不足则无可固之地；理兵在制置得所，足食在敛导有方。陛下幸听愚言，先务积谷，人无加赋，官不费财，坐致边储，数逾百万。诸镇收籴，今已向终，分贮军城，用防艰急，纵有寇戎之患，必无乏绝之忧。守此成规，以为永制，常收冗费，益赡边农，则更经二年，可积十万人三岁之粮矣。足食之原粗立，理兵之术未精，敢议筹量，庶备采择。

伏以戎狄为患，自古有之，其于制御之方，得失之论，备存史籍，可得而言。大抵尊即序者，则曰非德无以化要荒，会莫知威不立，则德不能驯也。乐武威者，则曰非兵无以服凶犷，会莫知德不修，则兵不可恃也。务和亲者，则曰要结可以睦邻好，会莫知我结之而彼复解也。美长城者，则曰设险可以固邦国而盾寇仇，会莫知力不足，兵不堪，则险之不能有也。尚薄伐者，则曰驱遏可以禁侵暴而省征徭，会莫知兵不锐，垒不完，则遏之不能胜，驱之不能去也。议边之要，略尽于斯，虽互相讥评，然各有偏驳。听一家之说，则例理可征；考历代所行，则成败异效。是由执常理以御其不常之势，徇所见而昧于所遇之时。

夫中夏有盛衰，夷狄有强弱，事机有利害，措置有安危，故无必定之规，亦无长胜之法。夏后以序戎而圣化茂，古公以避狄而王业兴；周城朔方而猃狁攘，秦筑临而宗社覆；汉武讨匈奴而贻悔，太宗征突厥而致安；文、景约和亲而不能弭患于当年，宣、元弘抚纳而足以保宁于累叶。盖以中夏之盛衰异势，夷狄之强弱异时，事机之利害异情，措置之安危异便。知其事而不度其时则败，附其时而不失其称则成，形变不同，胡可专一。

夫以中国强盛，夷狄衰微，而能屈膝称臣，归心受制，拒之则阻其乡化，威之则类于杀降，安得不存而抚之，即而序之也？又如中国强盛，夷狄衰徽，而尚弃信奸盟，蔑恩肆毒，谕之不变，责之不惩，安得不取乱推亡；息人固境也？其有遇中国丧亡之弊，当夷狄强盛之时，图之则彼衅未萌，御之则我力不足，安得不卑词降礼，约好通和，唉之以亲，纾其交祸？纵不必信，且无大侵，虽非御戎之善经，去时事亦有不得已也。傥或夷夏之势，强弱适同，抚之不宁，威之不靖，力足以自保，不足以出攻，得不设险以固军，训师以待寇，来则薄伐以遏其深入，盖则攘斥而戒于远追？虽非安边之令图，盖势力亦有不得不然也。故夏之即序，周之于攘，太宗之翦乱，皆乘其时而善用其势也；古公之避狄，文、景之和亲，神尧之降礼，皆顺其时而不失其称也；秦皇之长城，汉武之穷讨，皆知其事而不度其时者也。向若遇孔炽之势，行即序之方，则见侮而不从矣；乘可取之资，怀畏避之志，则失机而养寇矣；有攘却之力，用和亲之谋，则示弱而劳费矣；当降屈之时，务翦伐之略则召祸而危殆矣。故曰：知其事而不度其时则败，附其时而不失其称则成。是无必定之规，亦无长胜之法，得失著效，不其然欤！至于察安危之大情，计成败之大数，数百代之不变易者，盖有之矣。其要在于失人肆欲则必蹶，任人从众则必全，此乃古今所同，而物理之所壹也。

　　国家自禄山构乱、河陇用兵以来，肃宗中兴，撤边备以靖中邦，借外威以宁内难，于是吐蕃乘衅，吞噬无厌，迴纥矜功，凭陵亦甚。中国不遑振旅，四十余年。使伤耗遗氓，竭力蚕织，西输贿币，北偿马资，尚不足塞其烦言，满其骄志；复乃远征士马，列戍疆陲，犹不能遏其奔冲，止其侵侮。小入则驱略黎庶，深入则震惊邦畿。时有议安边策者，多务于所难而忽于所易，勉于所短而略于所长。遂使所易所长者，行之而其要不精；所难所短者，图之而其功靡就。忧患未弭，职斯之由。

　　夫制敌行师，必量事势，势有难易，事有先后。力大而敌脆，则先其所难，是谓夺人之心，暂劳而永逸者也；力寡而敌坚,则先其所易,是谓固国之本,观寡而后动者也。顷属多故,人劳未瘳,而欲广发师徒,深践寇境,复其侵地,攻其坚城,前有胜负未必之虞,后有饭运不继之患。倘或挠败,适所以启戎心而挫国威,以此为安边之谋,可谓不量事势而务于所难矣!

天之授者,有分事,无全功;地之产者,有物宜,无兼利。是以五方之俗,长短各殊。长者不可逾,短者不可企,勉所短而敌其所长必殆,用所长而乘其所短必安。强者乃以水草为邑居,以射猎供饮茹,多马而尤便驰突,轻生而不耻败亡,此戎狄之所长也。戎狄之所长,乃中国之所短;而欲益兵搜乘,角力争驱,交锋原野之间,决命寻常之内,以此为御寇之术,可谓勉所短而校其所长矣!务所难,勉所短,劳费百倍,终于无成。虽果成之,不挫则废,岂不以越天授而违地产,亏时势以反物宜者哉!

将欲去危就安,息费从省,在慎守所易,精用所长而已。若乃择将吏以抚宁众庶,修纪律以训齐师徒,耀德以佐威,能迩以柔远,禁侵抄之暴以彰吾信,抑攻取之义以安戎心,彼求和则善待而勿与结盟,彼为寇则严备而不务报复,此当今之所易也。贱力而贵智,恶杀而好生,轻利而重人,忍小以全大,安其居而后动,俟其时而后行。是以修封疆,守要害,堑蹊队,垒军营,谨禁防,明斥候,务农以足食,练卒以蓄威,非万全不谋,非百克不斗。寇小至则张声势以遏其入,寇大至则谋其人以邀其归,据险以乘之,多方以误之。使其勇无所加,众无所用,掠则靡获,攻则不能,进有腹背受敌之虞,退有首尾难救之患。所谓乘其弊,不战而屈人之兵,此中国之所长也。我之所长,乃戎狄之所短;我之所易,乃戎狄之所难。以长制短,则用力寡而见功多;以易敌难,则财不匮而事速就。舍此不务,而反为所乘,斯谓倒持戈矛,以镈授寇者也!今则皆务之矣,犹且守封未固,寇戎未惩者,其病在于谋无定用,众无适从。所任不必才,才者不必任;所闻不必实,实者不必闻;所信不必诚,诚者不必信;所行不必当，当者未必行。故令措置乖方，课责亏度，财匮于兵众，力分于将多，怨生于不均，机失于遥制。臣请为陛下粗陈六者之失，惟明主慎听而熟察之：

臣闻工欲善其事，必先利其器；武欲胜其敌，必先练其兵。练兵之中，所用复异。用之于救急，则权以纾难；用之于暂敌，则缓以应机。故事有便宜，而不拘常制；谋有奇诡，而不徇众情。进退死生，唯将所命，此所谓攻讨之兵也。用之于屯戍，则事资可久，势异从权，非物理所惬不宁，非人情所欲不固。夫人情者，利焉则劝，习焉则安，保亲戚则乐生，顾家业则忘死，故可以理术驭，不可以法制驱，此所谓镇守之兵也。夫欲备封疆，御戎狄，非一朝一夕之事，固当选镇守之兵以置焉。古之善选置者，必量其性习，辨其土宜，察其伎能，知其欲恶。用其力而不违其性，齐其俗而不易其宜，引其善而不责其所不能，禁其非而不处其所不欲。而又类其部伍，安其室家，然后能使之乐其居，定其志，夺其气势，结其恩情。抚之以惠，则感而不骄；临之以威，则肃而不怨。靡督课而人自为用，弛禁防而众自不携。故出则足兵，居则足食，守则固，战则强，其术无他，便于人情而已矣。今者散征士卒，分戍边陲，更代往来，以为守备。是则不量性习，不辨土宜，遨其所不能，强其所不欲。求广其数而不考其用，将致其力而不察其情，斯可以为羽卫之仪，而无益于备御之实也。何者？穷边之地，千里萧条，寒风裂肤，惊沙惨目。与豺狼为邻伍，以战斗为嬉游，昼则荷戈而耕，夜则倚烽而觇。日有翦害之虑，永无休暇之娱，地恶人勤，于斯为甚。自非生于其域，习于其风，幼而睹焉，长而安焉，不见乐土而迁焉，则罕能宁其居而狎其敌也。关东之地，百物阜殷，从军之徒，尤被优养。惯于温饱，狎于欢康，比诸边隅，若异天地。闻绝塞荒陬之苦，则辛酸动容；聆强蕃劲虏之名，则慑骇夺气。而乃使之去亲族，舍园卢，甘其所辛酸，抗其所慑骇，将冀为用，不亦疏乎！矧又有休代之期，无统帅之驭，资奉若骄子，姑息如情人，进不邀之以成功,退不处之以严宪。其来也咸负得色,其止也莫有固心,屈指计归,张颐待饲。微倖者犹患还期之赊缓。常念戎丑之充斥,王师挫伤,则将乘其乱离,布路东溃,情志且尔,得之奚为?平居则殚耗资储以奉浮冗之众,临难则拔弃城镇以摇远近之心,其弊岂惟无益哉!固亦将有所挠也。复有抵犯刑禁,诖徙军城,意欲增户实边,兼令展效自赎。既是无良之类,且加怀土之情,思乱幸灾,又甚戍卒。适足烦于防卫,谅无望于功庸,虽前代时或行之,固非良算之可遵者也。复有拥旄之帅,身不临边,但分偏师,俾守疆场。大抵军中壮锐,元戎例选自随,委其疲羸,乃配诸镇。节将既居内地,精兵祇备纪纲,遂令守要御冲,常在寡弱之辈。寇戎每至,乃势不支,入垒者才足闭关,在野者悉遭劫执,恣其芟蹂,尽其搜驱。比及都府闻知,虏已克获旋返。且安边之本,所切在兵,理兵若斯,可谓措置乖方矣。

夫赏以存劝,罚以示惩,劝以懋有庸,惩以威不恪。故赏罚之于驭众也,犹绳墨之于曲直,权衡之揣重轻,锐轫之所以行车,衔勒之所以服马也。驭众而不用赏罚,则善恶相混而能否莫殊;用之而不当功过,则奸妄宠荣而忠实摈抑。夫如是,若聪明可衒,律度无章,则用与不用,其弊一也。自顷权移于下,柄失于朝,将之号令既鲜克行之于军,国之典章又不能施之于将,务相遵养,苟度岁时。欲赏一有功,翻虑无功者反侧,欲罚一有罪,复虑同恶者忧虞。罪以隐忍而不彰,功以嫌疑而不赏,姑息之道,乃至于斯。故使忘身效节者获诮于等夷,率众先登者取怨于士卒,偾军蹙国者不怀于愧畏,缓救失期者自以为智能。褒贬既阙而不行,称毁复纷然相乱,人虽欲善,谁为言之?况又公忠者直己而不求于人,反罗困厄;败挠者行私而苟媚于众,战例获优崇。此义士所以痛心,勇夫所以解体也。又有遇敌而所守不固,陈谋而其效靡成,将帅则以资粮不足为词,有司复以供给无阙为解。既相执证,理合辨明,朝廷每为含糊,未尝穷究曲直。措理者吞声而靡诉,诬善者罔上而不惭,驭众若斯,可谓课责亏度矣。

课责亏度,措置乘方,将不得竭其材,卒不得尽其力,屯集虽众,战阵莫前。房每越境横行,若涉无人之地,递相推倚,无敢谁何,虚张贼势上闻,则曰兵少不敌。朝廷莫之省察,惟务征发益师,无裨备御之功,重增供亿之弊。闾井日耗,征求日繁,以编户倾家破产之资,兼有司榷盐税酒之利,总其所入,半以事边,制用若斯,可谓财匮于兵众矣。

今四夷之最强盛为中国甚患者,莫大于吐蕃,举国胜兵之徒,才当中国十数大郡而已。其于内虞外备,亦与中国不殊,所能寇边,数则盖寡。且又器非犀利,甲不坚完,识迷韬钤,艺乏超敏。动则中国畏其众而不敢抗,静则中国惮其强而不敢侵,厥理何哉?良以中国之节制多门,蕃丑之统帅专一故也。夫统帅专则人心不分,人心不分则号令不贰,号令不贰则进退可齐,进退可齐则疾徐如意,疾徐如意则机会靡忒,机会靡忒则气势自壮。斯乃以少为众,以弱为强,变化翕辟,在于反掌之内。是犹臂之使指,心之制形,若所任得人,则何敌之有!夫节制多门则人心不一,人心不一则号令不行,号令不行则进退难必,进退难必则疾徐失宜,疾徐失宜则机会不及,机会不及则气势自衰。斯乃勇废为尫,众散为弱,逗挠离析,兆乎战阵之前。是犹一国三公,十羊九牧,欲令齐肃,其可得乎?开元、天宝之间,控御西北两蕃,唯朔方、河西、陇右三节度而已,犹虑权分势散,或使兼而领之。中兴已来,未遑外讨,侨棣四镇于安定,权附陇右于扶风,所当西北两蕃,亦朔方、泾原、陇右、河东节度而已,关东戍卒,至则属焉。虽委任未尽得人,而措置尚存典制。自顷逆泚诱泾、陇之众叛,怀光污朔方之军,割裂诛锄,所余无几;而又分朔方之地,建牙拥节者,凡三使焉。其余镇军,数且四十,皆承特诏委寄,各降中贵监临,人得抗衡,莫相禀属。每俟边书告急,方令计会用兵,既无军法下临,唯以客礼相待。是乃从容拯溺,揖让救焚,冀无阽危,固亦难矣!夫兵,以气势为用者也,气聚则盛,散则消;势合则威,析则弱。今之边备,势弱气消,建军若斯,可谓力分于将多矣。

　　理戎之要,最在均齐,故军法无贵贱之差,军实无多少之异,是将所以同其志而尽其力也。如或诱其志意,勉其艺能,则当阅其材,程其勇,校其劳逸,度其安危,明申练覆优劣之科,以为衣食等级之制。使能者企及,否者息心,虽有薄厚之殊,而无觖望之寡。盖所谓日省月试,饩廪均事,如权量之无情于物,万人莫不安其分而服其平也。今者穷边之地,长镇之兵,皆百战伤夷之余,终年勤苦之剧,角其所能则练习,度其所处则孤危,考其服役则劳,察其临敌则勇;然衣粮所给,唯止当身,例为妻子所分,常有冻馁之色。而关东戍卒,岁月践更,不安危城,不习戎备,怯于应敌,懒于服劳;然衣粮所颁,厚逾数等,继以茶药之馈,益以蔬酱之资,丰约相形,悬绝斯甚。又有素非禁旅,本是边军,将校诡为媚词,因请遥棣神策,不离旧所,唯改虚名,其于禀赐之饶,遂有三倍之益。此俦类所以忿恨,忠良所以忧嗟,疲人所以流亡,经费所以褊匮。夫事业未异,而给养有殊,人情之所不能甘也,况乎矫佞行而禀赐厚,绩艺劣而衣食优,苟未忘怀,能无愠怒。不为戎首,则已可嘉,而欲使其叶力同心,以攘寇难,虽有韩、白、孙、吴之将,臣知其必不能焉。养士若斯,可谓怨生于不均矣。

　　凡欲选任将帅,必先考察行能,然后指以所授之方,语以所委之事,令其自揣可否,自陈规模。须某色甲兵,藉某人参佐,要若干士马,用若干资粮,某处置军,某时成绩,始终要领,悉俾经纶,于是观其计谋,校其声实。若谓材无足取,言不可行,则当退之于初,不宜贻虑于其后也;若谓志气足任,方略可施,则当要之于终,不宜掣肘于其间也。夫如是,则疑者不使,使者不疑,劳神于选才,端拱于委任。既委其事,既足其求,必然可以覆其否臧,行其赏罚。受赏者不以为滥,当罚者无得而辞,付授之柄既专,苟且之心自息。是以古之遣将帅者,君亲推瓠而命之曰："自阃以外,将军裁之。"又赐铁钺,示令专断。故军容不入国,国容不入军,将在军,君命有所不受。诚谓机宜不可以远决,号令不可两从,未有委任不专,而望其克敌成功者也。自顷边军去就,裁断多出宸衷,选置戎臣,先求易制,多其部以分其力,轻其任公弱其心,虽有所惩,亦有所失。遂令分阃责成之义废,死绥任咎之志衰,一则听命,二亦听命,爽鱼军情亦听命,乘于事宜亦听命。若所置将,必取于承顺无违,则如斯可矣;若有意平凶靖难,则不可。夫两境相接,两军相持,事机之来,间不容息,蓄谋而俟,犹恐失之,临时始谋,固已疏矣。况乎千里之远,九重之深,陈述之难明,听览之不一,欲其事无遗策,虽圣者亦有所不能焉。设使谋虑能周,其如权变无及!戎虏驰突,迅如风飚,驿书上闻,旬月方报。守土者以兵寡不敢抗敌,分镇者以无诏不肯出师,逗留之间,寇已奔逼,托于救援未至,各且闭垒自全。牧马屯牛,鞠为椎剽;稚夫樵妇,专制作俘囚。虽诏诸镇发兵,唯以虚声应援,互相瞻顾,莫敢遮邀,贼既纵掠退归,此乃陈功告捷。其败丧则减百而为一,其捃获则张百而成千。将帅既幸于总制在朝,不忧于罪累;陛下又以为大权由己,不究事情。用师若斯,可谓机失于遥制矣。

理兵而措置乘方,驭将而赏罚亏度,制用而财匮,建兵而力分,养士而怨生,用师而机失,此六者,疆场之矛贼,军旅之膏肓也。矛贼不除,而但滋之以粪溉,膏肓不疗,而唯啖之以滑甘,适足以养其害,速其灾,欲求稼穑丰登,肤革充美,固不可得也。

臣愚谓宜罢诸道将士番替防秋之制,率因旧数而三分之:其一分委本道节度使募少壮原住边城者以徙焉;其一分则本道但供衣粮,委关内、河东诸军州募蕃、汉子弟愿傅边军者以给焉;又一分亦令本道但出衣粮,加给应募之人,以资新徙之业。又令度支散于诸道和市耕牛,兼雇召工人,就诸军城缮造器具。募人至者,每家给耕牛一头,又给田农水火之器,皆令充

备。初到之岁，与家口二人粮，并赐种子，劝之播植，待经一稔，
俾自给家。若有余粮，官为收籴，各酬倍价，务奖营田。既息践
更征发之烦，且无幸灾苟免之弊。寇至则人自为战，时至则家
自力农。是乃兵不得不强，食不得不足，与夫侨胞来忽往，岂可
同等而论哉！

　　臣又谓宜择文武能臣一人为陇右元帅，应泾、陇、凤翔、长
武城、山南西道等节度管内兵马，悉以属焉；又择一人为朔方
元帅，应鄜坊、邠宁、灵夏等节度管内兵马，悉以属焉；又择一
人为河东元帅，河东、振武等节度管内兵马，悉以属焉。三帅各
选临边要会之州以为理所，见置节度有非要者，随所便近而并
之。唯元帅得置统军，余并停罢。其三帅部内太原、凤翔等府
及诸郡户口稍多者，慎拣良吏以为尹守，外奉师律，内课农桑，
俾为军粮，以壮戎府。理兵之宜既得，选帅之授既明，然后减奸
滥虚浮之费以丰财，定衣粮等级之制以和众，弘委任之道以宣
其用，悬赏罚之典以考其成。而又慎守中国之所长，谨行当今
之所易，则八利可致，六失可除，如是而戎狄不威怀，疆场不宁
谧者，未之有也；诸侯轨道，庶类服从，如是而教令不行，天下
不理者，亦未之有也。以陛下之英鉴，圣心之思安，四方之小
休，两寇之方静，加以频年丰稔，所在积粮，此皆天赞国家，可
以立制垂统之时也。时不久居，事不常兼，已过而追，虽悔无
及。明主者，不以言为罪，不以人废言，罄陈狂愚，惟所省择。
德宗极深嘉纳，优诏褒奖之。

　　贽在中书，政不便于时者，多所条奏，德宗虽不能皆可，而心颇
重之。初，窦参既贬郴州，节度使刘士宁饷参捐数千匹，湖南观察使
李巽与参有隙，具事奏闻，德宗不悦。会右庶子姜公辅于上前闻奏，
称"窦参尝语臣云'陛下怒臣未已'"，德宗怒，再贬参，竟杀之。时议
云公辅奏窦参语得之于贽，云参之死，贽有力焉。又素恶子于公异、
于邵，既辅政而逐之，谈者亦以为陋。

　　户部侍郎、判度支裴延龄，奸宄用事，天下嫉之如仇，以得幸于

天子,无敢言者,贽独以身当之,屡于延英面陈其不可,累上疏极言其弊。延龄日加潜毁。十年十二月,除太子宾客,罢知政事。贽性畏慎,及策免私居,朝谒之外,不通宾客,无所过从。十一年春,旱,边军刍粟不给,具事论诉;延龄言贽与张滂、李充等摇动军情,语在《延龄传》。德宗怒,将诛贽等四人,会谏议大夫阳城等极言论奏,乃贬贽为忠州别驾。

贽初入翰林,特承德宗异顾,歌诗戏狎,朝夕陪游。及出居艰阻之中,虽有宰臣,而谋猷参决,多出于贽,故当时目为"内相"。从幸山南,道途艰险,扈从不及,与帝相失,一夕不至,上喻军士曰:"得贽者赏千金"翌日贽谒见,上喜形颜色,其宠待如此。既与二吴不协,渐加浸润,恩礼稍薄;及通玄败,上知诬枉,遂复见用。贽以受人主殊遇,不敢爱身,事有不可,极言无隐。朋友规之,以为太峻,贽曰:"吾上不负天子,下不负吾所学,不恤其他。"精于吏事,斟酌决断,不失锱铢。尝以"词诏所出,中书舍人之职,军兴之际,促迫应务,权令学士代之;朝野又宁,合归职分,其命将相制诏,却付中书行遣。"又言"学士私臣,玄宗初令待诏,止于唱和文章而已。"物议是之。德宗以贽指斥通微、通玄,故不可其奏。

贽在忠州十年,常闭关静处,人不识其面,复避谤不著书。家居瘴乡,人多疠疫,乃抄撮方书,为《陆氏集验方》五十卷行于代。初,贽秉政,贬驾部员外郎李吉甫为明州长史,量移忠州刺史。贽在忠州,与吉甫相遇,昆弟、愉戚为贽忧,而吉甫忻然厚礼,都不衔前事,以寒相礼事之,犹恐其未信不安,日与贽相狎,若平生交契者。贽初犹惭惧,后乃深交。时论以吉甫为长者。后有薛延者,代吉甫为刺史,延朝辞日,德宗令宣旨慰安。而韦皋累上表请以贽代己。顺宗即位,与阳城、郑余庆同诏征还。诏未至而贽卒,时年五十二,赠兵部尚书,谥曰宣。

子简礼,登进士第,累辟使府。

史臣曰:近代论陆宣公,比汉之贾谊,而高迈之行,刚正之节,经国成务之要,激切仗义之心,初蒙天子重知,末涂沦踬,皆相类也;而谊止中大夫,贽及台铉,不为不遇矣。昔公孙鞅挟三策说秦王,淳于髡以隐语见齐君,从古以还,正言不易,昔周昭戒急论议,正为此也。贽居珥笔之列,调饪之地,欲以片心除众弊,独手遏群邪,君上不亮其诚,群小共攻其短,欲无放逐,其可得乎!《诗》称"其维哲人,告之话言",又有"诲尔"、"听我"之恨,此皆贤人君子欢言不见用也。故尧咨禹拜,千载一时,携手提耳,岂容易哉!

赞曰:良臣悟主,我有嘉猷。多僻之君,为善不周。忠言救失,启沃曰仇。勿贻天问,苍昊悠悠。

旧唐书卷一四○
列传第九○

韦皋　刘闢附　　张建封　　卢群

韦皋字城武,京兆人。大历初,以建陵挽郎调补华州参军,累授使府监察御史。寒相张镒出为凤翔陇右节度使,奏皋为营田判官,得殿中侍御史,权知陇州行营留后事。

建中四年,泾师犯阙,德宗幸奉天,凤翔兵马使李楚琳杀张镒,以汃城叛归于朱泚,陇州刺史郝通奔于楚琳。先是,朱泚自范阳入朝,以甲士自随;后泚为凤翔节度使,既罢,留范阳五百人戍陇州,而泚旧将牛云光督之。时泚既以逆徙围奉天,云光因称疾,请皋为帅,将谋乱,擒皋以赴泚。皋将翟晔伺知之,白皋为备,云光知事泄,遂率其兵以奔泚。行及汧阳,遇泚家僮苏玉将使于皋所,苏玉谓云光曰:“太尉已登宝位,使我持诏以韦皋为御史中丞,君可以兵归陇州。皋若承命,即为吾人;如不受诏,彼书生,可以图之,事无不济矣。”乃反旆疾趋陇州。皋迎劳之,先纳苏玉,受其伪命,乃问云光曰:“始不告而去,今又来,何也?”云光曰:“前未知公心,故潜去;知公有新命,今乃复还。愿与公戮力定功,同戎生死。”皋曰:“善。”又谓云光曰:“大使苟不怀诈,请纳器甲,使城中无所危疑,乃可入。”云光以书生待皋,且以为信然,乃尽付弓矢戈甲,皋既受之,乃内其兵。明日,皋犒宴苏玉、云光之卒于郡舍,伏甲于两廊,酒既行,伏发,尽诛之,斩云光、苏玉首以徇。泚又使家僮刘海广以皋为凤翔节度使,皋斩海广及从者三人,生一人使报泚。于是诏以皋为御史大夫、陇州刺史,置奉义军节度以旌之。皋遣从兄平及俞继入奉天城,城中闻皋有备,士气培倍。

皋乃筑坛于廷,血牲,与将士等盟曰:"上天不吊,国家多难,逆臣乘间,盗据宫围。而李楚琳亦扇凶徒,倾陷城邑,酷虐所加,肢及本使,既不事上,安能恤下。皋是用激心愤气,不遑底宁,誓与群公,竭诚王室。凡我同盟,一心协力,仗顺除凶,先祖之灵,必当幽赞。言成则志合,义感则心齐,粉骨糜躯,决无所顾。有渝此志,明神明之,迨于子孙,亦罔遗类。皇天后土,当兆斯言。"又遣使入吐蕃求援。十一月,加检校礼部尚书。车元元年,德宗还京,征为左金吾卫将军,寻迁大将军。

贞元元年,拜检校户部尚书,兼成都尹、御史大夫、剑南西川节度使,代张延赏。皋以云南蛮众数十万与吐蕃和好,番人入寇,必以蛮为前锋。四年,皋遣判官崔佐时入南诏蛮,说令向化,以离吐蕃之助。佐时至蛮国羊咀咩城,其王异牟寻忻然接遇,请绝吐蕃,遣使朝贡。其年,遣东蛮鬼主骠傍、苴梦冲、苴乌等相率入朝。南蛮自西州陷没,臣属吐蕃,绝朝贡者二十余年,至是复通。

五年,皋遣大将王有道简习精卒以入蕃界,与东蛮于故西州台登北谷大破吐蕃青海、腊城二节度,斩首二千级,生擒笼官四十五人,其投崖谷而死者不可胜计。蕃将乞臧遮遮者,蕃之骁将也,久为边患,自擒遮遮,城无不降,数年之内,终复西州,以功加吏部尚书。九睥,朝廷筑盐州城,虑为吐蕃掩袭,诏皋出兵牵维之。乃命大将董勉、张芬出西山及南道,破峨和城、通鹤军。吐蕃南道元帅论莽热率众来援,又破之,杀伤数千人,焚定廉城。凡平堡栅五十余所,以功进位检校右仆射。皋又招抚西山羌女、河陵、白狗、逋租、弱水、南王等八国酋长,入贡阙廷。十一年九月,加统押近界诸蛮、西山八国兼云南安抚等使。十二年二月,就加同中书门下平章事。十三年,收复西州城。十六年,皋命将出军,累破吐蕃于黎、西二州。吐蕃怒,遂大搜阅,筑垒造舟,欲谋入寇,皋悉挫之。于是吐蕃酋帅兼监统襄贡、腊城等九节度婴、笼官马定德与其大将八十七人举部落来降。

定德有计略，习知兵法及山川地形，吐蕃每用兵，定德常乘驿计事，蕃中诸将禀其成算；至是，自以盾边失律，惧得罪而归心焉。

十七年，吐蕃昆明城管些蛮千余户又降。赞普以其众外溃，遂北寇灵、朔，陷麟州。德宗遣使至成都府，令皋出兵深入蕃界。皋乃令镇静军使陈泊等统兵万人出三奇路，威戎军使崔尧臣兵千人出龙溪石门路南，维保二州兵马使仇冕、保霸二州刺史董振等兵二千趋吐蕃维州城中，北路兵马使邢玼等四千趋吐蕃楼鸡、老翁城，都将高倜、王英俊兵二千趋故松州，陇东兵马使元膺兵八千人出南道雅、邛、黎、西路。又令镇南军使韦良金兵一千三百续进，雅州经略使路惟明等兵三千趋吐蕃租、松等城，黎州经略使王有道兵二千人过大渡河，深入蕃界，西州经略使陈孝阳、兵马使何大海、韦义等及磨些蛮、东蛮二部落主苴那时等兵四千进攻昆明城、诺济城。自八月出军齐入，至十月破蕃兵十六万，拔城七、军镇五、户三千，擒生六千，斩首万余级，遂进攻维州。救军再至，转战千里，蕃军连败。于是寇灵、朔之众引而南下，赞普遣论莽热以内大相兼东境五道节度兵马都群牧大使，率杂虏十万而来解维州之围。蜀师万人据险设伏以待之，先出千人挑战。莽热见我师之少，悉众追之。发伏掩击，鼓噪雷骇，蕃兵自溃，生擒论莽热，虏众十万，歼夷者半。是岁十月，遣使献论莽热于朝，德宗数而释之，赐第于崇仁里。皋以功加检校司徒，兼中书令，封南康郡王。

顺宗即位，加检校太尉。顺宗久疾，不能临朝听政，宦者李忠言、侍棋待诏王叔文、侍书待诏王伾等三人颇干国政，高下在心。皋乃遣支度副使刘辟使于京师，辟私谒王叔文曰："太尉使致诚于足下，若能致某都领剑南三川，必有以相酬；如不留意，亦有以奉报。"叔文大怒，将斩辟以徇，韦执谊固止之，辟乃私去。皋知王叔文人情不附，又知与韦执谊有隙，自以大臣可议社稷大计，乃上表请皇太子监国，曰："臣闻上承宗庙，下镇黎元，永固无疆，莫先储两。伏闻圣明以山陵未祔，哀毁逾制，心劳万机，伏计旬月之间，未甚痊复。皇太子睿质已长，波问日彰，四海之心，实所倚赖。伏望权令皇太子监抚庶政，以俟圣躬痊平，一日万几，免令壅滞。"又上皇太子笺曰：

殿下体重离之德，当储贰之重，所以克昌九庙，式固万方，天下安危，系于殿下。皋位居将相，志切匡扶，先朝奖知，早承恩顾。人臣之分，知无不为，愿上答眷私，罄输肝鬲。伏以圣上嗣膺鸿业，睿哲英明，攀感先朝，志存孝理。谅暗之际，方委大臣，但付托偶失于善人，而参决多亏于公政。今群小得志，隳紊纪纲，官以势迁，政由情改，朋党交构，荧惑宸聪。树置腹心，遍于贵位；潜结左右，难在萧墙。国赋散于权门，王税不入天府，亵慢无忌，高下在心。货贿流闻，迁转失叙，先圣屏黜脏犯之类，咸擢居省寺之间。至令忠臣陨涕，正人结舌，遐迩痛心，人知不可。伏恐奸雄乘便，因此谋动干戈，危殿下之家邦，倾太宗之王业。伏惟太宗栉沐风雨，经营庙朝，将垂二百年，欲及千万祀，而一朝使叔文奸佞之徒，侮弄朝政，恣其胸臆，坐致倾危。臣每思之，痛心疾首。伏望殿下斥逐群小，委任贤良，偻偻血诚，输写于此。

太子优令答之。而裴均、严绶笺表继至，由是政归太子，尽逐伾、文之党。是岁，暴疾卒，时年六十一，赠太师，废朝五日。

皋在蜀二十一年，重赋敛以事月进，卒致蜀土虚竭，时论非之。其从事累官稍崇者，则奏为属郡刺史，或又署在府幕，多不令还朝，盖不欲泄所为于阙下故也。故刘辟因皋故态，图不轨以求三川，厉阶之作，盖有由然。皋兄聿时为国子司业，刘辟与卢文若据西川叛，皋侄行式，先娶文若妹，而聿不奏。既收行式，以其妻没官，诏御史台按聿，聿下狱。有司以行式妻在远，不与兄同情，不当连坐，诏归行式妻而释聿。

刘阐者，贞元中进士擢第，宏词登科，韦皋辟为从事，累迁至御史中丞、支度副使。永贞元年八月，韦皋卒，阐自为西川节度留后，率成都将校上表请降节钺，朝廷不许，除给事中，便令赴阙，阐不奉诏。时宪宗初即位，以无事息人为务，遂授辟检校工部尚书，充剑南西川节度使。阐益凶悖，出不臣之言，而求都统三川，与同幕卢文若相善，欲以文若为东川节度使，遂举兵围梓州。宪宗难于用兵，宰相杜黄裳奏："刘辟一狂蹶书生耳，王师鼓行而俘之，兵不血刃。臣知神策军使高崇文骁果可任，举必成功。"帝数日方从之，于是令高崇文、李元奕将神策京西行营兵相续进发，令与严砺、李康掎角相应以讨之，仍诸其自新。

元和元年正月，崇文出师。三月，收复东川。乃下诏曰："朕闻皇祖玄元之诫曰：'兵者凶器也，不得已而用之。'恭惟圣谟，常所祗服。故惟文诰有所不至，诚信有所未孚，始务安人，必能忍耻，朕之此志，亦可明征。近者德宗皇帝举柔服之规，授宰衡之杰，弘我庙胜，遂康巴、庸，故得南诏入贡，西戎寝患。成绩始究，元臣丧亡，刘辟乘此变故，坐邀符节。朕以成狂命者虽乘于理体，从权便者所冀于辑宁，竟乘卿士之谋，遂允侥求之志，朕之于辟，恩亦弘矣。曾不知恩，负牛羊之力，饱则逾凶；畜枭狡獐之心，驯之益悖。诳惑士伍，围逼梓州；诱陷戎臣，寒绝剑路。师徒所至，烧劫无遗，干纪之辜，擢发难数。朕为人司牧，字彼黎元，如辟之罪，非朕敢舍，可削夺在身官爵。"

六月，崇文破鹿头关，进收汉州。九月，崇文收成都府。刘阐以数十骑遁走，投水不死，骑将丽定进入水擒辟于成都府西洋灌田。卢文若先自刃其妻子，然后縋石投江，失其尸。阐槛送京师，在路饮食自若，以为不当死。及至京西临皋驿，左右神策兵士迎之，以帛系首及手足，曳而入，乃惊曰："何至于是！"或绐之曰："国法当尔，无忧也。"是日，诏曰："刘阐生于士族，敢蓄枭心，驱劫蜀人，拒盾王命。肆其狂逆，违误一州，俾我黎元，肝脑涂地。贼将崔纲等同恶相扇，至死不迴，咸宜伏辜，以正刑典。刘阐男超郎等九人，并处斩。"阐入京城，上御与安楼受俘馘，令中使于楼下诘阐反状，阐曰："臣不敢反，五院子弟为恶，臣不能制。"又遣诘之曰："朕遣中使送旌节官告，何故不受？"阐乃伏罪。令献太庙、效社，徇于市，即日戮于子城西南隅。

初,阉尝病,见诸问疾者来,皆以手据地,倒行入阉口,阉因礔裂食之,罹惟卢文若至,则如平常。故尤与文若厚,竟以同恶俱赤族,不其怪欤!

张建封字本立,兖州人。祖仁范,洪州南昌县令,贞元初赠郑州刺史。父玠,少豪侠,轻财重士。安禄山反,令伪将李庭伟率蕃兵胁下城邑,至鲁郡,太这韩择木具礼郊迎,置于陲馆,玠率乡豪张贵、孙邑、段绛等集兵将杀之。择木怯懦,大惧;唯员外司兵张孚然其计,遂杀庭伟并其党数十人,择木方遣使奏闻。择木、张孚俱受官赏,玠因游荡江南,不言其功。以建封贵,赠秘书监。

建封少颇属文,好谈论,慷慨负气,以功名为己任。实应中,李光弼镇河同,时苏、常等州草贼寇掠郡邑,代宗遣中使马日新与光弼将兵马同征讨之。建封乃见日新,自请说喻贼徒,日新从之,遂入虎窟、蒸里等贼营,以利害祸福喻之。一夕,贼党数千人并诣日新请降,遂悉放归田里。大历初,道州刺史裴虬荐建封于观察使韦之晋,辟为参谋,奏授左清道兵曹,不乐吏役而去。滑亳节度使令狐彰闻其名,辟之;彰既未会朝觐,建封心不悦之,遂投刺于转运使刘晏,自述其志,不愿仕于彰也。晏奏试大理评事,勾当军务;岁余,复罢归。

建封素与马燧友善,大历十年,燧为河阳三城镇遏使,辟为判官,奏授监察御史,赐绯鱼袋。李灵曜反于梁、宋间,与田悦掎角,同为叛逆,燧与李忠臣同讨平之,军务多咨于建封。及燧为河东节度使,复奏建封为判官,特拜侍御史。建中初,燧荐之于朝,杨炎将用为度支郎中,卢杞恶之,出为岳州刺史。

时淮西节度使李希烈乘破灭梁义之势,渐纵恣跋扈,寿州刺史崔昭数书疏往来,淮南节度使陈少游奏之,上遽召宰相令选寿州刺史。卢杞本恶建封,是日苍黄,遂荐建封以代崔昭牧寿阳。李希烈称兵,寇陷汝州,擒李元平,击走胡德信、唐汉臣等,又摧破哥舒曜于襄城,连陷郑、汴等州,李勉弃城而遁。泾师内逆,驾幸奉天,贼锋

益盛,淮南少游潜通希烈。寻称伪号,改元,遣将杨丰赍伪赦书二
道,令送少游及建封。至寿州,建封缚杨丰徇于军中,适会中使自行
在及使江南迴者同至,建封集众对中使斩丰于通衢。封伪赦书送行
在,远近震骇。陈少游闻之,既怒又惧。建封乃具奏少游与希烈往
为事状。希烈又伪署其党杜少诚为淮南节度使,令先平寿州,越江
都,建封令其将贺兰元均、邵怡等守霍丘秋栅。少诚竟不能侵轶,乃
南掠蕲、黄等州,又为伊慎所挫衄。寻加建封兼御史中丞、本州团练
使。车驾还京,陈少游忧愤而卒。兴元元年十二月,乃加兼御史大
夫,充濠寿庐三州都团练观察使,于是大修缉城池,悉心绥抚,远近
悦附,自是威望益重。李希烈选凶党精悍者率劲卒以攻建封,旷日
持久,无所克获而去。及希烈平,进阶封,赐一子正员官。

初,建中年李洧以徐州归附,洧寻卒,其后高承宗父子、独孤华
相继为刺史,为贼侵削,贫困不能自存;又咽喉要地,据江淮运路,
朝廷思择重臣以镇者久之。贞元四年,以建封为徐州刺史,兼御史
大夫、徐泗濠节度、支度营田观察使。既创置军伍,建封触事躬亲,
性宽厚,容纳人过误,而按据纲纪,不妄曲法贷人,每言事,忠义感
激,人皆畏悦。七年,进位检校礼部尚书。十二年,加检校右仆射。
十三年冬,入觐京师,德宗礼遇加等,特以双日开延英召对,又令朝
参入大夫班,以示殊宠,建封赋《朝天行》一章上献,赐名马珍玩颇
厚。

时宦者主宫中市买,谓之宫市之,抑买人物,稍不如本估。末年
不复行文书,置白望数十百人于两市及要闹坊曲,阅人所卖物,但
称宫市,则敛手付兴,真伪不复可辨,无敢问所从来及论价之高下
者,率用直百钱物买人直数千物,仍索进奉门户及脚价银。人将物
诣市,至有空手而归者,名为宫市,其实夺之。尝有农夫以驴驮柴,
宦者市之,与绢数尺,又就索门户,仍邀驴送柴至内。农夫啼泣,以
所得绢与之,不肯受,曰:"须得尔驴。"农夫曰:"我有父母妻子,待
此而后食;今怀汝柴,而不取直而归,汝尚不肯,我有死而已。"遂殴
宦者,街使擒之以闻,乃黜宦者,赐农夫绢十匹。然宫市不为之改,

谏官御史表疏论列，皆不听。吴凑以戚里为京兆尹，深言其弊。建封入觐，具奏之，德宗颇深嘉纳；而户部侍郎、判度支功弁希宦者之旨，因入奏事，上问之，弁对曰："京师游手坠业者数千万家，无土著生业，仰宫市取给。"上信之，凡言宫市者皆不听用。诏书矜免百姓诸色逋赋，上问建封，对曰："凡逋赋残欠，皆是累积年月，无可征收，虽蒙陛下忧恤，百姓亦无所裨益。"时河东节度使李说、华州刺史卢征皆中风疾，口不能言，足不能行，但信任左右胥吏决遣之。建封皆悉闻奏，上深嘉纳。又金吾大将军李翰好伺察城中细事，加诸闻奏，冀求恩宠，人畏而恶之。建封亦奏之，乃下诏曰："比来朝官或诸处过从，金吾皆有上闻。其间如素是亲故，或曾同僚友，伏腊岁序，时有还往，亦是常礼，人情所通。自今以后，金吾不须闻。"

　　十四年春上巳，赐宰臣百僚宴于曲江亭，特令建封与宰相同座而食。贞元已后，藩帅入朝及还镇，如马燧、浑瑊、刘玄佐、李抱真、曲环之崇秩鸿勋，未有获御制诗以送者。建封还镇，特赐诗曰："牧守寄所重，才贤生为时。宜风自淮甸，授钺膺藩维。入觐展踧恋，临轩慰来思。忠诚在方寸，感激陈清词。报国尔所尚，恤人予是资。欢宴不尽怀，车马当还期。谷雨将应候，行春犹未迟。勿以千里遥，而云无己知。"又令高品中使赍常所执鞭以赐之，曰："以卿忠贞节义，岁寒不移，此鞭朕久执用，故以赐卿，表卿忠节也。"建封又献诗一篇，以自警励。

　　建封在彭城十年，军州称理。复又礼贤下士，无贤不肖，游其门者，皆礼遇之，天下名士乡风延颈，其往如归。贞元时，文人如许孟容、韩愈诸公，皆为之从事。十六年，遇疾，连上表请速除代，方用韦夏卿屡徐泗行军司马，未至而建封卒，时年六十六，册赠司徒。子愔。

　　愔以荫授虢州参军。初，建封卒，判官郑通诚权知留后事，通诚惧军士谋乱，适遇浙西兵迁镇，通诚欲引入州城为援。事泄，三军怒，五六千人斫甲仗库取戈甲，执带环绕衙城，请愔为留后，乃杀通诚、杨德宗、大将段伯熊、吉遂、曲澄、张秀等。军众请于朝廷,乞授悟旄节,初不之许,乃割濠、泗二州棣淮南,加杜佑同平章事以讨徐州。既而泗州刺史张伾以兵攻埇桥,与徐军接战,伾大败而还。朝廷不获已,乃授悟起复右骁卫将军同正,兼徐州刺史、御史中丞充本州团练使,知徐州留后;仍以泗州刺史张伾为泗州留后,濠州刺史杜兼为濠州留后。正授武宁军节度、检校工部尚书。元和元年,被疾,上表请代,征为兵部尚书,以弄清都留守王绍为武宁军节度代悟,复隶濠、泗二州于徐。徐军喜复得二州,不敢为乱,而悟遂赴京师,未出界卒。悟在徐州七年,百姓称理,诏赠右仆射。

卢群字载初,范阳人。少好读书。初学于太安山,淮南节度使陈少游闻其名,辟为从事。建中末,荐于朝廷,会李希烈反叛,诏诸将讨之,以群为监察御史、江西行营粮料使。与元元年,江西节度、嗣曹王皋奏为判官。曹王移镇江陵、襄阳,群皆从之,幕府之事,委以咨决,以正直闻。

贞元六年,入拜侍御史。有人诬告故尚父子仪嬖人张氏宅中有宝玉者,张氏兄弟又与尚父家子孙相告诉,诏促按其狱。群奏曰:"张氏以子仪在时分财,子弟不合争夺。然张氏宅与子仪亲仁宅,皆子仪家事。子仪有大勋,伏望陛下特赦而勿问,俾私自引退。"德宗从其言,时人嘉其识大体。累转左司、职方、兵部三员外郎中。

淮西节度使吴少诚擅开决司、洧等水漕挽溉田,遣中使止之,少成不奉诏。令群使蔡州诘之,少诚曰:"开大渠,大利于人。"群曰:"为臣之道,不合自专,虽便于人,须俟君命。且人臣须以恭恪为事,若事君不尽恭恪,即责下吏恭恪,固亦难矣。"凡数百千言,谕以君臣之分,忠顺之义,少诚乃从命,即停工役。群博涉,有口辨,好谈论,与少诚言古今成败之事,无不耸听。又与唱和赋诗,自言以反侧,常蒙隔在恩外,群于筵中醉而歌曰:"祥瑞不在凤凰、麒麟,太平须得边将、忠臣。卫、霍真诚奉主,貔虎十万一身。江、河潜注息浪,蛮貊款寒无尘。但得百僚师长肝胆,不用三军罗绮金银。"少诚大感悦。群以奉使称旨，俄迁检秘书监，兼御史中丞、义成军节度行军司马。

贞元十六年四月，节度姚仲归朝，拜群义成军节度、郑滑观察等使。先寓居郑州，典质良田数顷；及为节度使至镇，各与本地契书，分付所管令长，令召还本主，时论称美。寻遇疾，其年十月卒，时年五十九，废朝一日，赠工部尚书，赗赙布帛、米粟有差。

史臣曰：韦南康、张徐州，慷慨下位之中，横身丧乱之际，力扶衰运，气激壮图，义风凛凛，耸动群丑，春盗之喉，折贼之角，可谓忠矣！而韦公季年，惑贼辟之奸说，欲兼巴、益，则志未可量。徐州请觐，颇有规谏之言，所谓以道匡君，能以功名始终者。卢载初喻少诚，还地券，君子哉！三子之贤，不可多得。

赞曰：南康英壮，力匡交丧。张侯义烈，志平乱象。见危能振，蹈利无谤。韦德不周，张心可亮。

旧唐书卷一四一
列传第九一

田承嗣　侄悦　承嗣子绪　绪子季安

田弘正　子布牟　布子在宥　　**张孝忠**

子茂昭　昭子克勤　弟茂宗　茂和　陈楚附

　　田承嗣,平州人,世事卢龙军为裨校。祖璟、父守义,以豪侠闻于辽、碣。承嗣,开元末为军使安禄山前锋兵马使,累俘斩奚、契丹功,补左清府道率,迁武卫将军。禄山构逆,承嗣与张忠志等为前锋,陷河洛。禄山败,史朝义再陷洛阳,承嗣为前导,伪授魏州刺史。代宗遣朔方节度使仆固怀恩引回纥军讨平河朔。帝以二凶继乱,郡邑伤残,务在禁暴戢兵,屡行赦宥,凡为安、史诖误者,一切不问。时怀恩阴图不轨,虑贼平宠衰,欲留贼将为援,乃奏承嗣及李怀仙、张忠志、薛嵩等四人分帅河北诸郡,乃以承嗣检校户产部尚书、郑州刺史。俄迁魏州刺史、贝博沧瀛等州防御使。居无何,授魏博节度使。

　　承嗣不习教义,沉猜好勇,虽外受朝旨,而阴图自固,重加税率,修缮兵甲,计户口之众寡,而老弱事耕稼,丁壮从征役,故数年之间,其众十万。仍选其伟强力者万人以自卫,谓之衙兵。郡邑官吏,皆自署置,户版不籍于天府,税赋不入于朝廷,虽曰藩臣,实无臣节。代宗以黎元久罹寇虐,姑务优容,累加检校尚书仆射、太尉、同中书门下平章事,封雁门郡王,赐实封千户。及升魏州为大都督府,以承嗣为长史,仍以其子华尚永乐公主,冀以结固其心,庶其悛革;而生于朔野,志性凶逆,每王人慰安,言词不逊。

大历八年,相卫节度使薛嵩卒,其弟崿欲邀旄节;及用李承昭代嵩,衙将裴志清谋乱逐崿,崿率众归于承嗣。十年,薛崿归朝,承嗣使亲党扇惑相州将吏谋乱,遂将兵袭击,谬称救应。代宗遣中使孙知在使魏州宣慰,令各守封疆。承嗣不奉诏,遣大将卢子期攻洺州,杨光朝攻卫州,杀刺史薛雄,仍逼知在令巡磁、相二州,讽其大将割耳剺面,请承嗣为帅,知在不能诘。四月,诏曰:

田承嗣出自行间,策名边戍,早参戎秩,效用无闻,尝凶渠,驱驰有素。洎再平河朔,归命辕门,朝廷俯念遗黎,久罹兵革。自禄山召祸,瀛、博流离,思明继寡,赵、魏埋厄,以至农桑井邑,靡获安居,骨肉室家,不能相保。念其凋瘵,思用抚宁,以其先布款诚,寄之为理。所以委授旄钺之任,假以方面之荣,期尔知恩,庶能自效。崇资茂赏,首冠朝伦,列异姓之茸茅,登上公之礼命。子弟童稚,皆联台阁之华;妻姜仆媵,并受国邑之号。人臣之宠,举集其门;将相之权,兼领其职。

夫宰相者,所以尽忠,而乃据国家之封壤,仗国家之兵戈,安国家之黎人,调国家之征赋。掩有资实,凭窃宠灵,内包凶邪,外示归顺。且相、卫之略,所管素殊,而逼胁军人,使之翻溃。因其惊扰,便进军师,事迹暴彰,奸邪可见。不然,岂志清之乱,会未崇朝,子期、光朝,会于明日。足知先有成约,指期而来,是为蔑弃典刑,擅兴戈甲。既云相州骚扰,邻境救灾,旋又更取磁州,重行威虐。此实自矛盾,不究始终。三州既空,远迩惊陷,更移兵马,又赴洺州,实为暴恶不仁,穷极残忍。薛雄乃卫州刺史,固非本藩,忿其不附,横加凌虐,一门尽屠,非复噍类,酷烈无状,人神所冤。又四州之地,皆列屯营,长史属官,任情补署。精甲利刃,良马劲兵,全实之资装,农藏之积实,尽收魏府,罔有孑遗。其为盖在无赦,欲行讨问,正厥刑书。犹示含容,冀其迁善,抑于典宪,务在慰安。乃遣知在远奉诏书,谕以深旨,乃命承昭副兹麾下抚彼旧封。而承昭又遣亲将刘浑先传诏命。承嗣迫巡相、卫，仍劫知在偕行，先令侄悦权扇军吏，至使引刀自割，抑令胜口相稽，当众喧哗，请归承嗣。论其奸状，足以为凭，此而可容，何者为罪？

承嗣宜贬永州刺史，仍许一幼男女从行，便路赴任。委河东节度使薛兼训、成德军节度使李宝臣、幽州节度留后朱滔、昭义节度李承昭、淄表节度李正己、淮西节度李忠臣、永平军节度使李勉、汴宋节度田神玉等，掎角进军。如承嗣不时就职，所在加讨，按军法处分。

诏下，承嗣惧，而麾下大将，复多携贰，仓惶失图，乃遣牙将郝光朝奉表请罪，乞束身归朝。代宗重劳师旅，特恩诏允，并侄悦等悉复旧官，仍诏不须入觐。

十一年，汴将李灵辉据城叛，诏近镇加兵。灵辉求援于魏，承嗣令田悦率众五千赴之，为马燧、李忠臣逆击败之，悦仅面获免，兵士死者十七八，复诏诛之。十二年，承嗣复上章请罪，又赦之，复其官爵。承嗣有贝、博、魏、卫、相、磁、洺等七州，复为七州节度使，于是承嗣弟廷琳及从子悦、承嗣子绾、绪等皆复本官，仍令给事中杜亚宣谕，赐铁券。十三年九月，卒，时年七十五。有子十一人：维、朝、华、绎、纶、绾、绪、绘、纯、绅、缙等。维为魏州刺史；朝，神武将军；华，太常少卿、驸马都尉，尚永乐公主，再尚新都公主；余子皆幼。而悦勇冠军中，承嗣爱其才，及将卒，命悦知军事。而诸子佐之。

悦初为魏博中军兵马使、检校右散骑常侍、魏府左司马。大历十三年，承嗣卒，朝廷用悦为节度留后。骁勇有膂力，性残忍好乱，而能外饰行义，倾财散施，人多附之，故得兵柄。寻拜检校工部尚书、御史大夫，充魏博七州节度使。大历末，悦尚恭顺。建中初，黜陟使洪经纶至河北，方闻悦军七万。经纶素昧时机，先以符停其兵四万，令归农亩。悦伪亦顺命，即依符罢之，既而大集所罢将士，激怒之曰："尔等久在军戎，各有父母妻子，既为黜陟使所罢，如何得衣食自资？"众遂大哭。悦乃尽出其家财帛衣服以给之，各令还其部伍，自此魏博感悦而怨朝廷。

居无何，或廖称车驾将东封，而李勉增广汴州城。李正己闻而猜惧，以兵万人屯曹州，遣使说悦，同为拒命。悦乃与正己、梁崇义等谋各阻兵，以判官王侑、扈萼、许士则为腹心，邢曹俊、孟希祐、李长春、符璘、康愔为爪牙。建中二年，镇州李宝臣卒，子惟岳求袭节钺，俄而淄青李正己卒，子纳亦求节钺，朝廷皆不允，遂与惟岳、李纳同谋叛逆。时朝廷遣张孝忠等讨柏州，悦将孟祐率兵五千援之。又遣将康愔率兵八千围邢州，杨朝光五千人营于邯郸西北卢家砦，绝昭义粮饷之路，悦自将兵甲数万继进。邢州刺史李洪、临洺将张伾为贼所攻，御备将竭，诏河东节度使马燧、河阳李芃与昭义军讨悦。七月三日，师自壶关东下，收贼卢家砦，大破贼于双冈，邢州解围，悦众遁走，保洹水。马燧等三师距悦军三十里为垒，李纲遣兵八千人助悦。

魏将邢曹俊者，承嗣之旧将，老而多智，颇知兵法，悦昵于扈萼，以曹俊为贝州刺史。及悦拒官军于临洺，大为王师所破，悦乃召曹俊而问计焉，曹俊曰："兵法十倍则攻，尚书以逆犯顺，势且不侔。宜于崞口置兵万人以遏西师，则河北二十四州悉为尚书有矣。今于临洺、武安设攻城之计，粮竭卒尽，危凶立至，未见其可也。"祐等以其异己，咸潜毁，悦复令守贝州。

悦与淄青看作三万余人阵于洹水，马燧等三师与神策将李晟等来攻，悦之众复败，死伤二万计。悦收合残卒奔魏州，至南郭外，大将李长春拒关不内，以俟官军。三师虽进，顿兵于魏州南平邑浮图，咸迟留不进，长春乃开门内之。悦持佩刀立于军门，谓军士百姓曰："悦藉伯父余业，久与卿等同事，今既败丧相继，不敢图全。然悦所以坚拒天诛者，特以淄青、恒冀二大人在日，为悦保荐于先朝，方获承袭。今三帅云亡，子弟求袭，悦既不能报效，以至兴师。今军旅败亡，士民涂炭，此皆悦之罪也。以母亲之故，不能自割到，公等当斩悦首以取功勋，无为俱死也！"乃自马投地，众皆怜之。或前抚持悦曰："久蒙公恩，不忍闻此！今土民之众，犹可一战，生死以之。"悦收涕言曰："诸公不以悦丧败，犹愿同心，悦纵身死，宁忘厚意于地下乎！"悦乃自割一髻，以为要誓，于是将士自断其发，结为兄弟，誓同生死。其将符璘、李再春、李瑶、悦从兄昂，相次以郡邑归国。璘等家在魏州者，无少长悉为悦所害。悦观城内兵仗罄乏，士众衰减，甚为惶骇，乃复召邢曹俊与之谋。既至，完整徒旅，缮修营壁，人心复坚。经旬余日，马燧等进至城下。向使燧等乘胜长驱，袭其未备，则魏城屠之久矣，识者痛惜之。

会王武俊杀李惟岳，朱滔攻深、州下之，朝廷以武俊为恒州刺史，又以宝臣故将康日知为深、赵二州观察使。是以武俊在日知下，朱滔怨不得深州，二将有憾于朝廷。悦知其可间，遣判官王侑、许士则使于北军，说朱滔曰："昨者司徒奉诏征伐，径趋贼境，旬朔之内，拔束鹿，下深州，惟岳势蹙，故王大夫获殄凶渠，皆因司徒胜势。又闻司徒离幽州日，有诏得惟岳郡县，使隶本镇，今割深州与日知，是国家无信于天下也。且今上英武独断，有秦皇、汉武之才，诛夷豪杰，欲扫除河朔，不令子孙嗣袭。又朝臣立功立事如刘晏辈，皆被屠灭；昨破梁崇义，杀三百余口，投之汉江，此司徒之所明知也。如马燧、抱真等破魏博后，朝廷必以儒德大臣以镇之，则燕、赵之危可翘足而待也。若魏博全，则燕、赵无患，田尚书必以死报恩义。合从连衡，救灾恤患，春秋之义也。春秋时诸侯有危者，桓公不能救则耻之。今司徒声振宇宙，雄略命世，救邻之急，非徒立义，且有利也。尚书以贝州奉司徒，命某送孔目，惟司徒熟计之。"滔既有贰于国，欣然从之，乃命判官王郅与许士则同往恒州说王武俊，仍许还武俊深州。武俊大喜，即令判官王巨源报滔，仍知深州事。武俊又说张孝忠同援悦，孝忠不从，恐为后患，乃遣小校郑怪筑垒于北境，以拒孝忠；仍令其子士真为恒、冀、深三州留后，以兵围赵州。

三年五月，悦以救军将至，率其众出战于御河之上，大败而还。四月，朱滔、武俊搜军于宁晋县，共少骑四万。五月十四日，起军南下，次宗滔，判官郑云达及方方达背滔归马燧。六月二十八日，滔、武俊之师至魏州，会神策将李怀光军亦至。怀光锐气不可遏，坚欲与贼战，遂径薄朱滔阵，杀千余人。王武俊与骑将赵琳、赵万敌等二千骑横击怀光阵，滔军继踵而进，禁军大败，人相蹈藉，投尸于河三十里，河水为之不流。马燧等收军保垒。是夜，王武俊决河水入王莽故河，欲隔官军，水已深三尺，粮饷路绝。王师计无从出，乃遣人告朱滔曰："鄙夫辄不自量，与诸人合战。王大夫善战，天下无敌，司徒五郎与王君图之，放老夫归镇，必得闻奏，以河北之事委五郎。"时武俊战胜，滔心忌之，即曰："大夫二兄败官军，马司徒卑屈若此，不宜迫人于险也。"武俊曰："燧等连兵十万，皆是国之名臣，一战而北，贻国之耻，不知此等何面见天子耶！然吾不惜放还，但不行五十里，必反相拒。"燧等至魏县，军于河西，武俊等三将壁于河东，两军相持，自七月至十月，胜负未决。

悦感朱滔救助，欲推为盟主。滔判官李子牟、武俊判官郑儒等议曰："古有战国连衡誓约以抗秦，请依周末七雄故事，并建国号为诸侯，用国家正朔，今年号不可改也。"于是朱滔称冀王，悦称魏王，武俊称赵王，又请李纳称齐王。十一月一日，筑坛于魏县中，告天受之。滔为盟主，称孤；武俊、悦、纳称寡人。滔以幽州为范阳府，恒州为真定府，魏州为大名府，郓州为东平府，皆以长子为元帅。伪册之日，其军上有云物稍异，马燧等望而笑曰："此云无知，乃为贼瑞。"又其营地前三年土长高三尺余，魏州户曹韦稔为土长颂曰："益土之兆也。"

四年十月，泾师犯阙，诸帅各还本镇。悦、滔、武俊互相疑惑，各去王号，遣使归国，悦亦致书于抱真，遣使闻奏。兴元元年正月，加悦检校尚书右仆射，封济阳王，使并如故，仍令给事中、兼御史大夫孔巢父往魏州宣慰。时悦阻兵四年，身虽骁猛，而性愎无谋，以故频致破败，士众死者十七八。魏人苦于兵革，愿息肩焉，闻巢父至，莫不舞忭。悦方宴巢父，为其从弟绪所杀。

绪，承嗣第六子。大历末，授京兆府参军。承嗣卒时，绪年幼稚。承嗣虑诸子不任军政，以从子悦便弓马，性狡黠，故任遇之，俾代为帅守。及绪年长，悦以承嗣委遇之厚，待绪等无间，令主衙军。绪凶险多过，悦不忍，悦尝笞而拘之，绪颇怨望，常俟寡隙。会兴元元年，朝廷宥悦，仍令孔巢父往宣慰。悦既顺命，门阶彻警。悦宴巢父夜归，绪率左右数十人先杀悦腹心蔡济、扈峛、许士则等，挺剑而入。其两弟止之，绪斩止者，遂径升堂。悦方沉醉，绪手刃悦并悦妻高氏，又入别院杀悦母马氏。自河北诸盗残害骨肉，无酷于绪者。绪惧众不附，奔出北门，邢曹俊、孟希祐等领徒数百追及之，遥呼之曰："节度使须郎君为之，他人固不可也。"乃以绪归衙，推为留后。明日，归罪于扈峛，以其首徇，然后禀于孔巢父，遣使以闻。时绪兄纶居长，为乱兵所杀，遂以绪为留后。朝廷授绪银青光禄大夫、魏州大都督府长史、兼御史大夫、魏博节度使。时朱滔率兵兼引回纥之众南侵，绪遣兵助王武俊、李抱，大破朱滔于泾城，以功授检校工部尚书。贞元元年，以嘉诚公主出降绪，加驸马都尉。寻迁检校左仆射，封常山郡王，食邑三千户。改封雁门郡王，食实封五百户。寻加同平章事。

初，田悦性俭啬，衣服饮食，皆有节度，而绪等兄弟，心常不足。绪既得志，颇纵豪侈，酒色无度。贞元十二年四月，暴卒，时年三十三，赠司空，赙贡加等。子三人：季和、季直、季安。季和为澶州刺史；季直为衙将；季安最幼，为嫡嗣。

季安字夔。母微贱，嘉诚公主蓄为己子，故宠异诸兄。年数岁，授左卫胄曹参军，改著作佐郎、兼侍御史，充魏博节度副大使；累加至试光禄少卿、兼御史大夫。绪卒时，季安年才十五，军人推为留后，朝廷因授起复左金吾卫将军，兼魏州大都督府长史、魏博节度营田观察处置等使。服阕，拜银青光禄大夫、检校尚书右仆射，进位检校司空，袭封雁门郡王。未几，加金紫光禄大夫，以本官同中书门下平章事。

季安幼守父业，惧嘉诚之严，虽无他才能，亦粗修礼法；及公主死，遂颇自恣，击鞠、从禽色之娱。其军中政务，大抵任徇情意，实僚将校，言皆不从。免公主丧，加检校司徒。元和中，王承宗擅袭戎帅，宪宗命吐突承璀为招抚使，会诸军进讨。季安亦遣大将率兵赴会，仍自供粮饷。师还，加太子太保。

季安性忍酷，无所畏惧。有进士丘绛者，尝为田绪从事，及季安为帅，绛与同职侯臧不协，相持争权。季安怒，斥绛为下县尉，使人召还，先掘坎于路左，既至坎所，活排而瘗之，其凶暴如此。元和七年卒，时年三十二，赠太尉。子怀谏、怀礼、怀询、怀让。

怀谏母，元谊女。及季安卒，元氏召诸将欲立怀谏，众皆唯唯。怀谏幼，未能御事，军政无巨细皆取决于私白身蒋士则，数以爱憎移易将校。衙军怒，取前临清镇将田兴为留后，遣怀谏归第，杀蒋士则等十余人。田兴葬季安毕，送怀谏于京师，乃起复授右监门卫将军，赐第一区，刍米甚厚。田氏自承嗣据魏州至怀谏，四世相传袭四十九年，而田兴代焉。

田弘正，本名兴。祖延恽，魏博节度使承嗣之季父也，位终安东都护府司马。延恽生廷玠，幼敦儒雅，不乐军职，起家为平舒丞，迁乐寿、清池、束城、河间四县令，所至以良吏称。大历中，累官至太府卿、沧州别驾，迁沧州刺史、兼御史中丞，充横海军使。承嗣与淄青李正己、恒州李宝臣不协，承嗣既令廷玠守沧州，而宝臣、朱滔联兵攻击，欲兼其土宇。廷玠婴城固守，连年受敌，兵尽食竭，人易子而食，卒无叛者，卒能保全城守。朝廷嘉之，迁洺州刺史，又改相州。属薛嵩之乱，承嗣蚕食薛嵩所部；廷玠守正字民，不以宗门回避而改节。建中初，族侄悦代承嗣领军政，志图凶逆，虑廷玠不从，召为节度副使。悦奸谋颇露，廷玠谓悦曰："尔藉伯父遗业，可禀守朝廷法度，坐享富贵，何苦与恒、郓同为叛臣？自兵乱已来，谋叛国家者，可以历数，鲜有保完宗族者。尔若狂志不悛，可先杀我，无令我见田氏之赤族也。"乃谢病不出。悦过其第而谢之，廷玠杜门不纳，将吏请纳。建中三年，郁愤而卒。

弘正,廷玠之第二子。少习儒书,颇通兵法,善骑射,勇而有礼,伯父承嗣爱重之。当季安之世,为衙内兵马使。季安惟务侈靡,不恤军务,屡行杀罚,弘正每从容规讽,军中甚赖之。季安以人情归附,乃出为临清镇将,欲捃摭其过害之。弘正假以风痹请告,灸灼满身,季安谓其无能为。及季安病笃,其子怀谏幼骏,乃召弘正署其旧职。

季安卒,怀谏委家僮蒋士则改易军政,人情不悦,咸曰:"都知兵马使田与可为吾帅也。"衙兵数千诣兴私第陈请,兴拒关不出,众呼噪不已。兴出,众环而拜,请入府署。兴顿仆于地,久之,度终不免,乃令于军中曰:"三军不以兴不肖,令主军务,欲与诸军前约,当听命否?"咸曰:"惟命是从。"兴曰:"吾欲守天子法,以六州版籍请吏,勿犯副大使,可乎?"皆曰:"诺。"是日,入府视事,杀蒋士则十数人而已。晚自府归第,其兄融责兴曰:"尔卒不能自晦,取祸之道也。"翌日,具事上闻,宪宗嘉之,加兴银青光禄大夫、检校工部尚书、魏州大都督府长史、兼御史大夫、上柱国、沂国公,充魏、博等州节度观察处置支度营田等使,仍赐名弘正。仍令中书舍人裴度使魏州宣慰,赐魏博三军赏钱一百五十万贯。

弘正既受节钺,上表曰:"臣闻君臣父子,是谓大伦,爰立纪纲,以正上下。其或子不为子,臣不为臣,覆载莫可得容,幽明所宜共殛。臣家本边塞,累代唐人,从乃祖乃父以来,沐文子文孙之化。臣幸因宗族,早列偏裨,驱驰戎马之乡,不堵朝廷之礼。惟忠与孝,天与臣心,常思夺不顾生,以身殉国,无由上达,私自感伤。岂意命偶昌时,事缘难故,白刃之下,谬见推崇。天慈遽临,免书罪累,朝章荐及,仍委旗旄。锡封壤于全藩,列班荣于八座,君父之恩已极,丝毫之效未伸,但以觍冒知羞,低徊自愧。是知功荣所著,必俟危乱之时;徼幸之来,却在清平之日。循涯揣分,以宠为忧。伏自天宝已还,幽陵肇乱,山东奥壤,悉化戎墟。外抚车马,内怀枭獍,官封代袭,刑赏自专,国家含垢匿瑕,垂六十载。臣每思此事,当食忘餐。若稍假天年,得奉宸算,兼弱攻昧,批亢捣虚,竭鹰犬之资,展获禽之用,导扬和气,洗涤伪风,然后退归田园,以避贤路。臣怀此志,陛下察之。"优诏褒美。

弘正乐闻前代忠孝立功之事,于府舍起书楼,聚书万余卷,视事之隙,与宾佐讲论古今言行可否。今河朔有《沂公史例》十卷,弘正客为弘正所著也。魏州自承嗣已来,馆宇服玩有逾常制者,悉命彻毁之,以正厅大侈不居,乃视事于采访使厅。宾僚参佐,请之于朝。颇好儒书,尤通史氏,《左传》、《国史》,知其大略。

自弘正归国,幽、恒、郓、蔡有齿寒之惧,屡遣客间说,多方诱阻,而弘正终始不移其操。裴度明理体,词说雄辩,弘正听其言,终夕不倦,遂深相结纳,由是奉上之意逾谨。元和十年,朝廷用兵讨吴元济,弘正遣子布率兵三千进讨,屡战有功。李师道以弘正效忠,又袭其后,不敢显助元济,故绝其掎角之援,王师得致讨焉。俄而王承宗叛,诏弘正以全师压境,承宗惧,遣使求救于弘正,遂表其事,承宗遂纳二子,献德、隶二州以自解。

十三年,王师加兵于郓,诏弘正与宣武、义成、武宁、横海等五镇之师会军齐进。十二月,弘正自帅全师自杨刘渡河筑垒,距郓四十里。师道遣大将刘悟率重兵以抗弘正,结垒相望。前后合战,魏军大捷,而李愬、李光颜三面进攻,贼皆挫败,其势将危。十四年三月,刘悟以河上之众倒戈入郓,斩师道首,诣弘正请降。淄青十二州平,论功加检校司徒、同中书门下平章事。是年八月,弘正入觐,宪宗待之隆异,对于麟德殿,参佐将校二百余人皆有颁锡,进加检校司徒、兼侍中,实封三百户。仍以其兄检校刑部尚书、相州刺史融为太子宾客,东都留司。弘正三上章,愿留阙下,宪宗劳之曰:"昨韩弘至朝,称疾恳辞戎务,朕不得不从。今卿复请留,意诚可尚,然魏土乐卿之政,邻境服卿之威,为我长城,不可辞也。可亟归藩。"弘正每惧有一旦之忧,嗣袭之风不革,兄弟子侄,悉仕于朝,宪宗皆擢居班列,朱紫盈庭,当时荣之。

十五年十月,镇州王承宗卒,穆宗以弘正检校司徒、兼中书令、镇州大都督府长史,充成德军节度、镇冀深赵观察等使。弘正以新与镇人战伐，有父兄之怨，乃以魏兵二千为卫从。十一月二十六日，至镇州，时赐镇州三军赏钱一百万贯，不时至，军众喧腾以为言。弘正亲自抚喻，人情稍安，仍表请留魏兵为纪纲之仆，以持众心，其粮赐请给于有司。时度支使崔倰不知大体，固阻其请，凡四上表不报。明年七月，归卒于魏州，是月二十八日夜军乱，弘正并家属、参佐、将吏等三百余口并遇害，穆宗闻之震悼，册赠太尉，赗赙加等。弘正孝友慈惠，骨肉之恩甚厚。兄弟子侄在两都者数十人，竞为崇饰，日费约二十万，魏、镇州之财，皆辇属于道。河北将卒心不平之，故不能尽变其俗，竟以此致乱。弘正子布、群、牟。

　　布，弘正第三子。始，弘正为田季安裨将，镇临清，布年尚幼，知季安身世必危，密白其父帅其所镇之众归朝，弘正甚奇之。及弘正节制魏博，布掌亲兵，国家讨淮、蔡，布率偏师隶严绶，军于唐州，授检校秘书监、兼殿中侍御史。前后十八战，破凌云栅，下郾城，布皆有功，擢授御史中丞。时裴度为宣抚使，尝观兵于沱口，贼将董重质领骁骑遽至，布以二百骑突出沟中击之，俄而诸军大集，贼乃退去。淮西平，拜左金吾卫将军、兼御史大夫。十三年，丁母忧，起复旧官。十五年冬，弘正移镇成德军，仍以布为河阳三城怀节度使，父子俱拥节旄，同日拜命。时韩弘亦与子公武俱为节度使，然人以忠勤多田氏。

　　长庆元年春，移镇泾原。其秋，镇州军乱，害弘正，都知兵马使王廷凑为留后。时魏博节度使李愬病不能军，无以捍廷凑之乱，且以魏军田氏旧旅，乃急诏布至，起复为魏博节度使，仍迁检校工部尚书，令布乘传之镇。布丧服居垩室，去旌节导从之饰；及入魏州，居丧御事，动皆得礼。其禄俸月入百万，一无所取，又籍魏中旧产，无巨细计钱十余万贯，皆出之以颁军士。牙将史宪诚出己麾下，谓必能输诚报效，用为先锋兵马使，精锐悉委之。时屡有急诏促令进军。十月，布以魏军三万七千讨之，结垒于南宫县之南。十二月，进军，下贼二栅。时朱克融囚张弘靖，据幽州，与廷凑掎角拒命。河朔三镇，素相连衡，宪诚阴有异志。而魏军骄侈，怯于格战，又属雪寒，粮饷不给，以此愈无斗志，宪诚从而间之。俄有诏分布军与李光颜合势，东救深州，其众自溃，多为宪诚所有，布得其众八千。是月十日，还魏州。十一日，会诸将复议兴师，而将卒益倨，咸曰："尚书能行河朔旧事，则死生以之；若使复战，皆不能也。"布以宪诚离间，度众终不为用，叹曰："功无成矣！"即日，密表陈军情，且称遗表，略曰："臣观众意，终负国恩，臣既无功，不敢忘死。伏愿陛下速救光颜、元翼，不然，则义士忠臣，皆为河朔屠害。"奉表号哭，拜授其从事李石，乃入启父灵，抽刀自刺，曰："上以谢君父，下以示三军。"言讫而绝。时议以布才虽不足，能以死谢家国，心志决烈，得燕、赵之古风焉。

穆宗闻之骇叹，废朝三日，诏曰：

> 故魏博节度使、起复宁远将军、检校工部尚书、兼魏州大都督府长史、御史大夫、赐紫金鱼袋田布，朕以寡昧，临御万邦，威刑不能禁干纪之徒，道化不能驯多僻之俗，致使上公罹祸，田氏衔冤。爰整旅以徂征，每终食而浩叹，自兹吊伐，骤历寒喧。虽良将锐师，率皆协力；而俟时观衅，未即齐驱。嗟我诚臣，结其哀愤，引迁延之咎以自刻责，奋决烈之志以谢君亲。白刃置于肝心，鸿毛论其生死，忠臣孝子，一举两全。晋称卞氏之门，汉表尸乡之节，比方于布，今古为邻。况其临命须臾，处之不挠，载形章表，益深衷悯。问使发缄，悼心疾首。从先臣于厚载，尔则无愧；睹遗像于麟阁，予何所堪。端拱崇名，职垂彝典，据斯以报，聊据永怀。可赠尚书右仆射。

布子在宥，大中年为安南都护，颇立边功。

早，大和八年为少府少监，充入吐蕃使，历隶州刺史、安南都护。

牟，会昌初为丰州刺史、天德军使，历武宁军节度使，大中朝为衮海节度使，移镇天平军。诸子皆以边上立功，累更藩镇，以忠义为谈者所称。

张孝忠,本奚之种类。曾祖靖、祖逊,代乙失活部落酋帅。父谧,开元中以众归国,授鸿胪卿同正,以孝忠贵,赠户部尚书。孝忠以勇闻于燕、赵。时号张阿劳、王没诺干,二人齐名。阿劳,孝忠本字;没诺干,王武俊本字。孝忠形体魁伟,长六尺余,性宽裕,事亲恭孝。天宝末,以善射授内供奉。安禄山奏为篇将,破九姓突厥,先登陷阵,以功授果毅折冲。禄山、史思明继陷河洛,孝忠皆为其前锋。史朝义败,入李宝臣帐下。上元中,奏授左领军郎将,累加左金吾卫将军同正、试殿中监,仍赐名孝忠,历飞狐、高阳二军使。李宝臣以孝忠谨重骁勇,甚委信之,以妻妹谷氏妻焉,仍悉以易州诸镇兵马令其统制。前后居城镇十余年,甚著威惠。

田承嗣之寇冀州也,宝臣俾孝忠以精骑数千御之。承嗣见其整肃,叹曰:“张阿劳在焉,冀州未易图也。”乃焚营宵遁。及宝臣与朱滔战于瓦桥,常虑滔来攻,故以孝忠为易州刺史,选精骑七千配焉,使捍幽州。奏授太子宾客、兼御史中丞,封范阳郡王。既而宝臣疑忌大将,杀李献诚等四五人,使召孝忠,孝忠惧不往。宝臣使孝忠弟孝节召焉,孝忠命孝节复命曰:“诸将无状,连颈受戮,孝忠惧死不敢往,亦不敢叛,犹公之不觐于朝,虑祸而已,无他志也。”孝节泣曰:“兄不行,吾归死矣。”孝忠曰:“偕往则并命,吾留无患也。”乃归,果无患。

无几,宝臣死,其子惟岳阻兵不受命,朝廷诏幽州节度使讨之。滔以孝忠宿将善战,有精兵八千在易州,虑军兴则挠其后,乃使判官蔡雄说孝忠曰:“惟岳小子骄贵,不达人事,辄拒朝命。滔奉命伐罪,使君何用助逆,不自求多福耶!今昭义、河东攻破田悦,淮西李仆射收下襄阳,梁崇义投井而卒,临汉江而诔者五千人,即河南军计日北首,赵、魏减亡可见也。使君诚能去逆效顺,必受重任,有先归国之功矣。”孝忠然之,乃遣衙官随雄报滔,又遣易州录事参军董稹入朝。德宗嘉之,授孝忠检校工部尚书、恒州刺史、兼御史大夫,充成德军节度使,便令与滔合兵攻惟岳,仍赐实封二百户。其弟孝义及孝忠三女已适人在恒州者,悉为惟岳所害。孝忠甚德滔之保荐,以其子茂和聘滔之女,契约甚密,遂合兵破惟岳之师于束鹿,惟岳遁归恒州。滔请乘胜袭之,孝忠仍引军西北,还营义丰,滔大骇。孝忠将佐曰:"尚书布赤心于朱司徒,相信至矣。今逆寇已溃,不终其功,窃所未喻。"孝忠曰:"本求破贼,贼已破矣。然恒州宿将尚多,迫之则困兽犹斗,缓之必翻然改图。又朱滔言大识浅,可以虑始,难与守成。吾壁义丰,坐待惟岳之殄灭耳。"既而朱滔屯束鹿,不敢进军。月余,王武俊果斩惟岳首以献,如孝忠所料。后定州刺史杨政义以州降,孝忠遂有易、定之地。时既诛惟岳,分四州各置观察使,武俊得恒州,康日知得深、赵二州,孝忠得易州。以成德军额在恒州,孝忠既降政义,朝廷乃于定州置义武军,以孝忠检校兵部尚书,为义武军节度、易定沧等州观察等使。

及朱滔、王武俊谋叛,诏田悦救于魏州,虑孝忠踵后,滔军将发,复遣蔡雄往说之。孝忠曰:"李惟岳背国作逆,孝忠归国,今为忠臣。孝忠性直,业已效忠,不复助逆矣。往与武俊同行,且孝忠与武俊俱出蕃部,少长相狎,深知其心僻,能翻覆,语司徒,当记鄙言,忽有蹉跌,始相忆也!"滔又唉以金帛,终拒而不从。易定居二凶之间,四面受敌,孝忠修峻沟垒,感励将士,竟不受二凶之荧惑,议者多之。又加检校左仆射,实封至三百户。后孝忠为朱滔侵逼,诏神策兵马使李晟、中官窦文场率师援之。孝忠以女妻晟子凭,与晟戮力同心,整训士众,竟全易定,贼不敢深入。及上幸奉天,令大将杨荣国提锐卒六百从晟入关赴难,收京城,荣国有功。

兴元元年正月,诏以本官同平章事。沧州本隶成德军,既移隶义武,其刺史李固烈者,惟岳妻兄也,请还恒州。是岁,孝忠遣牙将程华往沧州交检府藏。固烈辎车数十乘上路,沧州军士呼曰:"士皆菜色,刺史不垂赈恤,乃载而归,官物不可得也!"杀固烈而剽之。程华闻乱,由窦而遁,将士追之,谓曰:"固烈贪暴,已诛之矣,押牙且知州务。"孝忠即令摄刺史事。及朱滔、王武俊称伪国,华与孝忠阻绝,不能相援。华婴城拒贼,一州获全,朝廷嘉之,乃拜华沧州刺史、御史中丞,充横海军使,仍改名曰华,令每岁以沧州税钱十二万贯供义武军。

贞元二年,河北蝗旱,米斗一千五百文,复大兵之后,民无蓄积,饿殍相枕。孝忠所食,豆䭀而已,其下皆甘粗粝,人皆服其勤俭,孝忠为一时之贤将也。三年,加检校司空,仍以其子茂宗尚义章公主。孝忠遣其妻邓国夫人昧谷氏入朝,执亲迎之礼,上嘉之,赏赉隆厚。五年七月,为将佐所惑,以兵入蔚州;寻诏归镇,仍以擅兴削检校司空。七年三月卒,时年六十二,废朝三日,追封上谷郡王,曾太傅,再赠魏州大都督,册赠太师,谥曰贞武。子茂昭、茂宗、茂和。

茂昭,本名升云。幼有志气,好儒书,以父荫累官至检校工部尚书。贞元七年,孝忠卒,德宗以邕王谅为义武军节度大使、易定观察使;以升云为定州刺史,起复左金吾卫大将军,充节度观察留后,仍赐名茂昭。九年正月,授节度使,累迁检校仆射、司空。二十年十月,入朝,累陈奏河北及西北边事,词情忠切,德宗耸听,叹曰:"恨见卿之晚!"锡宴于麟德殿,赐良马、甲第、器用、珍币甚厚,仍以其第三男克礼尚晋康郡主。德宗方欲委之以边任,明年晏驾,茂昭入临于太极殿,每朝哺预列,声哀气咽,人皆匀其忠恳。顺宗听政,加中书门下平章事,且令还镇,赐女乐二人,三表辞让,及中使押犊车至第,茂昭立谓中使曰:"女乐出自禁中,非臣下所宜目睹。昔汾阳、咸宁、南平、北平尝受此赐,不让为宜。茂昭无四贤之功,述职入觐,人臣常礼,奈何当此宠赐!后有立功之臣,陛下何以加赏?"顺宗闻之,深加礼异,允其所让。又锡安仁里第,亦固让不受。元和二年,又请入觐,五上章恳切,宪宗许之。冬十月,至京师,留数月,诏令归镇。茂昭愿奉朝请于阙下,不许,加太子太保,复令还镇。

四年,王承宗叛,诏河东、河中、振武三镇之师,合义武军,为恒州北道招讨。茂昭创廪厩,开道路,以待西军。属正月望夜,军吏请曰:"旧例,上元前后三夜,不止行人,不闭里门;今外道军戎方集,请如军令。"茂昭曰:"三镇兵马,官军也,安得言外道!放灯一如常岁。"使长男克让与诸军分道并进。克让渡木刀沟，与贼接战屡胜。茂昭亲擐甲胄，为诸军前锋，累献戎捷，几覆承宗。会朝廷洗雪承宗，乃诏班师，如检校太尉，兼太子太傅。

自安史之乱，两河藩帅多阻命自固，父死子代；唯茂昭表请举族还朝，邻藩累遣游客间说，茂昭志意坚决，拜表求人者数四。上之命左庶子任迪简为其行军司马，乘驿赴之。以两郡之簿书、管钥、符印付迪简，遣其妻季氏、男克让克恭等先就路，将行，诫之曰："吾使尔曹侍亲出易者，庶后之子孙不为风俗所染，则吾无恨矣。"时五年冬也。行及晋州，拜检校太尉、兼中书令，充河中晋绛慈显等州节度观察等使。十二月十二日，至京师。故事双日不坐，是日特开延英殿对茂昭，五刻乃罢。又上表请迁祖考之骨墓于京兆。在朝两月，未之镇。六年二月，疽发于首，卒，时年五十。废朝五日，册赠太师，赙绢三千匹、布一千端、米粟三千石，丧事所须官给，诏京兆尹监护，谥曰献武。

宪宗念其忠尽，诸昆仲子侄皆居职秩，仍诏每年给绢二千匹，春秋分给。克让、克恭官至诸卫大将军。小男克勤，长庆中左武卫大将军。时有赦文许一子五品官，克勤以子幼，请准近例迥授外甥。状至中书，下吏部员外郎判废置，裴夷直断曰："一子官，恩在念功，贵于延赏，若无己子，许及宗男。今张克勤自有息男，妄以外甥奏请，移于他族，知是何人，倘涉卖官，实为乱法。虽援近日敕例，难破著定格文，国章既在必行，宅相恐难虚授。具状上中书门下，克勤所请，望宜不允。"遂为定例。

茂宗以父荫累官至光禄少卿同正。贞元三年，许尚公主，拜银青光禄大夫、本官驸马都尉，以公主幼待年。十三，属茂宗母亡，遗表请终嘉礼。德宗念茂昭之勋，即日授云麾将军，起复授左卫将军同正、驸马都尉。谏官蒋义等论曰："自古以来，未闻有驸马起复而尚公主者。"上曰："卿所言，古礼也；如今人家往往有借吉为婚嫁者，卿何苦固执？"又奏曰："臣闻近日人家有不甚知礼教者，或女居父母服，家既贫乏，且无强近至亲，即有借吉以就亲者。至于男子借吉婚娶，从古未闻，今忽令驸马起复成礼，实恐惊骇物听。况公主年幼，更俟一年出降，时既未失，且含礼经。"太常博士韦彤、裴堪曰："伏见驸马都尉张茂宗犹在母丧，圣恩念其亡母遗表所请，许公主出降，仍令茂宗即吉就婚者。伏以夫妇之义，人伦大端，所以《关雎》冠于《诗》首者，王化所先也。天属之亲，孝行为本，所以齐斩五服之重者，人道之厚也。圣人知此二端为训人之本，不可变也，故制婚礼，上以承宗庙，下以继后嗣。至若墨衰夺情，事缘金革。若使茂宗释衰服而衣冕裳，去垩室而为亲迎，虽云辍哀借吉，是亦以凶渎嘉。伏愿抑茂宗亡母之请，顾典章不易之义，待其终制，然后赐婚。"德宗不纳，竟以义章公主降茂宗。自是以戚里之亲，颇承恩顾。

元和中，为闲厩使。国家自贞观中至于麟德，国马四十万匹在河、陇间。开元中尚有二十七万，杂以牛羊杂畜，不啻百万，置八使四十八监，占陇右、金城、平凉、天水四郡，幅员千里，自长安至陇右，置七马坊，为会计都领。岐、陇间善水草及腴田，皆属七马坊。至麟德以后，西戎陷陇右，国马尽散，监牧使与七马坊名额尽废，其地利因归于闲厩使。宝应中，凤翔节度使请以监牧赋给贫民为业，土著相承，十数年矣。又有别敕赐诸寺观凡千余顷。及茂宗掌闲厩，与中尉吐突承璀善，遂特举恩旧事，并以监牧地租归闲厩司。茂宗又奏麟游县有岐阳马坊，按旧图地方三百四十顷，制下闲厩司检计。百姓纷纭论诉，节度使李惟简具事上闻，诏监察御史孙革往按问之。革还奏曰："天兴县东五里有隋故岐阳马坊，地在其侧，盖因监为名，与今岐阳所指百姓侵占处不相接，皆有明验。"茂宗怒，恃有中助，诬革所奏不实。又令侍御史范传式覆按，乃附茂宗，尽翻前奏，遂夺居人田业，皆属闲厩，乃罢革官。长庆初，岐人论诉不已，诏御史按验明白，乃复以其地还百姓，贬传式官。

茂宗俄授左金吾卫大将军。长庆二年，检校工部尚书，兼衮州刺史、御史大夫，充衮海沂节度等使，加检校兵部尚书。大和五年，入为左金吾卫大将军，充左卫使，转左龙武统军卒。

　　茂和，元和中为左武卫将军。裴度为淮西行营处置，用兵讨吴元济，建牙赴行营，奏用茂和为都押衙。茂和尝以胆气才略自赞于相府，故度奏用之。茂和虑度无功，淮、蔡不可平，乃辞之以疾。度怒甚，奏请斩茂和以励行者，宪宗曰：“予以其家门忠顺，为卿还贬。”后复用为诸卫将军，卒。

　　陈楚者，定州人，茂昭之甥。少有武干，为义勇牙将，事茂昭，每出征伐，必令典精卒。随茂昭入朝，授诸卫大将军。元和十二年，义武军节度使浑镐丧师，定州兵乱，乃除楚易定节度，令驰传赴任。乱犹未弥，楚夜驰入州城。楚家世久在定州，军中部校皆楚之旧卒，人情大悦，军卒陈然。转河阳三城怀节度使。前后屡立战功，入为龙武统军。长庆三年卒。

　　史臣曰：朝廷治乱，在法制当否，形势得失而已。秦人叛上，法制失也；汉道勃兴，形势得也。臣观开元之政举，坐制百蛮；天宝之法衰，遂沦四海。玄宗一失其势，横流莫救，地分于群盗，身播于九夷。河朔二十余州，竟为盗穴，诸田凶险，不近物情。而弘正、孝忠，颇达人臣之节，沂国力善无报，殆天意之好乱恶治欤！茂昭忠梗有礼，明祸福大端，近代之贤侯也。

　　赞曰：田宗不令，祸淫无应。谓天辅仁，胡覆弘正。茂昭知止，终以善胜。孽生厉阶，上失威柄。

旧唐书卷一四二
列传第九二

李宝臣　子惟岳　惟诚　惟简　惟简子元本
王武俊　子士真　士平　士真子承宗　承元
王廷凑　子元逵　元逵子绍鼎　绍懿
绍鼎子景崇　景崇子镕

　　李宝臣,范阳城旁奚族也。故范阳将张锁高之假子,故姓张,名忠志。幼善骑射,节度使安禄山选为射生官。天宝中,随禄山入朝,玄宗留为射生子弟,出入禁中。及禄山叛,忠志遁归范阳,禄山喜,录为假子,姓安,常给事帐中。禄山兵将指阙,使忠志领骁骑八千人入太原,劫太原尹杨光翙。忠志挟光翙出太原,万兵追之不敢近。禄山使董精甲,扼井陉路,军于土门。安庆绪伪署为恒州刺史。九节度之师围庆绪于相州,忠志惧,献章归国,肃宗因授恒州刺史。及史思明复渡河,伪授忠志工部尚书、恒州刺史、恒州节度使,统众三万守常山。及思明败,不受朝义之命,乃开土门路以内王师。河朔平定,忠志与李怀仙、薛嵩、田承嗣各举其地归国,皆赐铁券,誓以不死。因授忠志开府仪同三司、检校礼部尚书、恒州刺史,实封二百户,仍旧为节度使。乃以恒州为成德军,赐姓名曰李宝臣。

　　时宝臣有恒、定、易、赵、深、冀六州之地,后又得沧州步卒五万、马五千匹,当时勇冠河朔诸帅。宝臣以七州自给,军用殷积,招集亡命之徒,缮阅兵仗,与薛嵩、田承嗣、李正己、梁崇义等连结姻娅，互为表里，意在以土地传付子孙，不禀朝旨，自补官吏，不输王赋。初，天宝中，天下州郡皆铸铜为玄宗真容，拟佛之制。及安史之乱，贼之所部，悉镕毁之，而恒州独存，由是实封百户。

初，宝臣、正己皆为承嗣所易。宝臣弟宝正娶承嗣女，在魏州与承嗣子维击鞠，宝正马驰骇，触杀维，承嗣怒，縶宝正以告。宝臣谢为教不谨，缄杖令承嗣以示责，承嗣遂鞭杀之，由是交恶。

大历十年，宝臣、正己更言承嗣之罪，请讨之，代宗欲因其相图，乃从其请。时幽州节度留后朱滔方恭顺朝廷，诏滔与宝臣及太原之师攻其北，正己滑毫、河阳、江淮之师攻其南。宝臣、正己会军于枣强，椎牛酾酒，犒劳将士，仍颁优赏。宝臣军赏厚，正己军赏薄。既罢会，正己军中咄咄有辞，正己闻之，惧有变，即时引退。由是宝臣、朱滔共攻承嗣之沧州，连年未下。时承嗣使腹心将卢子期攻邢州，城将陷，宝臣发精卒赴救，击败之，擒子期来献。河南诸将又大破田悦于陈留，正己收承嗣之德州，以重兵临其境，指期进讨。承嗣大慑，遂求解于宝臣，宝臣不许。

初，正己将发兵，使人至魏，承嗣囚之；及是，乃厚礼遣归，发使与俱，具列境内户口兵粮之数，悉以奉正己，且告曰："承嗣老矣，今年八十有六，形体支离，无日月焉。己子不令，悦亦孱弱，不足保其后业。今之所有，为公守耳，曷足辱公师旅焉！"立使者于廷，南向，拜而授书；又图正己形，焚香事之如神，谓人曰："真圣人也！"正己闻之，且得其欢，乃止，诸军莫敢进者。

承嗣止正己，无南军之虞。又知范阳宝臣故里，生长其间，心常欲立之，乃勒石为谶，密瘗宝臣境内，使望气者云："此中有王气。"宝臣掘地得之，有文曰："二帝同功势万全，将田作伴入幽、燕。"二帝，指宝臣、正己也。承嗣又使客讽之曰："公与朱滔共举，取吾沧州，设得之，当归国，非公所有。诚能舍承嗣之罪，请以沧州奉献，可不劳师而致，愿取范阳以自效。公将骑为前驱，承嗣率步卒从，此万全之势。"宝臣喜，以为事合符命，遂与承嗣通谋，割州与之。宝臣乃密图范阳，承嗣亦陈兵境上。宝臣谓朱滔使曰："吾闻朱公貌如神，安得而识之,愿因绘事而观,可乎?"滔乃图其形以示之。宝臣悬于射堂,命诸将熟视之,曰:"朱公信神人也!"他日,滔出军,宝臣密选精卒劫之,戒其将曰:"取彼貌如射堂所悬者。"是时,二军不相虞有变,滔与战于瓦桥,滔适衣他服,以不识免。承嗣闻与滔交锋,其衅已成,乃旋军,使告宝臣曰:"河内有警急,不暇从公。石上谶文,吾戏为之耳!"宝臣惭怒而退。

迁左仆射,封陇西郡王、检校司空、同中书门下平章事。德宗即位,拜司空,兼太子太傅。宝臣名既高,自擅一方,专贮异志。妖人伪为谶语,言宝臣终有天位。宝臣乃为符瑞及灵芝朱草,作朱书符。又于深室斋戒筑坛,上置金匦、玉斝,云"甘露神酒自出"。又伪刻玉为印,金填文字,告境内云:"天降灵瑞,非予所求,不祈而至。"将吏无敢言者。妖辈虑其诈发,乃曰:"相公须饮甘露汤,即天神降。"宝臣然之。妖人置堇汤中,饮之,三日而卒。

宝臣暮年,益多猜忌,以惟岳暗懦,诸将不服,即杀大将辛忠义、卢俶、定州刺史张南容、赵州刺史张彭老、许崇俊等二十余人,家口没入,自是诸将离心。建中二年春卒,时年六十四,废朝三日,册赠太保。

子惟岳、惟诚、惟简。

宝臣卒时,惟岳为行军司马,三军推为留后,仍遣使上表求袭父任,朝旨不允。魏博节度使田悦上章保荐,请赐旄节,不许。惟岳乃与田悦、李正己同谋拒命,判官邵真泣谏,以为不可。惟岳暗懦,初虽听从,终为左右所惑而止。而所与图议,皆奸吏胡震、家人王他奴等,唯劝拒逆为事。

惟岳舅谷从政者,有智略,为宝臣所忌,移病不出;至是知惟岳之谋,虑其覆宗,乃出谏惟岳曰:"今天下无事,远方朝贡,主上神武,必致太平。如至不允,必至加兵。虽大夫恩及三军,万一不捷,孰为大夫用命者?又先朝相公与幽帅不协,今国家致讨,必命朱滔为帅。彼尝切齿,今遂复仇,可不惧乎!又顷者相公诛灭军中将校,其子弟存者，口虽不言，心宁无愤？兵犹火也，不戢自焚。往者田承嗣佐安禄山、史思明谋乱天下，千征百战；及顷年侵扰洺、相等州，为官军所败，及贬永州，仰天垂泣。赖先相公佐佑保援，方获赦宥，若雷霆不收，承嗣岂有生理！今田悦凶狂，何如承嗣名望？苟欲坐邀富贵，不料破家覆族。而况今之将校，罕有义心，因利乘便，必相倾陷。为大夫画久长之计，莫若令惟诚知留后，大夫自速入朝。国家念先相公之功，见大夫顺命，何求而不得？今与群逆为自危之计，非保家之道也。"惟岳亦素忌从政，皆不听，竟与魏、齐谋叛。

　　既而惟岳大将张孝忠以郡归国，朝廷以孝忠为成德军节度使，仍诏朱滔与孝忠合势讨之。惟岳以精甲屯束鹿以抗之，田悦遣大将孟佑率兵五千助惟岳。建中三年正月，朱滔、孝忠大破恒州军于束鹿，惟岳烧营而遁。惟岳大将赵州刺史康日知以郡归国，惟岳乃令衙将卫常宁率士卒五千，兵马使王武俊率骑军八百同讨日知。武俊既出恒州，谓常宁曰："武俊尽心于本使，大夫信谗，颇相猜忌，所谓朝不谋夕，岂图生路！且赵州用兵，捷与不捷，武俊不复入恒州矣！妻子任从屠灭，且以残生往定州事张尚书去也，孰能持颈就戮！"常宁曰："中丞以大夫不可事，且有诏书云，斩大夫首者，以其官爵授。自大夫拒命已来，张尚书以易州归国得节度使。今闻日知已得官爵。观大夫事势，终为朱滔所灭。此际转祸为福，莫若倒戈入使府，诛大夫以取富贵也。况大夫暗昧，左右迋惑，其实易图。事苟不捷，归张尚书非晚。"武俊然之。三年闰正月，武俊与常宁自赵州回戈，达明至恒，武俊子士真应于内。武俊兵突入府署，遣虞候任越动擒惟岳，缢死于戟门外；又诛惟岳妻父郑华及长庆、王他奴等二十余人，传首京师。

　　惟诚，惟岳异母兄，以父荫为殿中丞，累迁至检校户部员外郎。好儒书理道，宝臣爱之，委以军事；性谦厚，以惟岳嫡嗣，让而不受。同母妹嫁李正己子纳，宝臣以其宗姓，请惟诚归本姓，又令入仕于郓州，为李纳营田副使。历衮、淄、济、淮四州刺史，竟客死东平。

惟简，宝臣第三子。初，王武俊既诛惟岳，又械惟简送京师，德宗拘于客省，防伺甚峻。朱泚之乱，惟简斩关而出，赴奉天，德宗嘉之，用为禁军将。从浑瑊率师讨贼，频战屡捷，加御史中丞。从幸山南，得“元从功臣”之号，封武安郡王。后授左神威大将军，转天威统军。元和初，检校户部尚书、左金吾卫大将军，充街使，俄拜凤翔陇右节度使。元和十三年正月卒，赠尚书右仆射。

子元本，生于贵族，轻薄无行。初，张茂昭子克礼尚襄阳公主。长庆中，主纵恣不法，常游行市里。有士族子薛枢、薛浑者，俱得幸于主。尤爱浑，每诣浑家，谒浑母行事姑之礼。有吏谁何者，即以厚赂啖之。浑与元本皆少年，遂相诱掖，元本亦得幸于主，出入主第。张克礼不胜其忿，上表陈闻，乃召主幽于禁中。以元本功臣之后，得减死，杖六十，流象州。枢、浑以元本之故，亦从轻杖八十，长流崖州。

王武俊，契丹怒皆部落也。祖可讷于，父路俱。开元中，饶乐府都督李诗率其部落五千帐，与路俱南河袭冠带，有诏褒美，从居蓟。武俊初号没诺干，年十五，能骑射。上元中，为史思明恒州刺史李宝臣裨将。宝应元年，王师入井陉，将平河朔，武俊谓宝臣曰：“以寡敌众，以曲遇直，战则离，守则溃，锐师远斗，庸可御乎？”宝臣遂彻警备，以恒、定、深、赵、易五州归国，与王师协力，东袭遗寇。宝臣除恒、定等州节度使，以武俊构谋，奏兼御史中丞，充本军先锋兵马使。

大历十年，田承嗣因薛嵩死，兼有相、卫、磁、邢、洺五州。承嗣遣将卢子期寇磁州，诏令宝臣与李正己、李勉、李承昭、田神玉、朱滔、李抱真各出兵讨之。诸军与子期战于清水，大破之，宝臣将有节生擒子期以献，代宗嘉其功，使中贵人马承倩赍诏宣劳。承倩将归，止传舍，宝臣亲遗百缣。承倩诟詈，掷出道中，宝臣顾左右有愧色。还休府中，诸将散归，宝臣潜伺屏间，独武俊佩刀立于门下。召入，解刀与语，曰："见向者顽竖乎？"武俊曰："今阁下有功尚尔，寇平后，天子以幅纸之诏召置京下，一匹夫耳，可乎？"宝臣曰："为之若何？"武俊曰："不如玩养承嗣，以为己资。"宝臣曰："今与承嗣有衅矣，可推腹心哉？"武俊曰："势同患均，转寇仇为父子，咳唾间。若传虚言，无益也。今中贵人刘清谭在驿，斩首送承嗣，立质妻孥矣。"宝臣曰："恐不能如此。"武俊曰："朱滔为国屯兵沧州，请擒送承嗣以取信。"许之。立选锐士二千，皆乘骏马，通夜驰三百里，晨至滔营掩其不备。滔军出战，大败，擒类滔者，滔故得脱。自此宝臣与田承嗣、李正己更相为援，皆武俊萌之。

宝臣死，其子惟岳谋袭父位。宝臣旧将易州刺史张孝忠以州顺命，遂以孝忠代宝臣，俾惟岳护丧归京，惟岳不受命。建中三年正月，诏朱滔、张孝忠合军讨之。惟岳与武俊复统万余众战于束鹿，武俊率三千骑先进，为滔所败，惟岳遁走。赵州刺史康日知遂以州顺命，惟岳令武俊统兵击之。日知遣人谓武俊曰："惟岳孱微而无谋，何足同反！我城坚众一，未可以岁月下。且惟岳恃田悦为援，前岁悦之丁男甲卒涂地于邢州城下，茺不能陷，况此城乎！"复给伪手诏招武俊，信之，遂倒兵入恒州，率数百骑入衙门，使谓惟岳曰"大夫举兵与魏、齐同恶，今田尚书已丧败，李尚书为赵州所间，军士自束鹿之役，伤痛轸心。朱滔仆射强兵宿境内，张尚书已授定州，三军俱惧殒首丧家。闻有诏征大夫，宜及赴命，不尔，祸在漏刻。"惟岳怖，遽眭盱。武俊子士真斩惟岳，持首而出。武俊杀不同己者十数人，遂定。传首上闻，授武俊检校秘书少监、兼御史大夫、恒州刺史、恒冀都团练观察使，实封五百户，以康日知为深赵团练观察使。

时惟岳伪定州刺史杨政义以州顺命，深州刺史杨劳国降，朱滔分兵镇之。朝廷既以定州属张孝忠，深州属康日知，武俊怒失赵、定二州，且名位不满其志，朱滔怒失深州，因诱武俊谋反，斥言朝廷，遂连率劲兵救田悦。时马燧、李抱真、李芃、李晟方讨田悦，败悦于洹水，后连岁暴兵，然悦势已蹙；至是武俊、朱滔复振起之，悦势益张。

十一月，武俊使大将张钟葵寇赵州，康日知击败之，斩首上献。是日，武俊僭建国，称赵王，以恒州为真定府，伪命官秩。朱滔、田悦、李纳一同僭号，分据所部，各遣使劝诱蔡州李希烈同僭位号。四年三月，希烈既为周鲁谋溃其腹心，或传希烈已死，马燧等四节度度军中闻之，欢声震外。

六月，李抱真使辩客贾林诈降武俊。林至武俊壁曰："是来传诏，非降也。"武俊色动，征其说，林曰："天子知大夫宿诚，及登坛建国之日，抚膺顾左右曰：'我本忠义，天子不省。'是后诸军曾同表论列大夫。天子览表动容，语使者曰：'朕前事误，追无及已。朋友间失意尚可谢，朕四海主，毫芒安可复念哉！'"武俊曰："仆虏将，尚知存抚百姓，天子固不专务杀人以安天下。今山东大兵者五，比战胜，骨尽暴野，虽胜与谁守？今不惮归国，以与诸侯盟约，虏性直，不欲曲在己。朝廷能降恩涤荡之，仆首倡归国，不从者，于以奉辞，则上不负天子，下不负朋友。此谋既行，河朔不五旬可定。"

十月，泾原兵犯阙，上幸奉天。京师问至，诸将退军。李抱真将还潞泽，田悦说武俊与朱滔袭击之。贾林复说武俊曰："今退军前辎重，后锐师，人心固一，不可图也。且胜而得地，则利归魏博；丧师，即成德大伤。大夫本部易、定、沧、赵四州，何不先复故地？"武俊遂北马首，背田悦约。贾林复说武俊曰："大夫冀邦豪族，不合谋据中华。且滔心幽险，王室强即藉大夫援之，卑即思有并吞。且河朔无冀国，唯赵、魏、燕耳。今朱滔称冀，则窥大夫冀州，其兆已形矣。若滔力制山东，大夫须整臣礼，不从，即为所攻夺，此时臣滔乎？"武俊投袂作色曰："二百年宗社，我尚不能臣，谁能臣田舍汉！"由此计定，遂南修好抱真，西运盟马燧。会兴元元年德宗罪己，大赦反侧。二月，武俊集三军削伪国号。诏国子祭酒兼御史大夫董晋、中使王进杰，自行在至恒州宣命，授武俊检校兵部尚书、成德军节度使。三月，加司空、同中书门下平章事，兼幽州、卢龙两道节度使、琅邪郡王。

时朱泚伪册滔为皇太弟，滔玄幽、檀劲卒，诱回纥二千骑，已围贝州数日,将绝白马津,南盗洛都,与泚合势。时李怀光反据河中,李希烈已陷大梁,南逼江、汉,李纳尚反于齐,田绪未为用,李晟孤军壁渭上,天子羽书所制者,天下才十二三,海内荡析,人心失归。贾林又说武俊与抱真合军,同救魏博,为武俊陈利害曰:"朱泚此行,欲先平魏博,更逢田悦被害,人心不安,旬日不救,魏、贝必下,泚益数万。张孝忠见魏、贝已拔,必臣朱泚。三道连衡,兼统回纥,长驱至此,家族可得免乎?若阁下利,则昭义军保山西,河朔地尽入泚。今乘魏、贝未下,孝忠未附,公与昭义合军破之,如掇遗耳!此计就则声振关中,京邑可坐复,銮舆反正自公,则勋业然二也。"武俊欢然许之。两军议定,卜日同征。五月,武俊、抱真会军于钜鹿东。两军既交,泚震恐。抱真为方阵,武俊用奇兵,朱泚倾垒出战,武俊不振甲而驰之,泚望风奔溃,自相蹂践,死者十四五,收其辎重、器甲、马牛不可胜计,泚夜奔还幽州。武俊班师,表让幽州卢龙节度使,许之。乃升恒州为大都督府,以武俊为长史,加检校司徒,实封七百户,余如故。

车驾还京,宠之逾厚,子尚贵主,子弟在孩稚者,皆赐官名。寻丁母忧,起复加左金吾上将军同正,免丧,加开府仪同三司。十二年,上念旧勋,加检校太尉,兼中书令。十七年六月卒,时年六十七,废朝五日,群臣诣延英门奉慰,如浑瑊故事。诏左庶子上公持节册赠太师,赙绢三千匹、布千端、米粟三千石。太常谥曰威烈,德宗曰:"武俊竭忠奉国,宜赐谥忠烈。"子士真、士清、士平、士则,士真嗣。

士真,武俊长子。少骁悍,冠于军中,沉谋有断。事李宝臣为帐中亲将,仍以女妻之。宝臣末年,虑身后诸子暗弱,为诸将所夺,屡行诛戮,诸将离心。武俊官位虽卑,而勇略迈世,宝臣惜其才,不忍诛之,而士真密结宝臣左右,保护其父,以是获免。

惟岳之世,忧加委任,武俊亦尽心匡佐。既兵败束鹿,张孝忠、康日知以地归国,受官赏,惟岳稍防疑武俊谋自贬损,出入不过三两人。左右谓惟岳曰:"先相公委任武俊,以遣大夫,兼有治命。今披肝胆为大夫者,武俊耳,又士真,即大夫妹婿,保无异志。今势危急,若不坦怀待之,若更如康日知,即大事去矣。"惟岳曰:"我待武俊自厚,不独先公遣旨。"由是无疑,即令将兵攻赵州。士真更宿于府衙,与同职谋事。及武俊倒戈,士真等数人擒惟岳出衙,缢死之。武俊领节钺,以士真为副大使。

建中年,武俊僭称赵王于魏县,以士真为司空、真定府留守,充元帅。及武俊破朱滔顺命,以武俊兼幽州卢龙军节度使,仍以士真为副使、检校工部尚书。德宗还京,进位检校兵部尚书,充德州刺史、德棣观察使,封清河郡王。十七年,武俊卒,起复授左金吾卫大将军同正、恒州大都督府长史,充成德军节度、恒冀深赵德棣等州观察等使,寻检校尚书左仆射。顺宗即位,进位检校司空。

士真佐父立功,备历艰苦,得位之后,恬然守善,虽自补属吏,赋不上供,然岁贡货财,名为进奉者,亦数十万,比幽、魏二镇,最为承顺。元和元年,就加同中书门下平章事。四年三月卒。子承宗、承元、承通、承迪、承荣。

士清,以父勋累加官至殿中少监同正。元和初,为冀州刺史、御史大夫,封北海郡王,早卒。

士平,以父勋补原王府谘议。贞元二年,选尚义阳公主,加秘书少监同正、驸马都尉。元和中,累迁至安州刺史。时公主纵恣不法,士平与之争忿,宪宗怒,幽公主于禁中,士平幽于私第,不令出入。后释之,出为安州刺史。坐与中贵交结,贬贺州司户。时轻薄文士蔡南、独孤申叔为义阳主歌词,曰《团雪》、《散雪》等曲,言其游处离异之状,往往歌于酒席。宪宗闻而恶之,欲废进士科,令所司纲捉搦,得南、申叔贬之,由是稍止。及盗杀宰相武元衡,旬日捕贼未获,士平与兄士则庭奏盗主于承宗,即获张晏等诛之,乃以士平为左金吾卫大将军。及夺承宗官爵,仍以士平袭父实封。

士则,士平异母兄。承宗既立为节度使,不容诸父,乃奔于京师,用为神策大将军。及承宗叛逆,盗杀宰相,士则请移贯京兆府。诸镇兵讨承宗,裴度言士则武俊子,其军中必有怀之者,乃用士则为邢州刺史,兼本州团练使,纵昭义节度使郗士美讨贼,冀携离承宗之党,且许以节制。士则恃此,颇不受士美节制,行止以兵自卫,虽谒士美,而卫兵如故。吏呵止之,士则不能平,见于辞气。士美恶之,密以状闻,乃以张遵代还。

承宗,士真长子。河朔三镇自置副大使,以嫡长为之。承宗累奏。至镇州大都督府右司马、知州事、御史大夫,充都知兵马使、副大使。

元和四年三月,士真卒,三军推为留后,朝廷伺其变,累月不问。承宗惧,累上表陈谢。至八月,上令京兆少尹裴武往宣谕,承宗奉诏甚恭,且曰:"三军见迫,不候朝旨,今请割德、棣二州上献,以表丹恳。"由是起复云麾将军、左金吾卫大将军同正、检校工部尚书、镇州大都督府长史、御史大夫、成德军节度、镇冀深赵等州观察等使。又以德州刺史薛昌朝检校右散骑常侍、德州刺史、御史大夫,充保信军节度、德棣观察等使。昌朝,故昭义节度使嵩之子,婚姻于王氏,入仕于成德军,故为刺史。承宗既献二州,朝廷不欲别命将帅,且授其亲将。保信旌节未至德州,承宗遣数百骑驰往德州,虏昌朝归真定囚之。朝廷又加棣州刺史田涣充本州团练守捉使,冀渐离之。令中使景忠信往谕旨,令遣昌朝还镇,承宗不奉诏。宪宗怒,下诏曰:"王承宗顷右苫庐,潜窥戎镇,而内外以事君之礼,逆而必诛,分土之仪,专则有辟。朕念其先祖尝有茂勋,贷以私恩,抑于公议。使臣旁午以告谕,孽童俯伏以陈诚,愿献两州,期无二事。朕欲收其后效,用以曲全,授节制于旧疆,齿勋贤于列位。况德、棣本非成德所管,昌朝又是承宗懿亲,俾抚近邻,斯诚厚渥,外虽两镇,中实一家。而承宗象恭怀奸,肖貌稔祸,欺裴武于得位之后,缧昌朝于受命之中。豺狼之心,饱之而愈发;枭獍之性,养之而益凶。加以表疏之中,悖慢斯甚。式遏乱略,期于无刑;恭行天诛,示于有制。可削承宗在身官爵。"诏左神策护军中尉吐突承璀为左右神策、河中河阳浙西宣歙等道赴镇州行营兵马招讨处置等使,会诸道军进讨。神策兵马使赵万敌者,王武俊之骑将也,骁悍闻于燕、赵,具言进讨必捷。承璀因得兵柄,与万敌偕行。承璀至行营,威令不振,禁军屡挫衄。都将郦定进前擒刘辟有功,号为骁将,又陷于贼。唯范阳节度使刘济、易定节度使张茂昭至效忠赤,战贼屡捷。而昭义节度使卢从史反复难制,阴附于贼,宪宗密诏承璀擒之,送于京师。

五年七月,承宗遣巡官崔遂上表三封,乞自陈首,且归过于卢从史,其略曰:"臣顷在苫庐,绵历时序,恭守朝旨,罔敢阙违。复奉诏书,令献州郡,迫以三军之势,不从孤臣之心。今天兵四临,王命久绝,白刃之下,难避国刑;殷忧之中,转积衅隙。中由卢从史首为乱阶,兴天下之兵,生海内之乱,既不忠于国,又不孝于家。当其闻父之丧,已变为臣之节,迫胁天使,渎紊朝经。而乃幸臣居丧,败臣求利,上敢欺于圣主,下不顾其死亲,矫情徒见于封章,邪妄素萌于胸臆。今构祸者已就擒获,抱冤者实冀辩明。况臣之一军,素守忠义,横被从史离间君臣,哀号辕门,痛隔恩外。伏冀陛下以天地之德,容纳为心,弘好生之仁,许自新之路。顺阳和而布泽,因雷雨以覃恩,追念祖父之前劳。俯观臣子之来效,特开汤纲,使乐尧年。"时朝廷以承璀宿师无功,国威日沮,颇忧;会承宗使至,宰臣商量,请行赦宥,乃全以六郡付之。承宗送薛昌朝入朝,授以右武卫将军。

承宗以国家加兵不胜,诬从史奸计得行,虽上章表谦恭,而心无忌惮。十年,王师讨吴元济,承宗与李师道继献章表,请宥元济。其牙将尹少卿奏事,因为元济游说。少卿至中书,见宰相论列,语意不逊,武元衡怒,叱出之,承宗益不顺。自是与李师道奸计百端,以沮用兵。四月,遣盗烧河阴仓。六月,遣盗伏于靖安里,杀宰相武元衡,京师震恐,大索旬日,天子为之旰食。是时,承宗、师道之盗,所在窃发,焚襄州佛寺,斩建陵门戟,烧献陵寝宫,欲伏甲屠洛阳。宪宗赫怒,命田弘正出师临其境,并邻道六节度之众讨之。时方淮西用兵,国用虚竭,河北诸军多观望不进。独昭义节度使郗士美率精

兵压贼垒，欲乘寡而取之，军威甚盛，承宗惧，不敢犯。俄诏权罢河
北用兵，并力淮西。

十二年十月，诛吴元济，承宗始惧，求救于田弘正。十三年三
月，弘正遣人送承宗男知感、知信及其牙将石汛等诣阙请命，令于
客舍安置；又献德、棣二州图印，兼请入管内租税，除补官吏。上以
弘正表疏相继，重违其意，乃下诏曰：

帝者承天子人，下临万国。观乾坤覆载之施，常务其曲全；
用德刑抚御之方，每先其弘贷。叛则必伐，服而舍之，访于典
谟，亦尚斯道。朕祗符前训，缵嗣丕图，底宁方隅，荡涤氛祲。上
以摅祖宗之宿愤，下以致黎庶之阜康，思厚者生，务去者杀。至
于包荒藏慝，屈法伸恩，苟衷诚之可矜，则宥过而无大。

王承宗顷居丧纪，见卖于邻封；后领藩城，爱疑于朝野。国
恩虽厚，时宪不容，戚实自贻，宠非我绝。百辟卿士，昌言在廷；
四方诸侯，飞奏盈箧，竞请致讨，争先出军。尚复广示招怀，务
存容纳，至于动众，事岂愿然。开境愍罹其杀伤，退舍为伏其士
伍，取陷救溺，能无惨嗟。以其先祖武俊，有劳王室，书于甲令，
铭在景钟；虽再驾王师，再从人欲，而十代之宥，常切朕怀。

近以三朝称庆，八表流泽，广此鸿霈，开其自新。而承宗果
能翻然改图，披露忠恳，远遣二子，进陈表章，缄图印以上闻，
献德、棣之名部，发囷奉粟，并窜贡烟，地愿帅于职方，物请归
于司会。且天子所临，莫非王土，析兹旧服，将表尔诚，谅由效
顺之心，悉见纳忠之志，抑而不抚，何以示怀。朕念此方，亦犹
赤子，一物失所，寝兴靡宁，忍驱乐土之人，竟就陈原之戮！既
克蔺暴，常思止戈，予之此心，天地临鉴。况常山师旅，旧有功
劳，将改往以修来，誓酬恩而迁善，鉴精诚之俱切，俾涣涣而再
敷。旷涤乃愆，断于朕志；复此殊渥，当怀永图。承宗可依前银
青光禄大夫、检校吏部尚书、镇州大都督府长史、御史大夫，充
成德军节度、镇冀深赵观察等使。

仍令右丞崔从往镇州宣慰。承宗素服俟命，乃以华州刺史郑权为德

州刺史,充横海军节度、德棣沧景观察等使。明年,加金紫光禄大夫、检校尚书左仆射。是岁,李师道平,承宗奉法逾谨,请当管四州,每州置录事参军一员、判司三员,每县令一员、主簿一员,吏补授皆听朝旨。十五年十一月卒,赠侍中。子知感、知信在朝。

承元,士真第二子。兄承宗既领节钺,奏承元为观察支使、朝议郎、左金吾卫胄曹参军,兼监察御史,年始十六。劝承宗以二千骑佐王师平李师道,承宗不能用其言。

元和十五年冬,承宗卒,秘不发丧,大将谋取帅于旁郡。时参谋崔燧密与握兵者谋,乃以祖母凉国夫人之命,告亲兵及诸将,使拜承元。承元拜泣不受。诸将请之不已,承元曰:"天子使中贵人监军,有事盍先与议。"及监军至,因以诸将意赞之。承元谓诸将曰:"诸公未忘先德,不以承元齿幼,欲使领事。承元欲效忠于国,以奉先志,诸公能从之乎?"诸将许诺。遂于衙门都将所理视事,约左右不得呼留后,事无巨细,决之参佐。密疏请帅,天子嘉之,授银青光禄大夫、检校工部尚书,兼滑州刺史、义成军节度、郑滑观察等使。邻镇以两河近事讽之,承元不听,诸将亦悔。及起居舍人柏耆斋诏宣谕滑州之命,兵士或拜或泣。承元与柏耆于馆驿召诸将谕之,诸将号哭喧哗。承元诘之曰:"诸公以先世之故,不欲承元失此,意甚隆厚,然奉诏迟留,其罪大矣! 前者李师道未败时,议赦其罪,时师道欲行,诸将止之,他日杀师道,亦诸将也。今公辈幸勿为师道之事,敢以拜请。"遂拜诸将,泣涕不自胜。承元乃尽出家财,籍其人以散之,酌其勤者擢之。牙将李寂等十数人固留承元,斩寂等,军中始定。承元出镇州,时年十八,所从将吏,有具器有货币而行者,承元悉命留之。承元昆弟及从父昆弟,授郡守者四人,登朝者四人,从事将校有劳者,亦皆擢用。祖母凉国夫人入朝,穆宗命内宫筵待,锡赏甚厚。

俄而王廷凑杀田弘正,据镇州叛。移镇鄜坊丹延节度使,便道请觐,穆宗器之,数召顾问。未几,改凤翔节度使。凤翔西北界接泾原,无山谷之险,吐蕃由是径往入寇。承元于要冲筑垒,分兵千人守之,赐名曰临汧城。诏袭岐国公,累加检校左仆射。凤翔城东,商旅所集,居人多以烽火相警,承元奏益城以环之。居镇十年,加检校司空、御史大夫,移授平卢军节度、淄青登莱观察等使。时均输盐法未尝行于两河,承元首请盐法,归之有司,自是兖、郓诸镇,皆禀均输之法。承元宽惠有制,所理称治。大和七年十二月,卒于平卢,时年三十三,册赠司徒。

王廷凑,本回鹘阿布思之种族,世隶安东都护府。曾祖曰五哥之,事李宝臣父子。王武俊养为假子,骁果善斗,武俊爱之。以军功累授左武卫将军同正,赠越州都督。祖末怛活,赠左散骑常侍。父升朝,赠礼部尚书。皆以廷凑贵加赠典。祖父世为王氏骑将,累迁右职。

廷凑沉勇寡言,雄猜有断,为王承元衙内兵马使。初,承元上禀朝旨,田弘正帅成德军,国家赏钱一百万贯,度支辇运不时至,军情不悦。廷凑每抉其细故,激怒众心。会弘正以魏兵二千为衙队,左右有备不能间。长庆元年六月,魏军还镇。七月二十八日夜,廷凑乃结衙兵噪于府署,迟明,尽诛弘正与将吏家族三百余人。廷凑自称留后、知兵马使,将吏逼监军宋惟澄上章请授廷凑节钺。穆宗怒,下诏征邻道兵,仍以河东节度裴度充幽、镇两道招抚使,仍以弘正子泾原节度使布代李诉为魏博节度使,令率魏军进讨。又以承宗故将深州刺史牛元翼为成德军节度使,下诏购诛廷凑。是月,镇州大将王位等谋杀廷凑事泄,坐死者二千余人。

时朱克融囚张弘靖,廷凑杀弘正,合从构逆,谋拒王命。两镇并力,讨除卢难应接,诏朝臣议其可否。东川节度使王涯献状曰:"幽、镇两州,悖乱天纪,迷亭育之厚德,肆狼虎之非心。囚辱鼎臣,戕贼戎帅,毒流州郡,叠及宾僚。凡在有情,孰不痛愤?伏以国家文德诞敷,武功继立,远无不伏,迩无不安,矧兹二方,敢逆天理。臣窃料诏书朝下,诸镇夕驱,以貔貅关罪之师,当猖狂失节之寇,倾山压卵,决海灌荧,势之相悬,不是过也。但常山、蓟郡,虞、虢相依,一时兴师,恐费财力。罪有轻重,事有后先,譬之攻坚,宜从易者。如闻范阳肇乱，出自一时，事非宿谋，迹亦可验；镇州构祸，殊匪偶然，煽诸属城，以兵拒境。如此则幽蓟之众，可示宽刑；镇冀之戎，可资先讨。况廷凑阘茸，不席父祖之资；成德分离，又多迫胁之势。今以魏博思复仇之众，召义愿尽敌之师，参之晋阳，辅以沧德，犄角而进，实若建瓴。尽屠其城，然后北首燕路，在朝廷不为失信，于军势实得机宜，臣之愚诚，切在于此。臣又闻用兵若斩，先扼其喉。今瀛郑、易定，两贼之咽喉也。诚宜假之威柄，戍以重兵，俾其死生不相知，间谍无所入；而以大军先进冀、赵，次临井陉，此一举万全之势也。"

于是命易定节度使开境以抗克融，诸军三面进讨。初，以沧德乌重胤独当一面，重胤宿将，知不可进，颇迟留，乃以杜叔良代重胤。叔良有中官之援，朝辞日，大言云："贼不足破。"时廷凑合幽蓟之兵围深州，梯冲云合，牛元翼婴城拒守。十一月，杜叔良为贼所败，众皆陷没，仅以身免，乃以德州王日简代之。裴度率众屯承天军，诸将挫败，深州危急，乃以凤翔节度使李光颜为忠武节度使，兼深冀节度，救深州，仍以中官杨永和监光颜军。

国家自宪宗诛除群盗，帑藏虚竭，穆宗即位，赏赐过当，及幽、镇共起，征发百端，财力殚竭。时诸镇兵十五万余，才出其境，便仰给度支，置南北供军院。既深入贼境，辇运艰阻，刍薪不继，诸军多分番樵采。俄而度支转运车六百乘，尽为廷凑邀而虏之，兵食益困。贼围深州数重，虽光颜之善将，亦无以施其方略。其供军院布帛衣赐，往往不得至院，在途为诸军强夺，而悬军深斗者，率无支给。复又每军遣内官一人监军，悉选骁健者自卫，羸懦者即战，以是屡多奔北。而廷凑、克融之众，不过万余，而抗官军十五万者，良以统制不一，玩寇邀利故也。宰相崔佑甫不晓兵家，胶柱于常态，以至复失河朔。既无如之何，遂议休兵而赦廷凑。

二年正月，魏府牙将史宪诚诱其军谋叛，田布不能止，其众自溃于南宫。二月，诏赦廷凑，仍授检校右散骑常侍、镇州大都督府长史、成德军节度、镇冀深赵等州观察等使，以牛元翼为山南东道节度使。遣兵部侍郎韩逾至镇州宣慰，又遣中使衔命入深州，监元翼赴镇。廷凑虽受命，而深州之围不解。招抚使裴度与幽、镇书，以大义责之，朱克融解围而去，廷凑亦退舍。朝廷欲其禀命，并加克融检校工部尚书。三月，牛元翼率十余骑突围出深州赴阙，深州将校臧平以城降，廷凑责其固守，杀将吏一百八十余人。五月，遣中使杨再昌至镇州，取牛元翼家族及田弘正骸骨，廷凑曰："弘正骸骨，不知所在；元翼家族，请至秋发遣。"俄而元翼卒，廷凑乃尽屠其家，其酷毒如此。自获赦宥，遂与朱克融、史宪诚连衡相应，谋拒朝廷。

大和初，沧州李全略死，其子同捷欲效河朔事，求代父任。文宗授以衮海节度使，同捷不奉诏，据郡构逆，以珍玩器币妓女子弟投款于廷凑及幽州李载义。时载义初代克融，输诚效顺，尽送同捷所遣赴阙，诏征幽、魏、徐、衮之师进讨。廷凑出兵挠魏北境，以援同捷。二年，下诏绝廷凑进奉。既魏博将亓志治以行营兵叛，倒戈攻魏州，诸军击志治，廷凑出兵应之，史宪诚危急，诏义武军节度使李听击败之，志治奔于廷凑。三年六月，诛李同捷。寻与何进滔杀史宪诚，据魏州。朝廷厌兵，诛之不果，遂授进滔魏博节度。八月，廷凑遣使诣阙请罪，朝廷因而赦之，依前检校司徒，成德军节度使。

镇冀自李宝臣已来，虽惟岳、承宗继叛，而犹亲邻畏法，期自新之路；而凶毒好乱，无君不仁，未如廷凑之甚也。又就加太子太傅、太原郡开国公，食邑二千户。八年十一月卒，册赠太尉，累赠至太师。

子元逵，为镇州右司马，兼都知兵马使。廷凑卒，三军推主军事，请命于朝，乃起复检校工部尚书、镇州大都督府长史、成德军节度使，累迁检校左仆射。元逵素怀忠顺，顿革父风。及领藩垣，颇输诚款，岁时贡奉，结辙于途，文宗嘉之。开成二年，诏以寿安公主出降，加驸马都尉。元逵遣段氏姑诣阙纳聘礼。段氏进食二千盘，并御衣战马、公主妆奁及私白身女口等，其从如云，朝野荣之。会昌中，昭义节度使刘从谏卒，其子稹擅领军政，武宗怒，诛之，命邻藩分地而进讨，以元逵为北面招讨使。诏至之日，出师次赵州，与魏博何弘敬同收山东三州。元逵进攻邢州，俄而贼将裴问、高元武降元逵，王钊、安玉降何弘敬，并拔三郡。累迁检校司徒、同中书门下平章事，以破刘稹功，加太傅、太原郡开国公，食邑二千户，食实封二百户。大中十一年二月卒，册赠太师，谥曰忠。子绍鼎、绍懿。

绍鼎，时为镇州大都督府左司马、知府事、节度副使、都知兵马使。起复授检校工部尚书、镇府长史、成德军节度、镇深冀赵观察等使，累加光禄大夫、尚书左仆射。其年七月卒，赠司空，赙布帛三百段、米粟二百石，累赠司徒、太尉，又赠太傅。子景胤、景崇、景粤；景崇为嫡，时年幼。

绍鼎卒，宣宗以昭王汭为镇州大都督、成德军节度副使、都知兵马使、检校右散骑常侍、镇府左司马、知府事、兼御史中丞王绍懿，本官充成德军节度观察留后，仍赐紫金鱼袋。寻正授节度使、检校工部尚书。累加检校右仆射、兼御史大夫、太原县开国伯，食邑七百户，又加检校司空。卒，赠司徒。

景胤，初为成德军中军兵马使、银青光禄大夫、检校太子宾客、监察御史。绍鼎卒，出为深州刺史、兼殿中侍御史，充本州团练守捉使。

景崇于季父绍懿时为镇州大都督府左司马、知府事、都知兵马使。绍鼎卒，三军立绍懿。数月，疾笃，召景崇谓之曰："亡兄以军政托予，以俟汝成立。今危惙如此，殆将不救。汝虽少年，勉自风荷，下礼藩邻，上奉朝旨，俾吾兄家业不坠，惟汝之才也。"言讫而卒。时监军在席，奏其治命，上嘉之，诏起复忠武将军、守左金吾卫将军同正、检校右散骑常侍，充成德军节度观察留后，仍赐上柱国，赐紫金鱼袋。寻正授节度使、检校工部尚书。

咸通中，景崇以公主嫡孙，特承恩渥。季年，盗起徐方，王师进讨，景崇令大将从诸军。徐寇平，以功授检校右仆射，封太原县男，食邑三百户。祖母章惠长公主薨，景崇居丧得礼，朝野称之。起复左金吾卫上将军同正，进位检校司空。明年，同中书门下平章事，累加检校太尉、赵国公，食邑三千户，食实封二百户，寻进封常山王。丁母秦国夫人忧，起复本官。乾符末，盗起河南，黄巢犯阙，驾幸剑南，景崇与定州节度使王处存驰檄藩邻，以兵附处存入阙讨贼，奔问行在，贡输相继。关辅平定，以功真拜太尉。中和二年十二月卒。

子镕，时年十岁，三军推为留后，朝廷因授旄钺，检校工部尚书。时天子蒙尘，九州鼎沸，河东节度李克用虎视山东，方谋吞据，镕以重赂结纳，以修和好。晋军讨孟方立于邢州，镕常奉以刍粮。及方立平，晋将李存孝侵镕南部，镕求援于幽州，幽帅李匡威率众三万赴之，存孝退去。景福元年，镕乘存孝有间于其帅，乃出兵攻尧山。音帅遣大将李存质来援，大败镇人于尧山，死者万计。晋人乘胜至赵州，镕复求援于燕。二年，匡威率众数万来援。会邢州节度使李存孝背其帅据城自固，存孝单骑入镇州，与镕面相盟约。俄而李克用自率全师攻存孝，时匡威离镇后，其弟匡筹夺据其位，匡威退无归路。镕感其援助之恩，乃迎入府城，筑第以居之，事之如父，匡威亦尽心裨益，军中之事，皆为训练。是年五月，镕过匡威第，阴遣部下伏甲劫镕；镕抱持之，镕曰："公诚止人勿仓卒！吾为晋人所困，赖公获济，犹吾父也，军政请公帅之。"即并辔归府署，镇军拒之，竟杀匡威。晋人知匡威死，克用自率师至城下，镕出练二十万犒劳，修好而退。

及汴宋节度使朱全忠领郓、清三镇，兵强天下，遣将万从周、张存敬寇陷邢、洺二州，乘胜北掠燕、赵。俄而全忠率亲兵薄于城下，镕仓卒无备，谓宾佐曰："势危矣，计将安出？"判官周式者，率先而对曰："敌人迫我，兵不能抗，此可以理说耳，请见梁帅图之。"式即时出见全忠，全忠逆谓式曰："尔不必言。王令朋附并汾，违盟爽信，弊贼业已及此，期于无舍！"式曰："公言过矣。且公为唐室之桓、文，当以礼义而成霸业；乃欲穷兵黩武，困人于险难，天下其谓公何！"全忠喜，引式袂而慰之曰："前言戏之耳！且君为王令计如何？"式曰："但修好耳。"即复见镕，请出牛酒货币以犒军，仍以镕子昭祚及牙将梁公儒、李弘规子各一人，从昭祚入官于大梁，全忠以女妻昭祚。

及全忠僭，天下无主，镕不获已，行其正朔。镕累迁至开府仪同三司，守太师、中书令，仍赐"敦睦保定大功臣"、上柱国、赵王，食邑一万五千户，食实封一千户，袭食实封二百五十户。伪梁加尚书令，及唐室中兴，去伪尚书令之号。天佑七年，母魏国太夫人何氏卒，起复本官。十八年，为其大将王德明所杀，至于赤族。其后事在中兴云。

史臣曰：土运中微，群盗孔炽。宝臣附丽安、史，流毒中原，终窃土疆，为国蟊贼。加以武俊之狠狡，为其腹心，或叛或臣，见利忘义，蛇吞蝮吐，垂二百年。哀哉，王政不纲，以至于此。若使明皇不懈于开元之政，姚崇久握于阿衡，讵有柳城一胡，敢窥佐伯，况其下者哉！观此无君，可为太息。

赞曰：鹡鸰为怪，必取其错。人君失政，为盗启门。牙旗金钺，虎子狼孙。茫茫黔首，于何叫阍？

旧唐书卷一四三
列传第九三

李怀仙 朱希彩附　朱滔　刘怦
子济　滔　济子总　程日华　晔子怀直
怀直子权　李全略 全略子同捷

李怀仙，柳城胡人也。世事契丹，降将，守营州。禄山之叛，怀仙以裨将从陷河洛。安庆绪败，又事史思明。善骑射，有智数。朝义时，伪授为燕京留守、范阳尹。宝应元年，元帅雍王统回纥诸兵收复东都，朝义渡河北走，乃令副元帅仆固怀恩率兵追之。时君群凶瓦解，国威方振，贼党闻怀恩至，望风纳款。朝义以余孽数千奔范阳，怀仙诱而擒之，斩首来献。属怀恩私欲树党以固兵权，乃保荐怀仙可用；代宗复授幽州大都督府长史、检校侍中、幽州卢龙等军节度使，与贼将薛嵩、田承嗣、张忠志等分河朔而帅之。既而怀恩叛逆，西蕃入寇，朝廷多故，怀仙等四将各招合遗孽，治兵缮邑，部下各数万劲兵，文武将吏，擅自署置，贡赋不入于朝廷，虽称藩臣，实非王臣也。朝廷初集，姑务怀安，以是不能制。怀仙大历三年为其麾下兵马使朱希彩所杀。

希彩自称留后。恒州节度使张忠志以怀仙世旧，无境覆族，遣将率众讨之，为希彩所败。朝廷不获已，宥之，以河南副元帅、黄门侍郎、同平章事王缙为幽州节度使，授希彩御史中丞，充幽州节度副使，权知军州事。诏缙赴镇，希彩闻缙之来，搜选卒伍，大陈戎备以逆之。缙晏然建旌节，而希彩迎谒甚恭。缙知终不可制，劳军旬日而还。寻加希彩御史大夫，充幽州节度留后。十二月，加希彩幽州大都督府长史、幽州卢龙军节度使。五年，封高密郡王。既得位，暴横自恣，无礼于朝廷。七年，孔目官李瑗因人之怒，伺隙斩之，军人立其兵马使朱泚为留后。泚自有传。

朱滔，贼泚之弟也。平州刺史朱希彩为幽州节度，以滔同姓，甚爱之，常令将腹心亲兵。及泚为节度使，遂使滔将劲兵三千赴京师，请率先诸军备塞。自禄山反后，山东范阳，外虽示顺，实皆倔强不庭。泚首效臣节，代宗喜甚，命滔勒兵东入长安通化门。西出开远门，出师劳还，未有兵还王城者，今而许之，盖示优异。召滔对于三殿，代宗临轩劳问，既而曰："卿材孰与泚多？"滔曰："各有长短。统御士众，方略明辨，臣不及泚；臣年二十八，获谒龙颜，泚长臣五岁，未朝凤阙，此不及臣。"代宗愈喜。

大历九年，泚朝觐，因乞留西征吐蕃。以滔试殿中监，权知幽州卢龙节度留后、兼御史大夫。及田承嗣反，与李宝臣、李正己等解磁州围。建中二年，宝臣死，其子惟岳谋袭父位。滔与成德军节度张孝忠征之，大破惟岳于束鹿。滔命偏师守束鹿，进围深州。惟岳乃统万余众及田悦援兵围束鹿。惟岳将王武俊以骑三十方陈横进。滔绘帛为猰㺄象，使猛士百人蒙之，鼓噪奋驰，贼为惊乱，随击，大破之，惟岳焚营而遁。以功加检校司徒，为幽州卢龙军节度使，以德、棣二州隶焉。朝廷以康日知为深赵二州团练使，王武俊为恒冀二州团练使。滔怒失深州，武俊怒失宝臣故地，滔构武俊同己反。马燧围田悦于魏州，悦告急，滔与武俊遂连兵救悦，败李怀光于惬山。三年十一月，滔僭称大冀王，伪署百官，与李纳、田悦、王武俊并称王，南结李希烈。兴元初，田悦、王武俊以朱泚据京师，滔兵强盛，首尾相应，田悦常谓武俊曰："朱滔心险，不可提防。"遂相率归顺。

泚既僭号，立滔为皇太弟，仍令以重赂招诱回纥，南攻魏、贝，即西入关。兴元元年正月，滔驱率燕、蓟之众及回纥杂虏号五万，次南河,攻围贝州。三月,田绪杀田悦,魏州乱。滔令大将马实分兵逼魏州,营于王莽河。德宗在山南,虑二凶兵合,遣使授王武俊平章事,令与李抱真叶力击滔。四月,恒、潞两军次经城北,行营相距十里,抱真自率二百骑径入武俊军,面申盟约,结为兄弟。五月四日,进军距贝州三十里而军。翌日,滔令大将马实、卢南史引回纥、契丹来挑战,武俊遣骑将赵珍提精骑三百当之,抱真将王虔休掎角待之。武俊与其子士清自当回纥、契丹部落。两军既合,鼓噪震地,回纥恃捷,穿武俊阵而过。武俊乘骑勒马不动,俟回纥引退,因而薄之,因纥势不能止。武俊父子纵马急击,获回纥三百骑。滔阵乱,东走,两边追斩,俘馘首数万计。遇夜,夹滔垒而军。是夜,滔以残众千人奔德州,委弃戈甲山积。滔至瀛州,杀骑将蔡雄、杨布,以其前锋先败;又杀阴阳人尹少伯,以其言举兵必胜故也。

六月,李晟收京城,朱泚、姚令言死。滔还幽州,为武俊所攻,仅不能军,上章待罪。九月,诏曰:"朱滔累献款疏,深效恳诚,省之恻然,良用悯叹!宜委武俊、抱真开示大信,深加晓谕。若诚心益固,善迹克彰,朕当掩瑕录勋,与之昭雪。"真元元年,寻卒于位,时年四十,赠司徒。

刘怦,幽州昌平人也。父贡,尝为广边大斗军使。怦即朱滔姑之子,积军功为雄武军使,广屯田,节用,以办理称。稍迁涿州刺史。居数年,朱滔将兵讨田承嗣,奏署怦领留府事,以宽缓得众心。时李宝臣为田承嗣间说,与之通谋。承嗣又以沧州与宝臣,乃以兵劫朱滔于瓦桥关,滔脱身走,乘胜欲袭取幽州。怦设方略镇抚,宝臣不敢进,以功加御史中丞。

宝臣死,子惟岳拒朝命,德宗令滔与张孝忠同力讨之。及惟岳平,滔怨朝廷违约不与深州,含怒不已。会王武俊亦急割地深、赵,相谋叛,欲救田悦。怦时知幽州留后事,遣人斋书谓滔曰:"司徒位崇太尉,尊居宰相,恩宠冠藩臣之右,荣遇极矣。今昌平故里,朝廷改为太尉乡、司徒里,此亦大夫不朽之名也。但以忠顺自持,则事无不济。窃思近日，务大乐战，不顾成败。而家灭身屠者，安、史是也。暴乱易亡，今复何有？怦忝密亲，世荷恩遇，默而无告，是负重知。惟司徒图之，无贻后悔也。"滔虽不用其言，亦嘉其尽言，卒无疑贰。凡出征伐，必以怦总留后事。及僭称大冀王，伪署怦为右仆射、范阳留守。及沘据京邑，召滔南河，至贝州，挫败而还，兵甲尽丧。怦闻滔将至，悉搜范阳兵甲，夹道排列二十余里，以迎滔归于府第，人皆嘉怦忠义。

贞元二年，滔卒，三军推怦权抚军府事，怦为众所服，卒有其地。朝廷因授怦幽州大都督府长史、兼御史大夫、幽州卢龙节度副大使、知节度事、管内营田观察、押奚契丹、经略卢龙军使。居位三月，以贞元元年九月卒，生五十九，废朝三日，赠兵部尚书，赐布帛有差。子济继为幽州节度使。

济，怦之长子。初，母难产，既产，侍者初见济是一大蛇，黑气勃勃，莫不惊走。及长，颇异常童。所居室焚，人皆惊救，济从容而出，众异之。累历本管州县牧宰。及怦为节度使，以济兼御史中丞，充行军司马。怦卒，军人习河朔旧事，请济代父为帅，朝廷姑务便安，因而从之。累加至检校兵部尚书。

贞元五年，迁左仆射，充幽州节度使。时乌桓、鲜卑数寇边，济率军击走之，深入千余里，虏获不可胜纪，东北晏然。贞元中，朝廷优容藩镇方甚，雨河擅自继袭者，尤骄蹇不奉法。惟济最务恭顺，朝献相继，德宗亦以恩礼接之。寻加同中书门下平章事。顺宗即位，再迁检校司徒。元和初，加兼侍中。及诏讨王承宗，诸军未进，济独率先前军击破之，生擒三百余人，斩首千余级，献逆将于阙，优诏褒之。又为诗四韵上献，以表忠愤之志。明年春，将大军次瀛州，累攻乐寿、博陆、安平等县，前后大献俘获。赏功颇厚，仍与子孙六品官者凡四人。未几，有疾，会赦承宗，录功拜兼中书令。济在镇二十余年，虽输忠款，竟不入觐。又谋杀其弟滋，滋归国为信臣。及济疾，次子总与济亲吏唐弘实通谋鸩杀济，数日，乃发丧。时年五十四，诏赠太师，废朝三日，赙礼有加，谥曰庄武。

弟源，贞元十六年八月，为检校工部尚书，兼左武卫将军。初，为涿州刺史，不受兄教令，济奏之，贬漠州参军，复不受诏。济帅师至涿州，源出兵拒之，未合而自溃。济擒源至幽州，上言请令入觐，故授官以征之。

滔，济之异母弟也。喜读书，工武艺，轻财爱士，得人死力。事朱滔，常陈逆顺之理。后怦为卢龙军节度使，病将卒，滔在父侧，即以父命召兄济自漠州至，竟得授节度使。济常感滔奉己，滔为瀛州刺史，亦许以滔代己任，其后济乃以其子为副大使。滔既怒济，遂请以所部西捍陇塞，拔其所部兵一千五百人、男女万余口直趋京师，在道无一人犯令者。德宗宠遇，特授秦州刺史，以普润县为理所。

及顺宗传位，称太上皇，有山人罗令则诣滔言异端数百言，皆废立之事，滔立命击之。令则又云某之党多矣，约以德宗山陵时伺便而动。滔械令则送京师，杖死之。后录功，赐其额曰保义。其军蕃戎畏之，不敢为寇，常有复河湟之志，议者壮之。元和二年十二月，卒。

总，济之第二子也，性阴贼险谲。元和五年，济奉诏讨王承宗，使长子绲假为副使，领留务。时总为瀛州刺史，济署为行营都兵马使，屯军饶阳，师久无功。总潜伺其隙，与判官张玘、孔目官成国宝及帐内小将为谋，使诈自京至，曰："朝廷以相公逗留不进，除副大使为节度使矣。"明日，又使人曰："副大使旌节已到太原。"又使人走而呼曰："旌节过代州。"举军惊恐。济惊惶愤怒，不知所为，因杀主兵大将数十人及与绲素厚者，乃追绲，以张玘兄皋代知留务。济自朝至日昃不食，渴索饮，总因置毒而进之。济死，绲行至涿州，总矫以父命杖杀之，总遂领军务。朝廷不知其事，因授以斧钺，累迁至检校司空。

及王承宗再拒命，总遣兵取贼武强县，遂驻军持两端，以利朝廷供馈赏赐。是时吴元济尚存，王承宗方跋扈，易定孤危，宪宗暂务姑息,加总同中书门下平章事。及元济就擒,李师道枭首,王承宗忧死,田弘正入镇州,总既无党援,怀惧,每谋自安之计。初,总弑逆后,每见父兄为祟,甚惨惧,乃于官署后置数百僧,厚给衣食,令昼夜乞恩谢罪。每公退,则憩于道场。若入他室,则恼惕不敢寐。晚年恐悸尤甚,故请落发为僧,冀以脱祸,乃以判官张皋为留后。总以落发,上表归朝,穆宗授天平军节度使,既闻落发,乃赐紫,号大觉师。总行至易州界。暴卒。辍朝五日,赠太尉,择日备礼册命,赗绢布一千五百段、米粟五百石。

先是元和初,王承宗阻兵,总父济备陈征伐之术,请身先之。及出军,累拔城邑,旋属被病,不克成功。总既继父,愿述先志,且欲尽更河朔旧风。长庆初,累疏求入觐,兼请分割所理之地,然后归朝。其意欲以幽、涿、营州为一道,请弘靖理之;瀛州、漠州为一道,请卢士玫理之;平、蓟、妫、檀为一道,请薛平理之。仍籍军中宿将尽荐于阙下,因望朝廷升奖,使幽蓟之人皆有希羡爵禄之意。及疏上,穆宗且欲速得范阳,宰臣崔植、杜元颖又不为久大经略,但欲重弘靖所授,而未能省其使局,惟瀛、漠两州许置观察使,其他郡县悉命弘靖统之。时总所荐将校,又俱在京师旅舍中,久而不问。如朱克融辈,仅至假衣丐食,日诣中书求官,不胜其困。及除弘靖,又命悉还本军。克融辈虽得复归,皆深怀觖望,其后果为叛乱。

总既以土地归国,授其弟约及男等十一人,领郡符加命服者五人,升朝班佐宿卫者六人。

程日华,定州安喜人,本单名华。父元皓,事安禄山为帐下将,从陷两京,颇称勇力,史思明时为定州刺史。华少事本军,为张孝忠牙将。

初,李宝臣授恒州节度,吞削藩邻,有恒、冀、深、赵、易、定、沧、德等八州。宝臣既卒,惟岳拒朝命,以图继袭。宝臣部将张孝忠以定州归国,授成德军节度使,令与朱滔讨惟岳。及惟岳诛,朝廷以恒、冀授王武俊,深、赵授康日知,易、定、沧授张孝忠,分为三帅。时惟岳将李固烈守沧州,孝忠令华诣固烈交郡。固烈将归真定,悉取沧州府藏,累乘而还。军人怒,杀固烈,皆夺其财,相与诣华曰:"李使君贪鄙而死,军州请押牙权领。"不获已,从之。孝忠因授华知沧州事。

未几,朱滔合武俊谋叛,沧、定往来艰阻,二盗遂欲取沧州,多遣从游说,又加兵攻围,华俱不听从,乘城自固。久之,录事参军李宇为华谋曰:"使君受围累年,张尚书不能致援,论功献捷,须至中山,所谓劳而无功者也。请为足下至京师,自以一州为使。"华即遣之。宇放阙,备陈华当二盗之间,疲于矢石。德宗深嘉之,拜华御史中丞、沧州刺史。复置横海军,以华为使。寻加工部尚书、御史大夫,赐名日华,仍岁给义武军粮饷数万。自是别为一使,孝忠唯有易、定二州而已。

武俊遣人说华归己,华曰:"相公欲弊邑仍旧隶恒州,且供骑二百以抗贼,俟道路通即从命。"武俊喜,即以二百骑助之。华乃留其马,遣人皆还。武俊怒其背约,又以朱滔方攻围,虑为所有而止。及武俊归国,河朔无事,日华即遣所留马还武俊,别陈珍币谢过,武俊欢然而释。贞元四年卒,赠兵部尚书。子怀直。

怀直习河朔事,父卒,自知留后事。朝廷嘉父之忠,起复授检校工部尚书、兼御史大夫,升横海军为节度,以怀直为留后。又于弓高县置景州,管东光、景城二县,以为属郡。累加至检校尚书右仆射。五年,起复正授节度观察使。怀直荒于畋猎,数日方还,不恤军政,军士不胜寒馁。其帐下将从父兄怀信因众怒闭门不内,怀直因来朝觐,贞元九年也。德宗优容之,依前检校右仆射,兼龙武统军,赐安业里甲第、妓女一人。既而怀信死,怀信子执恭知留后事,乃遣怀直归沧州。十六年卒,年四十九,废朝一日,赠扬州大都督。

执恭代袭父位,朝廷因而授之。元和六年入朝,宪宗礼遇遣之,加尚书左仆射。尝梦沧州衙门楼额悉帖"权"字,遂奏请改名权。十三年,淮西贼平,藩方惕息。权以父子世袭如三镇事例,心不自安,乃请入朝。十三年,至京师,表辞戎帅,因命华州刺史郑权代之,以靖安里私第侧狭,赐地二十亩,令广其居。寻迁检校司空、邠州刺史、邠宁节度使。十四年十一月卒,赠司徒。权兄弟子侄在朝列宿卫者三十余人。

李全略者,本姓王,名日简。为镇州小将,事王武俊。元和中,节度使王承宗没,军情不安,自拔归朝,授代州刺史。及长庆初,镇州军乱,杀田弘正,穆宗为之旰食,以日简尝为镇将,召问其计。日简遂于御前极言利害,兼愿有以自效,因授德州刺史,经略其事。明年,擢拜横海军节度使,赐姓李氏,名全略,以崇树之。未几,令子同捷入侍,兼进钱千万。逾岁,同捷归觐,乃奏请授沧州长史、知州事,兼主中军兵马。朝廷初不之许。后虑其有奇策,将副经略之旨,遂从之。及得请,全略乃阴结军士,潜为久计,外示忠顺,内蓄奸谋。棣州刺史王稷善抚众,且得其心,全略忌而杀之,仍孥戮其属。凡所为事,大率类此。宝历二年四月卒。

子同捷,初为副大使,居丧,擅领留后事,仍重赂藩邻以求缵袭,朝廷知其所为,经年不问。属昭愍晏驾,文宗即位,同捷冀易世之后,稍行恩贷,即令母弟同志、同异入朝,令掌书记崔长奉表,备达恳诚,请从朝旨。诏授同捷检校左散骑常侍、衮州刺史、衮海节度使,以天平节度使乌重胤为沧州节度以代之。诏下,同捷托以三军乞留,拒命。乃命乌重胤率郓、齐兵加讨。又诏徐帅王智兴、滑帅李听、平卢康志睦、魏博史宪诚、易定张璠、幽州李载义等四面进攻。

同捷世行奸诈,自以尝在成德军为将校,燕、赵之师,可结为城社,乃以玉帛子女赂河北三镇,以求旌钺。李载义初受朝命,坚于效顺,乃囚同捷侄及所赂玉帛妓女四十七人表献。又表朝廷加载义左仆射、王廷凑司徒,以悦其心事。廷凑本蓄狼心,欲吞横海,乃出兵于境以赴同捷。

　　王智兴师次棣州，诏曰："李同捷幸袭旧勋，不思缵绪，斩麻未几，私行墨缞。毒杀忠良，扰惑部校，稽之国宪，难逭常刑。朕以顷在先朝，已稽中旨，实遵成命，未讯改图。乃由留务之权，授以戎帅，拔负海之陋，置之中华，推恩含垢，斯亦至矣。而同捷益怀迷执，闭境练兵，大诟邻封，拒捍中使。遝迡愤怨，中外惊嗟，叛命既彰，大义当绝，事非获已，良用怃然。其同捷在身官爵，并宜削夺，令诸军进讨。"俄而乌重胤卒，授神策节度使李寰代重胤出师，无功召还，乃加王智兴平章事，充行营招抚使。史宪诚遣大将兀志治与子唐帅兵二万五千攻德州。大和二年九月，智兴收棣州，因割隶淄青。时诸军在野，朝廷特置供军粮料使，日费浸多。两河诸帅每有小捷，虚张俘级，以邀赏赉，实欲困朝廷而缓贼也，缯帛征马，赐之无算。

　　同捷既窘，王廷凑援之不及。乃令人诱兀志治，俾倒戈攻宪诚，许以代为魏博节度，志治信其言而叛。宪诚告难，诏李听以诸道兵攻之。志治败，奔于镇州。李寰赴阙，又以李佑代为横海节度。三年三月，诏谏议大夫柏耆军前慰抚。四月，李佑收德州。同捷乞降于佑，佑疑其诈，柏耆请以骑兵三百入沧州，佑从之。耆径入沧州，取同捷与其家属赴京师。其月二十六日，至德州界，谍言廷凑兵来劫篡，耆乃斩同捷首，传而献捷，百僚称贺。同捷母孙、妻崔、儿元达等既献，诏悉宥之，配于湖南安置。

　　史臣曰：国家崇树藩屏，保界山河，得其人则区宇以宁，失其授则干戈勃起。若怀仙之辈，习乱河朔，志深狡蠹，忠义之谈，罔经耳目，以暴乱为事业，以专杀为雄豪，或父子弟兄，或将帅卒伍，迭相屠灭，以成风俗。斯乃王道浸微，教化不及，惜哉蒸民，陷彼虎吻！其间刘总，粗贮臣诚，然而杀父兄以图荣，落髼发而避祸，未旋踵而暴卒他境，斯谓报应之验与！

　　赞曰：国法不纲，贼臣鸱张。虽曰父子，凶如虎狼。恶稔族灭，身屠地亡。蠢兹伏莽，污我彝章。

旧唐书卷一四四
列传第九四

尚可孤　　李观　　　戴休颜
阳惠元　　李元谅　　韩游瓌
贾隐林　　杜希全　　尉迟胜
邢君牙　　杨朝晟　　张敬则

　　尚可孤，东部鲜卑宇文之别种也，代居松、漠之间。天宝末归国，隶范阳节度安禄山，后事史思明。上元中归顺，累授左、右威卫二大将军同正，充神策大将，以前后功改试太常卿，仍赐实封一百五十户。鱼朝恩之统禁军，爱其勇，甚委遇之，俾为养子，奏姓鱼氏，名智德，以禁兵三千镇于扶风县，后移武功。可孤在扶风、武功凡十余年，士伍整肃，军邑安之。朝恩死，赐可孤姓李氏，名嘉勋。会李希烈反叛，建中四年七月，除兼御史中丞、荆襄应援淮西使，仍复本姓名尚可孤，以所统之众赴山南，累有战功。

　　及泾原兵叛，诏征可孤军至蓝田，贼众方盛，遂营于七盘，修城栅而居之。贼将仇敬等来寇，可孤频击破之，因收蓝田县。兴元元年三月，迁检校工部尚书、兼御史大夫、神策京畿渭南商州节度使。四月，仇敬又来寇，可孤率兵急击，擒仇敬斩之，遂进军与副元帅李晟决策攻讨。五月，晟率可孤及骆元光之军收京城，可孤之师为先锋。京师平，以功升检校右仆射，封冯翊郡王，增邑通前八百户，实封二百户。

可孤性谨愿沉毅，既有勋绩，众会之中，未尝言功。贼平之后，营于白花亭，御众公平，号令严整，时人称焉，李晟甚亲重之。及李怀光以河中叛，诏可孤帅师与诸军进讨，次于沙苑，遇疾，卒于军。赠司徒，赙布帛米粟加等，丧葬所须，并令官给。

李观，洛阳人，其先自赵郡徙焉，秋官员外郎敬仁倲孙也。少习武艺，沉厚寡言，有将帅识度。乾元中，以策干朔方节度使郭子仪，子仪善之，令佐坊州刺史吴仲，充防遏使，寻以忧免，居周至别业。广德初，吐蕃入寇，銮驾之陕，观于盩厔率乡里子弟千余人守黑水之西，戎人不敢近。会岭南节度杨慎微将之镇，以观权谋，奏充偏将，俾总军政。及徐浩、李勉继领广州，尤加信任，麾下兵甲悉委之。平冯崇道、朱泚时有功，累迁大将。李勉移镇滑州，累奏授试殿中监，加开府仪同三司。追赴阙，授右龙武将军。

建中末，泾师叛，观时上直，领卫兵千余人扈从奉天。诏都巡警训练诸军戍卒，三数日间，加召二千余众，列之通衢，整肃鼙鼓，城内因之增气。德宗倚赖之，赐封二百户，二子宏、寓，授八品京官。及驾出奉天，与令狐建、李升、韦清等咸执羁靮，周旋艰险，皆著功劳。驾还京师，诏总后军禁卫。

兴元元年闰十月，拜四镇北庭行军泾原节度使、检校兵部尚书。在镇四年，虽无拓境之绩，励卒储粮，训整宁辑。及平凉之师会，浑瑊既无戎备，观伺知狡谋，潜择精兵五千要伏险道；及瑊遁归，赖观游军及李元谅之师表里以免。帝优赏，赐赉甚厚，特诏褒美。其年，朝京师，除少府监、检校工部尚书，以疾终。贞元四年，赠太子少傅。

戴休颜，夏州人。在军伍以膳略称。大历中，为郭子仪部将，以战功累迁至盐州刺史。奉天之难，倍道以所部蕃汉三千人号泣赴难，德宗嘉之，赐实封二百户。与浑瑊、杜希全、韩游瓌等捍御有功。

车驾再幸梁、洋,留守奉天。及李怀光叛据咸阳,使诱休颜,休颜集三军斩其使,婴城自守。怀光大骇,遂自泾阳夜遁。其月,拜检校工部尚书、奉天行营节度使。李晟收京师,乃与浑瑊破泚偏师,斩首三千级,休颜追贼至中渭桥。李晟既清宫阙,休颜与瑊等率兵赴岐阳邀击泚余众。及策勋,加检校右仆射,封至六百户。七月,护驾至京,特赐女乐、甲第以褒功伐,寻拜左龙武将军。贞元元年卒,年五十九,废朝一日,赠赙有差。

阳惠元,平州人。以材力从军,隶平卢节度刘正臣。后与田神功、李忠臣等相继渊海至青、齐间,忠勇多权略,称为名将。又以兵隶神策,充神策京西兵马使,镇奉天。

初,大历中,两河平定,事多姑息。李正己有淄、青、齐、海、登、莱、沂、密、德、棣、曹、濮、徐、兖、郓十五州之地,养兵十万;李宝臣有恒、易、深、赵、沧、冀、定七州之地,有兵五万;田承嗣有魏、博、相、卫、洺、贝、澶七州之地,有兵五万;梁崇义有襄、邓、均、房、复、郢六州之地,其众二万。皆始因叛乱得侯,各擅土宇,虽泛禀朝旨,而威刑爵赏,生杀自专,盘根结固,相为表里。朝廷常示大信,不为拘限,缓之则嫌衅自作,急之则合谋。或闻诏旨将增一城,浚一池,必皆怨怒有辞,则为之罢役,而自于境内治兵缮垒以自固。凡历三朝,殆二十年,国家不敢兴拳石撮土之役。

代宗性宽柔无怒,一切从之。凡河朔诸健步奏计者,必获赐赍。及德宗即位,严察神断,自诛刘文喜之后,知朝法不可犯,四盗俱不自安。奏计者空还,无所赏赐,归者多怨。或传说飞语,云帝欲东封,汴州奏以城隘狭,增筑城郭。李正己闻之,移兵万人屯于曹州,田悦亦加兵河上,河南大扰,羽书警急。乃诏移京西戍兵万二千人以备关东,帝御望春楼亲誓师以遣之,曰:"呜呼!东鄙之警,事非获已。唯尔将校群士,各以忠节,勤于王家,南赴蜀门,西定泾垒,甲胄不解,疮痍未平,今载用尔分镇于周、郑之郊,敬聪明命。夫王者之师,有征无战,稽诸理道,用正邦国。宜励乃戈甲,保固城池,以德和人,以义制事。将备其侵轶，不用越境攻取，戡而后勋，可谓正矣。今外夷来庭，方春生植，品物资始，农桑是时。俾尔将士，暴露中野，我心痛悼，郁如焚灼。嗟尔有众，其悉予怀。"士卒多泣下。及赐宴，诸将列坐，酒至，神策将士皆不饮，帝使问之。惠元时为都将，对曰："臣初发奉天，本军帅张巨济与臣等约曰：'斯役也，将策大勋，建大名。凯旋之日，当共为欢；苟未戎捷，无以饮酒。'故臣等不敢违约而饮。"既发，有司供饩于道路，他军无子遗，唯惠元一军饼罍不发。上称叹久之，降玺书慰劳。

及田悦反叛，诏惠元领禁兵三千与诸将讨伐，战御河，夺三桥，皆惠元之功也。寻加检校工部尚书，摄贝州刺史，令以兵属李怀光。建中四年冬，自河夺三桥，皆惠元之功也。寻加检校工部尚书，摄贝州刺史，令以兵属李怀光。建中四年冬，自河朔与怀光同赴国难，解奉天之围。明年二月，怀光背国叛逆，惠元义不受污，脱身奔窜奉天。会乘舆南幸，怀光怒惠元之逸，令其将冉宗以百余骑追及于好畤县。惠元计穷，父子三人并投人家井中，冉宗并出而害之。兴元元年，赠右仆射，仍赙绢百匹。惠元男尚食奉御晟赠殿中监，左卫兵曹参军皓赠邠州刺史，褒死难也。

李元谅，本骆元光，姓安氏，其先安息人也。少为宦官骆奉先所养，冒姓骆氏。元谅长大美须，勇敢多计。少从军，备宿卫，积劳试太子詹事。镇国军节度使李怀让署奏镇国军副使，俾领州事。元谅尝在潼关领军，积十数年，军士皆畏服。

德宗居奉天，贼泚遣伪将何望之轻骑袭华州，刺史董晋弃州走，望之遂据城，将聚兵以绝东道。元谅自潼关将所部，仍令义兵因其未设备，径攻望之，遂拔华州，望之走归。元谅乃修城隍器械，召募不数日，得兵万余人，军益振，以功加御史中丞。贼泚数遣兵来寇，辄击却之。是时，尚可孤守蓝田，与元谅掎角，贼东不能逾渭南，元谅功居多。无几，迁华州刺史、兼御史大夫、潼关防御、镇国军节度使，寻加检校工部尚书。

兴元元年五月，诏元谅与副元帅李晟进收京邑。兵次于浐西，贼悉众来狼，元谅先士卒奋击，大败之。进军至苑东，与晟力战，坏苑垣而入，贼联战皆败，遂复京师。元谅让功于晟，出屯于章敬佛寺。帝还宫。加检校尚书右仆射，实封七百户，赐甲第、女乐，仍与一子六品正员官。

李怀光反于河中，绝河津，诏元谅与副元帅马燧、浑瑊同讨之。时贼将徐庭光以锐兵守长春宫，元谅遣使招之。庭光素轻易元谅，且慢骂之，又以优胡为戏于城上，辱元谅先祖，元谅深以为耻。及马燧以河东兵至，庭光降于马燧，诏以庭光为试殿中监、兼御史大夫。河中平，燧待庭光益厚。元谅因遇庭光于军门，命左右劫而斩之，乃诣燧匍匐请罪。燧盛怒，将杀元谅，久之，以其功高乃止。德宗以元谅专杀，虑有章疏，先令宰相谕谏官勿论。

贞元三年，诏元谅将本军从浑瑊与吐蕃会盟于平凉。元谅谓瑊曰："本奉诏令营于潘原堡，以应援侍中。窃思潘原去平凉六七十里，蕃情多诈，倘有急变，何由应赴？请次侍中为营。"瑊以违诏，固止之。元谅竟与瑊同进，瑊营距盟所二十里，元谅营次之，壕栅深固。及瑊赴会，乃戒严部伍，结阵营中。是日，虏果伏甲，乘瑊无备窃发。时士大夫皆朝服就执，军士死者十七八。瑊单马奔还，群虏追蹑，瑊营将李朝彩不能整众，多已奔散，瑊至，空营而已。赖元谅之军严固，瑊既入营，虏皆散去。是日无元谅军，瑊几不免。元谅乃整军，先遣辎重，次与瑊俱申号令，严其部伍而还。时谓元谅有将帅之风。德宗嘉之，赐良马十匹，金银器、锦彩等甚厚。丁母忧，加右金吾卫上将军，起复本官。帝念其勋劳，又赐姓李氏，改名元谅。

四年春，加陇右节度支度营田观察、临洮军使，移镇良原。良原古城多摧圮，陇东要地，虏入寇，常牧马休兵于此。元谅远烽堠，培城补堞，身率军士，与同劳逸，芟林杂草，斩荆榛，俟干，尽焚之，方数十里，皆为美田。劝军士树艺，岁收粟菽数十万斛，生植之业，陶治必备。仍距城筑台，上毂车弩，为城守备益固。无已，又进筑新城，以据便地。虏每寇掠，辄击却之，泾、陇由是乂安，虏深惮之。以疾，贞元元年十一月,卒于良原,年六十二。帝甚悼惜,废朝三日,赠司空,赙布帛米粟有差。

韩游瓌,河西灵武人。仕本军,累历裨补,积功至邠宁节度使。德宗出幸奉天,卫兵未集,游瓌与庆州刺史论惟明合兵三千人赴难,自乾陵北过赴醴泉以拒泚。会有人自京城来,言贼信宿当至,上遽令追游瓌等军伍。才入壁,泚党果至,乃出斗城下,小不利,乃退入城。贼急夺门,游瓌与贼隔门血战,会暝方解。自是贼日攻城,游瓌、惟明乘城拒守,躬当矢石,不暇寝息,赴难之功,游瓌首焉。

李怀光反,从驾山南。德宗以禁军无职局,六军特置统军一员,秩从二品,以游瓌、惟明、贾隐林等分典从驾禁兵。李晟移军东渭桥,与骆元光、尚可孤分扼京东要路,浑瑊与游瓌、戴休颜分典京西要路,掎角进攻。兴元元年,检校刑部尚书、兼御史大夫,例授"奉天定难功臣"。李晟收京城,游瓌三将亦破贼于咸阳。德宗自兴元还京,浑瑊与游瓌、休颜三将从,李晟、尚可孤、骆元光三将奉迎,论功行封,与瑊等相次,还镇邠宁。

三年,以子钦绪与妖贼李广弘同谋不轨,时游瓌镇长武城,事将发,钦绪奔于邠州,邠州将吏械送京师。游瓌以子大逆,请代归,固欲诣阙,诏不许。游瓌锁系钦绪二子送京师,请从坐,上亦宥之。十二月,游瓌入朝,素服待罪,入朝堂,遽命释之,劳遇如故,复令还镇。初,游瓌入觐,邠州将吏以其子谋叛,又御军无政,谓必受代,饯送之礼甚薄。及游瓌见上,盛论边事,请筑丰义城以备蕃寇,上以特达,委用如初。及还镇,军中惧不自安。大将范希朝善将兵,名闻军中,游瓌畏其逼己,将因事诛之。希朝惧,出奔凤翔,上素知名,召入宿卫。及游瓌遣五百人筑丰义城,两板而溃。又宁州戍卒数百人,纵掠而叛。其无方略,失士心,皆此类也。自宁州卒叛,吐蕃入寇,游瓌自率众戍宁州。

四年七月,除将军张献甫代,游瓌不俟献甫至,又不告众知,乃轻骑夜出归朝。将卒素骄,闻献甫严急,因其无帅,纵兵大掠,且围监军杨明义第,请奏范希朝为帅。都虞侯杨朝晟初逃难郊外,翌日闻请希朝,乃复入城,与军众曰:"所请甚惬,我来贺也。"叛卒稍安。朝晟乃与诸将密谋,晨率甲兵而出,召叛卒告曰:"前请者不获,张尚书来,昨日已入邠州。汝等谋叛,皆当死。吾不尽杀,谁为贼首,各言之,以罪归之,余悉不问。"于众中唱二百余人,立斩之,军城方定。上闻军情欲希朝,乃授宁州刺史,为献甫邠宁之副。游瓌至京,授右龙武统军。十四年卒。

李广弘者,或云宗室亲王之胤。落发为僧,自云见五岳、四渎神,已当为人主。贞元三年,自邠州至京师,有市人董昌者,通导广弘,舍于资敬寺尼智因之室。智因本宫人。董昌以酒食结殿前射生将韩钦绪、李政谏、南珍霞,神策将魏修、李俊,前越州参军刘昉、陆缓、陆绛、陆充、徐纲等,同谋为逆。广弘言岳渎神言,可以十月十日举事,必捷。自钦绪已下,皆有署置为宰相,以智因尼为后。谋于举事日夜令钦绪击鼓于凌霄门,焚飞龙厩舍草积;又令珍霞盗击街鼓,集城中人;又令政谏、修、俊等领射生、神策兵内应;事克,纵剽五日,朝官悉杀之。事未发,魏修、李俊上变,令内官王希迁等捕其党与斩之,德宗因禁止诸色人不得辄入寺观。

贾隐林者,滑州牙将也。建中初,为本军兵马使,令率兵宿卫。朱泚之乱,诸军未集,隐林率众扈从。性质朴,在奉天,贼急攻城,隐林与侯仲庄遂急救应,难险备至。既而怀光军至,逆贼解围,从臣称庆,隐林抃舞毕,奏曰:"贼泚奔遁,臣下大庆,此皆宗社无疆之休。然陛下性灵太急,不能容忍,若旧性未改,贼虽奔亡,臣恐忧未艾也。"上不以为忤,甚称之。累官至检校右散骑常侍,封武威郡王。将幸山南击卒,赠左仆射,赐其家实封三百户,赙绢百匹、米百石,丧葬官给。

杜希全,京兆醴泉人也。少从军,尝为郭尚父子仪裨将,积功至朔方军节度使,军令严肃,士卒皆悦服。初,德宗居奉天,希全首将所部与盐州刺史戴休颜、夏州刺史时常春合兵赴难。军已次汉谷,为贼沈邀击,乘高纵礧,又以大弩射之,伤者众。德宗令出兵援之,不得进,希全退次邠州。以赴难功,加检校户部尚书、行在都知兵马使。从幸梁州。帝还京师,迁太子少师、检校右仆射,兼灵州大都督、御史大夫、受降定远城天德军灵盐丰夏等州节度支度营田观察押蕃落等使,余姚郡王。

希全将赴灵州,当献《体要》八章,多所规谏,德过深纳之,乃著《君臣箴》以赐之,其辞曰:

夫惟德惠人,惟辟奉天,纵谏则圣,共理惟贤。皇立有极,骏命不易,总万机以成务,齐六合之殊致。一心不能独鉴,一目不能周视,敷求哲人,式序在位。于戏!君之任臣,必求一德;臣之事君,咸思正直。何启沃之所宜,自古今而未得?且以谠言者逆耳,谗谀者伺侧,故下情未通,而上听已惑,俾夫忠贤,败于凶慝。譬彼轻舟,蒸徒楫之;亦有和羹,宰夫膳之。孰云理国,不自得师,覆车之轨,予其惩而。高以下升,和由甘受,惟君无良,亦臣之咎。闻诸辛毗,牵裾魏后,则有禽息,竭忠碎首,勉思献替,以平可否。勿谓无伤,自微而彰,勿谓何害,积小成大,事有隐而必见,令既出而焉悔。鼓钟在宫,声闻于外,浩然涉水,朕未有艾,将负衮以虚心,期尽忠而纳诲。在昔稷、契,实匡舜、禹;近兹魏征,佑我文祖,君臣协德,混一区宇。肆予寡昧,获缵丕绪,臣哉邻哉,尔翼尔辅。

高秋始肃,我武惟扬,辍此禁卫,殿于大邦。恋阙方甚,嘉言乃昌,是规是谏,金玉其相。辞高理要,入德知方,总彼千虑,备于八章,宣父有言,启予者商。殷有盘铭,周有欹器,或试以辞,或警以事。彼图演义,发于尔志,与金镜而高悬,将座右而同置。人皆有初,鲜慎厥终,汝其夙夜,期保朕躬。无曰尔身在外,而尔诚不通,一言之应,千里攸同。导彼退俗,达余四聪,华夷仰德,时乃之功。既往既来,怀贤忡忡,唱予和汝,式示深衷。

寻兼本管及夏绥节度都统,加太子少师。希全以盐州地当要害,自贞元三年西蕃劫盟之后,州城陷虏,自是塞外无保障,灵武势隔,西通鄜坊,甚为边患,朝议是之。九年,诏曰:

> 设险守国,《易象》垂文;有备无患,先王令典。况修复旧制,安固疆里,偃甲息人,必在于此。

> 盐州地当冲要,远介朔陲,东达银夏,西援灵武,密迩延庆,保捍王畿。乃者城池失守,制备无据,千里庭障,烽燧不接,三隅要害,役戍其勤。若非兴集师徒,缮修壁垒,设攻守之具,务耕战之坊,则封内多虞,诸华屡警,由中及外,皆靡宁居。深惟永图,岂忘终食。顾以薄德,至化未孚,既不能复前古之治,致四夷之守,与其临事而重扰,岂若先备而即安。是用弘久远之谋,修五原之垒,使边城有守,中夏克宁,不有暂劳安能永逸?

> 宜令左右神策及朔方河中绛邠宁庆兵马副元帅浑瑊、朔方灵盐丰夏绥银节度都统杜希全、邠宁节度使张献甫、神策行营节度使邢君牙、银夏节度使韩潭、鄜坊节度使王栖曜、振武节使范希朝,各于所部简练将士,令三万五千人同赴盐州。神策将军张昌宜权知盐州事,应板筑杂役,取六千人充。其盐州防秋将士,率三年满更代,仍委杜彦先具名奏闻,悉与改转。

> 朕情非己欲,志在靖人。咨尔将相之臣,忠良之士,输诚奉命,陈力忘忧,勉茂功勋,永安疆场。必集兵事,实惟众心,各相率励,以副朕志。

凡后六千人,二旬而毕。时将板筑,仍诏泾原、剑南、山南诸军深讨吐蕃以牵制之,由是板筑之时,虏不及犯塞。城毕,中外称贺。由是灵武、银夏、河西稍安,虏不敢深入。

希全久镇河西,晚节倚边多恣横,帝尝宽之。丰州刺史李景略威名出其右,希全深忌之,疑畏代己,乃诬奏景略,德宗不得已为贬之。素病风眩,暴戾益甚。判官监察御史李起颇忤之,希全又诬奏杀之。将吏皆重足胁息。贞元十年正月卒,废朝三日,赠司空。

尉迟胜，本于阗王珪之长子，少嗣位。天宝中来朝，献名马、美玉，玄宗嘉之，妻以宗室女，授右威卫将军、毗沙府都督还国。与西安节度使高仙芝同击破萨毗播仙，以功加银青光禄大夫、鸿胪卿，氐光禄卿，皆同正。

至德初，闻安禄山反，胜乃命弟曜行国事，自率兵五千赴难。国人留胜，以少女为质而后行。肃宗待之甚厚，授特进，兼殿中监。广德中，拜骠骑大将军、毗沙府都督、于阗王，令还国。胜固请留宿卫，加开府仪同三司，封武都王，实封百户。胜请以本国王授曜，诏从之。胜乃于京师修行里盛饰林亭，以待宾客，好事者多访之。

建中末，从幸奉天，为兼御史中丞。驾在兴元，胜为右领军将军，俄迁右威卫大将军，历睦王傅。

贞元初，曜遣使上疏，称："有国以来，代嫡承嗣，兄胜既让国，请传胜子锐。"上乃以锐为检校光禄卿兼毗沙府长史还，固辞，且言曰："曜久行国事，人皆悦服。锐生于京华，不习国俗，不可遣往。"因授韶王谘议。兄弟让国，人多称之。府除，以胜为原王傅。卒时年六十四。贞元十年，赠凉州都督。子锐嗣。

邢君牙，瀛州乐寿人也。少从军于幽蓟、平卢，以战功历果毅折冲郎将，充平卢兵马使。安禄山反，随平卢节度使侯希逸过海，至青、徐间。田神功之讨刘展，君牙又从神功战伐有功，历将军、试光禄卿。神功既为衮郓节度使，令君牙领防秋兵入镇好畤。属吐蕃陵犯，代宗幸陕，君牙隶属禁军扈从。后又以战功加鸿胪卿，累封河间郡公。

建中初，河北诸节帅叛，李晟率禁军助马燧等征之。晟以君牙为都虞候，累于武安、襄国、洹水、魏县、清丰讨贼有功，君牙擒生斩级居多。属德宗幸奉天，晟率君牙统所部兵，倍道兼程，来赴国难。及驻军咸阳，移营渭桥，军中之事，晟惟与君牙商之，他人莫可得而闻也。收复宫阙，骤加御史大夫、检校常侍。既而晟为凤翔、泾原元

帅,数出军巡边,常令君牙掌知留后,军府安悦。贞元三年,晟以太
尉、中书令归朝,君牙代为凤翔尹、凤翔陇州都防御观察使,寻迁右
神策行营节度、凤翔陇州观察使,加检校工部尚书。吐蕃连岁犯边,
牙且耕且战,以为守备,西戎竟不能为大患。寻加检校右仆射。贞
元十四年卒,时年七十一,废朝一日,赠司空,赙布帛米粟有差。

　　杨朝晟,字叔明,夏州朔方人。初,在朔方部军前锋,常有功,授
甘泉果毅。建中初,从李怀光讨刘文喜于泾州,斩获擒生居多,授骠
骑大将军,稍迁右先锋兵马使。后李纳寇徐州,从唐朝臣征讨,常冠
军锋,以功授开府仪同三司、检校太子宾客。

　　上在奉天,李怀光自山东赴难,以朝晟为右厢兵马使,将千余
人下咸阳,以挫朱泚,加御史中丞,实封一百五十户。及怀光反于河
中,朝晟被胁在军。上幸梁、洋,韩游瑰退于邠宁,怀光以尝在邠宁,
迫制如属城,以贼党张昕在邠州总后务。昕惧难作,乃大索军资,征
卒乘,约明潜发,归于怀光。时朝晟父怀宾为游瑰将,夜后以数十骑
斩昕及同谋者。游瑰即日使怀宾奉表闻奏,上召劳问,授兼御史中
丞,正授游瑰邠宁节度使。间谍至河中,朝晟闻其事,泣告怀光曰:
“父立功于国,子合诛戮,不可主兵。”怀光遂系之。及诸军进围河
中,韩游环营于长春宫,怀宾身当战伐。及怀光平,上念其忠,俾副
元帅浑瑊特原朝晟。用为游瑰都虞候。时父子同军。皆为开府、宾
客、御史中丞,异姓王,荣于军中。

　　后诏征游瑰宿卫,以张献甫代之。献甫在道,军中有裴满者,扇
乱劫朝晟。朝晟阳许之,密计斩三百余人。献甫入,改御史大夫。九
年,城盐州,征兵以护外境,朝晟分统士马镇木波堡。献甫卒,诏以
朝晟代之。其年,丁母忧,起复左金吾大将军同正、邠州刺史、兼御
史大夫。十三年春,朝晟奏:“方渠、合道、木波,皆贼路也,请城其地
以备之。”诏问:“须兵几何?”朝晟奏曰:“臣部下兵自可集事,不烦
外助。”复问:“前筑盐州,凡兴师七万,今何其易也?”朝晟曰:“盐州
之役,咸集诸军,番戎尽知之。今臣境迫虏,若大兴兵,即番戎来寇,

来寇则战,战则无暇城矣。今请密发军士,不十日至塞下,未旬而功毕,番人始知,已无奈何。"上从之。已事,军还至马岭,吐蕃始来,数日而退。初,军次方渠,无水,师旅嚣然。遽有青蛇乘高而下,视其迹,水随而流,朝晟命筑防环之,遂为渟泉。军人仰饮以足,图其事上闻,诏置祠焉。免丧,加检校工部尚书。是夏,以防秋移军宁州,构疾,旬余而卒。

张敬则者,不知何许人,本名昌,后赐名敬则。初助刘玄佐,累有军功,官至凤翔节度使。常有复河湟之志,遣大将野诗朗辅发锐卒至陇西,番戎大骇。元和二年六月卒。

史臣曰:有唐中否,逆寇勃兴,天王窘以蒙尘,诸侯忠而赴难。可孤生居沙漠,挺然怀效命之风;功冠貔貅,屹尔有不矜之色。李观文儒之胄,乐习兵戎,戴圣主著定难之勋,救浑瑊于会盟之变。休颜斩使婴城,怀光股栗;惠元穷蹙自致,天子轸悼。元谅退兵章敬,力战让功,雅有器度;及不忍小忿,专杀庭光,请罪军门,壮哉烈士!其下诸将,郁有劳能。胜生异域,推位让国,坚留宿卫,顾慕华风,居中土者,岂不思廉让耶!斯乃高祖之基,太宗之业,贻厥孙谋,不徒虚语。

赞曰:建中失国,啸聚氛昴。景五载延,群雄毕力。歌钟甲第,圭组繁锡。凡百人臣,忠为令德。

旧唐书卷一四五
列传第九五

刘玄佐 子士宁　士干　李万荣附　董晋
陆长源　刘全谅　李忠臣
李希烈　吴少诚 弟少阳
少阳子元济附

　　刘玄佐，本名洽，滑州匡城人也。少倜傥，不理生业，为县捕盗吏，违法，为令所笞，仅死，乃亡五从军。大历中，为永平军衙将。李灵曜据汴州，洽将兵乘其无备，径入宋州，遂诏以州隶永平军，节度使李勉奏署宋州刺史。建中二年，加兼御史中丞、亳颍节度等使。

　　李正己死，子纳匿丧谋叛，而李洧以徐州归顺，纳遣兵围之。诏洽与诸军援洧，与贼接战，大破之，斩首万余级，由是转输路通，加御史大夫。又收濮州，降其将杨令晖，分兵挟之，徇濮阳，降其将高彦昭。以通濮阳津，迁尚书，累封四百户，兼曹濮观察使，寻加淄青衮郓招讨使，又加汴滑都统副使。李希烈攻汴州，德宗在奉天，连战，贼稍却。兴元初，进加检校左仆射。加平章事。希烈围宁陵，洽大将刘昌坚守不下。希烈攻陈州，洽遣刘昌与诸军救之，大败贼党，获其将翟崇晖。希烈弃汴州，洽率军收汴，诏加汴宋节度。无几，授本管及陈州诸军行营都统，赐名玄佐。是岁来朝，又拜泾原四镇北庭等道兵马副元帅，检校司空，益封八百户。

　　玄佐性豪侈，轻财重义，厚赏军士，故百姓益困。是以汴之卒，始于李忠臣，讫于玄佐，而日益骄恣，多逐杀将帅，以利剽劫。又宠任小吏张士南及养子乐士朝，财物钜万。士朝通玄佐嬖妾。玄佐在镇，李纳每使来，必重赠遗，饰美女名乐，从其游娱，故多得其阴事，常先为备，故纳惮其心计。贞元三年三月，死于位，年五十八，废朝三日，赠太傅。将佐初匿丧，称疾俟代，帝亦为隐，数日乃发丧。子士宁、士干。

初，将佐匿丧，既发，帝遣问所欲立："吴凑可乎？"监军孟介、行军卢瑗皆曰"便"。及凑次汜水，枢将迁，请备仪，瑗不许，又令留什物俟新使，将士大怒。玄佐子婿及亲兵乃以三月晦夜激怒三军，明晨，衙兵皆甲胄，拥士宁登重榻，衣以墨缞，呼为留后。军士执城将曹金岸、浚仪令李迈，曰："尔等皆请吴凑者！"遂脔之，唯卢瑗获免。士宁乃以财物分赐将士，请之为帅，孟介以闻。帝召宰臣问计，窦参曰："今汴人挟李纳以邀命，若不许，惧合于纳。"遂从之，授士宁起复金吾卫将军同正、汴州刺史、宣武军节度等使。士宁位未定时，遣使通王武俊、刘济、田绪，以士宁未受诏于国，皆留之。

士宁初授节制，诸将多不悦服。性忍暴淫乱，或弯弓挺刃，手杀人于杯案间，悉烝父之妓妾，又强取人之妇女，好俾观妇人。每出畋猎，数日方还，军府苦之。其大将李万荣与其父玄佐同里闬，少相善，宽厚得众心，士宁疑之，去其兵权，令摄汴州事。万荣深怨之，将伺其隙逐之。十年正月，士宁以众二万畋于城南，兵既出，万荣晨入士宁廨舍，召其所留心腹兵千余人，矫谓之曰："有诏征大夫入朝，俾吾掌留务，汝辈人赐钱三千贯，无他忧也。"兵士皆拜。万荣既约亲兵于内，又召各营兵于外，以是言令之，军士皆听命。万荣乃分兵闭城门，驰使白士宁曰："诏征大夫，宜速即路；若迁延不行，当传首以献。"士宁知众不为用，计无所出，乃将五百骑走归京师。比至中牟，亡走大半；至东都，所余僮隶婢妾数十人而已。既至京师，诏令归第服丧，禁绝出入。万荣乃斩士宁所亲之将辛液、白英贤以令于军，凡赏军士钱二十万贯，诏令籍没士宁家财以分赏焉，遂授万荣宣武军兵马留后。

初，万荣遣兵三千备秋于京西，有亲兵三百前为刘士宁所骄者
日益横，万荣恶之，悉置行籍中，由是深怨万荣。大将韩惟清、张彦
琳请将往，不许，万荣令其子乃将之，未发。惟清、彦琳不得志，因亲
兵衔怨，乃作乱，共攻万荣。万荣分兵击之，叛卒兵械少，战不胜，乃
劫转运财货及居人而溃，杀伤千余人。叛兵四出，多投宋州，刺史刘
逸准厚抚之。韩惟清走郑州，张彦琳走东都，以束身归罪，宥以不
死，并流窜焉。万荣悉捕逃叛将卒妻孥数千人，皆诛之。万荣诛叛
卒之后，人心恟恟不安，军卒数人呼于市曰："今夜大兵四面至，城
当破。"众惊骇，万荣悉捕得，或云士宁所教，万荣斩之以闻，遂以士
宁废处郴州。十一年五月，授万荣宣武军节度使。其年八月，万荣
病，遂署其子乃为司马。乃勒大将李湛、伊娄况、张伾往外镇，寻皆
令杀之。况、伾皆已死，惟李湛至尉氏，尉氏镇将郝忠节不肯杀湛。
是夜军士逐出李乃，遂执送京师。万荣以其日病卒。乃至京师，付
京兆府杖杀。

刘士干，玄佐养子，前为太府少卿。有乐士朝者，亦为玄佐养
子，因冒刘姓，与士干有隙。及玄佐卒，或云为士朝所鸩。士干知之，
及至京师，遣奴持刀于丧位，语士朝曰："有吊客至。"因诱杀之。赐
士干死。

董晋字混成，河中虞乡人。明经及第。至德初，肃宗自灵武幸
彭原，晋上书谒见，授校书郎、翰林待御，再转卫尉丞，出为汾州司
马。未几，刺史崔圆改淮南节度，奏晋以本官摄殿中侍御史，充判
官。寻归台，授本官，迁侍御史、主客员外郎、祠部郎中。大历中，兵
部侍郎李涵送崇徽公主使回纥，奏晋为判官，使还，拜司勋郎中。历
秘书太府太常少卿监、左金吾将军。旬日，德宗嗣位，改太常卿，迁
右散骑常侍，兼御史中丞知台事。以清勤谨慎，故骤迁右职。寻为
华州刺史、兼御史中丞、潼关防御使。久之，加兼御史大夫。朱泚僭
逆于京师，使凶党仇敬、何望之侵逼华州，晋奔遁赴行在，授国子祭

酒,寻令往恒州宣慰。从军驾还京师,迁左金吾卫大将军,改尚书左丞。时右丞元琇领度支使,为韩滉所挤贬黜,晋嫉之,见宰相极言非罪,举朝称之。复拜太常卿。

五年,迁门下侍郎、同平章事。时政事决在窦参,晋但奉诏书,领然诺而已。金吾卫将军沈房有弟丧,公除,衣惨服入阁,上问宰相,对曰:"准式,朝官有周年已下丧者,诸纮缦,不合衣浅色。"帝曰:"南班安得有之?"对曰:"因循而然。"又问晋冠冕之制,对曰:"古人服冠冕者,动有佩玉之响,所以节步也。《礼》云'堂上接武,堂下布武',至恭也,步武有常,君前之礼,进趋而已。今或奔走以致颠仆,非恭慎也。在式,朝官皆是绫袍袄,五品已上金玉带,取其文彩画饰,以奉上也。是禹恶衣食而致美乎黻冕,君亲一致。昔尚书郎含香,老莱彩服,皆此义也。服纮缦,非制也。"上深然之,遂诏曰:"常参官入阁,不得趋走;周期已下丧者,禁惨服朝会。"又令服本品绫袍金玉带。晋明于礼学如此。

窦参骄满既甚,帝渐恶之。八年,参讽晋奏其侄给事中窦申为吏部侍郎,帝正色曰:"岂不是窦参遣卿奏也?"晋不敢隐。因问参过失,晋具奏之。旬日,参贬官,晋忧惧,累上表辞位。九年夏,改礼部尚书、兵部尚书、东都留守、东都畿汝州都防御使。

会汴州节度李万荣疾甚,其子乃为乱,以晋为检校左仆射、同平章事,兼汴州刺史、宣武军节度营田、汴宋观察使。晋既受命,唯将幕官兼从等十数人,都不召集兵马。既至郑州,宣武军迎候将吏无至者。晋左右及郑州官吏皆惧,共劝晋云:"邓惟恭承万荣疾病之甚,遂总领军州事。今相公到此,尚不使人迎候,其情状岂可料。即恐须且迟回,以候事势。"晋曰:"奉诏为汴州节度使,即合准敕赴官,何可妄为逗留!"人皆忧其不测,晋独恬然。未至汴州十数里,邓惟恭方来迎候,晋俾其不下马。既入,乃委惟恭以军政,众服晋明于事体机变,而未测其深浅。

初,万荣逐刘士宁,代为节度使,委兵于惟恭,以其同乡里。及疾甚,李乃将为乱,惟恭乃与监军同谋缚乃,送归朝廷。惟恭自以当便代居其位，故不遣候吏，以疑惧晋心，冀其不敢进；不意晋之速至，晋已近，方遽出迎之。然心常怏怏，竟以骄盈慢法，潜图不轨，配流岭南。

朝廷恐晋柔懦，寻以汝州刺史陆长源为晋行军司马。晋谦恭简俭，每事因循多可，故乱兵粗安。长源好更张云为，数请改易旧事，务从削刻。晋初皆然之，及案牍已成，晋乃命且罢。又委钱谷支计于判官孟叔度，叔度轻佻，好慢易军人，皆恶之。晋十五年二月卒，年七十六，废朝三日，赠太傅，赐布帛有差。卒后未十日，汴州大乱，杀长源、叔度等。

陆长源字泳之，开元、天宝中尚书左丞、太子詹事余庆之孙，西河太守璪之子。长源淑书史。乾元中，陷河北诸贼，因为昭义军节度薛嵩卒后，久之，历建、信二州刺史。浙西节度韩滉兼领江、淮转运，奏长源检校郎中、兼中丞，充转运副使。罢为都官郎中，改万年县令，出为汝州刺史。

贞元十二年，授检校礼部尚书、宣武军行军司马，汴州政事，皆决断之。性轻佻，言论容易，恃才傲物，所在人畏而恶之。及至汴州，欲以峻法绳骄兵，而董晋判官杨凝、孟叔度亦纵恣淫酒，众情共怒。晋性宽缓，事务因循，以收士心。长源每事守法，晋或苟且，长源辄执而正之。

及晋卒，令长源知留后事。长源扬言曰：“将士多弛慢，不守宪章，当以法绳之。”由是人人恐惧。加以叔度苛刻，多纵声色，数至乐营与诸妇人嬉戏，自称孟郎，众皆薄之。旧例，使长死，放散布帛于三军制服。至是，人请服，长源初固不允，军人求之不已，长源等议给其布直；叔度高其盐价而贱为布直，每人不过盐三二斤，军情大变。或劝长源，故事有大变，皆赏三军，三军乃安。长源曰：“不可使我同河北贼，以钱买健儿取旌节。”兵士急怒滋甚，乃执长源及叔度等脔而食之，斯须骨肉糜散。长源死之日，诏下以为节度使，及闻其死，中外惜之，赠尚书右仆射。

　　刘全谅，怀州武陟人也。父客奴，由征行家于幽州之昌平。少有武艺，从平卢军。开元中，有室韦首领段恪，恃骁勇，数苦边；节度使薛楚玉以客奴有胆气，令抗段恪。客奴单骑袭之，斩首以献，自白身授左骁卫将军，充游奕使，自是数有战功。性忠谨，为军人所信。天宝末，安禄山反，诏以安西节度封常清为范阳节度，以平卢节度副使吕知诲为平卢节度，以太原尹王承业为河东节度。禄山既僭位于东都，遣腹心韩朝阳等招诱知诲，知诲遂受逆命，诱杀安东副都护、保定军使马灵察，禄山遂署知诲为平卢节度使。客奴与平卢诸将同议，取知诲杀之，仍遣与安东将王玄志遥相应援，驰以奏闻。十五载四月，授客奴柳城郡太守、摄御史大夫、平卢节度支度营田陆运、押两蕃渤海墨水四府、经略及平卢军使，仍赐名正臣。又以王玄志为安东副大都护、摄御史中丞、保定军及营田使。正臣仍领兵平卢来袭范阳，未至，为逆贼将史思明等大败之。正臣奔归，为王玄志所鸩而卒。逆贼署徐归道平卢节度，王玄志与平卢将侯希逸等又袭杀归道。大历九年，追赠正臣工部尚书。

　　全谅本名逸准，以父勋授别驾、长史。建中初，刘玄佐为宋亳节度使，召署为牙将，以勇果骑射闻。玄佐以宗姓厚遇之，累署都知兵马使，试太仆卿、兼御史中丞。玄佐卒，子士宁代为节度使，疑宋州刺史翟良佐不附己，阳言出巡，至宋州，遽以逸准代良佐为刺史。及董晋卒，兵乱，杀陆长源，监军俱文珍与大将密召逸准赴汴州，令知留后；朝廷因授以检校工部尚书、汴州刺史，兼宣武军节度观察等使，仍赐名全谅。贞元十五年二月卒，年四十九，废朝一日，赠右仆射。

　　李忠臣，本姓董，名秦，平卢人也，世家于幽州蓟县。自云曾祖文昱，隶州刺史；祖玄奖，安东都护府录事参军；父神崏，河内府折冲。忠臣少从军，在卒伍之中，材力冠异。事幽州节度薛楚玉、张守珪、安禄山等，频委征讨，积劳至折冲郎将、将军同正、平卢军先锋使。

及禄山反，与其伦辈密议，杀伪节度吕知海，立刘正臣为节度，以忠臣为兵马使。攻长杨，战独山，袭榆关并、北平，杀贼将申子贡、荣先钦，擒周钊送京师，忠臣功多。又从正臣破渔阳，逆将李归仁、李咸、白秀芝等来拒战，约数十合，并摧破之。无何，潼关失守，郭子仪、李光弼退师，忠臣乃引军北归。奚王阿笃孤初以众与正臣合，后诈言请以万余骑同收范阳，至后城南，中夜反攻，忠臣与战，遂至温泉山，破之，擒大首领阿布离，斩以祭毒疊鼓。正臣卒，又与众议以安东都护王玄志为节度使。

至德二载正月，玄志令忠臣以步卒三千自雍奴为篝筏过海，贼将石帝庭、乌承洽来拒，忠臣与董竭忠退之，转战累日，遂收鲁城、河间、景城等，大获资粮，以赴本军。复与大将田神功率兵讨平原、乐安郡，下之，擒伪刺史臧瑜等，防河招讨使李铣承制以忠臣为德州刺史。属史思明归顺，河南节度张镐令忠臣以兵赴郓州，与诸军使收河南州县。又与裨将阳惠元大破贼将王福德于舒舍口，肃宗累下诏慰谕，仍令镇濮州，寻移韦城。

乾元元年九月，改光禄卿同正。其年，与郭子仪等九节度围安庆绪于相州。明年二月，诸军溃归，忠臣亦退。至荥阳，贼将敬钆来袭官船，忠臣大破之，护米二百余艘，以资汴州军士。寻拜濮州刺史、缘河守捉使，移镇杏园渡。及史思明陷汴州，节度使许叔冀与忠臣并力屈降贼，思明抚忠臣背曰："吾比只有左手，今得公，兼有右手矣。"与俱寇河阳。数日，忠臣夜以五百人斫其营，突围归，李光弼以闻，诏加开府仪同三司、殿中监同正，赐实封二百户。召至京师，赐姓李氏，名忠臣，封陇西郡公，赐良马、庄宅、银器、彩物等。

时陕西、神策两节度郭英乂、卫伯玉镇陕州，以忠臣为两军节度兵马使。鱼朝恩亦在陕，俾忠臣与贼将李归仁、李感义等战于永宁、莎栅，前后数十阵，皆摧破之。会淮西节度王仲升为贼所擒，宝应元年七月，拜忠臣太常卿同正、兼御史中丞、淮西十一州节义；寻加安州刺史，仍镇蔡州。其年，令忠臣会元帅诸军收复东都。二年六月，就加御史大夫。时回纥可汗既归其国，留判官安恪、石帝庭于河阳守御财物，因此招聚亡命为寇，道路壅隔，诏忠臣讨平之。

永泰元年，吐蕃犯西陲，京师戒严，代宗命中使追兵，诸道多不时赴难；使至淮西，忠臣方会鞠，即令整师饰驾。监军大将固请曰："军行须择吉日。"忠臣奋臂于众曰："焉有父母遇寇难，待拣好日方救患乎！"即日进发。自此方隅有警，忠臣必先期而至。由是代宗嘉其忠节，加本道观察使，宠赐颇厚。及同华节度周智光举兵反，诏忠臣与神策将李太清等讨平之。大历二年，加检校工部尚书，实封通前三百户。五年，加蔡州刺史。七年，检校右仆射、知省事。李灵曜之叛。田承嗣使侄悦援之，忠臣与诸军大破悦等，汴州平。十一年十二月，加检校司空平章事、汴州刺史。

忠臣性贪残好色，将吏妻女多被诱胁以通之。又军无纪纲，所至纵暴，人不堪命。而以妹婿张惠光为衙将，恃势凶虐，军中苦之，数有言于忠臣，不之信也。俄以惠光为节度副使，令惠光子为衙将，陵横甚于其父。忠臣所信任大将李希烈，素善骑射，群情所伏，因众心之怒，以十四年三月，与少将丁暠、贾子华、监军判官蒋知璋等举兵斩惠光父子，以胁逐忠臣。单骑赴京师，朝廷方宠武臣，不之责也，依前检校司空、平章事，留京师奉朝请。

建中初，尝因奏对，德宗谓之曰："卿耳甚大，真贵人也。"忠臣对曰："臣闻驴耳甚大，龙耳甚小，臣耳虽大，乃驴耳也。"上说之。时常侍张涉承恩用事，坐受财贿事露，帝将以法绳之，涉即帝在春宫时侍讲也。忠臣奏曰："陛下贵为天子，而先生以乏财抵法，以愚臣观之，非先生之过也。"帝意解，但令归田里。前湖南观察辛京杲尝以忿怒杖杀部曲，有司劾奏京杲杀人当死，从之。忠臣奏曰："京杲合死久矣。"上问之，对曰："渠伯叔某于某处战死，兄弟某于某处战死，渠尝从行，独不死，是以知渠合死久矣。"上亦悯然，不令加罪，改授王傅而已。

忠臣木强率直，不识书，不喜儒生，及罢兵权，官位崇重，常郁郁不得志。及朱泚反，以为伪司空、兼侍中。泚率兵逼奉天，命忠臣京城留守。泚败，忠臣走樊川别业，李晟下将士擒忠臣至，系之有司。兴元元年，并其子并诛斩之，时年六十九，籍没其家。

李希烈，辽西人。父大定。希烈少从平卢军，后随李忠臣过海至河南。宝应初，忠臣为淮西节度，署希烈为偏裨，累授将军、试光禄卿、殿中监。忠臣兼领汴州，希烈为左厢都虞候，加开府仪同三司。大历末，忠臣军政不修，事多委妹婿张惠光，为押衙，弄权纵恣，人怨。与少将丁暠等斩惠光父子，忠臣奔赴朝廷。诏以忻王为淮西节度副大使，授希烈蔡州刺史、兼御史中丞、淮西节度留后，令滑亳节度李勉兼领汴州。

德宗即位后月余，加御史大夫，充淮西节度支度营田观察使，又改淮西节度淮宁军以宠之。建中元年，又加检校礼部尚书。会山南东道节度梁崇义拒捍朝命，迫胁使臣，二年六月，诏诸军节度率兵讨之，加希烈南平郡王，兼汉北都知诸兵马招抚处置使。希烈破崇义众，遂讨平之。录希烈功，加检校右仆射、同平章事，赐实封五百户。淄青节度李正己又谋不轨，三年秋，加希烈检校司空，兼淄青衮郓登莱齐等州节度支度营田、新罗渤海两蕃使，令讨袭正己。希烈遂率所部三万人移居许州，声言遣使往青州招谕李纳，其实潜与交通，又移牒汴州令备供拟，将与纳同为乱。李勉以其道路合自阵留，乃除道具馔以待之，希烈不从，乃大慢骂。自是志意纵肆，言多悖慢，日遣使交通河北诸贼帅等。是岁长至日，朱滔、田悦、王武俊、李纳各僭称王，滔使至希烈，希烈亦僭称建兴王、天下都元帅。

四年，希烈遣春将袭陷汝州，执李元平而去，东都大扰乱。朝廷犹为含容，遣太子太师颜真卿往宣慰。真卿发后数日，以龙武将军哥舒曜为东都兼汝州行营兵马节度。希烈既见真卿，但肆凶言，令左右慢骂，指斥朝廷。又遣逆党董待名、韩霜露、刘敬宗、陈质、翟晖等四人伺外，侵抄州县，官军皆为其所败，荆南节度张伯仪全军覆没。又令周曾、王玢、姚憺、吕从贲、康琳等来袭曜，曾、玢、憺等谋回军据蔡州袭讨希烈，事泄，并遇害。神策军使白志真又献策谋，令尝为节度、都团练使者各出家僮部曲一人及马，令刘德信总之讨希烈。寻诏李勉为淮西招讨使，哥舒曜为副。至四月，曜率众屯襄城，频与贼战，皆不胜。八月，希烈率众二万围襄城，李勉又令将唐汉臣率兵与刘德信同为曜之影援，皆望风败衄。希烈凶逆既甚，帝乃命舒王为荆襄、江西、沔鄂等道节度诸军行营兵马都元帅，大开幕府，文武僚属之盛，前后出师，未有其比。又令泾原诸道出兵，皆赴襄城。军未发，会泾州兵乱，车驾幸奉天。其日，希烈大破曜军于襄城，曜遁归东都，贼因乘胜攻陷汴州，李勉奔归宋州。

希烈性惨毒酷，每对战阵杀人，流血盈前，而言笑饮馔自若，以此人畏而服从其教令，尽其死力。其攻汴州，驱百姓，令运木土筑垒道，又怒其未就，乃驱以填之，谓之泾梢。既入汴州，于是僭号曰武成，以孙广、郑贲、李绥、李元平为宰相，以汴州为大梁府，李清虚为尹，署百官。遣兵东讨，至宁陵，竟为刘洽所拒，不得前。又遣将翟晖率精卒袭陈州，为刘洽、李纳大破之，生擒晖以献。诸军乘胜进攻汴州，希烈遁归蔡州，擒其伪署将相郑贲、刘敬宗等。李皋、樊泽、曲环、张建封又四面讨袭之，累拔其郡县，希烈败衄。贞元二年三月，因食牛肉遇疾，其将陈仙奇令医人陈仙甫置药以毒之而死。妻男骨肉兄弟共一十七人，并诛之。初，希烈于唐州得象一头，以为瑞应，又上蔡、襄城获其珍宝，乃是烂车钅工及滑石伪印也。

陈仙奇者，起于行间，性忠果。自希烈死，朝廷授淮西节度，颇竭诚节。未几，为别将吴少诚所杀，赠太子太保，赙布帛、米粟有差，丧事官给。

吴少诚，幽州潞县人。父为魏博节度都虞候。少诚以父勋授一子官，释褐王府户曹。后至荆南，节度使庾准奇人，留为衙门将。准入觐，从至襄汉，见梁崇义不遵宪度，知有异志，少诚密计有成擒之略，将自陈于阙下。属李希烈初授节制，锐意立功，见少诚计虑，乃以少诚所见录奏，有诏慰饬，不次封通义郡王。未几，崇义违命，希烈受制专征,以少诚为前锋。崇义平,赐实封五千户。后希烈叛,少诚颇为其用。希烈死,少诚等初推陈仙奇统戎事,朝廷已命仙奇,寻为少诚所杀,众推少诚知留务。朝廷遂授以申光蔡等州节度观察兵马留后,寻正授节度。少诚善为治,勤俭无私,日事完聚,不奉朝廷。贞元三年,判官郑常及大将杨冀谋逐少诚以听命于朝,试校书郎刘涉假为手诏数十,潜致于大将,欲因少诚之出,闭城门以拒之。属少诚将出饯中使,常、冀等遂谋举事,临发,为人所告,常、冀先遇害。其将李嘉节等各持假诏请罪,少诚悉宥之。其大将宋旻、曹齐奔归京师。

十五年,陈许节度曲环卒,少诚擅出兵攻掠临颍县,节度留后上官况遣兵赴救,临颍镇使韦清与少诚通,救兵三千余人,悉擒缚而去。九月,遂围许州。寻下诏削夺少诚官爵,分遣十六道兵马进讨。十二月,官军败衄于小溵河。明年正月,夏州节度使韩全义为淮蔡招讨处置使,北路行营诸军将士并取全义指挥,陈许节度留后上官况充副使。五月,全义与少诚将吴秀、吴少阳等战于溵水,官军复败。七月,全义顿军于五楼行营,为贼所乘,大溃,全义与都监军使贾秀英、贾国良等夜遁,遂城守溵水。汴宋、徐泗、淄青兵马直趣陈州,列营四面。少诚兵逼溵水五、六里下营,韩全义诸军又退保陈州。其汴州、河阳等兵各私归本道,陈许将孟元阳与神策兵各率所部留军溵水。全义斩昭义、滑州、河阳、河中都将凡四人,然竟未尝整阵交锋,而王师累挫溃。少诚寻引兵退归蔡州。遂下诏洗雪,复其官爵,累加检校仆射。顺宗即位,加同中书门下平章事。元和初,迁检校司空,依前平章事。元和四年十一月卒,年六十,废朝三日,赠司徒。

吴少阳,本沧州清池人。初,吴少诚父翔在魏二月博军中,与少阳相爱,及少诚知淮西留守,乃厚以金帛取少阳至,则名以堂弟,署为军职,累奏官爵,出入少诚家,情旨甚暱。少阳度少诚猜忍,惧为所害,乃请出以任防捍之任,少诚乃表为申州刺史、兼御史大夫,凡五年。少阳颇宽易，而少诚之众悦附焉。及少诚病笃，家僮单于熊儿者，伪以少诚意取少阳至，时少诚已不知人，乃伪署少阳摄副使、知军州事。少诚子元庆，年二十余，先为军职，兼御史在丞，少阳密害之。及少诚死，少阳自为留后。时王承宗求继士真，不受诏，宪宗怒，以讨承宗，不欲兵连两河，乃诏遂王宥遥领彰义军节度大使，以少阳为留后，遂授彰义军节度使、检校工部尚书。少阳据蔡州凡五年，不朝觐。汝南多广野大泽，得豢马畜，时夺掠寿州茶山之利，内则数匿亡命，以富实其军。又屡以牧马来献，诏因善之。元和九年九月卒，赠右仆射。

吴元济，少阳长子也。初为试协律郎、兼监察御史、摄蔡州刺史。及父死，不发丧，以病闻，因假为少阳表，请元济主兵务。帝遣医工候之，即称少阳疾愈，不见而还。先是，少阳判官苏兆、杨元卿及其将侯惟清尝同为少阳画朝觐计；及元济自领军，凶狠无义，唯暱军中凶悍之徒。素不便兆，缢杀之，归其尸于家，械侯惟清而囚之。时朝廷误闻惟清已死，赠兵部尚书，曾苏兆以右仆射。杨元卿先奏事在京师，得尽言经略淮西事于宰相李吉甫。始，少阳以病闻，元卿请凡淮西使在道路者，所在留止之。及少阳卒，凡四十日，不为辍朝，但易将加兵于外以待。其邸吏无休妄传董重质已杀元济，并屠其家，李吉甫遽请对拜贺，乃辍朝。数日，知元济尚在。时贼阴计已成，群众四出，狂悍而不可遏，屠舞阳，焚叶县，攻掠鲁山、襄城。汝州、许州及阳翟人多逃伏山谷荆棘间，为其杀伤驱剽者千里，关东大恐。

十月，以陈州刺史李光颜为忠武军节度使，又以山南东道节度使严绶充申光蔡等州招抚使，仍令常侍崔潭峻监绶军。十年正月，绶军临贼西境。诏曰："吴元济逆绝人理，反易天常；不居父丧，擅领军政。谕以诏旨，曾无谦恭，荧惑一方之人，迫胁三军之众。以少阳尝经任使，为之轸悼，命申吊祭，临遣使臣。陵虐封疆，遂致稽阴，绝朝廷之理，忘父子之恩。旋又掩寇舞阳，伤残使卒，焚烧叶县，骚扰

间阎，恣行夺攘，无所畏忌。朕念赏延之义，重伤藩帅之门，尚欲纳
于忠顺之途，处在显荣之地。未能饬怒，犹为包荒，再降诏书，俾申
招抚。而毒螫滋甚，奸心靡悛，寿春西南，又陷镇栅，穷凶稔恶，纵暴
延灾。覆载之所不容，人神之所共弃，良非犹已，至此兴戎。吴元济
在身官爵，并宜令削夺。令宣武、大宁、淮南、宣歙等道兵马合势，山
南东道及魏博、荆南、江西、剑南东川兵马与鄂岳计会，东都防御使
与怀郑汝节度及义成兵马掎角相应，同期进讨。”

　　二月，绥兵为贼所袭，败于磁丘，退保唐州。四月，光颜破贼党，
元济遣人求援于镇州王承宗、淄郓李师道，二帅上表于朝廷，请赦
元济之罪，朝旨不从。自是两河贼帅所在窃发，冀以沮挠王师。五
月，承宗、师道遣盗烧河阴仓，诏御史中丞裴度于军前宣喻，观用兵
形势。度还奏曰：“臣观诸将，唯光颜勇义尽心，必有成功。”上意甚
悦。翌日，光颜奏大破贼于时曲，上曰：“度知光颜，可谓至矣。”乃以
度兼刑部侍郎。自是中外相贺。决不赦贼，征天下兵环申、蔡之郊，
大小十余镇。六月，承宗、师道遣盗伏于京城，杀宰相武元衡、中丞
裴度，衡先死，度重伤而免。宪宗特怒，即命度为宰相，淮右用兵之
事，一以委之。七月，李师道遣嵩山僧圆净结山贼与留邸兵，欲焚烧
东都，先事败而祸弭。严绥退罢，乃以汴州节度使韩弘为淮右行营
兵马都统，以高霞寓有名，用为唐邓节度。

　　十一年春，诸军云合，惟李光颜、怀汝节度乌重胤心无顾望，且
夕血战，继献戎捷。六月，高霞寓为贼所击，败于铁城，退保新兴栅。
时诸军胜负皆不实闻，多虚称克捷，及霞寓败，中外恼恼。宰相谏官
屡以罢兵为请，唯裴度坚于破贼。寻以袁滋代霞寓为唐邓帅，滋柔
懦不能军。十二年正月，袁滋复贬，闲厩使李愬表请军前自效，乃用
诉为唐邓帅以代滋。诉兵压境，拔贼文城栅，擒栅将吴秀琳，又获贼
将李佑；李光颜亦拔贼郾城。元济始惧，尽发左右及守城卒，属董重
质以抗光颜、重胤。

　　六月，元济乞降，为群贼所制，不能自拔。上以元凶已蹙，兵未
临于贼城，辕馈日殚，因延英问计于宰相，裴度曰：“贼力已困，但群

帅不一，故未能决降。"上曰："卿决能行乎。"曰："臣誓不与贼偕全。"七月，诏以度为彰义军节度使，兼申光蔡四面行营招抚使，以郾城为行在蔡州，为节度所。八月，度至郾城，激励士众，军士喜度至，以赏罚必行，皆愿输罄，每出劳，军士有流涕者。

时李愬营文城栅，既得吴秀琳、李祐，知其可用，委信无疑，日夜与计事于帐中。祐曰："元济劲军，多在洄曲西境防捍，而守蔡者皆市人疲氓之卒，可以乘虚掩袭，直抵悬瓠，比贼将闻之，元济成擒矣。"愬然之，咨于裴度，度曰："兵非出奇不胜，常侍良图也。"十一月，愬夜出军，令李祐率劲骑三千为前锋，田进诚三千为后军，愬自率三千为中军。其月十日夜，至蔡州城下，次墙而毕登，贼不之觉。十一日，攻衙城，擒元济并其家属以闻。

初，元济之叛，恃其凶狠，然治军无纪纲。其将赵昌洪、陵朝江、董重质等各权兵外寇。李师道郓州之盐，城往来宁陵、雍丘之间，韩弘知而不禁。淮右自少诚阻兵已来，三十余年，王师加讨，未尝及其城下，尝走韩全义，败于頻，故骄悍无所顾忌。且恃城池重固，有陂浸阴回，故以天下兵环攻三年，所克者一县而已。及黜高霞寓、李逊、袁滋，诸军始进。又得阴山府沙陀骁骑、邯郸勇卒，光颜、重胤之奋命，及丞相临统，破诸将首尾之计，方擒元恶。

申蔡之始，人劫于希烈、少诚之虐法，而忘其所归。数十年之后，长者衰丧，而壮者安于毒暴而恬于搏噬。地既少马，而广畜骡，乘之教战，谓之骡子军，尤称勇悍，而甲仗皆画为雷公星文以为厌胜，而少诚能以奸谋固众心。初，韩全义败于溵水，蔡兵于全义帐中得公卿间问讯书，少诚束而谕众曰："朝廷公卿以此书托全义，收蔡州日，乞一将士妻女以为婢妾。"以此激怒其众，绝其归向之心。是以蔡人有老死不闻天子恩宥者，故坚为贼用。地虽中州，人心过于夷貊，乃至搜阅天下豪锐，三年而后屈者，彼非将才而力备，盖势驱性习，不知教义之所致也。

元济至京，宪宗御兴安门受俘，百僚楼前称贺，乃献庙社，徇于两市，斩之于独柳，时年三十五。其夜失其首。妻沈氏，没入掖庭；

弟二人、子三人,流于江陵诛之;判官刘协庶七人皆斩。光、蔡等州平,始复为王土矣。

史臣曰:治乱势也,势乱不能卒治。长源以法绳骄军,祸不旋踵,则董公之宽柔不无谓。古之名将,以险,谋怨望,鲜全其族者。董秦始奋忠义,多长者言,宜其显赫,及失意挟邪,俄被淮阴之戮,惜哉! 吴少诚为希烈之乱胎,虽谋夺其军,及嗣而灭。而元济效希烈之狂悖,谓无天地,人之凶险,一至于斯! 是知王者御治之道,其可忽诸!

赞曰:圣哲之君,慎名与器。不轨之臣,得宠则戾。董怨而族,吴悖而菹。好乱乐祸,可鉴前车。

旧唐书卷一四六
列传第九六

薛播　鲍防　李自良　李说
严绶　萧昕　杜亚　王纬
李若初　于頔　卢征　杨凭
郑元　杜兼　裴玢　薛伾

　　薛播，河中宝鼎人，中书舍人文思曾孙也。父元晖，什邡令，以播赠工部郎中。播，天宝中举进士，补校书郎，累授万年县丞、武功令、殿中侍御史、刑部员外郎、万年令。播温敏，善与人交，李栖筠、常衮、崔佑甫皆引擢之。及佑甫辅政，用为中书舍人。出汝州刺史，以公事贬泉州刺史。寻除晋州刺史，河南尹，迁尚书左丞，转礼部侍郎。遇疾，贞元三年卒，赠礼部尚书。

　　初，播伯父元暖终于隰城丞，其妻济南林氏，丹阳太守洋之妹，有母仪令德，博涉《五经》，善属文，所为篇章，时人多讽咏之。元暖卒后，其子彦辅、彦国、彦伟、彦云及播兄据、总并早孤幼，悉为林氏所训导，以至成立，咸致文学之名。开元、天宝中二十年间，彦辅、据等七人并举进士，连中科名，衣冠荣之。

　　鲍防，襄州人。幼孤贫，笃志好学，善属文。天宝末举进士，为浙东观察使薛兼训从事，累至殿中侍御史。入为职方员外郎，改太原少尹,正拜节度使。入为御史大夫,历福建、江西观察使,征拜左散骑常侍。扈从奉天,除礼部侍郎,寻迁工部尚书致仕。

防历洪、福、京兆,皆有政声,唯总戎非所宜,而谬执兵柄。以太原革车胡骑雄杂,而回鹘深入寇,防出拒战,为虏所败。

为礼部侍郎时,尝遇知杂侍御史窦参于通衢,导骑不时引避,仆人为参所鞭,及参秉政,遽令致仕。防谓亲友曰:“吾与萧昕之子齿,而与昕同日悬车,非朽迈之致,以余忿见废。”防文学旧人,历职中外,不因罪戾;而为俗吏所摈,竟以愤终。众颇悯防而咎参,故参之败不旋踵,非不幸也。

李自良,衮州泗水人。初,禄山之乱,自良从衮郓节度使能元皓,以战功累授右卫率。后从袁傪讨袁晁陈庄贼,积功至试殿中监,隶浙江东道节度使薛兼训。兼训移镇太原,自良从行,授河东军节度押衙。兼训卒,鲍防代,又事防为牙将。会回鹘入寇,防令大将焦伯瑜、杜荣国兵击之。自良谓防曰:“回鹘远来求战,未可与争锋。但于归路筑二垒,以兵守之,坚壁不动,虏求战不得,师老自旋。俟其返旆,即乘之,纵不甚捷,虏必狼狈矣。二垒扼其归路,策之上也。”防不从,促伯瑜等逆战,遇虏于百井,伯瑜等大败而还,由是稍知名。

马燧代防为帅,署奏自良代州刺史、兼御史大夫,仍为军候。自良勤恪有谋,燧深委信之。建中年,田悦叛,燧与抱真东讨,自良常河东大将,摧锋陷阵,破田悦。及讨李怀光于河中,自良专河东军都将,前后战绩居多。燧之立功名,由自良协辅之力也。

贞元三年,从燧入朝,罢燧兵权,德宗欲以自良代燧,自良恳辞事燧久,不欲代为军帅,物议多之,乃授右龙武大将军。德宗以河东密迩胡戎,难于择帅,翌日,自良谢,上谓之曰:“卿于马燧存军中事分,诚为得礼;然北门之寄,无易于卿。”即日拜检校工部尚书、兼御史大夫、太原尹、北都留守、河东节度支度营田观察使。在镇九年,以简俭守职,军民胥悦。虽出身戎伍,动必循法,略以暴戾加人。

十一年五月,卒于军,年六十三,上甚嗟惜之,废朝一日,赠左仆射,赙布帛米粟有差。

李说,淮安王神通之裔也。父遇,天宝中为御史中丞。说以门荫历仕,累佐使幕。马燧为河阳三城、太原节度,皆辟为从事。累转御史郎官,御史中丞,太原少尹,出为汾州刺史。节度使李自良复奏为太原少尹、检校庶子、兼中丞。

贞元十一年五月,自良病,凡六日而卒,匿丧,阳言病甚,数日发丧。先是,都虞候张瑶久在军,素得士心,尝请假迁葬,自良未许。至是,说与监军王定远谋,乃给瑶假,以大将毛朝阳代瑶,然后遣使告自良病。中使第五国珍自云、朔使还,过太原,闻自良病,中使迟留信宿。自良卒,国珍急驰至京,先说使至。乃下制以通王领河东节度大使,以说为行军司马,充节度留后、北都副留守,仍令国珍齐说官告及军府将吏部内刺史等敕书三十余通往太原宣赐,军中始定。

定远恃立说之功,颇恣纵横,军政皆自专决,仍请赐印。监军有印,自定远始也。定远既得印,益暴,将吏辄自补授,说浸不欢,遂成嫌隙。是岁七月,定远署虞候田宏为列将,以代彭令茴。令茴不伏,扬言曰:“超补列将,非功不可,宏有何功,敢代予任!”定远闻而含怒,召令茴斩之,埋于马粪之中,家人请尸,不与,三军皆怨。说具以事闻。德宗以定远有奉天扈从之功,恕死停任。制未至,定远怒说奏闻,趋府谋杀说,升堂未坐,抽刀刺说,说走而获免。定远驰至府门,召集将吏,于箱中陈敕牒官告二十余轴,示诸将曰:“有敕,令李景略知留后,遣说赴京,公等皆有恩命。”指箱中示之,诸将方拜抃,大将马良辅呼而麾众曰:“箱中皆监军旧官告,非恩命也,不可受,但备急变尔。”定远知事败,走登乾阳楼,召其部下将卒,多不之应。此夜,定远坠城下槎枒,伤而不死。寻有诏削夺,长流崖州。大将高迪等同其谋,说皆斩之。寻正拜河东节度使,检校礼部尚书。

说在镇六年,初勤心吏职,后遇疾,言语行步蹇涩,不能录军府之政,悉监军主之。又为孔目吏宋季等欺诳,军政事多隳紊,如此累年。十六年十月卒,年六十一,废朝一日,赠左仆射。

是月,制以河东节度行军司马郑儋检校工部尚书,兼太原尹、御史大夫、河东节度度支营田观察等使、北都留守。在任不期年而卒。

严绶,蜀人。曾祖方约,利州司功。祖挹之,符离尉。父丹,殿中侍御史。绶,大历中登进士第,累佐使府。贞元中,由侍御史充宣歙团练副使,深为其使刘赞委遇,政事多所咨访。十二年,赞卒,绶掌宣歙留务,倾府藏以进献,由是有恩,召为尚书刑部员外郎。天下宾佐进献,自绶始也。

未几,河东节度使李说婴疾,事多旷弛,行军司马郑儋代综军政;既而说卒,因授儋河东节度使。是时姑息四方诸侯,未尝特命帅守,物故即用行军司马为帅,冀军情厌伏。儋既为帅,德宗选朝士可以代儋为行军司马者,因绶前日进献,上颇记之,故命检校司封郎中,充河东行军司马。不周岁,儋卒,选绶银青光禄大夫、检校工部尚书,兼太原尹、御史大夫、北都留守,充河东节度支度营田观察处置等使。元和元年,杨惠琳叛于夏州,刘辟叛于成都,绶表请出师讨伐。绶悉选精甲,付牙将李光颜兄弟,光颜累立战功。蜀、夏平,加绶检校尚书左仆射,寻拜司空,进阶金紫,封扶风郡公。绶在镇九年,以宽惠为政,士马蕃息,境内称治。

四年,入拜尚书右仆射。绶虽名家子,为吏有方略,然锐于势利,不存名节,人士以此薄之。尝预百僚廊下食,上令中使马江朝赐樱桃。绶居两班之首,在方镇时识江朝,叙语次,不觉屈膝而拜,御史大夫高郢亦从而拜。是日,为御史所劾,绶待罪于朝,命释之。翌日责江朝,降官一等。寻出镇荆南,进封郑国公。有溆州蛮首张伯靖者,杀长吏,据辰、锦等州,运九洞以自固,诏绶出兵讨之。绶遣部将李忠烈齐书晓谕,尽招降之。

九年,吴元济叛,朝议加兵,以绶有弘恕之称,可委以戎柄,乃授山南东道节度使，寻加淮西招抚使。绥自帅师压贼境，无威略以制寇，到军日，遽发公藏以赏士卒，累年蓄积，一旦而尽；又厚赂中贵人以招声援。师徒万余，闭壁而已，经年无尺寸功。裴度见上，屡言绥非将帅之才，不可责以戎事，乃拜太子少保代归。寻检校司空。久之，进位太傅，食封至三千户。长庆二年五月卒，年七十七，诏赠太保。

绥材器不逾常品，事兄嫂过谨，为时所称。常以宽柔自持，位跻上公，年至大耋，前后统临三镇，皆号雄藩，所辟士亲睹为将相者凡九人，其贵寿如此。

萧昕，河南人。少补崇文进士。开元十九年，首举博学宏辞，授阳武县主簿。天宝初，复举宏辞，授寿安尉，再迁左拾遗。昕尝与布衣张镐友善，馆而礼之，表荐之曰："如镐者，用之则为王者师，不用则幽谷一叟尔。"玄宗擢镐拾遗，不数年，出入将相。及安禄山反，昕举赞善大夫来镇堪任将帅，思明之乱，镇功居多。累迁宪部员外郎，为副元帅哥舒翰掌书记。潼关败，间道入蜀，迁司门郎中。寻兼安陆长史，为河南等道都统判官。迁中书舍人，兼扬府司马，佐军仍旧，入拜本官，累迁秘书监。代宗幸陕，昕出武关诣行在，转国子祭酒。

大历初，持节吊回鹘。时回鹘恃功，廷诘昕曰："禄山、思明之乱，非我无以平定，唐国奈何市马而失信，不时归价？"众皆失色，昕答曰："国家自平寇难，赏功无丝毫之遗，况邻国乎！且仆固怀恩，我之叛臣，乃者尔助为乱，联西戎而犯郊畿；及吐蕃败走，回纥悔惧，启颡乞和。非大唐存念旧功，则当匹马不得出塞矣。是回纥自绝，非我失信。"回纥惭退，加礼以归，为常侍。十二年。朱泚之乱，徒步出城，泚急求之，亡窜山谷间。至奉天，迁太子少傅。贞元初，兼礼部尚书，寻复知贡举。五年，致仕。七年，卒于家，年九十，废朝，谥曰懿。

　　杜亚字次公，自云京兆人也。少颇涉学，善言物理及历代成败之事。至德初，于灵武献封章，言政事，授校书郎。其年，杜鸿渐为河西节度，辟为从事，累授评事、御史。后入朝，历工、户、兵、吏四员外郎。永泰末，剑南叛乱，鸿渐以宰相出领山、剑副元帅，以亚及杨炎并为判官。使还，授吏部郎中、谏议大夫；炎为礼部郎中、知制诰、中书舍人。亚自以才用合当柄任，虽为谏议大夫，而心不悦。李栖筠承恩，众望必为宰相，亚厚结之。元载得罪，亚与刘晏、李涵等七人同鞫讯之。载死之翌日，亚迁给事中、河北宣慰使。宰相常衮亦不悦亚，岁余，出不洪州刺史、兼御史中丞、江西都团练观察使。

　　德宗初嗣位，励精求贤，令中使召亚。亚自揣必以宰辅见征，乃促程而进，累路与人言议，语及行宰相事，方面或以公事谘祈，亚皆纳之。既至，帝微知之，不悦，又奏对辞旨疏阔，出为陕州观察使兼转运使。寻迁河中、晋、绛等州防御观察使。杨炎作相，刘晏得罪，亚坐贬睦州刺史。

　　兴元初，召拜刑部侍郎。出为扬州长史、兼御史大夫、淮南节度观察使。时承陈少游征税烦重，奢侈僭滥之后，又新遭王绍乱兵剽掠，淮南之人，望亚之至，革划旧弊，冀以康宁。亚自以材当公辅之选，而联出外职，志颇不适，政事多委参佐，招引宾客，谈论而已。扬州官河填淤，漕艘埋塞，又侨寄衣冠及工商等多侵衢造宅，行旅拥弊。亚乃开拓疏启，公私悦赖，而盛为奢侈。江南风俗，春中有竞渡之戏，方舟并进，以急趋疾进者为胜。亚乃令以漆涂船底，贵其速进；又为绮罗之服，涂之以油，令舟子衣之，入水而不濡。亚本书生，奢纵如此，朝廷亟闻之。

　　贞元五年，以户部侍郎窦觎为淮南节度代亚。亚犹以旧望，窦觎甚畏之。改检校吏部尚书，判东都尚书省事，充东都留守、都防御使。既病风，尚建利以固宠，奏请开苑内地为营田，以资军粮，减度支每年所给，从之。亚不躬亲部署，但委判官张荐、杨暎。初，奏请取荒地营田，其苑内地堪耕食者，先为留司中官及军人等开垦已尽。亚计急，乃取军中杂钱举息与畿内百姓，每至田收之际，多令军人车牛散入村乡，收敛百姓所得菽粟将还军。民家略尽，无可输税，人多艰食，由是大致流散。乃厚赂中官，令奏河南尹无政，亚自此亦规求兼领河南尹，事不果。帝渐知虚诞，乃以礼部尚书董晋代为东都留守，召亚还京师。既风疾渐深，又患脚膝，不任朝谒。贞元十四年卒于家，年七十四，赠太子少傅。

王纬字文卿，太原人也。祖景，司门员外、莱州刺史。父之咸，长安尉，与昆弟之贲、之涣皆善属文。之咸以纬贵故累赠刺史。纬举明经，又书判入等，历长安尉，出佐使府，授御史郎官，入朝为金部员外郎、剑南租庸使、检校司封郎中、彭州刺史、检校庶子、兼御史中丞、西川节度营田副使。初，大历中，路嗣恭为江西观察使，陷害判官李泌，将诛之，纬亦为路嗣恭判官，说谕救解，获免。贞元三年，泌为相，擢授纬给事中；未数日，又擢为润州刺史、兼御史中丞、浙江西道都团练观察使。十年，加御史大夫，兼诸道盐铁转运使，三岁加检校工部尚书。纬性勤俭，历官清洁，而伤于苛碎，多用削刻之吏，督察巡属，人不聊生。贞元十四年卒，年七十一，废朝一日，赠太子少保。

李若初，赵郡人。贞观中并州长史、工部侍郎弘节之曾孙也。祖道谦，太府卿。若初少孤贫，初为转运使刘晏下微冗散职，晏判官包佶重其勤干，以女妻之。历陈州太康令，刺史李芃初莅官，若初献计，请收敛羡余钱物，交结权贵，芃厚遇之。累岁，芃迁河阳三城使，奏若初为从事，军中之事，多以委之。累授检校郎中、兼中丞、怀州刺史。转虢州刺史，坐公事为观察使劾奏，免归。久之，出为衢州刺史，迁福州刺史、兼御史中丞、福建都团练使。寻迁越州刺史、浙江东道都团练观察使。十四年秋，代王纬为润州刺史、兼御史大夫、浙江都团练观察诸道盐铁转运使。善于吏道，性严强力，束敛下吏，人甚畏惧。方整理盐法，颇有次叙。贞元十五年，遇疾卒，废朝一日，赠礼部尚书。

于颀字休明，河南人也。父庭谓，济王府仓曹，累赠尚书左仆射。颀少以吏事闻，累授京兆府士曹，为尹史翔所赏重。翔出镇襄、汉，奏为御史，充判官。翔为乱兵所杀，颀挺出收葬遗骸，时人义之。度支使第五琦署为河东租庸使，累授凤翔少尹、度支郎中；兼御史中丞、转运租庸粮料盐铁等使。颀因奏移转运汴州院于河阴，以汴州累遇兵乱，散失钱帛故也。元载为诸道营田使，又署为郎官，令于东都、汝州开置屯田。历户部侍郎、秘书少监、京兆尹、太府卿，代杜济为京兆尹。

及为大官，好任机数，专候权要，朝列中无势利者，视之蔑如也。曲事元载，亲昵之。而为政苛细无大体，丁所生母忧罢。及载得罪后，出为郑州刺史，迁河南尹，以无政绩代还。时征汾州刺史刘暹，暹刚肠嫉恶，历曲数州，皆为廉使畏惧。宰相卢杞恐暹为御史大夫，亏沮己之所见，遽称荐颀为御史大夫，以其柔佞易制也。从幸奉天，改左散骑常侍，历左千牛上将军，徙大理卿、太子少保、工部尚书。因入朝仆地，为金吾仗卫掖起，改太子少师致仕。贞元十五年卒，时年七十四。

卢征，范阳人也，家于郑之中牟。少涉猎书记。永泰中，江淮转运使刘晏辟为从事，委以腹心之任，累授殿中侍御史。晏得罪，贬珍州司户。元琇亦晏之门人，兴元中为户部侍郎、判度支，荐征为京兆司录、度支员外。琇得罪，坐贬为信州长史。迁信州刺史。入为右司郎中，骤迁给事中。户部侍郎窦参深遇之，方倚以自代。贞元八年春，同州刺史阙，参请以尚书左丞赵憬补之，特诏用征，以间参腹心也。数岁，转华州刺史。征冀复入用，深结托中贵，厚遗之。故事，同、华以近地人贫，每正至端午降诞，所献甚薄；征遂竭其财赋，每有所进献，辄加常数，人不堪命。疾病卧理者数年，贞元十六年卒，时年六十四。

杨凭字虚受，弘农人。举进士，累佐使府。征为监察御史，不乐检束，遂求免。累迁起居舍人、左司员外郎、礼部兵部郎中、太常少卿、湖南江西观察使，入为左散骑常侍、刑部侍郎、京兆尹。凭工文辞，少负气节，与母弟凝、凌相友爱，皆有时名。重交游，尚然诺，与穆质、许孟容、李鄘、王仲舒为友，故时人称杨、穆、许、李之友，仲舒以后进慕而入焉。性尚简傲，不能接下，以此人多怨之。及历二镇，尤事奢侈。

元和四年，拜京兆尹，为御史中丞李夷简劾奏凭前为江西观察使赃罪及他不法事，敕付御史台覆按，刑部尚书李鄘、大理卿赵昌同鞫问台中。又捕得凭前江西判官、监察御史杨瑗系于台，复命大理少卿胡珦、左司员外郎胡证、侍御史韦颙同推鞠之。诏曰："杨凭顷在先朝，委以藩镇，累更选用，位列大官。近者宪司奏劾，暴扬前事，计钱累万，曾不报闻，蒙蔽之罪，于何逃责？又营建居室，制度过差，侈靡之风，伤我俭德。以其自尹京邑，人颇怀之，将议刑书，是加愍恻。宜从遐谴，以诫百僚，可守贺州临贺县尉同正，仍驰驿发遣。"先是凭在江西，夷简自御史出，官在巡属，凭颇疏纵，不顾接之，夷简常切齿。及凭归朝，修第于永宁里，功作并兴，又广蓄妓妾于永乐里之别宅，时人大以为言。夷简乘众议，举劾前事，且言修营之僭，将欲杀之。及下狱，置对数日，未得其事，夷简持之益急，上闻，且贬焉，追旧从事以验。自贞元以来居方镇者，为德宗所姑息，故穷极僭奢，无所畏忌。及宪宗即位，以法制临下，夷简首举凭罪，故时议以为宜；然绳之太过，物论又讥其深切矣。

郑元，举进士第，累迁御史中丞。贞元中为河中节度使杜确行军司马。确卒，遂继为节度使，入拜尚书左丞。元和二年，转户部侍郎、兼御史大夫、判度支。三年春，迁刑部尚书，兼京兆尹。九月，复判度支，依前刑部尚书、兼御史大夫。元性严毅，有威断，更践剧任，时称其能。元和四年，以疾辞职，守本官，逾月卒。

杜兼，京兆人，贞观中宰相杜正伦五代孙。举进士，累辟诸府从事，拜濠州刺史。兼性浮险，豪侈矜气。属贞元中德宗厌兵革，姑息戎镇，至军郡刺史，亦难于更代。兼探上情，遂练卒修武，占召劲勇三千人以上闻，乃恣凶威。录事参军韦赏、团练判官陆楚，皆以守职论事忤兼，兼密诬奏二人通谋，扇动军中。忽有制使至，兼率官吏迎于驿中，前呼韦赏、陆楚出，宣制杖杀之。赏进士擢第，楚兖公象先之孙，皆名家，有士林之誉，一朝以无罪受戮，郡中股栗，天下冤叹之。又诬奏李藩，将杀之，语在藩事中。故兼所至，人侧目焉。元和初，入为刑部、吏部郎中，拜给事中，除金商防御使，旋授河南少尹、知府事，寻正拜河南尹，皆杜佑在相位所借护也。元和四年，卒于官。

裴玢，京兆人。五代祖疏勒国王绰，武德中来朝，授鹰扬大将军，封天山郡公，因留阙下，遂为京兆人。玢初为金吾将军论惟明傔，德宗幸奉天，以战功封忠义郡王。惟明镇鄜坊，累署玢为都虞候。后节度王栖曜卒，中军将何朝宗谋作乱，中夜纵火，玢匿身不救火，迟明而擒朝宗。德宗发三司使按问，竟斩朝宗及行军司马崔辂，以同州刺史刘公济为节度使，以玢为坊州长史、兼侍御史，充行军司马。明年，公济卒，拜玢鄜州刺史、兼御史大夫，充节度观察等使。三年，改授山南西道节度观察等使。

玢历二镇，颇以公清苦节为政，不交权幸，不务贡献，蔬食弊衣，居处才避风雨，而廪库饶实，三军百姓安业，近代将帅无比焉。及绵疾矢位，请归长安。元和七年卒，年六十五，赠尚书左仆射，谥曰节。

薛伾，胜州刺史涣之子。尚父汾阳王召置麾下，著名于诸将间。左仆射李揆使西蕃，伾为将从役。时贼泚之难，昆夷赴义，伾驰骑乡道，至于武功，擢授左威卫将军。使绝域者前后数四，累迁左金吾卫大将军、检校工部尚书、兼将作监，出为鄜坊观察使。元和八年，卒于官,赠潞州大都督。

　　史臣曰:薛播温敏有文,鲍防董戎无术。李、严太原之政,可谓美矣。萧昕抱则哲之知,杜亚怀非次之望。王纬清洁而伤苛碎,若初善理而性刚严。于颀好任机权,趋附势利;卢征厚敛货贿,结托中人。杨凭好奢,郑元有断。杜兼杀戮端士,怙乱邀君;裴玢发奸谋,安民和众。而玢弊衣粝食,不交权幸,帑庚咸实,郡邑以宁。若夫君子无求备于人,舍短从长,彰善瘅恶,则裴玢之善,抑之更扬;杜兼之恶,欲盖而彰耳。

旧唐书卷一四七
列传第九七

杜黄裳 _{子载胜}　　高郢 _{子定}
杜佑 _{子师损　式方　从郁　式方子悰　从郁子牧}
牧子德祥

　　杜黄裳字遵素，京兆杜陵人也。登进士第、宏辞科，杜鸿渐深器重之。为郭子夜朔方从事，子仪入朝，令黄裳主留务于朔方。邠将李怀光与监军阴谋代子仪，乃为伪诏书，欲诛大将温儒雅等。黄裳立辨其伪，以告怀光，怀光流汗伏罪。诸将有难制者，黄裳矫子仪命尽出之，数月而乱不作。后入为台省官，为裴延龄所恶，十年不迁。贞元末，为太常卿。王叔文之窃权，黄裳终不造其门。尝语其子婿韦执谊，令率百官请皇太子监国，执谊遽曰："丈人才得一官，可复开口议禁中事耶！"黄裳勃然曰："黄裳受恩三朝，岂可以一官见买！"即指衣而出。

　　寻拜平章事。邠州节度使韩全义曾居讨代之任，无功，黄裳奏罢之。刘辟作乱，议者以剑南险固，不宜生事；唯黄裳坚请讨除，宪宗从之。又奏请不以中官为监军，只委高崇文为使。黄裳自经营伐蜀，以至成功，指授崇文，无不悬合。崇文素惮刘澭，黄裳使人谓崇文曰："若不奋命，当以刘澭代之。"由是得崇文之死力。既平辟，宰臣入贺，帝目黄裳曰："此卿之功也。"后与宪宗语及方镇除授，黄裳奏曰："德宗自艰难之后，事多姑息。贞元中，每帅守物故，必先命中使侦伺其军动息，其副贰大将中有物望者，必厚赂近臣以求见用，帝必随其称美而命之，以是因循，方镇罕有特命帅守者。陛下宜熟思贞元故事，稍以法度整肃诸侯，则天下何忧不治！"宪宗然其言。由是用兵诛蜀、夏之后，不容藩臣蹇傲，克复两河，威令复振，盖黄裳启其衷也。黄裳有经画之才，达于权变，然检身律物，寡廉洁之誉，以是居鼎职不久。二年正月，检校司空，同平章事，兼河中尹、河中晋绛等州节度使。八月，封邠国公。三年九月，卒于河中，年七十一，赠司徒，谥曰宣。

黄裳性雅澹宽恕，心虽从长，口不忤物。始为卿士，女嫁韦执谊，深不为执谊所称；及执谊谴逐，黄裳终保全之，洎死岭表，请归其丧，以办葬事。及是被疾，医人误进其药，疾甚而不怒。然为宰相，除授不分流品，或官以赂迁，时论惜之。

黄裳殁后，贿赂事发。八年四月，御史台奏："前永乐令吴凭为僧鉴虚受托，与故司空杜黄裳，于故邠宁节度使高崇文处纳赂四万五千贯，并付黄裳男载，按问引伏。"敕曰："吴凭曾佐使府，忝覆宦途，自宜畏法惜身，岂得为人通货！事关非道，理合惩愆，宜配流昭州。其付杜载钱物，宰辅之任，宠寄实深，致兹货财，不能拒绝，已令按问，悉合征收，贵全终始之恩，俾弘宽大之典。其所取钱物，并宜矜免，杜载等并释放。"

载为太子仆，长庆中，迁太仆少卿、兼御史中丞，充入吐蕃使。

载弟胜，登进士第，大中朝位给事中。胜子庭坚，亦进士擢第。

高郢字公楚，其先渤海蓨人。九岁通《春秋》，能属文。天宝末，盗据京邑，父伯祥先为好畤尉，抵贼禁，将加极刑。郢时年十五，被发解衣，请代其父，贼党义之，乃俱释。后举进士擢第，应制举，登茂才异行科。授华阴尉。尝以鲁不合用天子礼乐，乃引《公羊传》著《鲁议》，见称于时，由是授咸阳尉。

郭子仪节制朔方，辟为掌书记。子仪尝怒从事张昙，奏杀之，郢极言争救，忤子仪旨，奏贬猗氏丞。李怀光节制邠宁，奏为从事，累转副元帅判官、检校礼部郎中。怀光背叛，将归河中，郢言："西迎大驾，岂非忠乎！"怀光忿而不听。及归镇，又欲悉众而西，时浑瑊军孤，群帅未集，郢与李鄘誓死驻之。属怀光长子璀候郢，郢乃谕以逆顺曰："人臣所宜效顺。且自天宝以来阻兵者，今复谁在？况国家自有天命，非独人力。今若恃众西向，自绝于天，十室之邑，必有忠信，安知三军不有奔溃者乎？"李璀震惧，流泪气索。明年春，郢与都知兵马使吕鸣岳、都虞候张延英同谋间道上表；及受密诏，事泄，二将立死。怀光乃大集将卒，白刃盈庭，引郢诘之。郢挺然抗辞，无所惭隐，愤气感发，观者泪下，怀光惭沮而止。德宗还京，命谏议大夫孔巢父、中人啖守盈赴河中宣慰怀光，授以太保，而怀光怒，激其亲兵诟晋，杀守盈及巢父。巢父之被刃也，委于地，郢就而抚之。及怀光被诛，马燧辟郢为掌书记。

未几，征拜主客员外，迁刑部郎中，改中书舍人，凡九岁，拜礼部侍郎。时应进士举者，多务朋游，驰逐击名；每岁冬，州府荐送后，唯追奉燕集，罕肄其业。郢性刚正，尤嫉其风，既领职，拒绝请托，虽同列通熟，无敢言者。志在经艺，专考程试。凡掌贡部三岁，进幽独，抑浮华，朋滥之风，翕然一变。拜太常卿。贞元十九年冬，进位银青光禄大夫，守中书侍郎、同中书门下平章事。顺宗即位，转刑部尚书，为韦执谊等所惮。寻罢知政事，以本官判吏部尚书事。明年，出镇华州。

元和元年冬，复拜太常卿，寻除御史大夫。数月，转兵部尚书。逾月，再表乞骸，不许。又上言曰："臣闻劳生佚老，天理自然，蠕动环飞，日入皆息。自非贡禹之守经据古，赵喜之正身匪懈，韩暨之志节高洁，山涛之道德模表，纵过常期，讵为贪冒。其有当仁不让，急病忘身，岂止君命，犹宜身举。臣郢不才，久辱高位，无任由衷沥恳之至。"乃授尚书右仆射致仕。六年七月卒，年七十二。赠太子太保，谥曰贞。

郢性恭慎廉洁，罕与人交游，守官奏法勤恪，掌诰累年，家无制草。或谓之曰："前辈皆留制集，公焚之何也？"曰："王言不可存私家。"时人重其慎密。与郑珣瑜并命拜相，未几，德宗升遐。时同在相位，杜佑以宿旧居上，而韦执谊由朋党专柄。顺宗风恙方甚，枢机不宣，而王叔文以翰林学士兼户部侍郎，充度支副使。是时政事，王叔文谋议，王伾通导，李忠言宣下，韦执谊奉行。珣瑜自受命，忧形颜色，至是以势不可夺，因称疾不起；郢则因循，竟无所发，以至于罢。物论定此为优劣焉。子定嗣。

定，幼聪警绝伦，年七岁时，读《尚书汤誓》，问郢曰："奈何以臣伐君？"郢曰："应天顺人，不为非道。"又问曰："用命赏于祖，不用命戮于社，是顺人乎？"父不能对。仕至京兆参军。小字董二，人以幼慧，多以字称之。尤精《王氏易》，尝为《易图》，合八出以画八卦，上圆下方，合则重，转则演，七转而六十四卦六甲八节备焉。著《易外传》二十二卷。

杜佑字君卿，京兆万年人。曾祖行敏，荆、益二州都督府长史、南阳郡公。祖悫，右司员外郎、详正学士。父希望，历鸿胪卿、恒州刺史、西河太守，赠右仆射。佑以荫入仕，补济南郡参军、剡县丞。时润州刺史韦元甫尝受恩于希望，佑谒见，元甫未之知，以故人子待之。他日，元甫视事，有疑狱不能决，佑时在旁，元甫试讯于佑，佑口对响应，皆得其要，元甫奇之，乃奏为司法参军。元甫为浙西观察、淮南节度，皆辟为从事，深所委信。累官至检校主客员外郎，入为工部郎中，充江西青苗使，转抚州刺史。改御史中丞，充容管经略使。杨炎入相，征入朝，历工部、金部二郎中，并充水陆转运使，改度支郎中，兼和籴等使。时方军兴，馈运之务，悉委于佑，迁户部侍郎、判度支。为卢杞所恶，出为苏州刺史。佑母在，杞以苏州忧阙授之，佑不行，俄换饶州刺史。未几，兼御史大夫，充岭南节度使。时德宗在兴元，朝廷故事，执政往往遗脱；旧岭南节度，常兼五管经略使，佑独不兼，故五管不属岭南，自佑始也。

贞元三年，征为尚书左丞，又出为陕州观察使，迁检校礼部尚书、扬州大都督府长史，充淮南节度使。丁母忧，特诏起复，累转刑部尚书、检校右仆射。十三年，徐州节度使张建封卒，其子愔为三军所立，诏佑以淮南节制检校左仆射、同平章事，兼徐泗节度使，委以讨伐。佑乃大具舟舰，遣将孟准先当之。准渡淮而败，佑杖之，固境不敢进。及诏以徐州授愔，而加佑兼濠、泗等州观察使。在扬州开设营垒三十余所，士马修葺，然于宾僚间依阿无制，判官南宫傅、李亚、郑元均争权，颇紊军政，德宗知之，并窜于岭外。

十九年入朝，拜检校司空、同平章事，充太清宫使。德宗崩，佑摄冢宰，寻进位检校司徒，充度支盐铁等使，依前平章事。旋又加弘文馆大学士。时王叔文为副使，佑虽总统，而权归叔文。叔文败，又奏李异为副使，颇有所立。顺宗崩，佑复摄冢宰，寻让金谷之务，引李异自代。先是，度支以制用惜费，渐权百司之职，广署吏员，繁而难理；佑始奏营缮归之将作，木炭归之司农，染练归之少府，纲条颇整，公议多之，朝廷允其议。

元和元年，册拜司徒、同平章事，封岐国公。时河西党项潜导吐蕃入寇，边将邀功，及请击之。佑上疏论之曰：

臣伏见党项与西戎潜通，屡有降人指陈事迹，而公卿廷议，以为诚当谨兵戎，备侵轶，益发甲卒，邀其寇暴。此盖未达事机，匹夫之常论也。

夫蛮夷猾夏，唐虞已然。周宣中兴，猃狁为害，但命南仲往城朔方，追之太原，及境而止，诚不欲弊中国而怒远夷也。秦平六国，恃其兵力，北筑长城，以拒匈奴，西逐诸羌，出于塞外。劳力扰人，结怨阶乱，中国未静，白徒竞起，海内云扰，实生谪戍。汉武因文、景之富，命将兴师，遂至户口减半，竟下哀痛之诏，罢田轮台。前史书之，尚嘉其先迷而后复。盖圣王之理天下也，唯务绥静蒸人，西至流沙，东渐于海，在南与北，亦存声教。不以远物为珍，匪求遐方之贡，岂疲内而事外，终得少而失多。故前代纳忠之臣，并有匡君之议。淮南王请息师于闽越，贾捐之愿弃地于珠崖，安危利害，高悬前史。

昔冯奉世矫汉帝之诏，击莎车，传其王首于京师，威震西域，宣帝大悦，议加爵土之赏。萧望之独以为矫制违命，虽有功效，不可为法，恐后之奉使者争逐发兵，为国家生事，述理明白，其言遂行。国家自天后已来，突厥默啜兵强气勇，屡寇边城，为害颇甚。开元初，边将郝灵佺亲捕斩之，传首阙下，自以为功，代莫与二，坐望荣宠。宋璟为相，虑武臣邀功，为国生事，止授с郎将。由是讫开元之盛，无人复议开边，中国遂宁，外夷亦静。此皆成败可征，鉴戒非远。

且党项小蕃，杂处中国，本怀我德，当示抚绥。间者边将非廉，及有侵刻，或利其善马，或取其子女，便赇方物，征发役徒。劳苦既多，叛亡遂起，或与北狄通使，或与西戎寇边，有为使然，固当惩革。《传》曰：“远人不服，则修文德以来之。”《管子》曰：“国家无使勇猛者为边境。”此诚圣哲识微知著之远略也。今戎丑方强，边备未实，诚宜慎择良将，诫之完葺，使保诚信，绝其求取，用示怀柔。来则惩御，去则谨备，自然彼怀，革其奸谋，何必遽图兴师，坐致劳费。

陛下上圣君人，覆育群类，动必师古，谋无不臧。伏望坚保永图，置兵袵席，天下幸甚。臣识昧经纶，学惭博究，窃鼎铉之宠任，为朝廷之老臣，恩深莫伦，志恳思报，臧否备阅，刍荛上陈，有渎旒扆，伏深惶悚。上深嘉纳。

岁余，请致仕，诏不许，但令三五日一入中书，平章政事。每入奏事，宪宗优礼之，不名，常呼司徒。佑城南樊川有佳林亭，卉木幽邃，佑每与公卿燕集其间，广陈姝乐。诸子咸居朝列，当时贵盛，莫之与比。元和七年，被疾，六月，复乞骸骨，表四上，情理切至，宪宗不获已许之。诏曰：

宣力济时，为臣之懿躅；辞荣告老，行己之高风。况乎任重公台，义深翼赞，秉冲让之志，坚金石之诚。敦谕既勤，所执弥固，则当遂其衷恳，进以崇名，尚齿优贤，斯王化之本也。

金紫光禄大夫、守司徒、同中书门下平章、兼充弘文馆大学士、太清宫使、上柱国、岐国公、食邑三千户杜佑，严廊上才，邦国茂器，蕴经通之识，履温厚之姿，宽裕本乎性情，谋猷彰乎事业。博闻强学,知历代沿革之宜;为政惠人,审群黎利病之要。由是再司邦用,累历藩方,出总戎麾,入和鼎实。聿膺重寄,历事先朝,左右朕躬,夙夜不懈。命以诏册,登之上公,肃恭在廷,华发承弁。兹可谓国之元老,人之具瞻者也。

朕缵承业,思弘景化,选劳求旧,期致时邕,方伸引翼之仪,遽抗悬车之请。而又固矢年疾,乞就休闲,已而复来,星琯屡变,有不可抑,良用耿然。永惟古先哲王,君臣之际,臣有耆艾求其退,君有优赐以徇其情,乃辍邓禹敷教之功,仍增王祥辅导之秩,俾养浩然之气,安于敬止之乡,庶乎怡神葆和,永绥福覆。仍加阶级,以厚宠章,可光禄大夫、守太保致仕,宜朝朔望。

是日,上遣中使就佑第赐绢五百匹、钱五百千。其年十一月薨,寿七十八,废朝三日,册赠太傅,谥曰安简。

佑性敦厚强力,尤精吏职,虽外示宽和,而持身有术。为政弘易,不尚皦察,掌计治民,物便而济,驭戎应变,即非所长。性嗜学,该涉古今,以富国安人之术为己任。初开元末,刘秩彩经史百家之言,取《周礼》六官所职,撰分门书三十五卷,号曰《政典》,大为时贤称赏,房琯以为才过刘更生。佑得其书,寻味厥旨,以为条目未尽,因而广之,加以《开元礼》、《乐》,书成二百卷,号曰《通典》。贞元十七年,自淮南使人诣阙献之,曰:

臣闻太上立德不可庶几;其次立功,遂行当代;其次立言,见志后学。由是往哲递相祖述,将施有政,用乂邦家。臣本以门资,幼登官序,仕非游艺,才不逮人,徒怀自强,颇玩坟籍。虽履历叨幸,或职剧务殷,窃惜光阴,未尝轻废。夫《孝经》、《尚书》、《毛诗》、《周易》、《三传》,皆父子君臣之要道,十伦五教之宏纲,如日月之下临,天地之大德,百王是式,终古攸遵。然多记言,罕存法制,愚管窥测,莫达高深,辄肆荒虚,诚为亿度。每念懵学,莫探政经,略观历代众贤著论,多陈紊失之弊,或阙匡拯之方。臣既庸浅,宁详损益,未原其始,莫畅其终。尚赖周氏

典礼，秦皇荡灭不尽，纵有繁杂，且用准绳。至于往昔是非，可
为来今龟镜，布在方册，亦粗研寻。自顷缵修，年逾三纪，识寡
思拙，心昧辞芜。图籍实多，事目非少，将事功毕，罔愧乖疏，固
不足发挥大猷，但竭愚尽虑而已。书凡九门，计贰百卷，不敢不
具上献，庶明鄙志所之，尘渎圣聪，兢惶无措。

优诏嘉之，命藏书府。其书大传于时，礼乐刑政之源，千载如指
诸掌，大为士君子所称。

佑性勤而无倦，虽位极将相，手不释卷；质明视事，接对宾客，
夜则灯下读书，孜孜不怠。与宾佐谈论，人惮其辩而伏其博，设有疑
误，亦能质正。始终言行，无所玷缺，唯在淮南时，妻梁氏亡后，升嬖
妾李氏为正室，封密国夫人，亲族子弟言之不从，时论非之。三子，
师损嗣，位终司农少卿。

式方字考元。以荫授扬府参军，转常州晋陵尉。浙西观察使王
纬辟为从事，入为太子通事舍人，改太常寺主簿。明练钟律，有所考
定，深为高郢所赏。时父作镇扬州，家财钜万，甲第在安仁里，杜城
有别墅，亭馆林池，为城南之最。昆仲皆在朝廷，与时贤游从，乐而
有节。既而佑入中书，出为昭应令。丁父忧，服阕，迁司农少卿，赐
金紫，加正议大夫、太仆卿。时少子悰选尚公主，式方以右戚移病不
视事。久之，穆宗即位，转兼御史中丞，充桂管观察都防御使。长庆
二年三月，卒于位，赠礼部尚书。式方性孝友，弟兄尤睦。季弟从郁，
少多疾病，式方每躬自煎调，药膳水饮，非经式方之手，不入于口。
及从郁夭丧，终年号泣，殆不胜情，士友多之。子恽、憻、悰、恂。恽
嗣，富平尉；憻，兴平尉。

悰，以荫三迁太子司议郎。元和九年，选尚公主，召见于麟德
殿。寻尚岐阳公主，加银青光禄大夫、殿中少监、驸马都尉。岐阳，
宪长女，郭妃之所生。自顷选尚，多于贵戚或武臣节将之家。于时
翰林学士独孤郁，权德舆之女婿，时德舆作相，郁避嫌辞内职。上颇

重学士，不获已许之，且叹德舆有佳婿，遂令宰臣于卿士家选尚文雅之士可居清列者。初于文学后进中选择，皆辞疾不应，唯悰愿焉。累迁至司农卿。太和六年，转京兆尹。七年，检校刑部尚书，出为凤翔尹、凤翔陇右节度。丁内艰，八年，起复授忠武军节度使、陈许蔡观察等使，就加兵部尚书。开成初，入为工部尚书、判度支。属岐阳公主薨，久而未谢。文宗怪之，问左右。户部侍郎李珏对曰："近日驸马为公主服斩衰三年，所以士族之家不愿为国戚者，半为此也。杜悰未谢，拘此服纪也。"上愕然曰："予初不知。"乃诏曰："制服轻重，必由典礼。如闻往者驸马为公主服三年，缘情之义，殊非故实，违经之制，今乃闻知。宜令行杖周，永为通制。"三年，改户部尚书，兼判户部度支事。会昌中，拜中书侍郎、同中书门下平章事，寻加左仆射。

大中初，出镇西川，降先没吐蕃维州。州即古西戎地也，其地南界江阳，岷山连岭而西，不知其极，北望陇山，积雪如玉，东望成都，若在井底。地接石纽山，夏禹生于石纽山是也。其州在岷山之孤峰，三面临江。天宝后，河、陇继陷，惟此州在焉。吐蕃利其险要，二十年间，设计得之，遂据其城，因号曰无忧城，吐蕃由是不虞邛、蜀之兵。先是，李德裕镇西川，维州吐蕃首领悉怛谋以城来降，德裕奏之，执政者与德裕不协，遽勒还其城。至是复收之，亦不兵刃，乃人情所归也。俄复入相，加司空，继加司徒，历镇重藩。至是加太傅、邠国公。悰无他才，常延接寒素，甘食窃位而已。

从郁，以荫贞元末再迁太子司议郎。元和初，转左补阙，谏官崔群、韦贯之、独孤郁等以从郁宰相子，不合为谏官，乃降授左拾遗。群等复执曰："拾遗之与补阙，虽资品有殊，皆名谏列。父为宰相，子为谏官，若政有得失，不可使子论父。"乃改为秘书丞，终驾部员外郎。子牧、颛，俱登进士第。颛后病目而卒。

牧字牧之，既以进士擢第，又制举登乙第，解褐弘文馆校书郎，试左武卫兵曹参军。沈传师廉察江西宣州，辟牧为从事、试大理评事。又为淮南节度推官、监察御史里行，转掌书记。俄真拜监察御史，分司东都，以弟颚病目弃官。授宣州团练判官、殿中侍御史、内供奉。迁左补阙、史馆修撰，转膳部、比部员外郎，并兼史职。出牧黄、池、睦三郡，复迁司勋员外郎、史馆修撰，转吏部员外郎。又以弟病免归。授湖州刺史，入拜考功郎中、知制诰，岁中迁中书舍人。牧好读书，工诗为文，尝自负经纬才略。武宗朝诛昆夷、鲜卑，牧上宰相书论兵事，言"胡戎入寇，在秋冬之间，盛夏无备，宜五六月中击胡为便"。李德裕称之。注曹公所定《孙武十三篇》行于代。

牧从兄悰性盛于时，牧居下位，心常不乐。将及知命，得病，自为墓志、祭文。又尝梦人告曰："尔改名毕。"逾月，奴自家来，告曰："炊将熟而甑裂。"牧曰："皆不祥也。"俄又梦书行纸曰："皎皎白驹，在彼空谷。"寤寝而叹曰："此过隙也。吾生于角，征还于角，为第八宫，吾之其厄也。予自湖守迁舍人，木还角，足矣。"其年，以疾终于安仁里，年五十。有集二十卷，曰《杜氏樊川集》，行于代。子德祥，官至丞郎。

史臣曰：黄裳以道致君，持诚奉主，辨怀光之诈，罢全义之征。讨贼辟之凶，举无遗算；葬执谊之枢，岂曰不仁。郢天纵之性，总卯之年，代父命于临刑，孝也；怀光之乱，王人被伤，抚巢父于贼庭，义也；抑浮滥之流，考艺文之士，尽搜幽滞，大变时风，正也；保止足之名，辞荣辱之路，高避世利，退踣昔贤，智也。忠孝全矣，仁智备矣。此二子者，皆临大节而不可夺也。佑承荫入仕，谳狱受知，博古该今，输忠效用，位居极品，荣逮子孙，操修之报，不亦宜哉！及其宾僚紊法，嬖妾受封，事重因循，难乎语于正矣。牧之文章，悰之长厚，能否既异，才位不伦，命矣夫！

赞曰：贞公壮节，临难奋发。言行无玷，斯为明哲。戡乱阜俗，时泰位隆。国之名臣，郑公、岐公。

旧唐书卷一四八
列传第九八

裴垍　李吉甫　李藩
权德舆　子璩

　　裴垍字弘中,河东闻喜人。垂拱中宰相居道七代孙。垍弱冠举进士。贞元中,制举贤良极谏,对策第一,授美原县尉。秩满,藩府交辟,皆不就。拜临察御史,转殿中侍御史、尚书礼部考功二员外郎。时吏部侍郎郑珣瑜请垍考词判,垍守正不受请托,考核皆务才实。

　　元和初,召入翰林为学士,转考功郎中、知制诰,寻迁中书舍人。李吉甫自翰林承旨拜平章事,诏将下之夕,感出涕,谓垍曰:“吉甫自尚书郎流落远地,十余年方归,便入禁署,今才满岁,后进人物,罕所接识。宰相之职,宜选擢贤俊,今则懵然莫知能否。卿多精鉴,今之才杰,为我言之。”垍取笔疏其名氏,得三十余人;数月之内,选用略尽,当时翕然称吉甫有得人之称。三年,诏举贤良,时有皇甫湜对策,其言激切,牛僧孺、李宗闵亦苦诋时政。考官杨于陵、韦贯之升三子策皆上第,垍居中覆视,无所同异。及为贵幸泣诉,请罪于上,宪宗不得已,出于陵、贯之官,罢垍翰林学士,除户部侍郎。然宪宗知垍好直,信任弥厚。

　　其年秋,李吉甫出镇淮南,遂以垍代为中书侍郎、同平章事。明年,加集贤院大学士、监修国史。垍奏:“集贤御书院,请准《六典》,登朝官五品已上为学士,六品已下为直学士;自非登朝官,不问品秩，并为校理；其余名目一切勒停。史馆请登朝官入馆者，并为修撰；非登朝官，并为直史馆。仍永为常式。"皆从之。元和五年，中风病。宪宗甚嗟惜，中使旁午致问，至于药膳进退，皆令疏陈。疾益痼，罢为兵部尚书，仍进阶银青。明年，改太子宾客。卒，废朝，赙礼有加，赠太子少傅。

初，垍在翰林承旨，属宪宗初平吴、蜀，励精思理，机密之务，一以关垍，垍小心敬慎，甚称中旨。及作相之后，恳请旌别淑慝，杜绝蹊径，齐整法度，考课吏理，皆蒙垂意听纳。吐突承璀自春宫侍宪宗，恩顾莫二。承璀承间欲有所关说，宪宗惮垍，诚铁复言，在禁中常以官呼垍而不名。杨于陵为岭南节度使，与监军许遂振不和，遂振诬奏于陵，宪宗令追与慢官，垍曰："以遂振故罪一藩臣，不可。"请授吏部侍郎。严绶在太原，其政事一出监军李辅光，绶但拱手而已，垍具奏其事，请以李鄘代之。

王士真死，其子承宗以河北故事请代父为帅。宪宗意速于太平，且频荡寇孽，谓其地可取。吐突承璀恃恩，谋挠垍权，遂伺君意，请自征讨。卢从史阴苞逆节，内与承宗相约结，而外请兴师，以图厚利。垍一一陈其不可，且言："武俊有大功于朝，前授李师道而后夺承宗，是赏罚不一，无以沮劝天下。"逗留半岁，宪宗不决，承璀之策竟行。及师临贼境，从史果携贰，承璀数督战，从史益骄倨反覆，官军病之。时王师久暴露无功，上意亦急。后从史遣其衙门将王翊元入奏，垍延与语，微动其心，且喻以为臣之节，翊元因吐诚言从史恶稔可图之状。垍遣再往，比复还，遂得其大将乌重胤等要领。垍因从容启言："从史暴戾，有无君之心。今闻其视承璀如婴孩，往来神策壁垒间，益自恃不严，是天亡之时也。若不因其机而致之，后虽兴师，未可以岁月破也。"宪宗初愕然，熟思其计，方许之。垍因请密其谋，宪宗曰："此唯李绛、梁守谦知之。"时绛承旨翰林，守谦掌密命。后承璀境擒从史，平上党，其年秋班师。垍以"承璀首唱用兵，今还无功，陛下纵念旧劳，不能加显戮，亦请贬黜以谢天下。"遂罢承璀兵柄。

先是，天下百姓输赋于州府：一曰上供，二曰送使，三曰留州。建中初定两税时，货重钱轻；是后货轻钱重，齐人所出，固已倍其初征。以其留州送使，所在长吏又降省估使就实估，以自封殖而重赋于人。及垍为相，奏请："天下留州、送使物，一切令依省估。其所在观察使，仍以其所莅之郡租赋自给，若不足，然后征于支郡。"其诸州送使额，悉变为上供，故江淮稍息肩。

垍虽年少，骤居相位，而器局峻整，有法度，虽大僚前辈，其造请不敢干以私。谏官言时政得失，旧事，操权者多不悦其举职。垍在中书，有独孤郁、李正辞、严休复自拾遗转补阙，及参谢之际，垍廷语之曰："独孤与李二补阙，孜孜献纳，今之迁转，可谓酬劳无愧矣。严补阙官业，或异于斯，昨者进拟，不无疑缓。"休复悚恧而退。垍在翰林，举李绛、崔群同掌密命，及在相位，用韦贯之、裴度知制诰，擢李夷简为御史中丞，其后继踵入相，咸著名迹。其余量材赋职，皆叶人望，选任之精，前后莫及。议者谓垍作相，才与时会，知无不为，于时朝无幸人，百度浸理，而再周遘疾，以至休谢，公论惜之。

李吉甫字弘宪，赵郡人。父栖筠，代宗朝为御史大夫，名重于时，国史有传。吉甫少好学，能属文。年二十七，为太常博士，该洽多闻，尤精国朝故实，沿革折衷，时多称之。迁屯田员外郎，博士如故，改驾部员外。宰臣李泌、窦参推重其才，接遇颇厚。及陆贽为相，出为明州员外长史，久之遇赦，起为忠州刺史。时贽已谪在忠州，议者谓吉甫必逞憾于贽，重构其罪；及吉甫到部，与贽甚欢，未尝以宿嫌介意。六年不徙官，以疾罢免。寻授郴州刺史，迁饶州。先是，州城以频丧四牧，废而不居，物怪变异，郡人信验；吉甫至，发城门管钥，剪荆榛而居之，后人乃安。

宪宗嗣位，征拜考功郎中、知制诰，既至阙下，旋召入翰林为学士，转中书舍人，赐紫。宪宗初既位，中书小吏滑涣与知枢密中使刘光琦暱善，颇窃朝权，吉甫请去之。刘辟反，帝命诛讨之，计未决，吉甫密赞其谋，兼请广征江淮之师，由三峡路入，以分蜀寇之力。事皆允从，由是甚见亲信。二年春，杜黄裳出镇，擢吉甫为中书侍郎、平章事。吉甫性聪敏，详练物务，自员外郎出官，留滞江淮十五余年，备详闾里疾苦。及是为相，患方镇贪恣，乃上言使属郡刺史得自为政。叙进群材，甚有美称。

三年秋，裴垍为仆射、判度支，交结权幸，欲求宰相。先是，制策试直言极谏科，其中有讥刺时政，忤犯权幸者，因此垍党扬言皆执政教指，冀以摇动吉甫，赖谏官李约、独孤郁、李正辞、萧俛密疏陈奏，帝意乃解。吉甫早岁知奖羊士谔，擢为监察御史；又司封员外郎吕温有词艺，吉甫亦眷接之。窦群亦与羊、吕善，群初拜御史中丞，奏请士谔为侍御史，温为郎中、知杂事。吉甫怒其不先关白，而所请又有超资者，持之数日不行，因而有隙。群遂伺得日者陈克明出入吉甫家，密捕以闻，宪宗诘之，无奸状。吉甫以裴垍久在翰林，宪宗亲信，必当大用，遂密荐垍代己，因自图出镇。其年九月，拜检校兵部尚书，兼中书侍郎、平章事，充淮南节度使，上御通化门楼饯之。在扬州，每有朝廷得失，军国利害，皆密疏论列。又于高邮县筑堤为塘，溉田数千顷，人受其惠。

五年冬，裴垍病免。明年正月，授吉甫金紫光禄大夫、中书侍郎、平章事、集贤殿中学士、监修国史、上柱国、赵国公。及再入相，请减省职员并诸色出身胥吏等，及量定中外官俸料，时以为当。京城诸僧有以庄砣免税者，吉甫奏曰："钱米所征，素有定额，宽缩徒有余之力，配贫下无告之民，必不可许。"宪宗乃止。又请归普润军于泾原。

七年，京兆尹元义方奏："永昌公主准礼令起祠堂，请其制度。"初贞元中，义阳、义章二公主咸于墓所造祠堂一百二十间，费钱数万；及永昌之制，上令义方减旧制之半。吉甫奏曰："伏以永昌公主，稚年夭枉，举代同悲，况于圣情，固所钟念。然陛下犹减制造之半，示折衷之规，昭俭训人，实越今古。臣以祠堂之设，礼典无文，德宗皇帝恩出一时，事因习俗，当时人间不无窃议。昔汉章帝时，欲为光武原陵、明帝显节陵各起邑屋，东平王苍上疏言其不可。东平王即

光武之爱子,明帝之爱弟。贤王之心,岂惜费于父兄哉! 诚以非礼
之事,人君所当慎也。今者,依义阳公主起祠堂,臣恐不如量置墓
户,以充守奉。"翌日,上谓吉甫曰:"卿昨所奏罢祠堂事,深惬朕心。
朕初疑其冗费,缘未知故实,是以量减。览卿所陈,方知无据。然朕
不欲破二十户百姓,当拣官户委之。"吉甫拜贺。上曰:"卿,此岂是
难事。有关朕身,不便于时者,苟闻之则改,此岂足多耶! 卿但勤匡
正,无谓朕不能行也。"

七年七月,上御延英,顾谓吉甫曰:"朕近日畋游悉废,唯喜读
书。昨于《代宗实录》中,见其时纲纪未振,朝廷多事,亦有所鉴诫。
向后见卿先人事迹,深可嘉欢。"吉甫降阶跪奏曰:"臣先父伏事代
宗,尽心尽节,迫于流运,不待圣时,臣之血诚,常所追恨。陛下耽悦
文史,听览日新,见臣先父忠于前朝,著在实录,今日特赐褒扬,先
父虽在九泉,如睹白日。"因俯伏流涕,上慰谕之。

八年十月,上御延英殿,问时政记何事。时吉甫监修国史,先
对曰:"是宰相记天子事以授史官之实录也。古者右史记言,今起居
舍人是;左史记事,今起居郎是。永徽中,宰相姚璹监修国史,虑造
膝之言,或不可闻,因请随奏对而记于仗下,以授于史官,今时政记
是也。"上曰:"间或不修,何也?"曰:"面奉德音,未及施行,总谓机
密,故不可书以送史官;其间有谋议出于臣下者,又不可自书以付
史官;及已行者,制令昭然,天下皆得闻知,即史官之记,不待书以
授也。且臣观时政记者,姚璹修之于长寿,及璹罢而事寝;贾耽、齐
抗修之于贞元,及耽、抗罢而事废。然则关时政化者,不虚美,不隐
恶,谓之良史也。"

是月,回纥部落南过碛,取西城柳谷路讨吐蕃,西城防御使周
怀义表至,朝廷大恐,以为回纥声言讨吐蕃,意是入寇。吉甫奏曰:
"回纥入寇,且当渐绝和事,不应便来犯边,但须设备,不足为虑。"
因请自夏州至天德,复置废馆一十一所,以通缓急。又请发夏州骑
士五百人,营于经略故城,应援驿使,兼护党项。九年,请于经略故
城置宥州,六胡州在灵盐界,开元中废六州,曰:"国家旧置宥州,以

宽宥为名，领诸降户。天宝末，宥州寄理于经略军，盖以地居其中，可以总统蕃部，北以应接天德，南援夏州。今经略遥隶灵武，又不置军镇，非旧制也。"宪宗从其奏，复置宥州，诏曰："天宝中宥州寄理于经略军，宝应已来，因循遂废。由是昆夷屡扰，党项靡依，蕃部之人，抚怀莫及。朕方弘远略，思复旧规，宜于经略军置宥州，仍为上州，于郭下置延恩县，为上县，属夏绥银观察使。"

淮西节度使吴少阳卒，其子元济请袭父位。吉甫以为淮西内地，不同河朔，且四境无党援，国家常宿数十万兵以为守御，宜因时而取之。颇叶上旨，始为经度淮西之谋。

元和九年冬，暴病卒，年五十七。宪宗伤悼久之，遣中使临吊，常赠之外，内出绢五百匹以恤其家，再赠司空。吉甫初为相，颇洽时情，及淮南再征，中外延望风采。秉政之后，视听时有所蔽，人心疑惮之。时负公望者虑为吉甫所忌，多避畏。宪宗潜知其事，未周岁，遂擢用李绛，大与绛不协；而绛性刚讦，于上前互有争论，人多直绛。然性畏慎，虽其不悦者，亦无所伤。服物食味，必极珍美，而不殖财产，京师一宅之外，无他第墅，公论以此重之。有司谥曰"敬宪"，及会议，度支郎中张仲方驳之，以为太优。宪宗怒，贬仲方，赐吉甫谥曰忠懿。

吉甫尝讨论《易象》异义，附于一行集注之下；及缀录东汉、魏、晋、周、隋故事，讫其成败损益大端，目为《六代略》，凡三十卷；分天下诸镇，纪其山川险易故事，各写其图于篇首，为五十四卷，号为《元和郡国图》；又与史官等录当时户赋兵籍，号为《国计簿》，凡十卷；纂《六典》诸职为《百司举要》一卷。皆奏上之，行于代。子德修、德裕。

李藩字叔翰，赵郡人。曾祖至远，天后时李昭德荐为天官侍郎，不诣昭德谢恩，时昭德怒，奏黜为壁州刺史。祖畬，开元时为考功郎中，事母孝谨，母卒，不胜丧死。至远、畬皆以志行名重一时。父承，为湖南观察使，亦有名。

藩少恬淡修检，雅容仪，好学。父卒，家富于财，亲族吊者，有挈去不禁，逾务散施，不数年而贫。年四十余未仕，读书扬州，困于自给，妻子怨尤之，晏如也。杜亚居守东都，以故人子署为从事。洛中盗发，有诬牙将令狐运者，亚信之，拷掠竟罪；藩知其冤，争之不从，遂辞出。后获真盗宋瞿昙，藩益知名。

张建封在徐州，辟为从事，居幕中，谦谦未尝论细微。杜兼为濠州刺史，带使职，建封病革，兼疾驱到府，阴有冀望。藩与同列省建封，出而泣语兼曰：“仆射公奄忽如此，公宜在州防遏，今弃州此来，欲何也？宜疾去！不若此，当奏闻。”兼错愕不虞，遂径归。建封死，兼悔所志不就，怨藩甚。既归扬州，兼因诬奏藩建封死时摇动军中。德宗大怒，密诏杜佑杀之。佑素重藩，怀诏旬日不忍发，因引藩论释氏，曰：“因报之事，信有之否？”藩曰：“信然。”曰：“审如此，君宜遇事无恐。”因出诏。藩览之，无动色，曰：“某与兼信为报也。”佑曰：“慎勿出口，吾已密论，持百口保君矣。”德宗得佑解，怒不释，及追藩赴阙。及召见，望其仪形，曰：“此岂作恶事人耶！”乃释然，除秘书郎。

王绍持权，邀藩一相见即用，终不就。王仲舒、韦成季、吕洞辈为郎官，朋党辉赫，日会聚歌酒，慕藩名，强致同会，藩不得已一至。仲舒辈好为讥语俳戏，后召藩，坚不去，曰：“吾与仲舒辈终日，不晓所与言何也。”后果败。迁主客员外郎，寻换右司。时顺宗册广陵王淳为皇太子，兵部尚书王纯请改名绍，时议非之，皆云：“皇太子亦人臣也，东宫之臣改之宜也，非其属而改之，谄也。如纯辈岂为以礼事上耶！”藩谓人曰：“历代故事，皆自不识大体之臣而失之，因不可复正，无足怪也。”及太子即位，宪宗是也。宰相改郡县名以避上名，唯监察御史韦淳不改。既而有诏以陆淳为给事中，改名质；淳不得已改名处厚，议者嘉之。

藩寻改吏部员外郎。元和初，迁吏部郎中，掌曹事，为吏所蔽，滥用官阙，黜为著作郎。转国子司业，迁给事中。制敕有不可，遂于黄敕后批之，吏曰：“宜别连白纸。”藩曰：“别以白纸，是文状，岂曰批敕耶！"裴垍言于帝，以为有宰相器，属郑絪罢免，遂拜藩门下侍郎、同平章事。藩性忠荩，事无不言，上重之，以为无隐。

四年冬，顾谓宰臣曰："前代帝王理天下，或家给人足，或国贫下困，其故何也？"藩对曰："古人云：'俭以足用。'盖足用系于俭约。诚使人君不贵珠玉，唯务耕桑，则人无淫巧，俗自敦本，百姓既足，君孰与不足，自然帑藏充羡，稼穑丰登。若人君竭民力，贵异物，上行下效，风俗日奢，去本务末，衣食益乏，则百姓不足，君孰与足，自然国贫家困，盗贼乘隙而作矣。今陛下永鉴前古，思跻富庶，躬尚勤俭，自当理平。伏愿以知之为非艰，保之为急务，宫室舆马，衣服器玩，必务损之又损，示人变风，则天下幸甚。"帝曰："俭约之事，是我诚心；贫富之由，如卿所说。唯当上下相助，以保此道，似有逾滥，极言箴规，此固深期于卿等也。"藩等拜贺而退。

帝又问曰："禳灾祈福之说，其事信否？"藩对曰："臣窃观自古圣达，皆不祷祠。故楚昭王有疾，卜者谓河为祟，昭王以河不在楚，非所获罪，孔子以为知天道。仲尼病，子路请祷，仲尼以为神道助顺，系于所行，己既全德，无愧屋漏。故答子路云'丘之祷久矣。'《书》云'惠迪吉，从逆凶。'言顺道则吉，从逆则凶。《诗》云：'自求多福。'则祸福之来，咸应行事，若苟为非道，则何福可求？是以汉文帝每有祭祀，使有司敬而不祈，其见超然，可谓盛德。若使神明无知，则安能降福；必其有知，则私己求媚之事，君子尚不可悦也，况于明神乎！由此言之，则覆信思顺，自天佑之，苟异于此，实难致福。故尧、舜之德，唯在修己以安百姓。管仲云：'乂于人者和于神。'盖以人为神主，故但务安人而已。虢公求神，以致危亡，王莽妄祈，以速汉兵，古今明诫，书传所纪。伏望陛下每以汉文、孔子之意为准，则百福具臻。"帝深嘉之。

时河东节度使王锷用钱数千万赂遗权幸，求兼宰相。藩与权德舆在中书，有密旨曰："王锷可兼宰相，宜即拟来。"藩遂以笔涂"兼相"字，却奏上云："不可。"德舆失色曰："纵不可，宜别作奏，岂可以笔涂诏耶！"曰："势迫矣！出今日，便不可止。日又暮，何暇别作奏！"

事果寝。李吉甫自扬州再入相，数日，罢藩为詹事。后数月，上思藩，召对，复有所论列。元和六年，出为华州刺史、兼御史大夫，未行卒，年五十八，赠户部尚书。藩为相材能不及裴垍，孤峻颇后韦贯之，然人物清规，亦其流也。

　　权德舆字载之，天永略阳人。父皋，字士繇，后秦尚书翼之后。少以进士补贝州临清尉。安禄山以幽州长史充河北按察使，假其才名，表为蓟县尉，署从事。皋阴察禄山有异志，畏其猜虐，不可以洁退，欲潜去，又虑祸及老母。天宝十四年，禄山使皋献戎俘，自京师回，过福昌。福昌尉仲暮，皋从父妹婿也，密以计约之。比至河阳，诈以疾至召暮，暮至，皋示己喑，瞪暮而瞑。暮乃勉哀而哭，手自含袭，既逸拜皋而葬其棺，人无知者。从吏以诏书还，皋母初不知，闻皋之死，恸哭伤行路。禄山不疑其诈死，许其母归。皋时微服匿迹，候母于淇门，既得侍其母，乃奉母昼夜南去，及渡江，禄山已反矣。由是名闻天下。淮南采访使高适表皋试大理评事，充判官。属永王璘乱，多劫士大夫以自从，皋惧见迫，又变名易服以免。玄宗在蜀，闻而嘉之，除监察御史。会丁母丧，因家洪州。时南北隔绝，或逾岁不闻诏命。有中使奉宣至洪州，经时未复，过有求取，州县苦之。时有王遘为南昌令，将执按之，因见皋白其事，皋不言，久之，垂涕曰："方今何由可致一敕使，而遽有此言。"因掩涕而起，遘遽拜谢之。浙西节度使颜真卿表皋为行军司马，诏征为起居舍人，又以疾辞。尝曰："本自全吾志，岂受此之名耶！"李季卿为江淮黜陟使，奏皋节行，改著作郎，复不起。两京蹂于胡骑，士君子多以家渡江东，知名之士如李华、柳识兄弟者，皆仰皋之德而友善之。大历三年，卒于家，年四十六。元和中谥曰贞孝。初，皋卒，韩洄、王定为服朋友之丧，李华为其墓表，以为分天下善恶，一人而已。前赠秘书监，至是因子德舆为相，立家庙。至元和十二年，复赠太子太保。

　　德舆生四岁，能属诗；七岁居父丧，以孝闻；十五为文数百篇，编为《童蒙集》十卷，名声日大。韩洄黜陟河南，辟为从事，试秘书省

校书郎。贞元初,复为江西观察使李兼判官,再迁监察御史。府罢,
杜佑、裴胄皆奏请,二表同日至京。德宗雅闻其名,征为太常博士,
转左补阙。八年,关东大水,上疏请降诏恤隐,遂命奚陟等四人使。

裴延龄以巧幸判度支,九年,自司农少卿除户部侍郎,仍判度
支。德舆上疏曰:

臣伏以爵人于朝,与众共之,况经费之司,安危所系。延龄
顷自权判,逮令间岁,不称之声,日甚于初。群情众口,谊于朝
市,不敢悉烦圣听,今谨略举所闻。多云以常赋正额支用未尽
者,便为剩利,以为己功。又重破官钱买常平先所收市杂物,遂
以再给估价,用充别贮利钱。又云边上诸军皆至悬阙,自今春
已来,并不支粮。伏以疆场之事,所虞非细,诚圣谟前定,终事
切有司。陛下必以延龄孤贞独立,为时所抑,丑正有党,结此流
言,何不以新收剩利,征其本末,为分析条奏?又择朝贤信臣,
与中使一人巡覆边军,察其资储有无虚实。倘延龄受任已来,
精心勤力,每事省约,别收羡余,于正数各有区分,边军储蓄,
实犹可支,身自敛急,为国惜费,自宜更示优奖,以洗群疑,明
书厥劳,昭示天下。如或言者非谬,罔上实多,岂以邦国重务,
委之非据。臣职在谏曹,合采群议,正拜已来,今已旬日,道路
云云,无不言此。岂京师士庶之众,愚智之多,合而为党,共有
仇嫉,陛下亦宜稍回圣鉴,俯察群心。况臣之事君,如子事父,
今当圣明不讳之代,若犹爱身隐情,是不忠不孝,莫大之罪。敢
沥肝血,伏待刑书。

十年,迁起居舍人,岁中,兼知制诰。转驾部员外郎、司勋郎中,
职如旧。迁中书舍人。是时,德宗亲览庶政,重难除授,凡命于朝,
多补自御札。始,德舆知制诰,给事有徐岱,舍人有高郢;居数岁,岱
卒,郢知礼部贡举,独德舆直禁垣,数旬始归。尝上疏请除两省官,
德宗曰:"非不知卿之劳苦,禁掖清切,须得如卿者,所以久难其
人。"德舆居西掖八年,其间独掌者数岁。贞元十七年冬,以本官知
礼部贡举,来年,真拜侍郎,凡三岁掌贡士,至今号为得人。转户部

侍郎。元和初,历兵部、吏部侍郎,坐郎吏误用官阙,改太子宾客,复为兵部侍郎,迁太常卿。

五年冬,宰相裴垍寝疾,德舆拜礼部尚书、平章事,与李藩同作相。河中节度王锷来朝,贵幸多誉锷者,上将加平章事,李藩坚执以为不可。德舆继奏曰:"夫平章事,非序进而得,国朝方镇带宰相者,盖有大忠大勋。大历已来,又有跋扈难制者,不得已而与之。今王锷无大忠勋,又非姑息之时,欲假此名,实恐不可。"上从之。

运粮使董溪、于皋谟盗用官钱,诏流岭南,行至湖外,密令中使皆杀之。他日,德舆上疏曰:"窃以董溪等,当陛下忧山东用兵时,领粮料供军重务,圣心委付,不比寻常,敢负恩私,恣其赃犯,使之万死,不足塞责。弘宽大之典,流窜太轻。陛下合改正罪名,兼责臣等疏略。但诏令已下,四方闻知,不书明刑,有此处分,窃观众情,有所未喻。伏自陛下临御已来,每事以诚,实与天地合德,与四时同符,万方之人,沐浴皇泽。至如于、董所犯,合正典章,明下诏书,与众同弃,即人各惧法,人各谨身。臣诚知其罪不容诛,又是已过之事,不合论辩,上烦圣聪。伏以陛下圣德圣姿,度越前古,顷所下一诏,举一事,皆合理本,皆顺人心。伏虑他时更有此比,但要有司穷鞠,审定罪名,或致之极法,或使自尽,罚一劝百,孰不甘心?巍巍圣朝,事体非细,臣每于延英奏对,退思陛下求理之言,生逢盛明,感涕自贺。况以愚滞朴讷,圣鉴所知,伏惟恕臣迂疏,察臣丹恳。"

及李吉甫自淮南诏征,未一年,上又继用李绛。时上求理方切,军国无大小,一付中书。吉甫、绛议政颇有异同,或于上前论事,形于言色;其有诣于理者,德舆亦不能为发明,时人以此讥之。竟以循默而罢,复守本官。寻以检校吏部尚书东都留守,后拜太常卿,改刑部尚书。先是,许孟容、蒋乂等奉诏删定格敕,孟容等寻改他官,乂独成三十卷,表献之,留中不出。德舆请下刑部,与侍郎刘伯刍等考定,复为三十卷奏上。十一年,复以检校吏部尚书出镇兴元。十三年八月,有疾,诏许归阙,道卒,年六十。赠左仆射,谥曰文。

德舆自贞元至元和三十年间,羽仪朝行,性直亮宽恕,动作语言，一无外饰，蕴藉风流，为时称响。于述作特盛，《六经》百氏，游泳渐渍，其文雅正则弘博，王侯将相泊当时名人薨殁，以铭纪为请者十八九，时人以为宗匠焉。尤嗜读书，无寸景暂倦，有文集五十卷，行于代。子璩，中书舍人。

史臣曰：裴垍精鉴默识，举贤任能，启沃帝心，弼谐王道。如崔群、裴度、韦贯之辈，咸登将相，皆垍之荐达。立言立事，知无不为。吉甫该洽典经，详练故实，仗裴垍之抽擢，致朝伦之式序。吉甫知垍之能别髦彦，垍知吉甫之善任贤良，相须而成，不忌不克。叔翰修身慎行，力学承家，批制敕有夕郎之风，涂御书见宰执之器，而乃轻财散施，天爵是期，伟哉自待之意也！德舆孝悌力学，鬠龀有闻，疏延龄恣行巧行，论皋谟不书明刑，三十年羽仪朝行，实皋之余庆所钟。此四子者，所谓经纬之臣，又何惭于王佐矣！

赞曰：二李秉钧，信为名臣。甫柔而党，藩俊而纯。裴公鉴裁，朝无屈人。权之藻思，文质彬彬。

旧唐书卷一四九
列传第九九

于休烈 子肃　肃子敖　敖子琮　　令狐峘

归崇敬 子登　登子融　奚陟

张荐 祖文成　子又新　希复　希复子读

蒋乂 子係伸　柳登　父芳　弟冕　子璟

沈传师 父既济　子询

　　于休烈，河南人也。高祖志宁，贞观中任左仆射，为十八学士。父默成，沛县令，早卒。休烈至性贞懿，机鉴敏悟。自幼好学，善属文，与会稽贺朝万齐融、延陵包融为文词之友，齐名一时。举进士，又应制策登科，授秘书省正字。累迁右补阙、起居郎、集贤殿学士，转比部员外郎，郎中。杨国忠辅政，排不附己者，出为中部郡太守。

　　值禄山构难，肃宗践祚，休烈自中部赴行在，擢拜给事中。迁太常少卿，知礼仪事。兼修国史。肃宗自凤翔还京，励精听受，尝谓休烈曰："君举必书，良史也。朕有过失，卿书之否？"对曰："禹、汤罪己，其兴也勃焉。有德之君，不忘规过，臣不胜大庆。"时中原荡覆，典章殆尽，无史籍检寻。休烈奏曰："《国史》一百六卷，《开元实录》四十七卷，起居注并余书三千六百八十二卷，并在兴庆官史馆。京城陷贼后，皆被焚烧。且《国史》、《实录》，圣朝大典，修撰多时，今并无本。伏望下御史台推勘史馆所由，令府县招访。有人别收得《国史》、《实录》，如送官司，重加购赏。若是史官收得，仍赦其罪。得一部超授官资，得一卷赏绢十匹。"数月之内，唯得一两卷。前修史官工部侍郎韦述陷贼，入东京，至是以其家藏《国史》一百一十三卷送于官。

肃宗以太常钟磬，自隋已来，所传五音，或有不调，乾元初谓休烈曰："古者圣人作乐，以应天地之和，以合阴阳之序，则人不夭札，物不疵疠。且金石丝竹，乐之器也。比亲享郊庙，每听悬乐，宫商不备，或钟磬失度。可尽将钟磬来，朕当于内自定。"太常集乐工考试数日，审知差错，然后令别铸造磨刻。及事毕，上临殿亲试考击，皆合五音，群臣称庆。

休烈寻转工部侍郎、修国史，献《五代帝王论》，帝甚嘉之。宰相李揆矜能忌贤，以休烈修国史与己齐列，嫉之，奏为国子祭酒，权留史馆修撰以下之。休烈恬然自持，殊不介意。旧仪，元正冬至，百官不于光顺门朝贺皇后，乾元元年，张皇后遂行此礼。休烈奏曰："《周礼》有命夫朝人主，命妇朝女君。自显庆已来，则天皇后始行此礼。其日，命妇又朝光顺门，与百官杂处，殊为失礼。"肃宗诏停之。

代宗即位，甄别名品，宰臣元载称之，乃拜右散骑常侍，依前兼修国史，寻加礼仪使。迁工部侍郎。又改检校工部尚书，兼判太常卿事，正拜工部尚书，累封东海郡公，加金紫光禄大夫。在朝凡三十余年，历掌清要，家无儋石之蓄。恭俭温仁，未尝以喜愠形于颜色。而亲贤下士，推毂后进，虽位崇年高，曾无倦色。笃好坟籍，手不释卷，以至于终。大历七年卒，年八十一。有集十卷行于代。嗣子益，次子肃，相继为翰林学士。

是岁春，休烈妻韦氏卒。上以休烈父子儒行著闻，特诏赠韦氏国夫人，葬日给卤簿鼓吹。及闻休烈卒，追悼久之，褒赠尚书左仆射。赙绢百匹、布五十端，遣谒者内常侍吴承倩就私第宣慰。儒者之荣，少有其比。肃官至给事中。肃子敖。

敖字蹈中，以家世文史盛名，少为时彦所称，志行修谨。登进士第，释褐秘书省校书郎。湖南观察使杨凭辟为从事，府罢，凤翔节度使李鄘、鄂岳观察使吕元膺相继辟召。自协律郎、大理评事试监察御史。元和六年，真拜监察御史。转殿中，历仓部司勋二员外、万年令，拜右司郎中，出为商州刺史。长庆四年，入为吏部郎中。其年，迁给事中。

昭愍初即位，李逢吉用事，与翰林学士李绅素不叶，遂诬绅以不测之罪，逐于岭外。绅同职驾部郎中知制诰庞严、司封员外郎知制诰蒋防坐绅党，左迁信、汀等州刺史。黜诏下，敇封还诏书。时人以为与严相善，诉其非罪，皆曰："于给事犯宰执之怒，伸庞、蒋之屈，不亦仁乎？"及驳奏出，乃是论庞严贬黜太轻，中外无不大嚷，而逢吉由是奖之。寻转工部侍郎，迁刑部，出为宣歙观察使、兼御史中丞。

敇温裕长者，与物无忤，居官亦未尝有立。周践台阁，三为列曹侍郎，谨顺自容而已。大和四年八月卒，年六十六，赠礼部尚书。四子：球、珪、环、琮，皆登进士第。

琮落拓有大志，虽以门资为吏，久不见用。大中朝，驸马都尉郑颢，以琮世故，独以器度奇之。会有诏于士族中选人才尚公主，衣冠多避之。颢谓琮曰："子人才甚佳，但不护细行，为世誉所抑，久而不调，能应此命乎？"琮然之。会李藩知贡举，颢托之登第，其年遂升谏列，尚广德公主，拜驸马都尉。累践台阁，扬历藩府。乾符中同平章事。

黄寇犯京师，僖宗出幸，琮病不能从。既僭号，起琮为相。琮以疾辞，迫胁不已，琮曰："吾病及矣，死在旦夕。加以唐室亲姻，义不受命，死即甘心。"竟为贼所害，而赦公主。主视琮受祸，谓贼曰："妾李氏女也，义不独存，愿与于公并命。"贼不许，公主入室自缢而卒。广德闺门有礼，咸通、乾符中誉在人口。于族内外冠婚丧祭，主必自预行礼，诸妇班而见之，尊卑答劳，咸有仪法，为时所称。珪、球皆至清显。

令狐峘，德棻之玄孙。登进士第。禄山之乱，隐居南山豹林谷，谷中有峘别墅。司徒杨绾未仕时，避乱南山，止于峘舍。峘博学，贯通群书，有口辩，绾甚称之。及绾为礼部侍郎，修国史，乃引峘入史馆。自华原尉拜右拾遗，累迁想居舍人，皆兼史职，修《玄宗实录》一百卷、《代宗实录》四十卷。著述虽勤，属大乱之后，起居注亡失，峘纂开元、天宝事，虽得诸家文集，编其诏策，名臣传记十无三四，后人以漏落处多，不称良史。大历八年，改刑部员外郎。

德宗即位，将厚奉元陵，峘上疏谏曰：

臣闻《传》曰"近臣尽规"，《礼记》曰"事君有犯而无隐。"臣幸偶昌运，谬参近列，敢竭狂愚，庶裨分寸，伏惟陛下详察。

臣读《汉书刘向传》，见论王者山陵之诚，良史称叹，万古芬芳。何者？圣贤之心，勤俭是务，必求诸道，不作无益。故舜葬苍梧，不变其肆；禹葬会稽，不改其列。周武葬于毕陌，无丘垅之处；汉文葬于霸陵，因山谷之势。禹非不忠也，启非不顺也，周公非不悌也，景帝非不孝也，其奉君亲，皆从微薄。昔宋文公始为厚葬，用蜃炭，益车马，其臣华元、乐举，《春秋》书为不臣。秦始皇葬骊山，鱼膏为灯烛，水银为江海，珍宝之藏，不可胜计，千载非之。宋桓魋为石椁，夫夫曰"不如速朽"。子游间丧具，夫子曰"称家之有无"。张释之对孝文曰："使其中无可欲，虽无石椁，又何戚焉？"汉文帝霸陵皆以瓦器，不以金银为饰。由是观之，有德者葬逾薄，无德者葬逾厚，昭然可睹矣。

陛下临御天下，圣政日新。进忠去邪，减膳节用，不珍云物之瑞，不近鹰犬之娱。有司给物，悉依元估，利于人也。远方衣贡，唯供祀事，薄于已也。故泽州奏庆云，诏曰"以时和为嘉祥"；邕州奏金坑，诏曰"以不贪为宝"。恭惟圣虑，无非至理，而独六月一日制节文云"应缘山陵制度，务从优厚，当竭帑藏，以供费用"者，此诚仁孝之德，切于圣衷。伏以尊亲之义，贵于合礼。陛下每下明诏，发德音，皆比从唐、虞，超迈周、汉。岂取悦凡常之目，有违贤哲之心，与失德之君竞其奢侈者也？臣又伏读遗诏曰："其丧仪制度，务从俭约，不得以金银锦彩为饰。"陛下远恭顺先志，动无违者。若制度优厚，岂顾命之意耶？

伏惟陛下远览虞、夏、周、汉之制，深惟夫子、张释之之诚，虔奉先旨，俯遵礼经，为万代法，天下幸甚。今赦书虽已颁行，诸条尚犹未出，此时奉遗制，敷圣理，固未晚也。伏望速诏有司，悉从古礼。臣闻愚夫之言，明主择焉，况臣忝职史官，亲逢睿德，耻同华元、乐举之为不臣也，愿以舜、禹之理纪圣猷也。夙夜恳迫，不敢不言，抵犯圣明，实忧罪谴。言行身黜，虽死犹生。

优诏答曰："朕顷议山陵，心方米谬，忘遵先旨，遂有优厚之文。卿闻见该通，识度弘远，深知不可，形于至言。援引古今，依据经礼，非唯中朕之病，抑亦成朕之躬。免朕获不子之名，皆卿之力也。敢不闻义而徙，收之桑榆，奉以始终，期无失坠。古之遗直，何以加焉！

初大历中，刘晏为吏部尚书，杨炎为侍郎，晏用峘判吏部南曹事。峘荷晏之举，每分阙，必择其善者送晏，不善者送炎，炎心不平之。及建中初，峘为礼部侍郎，炎为宰相，不念旧事。有士子杜封者，故相鸿渐子，求补弘文生。炎尝出杜氏门下，托封于峘。峘谓使者曰："相公诚怜封，欲成一名，乞署封名下一字，峘得以志之。"炎不意峘卖，即署名托封。峘以炎所署奏论，言宰相迫臣以私，臣若从之，则负陛下，不从则炎当害臣。德宗出疏问炎，炎具言其事，德宗怒甚，曰："此奸人，无可奈何。"欲决杖流之，炎苦救解，贬衡州别驾。迁衡州刺史。

贞元中，李泌辅政，召拜右庶子、史馆修撰。性既僻异，动失人和。在史馆，与同职孔述睿等争忿细故，数侵述睿。述睿长者，让而不争。无何，泌卒，窦参秉政，恶其为人，贬吉州别驾。久之，授吉州刺史。

齐映廉察江西，行部过吉州。故事，刺史始见观察使，皆戎服趋庭致礼。映虽尝为宰相，然骤达后进，峘自恃前辈，有以过映，不欲以戎服谒。入告其妻韦氏，耻抹首趋庭。谓峘曰："卿自视何如人，白头走小生前，卿如不以此礼见映，虽黜死，我亦无恨。"峘曰"诺"，即以客礼谒之。映虽不言，深以为憾。映至州，奏峘纠前政过失，鞫之无状，不宜按部临人，贬衢州别驾。衢州刺史田敦，峘知举时进士门生也。初峘当贡部，放榜日贬逐，与敦不相面。敦闻峘来，喜曰："始见座主。"迎谒之礼甚厚，敦月分俸之半以奉峘。峘在衢州殆十年。顺宗即位，以秘书少监征，即至而卒。

元和三年，峘子太仆寺丞丕，始献峘所撰《代宗实录》四十卷。初峘坐李泌贬，监修国史奏峘所撰实录一分，请于贬所毕功。至是方奏，以功赠工部尚书。

归崇敬字正礼，苏州吴郡人也。曾祖奥，以崇敬故，追赠秘书监，祖乐，赠房州刺史。父待聘，亦赠秘书监。崇敬少勤学，以经业擢第。遭丧哀毁，以孝闻，调授四门助教。天宝末，对策高第，授左拾遗，改秘书郎。迁起居郎、赞善大夫，兼史馆修撰，又加集贤殿校理。以家贫求为外职，历同州、润州长史，会玄宗、肃宗二帝山陵，参掌礼仪，迁主客员外郎。又兼史馆修撰，改膳部郎中。

崇敬以百官朔望朝服袴褶非古，上疏云："按三代典礼，两汉史籍，并无袴褶之制，亦未详所起之由。隋代已来，始有服者。事不师古，伏请停罢。"从之。又谏："东都太庙，不合置木主。谨按典礼，虞主用桑，练主用栗。作桑主则理栗主，作栗主则埋桑主，所以神无二主，天无二日，土无二王也。东都太庙，是则天皇后所建，以置武氏木主。中宗去其主而存其庙，盖将以备行幸迁都之置也。且殷人屡迁，前八后五，则前后迁都一十三度，不可每都而别立神主也。议者或云：'东都神主已曾虔奉而礼之，岂可一朝废之乎？'且虞祭则立桑主而虔祀，练祭则立栗主而埋桑主，岂桑主不曾虔祀而乃埋之？又所阙之主，何须更作？作之不时，恐非礼也。"又议云："每年春秋二时释奠文宣王，祝板御署讫，北面揖，臣以为礼太重。谨按《大戴礼》，师尚父授周武王丹书，武王东面而立。今署祝板，伏请准武王东面之礼,轻重庶得其中。"时有术士巨彭祖上疏云:"大唐土德,千年合符,请每四季祀天地。"诏礼官儒者议之。崇敬议曰:"按旧礼,立春之日,迎春于东郊,祭青帝。立夏之日,迎夏于南郊,祭赤帝。先立秋十八日,迎黄灵于中地,祀黄帝。秋、冬各于其方。黄帝于五行为土,王在四季,生于火,故火用事之末而祭之,三季则否。汉、魏、周、隋,共行此礼。国家土德乘时,亦以每岁六月土王之日祀黄帝于南郊,以后土配,所谓合礼。今彭祖请用四季祠祀,多凭纬候之说,且据阴阳之说。事涉不经,恐难行用。"又议祭五人帝不称臣云:"太昊五帝,人帝也,于国家即为前后之礼,无君臣之义。若于人帝而称臣,而于天帝复何称也?议者或云:'五人帝列于《月令》,分配五时。'则五神、五音、五祀、五虫、五臭,皆备五谷,以备其时之色数,非谓别有尊崇也。"又请太祖景皇帝配天,事已具《礼仪志》。自是国典大礼,崇敬常参议焉。

大历初,以新罗王卒,授崇敬仓部郎中、兼御史中丞,赐紫金鱼袋,充吊祭、册立新罗使。至海中流,波涛迅急,舟船坏漏,众咸惊骇。舟人请以小艇载崇敬避祸,崇敬曰:"舟中凡数十百人,我何独济?"逡巡,波涛稍息,竟免为害。故事,使新罗者,至海东多有所求,或携资帛而往,贸易货物,规以为利;崇敬一皆绝之,东夷称重其德。使还,授国子司业,兼集贤学士。与诸儒官同修《通志》,崇敬知《礼仪志》,众称允当。

时皇太子欲以仲秋之月,于国学行齿胄之礼。崇敬以国学及官名不称,请改国学之制,兼更其名,曰:

《礼记王制》曰,天子学曰辟雍。又《五经通义》云,辟雍,养老教学之所也。以形制言之,雍,壅也,壅也,壅水环之,圆如璧形。以义理言之:辟,明也,雍,和也,言以礼乐明和天下。《礼记》亦谓之泽宫。《射义》云,天子将祭,必先习射于泽宫。故前代文士,亦呼云璧池,亦曰璧沼,亦谓之学省。后汉光武立明堂、辟雍、灵台,谓之三雍宫。至明帝躬行养老于其中。晋武帝亦作明堂、辟雍、灵台,亲临辟雍,行乡余酒之礼。又别立国子学,以殊士庶。永嘉南迁,唯有国子学,不立辟雍。北齐立国子寺,隋初亦然。至炀帝大业十三年,改为国子监。今国家富有四海,声明文物之盛,唯辟雍独阙,伏请改国子监为辟雍省。

又以:

祭酒之名,非学官所宜。按《周礼》:"师氏掌以美诏王,教国子。"请改祭酒为太师氏,位正三品。又司业者,义在《礼记》,云"乐正司业"。正,长也,言乐官之长,司主此业。《尔雅》云:"大板谓之业。"按《诗·周颂》:"设业设簴,崇牙树羽。"则业是悬钟磬之枸簴也。今太学既不教乐,于义则无所取,请改司业一为左师,一为右师,位正四品上。

又以:

《五经》六籍,古先哲王致理之式也。国家创业,制取贤之法,立明经,发微言于众学,释回增美,选贤与能。自艰难已来,取人颇易,考试不求其文义,及第先取于帖经,遂使专门业废,请益无从,师资礼亏,传受义绝。今请以《礼记》、《左传》为大经,《周礼》、《毛诗》为中经,《尚书》、《周易》为小经,各置博士一员。其《公羊》、《谷梁》文疏少,请共准一中经,通置博士一员。所择博士,兼通《孝经》、《论语》,依凭章疏,讲解分明,注引旁通,问十得九,兼德行纯洁,文词雅正,仪形规范,可为师表者,令四品以上各举所知。在处者给驿,年七十已上者蒲轮。其国子、太学、四门、三馆,各立五经博士,品秩上下,生徒之数,各有差。其旧博士、助教、直讲、经直及律馆、算馆助教,请皆罢省。

其教授之法,学生至监,谒同业师。其所执赞,脯修一束、清酒一壶,衫布一段,其色随师所服。师出中门,延入与坐,割修斟酒,三爵而止。乃发篋出经,抠衣前请。师为依经辨理,略举一隅,然后就室。每朝、晡二时请益,师亦二时居讲堂,说释道义,发明大体,兼教以文行忠信之道,示以孝悌睦友之义。旬省月试,时考岁贡。以生徒及第多少,为博士考课上下。其有不率教者,则楛楚扑之。国子不率教者,则申礼部,移为太学。太学之不变者,移之四门。四门之不变者,归本州之学。州学之不变者,复本役,终身不齿。虽率教九年而学不成者,亦归之州学。

其礼部考试之法,请无帖经,但于所习经中问大义二十,得十八为通,兼《论语》、《孝经》各问十得八,兼读所问文注义疏,必令通熟者为一通。又于本经问时务策三道,通二为及第。其中有孝行闻于乡闾者,举解具言于习业之下。省试之日,观其所实,义少两道,亦请兼收。其天下乡贡。亦如之。习业考试,并以明经为名。得第者,授官之资与进士同。若此,则教义日深,而礼让兴;礼让兴,则强不犯弱,众不暴寡。此由太学之来者也。

诏下尚书集百僚定议以闻。议者以为省者,禁也,非外司所宜名。《周礼》代掌其职者曰氏,国学非代官,不宜曰太师氏。其余大抵以习俗既久,重难改作,其事不行。

会国学胥吏以餐钱差舛,御史台按问,坐贬饶州司马。建中初,又拜国子司业。寻选为翰林学士,迁左散骑常侍,加银青光禄大夫,寻兼普王元帅参谋,累加光禄大夫。以两河叛换之徒初禀朝命,令崇敬以本官兼御史大夫持节宣慰,奉使称旨。及还,上表请归拜墓,许之,赐以缯帛,儒者荣之。寻加特进、检校户部尚书,迁工部尚书,并依前翰林学士,充皇太子侍读。累表辞,以年老乞骸骨,改兵部尚书致仕。贞元十五年卒,时年八十,废朝一日,赠左仆射。子登嗣。

登陟字冲之。雅实弘厚,事继母以孝称。大历七年,举孝廉高第,补四门助教。贞元初,复登贤良科,自美原尉拜右拾遗。时裴延龄以奸佞有恩,欲为相,谏议大夫阳城上疏切直,德宗赫怒,右补阙熊执易等亦以危言忤旨。初执易草疏成,示登,登愕然曰:“愿寄一名。雷电之下,安忍令足下独当。”自是同列切谏,登每联署其奏,无所回避,时人称重。转右补阙、起居舍人,三任十五年。同列尝出其下者，多以驰骛至显官，而登与右拾遗蒋武退然自守，不以淹速介意。后迁捕部员外郎，充皇子侍读，寻加史馆修撰。

顺宗初，以东朝旧恩，超拜给事中，旋赐金紫，仍锡衫笏焉。迁工部侍郎。与孟简、刘伯刍、萧拘受诏同翻译《大乘本生心地观经》。又为东宫及诸王侍读，献《龙楼箴》以讽。久之，改左散骑常侍。因中谢，宪宗问时所切，登以纳谏为对，时论美之。转兵部侍郎，兼判国子祭酒事，迁工部尚书。元和十五年卒，年六十七，赠太子少保。

登有文学，工草隶。宽博容物。尝使僮饲马，马蹄踶，僮怒击折马足，登知而不责。晚年颇好服食，有馈金石之药者，且云先尝之矣，登服之不疑。药发毒几死，方讯云未之尝，他人为之怒，登视之无愠色。常慕陆象先之为人，议者亦以为近之。子融嗣。

融，进士擢第，自监察拾遗入省，拜工部员外郎，迁考功员外。六年，转工部郎中，充翰林学士。八年，正拜舍人。九年，转户部侍郎，开成元年，兼御史中丞。湖南观察使卢周仁违敕进羡余钱十万贯。融奏曰："天下一家，何非君土？中外财赋，皆陛下府库也。周仁辄陈小利，妄设异端，言南方火灾。恐成灰烬，进于京国，姑徇私诚。入财货以希恩，待朝廷而何浅。臣恐天下放效，以羡余为名，因缘刻剥，生人受弊。周仁请行重责，以例列藩。其所进钱，请还湖南，代贫下租税。"诏周仁所进于河阴院收贮，以备水旱。金部员外郎韩益判度支案，子弟受人赂三千余贯，半是拟赃。上问融曰："韩益所犯与卢元中、姚康孰甚？"对曰："元中与康枉破官钱三万余贯，益所取受人事，比之殊轻。"乃贬梧州司户。

寻迁京兆尹。时府司物力不充，特敕赐钱五万贯，府司以所赐之半还司农寺菜钱，融因对言之。上以融学家，因问"蔬栃"字有赖音，何也？'栃'是饭之极粗者耶？"融以义类对之。时两公主出降，府司供帐事殷，又俯近上已，曲江赐宴奏请改日。上曰："去年重阳，取九月十九日，未失重阳之意，今改取十三日可也。"既而李固言作相，素不悦融，罢尹。月余，授秘书监。俄而固言罢，杨嗣复辅政，以融权知兵部侍郎。一年内拜吏部,三年检校礼部尚书、兴元尹、兼御史大夫,充山南西道节度使。

融子仁晦、仁翰、仁宪、仁召、仁译、皆登进士第。成通中并至达官。

奚陟字殷卿,亳州人也。祖乾绎,天宝中弋阳郡太守。陟少好读书,登进士第,又登制举文词清丽科,授弘文馆校书,寻拜大理评事。佐入吐蕃使,不行,授左拾遗。丁父母忧,哀毁过礼,亲朋愍之。车驾幸兴元,召拜起居郎、翰林学士。辞以疾病,久不赴职,改太子司议郎。历金部、吏部员外郎、左司郎中,弥纶省闼。又累奉使,皆称旨。

贞元八年,擢拜中书舍人。是岁,江南、淮西大雨为灾。令陟劳问巡慰,所在人安悦之。中书省故事,姑息胥徒,以常在宰相左右也,陟皆以公道处之。先是右省杂给,率分等第,皆据职田顷亩,即主书所受与右史等。陟乃约以料钱为率,自是主书所得减拾遗。时中书令李晟所请纸笔杂给,皆不受,但告杂事舍人,令且贮之,他日便悉以遣舍人。前例,杂事舍人自携私入,陟以所得均分省内官。又躬亲庶务,下至园蔬,皆悉自点阅,人以为难,陟处之无倦。

迁刑部侍郎。裴延龄恶京兆尹李充有能政,专意陷害之,诬奏充结陆贽,数厚赂遗多帛。充既贬官,又奏充比者妄破用京兆府钱谷至多,请令比部勾覆,以比部郎中崔元翰陷充,怨恶贽也。诏许之。元翰曲附延龄,劾治府史。府史到者,虽无过犯,皆笞决以立威,时论喧然。陟乃躬自阅视府案,具得其实,奏言:“据度支奏,京兆府贞元九年两税及已前诸色羡余钱,共六十八万余贯,李充并妄破用。今所勾勘,一千二百贯已来是诸县供馆驿加破,及在诸色人户腹内合收,其斛斗共三十二万石,唯三百余石诸色输纳所由欠折,其余并是准敕及度支符牒,给用已尽。”陟之宽平守法,多如此类。元翰既不遂其志,因此愤恚而卒。

陟寻以本官知吏部选事，铨综平允，有能名，迁吏部侍郎。所莅之官，时以为称职。贞元十五年卒，年五十五，赠礼部尚书。

张荐字孝举，深州陆泽人。祖鷟，字文成，聪警绝伦，书无不览。为儿童时，梦紫色大鸟，五彩成文，降于家庭。其祖谓之曰，"五色赤文，凤也；紫文，鷟鷟也，为凤之佐，吾儿当此文章瑞于明廷"，因以为名字。初登进士第，对策尤工，考功员外郎骞味道赏之曰："如此生，天下无双矣！"调授岐王府参军。又应下笔成章及才高位下、词标文苑等科。鷟凡应八举，皆登甲科。再授长安尉，迁鸿胪丞。凡四参选，判策为铨府之最。员外郎员半千谓人曰："张子之文如青钱，万简选中，未闻退时。"时流重之，目为"青钱学士"。然性褊躁，不持士行，尤为端士所恶，姚崇甚薄之。开元初，澄正风俗，鷟为御史李全交所纠，言鷟语多讥刺时，坐贬岭南。刑部尚书李日知奏论，乃追敕移于近处。开元中入为司门员外郎卒。鷟下笔敏速，著述尤多，言颇诙谐。是时天下知名，无贤不肖，皆记诵其文。天后朝，中使马仙童陷默啜，默啜谓仙童曰："张文成在否？"曰："近自御史贬官。"默啜曰："国有此人而不用，汉无能为也。"新罗、日本东夷诸蕃，尤重其文，每遣使入朝，必重出金贝以购其文，其才名远播如此。

荐少精史传，颜真卿一见叹赏之。天宝中，浙西观察使李涵表荐其才可当史任，乃诏授左司御率府兵曹参军。既至阙下，以母老疾，竟不拜命。母丧阕，礼部侍郎于邵举前事以闻，召充史馆修撰，兼阳翟尉。朱泚之乱，变姓名伏匿城中，因著《史遁先生传》。德宗还宫，擢拜左拾遗。贞元元年冬，上亲郊。时初克复，簿籍多失，礼文错乱，乃以荐为太常博士，参典礼仪。四年，回纥和亲，以检校右仆射、刑部尚书关播充使，送咸安公主入蕃，以荐为判官，转殿中侍御史。使还，转工部员外郎，改户部本司郎中。十一年，拜谏议大夫，仍充史馆修撰。

时裴延龄怙宠，潜毁士大夫。荐欲上书论之，屡扬言未果。延龄闻之怒，奏曰："谏官论朝政得失，史官书人君善恶，则领史职者不宜兼谏议。"德宗以为然。荐为谏议月余，改秘书少监。延龄排摈不已，会差使册回纥毗伽怀信可汗及吊祭，乃命荐御史中丞，入回纥。二十年，吐蕃赞普死，以荐为工部侍郎、兼御史大夫，充入吐蕃吊祭使。涉蕃界二千余里，至赤岭东被病，殁于纥壁驿，吐蕃传其柩以归。顺宗即位，凶问至，诏赠礼部尚书。

荐自拾遗至侍郎，仅二十年，皆兼史馆修撰。三使绝城，皆兼宪职。以博洽多能，敏于占对被选。有文集三十卷及所撰《五服图》、《宰辅略》、《灵怪集》、《江左寓居录》等，并传于时。子又新同希复，皆登进士第。

又新幼工文，善于傅会。长庆中，宰相李逢吉用事，翰林学士李绅深为穆宗所宠，逢吉恶之，求朝臣中凶险敢言者掎摭绅阴事，俾暴扬于缙绅间。又新与拾遗李续之、刘栖楚尤蒙逢吉眷待，指为鹰犬。穆宗崩，昭愍初即位，又新等构绅，贬端州司马，朝臣表贺，又至中书贺宰相。及门，门者止之曰："请少留，缘张补阙在斋内与相公谈。"俄而又新挥汗而出，旅揖群官曰："端溪之事，又新不敢多让。"人皆辟易惮之。与续之等七人，时号"八关十六子"。

宝历三年，逢吉出为山南东道节度使，请又新为副使，李续之为行军司马。逢吉为宰相时，用门下省主事田伾，伾犯赃亡命，逢吉保之于外。及罢相，裴度发其事，逢吉坐罚俸。又诏曰："朕在亿兆人之上，不令而人化，不言而人信者，法也。法行则君主重，法废则朝廷轻。田伾常挂亡命之章，伦请养贤之禄，迹在搜捕，公行人间，而更冒选吏曹；显拟郡佐。及黄枢覆验，乌府追擒，证逮皆明，奸状尽得。三移宪牒，一无申陈。众状满前，群议溢耳，终则步健不至，琅珰空来。蔑视纪纲，颇同侮谑，顾兹参画，负我上台。阅视运名，伊尔二子，又新可汀州刺史，李续之可涪州南海史。"及逢吉致壮，李训用事，复召二子，为尚书郎。训败，复贬而卒。

希复子读，登进士第，有俊才。累官至中书舍人、礼部侍郎，典贡举，时称得士。位终尚书左丞。

蒋乂字德源，常州义兴人也。祖环，太子洗马，开元中弘文馆学士。父将明，累迁至左司郎中、国子司业、集贤殿学士、副知院事，代为名儒。而乂史官吴兢之外孙，以外舍富坟史，幼便记览不倦。七岁时，诵庾信《哀江南赋》，数篇而成诵在口，以聪悟强力闻于亲党间。弱冠博通群籍，而史才尤长。其父在集贤时，以兵乱之后，图籍溷杂，乃白执政，请携乂入院，令整比之。宰相张镒见而奇之，乃署为集贤小职。乂编次逾年，于乱中勒成部帙，得二万余卷，再迁王屋尉，充太常礼院修撰。贞元九年，转右拾遗，充史馆修撰。

十三年，以故河中节度使张茂昭弟光禄少卿同正茂宗尚义章公主，茂宗方居母丧，有诏起复云麾将军成礼。诏下，乂上疏谏曰："墨缞之礼，本缘金革。从古已来，未有驸马起复尚主者。既乖典礼，且违人情，切恐不可。"上令中使宣谕云："茂宗母临亡有请，重违其心。"乂又拜疏，辞逾激切。德宗于延英特召入对，上曰："卿所言古礼也。朕闻如今人家，往往有借吉为婚嫁者，卿何苦固执？"顾曰："臣闻里俗有不甚知礼法者，或女居父母服内，家既贫匮，旁无至亲，即有借吉以就礼者。男子借吉而娶，臣未尝闻之。况陛下临御已来每事宪章典礼。建中年郡县主出降，皆诏有司依礼，不用俗仪，天下庆戴。忽今驸马起复成礼，实恐惊骇物听。臣或闻公主年甚幼小，即更俟一年出降，时既未失，且合礼经，实天下幸甚。"上曰："卿言甚善，更俟商量。"俄而韦彤、裴堪谏疏继入，上不悦，促令奉行前诏，然上心颇重乂。

上尝登凌烟阁，见左壁颓剥，文字残缺，每行仅有三五字，命录之以问宰臣。宰臣遽受宣，无以对，即令召乂至，对曰："此圣历中《侍臣图赞》，臣皆记忆。"即于御前口诵，以补其缺，不失一字。上叹曰，"虞世南暗写《列女传》，无以加也。"十八年，迁起居舍人，转司勋员外郎，皆兼史职。时集贤学士甚众，会诏问神策军建置之由。相府讨求，不知所出，诸学士悉不能对，乃访于乂。乂征引根源，事甚详悉,宰臣高郢、郑珣瑜相顾曰:"集贤有人矣。"翌日,诏兼判集贤院事。父子代为学士,儒者荣之。时顺宗附庙,将行祧迁之礼,诏公卿议。咸云:"中宗中兴之主,不当迁。"乂建议云:"中宗既正位枢前,乃受母后篡夺。五王翼戴,方复大业。此乃由我失之,因人得之,止可同于反正,不得号为中兴。"群议纷然,竟依乂所执。

元和二年,迁兵部郎中。与许孟容、韦贯之等受诏删定制敕,成三十卷,奏行用。改秘书少监,复兼史馆修撰。寻奉诏与独孤郁、韦处厚同修《德宗实录》。五年,书成奏御,以功拜右谏议大夫。明年监修国史裴垍罢相,李吉甫再入,以乂、垍之修撰,改授太常少卿。久之,迁秘书监。

乂性朴直,不能事人,或遇权臣专政,辄数岁不迁官。在朝垂三十年,前后每有大政事、大议论,宰执不能裁决者,必召以咨访。乂征引典故,以参时事,多合其宜,然亦以此自滞。而好学不倦,老而弥笃,虽甚寒暑,手不释卷。旁通百家,尤精历代沿革。家藏书一万五千卷。本名武,因宪宗召对,奏曰,"陛下已诛群寇,偃武修文,臣名于乂未允,请改名乂。"上忻然从之。时帝方用兵两河,乂亦因此讽谕耳。乂居史任二十年,所著《大唐宰辅录》七十卷、《凌烟阁功臣》、《秦府十八学士》、《史臣等传》四十卷。长庆元年卒,年七十五,赠礼部尚书,谥曰懿。子係、伸、偕、仙、佶。

係,大和初授昭应尉,直史馆。二年,拜右拾遗、史馆修撰,典实有父风,与同职沈传师、郑澣、陈夷行、李汉等受诏撰《宪宗实录》。四年,书成奏御,转尚书工部员外,迁本司郎中,仍兼史职。宰相宋申锡为北军罗织,罪在不测,係与谏官崔玄亮泣谏于玉阶之下,申锡亦减死,时论称之。开成中,转谏议大夫。武宗朝,李德裕用事,恶李汉,以係与汉僚婿,出为桂管都防御观察使。宣宗即位,征拜给事中、集贤殿学士、判院事。转吏部侍郎,改左丞。出为兴元节度使,入为刑部尚书。俄检校户部尚书、凤翔尹,充凤翔陇节度使,入为兵部尚书。以弟伸为丞相,恳辞朝秩,检校尚书左仆射、襄州刺史、山南东道节度使,封淮阳县开国公,食邑五百户。

伸,登进士第,历佐使府。大中初入朝,右补阙、史馆修撰,转中书舍人,召入翰林为学士。自员外郎中至户部侍郎、学士丞旨,转兵部侍郎。大中末,中书侍郎、平章事。

仙、佶皆至刺史。

偕有史才,以父任历官左拾遗、史馆修撰,转补阙。咸通中,与同职卢耽、牛丛等受诏修《文宗实录》。

蒋氏世以儒史称,不以文藻为事,唯伸及系子兆有文才,登进士第,然不为文士所誉。与柳氏、沈氏父子相继修国史实录,时推良史,京师云《蒋氏日历》,士族靡不家藏焉。

柳登字成伯,河东人。父芳,肃宗朝史官,与同职韦述受诏添修吴兢所撰《国史》,杀青未竟而述亡,芳绪述凡例,勒成《国史》一百三十卷。上自高祖,下止乾元,而叙天宝后事,绝无伦类,取舍非工,不为史氏所称。然芳勤于记注,含毫罔倦。属安、史乱离,国史散落,编缀所闻,率多阙漏。上元中坐事徙黔中,遇内官高力士亦贬巫州,遇诸途。芳以所疑禁中事,咨于力士。力士说开元、天宝中时政事,芳随口志之。又以《国史》已成,经于奏御,不可复改,乃别撰《唐历》四十卷,以力士所传,载于年历之下。芳自永宁尉、直史馆,转拾遗、补阙、员外郎,皆居史任,位终右司郎中、集贤学士。

登少嗜学,与弟冕咸以该博著称。登年六十余,方从宦游,累迁至膳部郎中。元和初,为大理少卿,与刑部侍郎许孟容等七人,奉诏删定开元已后敕格。再迁右庶子,以衰病改秘书监,不拜,授右散骑常侍致仕。长庆二年卒,时九十余,辍朝一日,赠工部尚书。弟冕。

冕,史兼该,长于吏职。贞元初,为太常博士。二年,昭德王皇后之丧,论皇太子服纪。左补阙穆质请依礼周期而除,冕与同职张荐等奏议曰:

准《开元礼》,子为母齐缞三年,此王公已下服纪。皇太子为皇后丧服。国礼无闻。昔晋武帝元皇后崩，其时亦疑太子所服。杜元凯奏议曰："古者天子三年之丧，既葬除服。魏氏革命，亦以既葬为节。故天子诸侯之礼尝已具矣，恶其害己而削去其籍。今其存者唯《士丧礼》一篇，戴圣之记错杂其内，亦难以取正。皇太子配二尊，与国为体，固宜卒哭而除服。"于是山涛、魏舒并同其议，晋朝从之。历代遵行，垂之不朽。

臣谨按实录，文德皇后以贞观十年九月崩，十一月葬，至十一年正月，除晋王治为并州都督。晋王即高宗在藩所封，文德皇后幼子，据其命官，当已除之义也。今请皇太子依魏、晋故事，为大行皇后丧服，葬而虞，虞而卒哭，卒哭而除，心丧终制，庶存厌降之礼。

事下中书，宰臣召问礼官曰："《语》云，'子食于有丧者之侧，未尝饱也'。今岂可令皇太子衰服侍膳，至于既葬乎？准令，群臣齐缞，给假三十日即公除。约于此制，更审议之。"张荐曰："请依宋、齐间皇后为父母服三十日公除例，为皇太子丧服之节。"荐既以公除，诣于正内，则服墨惨，归至本院，缞麻如故。穆质曰："杜元凯既葬除服之论，不足为法。臣愚以为遵三年之制则太重，从三十日之变太轻，唯行古之道，以周年为定。"诏宰臣与礼官定可否。宰牙臣以穆质所奏问博士，冕对曰："准《礼》，三年丧，无贵贱一也。岂有以父母贵贱而差降丧服之节乎？且《礼》有公门脱齐缞，《开元礼》皇后为父母服十三月，其禀朝旨，十三日而除；皇太子为外祖父母服五月，其从朝旨，则五日而除。所以然者，恐丧服侍奉，有伤至尊之意也。故从权制，昭著国章，公门脱缞，义亦在此，岂皆为金革乎？皇太子今若抑哀公除，墨惨朝觐，归至本院，依旧缞麻，酌于变通，庶可传继。"宰臣然其议，遂命太常卿郑叔则草奏，以冕议为是。而穆质坚执前议，请依古礼，不妨太子墨缞于内也。宰臣齐映、刘滋参酌群议，请依叔则之议，制从之。及董晋为太常卿，德宗谓之曰："皇太子所行周服，非朕本意，有谏官横论之。今熟计之，即礼官请依魏、晋故事，斯甚折衷。"明年冬，上以太子久在丧，合至正月晦受吉服，欲以其年十一月释缞麻,以及新正称庆。有司皆论不可,乃止。

六年十一月,上亲行郊享。上重慎祀典,每事依礼。时冕为吏部郎中,摄太常博士,与司封郎中徐岱、仓部郎中陆质、工部郎中张荐,皆摄礼官,同修郊祀仪注,以备顾问。初,诏以皇太子亚献、亲王终献,上令问柳冕当受誓戒否,冕对曰:"准《开元礼》有之,然誓词云'不供其职,国有常刑",今太子受誓,请改云'各扬其职,肃奉常仪。"上又问升郊庙去剑覆及象剑尺寸之度,祝文轻重之宜,冕据礼经沿革闻奏,上甚嘉之。

冕言事颇切,执政不便之,出为婺州刺史。十三年,兼御史中丞、福州刺史,充福建都团练观察使。冕在福州奏置万安监牧于泉州界,置群牧五,悉索部内马五千七百匹、驴骡牛八百头、羊三千口,以为监牧之资。人情大扰,期年无所滋息,诏罢之。以政无状,诏以阎济美代归而卒。子璟,登进士第,亦以著述知名。

璟,宝历初登进士第,三迁监察御史。时郊庙告祭,差摄三公行事,多以杂品,璟时监察,奏曰:"准开元二十三年敕,宗庙大祠,宜差左右丞相、嗣王、特进、少保、少傅、尚书、宾客、御史大夫。又二十五年敕,太庙五享,差丞相、师傅、尚书、嗣郡王通摄,余司不在差限。又元和四年敕,太庙告祭摄官,太尉以宰相充,其摄司空、司徒,以仆射、尚书、师傅充,余司不在差限。比来吏部因循,不守前后敕文,用人稍轻。请自今年冬季,勒吏部准开元、元和敕例差官。"从之。再迁度支员外郎,转吏部。开成初,换库部员外郎、知制诰,寻以本官充翰林学士。

初,璟祖芳精于谱学,永泰中按宗正谱牒,自武德已来宗枝昭穆相承,撰皇室谱二十卷,号曰《永泰新谱》,自后无人修续。璟因召对,言及图谱事,文宗曰:"卿祖尝为皇家图谱,朕昨观之,甚为详悉。卿检永泰后试修续之。"璟依芳旧式,续德宗后事,成十卷,以附前谱,仍诏户部供纸笔厨料。五年,拜中书舍人充职。武宗朝,转礼部侍郎,再司贡籍,时号得人。子韬亦以进士擢第。

沈传师字子言,吴人。父既济,博通群籍,史笔尤工,吏部侍郎杨炎见而称之。建中初,炎为宰相,荐既济才堪史任,召拜左拾遗、史馆修撰。既济以吴兢撰《国史》,以则天事立本纪,奏议非之曰:

史氏之作,本乎惩劝,以正君臣,以维家邦。前端千古,后法万代,使其生不敢差,死不忘惧。纬人伦而经世道,为百王准的,不止属辞比事,以日系月而已。故善恶之道,在乎劝诫,劝诫之柄,存乎褒贬。是以《春秋》之义,尊卑轻重升降,几微仿佛,虽一字二字,必有微旨存焉。况鸿名大统,其可以贷乎?

伏以则天皇后,初以聪明睿哲,内辅时政,厥功茂矣。及弘道之际,孝和以长君嗣位,而太后以专制临朝,俄又废帝,或幽或徙。既而握图称箓,移运革名,牝司燕啄之踪,难乎备述。其后五王建策,皇运复兴,议名之际,得无降损。必将义以亲隐,礼从国讳,苟不及损,当如其常,安可横绝彝典,超居帝籍?昔仲尼有言,必也正名,故夏、殷二代为帝者三十世矣,而周人通名之曰王,吴、楚、越之君为王者百余年,而《春秋》书之为子。盖高下自乎彼,而是非稽乎我。过者抑之,不及者援之,不为弱减,不为僭夺。握中持平,不振不倾,使其求不可得,而盖不可掩,斯古君子所以慎其名也。

夫则天体自坤顺,位居乾极,以柔乘刚,天纪倒张,进以强有,退非德让。今史臣追书,当称之太后,不宜曰"上"。孝和虽迫母后之命,降居藩邸,而体元继代,本吾君也,史臣追书,宜称曰"皇帝",不宜曰"庐陵王"。睿宗在景龙已前,天命未集,徒禀后制,假临大宝,于伦非次,于义无名,史臣书之,宜曰"相王",未宜曰"帝"。若以得失既往,遂而不举,则是非褒贬,安所辨正,载笔执简,谓之何哉?则天废国家历数,用周正朔,废国家太庙,立周七庙。鼎命革矣,徽号易矣,旗裳服色,既已殊矣,今安得以周氏年历而列为《唐书》帝纪?征诸礼经,是谓乱名。且孝和继天践祚,在太后之前,而叙年制纪,居太后之下,方之跻僖，是谓不智，详今考古，并未为可。

或曰：班、马良史也，编述汉事，立高后以续帝载，岂有非之者乎？答曰：昔高后称制，因其旷嗣，独有分王诸吕，负于汉约，无迁鼎革命之甚。况其时孝惠已殁，孝文在下，宫中二子，非刘氏种，不纪吕后，将纪谁焉？虽云其然，议者犹为不可，况迁鼎革命者乎？

或曰：若天后不纪，帝绪缺矣，则二十二年行事，何所系利？曰：孝和以始年登大位，以季年复旧业，虽尊名中夺，而天命未改，足以首事，足以表年，何所拘阂，裂为二纪？昔鲁昭之出也，《春秋》岁书其居，曰"公在乾侯"。且君在虽失位，不敢废也。今请并《天后纪》合《孝和纪》，每于岁首，必书孝和所在以统之，书曰某年春正月，皇帝在房陵，太后行某事，改某制云云。则纪称孝和，而事述太后，俾名不失正，而礼不违常，名礼两得，人无间矣。其姓氏名讳，入宫之由，历位之资，才艺智略，年辰崩葬，别纂录入《皇后传》，列于废后王庶人之下，题其篇曰"则天顺圣武后"云。

事虽不行，而史氏称之。

德宗初即位，锐于求理。建中二年夏，敕中书、门下两省，分置待诏官三十员，以见官前任及同正试摄九品已上，择文学理道、韬钤法度之深者为之，各准品秩给俸钱、廪饩、干力、什器、馆宇之设，以公钱为之本，收息以赡用。物论以为两省皆名侍臣，足备顾问，无劳别置冗员。既济上疏论之曰：

臣伏以陛下今日之理，患在官烦，不患员少；患在不问，不患无人。且中书、门下两省常侍、谏议、补阙、拾遗，总四十员，及常参待制之官，日有两人，皆备顾问，亦不少矣。中有二十一员，尚阙人未充，他司缺职，累倍其数。陛下若谓见官非才，不足与议，则当选求能者，以代其人。若欲务广聪明，毕收淹滞，则当择其可者，先补缺员。则朝无旷官，俸不徒费。且夫置钱息利，是有司权宜，非陛下经理之法。今官三十员，皆给俸钱，

干力及厨廪什器,建造厅宇,约计一月不减百万,以他司息例
准之,当以钱二千万为之本,方获百万之利。若均本配人,当复
除二百户,或许其入流。反覆计之,所损滋甚。当今关辅大病,
皆为百司息钱,伤人破产,积于府县。实思改革,以正本源。又
臣尝计天下财赋耗歇之大者,唯二事焉,最多者兵资,次多者
官俸。其余杂费,十不当二事之一。所以黎人重困,杼轴犹空。
方期缉熙,必藉裁减。今四方形势,兵罢未得,资费之广,盖非
获已。陛下躬行俭约,节用爱人。岂俾闲官,复为冗食?籍旧
而置,犹可省也,若之何加焉?陛下必以制出不可改,请重难慎
择,迁延寝罢。

其事竟不得行。既而杨炎谴逐,既济坐贬处州司户。后复入朝,位
终礼部员外郎。

传师,擢进士,登制科乙第,授太子校书郎、鄠县尉,直史馆,转
左拾遗、左补阙,并兼史职。迁司门员外郎、知制诰,召充翰林学士。
历司勋、兵部郎中,迁中书舍人。性恬退无竞,时翰林未有承旨,次
当传师为,固称疾,宣召不起,乞以本官兼史职。俄兼御史中丞,出
为潭州刺史、湖南观察使。入为尚书右丞。出为洪州刺史、江南西
道观察使,转宣州刺史、宣歙池观察使。入为吏部侍郎。大和元年
卒,年五十九,赠吏部尚书。

初传师父既济撰《建中实录》十卷,为时所称。传师在史馆,预
修《宪宗实录》未成,廉察湖南,特诏齐一分史稿,成于理所。有子
枢、询,皆登进士第。

询历清显,中书舍人、翰林学士、礼部侍郎。咸通中,检校户部
尚书、潞州长史、昭义节度使。为政简易,性本恬和。奴归秦者通询
侍者,询将戮之未果,奴结牙将为乱,夜攻府第,询举家遇害。

史臣曰:前代以史为学者,率不偶于时,多罹放逐,其故何哉?
诚以褒贬是非在于手,贤愚轻重系乎言,君子道微,俗多忌讳,一言
切己,嫉之如仇。所以峘、荐坎壈于仕途,沈、柳不登于显贯,后之载

笔执简者，可以为之痛心。道在必伸，物不终否，子孙藉其余佑，多至公卿者，盖有天道存焉。

　　赞曰：褒贬以言，孔道是模。诛乱以笔，亦有董狐。邦家大典，班、马何辜？惩恶劝善，史不可无。

旧唐书卷一五〇
列传第一〇〇

德宗顺宗诸子

舒王谊　　通王谌　　虔王谅　　肃王详
文敬太子谏　　资王谦　　代王諲
昭王诚　　钦王谔　　珍王诚　　郯王经
均王纬　　溆王纵　　莒王纾　　密王绸
郇王综　　邵王约　　宋王结　　集王缃
冀王绹　　和王绮　　衡王绚　　钦王绩
会王缋　　福王绾　　珍王缮　　抚王纮
岳王绲　　袁王绅　　桂王纶　　翼王缠
蕲王绰

　　德宗皇帝十一子：昭德皇后王氏生顺宗皇帝；舒王谊，昭靖太子之子；文敬太子，顺宗之子；诸妃生通王已下八王，本录不载母氏。

　　舒王谊本名谟，代宗第三子昭靖太子邈之子也。以其最幼，德宗怜之，命之为子。大历十四年六月，封舒王，拜开府仪同三司，与通王、虔王同日封。仍诏所司,其开府俸料,逐月进内,寻以军兴罢支。建中元年,领四镇北庭行军、泾原节度大使,以泾州刺名孟皞为节度留后。以谊爱弟之子,诸王之长,军国大事,欲其更践,必委试之。

明年,尚父郭子仪病笃,上御紫宸,命谊持制书省之。谊冠远游冠,绛纱袍,乘象辂,驾驷马,飞龙骑士三百人随之。国府之官,皆袴褶骑而导前,卤簿备,引而不乐,在遏密故也。及门,郭氏子弟迎拜于外,王不答拜。子仪卧不能兴,以手叩头谢恩而已。王解冠珮,以常服传诏劳问之。

三年,蔡帅李希烈叛,诏哥舒曜讨之。八月,希烈自帅众三万围哥舒曜于襄城,又诏河南都统李勉援之。勉舍襄城,令大将唐汉臣等选劲兵,径袭许州以解围。汉臣未至许,上遣中使追之,责以违诏,趣旋师,为贼所乘,汉臣之众大败。勉恐东都危急,乃分兵数千赴洛,又为贼所隔。贼众急攻汴、滑,勉走宋州,朝廷大耸,乃诏谊为扬州大都督,持节荆襄、江西、沔鄂等道节度,兼诸军行营兵马元帅,改名谊。又以哥舒翰声近,士卒窃议,改封普王,令统摄诸军,进攻希烈。仍以兵部侍郎萧复为户部尚书、兼御史大夫、元帅府统军长史。旧例有行军长史,以复父名衡,特更之。又以新除潭州观察使孔巢父为右庶子、兼御史大夫,充行军司马;以山南东道节度行军司马、检校兵部郎中、兼御史中丞樊泽为谏议大夫、兼御史中丞、行军右司马。刑部员外郎刘从一为吏部郎中、兼中丞;侍御史韦偿为工部郎中、兼中丞,并充元帅府判官。兵部员外郎高参为本司郎中,充元帅府掌书记。以右金吾大将军浑瑊检校工部尚书、兼御史大夫,为中军虞候。江西节度使嗣曹王皋为前军兵马使,鄂岳团练使李兼为之副。山南东道节度使贾耽为中军兵马使。荆南节度使张伯仪充后军兵马使。以左神武军使王价检校太子宾客,左卫将军高承谦检校太子詹事。前司农少卿郭曙橙检校左庶子,前秘书省著作郎常愿为秘书少监,并充元帅府押衙。制下未行,泾原兵乱而止。

德宗初闻兵士出怨言,不得赏设,乃令谊与翰林学士姜公辅传诏安抚,许以厚赏。行及内门,兵已阵于阙前,谊狼狈而还,遂奉德宗出幸奉天,贼之攻城,谊昼夜传诏,慰劳诸军,仅不解带者月余。从车驾还宫,复封舒王、开府仪同三司,扬州大都督如故。永贞元年十月薨,废朝三日。

通王谌,德宗第三子也。大历十四年封,制授开府仪同三司。贞元九年十月,领宣武军节度大使、汴宋等州观察支度营田等使,以宣武都知兵马使李万荣为留后,王不出阁。十一年,河东帅李自良卒,以谌为河东节度大使,以行军司马李说知府事,充留后,亦不出阁。

虔王谅,德宗第四子。大历十四年封,授开府仪同三司。贞元二年,领蔡州节度大使、申光蔡观察等使,以大将吴少诚为留后。十年,领朔方灵盐节度大使、灵州大都督,以朔方行军司马李栾为灵府左司马,知府事,朔方留后。十一年九月,横海大将程怀信逐其帅怀直。十月,以谅领横海节度大使、沧景观察等使,以都知兵马使程怀信为留后,王不出阁。十六年,徐帅张建封卒,徐军乱,又以谅领徐州节度大使、徐泗濠观察处置等使,以建封子愔为留后。

肃王详,德宗第五子。大历十四年六月封。建中三年十月薨,时年四岁,废朝三日,赠扬州大都督。性聪惠,上尤怜之,追念无已,不令起坟墓,诏如西域法,议层砖造塔。礼仪使判官、司门郎中李岩上言曰:“坟墓之义,经典有常,自古至今,无间异制。层砖起塔,始于天竺,名曰‘浮图’,行之中华,窃恐非礼。况肃王天属,名位尊崇,丧葬之仪,存乎简册,举而不法,垂训非轻。伏请准令造坟,庶遵典礼。”诏从之。

文敬太子源,顺宗之子。德宗爱子,命为子。贞元四年,封邕王,授开府仪同三司。七年,定州张孝忠卒,以源领义武军节度大使、易定观察等使，以定州刺史张茂照昭为留后。十年六月，潞帅李抱真卒，又以源领昭义节度大使、泽潞邢洺磁观察等使，以潞将王虔休为潞府司马、知留后。十五年十月薨，时年十八，废朝三日，赠文敬太子，所司备礼册命。其年十二月，葬于昭应，有陵无号。发引之日，百官送于通化门外，列位哭送。是日风雪寒甚，近岁未有。诏置陵署令丞。

资王谦，德宗第七子。大历十四年封。

代王諲，德宗第八子。本封缙云郡王，早薨。建中二年，追封代王。

昭王诫，德宗第九子。贞元二十一年封。

钦王谔，德宗第十子。顺宗即位，诏曰："王者之制，子弟毕封，所以固藩辅而重社稷，古今之通义也。第十弟谔等，宽简忠厚，生知孝敬，行皆由礼，志不违仁。乐善本于性情，好贤宗于师傅。缵修六艺，达人伦风化之源；博习群言，知惠和睦友之道。温恭朝夕，允茂厥猷，克有嘉闻，宜封土宇。谔可封钦王。第十一弟可封珍王。"

珍王瑊，德宗第十一子，与钦王同制封。

德宗仁孝，动循法度，虽子弟姑妹之亲，无所假借，建中初，诏亲王子弟带开府朝秩者，出就本班。又以公主、郡县主出降，与舅姑抗礼，诏曰："冠婚之义，人伦大经。昔唐尧降嫔，帝乙归妹。迨于汉氏，同姓主之。爰自近古，礼教陵夷，公郡法度，僭差殊制。姻族阙齿序之义，舅姑有拜下之礼，自家刑国，多愧古人。今县主有行。将俟嘉命，俾亲执枣栗以见舅姑，敬遵宗妇之仪，降就家人之礼。事资变革，以抑浮华。其令礼仪使与礼官博士，约古今旧仪及《开元礼》，详定公主、郡县主出降、觌见之文仪以闻。"

初,开元中置礼会院于崇仁里。自兵兴已来,废而不修,故公、郡、县主不时降嫁,殆三十年,至有华发而犹卑者,虽居内馆,而不获觐见十六年矣。凡皇族子弟,皆散弃无位,或流落他县,湮沉不齿录,无异匹庶。及德宗即位,叙用枝属,以时婚嫁,公族老幼,莫不悲感。初即位,将谒太庙,始与公、郡、县主相见于大次中,尊者展其敬,幼者申其爱,嘘欷哭泣之声闻于朝,公卿陪列者为之悽然。每将有大礼,必与诸父昆弟同其齐次。及岳阳、信宁、宜芳、永顺、郎陵、阳安、襄城、德清、南华、元城、新乡等十一县主同月降,敕所司大小之物,必周其用。至于栟、缃、笄、总,皆经于心,各给钱三百万,使中官主之,以买田业,不得侈用。其衣服之饰,使内司造,不在此数。是时所司度人用一笼花,计钱七十万。帝曰:“笼花首饰,妇礼不可阙,然用费太广,即无谓也。宜损之又损之。”及三万而止。帝谓主等曰:“吾非有所爱,但不欲无益之费耳。”各以余钱六十万赐之,以备他用。

旧例,皇姬下嫁,舅姑返拜而妇不答。及是,制下礼官定制曰:“既成婚于礼会院,明晨,舅坐于堂东阶西向,姑南向,妇执笄,盛以枣栗,升自西阶,再拜,跪奠于舅席前,退降受笄,盛以服修。升,北面再拜,跪奠于姑席前。降,东面拜婿之伯叔兄弟姊妹。已而谢恩于光顺门,婿之亲族亦随之,然后会燕于十六宅。”是日,县主皆如其制。初,赠司徒沈易良之妻崔氏,即太后之季父母也,帝每见之,方扆而輠,召王、韦二美人出拜。敕崔氏坐受勿答。故戚属之间,罔不惮其敬,不肃而遵礼法焉。

顺宗二十三子:庄宪皇后王氏生宪宗皇帝,王昭仪生郯王经;赵昭仪生宋王结;王昭仪生郇王综;王昭训生衡王绚;余十八王,本录不载母氏。

郯王经,本名涣,顺宗次子。始封建康郡王,贞元二十一年进封。大和八年薨。

均王纬,本名沔,顺宗第三子。始封洋川郡王,贞元二十一年进封。

溆王纵,本名洵,顺宗第四子。初授殿中监,封临淮郡王,贞元二十一年进封。

莒王纾,本名浼,顺宗第五子。初授秘书监,封弘农郡王。贞元二十一年进封。大和八年薨。

密王绸,本名泳,顺宗第六子。始封汉东郡王,贞元二十一年进封。元和二年九月薨。

郇王综,本名湜,顺宗第七子。初授少府监,封晋陵郡王,贞元二十一年进封。元和三年四月薨。

邵王约,本名淑,顺宗第八子。初授国子祭酒,封高平郡王,贞元二十一年进封。

宋王结,本名滋,顺宗第九子。始封云安郡王,贞元二十一年进封。长庆二年薨。

集王缃,贞元二十一年封。长庆二年薨。

冀王绿,本名淮,顺宗第十子。初授太常卿,封宣城郡王,贞元二十一年进封。大和九年薨。

和王绮,本名湑,顺宗第十一子。始封德阳郡王,贞元二十一年进封。大和七年薨。

衡王绚,顺宗第十二子。贞元二十一年封。宝历二年薨。

钦王绩,顺宗第十三子。贞元二十一年封。

会王缤,顺宗第十四子。贞元二十一年封。元和五年十一月薨。

福王绾,本名洎,顺宗第十五子。母庄宪王皇后,宪宗同出。初授光禄卿,封河东郡王,贞元二十一年进封。咸通元年,特册拜司空。明年薨。

珍王缮,本名况,顺宗弟第十六子。初授卫尉卿,封洛交郡王,贞元二十一年进封。

抚王纮,顺守第十七子。贞元二十一年封。咸通四年,特册拜司空。五年,册司徒。乾符三年,册太尉。其年薨。

岳王绲,顺宗第十八子。贞元二十一年封。大和二年薨。

袁王绅,顺宗第十九子。贞元二十一年封。大和十四年薨。

桂王纶,顺宗第二十子。贞元二十一年封。大和九年薨。

翼王绰,顺宗第二十一子。贞元二十一年封。咸通二年薨。

蕲王绰,顺宗第二十二子。咸通八年薨。

史臣曰:夫圣人君临宇县,肇启邦基,莫不受命上玄。膺名帝箓。自太昊已降,五运相推,迄于殷汤,历数绵永。但设均平之化,未闻封建之名。洎乎周、汉，始以子弟建侯树屏，以作维城。及王室浸微，遂有莽、卓之乱。唐室自艰难已后，两河兵革屡兴，诸王虽封，竟不出阁。夫帝王居寰宇之尊，抚亿兆之众，但能平一理道，夙夜严恭，任贤使能，设官分职，自然四海乐推。天命所佑，纵无封建，亦鸿基永固，安俟婴孺镇重哉？

赞曰：孝文秉礼，道弘藩邸。睦族展亲，仪刑戚里。自阁临藩，所谓周爰。无如恶鸟，终怀笼樊。

旧唐书卷一五一
列传第一○一

高崇文 子承简　　伊慎　朱忠亮
刘昌裔　范希朝　王锷 子稷
阎巨源　孟元阳　赵昌

　　高崇文,其先渤海人。崇文生幽州,朴厚寡言,少从平卢军。贞元中,随韩全义镇长武城,治军有声。五年夏,吐蕃三万寇宁州,崇文率甲士三千救之,战于佛堂原,大破之,死者过半。韩全义入觐,崇文掌行营节度留务,迁兼御史中丞。十四年,为长武城使,积粟练兵,军声大振。

　　永贞元年冬,刘辟阻兵,朝议讨伐,宰臣杜黄裳以为独任崇文,可以成功。元和元年春,拜检校工部尚书、兼御史大夫,充左神策行营节度使,兼统左右神策、奉天麟游诸镇兵以讨辟。时宿将专征者甚众,人人自谓当选,及诏出大惊。崇文在长武城,练卒五千,常若寇至。及是,中使至长武,即时宣命,而辰时出师五千,器用无阙者。军至兴元,军中有折逆旅之匕箸,斩之以徇。西从阆中入,遂却剑门之师,解梓潼之围,贼将邢泚遁归。屯军梓州,因拜崇文为东川节度使。先是,刘辟攻陷东川,擒节度使李康,及崇文克梓州,乃归康求雪己罪,崇文以康败军失守,遂斩之。

　　成都北一百五十里有鹿头山,扼两川之要,辟筑城以守,又连八栅,张椅角之势以拒王师。是日,破贼二万于鹿头城下,大雨如注，不克登乃止。明日，又破于万胜堆。堆在鹿头之东，使骁将高霞寓亲鼓，士攀缘而上，矢石如雨，又命敢死士连登，夺其堆，烧其栅，栅中之贼歼焉。遂据堆下瞰鹿头城，城中人物可数。凡八大战皆大捷，贼摇心矣。

八月，阿跌光颜与崇文约，到行营愆一日，惧诛，乃深入以自赎，故军于鹿头西大河之口，以断贼粮道，贼大骇。是日，贼绵江栅将李文悦以三千人归顺，寻而鹿头将仇良辅举城降者众二万。辟之男方叔、子婿苏强先监良辅军，是日械系送京师，降卒投戈面缚者弥十数里，遂长驱而直指成都。德阳等县城皆镇以重兵，莫不望旗率服，师无留行。辟大惧，以亲兵及逆党卢文若齐重宝西走吐蕃。吐蕃素受其赂，且将启之。崇文遣高霞寓、郦定进倍道迫之，至羊灌田及焉。辟自投岷江，擒于涌湍之中。西蜀平，乃槛辟送京师伏法。文若赴水死。王师入成都，介士屯于大达，军令严肃，珍宝山积，市井不移，无秋毫之犯。

先是，贼将邢泚以兵二万为鹿头之援，既降又贰，斩之以徇。衣冠陷逆者，皆匍匐衙门请命，崇文条奏全活之。制授崇文检校司空，兼成都尹，充剑南西川节度、管内度支营田观察处置、统押近界诸蛮西山八国云南安抚等使。改封南平郡王，食实封三百户，诏刻石纪功于鹿头山下。

崇文不通文字，厌大府案牍谘禀之繁，且以优富之地，无所陈力，乞居塞上以擗边戍，恳疏累上。二年冬，制加同中书门下平章事、邠州刺史，邠宁庆三州节度观察等使，仍充京西都统。恃其功而侈心大作，帑藏之富，百工之巧，举而自随，蜀都一罄。以不习朝仪，惮于入觐，优诏令便道之镇。居三年，大修戎备。元和四年卒，年六十四，废朝三日，赠司徒，谥曰威武，配享宪宗庙庭。

子承简，少为忠武军部将，后入神策军。以父征刘辟，拜嘉王傅。裴度征淮、蔡，奏承简以本官兼御史中丞，为其军都押衙。淮西平，诏以郾城、上蔡、遂平三县为溵州，治郾城，用承简为刺史。寻转邢州刺史,值观察使责时赋急,承简代数百户出其租。

迁宋州刺史,属汴州逐其帅,以部将李介行帅事。介遣其将责宋官私财物,承简执而囚之。自是汴使来者,辄系之,一日并出斩于军门之外,威震郡中。及介兵大至,宋州凡三城,已陷南一城,承简保北两城以拒,凡十余战。会徐州救兵至,介为汴将李质执之,传送京师,兵围宋者即遁去。授承简检校左散骑常侍、衮海沂密等州节度观察处置等使。

俄迁检校工部尚书、义成军节度、郑滑颍等州观察处置等使。就加检校尚书右仆射。入拜右金吾卫大将军,充右街使。复出为邠宁庆等州节度观察处置等使。先是,羌虏多以秋月犯西边,承简请军宁州以备之。因疾上言乞入觐,即随表诣阙。大和元年八月,行至永寿县传舍卒,赠司空。

崇文孙骈,历位崇显,终淮南节度使,自有传。

伊慎,衮州人。善骑射,始为果毅。丧母,将营合祔,不识其父之墓。昼夜号哭,未浃日,梦寐有指导焉。遂发垅,果得旧记验。

大历八年,江西节度使路嗣恭讨岭南哥舒晃之乱,以慎为先锋,直逼贼垒,疾战破之,斩首三千级,由是复始兴之地。未几,与诸将追斩晃于泔溪,函首献于阙下。嗣恭表慎功,授连州长史,知当州团练副使,三迁江州别驾。

讨梁崇义之岁,慎以江西牙将从李希烈,摧锋陷敌,功又居多。江汉既平,希烈爱慎之材,数遣善马,意欲縻之,慎以计遁,归命本道。明年,希烈果反。嗣曹王皋始至钟陵,大集将史,得慎而壮之。大集兵将,缮理舟师。希烈惧慎为曹王所任,遣慎七属之甲,诈为慎书行间焉。上遣中使即军以诘之,曹王乃抗疏论雪。上章未报,会贼兵溯江来寇,曹王乃叶慎勉之令战,大破三千余众,朝廷始信其不贰。累破蔡山栅,取蕲州,降其将李良。又攻黄梅县,杀贼将韩霜露,斩首千余级。优诏褒异,授试太子詹事,封南充郡王,又兼御史中丞、蕲州刺史,充节度都知兵马使。

　　建中末，车驾在梁、洋，盐铁使包佶以金币溯江将进献，次于蕲口。时贼已屠汴州，遣骁将杜少诚将步骑万余来寇黄梅，以绝江道。慎兵七千遇于永安戍。慎列树三栅，相去数里，偃旗卧鼓。于中栅声鼓，三栅悉兵以击，贼军大乱，少诚脱身以免，斩级不可胜数，江路遂通。又破苟莽栅，进兵围安州。贼阻溳水，攻之不能下。希烈遣其甥刘戒虚将骑八千来援，慎分兵迎击，战于应山，擒戒虚，缚示城下，遂开门请罪。以功拜安州刺史、兼御史大夫，仍赐实封一百户。希烈又遣将援隋州，慎击之于厉乡，走康步夜，斩首五千级。希烈死，李惠登为贼守隋州，慎飞书招谕，惠登遂以城降。因密奏惠登可用，诏授隋州刺史。

　　贞元十五年，以慎为安黄等州节度、管内支度营田观察等使。十六年，吴少诚阻命，诏以本道步骑五千，兼统荆南湖南江西三道兵，当其一面。于申州城南前后破贼数千，以例加检校刑部尚书。二十一年，于安黄置奉义军额，以为奉义军节度使、检校右仆射。宪宗即位，入真拜右仆射。元和二年，转检校左仆射，兼右金吾卫大将军。以赂第五从直求镇河中，为从直所奏，贬右卫将军。数月，复为检校尚书右仆射，兼右卫上将军。元和六年卒，年六十八，赠太子太保。

　　朱忠亮本名士明，汴州浚仪人。初事薛嵩为将。大历中，诏镇普润县，掌屯田。朱泚之乱，以麾下四十骑奔奉天。德宗嘉之，封东阳郡王，为"奉天定难功臣"。及大驾南幸，为虏骑所获系长于安。贼平，李晟释之，荐于浑瑊，署定平镇都虞候。镇使李朝采卒，遂代之。宪宗即位，加御史大夫。筑临泾城有劳，特加检校工部尚书、泾原四镇节度使，仍赐名。泾上旧俗多卖子，忠亮以俸钱赎而还其亲者约二百人。元和八年卒，赠右仆射。

　　刘昌裔，太原阳曲人。少游三蜀，杨琳之乱，昌裔说其归顺。及琳授洺州刺史，以昌裔为从事，琳死乃去。

曲环将幽陇兵收濮州也，辟为判官。诏授监察御史，累加至检校兵部尚书，赐紫，兼中丞，充营田副使。贞元十五年，环镇许州，卒，诏上官涗知节度留后。吴少诚攻许州，涗领事，欲弃城走。昌裔追止之曰："留后既受诏，宜以死守城。况城中士马足以破贼，但坚壁不战，不过五七日，贼势必衰，我以全制之可也。"涗然之。贼日夕攻急，堞壤不得修，昌裔令造战栅木栅以待，募壮士破营，得突将千人，凿城分出，大破之，因立战棚木栅于城上，城以故不陷。兵马使安国宁与涗不善，谋反以城降贼，事泄，昌裔密计斩之。即召其麾下千余人食之，赏缣二匹，伏兵诸要巷，令持缣者悉斩之，无一人得脱。十六年，以全陈许功，以涗为节度使，昌裔为陈州刺史。

韩全义之败溵水也，与诸道兵皆走保陈州，求舍，昌裔登城谓曰："天子命公讨蔡州，今来陈州，义不敢纳，请舍城外。"而从千骑入全义营，持牛酒劳军。全义不自意。惊喜叹服。十八年，改充陈许行军司马。明年，涗卒，诏昌裔为许州刺史，充陈许节度使，再加检校右仆射。

元和八年五月，许州大水，坏庐舍，漂溺居人。六月，征昌裔加检校左仆射，兼左龙武统军。初，昌裔以老疾而军府无政，因其水败军府，上乃促令韩皋代之。昌裔赴召，至长乐驿，闻有是命，乃上言风眩，请归私第，许之。其年卒，赠潞州大都督。

范希朝字致君，河中虞乡人。建中年，为邠宁虞候，戎政修举，事节度使韩游瑰。及德宗幸奉天，希朝战守有功。累加兼中丞，为宁州刺史。游瑰入觐，自奉天归邠州，以希朝素整肃有声，畏其逼己，求其过将杀之。希朝惧，奔凤翔。德宗闻之，趣召至京师，置于左神策军中。游瑰殁，邠州诸将列名上请希朝为节度，德宗许之，希朝让于张献甫，曰："臣始逼而来，终代欺任，非所以防觊觎安反侧也。"诏嘉之，以献甫统邠宁。数日，除希朝振武节度使，就加检校礼部尚书。

振武有党项、室韦，交居川阜，凌犯为盗，日入虆作，谓之"刮城门"。居人惧骇,鲜有宁日。希朝周知要害,置堡栅,斥候严密,人遂获安。异蕃虽鼠窃狗盗,必杀无赦,戎虏甚惮之,曰:"有张光晟苦城久矣,今闻是乃更姓名而来。"其见畏如此。蕃落之俗,有长帅至,必效奇驼名马。虽廉者犹曰当从俗,以致其欢,希朝一无所受。积十四年,皆保塞而不为横。单于城中旧少树,希朝于他处市柳子,命军人种之,俄遂成林,居人赖之。贞元末,累表请修朝觐。时节将不以他故自述职者,惟希朝一人,德宗大悦。既至,拜检校右仆射。兼右金吾大将军。

顺宗时,王叔文党用事,将授韩泰以兵柄,利希朝老疾易制,乃命为左神策、京西诸城镇行营节度使,镇奉天,而以泰为副,欲因代之,叔文败而罢。宪宗即位,复以检校仆射为右金吾,出拜检校司空,充朔方灵盐节度使。

突厥别部有沙陀者,北方推其勇劲,希朝诱致之,自甘州举族来归,众且万人。其后以之讨贼,所至有功,迁河东节度使。率师讨镇州,无功。既耄且疾,事不理,除左龙武统军,以太子太保致仕。元和九年卒,赠太子太师。

希朝近代号为名将,人多比之赵充国。及张茂昭击王承宗,几覆,希朝玩寇不前,物议罪之。

王锷字昆吾,自言太原人。本湖南团练营将。初,杨炎贬道州司马,锷候炎于路,炎与言异之。后嗣曹王皋为团练使,擢任锷,颇便之。使招邵州武冈叛将王国良有功,表为邵州刺史。及皋改江西节度使,李希烈南侵,皋请锷以劲兵三千镇寻阳。后皋自以全军临九江,既袭得蕲州,尽以众渡,乃表锷为江州刺史、兼中丞,充都虞候,因以锷从。小心习事,善探得军府情状,至于言语动静,巨细毕以白皋。皋亦推心委之,虽家宴妻女之会,锷或在焉。锷感皋之知,事无所避。

后皋攻安州,使伊慎盛兵围之,贼惧皋,请皋使至城中以约降,皋使锷悬而入。既成约,杀不从者以出。明日城开,皋以其众入。伊慎以贼恼惧，由其围也，不下锷，锷称疾避之。及皋为荆南节度使，表锷为江陵少尹、兼中丞，欲列于宾倅。马彝、裴泰鄙锷请去，乃复以为都虞候。

明年，从皋至京师，皋称锷于德宗曰："锷虽文用小不足，他皆可以试验。"遂拜鸿胪少卿。寻除容管经略使，凡八年，溪洞安之。迁广州刺史、御史大夫、岭南节度使。广人与夷人杂处。地征薄而丛求于川市。锷能计居人之业而榷其利，所得与两税相埒。锷以雨税钱上供时进及供奉外，余皆自入。西南大海中诸国舶至，则尽没其利，由是锷家财富于公藏。日发十余艇，重以犀象珠贝，称商货而出诸境。周以岁时，循环不绝，凡八年，京师权门多富锷之财。拜刑部尚书。时淮南节度使杜佑屡请代，乃以锷检校兵部尚书，充淮南副节度使。锷始见佑，以趋拜悦佑，退坐司马厅事。数日，诏杜佑以锷代之。

锷明习簿领，善小数以持下，吏或有奸，锷毕究之。尝听理，有遣匿名书于前者，左右取以授锷，锷内之靴中，靴中先有他书以杂之。及吏退，锷探取他书焚之，人信其所匿名者焚也。既归省所告者，异日乃以他微事连其所告者，固穷按验之以诘众，下吏以为神明。锷长于部领，程作有法，军州所用竹木，其余碎悄无所弃，皆复为用。掾曹帘坏，吏以新帘易之，锷察知，以故者付舡坊以替箸，其他率如此。每有飨宴，辄录其余以备后用，或云卖之，收利皆自归，故锷钱流衍天下。在镇四年，累至司空。

元和二年来朝，真拜左仆射，未几除检校司徒、河中节度。居三年，兼太子太傅，移镇太原。时方讨镇州，锷缉绥训练，军府称理，锷受符节居方面凡二十余年。九年，加同平章事。十年卒，年七十六，赠太尉。锷将卒，约束后事甚明，如知其死日。

锷附太原王翃为从子，以婚阀自炫，翃子弟多附锷以致名官。又尝读《春秋左氏传》，自称儒者，人皆笑之。

子稷，历官鸿胪少卿。锷在藩镇，稷尝留京师，以家财奉权要，

视官高下以进赂,不待白其父而行之。广治第宅,尝奏请藉坊以益
之,作复垣洞穴,实金钱于其中。贵官清品,溺其赏宴而游,不惮清
议。及父卒,为奴所告稷换锷遗表,隐没所进钱物。上令鞫其奴于
内仗,又发中使就东都验责其家财。宰臣裴度苦谏,于是罢其使而
杀奴。稷长庆二年为德州刺史,广赍金宝仆妾以行。节度使李全略
利其货而图之,故致本州军乱,杀稷,其室女为全略所虏,以妓媵处
之。

　　稷子叔泰。开成四年,沧州节度使刘约上言:“王稷为李全略所
杀,家无遗类。稷男叔泰,时年五岁,郡人宋忠献匿之获免,乃收养
之,今已成长。臣奖其义,忠献已补职,叔泰津送以闻。”文宗诏曰:
“王锷累朝宣力,王稷一旦捐躯,须录孤遗,微申悯念。王叔泰委吏
部与九品官,令奉祭。”

　　阎巨源,贞元十九年以胜州刺史摄振武行军司马。属希朝入
觐,遂代为节度。以材力进,无他智能。初不知书而好文其言,辄乖
误,时人多撼其谈说以为戏,然以宽厚为将卒所怀。后为邠宁节度
使、检校左仆射。元和九年卒。

　　孟元阳,起于陈许军中,理戎整肃,勤事,善部署。曲环之为节
度,元阳已为大将,环使董作西华屯。元阳盛夏芒屐立稻田中,须役
者退而后就舍,故其田岁无不稔,军中足食。环卒,吴少诚寇许州,
元阳城守,外无救兵,攻围甚急,而终不能傅其城,贼乃罢兵。韩全
义五楼之败,诸军多私归,元阳及神策都将苏元策、宣州都将王干
各率部留军溵水,破贼二千余人。兵罢,加御史大夫。元和初,拜河
阳节度、检校尚书。五年,拜右仆射、昭义节度,入为右羽林统军,封
赵国公。俄拜左金吾大将军,复除统军。元和九年卒,赠扬州大都
督。

　　赵昌字洪祚,天水人。祖不器,父居贞,皆有名于时。李承昭为

昭义节度,辟昌在幕府。贞元七年,为虔州刺史。属安南都护为夷獠所逐,拜安南都护,夷人率化。十年,因屋坏伤胫,恳疏乞还,以检校兵部郎中裴泰代之,入拜国子祭酒。及泰为首领所逐,德宗诏昌问状。昌时年七十二,而精健如少年者,德宗奇之,复命为都护,南人相贺。

宪宗即位,加检校工部尚书,寻转户部尚书,充岭南节度。元和三年,迁镇荆南,征为太子宾客。及得见,拜工部尚书、兼大理卿。岁余,让卿守本官。六年,除华州刺史,辞于麟德殿。时年八十余,趋拜轻捷,召对详明,上退而叹异,宣宰臣密访其颐养之道以奏为焉。在郡三年,入为太子少保。九年卒,年八十五,赠扬州大都督。谥曰成。

史臣曰:高崇文以律贞师,勤于军政,戎麾指蜀,遽立奇功,可谓近朝之良将也。伊慎、朱忠亮、刘昌裔、范希朝、阎巨源、孟元阳、赵昌等,各立功立事,亦一时之名臣。王锷明可照奸,忠能奉主,此乃垂名于后也。至若竹头木屑,曾无弃遗,作事有程,俭而足用,则又士君子之为也。如贼收贵出,务积珠金,唯利是求,多财为累,则与夫清白遗子孙者远矣。凡百在位,得不鉴之。

赞曰:崇文之功,显于西蜀。伊慎之忠,见乎南服。朱、刘、范、阎,各有其目。元阳、赵昌,不无遗躅。惟彼太原,战勋可录。累在多财,子孙不禄。

旧唐书卷一五二
列传第一○二

马璘　　郝廷玉　　王栖曜　子茂元
刘昌　子士泾　　李景略　　张万福
高固　　郝玭　　段佐
史敬奉　野诗良辅附

马璘，扶风人也。祖正会，右威卫将军。父晟，右司御率府兵曹参军。璘少孤，落拓不事生业。年二十余，读《马援传》至"大丈夫当死于边野，以马革裹尸而归"，慨然叹曰："岂使吾祖勋业坠于地乎！"开元末，杖剑从戎，自效于安西。以前后奇功，累迁至左金吾卫将军同正。

至德初，王室多难，璘统甲士三千，自二庭赴于凤翔。肃宗奇之，委以东讨。殄寇陕郊，破贼河阳，皆立殊效。尝从李光弼攻贼洛阳，史朝义自领精卒，拒王师于北邙，营垒如山，旌甲耀日，诸将愕眙不敢动。璘独率所部横戈而出，入贼阵者数四，贼因披靡溃去。副元帅李光弼壮之，曰："吾用兵三十年，未见以少击众，有雄捷如马将军者。"迁试太常卿。

明年，蕃贼寇边，诏璘赴援河西。广德初，仆固怀恩不顺，诱吐蕃入寇，代宗避狄陕州。璘即日自河右转斗戎虏间，至于凤翔。时蕃军云合，凤翔节度使孙志直方闭城自守，璘乃持满外向，突入悬门，不解甲，背城出战，吐蕃奔溃。璘以劲骑追击，俘斩数千计，血流于野，由是雄名益振。代宗还宫，召见慰劳之，授兼御史中丞。

永泰初，拜四镇行营节度，兼南道和蕃使，委之禁旅，俾清残寇。俄迁四镇、北庭行营节度及邠宁节度使、兼御史大夫，旋加检校工部尚书。以犬戎浸骄，岁犯郊境，泾州最邻戎虏，乃诏璘移镇泾州，兼权知凤翔陇右节度副使、泾原节度、泾州刺史，四镇、北庭行营节度使如故，复以郑、滑二州隶之。璘词气慷慨，以破虏为己任。既至泾州，分建营堡，缮完战守之具，频破吐蕃，以其生口俘馘来献，前后破吐蕃约三万余众。在泾州令宽而肃，人皆乐为之用。镇守凡八年，虽无拓境之功，而城堡获全，虏不敢犯，加检校右仆射。上甚重之，迁检校左仆射知省事。诏宰臣百僚于尚书省送上，进封扶风郡王。

璘虽生于士族，少无学术忠而能勇，武干绝伦，艰难之中，颇立忠节，中兴之猛将也。年五十六，大历十二年卒，德宗悼之，废朝，赠司徒。

璘久将边军，属西蕃寇扰，国家倚为屏翰。前后赐与无算，积聚家财，不知纪极。在京师治第舍，尤为宏侈。天宝中，贵戚勋家，已务奢靡，而垣屋犹存制度。然卫公李靖家庙，已为嬖臣杨氏马厩矣。及安、史大乱之后，法度隳弛，内臣戎帅，竞务奢豪，亭馆第舍，力穷乃止，时谓"木妖"。璘之第，经始中堂，费钱二十万贯，他室降等无几。及璘卒于军，子弟护丧归京师，士庶观其中堂，或假称故吏，争往赴吊者数十百人。德宗在东宫，宿闻其事，及践祚，条举格令，第舍不得逾制，仍诏毁璘中堂及内官刘忠翼之第，璘之家园，进属官司。自后公卿赐宴，多于璘之山池。子弟无行，家财寻尽。

郝廷玉者，骁勇善格斗，事太尉李光弼，为帐中爱将。乾元中，史思明再陷洛阳，光弼拔东都之师保河阳。时三城壁垒不完，刍粮不支旬日，贼将安太清等率兵数万，四面急攻。光弼惧贼势西犯河、潼，极力保孟津以掎其后，昼夜婴城，血战不解，将士夷伤。光弼召

诸将讯之曰："贼党何面难抗？"或对曰："西北隅最为勍敌。"乃亟召
廷玉谓之曰："凶渠攻西北者难奈，尔为我决胜而还。"辞曰："廷玉
所领，步卒也，愿得骑军五百。"光弼以精骑三百授之。光弼法令严
峻，是日战不利而还者，不解甲斩之。廷玉奋命先登，流矢雨集，马
伤不能军而退。光弼登堞见之，骇然曰："廷玉奔还，吾事败矣！"促
令左右取廷玉首来。廷玉见使者曰："马中毒箭，非败也。"光弼命易
马而复，径骑冲贼阵，驰突数四，俄而贼党大败于河壖，廷玉擒贼将
徐璜而还。由是贼解中泽之围，信宿退去。前后以战功累授开府仪
同三司，试太常卿，封安边郡王。从光弼镇徐州。光弼薨，代宗用为
神策将军。

永泰初，仆固怀恩诱吐蕃、回纥入犯京畿，分命诸将屯于要害，
廷玉与马璘率五千人屯于渭桥西窑底。观军容使鱼朝恩以廷玉善
阵，欲观其教阅。廷玉乃于营内列部伍，鸣鼓角而出，分而为阵，箕
张翼舒，乍离乍合，坐作进退，其众如一。朝恩叹曰："吾在兵间十余
年，始见郝将军之训练耳。治戎若此，岂有前敌耶？"廷玉凄然谢曰：
"此非末校所长，临淮王之遗法也。太尉善御军，赏罚当功过。每校
旗之日，军士小不如令，必斩之以徇，由是人皆自效，而赴蹈驰突，
有心破胆裂者。太尉薨变已来，无复校旗之事，此不足军容见赏。"

王缙为河南副元帅，诏以廷玉为其都知兵马使，累授秦州刺
史。大历八年卒，追录旧勋，赠工部尚书。

王栖曜，濮州濮阳人也。初游乡学。天宝末，安禄山叛，尚衡起
义兵讨之，以栖曜为牙将。下衮、郓诸县，军威稍振。进为衙前总管。
初，逆将邢超然据曹州，栖曜攻之。超然乘城号令，栖曜曰："自可取
也！"一箭殒之，城中气慑，遂拔曹州。及衡居节制，授右威卫将军、
先锋游奕使。随衡入朝，授试金吾卫将军。

上元元年，王玙为浙东节度使，奏为马军兵马使。广德中，草贼
袁晁起乱台州，连结郡县，积众二十万，尽有浙江之地。御史中丞袁
傪东讨，奏栖曜与李长为偏将，聊日十余战，生擒袁晁，收复郡邑十

六,授常州别驾、浙西都知兵马使。

时江左兵荒,诏内常侍马日新领汴滑军五千镇之。日新贪暴,贼萧庭兰乘人怨诉,逐之而劫其众。时栖曜游奕近郊,为贼所胁,进围苏州。栖曜因其懈息,挺身登城,率城中兵复出击贼,其众大溃。迁试金吾大将军。

李灵曜叛于汴州,浙西观察使李涵俾栖曜将兵四千为河南掎角。以功加银青光禄大夫,累加至御史中丞。李希烈既陷汴州,乘胜东侵,连陷陈留、雍丘,顿军宁陵,期袭宋州。浙西节度使韩滉命栖曜将强弩数千,夜入宁陵。希烈不之知,晨朝,弩矢及希烈坐幄,希烈惊曰:“此江、淮弩士入矣!”遂不敢东去。

贞元初,拜左龙武大将军,旋授鄜坊丹延节度观察使、检校礼部尚书、兼御史大夫。贞元十九年卒于位。子茂元。

茂元幼有勇略,从父征伐知名。元和中为右神策将军。大和中检校工部尚书、广州刺史、岭南节度使。在安南招怀蛮落,颇立政能。南中多异货,元积聚家财钜万计。李训之败,中官利其财,掎摭其事,言茂元因王涯、郑注见用。茂元惧,罄家财以赂两军,以是授忠武军节度、陈许观察使。会昌中,为河阳节度使。是时河北诸军讨刘稹,茂元亦以本军屯天井,贼未平而卒。

刘昌字公明,汴州开封人也。出自行间,少学骑射。及安禄山反,昌始从河南节度张介然,授易州遂城府左果毅。及史朝义遣将围宋州,昌在围中,连月不解,城中食尽,贼垂将陷之。刺史李岑计蹙,昌为之谋曰:“今河阳有李光弼制胜,且江、淮足兵,此廪中有数千斤麹,可以屑食。计援兵不二十日当至。东南隅之敌,众以为危,昌请守之。”昌遂被铠持盾登城,陈逆顺以告谕贼,贼众畏服。后十五日,副元帅李光弼救军至,贼乃宵溃。光弼闻其谋,召置军中,超授试左金吾卫郎将。光弼卒,宰臣王缙令归宋州为牙门将。转太仆卿,兼许州别驾。

李灵曜据汴州叛，刺史李僧惠将受灵曜牵制，昌密遣曾神表潜说僧惠。僧惠召昌问计，昌泣陈其逆顺，僧惠感之，乃使神表齐表诣阙，请讨灵曜，遂翦灵曜左翼。汴州平，李忠臣嫉僧惠功，遂欲杀昌，昌潜遁。及刘玄佐为刺史，乃复其职。又转太常卿，兼华州别驾。玄佐寻为宋亳颍宣武军节度使，昌自下军为左厢兵马使。

李纳反，以师收考城，充行营诸军马步都虞候，加检校太子詹事、兼御史中丞。明年，玄佐围濮州，昌摄濮州刺史。李希烈既陷汴州，玄佐遣将高翼以精兵五千保援襄邑，城陷，翼赴水死。自宋及江、淮，人心震恐。时昌以三千人守宁陵，希烈率五万众阵于城下，昌深堑以遏地道，凡四十五日，不解甲胄，躬励士卒，大破希烈。希烈解围攻陈州，刺史李公廉计穷，昌从刘玄佐以浙西兵合三万人救之。至陈州西五十里与贼遇，昌晨压其阵，及未成列，大破之，生擒其将翟曜。希烈退保蔡州，自此不复侵轶。诏加检校左散骑常侍。随玄佐收汴州，加检校工部尚书，增实封通前二百户。丁母忧加，起复加金吾卫大将军，赠其母梁国夫人。

贞元三年，玄佐朝京师，上因以宣武士众八千委昌北出五原。军中前却沮事，昌继斩三百人，遂行。寻以本官授京西北行营节度使。岁余，授泾州刺史，充四镇、北庭行营，兼泾原节度支度营田等使。昌躬率士众，力耕三年，军食丰羡，名闻阙下。复筑连云堡，受诏城平凉，以扼弹筝峡口。昌命徒庀事，旬余而毕。又于平凉西别筑胡谷堡，名曰彰信。平凉当四会之冲，居北地之要，分兵援戍，遏其要冲，遂以保宁边鄙，加检校右仆射。

昌初至平凉劫盟之所，收聚亡殁将士骸骨坎瘗之，因感梦于昌，有愧谢之意。昌上闻，德宗下诏深自克责，遣秘书少监孔述睿及中使以御馔、内造衣服数百袭，令昌收其骸骨，分为大将三十人，将士百人，各具棺槽衣服，葬于浅水原。建二冢，大将曰"旌义冢"，将士曰'怀忠冢"。诏翰林学士撰铭志祭文。昌盛陈兵设幕次，具牢馔祭之。昌及大将皆素服临之，焚其衣服纸钱，别立二石堆，题以冢名。诸道师徒，莫不感泣。

昌在西边仅十五年，强本节用，军储丰羡。及婴疾，约以是日赴京求医，未发而卒，年六十四，废朝一日，赠司空。子士泾。

士泾，德宗朝尚主，官至少列十余年，家富于财。结托中贵，交通权幸。宪宗朝，迁太府卿。制下，给事中韦弘景等封还制书，言士泾不合居九卿，辞语激切。宪宗谓弘景曰："士泾父有功于国，又戚属，制书宜下。"弘景奉诏。士泾善胡琴，多游权幸之门，以此为之助，时论鄙之。

李景略，幽州良乡人也。大父楷固。父承悦，檀州刺史、密云军使。景略以门荫补幽州功曹。大历末，寓居河中，阖门读书。李怀光为朔方节度，招在幕府。五原有偏将张光者，挟私杀妻，前后不能断。光富于财货，狱吏不能劾。景略讯其实，光竟伏法。既而亭午有女厉被发血身，膝行前射而去。左右有识光妻者，曰："光之妻也。"因授大理司直，迁监察御史。及怀光屯军咸阳，反状始萌。景略时说怀光请复宫阙，迎大驾，怀光不从。景略出军门恸哭曰："谁知此军一日陷于不义。"军士相顾甚义之，因退归私家。

寻为灵武节度杜希全辟在幕府，转殿中侍御史，兼丰州刺史、西受降城使。丰州北扼回纥，回纥使来中国，丰乃其通道。前为刺史者多懦弱，虏使至则敌礼抗坐。时纥遣梅录将军随中官薛盈珍入朝，景略欲以气制之。郊迎，传言欲先见中使，梅录初未喻。景略既见盈珍，乃使谓梅录曰："知可汗初没，欲申吊礼。"乃登高垅位以待之。梅录俯偻前哭，景略因抚之曰："可汗弃代，助尔号慕。"虏之骄容威气，索然尽矣。遂以行呼景略。自此回纥使至景略，皆拜之于庭，由是有威名。杜希全忌之，上表诬奏，贬袁州司马。希全死，征为左羽林将军，对于延英殿，奏对衎，衎有大臣风彩。

时河东李说有疾，诏以景略为太原少尹、节度行军司马。时方镇节度使少征入换代者，皆死亡乃命焉，行军司马尽简自上意。受命之日，人心以属。景略居疑师之地，势已难处。回纥使梅录将军入朝,说置宴会,梅录争上下坐,说不能遏,景略叱之。梅录,前过丰州者也,识景略语音,疾趋前拜曰:"非丰州李端公耶?不拜麾下久矣,何其瘠也。"又拜,遂命之居次坐。将吏宾客顾景略,悉加严惮。说心不平,厚赂中尉窦文场,将去景略,使为内应。

岁余,风言回纥将南下阴山,丰州宜得其人。上素知景略在边时事。上方轸虑,文场在旁,言景略堪为边任,乃以景略为丰州刺史、兼御史大夫、天德军西受降城都防御使。迫塞苦寒,土地卤瘠,俗贫难处。景略节用约己,与士同甘苦,将卒安之。凿咸应、永清二渠,溉田数在顷,公私利焉。廪储备,器械具,政令肃,智略明。二岁后,军声雄冠北边,回纥畏之,天下皆惜其理未尽景略之能。贞元二十年,卒于镇,年五十五,赠工部尚书。

张万福,魏州无城人。自曾祖至其父皆明经,止县令州佐。万福以父祖业儒皆不达,不喜为书生,学骑射。年十七八,从军辽东有功,为将而还,累摄舒庐寿三州刺史、舒庐寿三州都团练使。州送租赋诣京师,至颍州界为盗所夺,万福领轻兵驰入颍州界讨之。贼不意万福至,忙迫不得战,万福悉聚而诛之,尽得其所亡物,并得前后所掠人妻子、财物、牛马等万计,悉还其家;不能自致者,万福给船乘以遣之。

寻真拜寿州刺史、淮南节度副使。为节度使崔圆所忌,失刺史改鸿胪卿,以节度副使将千人镇寿州,万福不以为恨。

许杲以平卢行军司马将卒三千人驻濠州不去,有窥淮南意。圆令万福摄濠州刺史。杲闻即提卒去,止当涂。陈庄贼陷舒州,圆又以万福为舒州刺史,督淮南岸盗贼,连破其党。

大历三年,召赴京师,代宗谓曰:"闻卿名久,欲一识卿面,且将累卿以许杲。"万福拜谢,因前奏曰:"陛下以一许杲召臣,如河北诸将叛,欲以属何人?"代宗笑谓曰:"且与吾了许杲事,方当大用卿。"以为和州刺史、行营防御使,督淮南岸盗贼。至州,杲惧,移军上元。杲至楚州大掠,节度使韦元甫命万福追讨之。未至淮阴,杲为其将康自劝所逐。自劝拥兵继掠,循淮而东,万福倍道追而杀之,免者十二三,尽得其虏掠金帛妇人等皆送致其家。元甫将厚赏将士,万福曰:"官健常虚费衣粮,无所事,今乃一小赖之,不足过赏,请用三之一。"代宗发诏以劳之,赐衣一袭、宫锦十双。

久之,诏以本镇之兵千五百人防秋西京。万福诣扬州交所领兵,会元甫死,诸将皆愿得万福为帅。监军使米重耀亦请万福知节度事。万福曰:"某非幸人,勿以此相待。"遂去之。带利州刺史镇咸阳,因留宿卫。

李正己反,将断江、淮路,令兵守埇桥、涡口。江淮者奏舡千余只,泊涡下不敢过。德宗以万福为豪州刺史,召见谓曰:"先帝改卿名'正'进,所以褒卿也。朕以为江、淮草木亦知卿威名,若从先帝所改,恐贼不知是卿也。"复赐名万福。驰至涡口,立马岸上,发进奉舡,淄青兵马倚岸睥睨不敢动,诸道舡继进。改泗州刺史。魏州饥,父子相卖,饿死者接道。万福曰:"魏州吾乡里,安可不救?"令其兄子将米百车往送之。又使人于汴口,魏人自卖者,给车牛赎而遣之。

为杜亚所忌,征拜右金吾将军。召见,德宗惊曰:"杜亚言卿昏耄,卿乃如是健耶!"诏图形于凌烟阁,数赐酒馔衣服,并敕度支籍口畜给其费。及阳城等于延英门外请对论事,伏阁不去。德宗大怒,不可测。万福扬言曰:"国有直臣,天下太平矣。万福年已八十,见此盛事。"阁前遍揖城等,天下益重其名。

贞元二十一年,以左散骑常侍致仕。其年五月卒,年九十。万福自始从军至卒,禄食七十余年,未尝病一日,典九郡皆有惠爱。在泗州时,遇德宗幸奉天,李希烈反,陈少游悉令管内刺史送妻子在扬州以为质。万福独不送,谓使者曰:"为某白相公,万福妻老且丑,不足烦相公寄意。"终不之遣,由是为人所称。

高固,高祖侃永徽中为北庭安抚使,有生擒车鼻可汗之功,官至安东都护,事具前录。固生微贱,为叔父所卖,展转为浑瑊家奴,号曰黄芩。性敏惠,有膂力,善骑射,好读《左氏春秋》。瑊大爱之,养如己子,以乳母之女妻之,遂以固名,取《左氏传》高固之名也。

少随瑊从戎于朔方,德宗幸奉天,固犹在瑊麾下。是时,贼兵已突入东雍门,固引甲士乱挥长刀,连斫数贼,拽车塞闉,一以当百,贼乃退去。众咸壮之,以功封渤海郡王。李怀光既反,德宗再幸梁汉。怀光发迹邠宁,至是,使留后张昕取将士万余人以资援河中。固时在军中,乃伺便突入张昕帐中,斩首以徇。拜检校右散骑常侍、前军兵马使。贞元十七年,节度使杨朝晟卒,军中请固为帅,德宗念固功,因授检校工部尚书。顺宗即位,就加检校礼部尚书。宪宗朝,进检校右仆射。数年受代,入为统军,转检校左仆射,兼右羽林统军。元和四年七月卒,赠陕州大都督。

郝玼者,泾原之戍将也。贞元中,为临泾镇将,勇敢无敌,声振虏庭。玼以临泾地居阻要,当虏要冲,白其帅曰:"临泾草木丰茂,宜畜牧,西蕃入寇,每屯其地,请完垒益军以折虏之入寇。"前帅不从。及段佐节制泾原,深然其策。元和三年,佐请筑临泾城,朝廷从之,仍以为行凉州,诏玼为刺史以戍之。自此西蕃入寇,不过临泾。

玼出自行间,前无坚敌。在边三十年,每战得蕃俘,必刳剔而归其尸,蕃人畏之如神。赞普下令国人曰:"有生得郝玼者,赏之以等身金。"蕃中儿啼者,呼玼名以怖之。十三年,检校左散骑常侍、渭州刺史、御史大夫,充泾原行营节度、平凉镇遏都知兵马使,封保定郡王。吐蕃畏其威,纲纪欲图之,朝廷虑失骁将,移授庆州刺史,竟终牖下。

段佐者,亦以勇敢知名。少事汾阳王子仪为牙将,从征边朔,绩效居多。贞元末,为泾原节度使,练卒保边,亦为西蕃畏惮。累至检校工部尚书、右神策大将军。元和五年卒。

史敬奉,灵武人,少事本军为牙将。元和十四年,敬奉大破吐蕃于盐州城下,赐实封五十户。先是西戎频岁犯边,敬奉白节度杜叔良请兵三千，备一月粮，深入蕃界，叔良以二千五百人授之。敬奉既行十余日，人莫知其所向，皆谓吐蕃尽杀之矣。乃由他道深入，突出蕃众之后。戎人惊溃，敬奉率众大破之，杀戮不可胜纪，驱其余众于芦河，获羊马驼牛万数。

敬奉形甚短小，若不能胜衣。至于野外驰逐，能擒奔马，自执鞍勒，随鞍跃上，然后系带，矛矢在手，前无强敌。甥侄及僮使仅二百人，每以自随，临入敌，辄分其队为四五，随逐水草，每数日各不相知，及相遇，已皆有获虏矣。

与凤翔将野诗良辅、泾原将郝玼各以名雄边上。吐蕃尝谓汉使曰："唐国既与吐蕃和好，何妄语也！"问曰："何谓？"曰："若不妄语，何因遣野诗良辅作陇州刺史？"其畏惮如此。

史臣曰：自盗起中原，河、陇陷虏，犬戎作梗，屡犯郊畿。谋臣运策以竭精，武士荷戈而不暇。如璘、昌之材力，扼腕奋命，欲吞虏于胸中；郝、史骁雄，斩将搴旗，将申威于塞外。而竟不能北逾白道，西出萧关，俾十九郡生民，竟沦左衽，仅能自保，功何取焉！虽运使时然，亦将略有所未至。栖曜、万福之节概，景略之负气，壮哉！

赞曰：马、刘、史、郝，气雄边朔。力扞獯虏，终惭卫、霍。万福义勇，景略气豪。为人所忌，慷慨徒劳。

旧唐书卷一五三
列传第一○三

姚南仲　　刘乃　子伯刍　孙端夫　曾孙允章附　袁高　段平仲　薛存诚　子廷老　廷老子保逊　保逊子昭纬　卢坦

　　姚南仲,华州下邽人。乾元初,制科登第,授太子校书,历高陵、昭应、万年三县尉。迁右拾遗,转右补阙。大历十三年,贞懿皇后独孤氏崩,代宗悼惜不已,令于近城为陵墓,冀朝夕临望于目前。南仲上疏谏曰:

　　伏闻贞懿皇后今于城东章敬寺北以起陵庙,臣不知有司之请乎,陛下之意乎,阴阳家流希旨乎?臣愚以为非所宜也。谨具疏陈论,伏愿暂留天眷而省察焉。

　　臣闻人臣宅于家,君上宅于国。长安城是陛下皇居也,其可穿凿兴动,建陵墓于其侧乎? 此非宜一也。夫葬者藏也,欲人之不得见也。是以古帝前王葬后妃,莫不凭丘原,远郊郭。今则西临宫阙,南迫康庄,若使近而可见,死而复生,虽在西宫待之可也。如骨肉归土,魂无不之,章敬之北,竟何所益? 视之兆庶,则彰溺爱;垂之万代,则累明德,此非所宜二也。夫帝王者居高明,烛幽滞。先皇所以因龙首建望春,盖为此也。今若起

陵目前，动伤宸虑，天心一伤，数日不平。且匹夫向隅，堂为之
不乐；万乘不乐，人其可欢心乎？又暇日起歌，动钟于内，此地
皆闻，此非宜三也。伏以贞懿皇后坤德合天，母慈逮下，陛下以
切轸旒扆，久俟蓍龟。始谥之以贞懿，终待之以亵近，臣窃惑
焉，非所以称述后德，光被下泉也。今国人皆曰："贞懿皇后之
陵迩于城下者，主上将日省而地望焉。"斯有损于圣德，无益于
贞懿。将欲宠之，而反辱之，此非宜四也。

　　凡此数事，实玷大猷，天下咸知，伏惟陛下熟计而取其长
也。陛下方将偃武靖人，一误于此，其伤实多。臣恐君子是非，
史官褒贬，大明忽亏于掩蚀，至德翻后于尧、舜，不其惜哉！今
指日尚遥，改卜何害？抑皇情之殊眷，成贞懿之美号。
疏奏，帝甚嘉之，赐绯鱼袋，特加五品阶，宣付史馆。

　　与宰相常衮善，痛贬官，南仲坐出为海盐县令。浙江东、西道观
察使韩滉辟为推官，奏授殿中侍御史、内供奉，充支使。寻征还，历
左司兵部员外，转郎中，迁御史中丞、给事中、同州刺史、陕虢观察
使。

　　贞元十五年，代李复为郑滑节度使。监军薛盈珍恃势夺军政，
南仲数为盈珍谗毁，德宗颇疑之。十六年，盈珍遣小使程务盈驰驿
奉表，诬，奏南仲阴事。南仲裨将曹文洽亦入奏事京师，伺知盈珍表
中语。文洽私怀愤怒，遂晨夜兼道追务盈，至长乐驿及之，与同舍
宿，中夜杀务盈，沉盈珍表于厕中，乃自杀。日旰，驿吏辟门，见血流
涂地，旁得文洽二缄，一告于南仲，一表理南仲之冤，且陈首杀务
盈。上闻其事，颇骇异之。南仲虑谮深，遂乞入朝。德宗曰："盈珍
扰军政耶？"南仲对曰："盈珍不扰军政，臣自隳陛下法耳。如盈珍辈
所在有之，虽羊、杜复生，抚百姓，御三军，必不能成恺悌父母之政，
师律善阵之制矣。"上默然久之。授尚书右仆射。贞元十九年七月，
终于位，年七十四，赠太子太保，谥曰贞。

　　刘乃字永夷，洺州广平人。高祖武干，武德初拜侍中，即中书侍

郎林甫从祖兄子也。父如璠，朐山丞，以乃贵赠民部郎中。乃少聪颖志学，暗记《六经》，日数千言。及长，文章清雅，为当时推重。天宝中，举进士，寻丁父艰，居丧以孝闻。既终制，从调选曹。乃常以文部选才未为尽善，遂致书于知铨舍人宋昱曰：

《虞书》称："知人则哲，能官人则惠。"巍巍唐、虞，举以为难。今夫文部，既始之以抡材，终之以授位，是则知人官人，斯为重任。昔在禹、稷、皋陶之众圣，犹曰载采有九德，考绩以九载。近代主司，独委一二小冢宰，察言于一幅之判，观行于一揖之内，古今迟速，何不侔之甚哉！夫判者，以狭词短韵，语有定规为体，亦犹以一小冶而鼓众金，虽欲为鼎为镛，不可得也。故曰判之在文，至局促者，夫铨者。必以崇衣冠，自媒耀为贤，斯又士之丑行，君子所病。若引文公、尼父登之于铨廷，则虽图书《易象》之大训，以判体挫之，曾汲徐、庚。虽有至德，以喋喋取之，曾不若啬夫。呜呼！彼干霄蔽日，诚巨树也，当求尺寸之材，必后于椓杙。龙吟武肃，诚希声也。若尚颊舌之感，必下于蛙黾。观察之际，尤不悲夫！执事虑过龟策，文合雅诰，岂拘以琐琐故事，曲折因循哉？诚能先资以政事。次征以文学，退观其理家，进察其临节，则庞鸿深沉之事，亦可以窥其门户矣。

其载，补剡县尉。改会稽尉。宣州观察使殷日用奏为判官，宣慰使李季卿又以表荐，连授大理评事、兼监察御史。转运使刘晏奏令巡覆江西，多所蠲免。改殿中侍御史、检校仓部员外、民部郎中，并充浙西留后。佐晏征赋，颇有裨益，晏甚任之。

大历十二年，元载既诛，以乃久在职，召拜司门员外郎。十四年崔佑甫秉政，素与乃友善。会加郭子仪尚父，以册礼久废，至是复行之。佑甫令两省官撰册文，未称旨；召乃至阁草之，立就。词义典裁，佑甫叹赏久之。数日，擢为给事中，寻迁权知兵部侍郎。及杨炎、卢杞为相，意多丑正，以故五岁不迁。建中四年夏，但真拜而已。

其冬，泾师作乱，驾幸奉天，乃卧疾在私第，贼泚遣使以甘言诱之，乃称疾笃。又令其伪宰相蒋镇自来招诱，乃托瘖疾，炙灼遍身。

镇再至,知不可劫胁,乃叹息曰:"镇亦尝忝列曹郎,苟不能死,以至于斯,宁以自辱膻腥,复欲污秽贤哲乎?"嘘欷而退。及闻舆驾再幸梁州,乃自投于床,搏膺呼天,因是危愶,绝食数日而卒,时年六十。德宗还京,闻乃之忠烈,追赠礼部尚书。子伯刍。

伯刍字素芝,登进士第,志行修谨。淮南杜佑辟为从事,府罢,屏居吴中。久之,征拜右补阙,迁主客员外郎。以过从友人饮噱,为韦执谊密奏,贬虔州掾曹,复为考功员外郎。裴垍善其应对机捷,迁考功郎中、集贤院学士,转给事中。裴垍罢相,为太子宾客,未几而卒。李吉甫复入相,与垍宿嫌,不加赠官,伯刍上疏论之,赠垍太子少傅。伯刍妻,垍从姨也。或谮于吉甫,以此论奏。伯刍惧,亟请散地,因出为虢州刺史。吉甫卒,裴度擢为刑部侍郎,俄知吏部选事。元和十年,以左常侍致仕,卒,年六十一,赠工部尚书。伯刍风姿古雅,涉学,善谈笑,而动与时适,论者稍薄之。

子宽夫,登进士第,历诸府从事。宝历中,入为监察御史。尝上言曰:"近日摄祭多差王府官僚,位望既轻,有乖严敬。伏请今后摄太尉。差尚书省三品已上及保傅宾詹等官;如人少,即令丞郎通摄之。"俄转左补阙。少列陈岵进注《维摩经》,得濠州刺史。宽夫与同列,因对论这,言岵因供奉僧进经以图郡牧。敬宗怒谓宰相曰:"陈岵不因僧得郡,谏官安得此言,须推排头首来。"宽夫奏曰:"昨论陈岵之时,不记发言前后,唯握笔草状,即是微臣。今论事不当,臣合当罪。若寻究推排,恐伤事体。"帝嘉其引过,欣然释之。

宽夫弟端夫,为太常博士,驳韦绶谥议知名。宽夫子允章、焕章。

允章登进士第,累官至翰林学士承旨、礼部侍郎。咸通九年,知贡举,出为鄂州观察使、检校工部尚书。后迁东都留守。黄巢犯洛阳,允章不能拒,贼不之害,坐是废于家。以疾卒。

　　袁高字公颐,恕己之孙。少慷慨,慕名节。登进士第,累辟使府,有赞佐裨益之誉。代宗登极,征入朝,累官至给事中、御史中丞。建中二年,擢为京畿观察使。以论事失旨,贬韶州长史,复拜为给事中。

　　贞元元年,德宗复用吉州长史卢杞为饶州刺史,令高草诏书。高执词头以谒宰相卢翰、刘从一曰:"卢杞作相三年,矫诈阴贼,退斥忠良。朋附者咳唾立至青云,睚眦者顾盼已挤沟壑。傲很明德,反易天常,播越銮舆,疮痏天下,皆杞之为也。爰免族戮,虽示贬黜,寻已稍迁近地,若更授大郡,恐失天下之望。惟相公执奏之,事尚可救。"翰、从一不悦,改命舍人草之。诏出,执之不下,仍上奏曰:"卢杞为政,穷极凶恶。三军将校,愿食其肉;百辟卿士,嫉之若雠。"遣补陈京、赵需、裴佶、宇文炫、卢景亮、张荐等上疏论奏。次日,又上疏。高又于正殿奏云:"陛下用卢杞独秉钧轴,前后三年,弃斥忠良,附下罔上,使陛下越在草莽,皆杞之过。且汉时三光失序,雨旱不时,皆宰相请罪,小者免官,大者刑戮。杞罪合至死,陛下好生恶杀,赦杞万死,唯贬新州司马,旋复迁移。今除刺史,是失天下之望。伏惟圣意裁择。"上谓曰:"卢杞有不逮,是朕之过。"复奏曰:"卢杞奸臣,常怀诡诈,非是不逮。"上曰:"朕已有赦。"高曰:"赦乃赦其罪,不宜授刺史。且赦文至优黎民,今饶州大郡,若命奸臣作牧,是一州苍生,独受其弊。望引常参官顾问,并择谨厚中官,令采听于众。若亿兆之人异臣之言,臣当万死。"于是,谏官争论于上前,上良久谓曰:"若与卢杞刺史太优,与上佐可乎?"曰:"可矣!"遂追饶州制。翌日,遣使宣高云:"朕思卿言深理切,当依卿所奏。"太子少保韦伦、太府卿张献恭等奏:"袁高所奏至当,高是陛下一良臣,望加优异。"

　　贞元二年,上以关辅禄山之后,百姓贫乏,田畴荒秽,诏诸道进耕牛,待诸道观察使各选拣牛进贡。委京兆府劝课民户,勘责有地无牛百姓,量其地著,以牛均给之。其田十亩已下人,不在给限。高上疏论之:"圣慈所忧,切在贫下。有田不满五十亩者尤是贫人。请量三两家共给牛一头,以济农事。"疏奏,从之。寻卒于官,年六十,中外叹惜。宪宗朝，宰臣李吉甫尝言高之忠鲠，诏赠礼部尚书。

段平仲字秉庸，武威人。隋人部尚书段达六代孙也。登进士第，杜佑、李复相继镇淮南，皆表平仲为掌书记。复移镇华州、滑州，仍为从事。入朝为监察御史。平仲磊落尚气节，嗜酒傲言。时德宗春秋高，多自听断。由是庶务壅隔，事或不理，中外畏上严察，无敢言者。平仲尝谓人曰："主上聪明神武，臣下畏惧不言，自循默耳。如平仲一得召见，必当大有开悟。"贞元十四年，京师旱，诏择御史、郎官各一人，发廪赈恤。平仲与考功员外陈归当奉使，因辞得对，乃入近御座，粗陈本事。上察平仲意有所蓄，以归在侧不言。及奏事毕退，平仲独不退，欲有奏启，上因兼留归问之，声色甚厉，杂以他语。平仲错愕，都不得言，因误称其名。上怒，叱出之。平仲苍黄，又误趋御障后，归下阶连呼，乃得出。由是坐废七年，然亦因此名显。

后除屯田膳部二员外郎、东都留守判官，累拜右司郎中。元和初，迁谏议大夫。内官吐突承璀为招讨使，征镇州，无功而还，平仲与吕元膺抗疏论列，请加黜责。转给事中。自在要近，朝廷有得失，未尝不论奏，时人推其狷直。转尚书左丞，以疾改太子左庶子卒。

薛存诚字资明，河东人。父胜能文，尝作《拔河赋》，词致浏亮，为时所称。存诚进士擢第，累辟使府，入朝为监察御史，知馆驿。元和初，王师讨刘辟，邮传多事，上特令中官为馆驿使。存诚密表论奏，以为有伤公体。会谏官亦论奏，上乃罢之。转殿中侍御史，迁度支员外郎。裴垍作相，用为起居郎，转司勋员外、刑部郎中、兼侍御史知杂事，改兵部郎中、给事中。琼林库使奏占工徒太广，存诚以为此皆奸人窜名以避征役，不可许。咸阳县尉袁儋与军镇相竞，军人无理，遂肆侵诬，儋反受罚。二敕继至，存诚皆执之。上闻甚悦，命中使嘉慰之，由是擢拜御史中丞。

僧鉴虚者，自贞元中交结权幸，招怀赂遗，倚中人为城社，吏不敢绳。会于頔、杜黄裳家私事发，连逮鉴虚下狱。存诚案鞫得奸赃

数十万，狱成，当大辟。中外权要，更于上前保救，上宣令释放，存诚
不奉诏。明日，又令中使诣台宣旨曰："朕要此僧面诘之，非赦之
也。"存诚附中使奏曰："鉴虚罪款已具，陛下若召而赦之，请先杀
臣，然后可取。不然，臣期不奉诏。"上嘉其有守，从之，鉴虚竟笞死。
洪州监军高重昌诬奏信州刺史李位谋大逆，追赴京师。上令付仗内
鞫问。存诚一日三表，请付位于御史台。及推案无状，位竟得雪。

未几，再授给事中。数月，中丞阙，上思存诚前效，谓宰相持宪
无以易存诚，遂复为御史中丞。未视事，暴卒。宪宗深惜之，赠刑部
侍郎。存诚性和易，于人无所不容，及当官御事，即确乎不拔，士友
以是称重之。子廷老。

廷老谨正有父风，而性通锐。宝历中为右拾遗。敬宗荒恣，宫
中造清思院新殿，用铜镜三千片、黄白金薄十万番。廷老与同僚入
阁奏事曰："臣伏见近日除拜，往往不由中书进拟，或是宣出。伏恐
纲纪渐坏，奸邪恣行。"敬宗厉声曰："更谏何事？"舒元褒对曰："近
日宫中修造太多。"上色变曰："何处修造？"元褒不能对。廷老进曰：
"臣等职是谏官，凡有所闻，即合论奏。莫知修造之所，但见运瓦木
绝多，即知有用。乞陛下勿罪臣言。"帝曰："所奏已知。"寻加史馆修
撰。

时李逢吉秉权，恶廷老言太切直。郑权因郑注得广州节度，权
至镇，尽以公家珍宝赴京师以酬恩地。廷老上疏请按权罪，中人由
是切齿。又论逢吉党人张权舆、程昔范不宜居谏列，逢吉大怒。廷
老告满十旬，逢吉乃出廷老为临晋县令。

文宗即位，入为殿中侍御史。大和四年，以本官充翰林学士，与
同职李让夷相善，廷老之入内署，让夷荐挈之。廷老性放逸嗜酒，不
持检操，终日酣醉，文宗知之不悦。五年，罢职，守本官，让夷亦坐廷
老罢职，守职方员外郎。廷老寻拜刑部员外郎，转郎中，迁给事中。
开成三年卒。廷老当官举职，不求虚誉，侃侃于公卿之间，甚有正人
风望。赠刑部侍郎。

子保逊，登进士第，位亦至给事中。

保逊子昭纬，乾宁中为礼部侍郎，贡举得人，文章秀丽。为崔胤所恶，出为磎州刺史，卒。

卢坦字保衡，河南洛阳人，其先自范阳徙焉。父峦，赠郑州刺史。坦尝为义成军判官，节度使李复疾笃，监军使薛盈珍虑变，遽封府库，入其麾下五百人于使牙，军中恟恟，坦密言于盈珍促收之。及复卒，坦护丧归东都。

后为寿安令。时河南尹征赋限穷，而县人诉以机织未就，坦请延十日，府不许。坦令户人但织而输，勿顾限也，违之不过罚令俸耳。既成而输，坦亦坐罚，由是知名。累迁至库部员外郎、兼侍御史知杂事。会李锜反，有司请毁锜祖父庙墓。坦常为锜从事，乃上言曰："淮安王神通有功于草昧。且古之父子兄弟，罪不相及，况以锜故累五代祖乎？"乃不毁。因赐神通墓五户，以备洒扫。及武元衡为宰相，以坦为中丞，李元素为大夫，命坦分司东都，未几归台。裴均为仆射。在班逾位，坦请退之，均不受。坦曰："姚南仲为仆射，例如此。"均曰："南仲何答？"坦曰："南仲是守正而不交权幸者也。"寻罢为右庶子，时人归咎于均。旬月，出为宣歙池观察使。三年，入为刑部侍郎、盐铁转运使，改户部侍郎、判度支。

元和八年，西受降城为河徙浸毁，宰相李吉甫请移兵于天德故城。坦与李绛叶议，以为："西城张仁愿所筑，制匈奴上策。城当碛口，居虏要冲，美水丰草，边防所利。今河流之决，不过退就二三里，奈何舍万代永安之策，徇一时省费之谋？况天德故城僻处确瘠，其北枕山，与河绝远，烽候警备，不相统接。虏之唐突，势无由知，是无故而蹙国二百里，非所利也。"及城使周怀义奏利害，与坦议同。事既不行。未几，出为剑南东川节度使。在镇累年，后请收闰月军吏粮料，以助军行营，人多非之。贞元十二年九月卒，年六十九，赠礼部尚书。

　　史臣曰：古之诤臣，有死于言者。其次，引裾折槛，不改其操，亦难矣哉。袁高之执卢杞，存诚之戮鉴虚，有古人之遗风焉。平仲触鳞之气，纠其谬欤？文洽夺章，以撼府愤；永夷绝食，不饮盗泉，节义之士也。南仲非葬之言，卢坦西城之议，量之深也。如数子，道为时无君子，乃是厚诬。

　　赞曰：灵草指佞，谏臣匡失。惟袁与薛，人中屈轶。宽夫雀跃，廷老鸿轩。姚、卢启奏，君子之言。

旧唐书卷一五四
列传第一〇四

孔巢父 从子戡 戣 戢　　许孟容
吕元膺　刘栖楚　张宿
熊望　柏耆

　　孔巢父,冀州人,字弱翁。父如珪,海州司户参军,以巢父赠工部郎中。巢父早勤文史,少时与韩准、裴政、李白、张叔明、陶沔隐于徂来山,时号"竹溪六逸"。

　　永王璘起兵江淮,闻其贤,以从事辟之。巢父知其必败,侧身潜遁,由是知名。广德中,李季卿为江淮宣抚使,荐巢父,授左卫兵曹参军。大历初,泽潞节度使李抱玉奏为宾幕,累授监察御史,转殿中、检校库部员外郎,出授归州刺史。建中初,泾原节度留后孟皞表巢父试秘书少监、兼御史中丞、行军司马。寻拜汾州刺史,人为谏议大夫,出为潭州刺史、湖南观察使。未行,会普王为荆襄副元帅,以巢父为元帅府行军司马、兼御史大夫。

　　寻属师之难,徙德宗幸奉天,迁给事中、河中陕华等州招讨使。累献破贼之谋,德宗甚赏之。寻兼御史大夫,充魏博宣慰使。巢父博辩多智,对田悦之众,陈逆顺利害君臣之道,士众欣悚喜抃曰:"不图今日复睹王化。及就宴悦酒酣,自矜其骑射之艺、拳勇之略,因曰："若蒙见用，无坚不摧。"巢父谓之曰："若如公言而不早归国者，但为一好贼耳"。悦曰："为贼既曰好贼，为臣当作功臣。"巢父曰："国方有虞，待子而息。"悦起谢焉。悦背叛日久，其下厌乱，且喜巢父之至。数日，田承嗣之子绪以失职怨望，因人心之摇动，遂构谋杀悦而与大将邢曹俊等禀命于巢父。巢父因其众意，令田绪权知军务，以纾其难。

兴元元年，李怀光拥兵河中，七月，复以巢父兼御史大夫，充宣慰使。既传诏旨，怀光以巢父尝使魏博，田悦死于帐下，恐祸及。又朔方蕃浑之众数千，皆在行列，颇骄悖不肃。闻罢怀光兵权，时怀光素服待命，巢父不止之，众咸忿恚咄嗟曰："太尉尽无官矣！"方宣诏，欢噪，怀光亦不禁止，巢父、宋盈并遇害。上闻之震悼，赠尚书左仆射，仍诏收河中日，备礼葬祭。赐其家布帛米粟甚厚，仍授一子正员官。从子戡、戭、戢。

戡，巢父兄岑父之子，方严有家法，重然诺，尚忠义。卢从史镇泽潞，辟为书记。从史浸骄，与王承宗、田绪阴相连结，欲效河朔事以固其位。戡每秉笔至不轨之言，极谏以为不可，从史怒。戡岁余谢病归洛阳。李吉甫镇扬州，召为宾佐。从史知之，上疏论列，请行贬逐。宪宗不得已，授卫尉丞，分司洛阳。初，贞元中藩帅诬奏从事者，皆不验理，便行降黜。及戡诏下，给事中吕元膺执之，上令中使慰喻元膺，制书方下。戡不调而卒，赠驾部员外郎。

戭字君岩。登进士第，郑滑节度使卢群为从事，群卒，命戭权掌留务，监军使以气凌之，戭无所屈降。入为待御史，累转尚书郎。元和初，改谏议大夫。侃然忠谠，有谏臣体。上疏论时政四条，帝意嘉纳。六年十月，内官刘希光受将军孙璹赂二十万贯以求方镇，事败，赐希光死。时吐突承璀以出军无功。谏官论列，坐希光事出为淮南监军。试太子通事舍人李涉知上待承璀意未衰，欲投匦上疏，论承璀有功，希光无事，久委心腹，不宜遽弃。戭为匦使，得涉副章，不受，面诘责之。涉乃进疏于光顺门，戭极论其与中官交结，言甚激切，诏贬涉为陕州司仓。幸臣闻之侧目，人为危之。

戣高步公卿间，以方严见惮。俄兼太子侍读，迁吏部侍郎，转左丞。九年，信州刺史李位为州将韦岳谗谮于本使监军高重谦，言位结聚术士，以图不轨。追位至京师，鞫于禁中。戣奏曰："刺史得罪，合归法司按问，不合劾于内仗"。乃出付御史台，戣与三司讯鞫得其状。位好黄老道，时修齐箓，与山人王恭合炼药物，别无逆状。以岳诬告，决杀。贬位建州司马。时非戣论谏，罪在不测，人士称之。愈为中官所恶，寻出为华州刺史、潼关防御等使。入为大理卿，改国子祭酒。十二年，岭南节度使崔泳卒，三军请帅，宰相奏拟皆不称旨。因入对，上谓裴度曰："常有上疏论南海进蚶菜者，词甚忠正，此人何在，卿第求之。"度退访之，或曰祭酒孔戣常论此事，度征疏进之，即日授广州刺史、兼御史大夫、岭南节度使。

戣刚正清俭，在南海，请刺史俸料之外，绝其取索。先是帅南海者，京师权要多托买南人为奴婢，戣不受托。到郡，禁绝卖女口。先是准诏祷南海神，多令从事代祠。戣每受诏，自犯风波而往。韩愈在潮州，作诗以美之。时桂管经略使杨仲、桂旻武、裴行立等骚动生蛮，以求功伐，遂到岭表累岁用兵。唯戣以清俭为理，不务邀功，交、广大理。穆宗即位，召为吏部侍郎。长庆中，或告戣在南海时家人受赂，上下之责，改右散骑常侍。二年，转尚书左丞。累请老，诏以礼部尚书致仕，优诏褒美。仍令所司岁致羊酒，如汉礼征士故事。长庆四年正月卒，时年七十三。

子遵孺、温裕，皆登进士第。大中已後，迭居显职。温裕位京兆尹、天平军节度使。遵孺子纬，自有传。

戡字方举，戣母弟也。以季父巢父死难，德宗嘉其忠，诏与一子正员官，因授戡修武尉。以长史戡未仕，固乞回授。举明经登第，判入高等，授秘书省校书郎、阳翟尉，入拜监察御史，转殿中，分司东都。时昭义节度判官徐玫，以狡慝助成从史之恶。从史既得罪，孟元阳为昭义节度，复欲用玫为宾佐，戡遂牒泽潞收玫以俟命，然後列状上闻，竟流玫播州。转侍御史、库部员外郎。初泾师之乱，朱泚署彭偃为舍人。到是偃子充符为鄜坊从事，或荐其才，执事者召至京师。戬谓京兆尹裴武曰："朱泚为伪诏指斥乘舆,皆彭偃之词也。悖逆之子,不能鸟窜兽伏,乃违道以千誉,子合效季孙行父之逐莒仆,以勉事君者。"武即日逐充符。

迁京兆尹,出为汝州刺史、大理卿。出为潭州刺史、湖南观察使。时兄戣为岭南,兄弟皆居节镇,朝野荣之。入为右散骑常侍,拜京兆尹。时累月亢旱,深轸圣情。戬自祷雨于曲池,是夕大雨。文宗甚悦,诏兼御史大夫。大和三年正月卒,赠工部尚书。

子温业,登进士第。大中后,历位通显。温业子晦。

许孟容字公范,京兆长安人也。父鸣谦,究通《易象》,官到抚州刺史,赠礼部尚书。孟容少以文词知名,举进士甲科,后究《王氏易》,登科授秘书省校书郎。赵赞为荆、襄等道黜陟使,表为判官。贞元初,徐州节度使张建封辟为从事,四迁侍御史。李纳屯兵境上,扬言入寇。建封遣将吏数辈告谕,不德。于是遣孟容单车诣纳,为陈逆顺祸福之计,纳即日发使追兵,因请修好。遂表孟容为濠州刺史。无几,德宗知其才。征为礼部员外郎。

有公主之子,请补弘文、崇文馆诸生,孟容举令式不许。主诉于上,命中使问状。孟容执奏竟得。迁本曹郎中。德宗降诞日,御麟德殿,命孟容等登座,与释、老之徒讲论。十四年,转兵部郎中。未满岁,迁给事中。十七年夏,好畤县风雹伤麦,上命品官覆视,不实,诏罚京兆尹顾少连已下。敕出,孟容执奏曰："府县上事不实,罪止夺俸停官,其于弘宥,已是殊泽。但陛下使品官覆视后,更择宪官一人,再令验察,覆视转审,隐欺益明。事宜观德,法归纲纪。臣受官中谢日,伏请诏敕有须详议者,则乞停留晷刻,得以奏陈。此敕既非急宣,可以少驻。"诏难不许,公议是之。十八年,浙江东道观察使裴肃卒,以摄副使齐总为衢州刺史。时总肃剥下进奉以希恩,遽授大郡,物议喧然。诏出,孟容执奏曰："陛下比者以兵戎之地,或有不获已超授者。今衢州无他虞,齐总无殊绩,忽此超授,群情惊骇。总是浙东判官,今诏敕称权知留后,摄都团练副使,向来无此敕命。便用此诏,尤恐不可。若总必有可录,陛下须要酬劳,即明书课最,超一两资与改。今举朝之人,不知总之功能,衢州浙东大郡,总自大理评事监察御史授之,使退迩不甘,凶恶腾口。如臣言不切,乞陛下暂停此诏,蜜使人听察,必贺圣朝无私。今齐总诏谨随状封进。”寻有谏官列,乃留中不下。德宗召孟容对于延英,谕之曰:“使百执事皆如卿,朕何忧也。”自给事中袁高论卢杞后,未常有可否,及闻孟容之奏,四方皆感上之听纳,嘉孟容之当官。

十九年夏旱,孟容上疏曰:“

臣伏闻陛下数月已来,齐居损膳,为兆庶心疲,又敕有司,走于群望,牲于百神,而蜜云不雨,首种未入。岂觞醴有阙,祈祝非诚,为阴阳适然,丰歉前定,何圣意精至,甘泽未答也?臣历观自古天人交感事,未有不由百姓利病之急者、切者;邦家教令之大者、远者。京师是万国所会,强干弱枝,自古通规。其一年税钱及地租,出入一百万贯。臣伏冀陛下即日下令全放免之;其次,三分放二。且使旱涸之际,免更流亡。若播种无望,征敛如旧,则必翻怨迁徙,不顾坟墓矣。臣愚以为德音一发,膏泽立应,变灾为福,期在斯须。户部所收掌钱,非度支岁计,本防缓急别用。今此炎旱,直支一百余万贯,代京兆百姓一年差科,实陛下巍巍睿谋,天下鼓舞歌扬者也。复更省察庶政之中,有流移征防,当还而未还者;徒役禁锢,当释而未释者;遭悬馈送,当免而未免者;沉滞郁抑,当伸而未伸者。有一于此,则特降明命,令有司条列,三日内闻奏。其当还、当释、当免、当伸者,下诏之日,所在即时施行。臣愚以为如此而神不监,岁不稔,古未之有。

事虽不行,物议嘉之。贞元末,坐裴延龄、李齐连等谗谤流贬者,动十数年不量移,故因旱歉,孟容奏此以讽。然终贞元世,罕有迁移者。

孟容以讽谕太切,改太常少卿。元和初,迁刑部侍郎、尚书右丞。四年,拜京兆尹,赐紫。神策吏李昱假贷长安富人钱八千贯,满三岁不偿。孟容遣吏收捕械系，克日命还之，曰："不及期当死。"自兴元已后，禁军有功，又中贵之尤有渥恩者，方得护军，故军士日益纵横，府县不能制。孟容刚正不惧，以法绳之，一军尽惊，冤诉于上。立命中使宣旨，令送本军，孟容系之不遣。中使再到，乃执奏曰："臣诚知不奉诏当诛，然臣职司辇毂，合为陛下弹抑豪强。钱未尽输，昱不可得。"上以其守正，许之。自此豪右敛迹，威望大震。改兵部侍郎。俄以本官权知礼部贡举，颇抑浮华，选择才艺。出为河南尹，亦有威名。俄知礼部选事，征拜吏部侍郎。

会十年六月，盗杀宰相武元衡，并伤议臣裴度。时淮夷逆命，凶威方炽，王师问罪，未有成功。言事者继上章疏请罢兵。是时盗贼窃发，人情甚惑，独孟容诣中书雪涕而言曰："昔汉廷有一汲黯，奸臣尚为寝谋。今主上英明，朝廷未有过失，而狂贼敢尔无状，宁谓国无人乎？然转祸为福，此其时也。莫若上闻，起裴中丞为相，令主兵柄，大索贼党，究其奸源。"后数日，度果为相，而下诏行诛。时孟容议论人物，有大臣风彩。由太常卿为尚书左丞，奉诏宣慰汴宋陈许河阳行营诸军，俄拜东都留守。元和十三年四月卒，年七十六，赠太子少保，谥曰宪。

孟容方劲，富有文学。其折衷礼法考详训典甚坚正，论者称焉。而又好推毂，乐善拔士，士多归之。

吕元膺字景夫，郓州东平人。曾祖绍宗，右拾遗。祖需，殿中侍御史。父长卿，右卫仓曹参军，以元膺赠秘书监。元膺质度环伟，有公侯之器。建中初，策贤良对问第，授同州安邑尉。同州刺史侯镛闻其名。辟为长春宫判官。属蒲贼侵轶，镛失所，元膺遂潜迹不务进取。

贞元初，论惟明节制渭北，延在宾席，自是名达于朝廷。惟明卒，王栖曜代领其镇。德宗俾栖曜留署使职，咨以军政。累转殿中侍御史，征入真拜本官，转侍御史。丁继母忧，服阕，除右司员外郎，出为蕲州刺史，颇著恩信。尝岁终阅郡狱囚，囚有自告者曰："某有父母在，明日元正不得相见。"因泣下。元膺悯焉，尽脱其械纵之，与为期。守吏曰："贼不可纵。"元膺曰："吾以忠信待之。"及期，无后到者，由是群盗感义，相引而去。元和初，征拜右司郎中、兼侍御史知杂事，迁谏议大夫、给事中。规谏驳议，大举其职。及镇州王承宗之叛，宪宗将以吐突承璀为招讨处置使。元膺与给事中穆质、孟简，兵部侍郎许孟容等八人，抗论不可，且曰："承璀虽贵宠，然内臣也。若为帅总兵，恐不为诸将所伏。"指谕明切，宪宗纳之，为改使号，然犹专戎柄，无功而还。出为同州刺史，及中谢，上问时政得失，元膺论奏，辞气激切，上嘉之。翌日谓宰相曰："元膺有谠言直气，宜留在左右，使言得失，卿等以为何如？"李藩、裴垍贺曰："陛下纳谏，超冠百王，乃宗社无强之休。臣等不能广求端士，又不能数进忠言，孤负圣心，合当罪戾。请留元膺给事左右。"寻兼皇太子侍读，赐以金紫。

寻拜御史中丞，未几，除鄂岳观察使，入为尚书左丞。度支使潘孟阳与太府卿王遂迭相奏论，孟阳除散骑常侍，遂为邓州刺史，皆假以美词。元膺封还诏书，请明示枉直。江西观察使裴堪奏虔州刺史李将顺赃状，朝廷不覆按，遽眨贬将顺道州司户。元膺曰："廉使奏刺史赃罪，不覆检即谪去，纵堪之词足信，亦不可为天下法。"又封诏书，请发御史按问，宰臣不能夺。代权德舆为东都留守、检校工部尚书、兼御史大夫、都畿防御使。旧例，留守赐旗甲，与方镇同。及元膺受任不赐，朝论以淮西用兵，特用元膺守洛，不宜削其仪制，以沮威望，谏官论列，援华、汝、寿三州例。上曰："此数处，并宜不赐。"留守不赐旗甲，自元膺始。

十年七月，郓州李师道留邸伏甲谋乱。初，师道于东都置邸院，兵谍杂以往来，吏不敢辨。因吴元济北犯，郊畿多警，防御兵尽戍伊阙。师道伏甲百余于邸院，将焚宫室，而肆杀掠。已烹牛犒众，明日将出。会小将李再兴告变，元膺追兵伊阙，围之半月，无敢进攻者，防御判官王茂元杀一人而后进。或有毁其墉而入者，贼众突出，围兵奔骇。贼乃团结，以其孥偕行，出长夏门，转掠郊墅，夺牛马，东济伊水，望山而去。元膺诫境上兵，重购以捕之。数月，有山棚卖鹿于市,贼过,山棚乃召集其党,引官兵围于谷中,尽获之。穷理其魁,乃中岳寺僧圆净,年八十余,尝为史思明将,伟悍过人。初执之,使折其胫,锤之不折。圆净骂曰:"脚犹不解折,乃称健儿乎!"自置其足教折之。临刑叹曰:"误我事,不得使洛城流血!"死者凡数十人。留守防御将二人,都亭驿卒五人,甘水驿卒三人,皆潜受其职署而为之耳目,自始谋及将败无知者。初,师道多买田于伊阙、陆浑之间,凡十余处,故以舍山棚而衣食之。有訾嘉珍、门察者,潜部分之,以属圆净。以师道钱千万伪理佛寺,期以嘉珍窃发时举火于山中,集二县山棚人作乱。及穷按之,嘉珍、门察皆称害武元衡者。元膺以闻,送之上都,赏告变人杨进、李再兴锦彩三百匹、宅一区,授之郎将。元膺因请募山河子弟以卫宫城,从之。盗发之日,都城震恐,留守兵寡弱不可倚,而元膺坐皇城门,指使部分,气意自若,以故居人帖然。

数年,改河中尹,充河中节度等使。时方镇多事姑息,元膺独以坚正自处,监军使洎往来中贵,无不敬惮。入拜吏部侍郎,因疾固让,改太子宾客。元和十五年二月卒,年七十二,赠吏部尚书。

元膺学识深远,处事得体,正色立朝,有台辅之望。初游京师时,故相齐映谓人曰:"吾不及识娄、郝,殆斯人之类乎!"其业官行己,始终无缺云。

刘栖楚,出于寒微。为吏镇州,王承宗甚奇之。后有荐于李逢吉,自邓掾擢为拾遗。性果敢,逢吉以为鹰犬之用,欲中伤裴度及杀李绅。

敬宗即位,畋游稍多,坐朝常晚,栖楚出班,以额叩龙墀出血,苦谏曰:"臣历观前王嗣位之初,莫不躬勤庶政,坐以待旦。陛下即位已来,放情嗜寝,乐色忘忧,安卧宫闱,日晏方起。西宫密迩,未过山陵,鼓吹之声,日喧于外。伏以宪宗皇帝、大行皇帝皆是长君,恪勤庶政,四方犹有叛乱。陛下运当少主,即位未几,恶德布闻,臣虑福祚之不长也。臣忝谏官,致陛下有此,请碎首以谢!"遂以额叩龙墀,外之不已。宰臣李逢吉出位宣曰:"刘栖楚休叩头,候诏旨。"栖楚捧首而起,因更陈论,磕头见血,上为之动容,以袖连挥令出。栖楚又云:"不可臣奏,臣即碎首死。"中书侍郎牛僧孺复宣示而出,敬宗为之动容。

无何,迁起居郎,至谏议。俄又宣授刑部侍郎,丞郎宣授,未之有也。改京兆尹,摧抑豪右,甚有钩距,人多比之于西汉赵广汉者。后恃权宠,常以词气凌宰相韦处厚,遂出为桂州观察使。逾年,卒于任,时大和元年九月。

张宿者,布衣诸生也。宪宗为广陵王时,因军使张茂宗荐达,出入邸第。及上在东宫,宿时入谒,辨诘敢言。洎监抚之际,骤承顾擢,授左拾遗。以旧恩,数召对禁中,机事不密,贬郴州郴县丞。十余年征入,历赞善大夫、左补阙、比部员外郎。宰相李逢吉恶之,数于上前言其狡诘,不可保信,乃用为濠州刺史。制下,宿自理乞留,乃追制。上欲以为谏议大夫,逢吉奏曰:"谏议职重,当以能可否朝政者为之。宿细人,不足以污贤者位。陛下必须用宿,请先去臣即可。"上不悦。又逢吉与裴度是非不同,上方委度讨伐,乃出逢吉为剑南东川节度。乃用宿权知谏议大夫,俄而内使宣授。

初,宰相崔群、王涯奏曰:"谏议大夫前时亦有拔自山林、起于卒伍者,其例则少,用皆有由。或道义彰明,不求闻达;或山林卓异,出于群萃。以此选求,是惬公议。或事迹未著,恩由一时,虽有例超升,即时议未允。宿本非文辞入用,望实稍轻。骤加不次之荣,翻恐以身为累。臣等所以累有论谏,依资且与郎中,事冀适中,非于此人情有厚薄,请授职方郎中。"上命如初,群等乃请权知,寻又宣授。宿怨执政摈己,颇加谗毁。依附皇甫镈等,伤害清正之士,阴事中要,以图进取。

十三年正月,充淄青宣慰使,到东都,暴病卒,于是正人相贺。诏赠秘书监。

熊望者，登进士第。粗有文词，而性俭险。有口辩，往往得游公卿间，率以大言诡意，指抉时政。既由此而得进士第，务进不已。而京兆尹刘栖楚以不次骤居清贯，广树朋党，门庭无昼夜，填委不息。望出入栖楚之门，为伺密机，阴佐计尽，人无知者。昭愍嬉游之隙，学为歌诗。以翰林学士崇重，不可亵狎，乃议别置'东头学士'，以备曲宴赋诗，令采卑官才堪任学士者为之。栖楚以望名荐送，事未行而昭愍崩。

文宗即位，韦处厚辅政，大去奸党，既逐栖楚，又诏曰："孔门高悬百行，由至顺者其身必荣；朝廷广设众官，践正途者其道必达。前乡贡进士熊望，因缘薄伎，偷冀褒幸。营居中之密职，扰惑朝经；鼓逼下之器声，因依邪隙。及众议波涌，累月不宁，司门验缗，累月至四，考复谬妄，乃非坦途。腾大启康庄，以端群望，俾示投荒之典，用正向方之流。可漳州司户。

柏耆者，将军良器之子。素负志略，学纵横家流。会王承宗以常山叛，朝廷厌兵，欲以恩泽抚之。耆于蔡州行营以画干裴度，请以朝旨奉使镇州，乃自处士授左拾遗。既见承宗，以大义陈说，承宗泣下，请质二男，献两郡，由是知名。元和十年，王承元归国，移镇滑州，朝廷赐成德军赏钱一百万贯，令谏议大夫郑覃宣慰军人，赏钱未至，浩浩然腾口。穆宗诏耆往谕旨。耆至，令承宗集三军，宣导上旨，众心乃安。转兵部郎中。

太和初，迁谏议大夫。俄而李同捷叛，两河藩帅加兵沧、德，宿师于野连年，同捷穷蹙求降。耆既宣谕讫，与节度使李佑谋，耆乃帅数百骑入沧州，取同捷赴京，沧、德平。诸将害耆邀功，争上表论列，文宗不获已，贬循州司户，判官沈亚之贬虔州南康尉。内官马国亮又奏耆于同捷处取婢九人，再命长流爱州寻赐死。

史臣曰：人臣事君，犯颜匡政，不避死亡之诛。议者以为徇名，臣恶其讦也。如许京兆之劾军吏，吕尚书之封诏书，词义可观，耸动人德，以为沽激，伤善何多！而栖楚、张宿之徒，鹰犬下材，为人鸣吠，诚可丑也。柏耆恃纵横之算，欲俯拾卿相，忘身蹈利，旋踵而诛，宜哉。巢父使不辱命，志在致君，遭罹丧乱，竟陷虎吻。而戣、戡诸子，世载忠贞，大中之后，郁为昌族。为善之利，岂虚言哉！

　　赞曰：君子重义，小人殉利。巢殒耆诛，其道即异。许、吕封驳，照耀黄扉。死而可作，吾谁与归？

旧唐书卷一五五
列传第一〇五

穆宁 子赞 质 员 赏　崔邠 弟� 郾
郸　窦群 兄常 牟 弟庠 巩　李逊
弟建　薛戎 弟放

穆宁,怀州河内人也。父元休,以文学著,撰《洪范外传》十篇,开元中献之,玄宗赐帛,授偃师县丞、安阳令。宁清慎刚正,重交游,以气节自任。少以明经调授盐山尉。是时,安禄山始叛,伪署刘道玄为景城守。宁唱义起兵,斩道玄首,传檄郡邑,多有应者。贼将史思明来寇郡,宁以摄东光令将兵御之。思明遣使说诱,宁立斩之。郡惧贼怨深后大兵至,夺宁兵及摄县。初,宁佐采访使巡按,常过平原,与太守颜真卿密揣禄山必叛。至是,真卿亦唱义,举郡兵以拒禄山。会间使持书遗真卿曰:“夫子为卫君乎?”更无他词。真卿得书大喜,因奏署大理评事、河北采访支使。宁以长子属母弟曰:“惟尔所适,苟不乏嗣,吾无累矣。”因往平原谓真卿曰:“先人有嗣矣!古所谓死有轻于鸿毛者,宁是也,愿佐公以定危难。”真卿深然之。其后,宁计或不行,真卿迫蹙弃郡,夜渡河而南,见肃宗于凤翔。帝问拒贼之状,真卿曰:“臣不用穆宁之言,功业不成。”帝奇之,发驿召宁,将以右职待之。会真卿以抗直失旨,事遂止。

上元二年,累官到殿中侍御史,佐盐铁转运使。副元帅李光弼以饷运不继,或恶宁者诬谮于光弼,光弼扬言欲杀宁。宁直抵徐州见光弼，喻以大义，不为挠折。光弼深重之，宁得行其职。宝应初，转侍御史，为河南转运租庸盐铁等副使。明年，迁户部员外郎。无几，加兼御史中丞，为河南、江南转连使。广德初，加库部郎中。是时河运不通，漕挽由汉、沔自商山达京师。选镇夏口者，诏以宁为鄂州刺史、鄂岳沔都团练使及淮西鄂岳租庸盐铁沿江转运使，赐金紫。时淮西节度使李忠臣贪暴不奉法，设防戍以税商贾，又纵兵士剽劫，行人殆绝。与宁夹淮为理，惮宁威名，寇盗辄止。沔州别驾薛彦伟坐事忤旨，宁杖之致死，宁坐贬虔州司马，重贬昭州平集尉。

大历四年，起授监察御史，领转运留后事于淄青。间一年，改检校司户郎中、兼侍御史，领转运留后事于江西。明年，拜检校秘书少监兼和州刺史，理有善政。居无何，官罢。代宁者以天宝版籍校见户，诬以逋亡多，坐贬泉州司户。宁子赞，守阙三年告冤，诏遣御史按覆，而人户增倍，诏书召宁除右谕德。宁强毅不能事权贵，执政者以为不附己，且惮其难制，故处之散位。宁默默不得志，且曰："时不我容，我不时徇，则非吾之进也，在于退乎！"辞病居家，请告几十旬者数矣。亲友强之，复一朝请。上居奉天，宁诣行在，拜秘书少监。兴元初，改右庶子。德宗还京师，宁曰："可以行吾志矣。因移病罢归东都。"贞元六年，就拜秘书监致仕。

宁好学，善都诸子，家道以严称。事寡姊以悌闻。通达体命，未尝服药。每诫诸子曰："吾闻君子之事亲，养志为大。直道而已。慎无为谄，吾之志也。"贞元十年十月卒，时年七十九。四子：赞、质、员、赏。

赞字相明，释褐为济源主簿。时父宁为和州刺史，以刚直不屈于廉使，遂被诬奏，贬泉州司户参军。赞奔赴阙庭，号泣上诉，诏御史覆问，宁方得雪。诏曰："令子申父之冤，宪臣奉君之命，楚剑不冲于牛斗，秦台自洗于尘埃。"由是知名。累迁京兆兵曹参军、殿中侍御史，转侍御史，分司东都。

时陕州观察使卢岳妾裴氏，以有子，岳妻分财不及，诉于官，赞鞫其事。御史中丞中丞卢佋佐之，令深绳裴罪，赞持平不许。宰臣窦参与佋善，参、佋俱持权，怒赞以小事不受指使，遂下赞狱。侍御史杜伦希其意，诬赞受裴之金，鞭其使以成其狱，甚急。赞弟赏，驰诣阙，挝登闻鼓。诏三司使覆理无验，出为郴州刺史。参败，征拜刑部郎中。因次对，德宗嘉其才，擢为御史中丞。时裴延龄判度支，以奸巧承恩。属吏有赃犯，赞鞫理承伏，延龄请曲法出之，赞三执不许，以款状闻。延龄诬赞不平，贬饶州别驾。丁母忧，再转虔、常二州刺史。宪宗即位，拜宣州刺史、御史中丞，充宣歙观察使，所莅皆有政声。永贞元年十一月卒，时年五十八，赠工部尚书。

赞与弟质、员、赏以家行人材为缙绅所仰。赞官达，父母尚无恙，家法清严。赞兄弟奉指使，笞责如僮仆，赞最孝谨。

质强直，应制策入第三等，其所条对，至今传之。自补阙到给事中，时政得失，未尝不先论谏。元和初，掌赋使院多擅禁系户人，而有笞掠至死者。质乃论奏盐铁转运司应决私盐系囚，须与州府长吏监决，自是刑名画一。宪宗以王承宗叛，用内官吐突承璀为招讨使。质率同列伏阁论奏，言自古无以中官为将帅者，上虽改其名，心颇不悦，寻改质为太子左庶子，五年，坐与杨凭善，出为开州刺史。未几卒。

员，工文辞，尚节义，杜亚为东都留守，辟为从事、检校员外郎。早卒，有文集十卷。

质兄弟俱有令誉而和粹，世以“滋味”目之：赞俗而有格为酪，质美而多入为酥，员为醍醐，赏为乳腐。近代士大夫言家法者，以穆氏为高。

崔邠字处仁，清河武城人。祖结，父俿，官卑。邠少举进士，又登贤良方正科。贞元中授渭南尉。迁拾遗、补阙。常疏论裴延龄，为时所知。以兵部员外郎知制诰到中书舍人，凡七年。又权知吏部选事。明年，为礼部侍郎，转吏部侍郎，赐以金紫。

邠温裕沉密，尤敦清俭，上亦器重之。裴垍将引为相，病难于承答,事竟寝。兄弟同时奉朝请者四人,颇以孝敬怡睦闻。后改太常卿,知吏部尚书铨事。故事,太常卿初上,大阅《四部乐》于署,观者从焉。郾自私第去帽亲导母舆,公卿逢者回骑避之,衢路以为荣。居母忧,岁余卒,元和十年三月也,时年六十二。赠吏部尚书,谥曰文简。弟郿、郇、郫等六人。子璀、璜,璀子彦融,皆登进士第,历位台阁。

郿少有文学,举进士。元和中,历监察御史。大和元年十月,自太子詹事拜左金吾卫大将军。郿昆弟六人,仕官皆至三品。郾、郇、郫三人,知贡举,掌铨衡。冠族闻望,为时名德。郿大和九年冬,为左金吾大将军,无病暴亡。不旬日有训、注之乱,其乱始自金吾,君子乃知郿之亡,崔氏积善之征也。赠礼部尚书。子瑄。

郇字广略,举进士,平判入等,授集贤殿校书郎。三命升朝,为监察御史、刑部员外郎。资质秀伟,神情重雅,人望而爱之,终不可舍,不知者以为事高简拘静默耳。居内忧,释服为吏部员外。奸吏不敢欺,孤寒无援者未尝留滞,铨叙之美,为时所称。再迁左司郎中。元和十三年,郑余庆尤为礼仪详定使,选时有礼学者共事,以郇为详定判官、吏部郎中。十五年,迁谏议大夫。穆宗即位,荒于禽酒,坐朝常晚。郇与同列郑覃等延英切谏,穆宗甚嘉之,畋游稍简。长庆中,转给事中。

昭愍即位,选侍讲学士,转中书舍人。入思政殿谢恩,郇奏曰:"陛下用臣为侍讲,半岁有余,未尝问臣经义。今蒙转改,实惭尸素,有愧厚恩。"帝曰:"朕机务稍闲,即当请益。"高钺曰:"陛下意虽乐善,既未延接儒生,天下之人,宁知重道?"帝深引咎,赐之锦彩。郇退与同列高重抄撮《六经》嘉言要道,区分事类,凡十卷,名曰《诸经纂要》,冀人主易于省览。上嘉之,赐锦彩二百匹、银器等。

其年,转礼部侍郎,东都试举人。凡两岁掌贡士,平民阅试,赏拔艺能,所擢者无非名士,至大中、咸通之代,为辅相名卿者十数人。出为陕州观察使。旧弊有上供不足,夺吏俸以益之,岁八十万,郇以廉使常用之直代之。居二年,政绩闻于朝,迁鄂岳安黄等州观察使。又五年，移浙西道都团练观察使，所到用宽政安疲人。及居鄂渚，则峻法严刑，未常贯一死罪。江湖之间，崔蒲是冲，因造蒙冲小舰，上下千里，期月而尽获群盗。凡三按廉车，率由清简少事，财用有余，人遂宁泰。开成元年卒，年六十九，赠吏部尚书，谥曰德。

郾与兄邠、弟郸等皆有令誉。而郾疏财恢廓，昆仲所不及。子瑶、瑰、瑾、珮、璆。

瑶大和三年登进士第，出佐藩方，入升朝列，累到中书舍人。大中六年，知贡举，旋拜礼部侍郎，出为浙西观察使。又迁鄂州刺史、鄂岳观察使，终于位。瑰、珮、璆官至郎署给谏。瑾大中十年登进士第，累居使府，历尚书郎、知制诰。咸通十三年，知贡举，选拔颇为得人。寻拜礼部侍郎，出为湖南观察使。

郸登进士第，累迁监察御史，三迁考功郎中。大和三年，以本官充翰林学士，转中书舍人。六年，罢学士。八年，为工部侍郎、集贤殿学士，权知礼部，真拜兵部侍郎，本官判吏部东铨事。

文宗勤于政道，每苦选曹讹弊，延英谓宰臣曰："吏部殊不选才，安得摭实无滥，可厘革否？"李石对曰："今录可以商量，他官且宜循旧。"上曰："循旧如配官耳，贤不肖安能甄别？"帝诏三铨谓之曰："卿等比选令录，如何注拟？"郸对曰："资叙相当，问其为治之术，视可否而拟之。"帝曰："依资合得，而才劣者何授？"对曰："与边远慢官。"帝曰："如以不肖之才治边民，则疾苦可知也。凡朝廷求理，远近皆须得人。苟非其才，人受其弊矣。"

寻拜吏部侍郎。开成二年，出为宣州刺史、兼御史中丞、宣歙观察使。四年，入为太常卿。七月，以本官同中书门下平章事，寻加中书侍郎、银青光禄大夫。会昌初，李德裕用事，与郸弟兄素善。郸在相位累年，历方镇、太子师保卒。

窦群字丹列，扶风平陵人。祖亶，同昌郡司马。父叔向，以工诗称，代宗朝，官至左拾遗。群兄常、牟，弟巩，皆登进士第，唯群独为处士，隐居毗陵，以节操闻。及母卒，啮一指置棺中，因庐墓次终丧。后学《春秋》于啖助之门人卢庇者，著书三十四卷，号《史记名臣疏》。贞元中，苏州刺史韦夏卿以丘园茂异荐，兼献其书，不报。及夏卿入为吏部侍郎，改京兆尹。中谢日，因对复荐群，征拜左拾遗，迁侍御史，充入蕃使秘书监张荐判官，群因入对，奏曰：“陛下即位二十年，始自草泽擢臣为拾遗，是难其进也。今陛下以二十年难进之臣，用为和蕃判官，一何易也？”德宗异其言，留之，复为侍御史。

王叔文之尝柳宗元、刘禹锡皆慢群，群不附之。其党议欲贬群官，韦执谊止之。群尝谒王叔文，叔文命撤榻而进，群揖之曰：“夫事有不可知者。”叔文曰：“如何？”群曰：“去年李实伐恩恃贵，倾动一时，此时公逡巡路旁，乃江南一吏耳。今公已处实形势，又安得不虑路旁有公者乎？”叔文虽异其言，竟不之用。

宪宗即位，转膳部员外、兼侍御史知杂，出为唐州刺史。节度使于頔素闻其名，既谒见，群危言激切，頔甚悦，奏留充山南东道节度副使、检校兵部郎中、兼御史中丞，赐紫金鱼袋。宰相武元衡、李吉甫皆爱重之，召入为吏部郎中。元衡辅政，举群代己为中丞。群奏刑部郎中吕温、羊士谔为御史，吉甫以羊、吕险躁，持之数日不下，群等怒怨吉甫。

三年八月，吉甫罢相，出镇淮南，群等欲因失恩倾之。吉甫尝召术士陈登宿于安邑里第，翌日，群令吏捕登考劾，伪构吉甫阴事，密以上闻。帝召登面讯之，立辩其伪。宪宗怒，将诛群等，吉甫救之，出为湖南观察使。数日，改黔州刺史、黔州观察使。在黔中属大水坏其城郭，复筑其城，征督溪洞诸蛮，程作颇急，于是，辰、锦生蛮乘险作乱，群讨之不能定。六年九月，贬开州刺史。在郡二年，改容州刺史、容管经略观察使。

九年，诏远朝，至衡州病卒，时年五十。群性狠戾，颇复恩仇，临事不顾生死，是时征入，云欲大用，人皆惧骇，闻其卒方安。二子：谦余、审余。

兄常字中行，大历十四年登进士第，居广陵之柳杨。结庐种树，不求苟进，以讲学著书为事，凡二十年不出。贞元十四年，镇州节度使王武俊闻其贤，遣人致聘，辟为掌书记，不就。其年，杜佑镇淮南，奏授校书郎，为节度参谋。元和六年，自湖南判官入为侍御史，转水部员外郎。出为朗州刺史，历固陵、浔阳、临川三郡守。入为国子祭酒，求致仕。实历元年卒，时年七十。子弘余，会昌中为黄州刺史。

牟字贻周，贞元二年登进士第，试秘书省校书郎、东都留守巡官。历河阳、昭义从事，检校水部郎中，赐绯，再为留守判官。入为都官郎中，出为泽州刺史，入为国子祭酒。长庆二年卒，时年七十四。子周余，大中年秘书监。

牟弟庠，字胄卿，释褐国子主簿。吏部侍郎韩皋出镇武昌，辟为推官。皋移镇浙西，奏庠为节度副使、殿中侍御史，迁泽州刺史。又为宣歙副使，除奉天令、登州刺史、东都留守判官，历信、婺二州刺史。卒年六十三。子谣载。

巩字友封，元和二年登进士第。袁滋镇滑州，辟为从事，滋改荆、襄二镇，皆从之掌管记之任。平卢薛平又辟为副使。入朝，拜侍御史，历司勋员外、刑部郎中。元稹观察浙东，奏为副使、检校秘书少监、兼御史中丞，赐金紫。稹移镇武昌，巩又从之。巩能五言诗，昆仲之间，与牟诗俱为时所赏重。性温雅，多不能持论，士友言议之际，吻动而不发，白居易等目为"嗫嚅翁"。终于鄂渚，时年六十。子六人，景余、师裕最知名。

李逊字友道，后魏申公发之后，于赵郡谓之申公房。曾祖进德，太子中允。祖珍玉，昌明令。父震，雅州别驾。世寓于荆州之石首。

逊登进士第，辟襄阳掌书记，复从事于湖南主其留务，颇有声绩，累拜池、濠二州刺史。先是，濠州之都将杨腾，削刻士卒，州兵三千人谋杀腾。腾觉之，走扬州，家属皆死。濠兵不自戢，因行攘剽。及逊到郡，余乱未殄，徐驱其间，为陈逆顺利害之势，众皆释甲请罪，因以宁息。观察使旨限外征役，皆不从。入拜虞部郎中。

元和初，出为衢州刺史。以政绩殊尤，迁越州刺史、兼御史大夫、浙东都团练观察使。先是,贞元初,皇甫政镇浙东。尝福建兵乱,逐观察使吴诜,政以所镇实压闽境,请权益兵三千,俟贼平而罢。贼平向三十年,而所益兵仍旧。逊视事数日,举奏停之。逊为政以均一贫富、扶弱抑强为己任,故所到称理。

九年,入为给事中。逊以旧制只日视事对群臣,逊奏论曰:“事君之义,有犯无隐。陈诚启沃,不必择辰。今群臣敷奏,乃候只日,是毕岁臣下睹天颜、献可否能几何?”宪宗嘉之,乃许不择时奏对。俄迁户部侍郎。

元和十年,拜襄州刺史,充山南东道节度、观察等使。襄阳前领八郡,唐、邓、隋在焉。是时方讨吴元济,朝议以唐、蔡邻接,遂以邓隶唐州,三郡别为节制,命高霞寓领之,专俟攻讨。逊以五州赋饷之。

时逊代严绶镇襄阳,绶以八州兵讨贼在唐州。既而绶以无功罢兵柄,命高霞寓代绶将兵于唐州,其襄阳军隶于霞寓。军士家口在襄州者,逊厚抚之,士卒多舍霞寓亡归。既而霞寓为贼所败,乃移过于逊,言供馈不时。霞寓本出禁军,内官皆佐之。既贬官,中人皆言逊挠霞寓军,所以致败。上令中使至襄州听察曲直,奏言逊不直,乃左授太子宾客分司,又降为恩王傅。

十三年,李师道效顺,命逊为左散骑常侍,驰赴东平谕之。师道得诏意动,即请效顺,旋为其下所惑而止。逊还,未几,除京兆尹,改国子祭酒。十四年,拜许州刺史,充忠武节度、陈许溵蔡等州观察处置等使。是时,新罹兵战,难遽完缉。及逊至,集大军与之约束严具,示赏罚必信,号令数百言,士皆感悦。

长庆元年,幽、镇继乱,逊请身先讨贼,不许,但命以兵一万,会于行营。逊奉诏,即日发兵,故先诸军而至,由是进位检校吏部尚书。寻改凤翔节度使,行至京师,以疾陈乞,改刑部尚书。长庆三年正月卒,年六十三,废朝一日,赠右仆射。

逊幼孤,寓居江陵,与其弟建,皆安贫苦,易衣并食,讲习不倦。逊兄造,知二弟贤,日为营丐,成其志业,建先逊一年卒。兄弟同致休显，士君子多之。谥曰恭肃。造早卒。

建字构直，家素清贫，无旧业。与兄造、逊于荆南躬耕致养，嗜学力文。举进士，选授秘书省校书郎。德宗闻其名，用为右拾遗、翰林学士。元和六年，坐事罢职，降詹事府司直。高郢为御史大夫，奏为殿中侍御史，迁兵部郎中、知制诰。自以草诏思迟，不愿司文翰，改京兆尹。与宰相韦贯之友善，贯之罢相，建亦出为澧州刺史。征拜太常少卿，寻以本官知礼部贡举。建取舍非其人，又惑于请托，故其年选士不精，坐罚俸料。明年，除礼部侍郎，竟以人情不洽，改为刑部。

建名位虽显，以廉俭自处，家不理垣屋，士友推之。长庆二年二月卒，赠工部尚书。三子：讷、恪、朴。讷最知名，官到华州刺史、检校尚书右仆射。

薛戎字元夫，河中宝鼎人。少有学术，不求闻达，居于毗陵之阳羡山。年余四十，不易其操。江西观察使李衡辟为从事，使者三返方应。故相齐映代衡，又留署职，府罢归山。福建观察使柳冕表为从事，累月，转殿中侍御史。

会泉州缺刺史，冕署戎权领州事。是时，姚南仲节制郑滑，从事马总以其道直为临军使诬奏，贬泉州别驾。冕附会权势，欲构成总罪，使戎按问曲成之。戎以总无辜，不从冕意，别白其状。戎还自泉州，冕盛气据箇而见宾客。戎遂历东厢从容而入。冕度势未可屈，徐起以见，一揖而退。又构其罪以状闻，置戎于佛寺，环以武夫，恣其侵辱，如是累月，诱令成总之罪。操心如一，竟不动摇。杜佑镇淮南，知戎之冤，乃上其表，发书谕冕，戎难方解，遂辞职寓居于江湖间。

后阎济美为福建观察使，备闻其事，奏充副使。又随济美移镇浙东，改侍御史，入拜刑部员外郎。出为河南令，累改衢、湖、常三州刺史，迁浙东观察使。所莅皆以政绩闻。居数岁，以疾辞官。长庆元年十月卒，赠左散骑常侍。戎检身处约，不务虚名。俸入之余，散于宗族。身殁之后，人无讥焉。兄弟五人，季弟放最知名。

　　放登进士第，性端厚寡言，于是非不甚系意。累佐藩府，莅事干敏，官到试大理评事，擢拜右拾遗，转补阙，历水部、兵部二员外，迁兵部郎中。

　　遇宪宗以储皇好书，求端士辅导经义，选充皇太子侍读。及穆宗嗣位，未听政间，放多在左右，密参机命。穆宗常谓放曰："小子初承大宝，惧不克荷，先生宜为相，以匡不逮。"放叩头曰："臣实庸浅，获侍冕旒，固不足猥尘大位。辅弼之任，自有贤能。"其言无矫饰，皆此类也。穆宗深嘉其诚，因召对思政殿，赐以金紫之服，转工部侍郎、集贤学士。虽任非峻切，而恩顾转隆。转刑部侍郎，职如故。

　　穆宗常谓侍臣曰："朕欲习学经史，何先？"放对曰："经者，先圣之至言，仲尼之所发明，皆天人之极致，诚万代不刊之典也。"史记前代成败得失之迹，亦足鉴其兴亡，然得失相参，是非无准的，固不可为经典比也。"帝曰："《六经》所尚不一，志学之士，白首不能尽通，如何得其要？"对曰："《论语》者六经之精华，《孝经》者人伦之本，穷理执要，真可谓圣人至言。是以汉朝《论语》首列学官，光武令虎贲之士皆习《孝经》，玄宗亲为《论吾》注解，皆使当时大理，四海乂宁。盖人知孝慈，气感和乐之所致也。"上曰："圣人以孝为到德要道，其信然乎！"转兵部侍郎、礼部尚书，判院事。

　　放闺门之内，尤推孝睦，孤孀百口，家贫每不给赡，常苦俸薄。放因召对，恳求外任。其时偶以节制无缺，乃授以廉问。及镇江西，惟用清洁为理，一方之人，至今思之。宝历元年，卒于江西观察使，废朝一日。

　　史臣曰：穆秘监之刚正不夺，如寒松倚岩，千丈劲节。而窦容州之敢决，如鸷鸟逐雀，英气动人，岸穴之流，罕能及此。然矫激过当，君子不为。如埛如篪，不通不介，士行之美，崔氏诸子有为。建、逊之贞方，戎、放之道义，元和已来，称为令族，宜哉！

赞曰：穆之赞、质，窦之常、群，迹参时杰，气爽人文。二李英英，四崔济济。薛氏三门，难兄难弟。

旧唐书卷一五六
列传第一○六

于頔 子敏 季友 方　韩弘 子公武
弘弟充　李质　王智兴 子晏平
晏宰

于頔字允元，河南人也，周太师燕文公谨之后也。始以荫补千牛，调授华阴尉，黜陟使刘湾辟为判官。又以栎阳主簿摄监察御史，充入蕃使判官。再迁司门员外郎、兼侍御史，赐紫，充入西蕃计会使，将命称于，时论以为有出疆专对之能。

历长安县令、驾部郎中。出为湖州刺史。因行县到长城方山，其下有水曰西湖，南朝疏凿，溉田三千顷，外堙废。頔命设堤塘以复之，岁获粳稻蒲鱼之利，人赖以济。州境陆地褊狭，其送终者往往不掩其棺椁，頔葬朽骨凡十余所。改苏州刺史，浚沟渎，整街衢，至今赖之。吴俗事鬼，余疾其淫祀废生业，神宇皆撤去，唯吴太伯、伍员等三数庙存焉。虽为政有绩，然横暴已甚，追憾湖州旧尉，封杖以计强决之。观察使王纬奏其事，德宗不省。及后頔累迁，乃与纬书曰："一蒙恶奏，三度改官。"由大理卿迁陕虢观察使，自以为得志，益恣威虐。官吏日加科罚，其惴恐重足一迹。掾姚岘不腾其虐，与其弟泛舟于河，遂自投而死。

贞元十四年，为襄州刺史，充山南东道节度观察。地与蔡州邻，吴少诚之叛，頔率兵赴唐州，收吴房、朗山县，又破贼于濯神沟。于是广军籍，募战士，器甲尺利，徊然专有汉南之地。小失意者，皆以军法从事。因请升襄州为大都督府，府比郓、魏。时德宗方姑息方镇，闻颋事状，亦无可奈何，但允顺而已。颋奏请无不从，于是公然聚敛，恣意虐杀，专以凌上威下为务。邓州刺史元洪，颋诬以赃罪奏闻，朝旨不得已为流端州，命中使监焉。到隋州枣阳县，颋命部将领士卒数百人劫洪至襄州，拘留之。中使奔归京师，德宗怒，笞之数十。颋又表洪其责太重，复降中使景忠信宣旨慰谕，遂除洪吉州长史，然后洪获赴谪所。又怒判官薛正伦，奏贬峡州长史。及敕下，颋怒已解，复奏请为判官，德宗皆从之。正伦卒，未殡，颋以兵围其宅，令孽男逼娶其嫡女。颋累迁到左仆射、平章事、燕国公。俄而不奉诏旨，擅总兵据南阳，朝廷几为之旰食。

及宪宗即位，威肃四方，颋稍戒惧。以第四子季友求尚主，宪宗以长安永昌公主降焉。其第二子方屡讽其父归朝，入觐，册拜司空、平章事。

元和中，内官梁守谦掌枢密，颇招权利。有梁正言者，勇于射利，自言与守谦宗盟情厚，颋子敏与之游处。正言取颋财贿，言略守谦，以求出镇；久之无效，敏责其货于正言，乃诱正言之僮，支解弃于溷中。八年春，敏奴王再荣诣银台门告其事，即日捕颋孔目官沈璧、家僮十余人于内侍狱鞫问。寻出付台狱，诏御史中丞薛存诚、刑部侍郎王播、大理卿武少仪为三司使按问，乃搜死奴于其第，获之。颋率其男赞善大夫正、驸马都尉季友，素服单骑，将赴阙下，待罪于建福门。门司不纳，退于街南，负墙而立，遣人进表。阁门使以无引不受，日没方归。明日，复待罪于建福门，宰相喻令还第，贬为恩王傅。敏长流雷州，锢身发遣。殿中少监、驸马都尉季友追夺两任官阶，令其家循省。左赞善大夫正、秘书丞方并停见任。孔目官沈璧决四十，配流封州。奴屡牛与刘干同手杀人，宜付京兆府决杀。敏行至商山赐死，梁正言、僧鉴虚并付京兆府决杀。

颋，其年十月，改授太子宾客。十年，王师讨淮、蔡，诸侯贡财助军，颋进银七千两、金五百两、玉带二，诏不纳，复还之。十三年，颋表求致仕，宰臣拟授太子少保，御笔改为太子宾客。其年八月卒，赠太保，谥曰厉。其子季友从猎苑中，诉于穆宗，赐谥曰思。右丞张正甫封敕请远本谥。右补阙高钺上疏论之曰：

夫谥者，所以惩恶劝善，激浊扬清，使忠臣义士知劝，乱臣贼子知惧。虽窃位于当时，死加恶谥者，所以惩暴戾，垂沮劝。孔子修《春秋》，乱臣贼子惧，盖为此也。垂范如此而不能救，况又隳其典法乎？

臣风闻此事是徐泗节度使李愬奏请。李愬勋臣节将，陛下宠其勋劳，赐其爵禄、车服第宅则可，若乱朝廷典法，将何以沮劝？仲尼曰："唯名与器，不可以假人。"名器，君之所司，若以假人，与之政也，政亡则国家从之。頔顷镇襄、汉，杀戮不辜，恣行凶暴。移军襄、邓，迫胁朝廷，擅留逐臣，徼遮天使。当先朝嗣位之始，贵安反侧，以靖四方，幸免铁钺之诛，得全腰领而毙，诚宜谥之缪厉，以沮凶邪；岂可曲加美名，以惠奸宄。如此，则是于頔生为奸臣，死获美谥，窃恐天下有识之士，谓圣朝无人，有此倒置。伏请速追前诏，却依太常谥为厉。使朝典无无亏，国章不滥。

太常博士王彦威又疏曰：

古之圣王立谥法者，所以彰善恶、垂劝诫。使一字之褒，赏逾绂冕；一言之贬，辱过朝市。此有国之典礼，陛下劝惩之大柄也。頔顷拥节旄，肆行暴虐，人神共愤，法令不容。擅兴全师，僭为正乐，侵辱中使，擅止制囚，杀戮不辜，诛求无度，臣故定谥为厉。今陛下不忍，改赐为思，诚出圣慈，实害圣政。

伏以陛下自临宸扆，懋建大中，闻善若惊，从谏不倦。况当统天立极之始，所谓执法慎名之时，一垂恩光，大启徼幸。且如頔之不法，然而陛下不忍加惩，臣恐今后不逞之徒如頔者众矣，死援頔例，陛下何以处之？是恩曲于前，而弊生于后。若以李吉甫有赐谥之例，则甫之为相也。有犯上杀人之罪乎？以頔况之，恐非伦类。如以頔常入财助国，改过来觐，两使绝域，可以赎论。夫伤物害人，剥下奉上，纳贿求幸，尤不可长其渐焉。

自两河宿兵，垂七十年，王师懢征，疮痏未息。及张茂昭以易定入觐，程权以沧景归朝，故恩礼殊尤，以劝来者。而于頔以文史之职，居腹心之地，而倔强犯命，不获已而入朝，岂茂昭之比乎！纵有入财使远之勤，何以掩其恶迹。伏望陛下恩由义断，泽以礼成，褒贬道存，侥幸路绝，则天下幸甚。

疏奏不报，竟谥为思。

长庆中，以戚里勋家诸贵引用，于方复至和王傅，家富于财，方交结游侠，务于速进。元稹作相，欲以其策平河朔群盗，方以策画于稹。而李逢吉之党欲倾裴度，乃令人告稹欲结客刺度。事下法司，按鞫无状，而方竟坐诛。

韩弘，颍川人。其祖、父无闻，世居滑之匡城。少孤，依母族，刘玄佐即其舅也。事玄佐为州掾，累奏试大理评事。玄佐卒，子士宁被逐，弘出汴州，为宋州南城将，刘全谅时为都知兵马使。贞元十五年，全谅卒，汴军怀玄佐之惠，又以弘长厚，共请为留后，环监军使请表其事，朝廷亦以玄佐故许之。自试大理评事检校工部尚书、汴州刺史、兼御史大夫、宣武军节度副大使知节度事、宋亳汴颍观察等使。

时吴少诚遣人到汴，密与刘全谅谋，因曲环卒袭陈许。会全谅卒，其人在传舍，弘喜获节钺，即斩其人以闻。立出军三千，助禁军共讨少诚。汴州自刘士宁之后，军益骄恣，及陆长源遇害，颇轻主帅。其为乱魁党数十百人，弘视事数月，皆知其人。有部将刘锷者，凶卒之魁也。弘欲大振威望，一日，引短兵于衙门，召锷与其党三百，数其罪，尽斩之以徇，血流道中，弘对宾僚言笑自若。自是讫弘入朝，二十余年，军众十万，无敢怙乱者。累授检校左右仆射、司空。宪宗即位，加同平章事。时王锷检校司空、平章事。致书于宰臣武元衡，耻在王锷之下。宪宗方欲用形势以临淮西，乃授以司徒、平章事，班在锷上。及用严绶为招讨，为贼所败，弘方镇汴州，当两河贼之冲要，朝廷虑其先志，欲以兵柄授之，而令李光颜、乌重胤实当旗鼓。乃授弘淮西诸军行营都统,令兵部郎中、知制诰李程宣赐官告。弘实不离理所,唯令其子公武率师三千隶李光颜军。弘虽居统帅,常不欲诸军立功,阴为逗挠之计。每闻献捷,辄数日不怡,其危国邀功如是。吴元济诛,以统帅功加检校司徒、兼侍中,封许国公,罢行营都统。

十四年,诛李师道,收复河南二州,弘大惧。其年七月,尽携汴之牙校千余人入觐,对于便殿,拜舞之际,以其足疾,命中使掖之。宴赐加等,预册徽号大礼。进绢三十五万匹、绝三万匹、银器二百七十件,三上章坚辞戎务,愿留京师奉朝请。诏曰:

纳大忠,树嘉绩,为臣所以明极节;锡殊宠,进高秩,有国所以待元臣。况乎邦教诞敷,王言总会,百辟攸宪,四方式瞻。永念于怀,久虚其位,载扬成命,金曰休哉。

宣武军节度副大使知节度事、汴宋亳颍等州观察处置等使、开府仪同三司、守司徒、兼侍中、使持节汴州诸军事、汴州刺史、上柱国、许国公、食邑三千户韩弘,降神挺材,积厚成器,中蕴深闳之量,外标严重之姿。有匡国济时之心,推诚不耀;有夷凶禁暴之略,仗义益彰。自镇浚郊,二十余载,师徒禀训而咸肃,吏士奉法而愈明。俗臻和平,人用庶富,威声之重,隐若山崇。

属者,淮渍濯征,命统群帅,克殄残孽,惟乃有指踪之功。及齐境兴妖,分师进讨,遂枭元恶,惟乃有略地之效。既闻旋旆,俄请执圭,深陈魏阙之诚,远继韩侯之志,朝天有庆,就日方伸。又抗表章,固辞戎旅,三加敦谕,所守弥坚。于藩于宣,谅切于注意;我弼我辅,难违其衷恳。式遂良愿,载兼上司。论道之荣,因之以齐八政;中枢之长,升之以赞万务。玄衮赤舄,备于宠光,不有其人,孰膺斯任?可守司徒、兼中书令。

乃以吏部尚书张弘靖兼平章事,代弘镇宣武。

宪宗崩,以弘摄冢宰。十五年六月,以本官兼河中尹、河中晋绛节度观察等使。时弘弟充为郑滑节度使,子公武为鄜坊节度使。父子兄弟,皆秉节钺,人臣之宠,冠绝一时。二年,请老乞罢戎镇,三表从之。依前守司徒、中书令。其年十二月病卒,时年五十八,赠太尉,赙绢二千匹、布七百端、米粟千石。

初,弘镇大梁二十余载,四州征赋皆为己有,未尝上供,有私钱百万贯、粟三百万斛、马七千匹,兵械称是。专务聚财积粟,峻法树威,击庄重寡言,况猜勇断,邻封如吴少诚、李师道辈皆惮之。诏使宣谕,弘多倨待。及齐、蔡贼平,势屈入觐,两朝宠待加等,弘竟以名位始终,人臣之幸也。时公武已卒,弘孙绍宗嗣。

公武自宣武马步都虞候将兵诛蔡,贼平,检校右散骑常侍、鄜州刺史、鄜坊等州节度使。丁所生忧,起复金吾将军,仍旧职。十四年,父弘入朝,公武乞罢节度,入为右金吾将军,既而弘出镇河中,季父充移镇宣武,公武叹曰:"二父联居重镇,吾以孺子当执金吾职,家门之盛,惧不克腾。"坚辞宿卫,改右骁卫将军。性颇恭逊,不以富贵自处。弘罢河中,居永崇里第,公武居宣阳里之北门,因省父,无疾暴卒,赠户部尚书。

充依舅刘玄佐,历河阳、昭义牙将,及兄弘节制宣武,召归主亲兵,奏授御史大夫。弘颇酷法,人人不自保。充独谦恭执礼,未尝懈息,由是偏得士心。然以亲逼权重,常不自安。

元和六年,因猎近郊,单骑归于洛阳。时朝廷方姑息弘,亦怜充之无异志,擢拜右金吾卫将军。十二月,转大将军,历少府监。十五年,代侄公武为鄜坊节度使、检校工部尚书。

长庆二年,幽、镇、魏复乱,朝廷以王承元有冀卒数千在滑州,恐封疆相接,复相劝诱,命充与承元更换所守,检校左仆射。是岁,汴州节度使李愿被三军所逐,立都将李齐为留后。朝廷以充久在汴州,众心悦附,命充为宣武节度使,兼统义成之师往讨齐。会齐疽发脑,属兵于纪纲李质。质以计诛首乱,送齐归京师,充遂不战而入大梁。时陈许李光颜亦奉诏讨齐,军于尉氏,意欲必先收汴,因大肆俘掠。汴州监军使姚文寿亦欲招许下之师。充在中牟闻其谋,率众径至城下,汴人素怀充来,皆踊跃相贺,无复疑贰。诏加检校司空。诏割颍州隶滑州。充既安堵,密籍部伍间,得尝构恶者千余人。一日下令,并父母妻子立出之,敢逡巡境内者斩。自是军政大理,汴人无不爱戴。

四年八月,例加司徒。诏未至,暴疾卒,时年五十五,赠司徒,谥曰肃。充虽内外皆将家,素不事豪侈,常以简约自持,临机决策,动无遗悔,善将者多之。

李质者,汴之牙将。李齐既为留后,倚质为心腹。及朝廷以齐为郡守,志邀节钺,质劝喻不从。会齐疽发首,乃与监军姚文寿谋,斩齐传首京师。有诏以韩充镇汴,充未至,质权知军州事,使衙牙兵二千人,皆日给酒食,物力为之损屈。充将至,质曰:“若韩公始至,顿去二千人日膳,人情必大去;若不除之,后当无继。不可留此弊以遗吾帅。”遂处分停日膳而后迎充。召为金吾将军,长庆三年四月卒。

王智兴字匡谏,怀州温县人也。曾祖靖,左武卫将军。祖环,右金吾卫将军。父缙,太子詹事。智兴少骁锐,为徐州衙卒,事刺史李洧。及李纳谋叛,欲害洧,洧遂以徐州归国。纳怒,以兵攻徐甚急。智兴健行,不四五日齐表京师求援。德宗发朔方军五千人随智兴赴之,淄青围解。自是,智兴常以徐军抗纳,累历滕、丰、沛、狄四镇将。自是二十余年为徐将。

元和中,王师诛吴元济,李师道与蔡贼谋挠沮王师,频出军侵徐,徐帅李愿以所部步骑悉委智兴以抗之。郓将王朝晏以兵攻沛,智兴击败之。贼又令姚海率劲兵二万围丰,攻城甚急,智兴复击败之。于贼壁获美妾,智兴惧军士争之。乃曰:“军中有女子,安得不败？此虽无罪,违军法也。”即斩之以徇。累官至侍御史、本军都押衙。十三年,王师诛李师道,智兴率徐军八千会诸道之师进击,与陈许之军大破贼于金乡,拔鱼台,俘斩万计,以功迁御史中丞。贼平,授沂州刺史。

长庆初,河朔复乱,征兵进讨。穆宗素知智兴善将,迁检校左散骑常侍、兼御史大夫,充武宁军节度副使、河北行营都知兵马使。初,召智兴以徐军三千渡河,徐之劲卒皆在部下,节度使崔群虑其前军难制,密表请追赴阙,授以他官。事未行,会赦王廷凑,诸道班师。智兴先期入境,群颇忧疑,令府僚迎劳,且诚之曰:"兵士悉输甲仗于外,副使以十骑入城。"智兴既首处宾僚,闻之心动,率归师斩关而入,杀军中异己者十余人,然后诣衙谢群曰:"此军情也。"群治装赴阙,智兴遣兵士援送群家属。到埇桥,遂掠盐铁院缗帛及汴路进奉物,商旅赀货,率十取七八。逐濠州刺史侯弘度,弘度弃城走。朝廷以罢兵,力不能加讨,遂授智兴检校工部尚书、徐州刺史、御史大夫,充武宁军节度、徐泗濠观察使。自是智兴务积财贿,以赂权势,贾其声誉,用度不足,税泗口以哀益之,累加至检校仆射、司空。

太和初,李同捷据沧德叛,智兴上章,请躬督士卒讨贼,从之。乃出全军三万,自备五月粮饷,朝廷嘉之,加检校司徒、同平章事,兼沧德行营招抚使。初,同捷狂桀犯命,济之以王廷凑,王师经年无功。及智兴拔棣州,贼大惧,诸军稍务进取。以智兴首功,加守太傅,封雁门郡王。贼平入朝,上赐宴麟德殿,赏赐珍玩名马,进位侍中,改许州刺史、忠武军节度、陈许蔡等州观察使。太和七年,改授河中尹、河中节度、晋磁隰观察等使,智兴因入朝。九年五月,改汴州刺史、宣武军节度、宋亳汴颍观察等使。

开成元年七月卒,年七十九,赠太尉,不视朝三日。葬于洛阳榆林之北原,四镇将校会葬者千人。智兴九子,晏平、晏宰、晏皋、晏实、晏恭、晏逸、晏深、晏斌、晏韬,而晏平、晏宰最知名。

晏平幼从父征伐,以讨李同捷功授检校右散骑常侍、灵州大都督府长史、朔方灵盐节度。丁父忧,奔归洛阳。晏平居官贪黩,去镇日,擅将征马四百余匹及兵仗七千事自卫,为宪司所纠。减死,长流康州。以父丧，未赴流所，告于河北三镇，三帅上表救解，请从昭雪，改授抚州司马。给事中韦温、薛廷老、卢弘宣封还制书，改永州司户。韦温又执不下，文宗令中使宣谕方行。

晏宰于昆仲间最称伟器，大中后，历上党、太原节度使。捍回鹘、党项，屡立边功。

晏皋仕至左威卫将军。

史臣曰：于燕公以儒家子，逢时扰攘，不持士范，非义非侠，健者不为，末涂沦踬，固其宜矣。韩、王二帅，乘险蹈利，犯上无君，豺狼噬人，鸺鹠幸夜，爵禄过当，其可已乎？谓之功臣，恐多惭色。

赞曰：于子清狂，轻犯彝章。韩虐王剽，专恣一方。元和赫斯，挥剑披攘。择肉之伦，爪距摧藏。

旧唐书卷一五七
列传第一○七

王翃 兄翊　郗士美　李鄘 子柱
柱子磎　辛祕　马总　韦弘景
王彦威

　　王翃，太原晋阳人也。兄翊，乾元中累官到京兆少尹。性谦柔，淡于声利，自商州刺史迁襄州刺史、山南东道节度观察等使。入朝，充北蕃宣慰使。称职，代宗素重之。及即位，目为纯臣，迁刑部侍郎、御史中丞。居宪司是不能举振纲条，然以谨重知名。大历二年卒。

　　翊为侍郎时，翃自折冲授辰州刺史，迁朗州，有威望智术，所莅立名。
　　大历五年迁容州刺史、容管经略使。自安、史之乱，频诏征发岭南兵募，隶南阳鲁炅军。炅与贼战于叶县，大败，余众离散。岭南溪洞夷獠乘此相恐为乱，其首领梁崇牵自号"平南十道大都统"，及其党覃问等，诱西原贼张侯、夏永攻陷城邑，据容州。前后经略使陈仁琇、李抗、侯令仪、耿慎惑、元结、长孙全绪等，虽容州刺史，皆寄理藤州，或寄梧州。
　　及翃至藤州，言于众曰："吾为容州刺史，安得寄理他邑！"乃出私财募将健，许奏以好爵，以是人各尽力。不数月，斩贼魁欧阳圭。驰于广州，见节度使李勉，求兵为援。勉曰："容州陷贼已久，群獠方强,卒难图也。若务速攻,只自败耳,郡不可复也。"翃请曰:"大夫如未暇出师,但请移牒诸州,扬言出千兵援助,冀藉声势成万一之功。"勉然之。翃乃以手札告谕义州刺史陈仁璀、藤州刺史李晓庭等,盟约讨贼。翃复募三千余人同力战,日数合。节度使牒止翃用兵,翃虑惑将士,匿其牒,奋起士卒,大破贼数万众,擒其帅梁崇牵,贼遁数百里外,尽复容州故境。翃发使以闻,奏置顺州,以遏余寇。前后大小百余战,生擒贼帅上献者七十余人。累加银青光禄大夫、兼御史中丞,充招讨处置使。

翃又令其将张利用、李实等分兵讨袭西原,遂收复郁林诸州,部内渐安。后因哥舒晃杀节度使吕崇贲,岭南复乱,翃遣大将李实悉所管兵赴援广州。西原贼率覃问复招合夷獠曰:"容州兵马尽赴广州,郡可图也。"于是悉众来袭。翃知其来,伏兵御之,生擒覃问,其众大败。代宗闻而壮之,遣中使慰劳,加金紫光禄大夫。

时西蕃入寇,河中元帅郭子仪统兵备之,乃征翃为河中少尹,充节度留后,领子仪之务。有悍将凌正者,横暴扰军政,约其徒夜噪斩关以逐翃。有告者,翃缩夜漏数刻,以差其期,贼惊而遁,卒诛正,军城乂安。

历汾州刺史、京兆尹。属发泾原兵讨李希烈,军次浐水,翃备供顿,肉败粮臭,众怒以叛。翃奔到奉天,加御史大夫,改将作监,从幸山南。车驾还京,改大理卿。出为福州刺史、福建观察使,入为太子宾客。贞元十二年,检校礼部尚书,代董晋为东都留守,判尚书省事、东畿汝防御使。凡开置二十余屯,市劲筋良铁以为兵器,简练士卒,军政颇修。无何,吴少诚阻命,翃赋车籍甲,不待完善,东畿之人赖之。十八年卒,时七十余,赠礼部尚书。

郗士美字和夫,高平金乡人也。父纯,字高卿,为李邕、张九龄等知遇,尤以词学见推,与颜真卿、萧颖士、李华皆相友善。举进士,继以书判制策,三中高第,登朝历拾遗、补阙、员外、郎中、谏议大夫、中书舍人。处事不回,为元载所忌。鱼朝恩署牙将李琮为两街功德使,琼暴横,于银台门毁辱京兆尹崔昭。纯诣元载抗论,以为国耻,请速论奏,载不从,遂以疾辞。退归东洛凡十年,自号伊川田父,清名高节,称于天下。及德宗即位,崔佑甫作相,召拜左庶子、集贤学士。到京,以年老乞身,表三上,除太子詹事致仕,东归洛阳。德宗召见,屡加褒叹,赐以金紫。公卿大夫皆赋诗祖送于都门,缙绅以为美谈。有文集六十卷行于世。

士美少好学,善记览,父友颜真卿、萧颖士辈尝与之讨论经传,应对如流,既而相谓曰:"吾曹异日尝交于二郡之间矣。"未冠,为阳翟丞。李抱真镇潞州,辟为从事,雅有参赞之绩。其后易二帅,皆诏士美佐之。

由坊州刺史为黔州刺史、兼御史大夫、持节黔中经略招讨观察盐铁等使。时溪州贼帅向子琪连结夷獠,控据山洞,众号七八千,士美设奇略讨平之。诏书劳慰,加检校右散骑常侍,封高平郡公,再迁京兆尹。每别殿延问,必咨访大政。出为鄂州观察使。

贞元十八年,伊慎有功,特授安黄节度。二十年,慎来朝,其子宥主留事,朝廷未能去。会宥母卒于京师,利主军权,不时发丧。士美命从事托以他故过其境,宥果迎之,告以凶问,先备肩篮,即日遣之。

元和五年,拜河南尹。明年三月,检校工部尚书、潞州大都督府长史,充昭义节度。前政之丰给浮费,至皆减损,号令严肃。

及朝廷讨王承宗,士美遣兵马使王献领劲兵一万为前锋。献凶恶恃乱,逗挠不进,遽令召至,数其罪斩之。下令曰:"敢后出者斩!"士美亲鼓之。兵既合,而贼军大败,下三营,环柏乡,屡以捷闻。上大悦曰:"吾故知士美能办吾事。"于时四面七、八镇兵共十余万,以环镇、冀,未有首功,多犯法。士美兵士勇敢畏法,威声甚振,承宗大惧,指期有破亡之势,会诏班师,到今两河间称之。

十二年,以疾征为工部尚书,稍间,拜忠武节度使、检校刑部尚书。至镇逾月,寝疾,元和十四年九月卒,年六十四,赠尚书左仆射,谥曰景。士美善与人交,然诺之际豁如也,当时名称翕然。

李鄘字建侯,江夏人。北海太守邕之侄孙。父暄,官至起居舍人。鄘大历中举进士,又以书判高等,授秘书正字。为李怀光所辟,累迁监察御史。及怀光据蒲津叛,鄘与母妻陷贼中,恐祸及亲,因伪白怀光曰:"兄病在洛,请母往视之。"怀光许焉,且戒妻子无得从,鄘皆遣行。后怀光知,责之,对曰:鄘名隶军籍,不得随侍老母,奈何不使妇随姑行也。"怀光无以罪之。时与故相高郢同在贼廷,乃密奏贼军虚实及攻取之势,德宗赐手诏以劳之。后事泄,怀光严兵召郢与鄘诘责。鄘词激气壮,三军义之,怀光不敢杀,囚之狱中。怀光死,马燧就狱致礼,表为河东从事,寻以方不行,归养洛中。襄州节度使嗣曹王皋致礼延辟,署从事,奏兼殿中侍御史。入为吏部员外郎。

徐州张建封卒,其子愔为将校所迫,俾领军务。诏择临难不慑者即其军以谕之,遂命鄘为徐州宣慰使。鄘直抵其军,召将士,传朝旨,陈祸福,脱监军使桎梏,令复其位,凶党不敢犯。及愔上表称兵马留后,鄘以为非诏令所加,不宜称号,立使削去,方受其表。迁吏部郎中。

顺宗登极,拜御史中丞,迁京兆尹、尚书右丞。元和初,以京师多盗,复选为京当然尹,擒奸禁暴,威望甚著。寻拜检校礼部尚书、凤翔尹、凤翔陇右节度使。是镇承前命帅,多用武将,有"神策行营"之号。初受命,必诣军修谒。鄘既受命,表陈其不可,诏遂去"神策行营"字,但为凤翔陇右节度。未几,迁镇太原,入为刑部尚书、兼御史大夫、诸道盐铁转运使。五年冬,出为扬州大都督府长史、淮南节度使。鄘前在两镇,皆以刚严操下,遽变旧制,人情不安,故未几即改去。到淮南数岁,就加检校左仆射,政严事理,府廪充积。

及王师征淮夷,郓寇李师道表里相援。鄘发楚、寿等州二万余兵,分压贼境,日费甚广,未尝请于有司。时宪宗以兵兴,国用不足,命盐铁副使程异乘驿谕江淮诸道,俾助军用。鄘以境内富实,乃大籍府库,一年所蓄之外,咸贡于朝廷。诸道以鄘为倡首,悉索以献,自此王师无匮乏之忧。

先是吐突承璀监淮南军，贵宠莫贰，鄘亦以刚严素著，而差相敬惮，未尝稍失。承璀归，遂引以为相。十二年，征拜门下侍郎、同平章事。鄘出入显重，素不以公辅自许，年侵势过，颇安外镇。登祖筵，闻乐而泣下曰："宰相之任，非吾所长也。"行颇缓，至京师，又辞疾归第。既未朝谒，亦不领政事，竟以疾辞，改授户部尚书。俄换检校左仆射，兼太子宾客，分司东都。寻以太子少傅致仕。元和十五年八月卒，赠太子太保，谥曰肃。

鄘强直无私饰，与杨凭、穆质、许孟容、王仲舒友善，皆任气自负。然鄘当官严重，为吏以峻法立操，所到称理，而刚决少恩。镇扬州七年，令行禁止，擒挝生杀，一委军吏，参佐束手，居人颇陷非法，物议以此少之。

子柱，官至浙东观察使。

柱子磎，字景望，博学多通，文章秀绝。大中十三年，一举登进士第。归仁晦镇大梁，穆仁裕镇河阳，自监察、殿中相次奏为从事。入为尚书水部员外郎，累迁吏部郎中，兼史馆修撰，拜翰林学士、中书舍人。广明中，分司洛下。遇巢、让之乱，逃于河桥。光启中避乱淮海，有伪襄王诏命，磎皆不从。

王铎镇滑台，杖策诣之。铎表荐于朝，昭宗雅重之，复召入翰林为学士，拜户部侍郎，迁礼部尚书。景福二年十月，与韦昭度并命中书门下平章事。宣制日，水部郎中、知制诰刘崇鲁掠其麻哭之，奏云："李磎奸邪，挟附权幸，以忝学士，不合为相。"时宰臣薛昭纬与昭度及磎素不相协，密遣崇鲁沮之也，乃左授太子少师。磎因上十章及《纳谏论》三篇自雪，且数崇鲁之恶。议者重其才而鄙其讼。昭宗素爱其才，而急于大用。到乾宁初，又上第十一表，乃复命为相。数月，与昭度同为王行瑜等所杀。

磎自在台省，聚书至多，手不释卷，时人号曰"李书楼"。所撰文章及注解书传之缺疑，仅百余卷，经乱悉亡。王行瑜死，德音昭雪，赠司徒，谥曰文。

子沇,字东济,有俊才,与父同日遇害,诏赠礼部员外郎。

辛秘,陇西人。少嗜学,贞元年中,累登《五经》、《开元礼》科,选授华原尉,判入高等,调补长安尉。高郢为太常卿,嘉其礼学,奏授太常博士。迁祠部、兵部员外郎,仍兼博士。山陵及郊丘二礼仪皆署为判官。当时推其达礼。

元和初,拜湖州刺史。未几,属李锜命,将收支郡,遂令大将监守五郡。苏常杭睦四州刺史,或以战败,或被拘执;贼党以秘儒者,甚易之。秘密遣衙门将丘知二勒兵数百人,候贼将动,逆战大破之。知二中流矢坠马,起而复战,斩其将,焚其营,一州遂安。贼平,以功赐金紫,由是金以秘材堪将帅。

及太原节度范希朝领全师出讨王承宗,征秘为河东行军司马,委以留务。寻召拜左司郎中,出为汝州刺史。九年,征拜谏议大夫,改常州刺史,选为河南尹。莅职修政,有可称者。

十二年,拜检校工部尚书,代郗士美为潞州大都督府长史、御史大夫,充昭义军节度、泽潞磁洺邢等州观察使。是时以再讨王承宗,泽潞压境,调费尤甚。朝议以兵革之后,思能完复者,遂以命秘。凡四岁,府库策钱七十万贯,粮粮器械称是。及归,道病,先自为墓志。将殁,又为书一通,命缄致几上。其家发之。皆送终遵检之旨。久历重任,无丰财厚产,为时所称。元和十五年十二月卒,年六十四,赠左仆射,谥曰昭。

马总字会元,扶风人。少孤贫,好学,性刚直,不妄交游。贞元中,姚南仲镇滑台,辟为从事。南仲与监军使不叶,监军诬奏南仲不法。及罢免,总坐贬泉州别驾,监官入掌枢密。福建观察使柳冕希旨欲杀总,从事穆赞鞫总,赞称无罪,总方免死。后量移恩王傅。元和初,迁虔州刺史。四年,兼御史中丞,充岭南都护、本管经略使。总敦儒学,长于政术,在南海累年,清廉不挠,夷獠便之。于汉所立铜柱之处,以铜一千五百斤特铸二柱,刻书唐德,以继伏波之迹。以绥蛮功,就加金紫。八年,转桂州刺史、桂管经略观察使,入为刑部侍郎。裴度宣慰淮西,奏为制置副使。吴元济诛,度留总蔡州,知彰义军留后。寻检校工部尚书、蔡州刺史、兼御史大夫,充淮西节度使。总以申、光、蔡等州久陷贼寇,人不知法,威刑劝导,咸令率化。奏改彰义军曰淮西,贼之伪迹,一皆削荡。

十三年,转许州刺史、忠武军节度、陈许溵等州观察处置等使。明年,改华州刺史、潼关防御、镇国军等使。十四年,迁检校刑部尚书、郓州刺史、天平军节度、郓曹濮等州观察等使,就加检校尚书左仆射。入为户部尚书。长庆三年卒,赠右仆射。

总理道素优,军政多暇,公务之余,手不释卷。所著《奏议集》、《年历》、《通历》、《子钞》等书百余卷,行于世。

韦弘景,京兆人。后周逍遥公夐之后。祖嗣立,终宣州司户。父尧,终洋州兴道令。弘景,贞元中始举进士,为汴州、浙东从事。元和三年,拜左拾遗,充集贤殿学士,转左补阙,寻召入翰林为学士。普润镇使苏光荣为泾原节度使,弘景草麻,漏叙光荣之功,罢学士,改司门员外郎,转吏部员外、左司郎中,改吏部度支郎中。张仲方贬李吉甫谥,上怒,贬仲方。弘景坐与仲方善,出为绵州刺史。宰相李夷简出镇淮南,奏为副使,赐以金紫。入为京兆少尹,迁给事中。

刘士经以驸马交通邪幸,穆宗用为太仆卿,弘景与给事薛存庆封还诏书,谕士经曰:“伏以司仆正卿,位居九列。在周之命,伯冏其人,所以惟月膺名,象河称重。汉朝亦以石庆之谨愿,陈万年之行洁,皆践斯职,谓之大僚。今士经戚里常人,班叙散秩,以父任将帅,家富赀财,声名不在于士林,行义无闻于朝野,忽长卿寺,有渎官常。以亲则人物未贤,以勋则宠待常厚,今叨显任,诚谓谬官。传曰:惟名与器,不可假人。盖士经之谓。臣等职司违失,实在守官。其刘士经新除太仆卿敕,未敢行下。”穆宗遣宰臣宣谕,弘景等固执如前。宰臣不得已,改卫尉少卿。穆宗复遣谕弘景曰:“士经父昌有边功,士经为少列十余年,又尚云安公主,宜有加恩。朕思赏劳睦亲之意,竟行前命。"穆宗怒乃令弘景使安南、邕、容宣慰,时论翕然推重。时萧俛以清直在位,弘景议论常所辅助。迁刑部侍郎,转吏部侍郎,铨综平允,权邪惮其严劲,不敢干以非道。掌选二岁,改陕虢观察使。岁满,征拜尚书左丞,驳吏部授官不当者六十人。弘景素以鲠亮称,及居纲辖之地,郎吏望风修整。会吏部员外郎杨虞卿以公事为下吏所讪,狱未能辨,诏下弘景与宪司就尚书省详谳。虞卿多朋游,人多向附之,弘景素所不悦,时已请告在第,及准诏就召,以公服来谒。弘景谓之曰:"有敕推公。"虞卿失容自退。转礼部尚书,充东都留守,判东都尚书省事。缮完宫室,到今赖之。

大和五年五月卒,年六十六,赠尚书左仆射。弘景历官行事,始终以直道自立,议论操持,无所阿附,当时风教,尤为倚赖。自长庆已来。目为名卿。

王彦威,太原人。世儒家,少孤贫,苦学,尤通《三礼》。无由自达,元和中游京师,求为太常散吏。卿知其书生,补充检讨官。彦威于礼阁掇拾自隋已来朝廷沿革、吉凶五礼,以类区分,成三十卷献之,号曰《元和新礼》,由是知名,特授太常博士。

宪宗晏驾,未定谥。淮南节度使李夷简以宪宗功高列圣,宜特称祖,穆宗下礼官议。彦威奏曰:"据礼经,三代之制,始封之君,谓之太祖。太祖之外,又祖有功而宗有德,故夏后氏祖颛顼而宗禹,殷人祖契而宗汤,周人郊祀后稷,祖文王而宗武王。自东汉魏晋,渐违经意,沿革不一,子孙以推美为先,自始祖已下并有建祖之制。盖非典训,不可法也。国朝祖宗制度,本于周礼,以景皇帝为太祖,又祖神尧而宗太宗。自高宗已降,但称宗。谓之尊名,可为成法。不然,则太宗造有区夏,理致升平;玄宗扫清内难,翊戴圣父;肃宗龙飞灵武,收复两都,此皆应天顺人,拨乱返正,至于庙号,亦但称宗。谨按经义,祖者始也,宗者尊也,故传曰'始封必为祖',书曰'德高可宗,故号高宗'。今宜本三代之定制,去魏、晋之乱法,守贞观、开元之宪章,而拟议大名,垂以为训。大行庙号,宜称宗。"制从之。

故事，祔庙之礼，先告于太极殿，然后奉神主赴太庙。祔礼毕，不再告于太极殿。时宪宗祔庙礼毕，执政详旧典，令有司再告祔享礼毕于太极殿。彦威执议以为不可，执政怒。会宗正寺进祝版，误以宪宗为睿宗。执政衔其强，奏祝版参差，博士之罪，彦威坐削一阶，夺两季俸。彦威殊不低回，每议礼事，守正不阿附，君子称之。累转司封员外郎中。弘文馆旧不置学士，文宗特置一员以待彦威。寻使魏博宣慰，特赐金紫。五年，迁谏议大夫。朝廷自诛李师道，收复淄青十二州，未定户籍，乃命彦威充十二州勘定两税使。朝法振举，人不以为烦。以本官兼史馆修撰。

彦威通悉典故，宿儒硕学皆让之。时以仆射上事仪注，前后不定，中丞李汉奏定，朝议未以为允。中书门下奏请依元和七年已前仪注，左右仆射上日，请受诸司四品六品丞郎已下拜。彦威奏论曰："臣谨按《开元礼》：凡受册官，并与卑官答拜。国朝官品令，三师三公正一品，尚书令正二品，并是册拜授官。上之日，亦无受朝官再拜之文。仆射班次三公，又是尚书令副贰之职，虽端揆之重，有异百僚，然与群官比肩事主。礼曰：'非其臣即答拜之'。又曰：'大夫之臣不稽首'。非尊家臣，以避君也。即仆射上日受常参官拜，事颇非仪。况元和七年已经奏议，酌为定制，编在国章。近年上仪，又有受拜之礼，礼文乍变，物论未安，请依元和七年敕为定。"时李程为左仆射，宰执难于改载，虽不从其议，论者称之。

兴平县人上官兴因醉杀人亡窜，吏执其父下狱，兴自首请罪，以出其父。京兆尹杜悰、御史中丞宇文鼎以其首罪免父，有光孝义，请减死配流。彦威与谏官上言曰："杀人者死，百王共守。若许杀人不死，是教杀人。兴虽免父，不合减死。"诏竟许决流。彦威诣中书投宰相面论，语讦气盛，执政怒，左授河南少尹。未几，改司农卿。李宗闵重之，既秉政，授青州刺史、兼御史大夫，充平卢军节度、淄青等观察使。

开成元年，召拜户部侍郎，寻判度支。彦威儒学虽优，亦勤吏事，然货泉之柄，素非所长，性既刚讦，自恃有余。尝紫宸廷奏曰：

"臣自计司按见管钱谷文簿,皆量入以为出,使经费必足,无所刻削。且百口之家,犹有岁蓄,而军用钱物,一切通用,悉随色额占定,终岁支给,无毫厘之差。傥臣一旦愚迷,欲自欺窃,亦不可得也。"名曰《度支占额图》。既而又进《供军图》,曰:"起至德、乾元之际,迄于贞观、元和之初,天下有观察者十,节度二十有九,防御者四,经略者三。掎角之师,犬牙相制,大都通邑,无不有兵,都计中外兵额至八十余万。长庆户口凡三百三十五万,而兵额约九十九万,通计三户资一兵。今计天下租赋,一岁所入,总不过三千五百余万,而上供之数三之一焉。三分之中,二给衣赐。自留州留使兵士衣赐之外,其余四十万众,仰给度支。伏以时逢理安,运屡神圣,然而兵不可弭,食哉惟时。忧勤之端,兵食是切。臣谬司邦计,虔奉睿图,辄纂事功,庶裨圣览。又纂集国初已来至贞元帝代功臣,如左氏传体叙事,号曰唐典,进之。

彦威既掌利权,心希大用。时内官仇士良、鱼弘志禁中用事。先是左右神策军多以所赐衣物于度支中估,判使多曲从,厚给其价。开成初,有诏禁止,然趋利者犹希意从其请托。至是,彦威大结私恩,凡内官请托,无不如意,物议鄙其噪妄。复修王播旧事,贡奉羡余,殆无虚日。会边军上诉衣赐不时,兼之朽故。宰臣恶其所为,令摄度支人吏付台推讯。彦威略不介怀,入司视事。及人吏受罚,左授卫尉卿,停务,方远私第。

三年七月,检校礼部尚书,代殷侑为许州刺史,充忠武军节度、陈许溵观察等使。会昌中,入为兵部侍郎,历方镇,检校兵部尚书。卒,赠仆射,谥曰靖。

史臣曰:世以治军戎,决权变,非儒者之事。而王翃、郗士美释缝掖之儒衣,奋将军之旗鼓,俾士赴汤火,威振藩篱,何其壮也。所谓非秦无人,吾谋适不用也。二子遭遇英主,伸其效用,宜哉!李建侯不屈于贼庭,马会元见伸于贝锦,临危挺操,所谓贞臣,将相之荣,固其宜矣。辛潞州之特达,韦仆射之峻整,王尚书之果敢,皆一时之伟器也。若以道自牧，求福不回，即能臣也。而彦威欲为巧官，不亦疏乎？

赞曰：见危致命，临难不恐。士美、建侯，仁者之勇。弘景陆离，驳正黄扉。贪名丧道，狂哉彦威。

旧唐书卷一五八
列传第一〇八

武元衡 从父弟儒衡　郑余庆 子浣

浣子允谟　茂休　处诲　从谠　韦贯之 兄绶

弟缮　子澳　澳子庾　庠　序　雍　郊附

　　武元衡字伯苍,河南缑氏人。曾祖载德,天后从父弟,官至湖州刺史。祖平一,善属文,终考功员外郎、修文馆学士,事在《逸人传》。父就,殿中侍御史,以元衡贵,追赠吏部侍郎。元衡进士登第,累辟使府,至监察御史。后为华原县令。时畿辅有镇军督将恃恩矜功者,多挠吏民,元衡苦之,乃称病去官。放情事久,沉浮宴咏者久之。德宗知其才,召授比部员外郎。一岁,迁左司郎中。时以详整称重。贞元二十年,迁御史中丞。尝因延英对罢,德宗目送之,指示左右曰:"元衡真宰相器也。"

　　顺宗即位,以病不亲政事。王叔文等使其党以权利诱元衡,元衡拒之。时奉德宗山陵,元衡为仪仗使。监察御史刘禹锡,叔文之党也,求充仪仗判官,元衡不与,其党滋不悦。数日,罢元衡为右庶子。宪宗即位,始册为皇太子,元衡赞引,因识之,及登极,复拜御史中丞。持平无私,纲条悉举,人甚称重。寻迁户部侍郎。元和二年正月,拜门下侍郎、平章事,赐金紫,兼判户部事。上为太子时,知其进退守正,及是用为宰相,甚礼信之。

　　初,浙西节度李锜请入觐,乃拜为右仆射,令入朝,既而又称疾,请至岁暮。上问宰臣,郑絪请如锜奏,元衡曰:"不可。且锜自请入朝,诏既许之,即又称疾,是可否在镝。今陛下新临大宝,天下属耳目,若使奸臣得遂其私,则威令从兹去矣。"上以为然,遽追之,镝果计穷而反。

先是,高崇文平蜀,因授以节度使。崇文理军有法,而不知州县之政,上难其代者,乃以元衡代崇文,拜检校吏部尚书,兼门下侍郎、平章事,充剑南西川节度使。将行,上御安福门以临慰之。高崇文既发成都,尽载其军资、金帛、奕幕、伎乐、工巧以行。元衡至,则庶事节约,务以便人。比三年,公私稍济。抚蛮夷,约束明具,不辄生事。重慎端谨,虽淡于接物,而开府极一时之选。八年,征还。至骆谷,重拜门下侍郎、平章事。

时李吉甫、李绛情不相叶,各以事理曲直于上前。元衡居中,无所违附,上称为长者。及吉甫卒,上方讨淮、蔡,悉以机务委之。时王承宗遣使奏事,请赦吴元济。请事于宰相,辞礼悖慢,元衡叱之,承宗因飞章诋元衡,咎怨颇结。元衡宅在静安里,九年六月三日,将朝,出里东门,有暗中叱使灭烛者,导骑诃之,贼射之中肩。又有匿树阴突出者,以棒击元衡左股。其徒驭已为贼所格奔逸,贼乃持元衡马,东南行十余步害之,批其颅骨怀去。及众呼偕到,持火照之,见元衡已踣于血中,即元衡宅东北隅墙之外。时夜漏未尽,陌上多朝骑及行人,铺卒连呼十余里,皆云贼杀宰相,声达朝堂,百官怵怵,未知死者谁也。须臾,元衡马走至,遇人始辨之。既明,伏至紫宸门,有司以元衡遇害闻,上震惊,却朝而坐延英,召见宰相。恻悯者久之,为之再不食。册赠司徒,赠赙布帛五百匹、粟四百石,辍朝五日,谥曰忠愍。

元衡工五言诗,好事者传之,往往被于管弦。

初,八年,元衡自蜀再辅政,时太白犯上相,历执法。占者言:"今之三相皆不利,始轻末重。"月余,李绛以足疾免。明年十月,李吉甫以暴疾卒。至是,元衡为盗所害,年五十八。始元衡与吉甫齐年,又同日为宰相。及出镇,分领扬、益。及吉甫再入,元衡亦远还。吉甫先一年以元衡生月卒,元衡后一年以吉甫生月卒。吉凶之数,若符会焉。先是长安谣曰"打麦麦打三三三",既而旋其袖曰"舞了也"。解者谓:"打麦"者,打麦时也,'麦打'者,盖谓暗中突击也,'三三三',谓六月三日也,'舞了也',谓元衡之卒也。自是京师大恐,城门加卫兵,察其出入,物色伺之。其伟状异制、燕赵之音者,多执讯之。元衡从父弟儒衡。

儒衡字庭硕,才度俊伟,气直貌庄,言不妄发,与人交友,终始不渝。相国郑余庆不事华洁,后进趋其门者多垢衣败服,以望其知。而儒衡谒见,未尝辄易所好,但与之正言直论,余庆因亦重之。宪宗以元衡横死王事,尝嗟惜之,故待儒衡甚厚。累迁户部郎中。十二年,权知谏议大夫事,寻兼知制诰。皇甫镈以宰相领度支,剥下以媚上,无敢言其罪者。儒衡上疏论列,镈密诉其事,帝曰:"勿以儒衡上疏,卿将报怨耶!"镈不复敢言。

儒衡气岸高雅,论事有风彩,群邪恶之。尤为宰相令狐楚所忌。元和末年,垂将大用,楚畏其明俊,欲以计沮之,以离其宠。有狄兼谟者,梁公仁杰之后,时为襄阳从事。楚乃自草制词,召狄兼谟为拾遗,曰:"朕听政余暇,躬览国书,知奸臣擅权之由,见母后窃位之事,我国家神器大宝,将遂传于他人。洪惟昊穹,降鉴储祉,诞生仁杰,保佑中宗,使绝维更张,明辟乃复。宜福胄胤,与国无穷。"及兼谟制出,儒衡泣诉于御前,言其祖平一在天后朝辞荣终老,当时不以为累。宪宗再三抚慰之,自是薄楚之为人。然儒衡守道不回,嫉恶太甚,终不至大任。寻正拜中书舍人。时元稹依倚内官,得知制诰,儒衡深鄙之。会食瓜阁下,蝇集于上,儒衡以扇挥之曰:"适从何处来,而遽集于此?"同僚失色,儒衡意气自若。迁礼部侍郎。长庆四年卒,年五十六。

郑余庆字居业,荣阳人。祖长裕,官至国子司业,终颍川太守。长裕弟少微,为中书舍人、刑部侍郎。兄弟有名于当时。父慈,与元德秀友善,官至太子舍人。

余庆少勤学，善属文。大历中举进士。建中末，山南节度使严震辟为从事，景官殿中侍御史，丁父忧罢。贞元初入朝，历左司、兵部员外郎，库部郎中。八年，选为翰林学士。十三年六月，迁工部侍郎，知吏部选事。时有玄法寺僧法凑为寺众所诉，万年县尉卢伯达断还俗，后又复为僧，伯达上表论之。诏中丞宇文邈、刑部侍郎张彧、大理卿郑云逵等三司与功德使判官诸葛述同按鞫。时议述胥吏，不合与宪臣等同入省按事，余庆上疏论列，当时翕然称重。

十四年，拜中书侍郎、平章事。余庆通究《六经》深旨，奏对之际，多以古义傅之。与度支使于颀素善，每奏事余庆皆议可之。未几，颀以罪贬。时又岁旱人饥，德宗与宰臣议，将赈给禁卫六军。事未行，为中书吏所泄，余庆贬郴州司马。凡六载。顺宗登极，征拜尚书左丞。

宪宗嗣位之月，又擢守本官平章事。未几，属夏州将杨惠琳阻命，宰臣等论奏，多议兵事，余庆复以古义上言，夏州军士皆仰给县官，又有"介马万蹄"之语。时议以余庆虽好古博雅而未适时。有主书滑涣，久司中书簿籍，与内官典枢密刘光琦情通。宰相议事，与光琦异同者，令涣达意，未尝不遂所欲。宰相杜佑、郑絪皆姑息之，议者云佑私呼为滑八，四方书币赍货，充集其门，弟泳官至刺史。及余庆再入中书，与同僚集议，涣指陈是非，余庆怒其僭，叱之，寻而余庆罢相，为太子宾客。其年八月，涣赃污发，赐死；上浸闻余庆叱涣事，甚重之，乃改为国子祭酒。寻拜河南尹。三年，检校兵部尚书，兼东都留守。六年四月，正拜兵部尚书。

余庆再为相，罢免皆非大过，尤以清检为时所称。泊中外践更，郁为耆德，朝廷得失，言成准的。时京兆尹元义方、户部侍郎判度支卢坦，皆以勋官前任至三品，据令合立门戟，各请戟立于其第。时义方以加上柱国、坦以前任宣州观察使请戟。近代立戟者，率有银青阶，而义方只据勋官，有司不详覆而给之，议者非之，台司将劾而未果。会余庆自东都来，发论大以为不可。由是台司移牒诘礼部，左司郎中陆则、礼部员外崔备皆罚俸，夺元、卢之门戟。

余庆受诏撰惠昭太子哀册,其辞甚工。有医工崔环,自淮南小将为黄州司马。敕至南省,余庆执之封还,以为诸道散将无故授正员五品官,是开徼幸之路,且无阙可供。言或过理,由是稍忤时权,改太子少傅,兼判太常卿事。初德宗自山南远宫,关辅有怀光、吐蕃之虞,都下惊忧,遂诏太常集乐去大鼓。至是,余庆始奏复用大鼓。

九年,拜检校右仆射,兼兴元尹,充山南西道节度观察使,三岁受代。十二年,除太子少师。寻以年及悬车,请致仕,诏不许。时累有恩赦叙阶,及天子亲谒郊庙,行事官等皆得以恩授三品五品,不复计考,其使府宾吏,又以军功借赐命服而后入拜者十八九。由是,在朝衣绿者甚少,郎官谏官有被紫垂金者。又丞郎中谢泪郎官出使,多赐章服,以示加恩,于是宠章尤滥,当时不以服章为贵,遂诏余庆详格令立制,条奏以闻。

十三年,拜尚书左仆射。自兵兴以来,处左右端揆之位者多非其人,及余庆以名臣居之,人情美洽。宪宗以余庆谙练典章,朝廷礼乐制度有乖故事,专委余庆参酌施行,遂用为详定使。余庆复奏刑部侍郎韩愈、礼部侍郎李程为副使,左司郎中崔郾、吏部郎中陈珮、刑部员外郎杨嗣复、礼部员外郎庚敬休并充详定判官。朝廷仪制、吉凶五礼,咸有损益焉。改凤翔尹、凤翔陇节度使。

十四年,兼太子少师、检校司空,封荥阳郡公,兼判国子祭酒事。以太学荒毁日久,生徒不振,奏率文官俸给修两京国子监。

及穆宗登极,以师傅之旧,进位检校司徒,优礼甚至。元和十五年十一月卒,诏曰:"故金紫光禄大夫、检校司徒、兼太子少师、上柱国荥阳郡开国公、食邑二千户郑余庆,始以衣冠礼乐,行于山东,余力文章,遂成志学。出入清近,盈五十年。再秉台衡,屡分戎律。凡所要职,无不践更。贵而能贫,卑以自牧。謇谔闻于台阁,柔睦化于闺门。受命有考父之恭,待士比公孙之广。焚书逸礼,尽可口传;古史旧章,如因心匠。朕方咨禀,庶罔错逾。神将祝予,痛悼何及!乞言既阻,赗礼宜优,可赠太保。"时年七十五,谥曰贞。

余庆砥名砺行,不失儒者之道,清俭率素,终始不渝。四朝居将相之任，出入垂五十年，禄赐所得，分给亲党，其家颇类寒素。自至德已来，方镇除授，必遣中使领旌节，就第宣赐，皆厚以金帛遗之。求媚者唯恐其数不广，故王人一来，有获钱数百万者。余庆每受方任，天子必诚其使曰："余庆家贫，不得妄有求取。"专欲振起儒教，后生谒见者率以经学讽之，而周其所急，理家理身，极其俭薄。及修官政，则喜开广。镇岐下一岁，戎事可观。又创立儒宫，以来学者。虽行己可学，而往往近于沽激，故法时议者不全德许之。上以家素清贫，不辨丧事，宜令所司特给一月俸料以充赙赠，用示哀荣。有文集、表疏、碑志、诗赋共五十卷，行于世。

兄承庆，官不显。弟膺甫，官到主客员外郎中、楚怀郑三州刺史。次弟具瞻、羽客、时然，皆官到县令宾佐。余庆子瀚。

瀚本名涵，以文宗藩邸时名同，改名瀚。贞元十年举进士。以父谪官，累年不任。自秘书省校书郎迁洛阳尉，充集贤院修撰，改长安尉、集贤校理。转太常寺主簿，职仍故。迁太常博士，改右补阙。献疏切直，人为危之。及余庆入朝，宪宗谓余庆曰："卿之令子，朕之直臣，可更相贺。"遂迁起居舍人，改考功员外郎。刺史有驱迫人吏上言政绩，请刊石纪政者。瀚探得其情，条责廉使，巧迹遂露，人服其敏识。时余庆为仆射，请改省郎，乃换国子博士、史馆修撰。丁母忧，除丧，拜考功郎中。复丁内艰，终制，退居汜上。长庆中，征为司封郎中、史馆修撰，累迁中书舍人。

文宗登极，擢为翰林侍讲学士。上命撰《经史要录》二十卷，书成，上喜其精博，因以十九书语类，上亲自发问，浣应对无滞，锡以金紫。大和二年，迁礼部侍郎，典贡举二年，选拔造秀，时号得人。转兵部侍郎，改吏部，出为河南尹，皆著能名。入为左丞，旋拜刑部尚书，兼判左丞事。出为山南西道节度观察使，检校户部尚书、兴元尹、兼御史大夫。余庆之镇兴元，创立儒宫，开设学馆，至瀚之来，复继前美。开成四年闰正月，以户部尚书征。诏下之日，卒于兴元，年六十四，赠右仆射，谥曰宣。有文集、制诰共三十卷，行于世。瀚四子：允谟、茂谌、处诲、从谠。

允谟以荫累官台省，历蜀、彭、濠、晋四州刺史，位终太子右庶子。

茂谌避国讳改茂休，开成二年登进士第，四迁太常博士、兵部员郎、吏部郎中、绛州刺史，位终秘书监。

处诲字延美，于昆仲间文章拔秀，早为士友所推。大和八年登进士第，释褐秘府，转监察、拾遗、尚书郎、给事中。累迁工部、刑部侍郎，出为越州刺史、浙东观察使、橙校刑部尚书、汴州刺史、宣武军节度观察等使，卒于汴。处诲族父朗。初朗为定州节度使时，处诲为工部侍郎，因早朝假寐于待漏院，忽梦己为浙东观察使，经过汴州，而朗为汴帅，留连饮饯，爷视屋栋，饰以黄土，宾从皆所识。明年，朗果自定州镇宣武，辟韦重掌书记。重将行，处诲告以所梦。明年，处诲转刑部侍郎。其年秋。授浙东观察使。行及潼关，朗遣从事迎劳，仍致手书，令先疏所梦。比至汴，宴于清暑亭，宾佐悉符梦中。朗爷视屋栋曰："此亦黄土也。"四坐感叹移时。后五年，朗卒，处诲继为汴州节度使，乃赋诗一章，刻于厅事，以尽思朗之悲。处诲方雅好古，且勤于著述，撰集至多。为校书郎时，撰次《明皇杂录》三篇，行于世。

从谠字正求，会昌二年登进士第，释褐秘书省校书郎，历拾遗、补阙、尚书郎、知制诰。故相令狐绹、魏扶，皆父贡举门生，为之延誉，寻迁中书舍人。咸通三年，知贡举，拜礼部侍郎，转刑部，改吏部侍郎。典选平允，时无屈人。垂将作辅，以权臣请托不行，改检校刑部尚书、太原尹、北都留守、河东节度观察等使。逾年，乞远不允，改检校兵部尚书、汴州刺史、宣武军节度观察等使。期年报政，美声流闻。当途者惧其大用，改广州刺史、岭南节度使。

五管为南诏蛮所扰，天下征兵，进有庞勋之乱，不暇边事。从谠在镇，北兵寡弱，夷獠棼然，乃择其土豪，授之右职，御侮捍城，皆得其效。虽郡邑屡陷，而交、广晏然。俄而懿宗厌代，从谠以久在番禺，不乐风土，思归恋阙，形于赋咏，累上章求为分司散秩。僖宗征还，用为刑部尚书，寻以本官同平章事。

乾符中，盗起河南，天下骚动。阴山府沙陀都督李国昌部族方强，虎视北边。属灵州防御使段文楚军储不继，郡兵乏食，乃密引沙陀部攻城，杀文楚，遂据振武军云、朔等州。又令其子克章、克用大合诸部，南侵忻、代。前帅窦瀚、李侃、李蔚相继以重臣镇并部，皆不能遏。俄而康传圭为三军所杀，军士益骄，矜功责赏，动为噪聚。加以河南、河北七道兵帅，云合都下，人不聊生，沙陀连陷城邑，朝廷难于择帅。僖宗欲以宰臣临制之，诏曰："开府仪同三司、门下侍郎、兼兵部尚书、充太清宫使、弘文馆大学士、延资库使、上柱国、荣阳郡开国公、食邑二千户郑从谠，自处钧衡，屡来麟凤，才高应变，动必研机。朕以北门兴王故地，以尔尝施惠化，尚有去思。方当用武之时，暂辍调元之职，伫歼凶丑，副我忧勤。可检校司空、同平章事、太原尹、北都留守、河东节度、兼行营招讨等使。"制下，许自择参佐。乃奏长安令王调为副使，兵部员外郎、史馆修撰刘崇龟为节度判官，前司勋员外郎、史馆修撰赵崇为观察判官，前进士刘崇鲁充推官，前左拾遗李渥充掌书记，前长安尉崔泽充支使。开幕之盛，冠于一时。时中朝瞻望者，目太原为小朝廷，言名人之多也。

时新承军乱之后，杀掠攻剽，无日无之。从谠貌温而气劲，沉机善断，奸无遁情。凡凶谋盗发，无不落其彀中，以是群豪慑息。旧府城都虞候张彦球者，前帅令率兵三千逐沙陀于百井，中路而还，纵兵破钥，杀故帅康传圭。及从谠至，搜索其魁诛之，知彦球意善，有方略，召之开喻，坦然无疑，悉以兵柄委之。

广明初，李钧、李涿继率本道之师出雁门，为沙陀所败。十二月，黄巢犯长安，僖宗出幸，传诏谓从谠曰："卿志安封域，权总戎麾，夷夏具瞻，社稷全赖。今月五日，草贼黄巢奔冲，十六日，驻跸梁、汉。上惭九庙，下愧万方。藩阃乍闻，痛愤应切。专差供奉官刘全及往彼慰喻。卿宜差点本道兵士，酌量多少，付北面副招讨使诸葛爽，俾令入援。"从谠承诏雪涕，团结戎伍，遣牙将论安、后院军使朱玫率步骑五千，从诸葛爽入关赴难。时中和元年五月也。

论安军次离石。是月，沙陀李克用军奄至，营于汾东，称奉诏赴难入关。从谠具廪饩犒劳，信宿不发，克用傅城而呼曰："本军将南下，欲与相公面言。"从谠登城谓之曰："仆射父子，咸通以来奋激忠义，血战为国，天下之人受赐。老夫历事累朝，位忝将相，今日群盗扰攘，舆驾奔播，荡覆神州，不能荷戈讨贼，以酬圣奖，老夫之罪也。然多难图勋，是仆射立功立事之时也。所恨受命守藩，不敢辱命，无以抑陪戎启。若仆射终以君亲为念，破贼之后，车驾还宫，却得待罪阙庭，是所愿也。唯仆射自爱。"克用拜谢而去。然杂虏不戢，肆掠近甸，从谠遣大将五蟾、薛威出师追击之。翌日，契苾部救兵至，沙陀大败而还。初论安率师入关，到阴地，以数百卒擅归，从谠集诸部校斩之于鞫场，并以兵众付朱玫赴难。时郑畋亦以宰相镇凤翔，与从谠宗人，同年登进士，畋亦举兵岐下，以遏贼巢。广明首唱仗义，断贼首尾，逆徒名为二郑。国威复振，二儒帅之功也。

二年十一月，代北监军使陈景思奉诏赦沙陀部，许讨贼自赎。由是沙陀五部数万人南下，不敢蹈境，乃自岚、石沿河而南，唯李克用以数百骑临城叙别。从谠遗之名马、器币而诀。三年，克用破贼立功，授河东节度代从谠。还到榆次，遣使致礼，谓从谠曰："予家尊在雁门，且还觐省。相公徐治行装，勿遽首途。"从谠承诏，即日牒监军使周从寓请知兵马留后事，书记刘崇鲁知观察留后事，戒之曰："俟面李公，按籍而还。"

五月十五日，从谠离太原。时京城虽复，车驾未还。道途多寇。行次绛州，唐彦谦为刺史，留驻数月。冬，诏使追赴行在，复辅政，历司空、司徒，正拜侍中。光启末，固辞机务，以疾还第。卒，有司谥曰文忠。

从谠知人善任，性不骄矜，故所至有声绩。在太原时，大将张彦球强桀难制，前后帅守以疑间贻蹙，故军旅不宁。及从谠抚封四年，知其才用可委,开怀任遇,得其死力。故抗虏全城,多彦球之效也,累奏为行军司马。及再秉政,用为金吾将军,累郡刺史。在绛州时,彦谦判官陆宸嗜学有才思,寓于郡齐,日与之谈宴,无间先后,乃称之于朝,位到清显。在汴时,以兄处诲尝为镇帅,殁于是郡,讫一政受代,不地公署举乐,其友梯知礼,操履如此。国之名臣,文忠有焉。

韦贯之本名纯,以宪宗庙讳,遂以字称。八代祖复,仕周,号逍遥公。父肇,官至吏部侍郎,有重名于时。贯之即其第二子。少举进士,贞元初,登贤良科,授校书郎。秩满,从调判入等,再转长安县丞。德宗末年,京兆尹李实权移宰相,言其可否,必数日而诏行。人有以贯之名荐于实者,答曰:"是其人居与吾同里,亟闻其贤,但吾得识其面而进于上。"举笏示说者曰:"实已记其名氏矣。"说者喜,骤以其语告于贯之,且曰:"子今日诣实而明日受贺矣。"贯之唯唯,数岁终不往,然是后竟不迁。

永贞中,始除监察御史。上书举季弟缥自代,时议不以为私。转右补阙,而缥代为监察。元和元年,杜从郁为左补阙,贯之与崔群奏论,寻降为左拾遗。又论遗补虽品不同,皆是谏官。父为宰相,子为谏官,若政有得失,不可使子论父。改为秘书丞。

后与中书舍人张弘靖考制策,第其名者十八人,其后多以文称。转礼部员外郎。新罗人金忠义以机巧进,到少府监,荫其子为两馆生,贯之持其籍不与,曰:"工商之子不当仕。"忠义以艺通权幸,为请者非一,贯之持之愈坚。既而疏陈忠义不宜污朝籍,词理恳切,竟罢去之。改吏部员外郎。三年,复策贤良之士,又命贯之与户部侍郎杨于陵、左司郎中郑敬、都官郎中李益同为考策官。贯之奏居上第者三人,方实指切时病,不顾忌讳,虽同考策者皆难其词直,贯之独署其奏,遂出为果州刺史,道中黜巴州刺史。俄征为都官郎中、知制诰。逾年,拜中书舍人,改礼部侍郎。凡二年,所选士大抵抑浮华,先行实,由是趋竞者稍息。转尚书右丞,中谢日面赐金紫。

明年,以本官同中书门下平章事。淮西之役,镇州盗窃发辇下,杀宰相武元衡,伤御史中丞裴度。及度为相。二寇并征,议者以物力不可。贯之请释镇以养威,攻蔡以专力。上方急于太平,未可其奏。贯之进言:"陛下岂不知建中之事乎?天下之兵,始于蔡急魏应,齐赵同恶。德宗率天下兵,命李抱真、马燧急攻之,物力用屈,于是朱泚乘之为乱,朱滔随而向阙,致使梁、汉为府,奉天有行,皆陛下所闻见。非他,不能忍待次第,速于扑灭故也。陛下独不能宽岁月,俟拔蔡而图镇邪?"上深然之,而业已下伐镇诏。后灭蔡而镇自服,如其策焉。初,王师征蔡,以汴帅韩弘为都统,又命汝帅乌重胤、许帅李光颜合兵而进。贯之以为诸将四面讨贼,各锐进取,今若置统督,复令二帅连营,则持重养威,未可以岁月下也。贯之议不从,四年而始克蔡。寻迁中书侍郎。同列以张仲素、段文昌进名为学士,贯之阻之,以行止未正,不宜在内庭。

贯之为相,严身律下,以清流品为先,故门无杂宾。有张宿者,有口辩,得幸于宪宗,擢为左补阙。将使淄青,宰臣裴度欲为请章服,贯之曰:"此人得幸,何要假其恩宠耶?"其事遂寝。宿深衔之,卒为所构,诬以朋党,罢为吏部侍郎。不涉旬,出为湖南观察使。弟虢州刺史缵,亦贬远郡。时两河留兵,国用不足,命盐铁副使程异使诸道督课财赋。异所至方镇,皆讽令捃拾进献。贯之谓两税外不忍横赋加人,所献未满异意,遂率属内六州留钱以继献,由是罢为太子詹事,分司东都。

上即位,擢为河南尹,征拜工部尚书。未行,长庆元年卒于东都,年六十二,诏赠尚书右仆射。贯之自布衣至贵位,居室无改易。历重位二十年,苞苴宝玉,不敢到门。性沉厚寡言,与人交,终岁无款曲,未曾伪词以悦人。身殁之后,家无羡财。有文集三十卷。

伯克绥,德宗朝为翰林学士。贞元之政,多参决于内署。绥所议论,常合中道,然畏慎致伤,晚得心疾,故不极其用。

缵有精识奥学,为士林所器。闺门之内,名教相乐。故韦氏兄弟令称,推于一时。缵累官到太常少卿。

贯之子澳、潾。

澳字子斐,大和六年擢进士第,又以弘词登科。性贞退寡欲,登第后十年不仕。伯兄温,与御史中丞高元裕友善。温请用澳为御史,谓澳曰:"高二十九持宪纲,欲与汝相面,汝必得御史。"澳不答。温曰:"高君端士,汝不可轻。"澳曰:"然恐无呈身御史。"竟不诣元裕之门。

周墀镇郑滑,辟为从事。墀辅政,以澳为考功员外郎、史馆修撰。墀初作相,私谓澳曰:"才小任重,何以相救?"澳曰:"荷公重知,愿公无权足矣。"墀愕然,不喻其旨,澳曰:"爵赏刑罚,非公共欲行者,愿不以喜怒憎爱行之。但令百司群官各举其职,则公敛衽于庙堂之上,天下自理,何要权耶?"墀深然之。不周岁,以本官知制诰,寻召充翰林学士,累迁户部兵部侍郎、学士承旨。与同僚萧置深为宣宗所遇,每二人同直,无不召见,询访时事。每有邦国刑政大事,中使传宣草词,澳心欲论谏,即曰:"此一事,须降御札,方敢施行。"迟留至旦,必论其可否,上旨多从之。出为京兆尹,不避权豪,京师耆惮。

会判户部宰相萧邺改判度支,澳于延英对。上曰:"户部阙判使",澳对以府事,上言"户部阙判使"者三,又曰:"卿意何如?"澳对曰:"臣近年心力减耗,不奈繁剧,累曾陈乞一小镇,圣慈未垂矜允。"上默然不乐其奏。澳甥柳玭知其对,谓澳曰:"舅之奖遇,特承圣知,延英奏对,恐未得中。"澳曰:"吾不为时相所信,忽自宸旨,委以使务,必以吾他歧得之,何以自明? 我意不错。尔须知时事渐不堪,是吾徒贪爵位所致,尔宜志之!"大中十二年,检校工部尚书,兼孟州刺史,充河阳三城怀孟泽节度等使,辞于内殿。"上曰:"卿自求便,我不去卿。"在河阳累年,中使王居方使魏州,令传诏旨谓澳曰:"久别无恙,知卿奉道,得何药术,可具居方口奏。"澳因中使上章陈谢,又曰:"方士殊不可听,金石有毒,切不宜服食。"帝嘉其忠,将召之,而帝厌代。

懿宗即位,迁检校户部尚书,兼青州刺史、平卢节度观察处置等使。入为户部侍郎,转吏部,铨综平允,不受请托。为执政所恶,出为邠州刺史、邠宁节度使。宰相杜审权素不悦于澳,会吏部发澳时簿籍,吏缘为奸,坐罢镇,以秘书监分司东都。尝戏吟云:"莫将韦鉴同殷鉴,错认容身作保身。"此句闻于京师,权幸尤怒之。上表求致仕,宰相疑其怨望,拜河南尹。制出,累上章辞疾,以松槚在秦川,求归樊川别业,许之。逾年,复授户部侍郎,以疾不拜而卒。赠户部尚书,谥曰贞。

潎亦登进士第,无位而卒。潎子庚、庠、序、雍、郊。

庚登进士第,累佐使府,入朝为御史,累迁兵部郎中、谏议大夫。从僖宗幸蜀,改中书舍人,累拜刑部侍郎,判户部事。车驾还京,充顿递使,到凤翔病卒。

序、雍、郊皆登进士第。序、雍官至尚书郎。郊文学尤高,累历清显。自礼部员外郎知制诰,正拜中书舍人。昭宗末,召充翰林学士,累官户部侍郎、学士承旨,卒。

史臣曰:二武朗拔精裁,为时羽仪,嫉恶太甚,遭罹不幸,伺刃喋血,诚可哀哉!令狐中伤,为恶滋甚,君子之行,其若是乎?郑贞公博雅好古,一代儒宗。文忠致君,无忝乃祖,衣冠之盛,近代罕俦。韦氏三宗,世多才俊。纯、缜忠懿,为时元龟,作辅论兵,言皆体国。澳之贞亮,不替祖风。三代谥贞,考行无愧。

赞曰:后族峥嵘,平一辞荣。高风袭庆,钟在二衡。猗与贞公,继以文忠,纯、缜文雅,绰有父风。

旧唐书卷一五九
列传第一〇九

卫次公 _{子洙}　郑絪 _{子祗德　祗德子颢}
韦处厚　崔群　路随 _{父泌}

　　卫次公字从周，河东人。器韵和雅，弱冠举进士。礼部侍郎潘炎目为国器，擢居上第，参选调。吏部侍郎卢翰嘉其才，补崇文馆校书郎，改渭南尉。次公善鼓琴，京兆尹李齐运使其子交欢，意欲次公授之琴，次公拒之，由是终身未尝操弦。

　　严震之镇兴元，辟为从事，授监察，转殿中侍御史。贞元八年，征为左补阙，寻兼翰林学士。二十一年正月，德宗升遐。时东宫疾恙方甚，仓卒召学士郑絪等至金鉴殿。中人或云："内中商量，所立未定。"众人未对，次公遽言曰："皇太子虽有疾，地居冢嫡，内外系心。必不得已，法立广陵王。若有异图，祸难未已。"絪等随而唱之，众议方定。

　　及顺宗在谅暗，外有王叔文辈操权树党，无复经制，次公与郑絪同处内廷，多所匡正。转司勋员外郎。久之，以本官知制诰，赐紫金鱼袋，仍为学士，权知中书舍人。寻知礼部贡举，斥浮华，进贞实，不为时力所摇。真拜中书舍人，仍充史馆修撰，迁兵部侍郎、知制诰，复兼翰林学士。与郑絪善，会郑絪罢相，次公左授太子宾客，改尚书右丞，兼判户部事，拜陕、虢等州都防御观察处置等使。请蠲钱三百万，人得苏息，政简于朝。征为兵部侍郎。选人李勣、徐有功之孙名在黜中，次公召而谓之曰：子之祖先，勋在王府，岂限常格。"并优秩而遣之。

改尚书左丞，恩顾颇厚。上方命为相，已命翰林学士王涯草诏，时淮夷宿兵岁久，次公累疏请罢。会有捷书至，相诏方出，宪宗令追之，遂出为淮南节度使、检校工部尚书，兼扬州大都督府长史、御史大夫。元和十三年十月，受代归朝，道次病卒，赠太子少保，年六十六，谥曰敬。次公自少入仕，历大僚，节操趋尚，始终如一，为众推重。

子洙，登进士第，尚宪宗女临真公主。累官至给事中、驸马都尉、工部侍郎。

郑细字文明。父羡，池州刺史。细少有奇志，好学，善属文。大历中，有儒学高名，如张参、蒋乂、杨绾、常衮，皆相知重。细擢进士第，登宏词科，授秘书省校书郎、雩县尉。张延赏镇西川，辟为书记，入除补阙、起居郎，兼史职。无几，擢为翰林，转司勋员外郎、知制诰。德宗朝，在内职十三年，小心兢谦，上遇之颇厚。

贞元末，德宗晏驾，顺宗初即位，遗诏不时宣下，细与同列卫次公密申正论，中人不敢违。及王伾、王叔文朋党擅权之际，细又能守道中立。宪宗监国，迁中书舍人，依前学士，俄拜中书侍郎、平章事，加集贤殿大学士，转门下侍郎、宏文馆大学士。宪宗初，励精求理，细与杜黄裳同当国柄。黄裳多所关决，首建议诛惠琳、斩刘辟及他制置。细谦默多无所事，由是贬秩为太子宾客。出为岭南节度观察等使、广州刺史、检校礼部尚书，以廉政称。为工部尚书，转太常卿，又为同州刺史、长春宫使，改东都留守。入历兵部尚书，旋为河中节度使。大和二年，入为御史大夫、检校左仆射、兼太子少保。

细以文学进，恬谵，践历华显，出入中外者逾四十年。所居虽无赫奕之称，而守道敦笃，耽悦坟典，与法时博闻好古之士，为讲论名理之游，时人皆仰其耆德焉。及文宗即位，以年力衰耄，累表陈乞，遂以太子太傅致仕。三年十月卒，年七十八，赠司空，谥曰宣。子祇德。

祗德子颢，登进士第，结绶弘文馆校书。迁右拾遗、内供奉，诏授银青光禄大夫，迁起居郎。尚宣宗女万寿公主，拜驸马都尉。历尚书郎、给事中、礼部侍郎。典贡士二年，振拔滞才，至今称之。迁刑部、吏部侍郎。大中十三年，检校礼部尚书、河南尹。

颢居戚里，有器度。大中时，恩泽无对。及宣宗弃代，追感恩遇，尝为诗序曰：“去年寿昌节，赴麟德殿上寿，回憩于长兴里第。昏然昼寝，梦与十数人纳凉于别馆。馆宇萧洒，相与联句，予为数联同游甚称赏。既寤，不全记诸联，唯省十字云‘石门雾露白，玉殿莓苔青’，乃书之于楹。私怪语不祥，不敢言于人。不数日，宣宗不豫，废朝会，及宫车上迁，方悟其事。追惟顾遇，续石门之句为十韵云：‘间岁流虹节，归轩出禁扃。奔波陶畏景，萧洒梦殊庭。境象非曾到，崇严昔未经。日车鸟敛翼，风动鹤飘翎。异苑人争集，凉台笔不停。石门雾露白，玉殿莓苔青。若匪灾先兆，何当思入冥。御炉虚仗马，华盖负云亭。白日成千古，金縢闷九龄。小臣哀绝笔，湖上泣青萍。’未几，颢亦卒。

韦处厚字德载，京兆人。父万，监察御史，为荆南节度参谋。处厚本名淳，避宪宗讳改名处厚。幼有至性，事继母以孝闻。居父母忧，庐于墓次。既免丧，游长安。通五经，博览史籍，而文思赡逸。元和初，登进士第，应贤良方正，擢居异等，授秘书省校书郎。裴垍以宰相监修国史，奏以本官充直馆，改咸阳县尉，迁右拾遗，并兼史职。修《德宗宝录》五十卷上之，时称信史。转左补阙、礼部考功二员外。早为宰相韦贯之所重，时贯之以议兵不合旨出官，处厚坐友善，出为开州刺史。入拜户部郎中，俄以本官知制诰。穆宗以其学有师法，召入翰林，为侍讲学士，换谏议大夫，改中书舍人，侍讲如故。

时张平叔以便佞诙谐，他门捷进，自京兆少尹为鸿胪卿、判度支，不数月，宣授户部侍郎。平叔以征利中穆宗意，欲希大任。以榷盐旧法为弊年深，欲官自粜盐，可富国强兵，劝农积货，疏利害十八条。诏下其奏,令公卿议。处厚抗论不可,以平叔条奏不周,经虑未尽,以为利者返害,为简者至烦,乃取其条目尤不可者,发十难以诘之。时平叔倾巧有恩,自谓言无不允。及处厚条件驳奏,穆宗称善,令示平叔,平叔词屈无以答,其事遂寝。

处厚以幼主荒怠,不亲政务,既居纳诲之地,宜有以启导性灵,乃铨择经义雅言,以类相从,为二十卷,谓之六经法言,献之。锡以缯帛银器,仍赐金紫。以《宪宗实录》未成,诏处厚与路随兼充史馆修撰。实录未成,许二人分日入内,仍放常参。处厚俄又权兵部侍郎。

敬宗嗣位,李逢吉用事,素恶李绅,乃构成其罪,祸将不测。处厚与绅皆以孤进,同年进士,心颇伤之,乃上疏曰:

臣窃闻朋党议论,以李绅贬黜尚轻。臣受恩到深,职备顾问,事关圣听,不合不言。绅先朝奖用,擢在翰林,无过可书,无罪可戮。今群党得志,谗嫉大兴。询于人情,皆甚叹骇。诗云:"萋兮菲,成是贝锦。彼谮人者,亦已太甚。"又曰:"谗言罔极,交乱四国。"自古帝王,未有远君子、近小人而致太平者。古人云:"三年无改于父之道,可谓孝矣。"李绅是前朝任使,纵有罪愆,犹宜洗衅涤瑕,念旧忘过,以成无改之美。今逢吉门下故吏,遍满朝行,侵毁加诬,何词不有?所贬如此,犹为太轻。盖曾参有投杼之疑,先师有拾尘之戒。伏望陛下断自圣虑,不惑奸邪,则天下幸甚! 建中之初,山东向化,只缘宰相朋党,上负朝廷。杨炎为元载复仇,卢杞为刘晏报怨,兵连祸结,天下不平。伏乞圣明,察臣愚恳。

帝悟其事,绅得减死,贬端州司马。

处厚正拜兵部侍郎,谢恩于思政殿。时昭愍狂恣,屡出畋游,每月坐朝不三四日,处厚因谢从容奏曰:"臣有大罪,伏乞面首。"帝曰:"何也?"处厚对曰:"臣前为谏官,不能先朝死谏,纵先圣好畋及色,以至不寿,臣合当诛。然所以不死谏者,亦为陛下此时在春宫,年已十五。今则陛下皇子始一岁矣,臣安得更避死亡之诛?"上深感悟其意，赐锦彩一百匹、银器四事。

宝历元年四月，群臣上尊号，御殿受册肆赦。李逢吉以李绅之故，所撰赦文但云左降官已经量移者与量移，不言未量移者，盖欲绅不受恩例。处厚上疏曰："伏见赦文节目中，左降官有不该恩泽者。在宥之体，有所未弘。臣闻物议皆言逢吉恐李绅量移，故有此节。若如此，则应是近年流贬官，因李绅一人皆不得量移。事体至大，岂敢不言？李绅先朝奖任，曾在内廷，自经贬官，未蒙恩宥。古人云：'人君当记人之功，忘人之过'。管仲拘囚，齐桓举为国相；冶长缧绁，仲尼选为密亲。有罪犹宜涤荡，无辜岂可终累？况鸿名大号，册礼重仪，天地百灵之所鉴临，仪兆八纮之所赡戴，恩泽不广，实非所宜。臣与逢吉素无仇嫌，与李绅本非亲党，所论者全大体，所陈者在至公。仗乞圣慈察臣肝胆，倘蒙允许，仍望宣付宰臣，鹰近年左降官，并编入赦条，令准旧例，得量移近处。"帝览奏，深司其事，乃追改赦文，绅方沾恩例。处厚为翰林承旨学士，每立视草，惬会圣旨。常奉急命于宣州征鹰鸷及杨、益、两浙索奇文绫绵，皆抗疏不奉命，且引前时赦书为证，帝皆可其奏。

宝历季年，急变中起，文宗底绥内难，诏命将降，未有所定。处厚闻难奔赴，昌言曰："《春秋》之法，大义灭亲，内恶必书，以明逆顺。正名讨罪，于义何嫌？安可依违，有所避讳！"遂奉藩教行焉。是夕，诏命制置及践祚礼仪，不暇责所司，皆出于处厚之议。及礼行之后，皆叶旧章。以佐命功，旋拜中书侍郎、同中书门下平章事、监修国史，加银青光禄大夫，进爵灵昌郡公。

处厚在相位，务在济时，不为身计。中外补授，咸得其宜。初，贞元中宰相齐抗奏减冗员，罢诸州别驾，其在京百司当入别驾者，多处之朝列。元和以来，两河用兵，偏裨立功者，往往擢在周行，率以储采王官杂补之，皆盛服趋朝，朱紫填拥。久次当进及受代闲居者，常数十人，趋中书及宰相私第，摩肩候谒，繁于辞语。及处厚秉政，复奏置六雄、十望、十紧、三十四州别驾以处之，而清流不杂，朝政清肃。

　　文宗勤于听政，然浮于决断，宰相奏事得请，往往中变。处厚常独论奏曰："陛下不以臣等不肖，用为宰相，参议大政。凡有奏请，初蒙听纳，寻易圣怀。若出自宸衷，即示臣等不信；若出于横议，臣等何名鼎司？且裴度元勋宿德，历辅四朝，孜孜竭诚，人望所属，陛下固宜亲重。窦易直良厚，忠事先朝，陛下固当委信。微臣才薄，首蒙陛下擢用，非出他门，言既不从，臣宜先退。"即趋下再拜陈乞。上矍然曰："何至此耶！卿之志业，朕素自知，登庸作辅，百职斯举。纵朕有所失，安可遽辞，以彰吾薄德？"处厚谢之而去，出延英门复令召还，谓曰："凡卿所欲言，并宜启论。"处厚因对彰善瘅恶，归之法制，凡数百言；又裴度勋高望重，为人尽心切直，宜久任，可壮国威。帝皆听纳。自是宰臣敷奏，人不敢横议。

　　俄而沧州李同捷叛，朝廷加兵。魏博史宪诚中怀向背，裴度以宿旧自任，待宪诚于不疑。尝遣亲吏请事至中书，处厚谓曰："晋公以百口于上前保尔使主，处厚则不然，但仰俟所为，自有朝典耳。"宪诚闻之大惧，自此输竭，竟有功于沧州。又尝以理财制用为国之本，撰《大和国计》二十卷以献。李载义累破沧、镇两军，兵士每有俘执，多遣刳剔，处厚以书喻之，载义深然其旨。自此沧、镇所获生口，配隶远地，前后全活数百千人。

　　处厚居家循易，如不克任。到于廷诤敷启，及驭辖待胥吏，劲确巍然不可夺。质状非魁伟，如甚懦者，而庶僚请事，畏惕相顾，虽与语移晷，不敢私谒。急于用才，酷嗜文学，尝病前古有以浮议坐废者，故推择群材，往往弃瑕录用，亦为时所讥。雅信释氏因果，晚年尤甚。聚书逾万卷，多手自刊校。奉诏修《元和实录》，未绝笔，其统例取舍，皆处厚创起焉。大和二年十二月，因延英奏对，造膝之际，忽奏"臣病作"，遽退。文宗命中官扶出归第，一夕而卒，年五十六，赠司空。处厚当国柄二周岁，启沃之谋，颇叶时誉，咸共惜之。

　　崔群字敦诗，清河武城人，山东著姓。十九登进士第，又制策登科，授秘书省校书郎，累迁右补阙。元和初，召为翰林学士，历中书舍人。群在内职，常以谠言正论闻于时。宪宗嘉赏，降宣旨云："自今后学士进状，并取崔群连署，然与进来。"群以禁密之司，动为故事，自尔学士或恶直丑正，则其下学士无由上言。群坚不奉诏，三疏论奏方允。

元和七年，惠昭太子薨，穆宗时为遂王，宪宗以澧王居长，又多内助，将建储贰，命群与澧王作让表，群上言曰："大凡己合当之，则有陈让之仪；己不合当，因何遽有让表？今遂王嫡长，所宜正位青宫。"竟从其奏。时魏博节度使田季安进绢五千匹，充助修开业寺。群以为事实无名，体尤不可，请止其所进。群前后所论多惬旨，无不听纳。迁礼部侍郎，选拔才行，咸为公当。转户部侍郎。

二年七月，拜中书侍郎、同中书门下平章事。十四年，诛李师道，上顾谓宰臣曰："李师古虽自袭祖父，然朝廷待之始终。其妻于师道即嫂叔也。虽云逆族，若量罪轻重，亦宜降等。又李宗奭虽抵严宪，其情比之大逆亦有不同。其妻士族也。今与其子女俱在掖廷，于法皆似稍深。卿等留意否？"群对曰："圣情仁恻，罪止元凶。其妻近属，倘获宽宥，实合弘煦之道。"于是师古妻裴氏、女宜娘，诏出于邓州安置。宗奭妻韦氏及男女先没掖廷，并释放，其奴婢、资货皆复赐之。又盐铁福建院官权长孺坐赃，诏付京兆府决杀，长孺母刘氏求哀于宰相，群因入对言之。宪宗愍其母耄年，乃曰："朕将屈法赦长孺何如？"群曰："陛下仁恻即赦之，法速令中使宣谕。如待正敕，即无及也。"长孺竟得免死长流。群之启奏平恕，多此类也。

时宪宗急于荡寇，颇奖聚敛之臣，故藩府由是希旨，往往掊拾，目为进奉。处州刺史苗稷进羡余钱七千贯，群议以为违诏，受之则失信于天下，请却赐本州，代贫下租税。时论美之。

度支使皇甫镈阴结权幸，以求宰相，群累疏其奸邪。尝因对面论，语及天宝、开元中事，群曰："安危在出令，存亡系所任。玄宗用姚崇、宋璟、张九龄、韩休、李元宏、杜暹则理，用林甫、杨国忠则乱。人皆以天宝十五年禄山自范阳起兵，是理乱分时，臣以为开元二十年罢贤相张九龄，专任奸臣李林甫，理乱自此已分矣。用人得失，所系非小。"词意激切,左右为之感动,铸深恨之,而宪宗终用铸为宰相。无何,群臣议上尊号,皇甫铸欲加孝德两字,群曰:"有睿圣则孝德在其中矣。"竟为铸所构,宪宗不乐,出为湖南观察都团练使。

穆宗即位,征拜吏部侍郎,召见别殿,谓群曰:"我升储位,知卿为羽翼。"群曰:"先帝之意,元在陛下。顷者授陛下淮西节度使,臣奉命草制,且曰:'能辨南阳之牍,允符东海之贵。'若不知先帝深旨,臣岂敢轻言?"数日,拜御史中丞。浃旬,授检校兵部尚书,兼徐州刺史、武宁军节度、徐泗濠观察等使。初,幽、镇逆命,诏授沂州刺史王智兴为武宁军节度副使,领徐州兵讨伐。群以智兴早得士心,表请因授智兴旄钺,竟寝不报。智兴自河北回戈,城内皆是父兄,开关延入,群为智兴所逐。朝廷坐其失守,授秘书监,分司东都。未几,改华州刺史、兼御史大夫,复改宣州刺史、歙池等州都团练观察等使,征拜兵部尚书。久之,改检校吏部尚书、江陵尹、荆南节度观察使。逾岁,改检校右仆射,兼太常卿。大和五年,拜检校左仆射,兼吏部尚书。六年八月卒,年六十一,册赠司空。

群有冲识精裁,为时贤相,清议以检素之节,其终不及阙初。群年未冠举进士,陆贽知举,访于梁肃,议其登第有才行者,肃曰:"崔群虽少年,他日必至公辅。"果如其言。

群弟于,登进士,官至郎署,有令名。

子充,亦以文学进,历三署,终东都留守。

路随字南式,其先阳平人。高祖节,高宗朝为越王府东阁祭酒。曾祖惟恕,官到睦州刺史。祖俊之,仕终太子通事舍人。

父泌字安期,少好学,通五经,尤嗜《诗》、《易》、《左氏春秋》,能讽其章句,皆究深旨。博涉史传,工五言诗。性端亮寡言,以孝悌闻于宗族。建中末,以长安尉从调,与李益、韦绶等书判同居高第,泌授城门郎。属德宗违难奉天,泌时在京师,弃妻子潜诣行在所。又从幸梁州,排溃军而出,再为流矢所中,裂裳濡血,以策说浑瑊,瑊深重之,辟为从事。瑊讨怀光,累奏为副元帅判官、检校户部郎中、兼御史中丞。河中平，随瑊与吐蕃会盟于平凉，因劫盟陷蕃。在绝域累年，栖心于释氏之教，为赞普所重，待以宾礼，卒于戎鹿。

贞元十九年，吐蕃遣边将书求和，随哀泣上疏，愿允其请，表三上，德宗命中使谕旨。朝廷惩其宿诈，俟更要于后信，旋数岁不报。元和中。蕃使复款塞，随复五献封章，请修和好。又上书于宰执哀诉，裴垍、李藩皆协力敷奏，宪宗可之。命祠部郎中徐复报聘，乃特于诏中疏平凉陷蕃者名氏，令归中国。吐蕃因复等还，遣使来朝，遂以泌及郑叔矩之丧与铭及遣录至，朝野伤叹。宪宗悯之，赠绛州刺史，赐绢二百匹，至葬日，委所在官给丧事。泌累赠太子少保。

泌陷蕃之岁。随方在孩提，后稍长成，知父在蕃，乃日夜啼号，坐必西向，馔不食肉，母氏言其形貌肖先君，遂终身不照镜。后以通经调授润州参军，为李锜所困，使知市事，随脩然坐市中，一不介意。韦夏卿为东都留守，闻而辟之，由是声名日振。元和五年，边吏以讣至，随居丧，益以孝闻。服阕，擢拜左补阙。

曾李绛讽上纳谏，宪宗皇帝曰："谏官路随、韦处厚章疏相继，朕常深用其言。"自是识者敬伏焉。俄迁起居郎，转司勋员外郎。自补阙至司勋员外，皆充史馆修撰。穆宗即位，迁司勋郎中，赐绯鱼袋，与韦处厚同入翰林为侍讲学士，采三代皇王兴衰，著六经法言二十卷奏之，拜谏议大夫，依前侍讲学士。将修《宪宗实录》，复命兼充史职。敬宗登极，拜中书舍人、翰林学士，仍赐紫。有以金帛谢除制者，必叱而却之曰："吾以公事接私财耶？"终无所纳。文宗即位，韦处厚入相，随代为承旨，围兵部侍郎、知制诰。大和二年，处厚薨，随代为相，拜中书侍郎，加监修国史。初，韩愈撰《顺宗实录》，说禁中事颇切直，内官恶之，往往于上前言其不实，累朝有诏改修。及随进《宪宗实录》后，文宗复令改正永贞时事，随奏曰：

臣昨面奉圣旨，以《顺宗实录》颇非详实，委臣等重加刊正，毕日闻奏。臣自奉宣命，取史本欲加笔削。近见卫尉卿周居巢、谏议大夫王彦威、给事中李固言、史官苏景胤等各上章疏，具陈刊改非甚便宜。又闻班行如此议论颇众。臣伏以史册之作，劝诫所存，事有当书,理宜归实。匹夫美恶尚不可诬,人君得失无容虚载。圣旨以前件《实录》记贞元末数事,稍非攈实,盖出传闻,审知差舛,便令刊正。顷因坐日,屡形圣言,通计前后,至于数日。臣及宗闵、僧孺亦以永贞已来,岁月到近,禁中行事,在外固难详知。陛下所言,皆是接于耳目。既闻乖谬,因述古今,引前史直不疑盗嫂之言,及第五伦挝公之说,皆多此比类,难尽信书。所冀睿鉴详于听言,深宫慎于行事。持此比类,上开聪明,特蒙降察,稍悟前谬。由是近垂宣命,令有改修。

臣等伏以贞观已来,累朝实录有经重撰,不敢固辞,但欲粗删深误,亦固尽存诸说。宗闵、僧孺相与商量,缘此书成于韩愈,今史官李汉、蒋系皆愈之子婿,若遣参撰,或致私嫌。以臣既职监修,盍令详正,及经奏请,事遂施行。今者庶僚竞言,不知本起,表章交奏,似有他疑。臣虽至昧,容非自请。既迫群议,辄冒上闻。纵臣果获修成,必惧终为时累。且韩愈所书,亦非己出,元和之后,已是相循。纵其密亲,岂害公理?使归本职,实谓正名。其实录伏望条示旧记最错误者,宣付史官,委之修定。则冀圣祖垂休,永无惭于传信;下臣非据,获减戾于侵官。彰清朝立政之方,表公器不私之义。流言自弭,时论攸宜。

诏曰:"其实录中所书德宗、顺宗朝禁中事,寻访根柢,盖起廖传,谅非信史。宜令史官详正刊去,其他不要更修。余依所奏。"四年,转门下侍郎,加崇文馆大学士。七年,兼太子太师,备礼册拜。表上史官所修宪宗、穆宗实录。八年,辞疾,不得谢。会李德裕连贬至袁州长史,随不署奏状,始为郑注所忌。九年四月,拜检校尚书右仆射、同中书门下平章事,兼润州刺史、镇海军节度、浙江西道观察等使。大和九年七月,遘疾于路,薨于扬子江之中流,年六十,册赠太保,谥曰贞。

随有学行大度,为谏官能直言,在内廷匡益。自宝历初为承旨学士,即参大政矣。后十五年在相位,宗闵、德裕朋党交兴,攘臂于其间,李训、郑注始终奸诈,接武于其后,而随藏器韬光,隆污一致,可谓得君子中庸而常居之也。

　　史臣曰：卫次公、郑絪、韦处厚、崔群、路随等，皆以文学饰身，致位崇极。兼之忠谠，垂名简书，兹实有足多也。絪有其位，有其时，怀独善之谋，晦众济之道，左迁非不幸也。次公因献捷之书，辍已成之诏，命也夫。处厚危言切议，振士友之急，称同列之善，君子哉！

　　赞曰：卫、郑、韦、路，兼之博陵。文学政事，为时所称。

旧唐书卷一六〇
列传第一一〇

韩愈　张籍　孟郊　唐衢
李翱　宇文籍　刘禹锡
柳宗元　韦辞

　　韩愈字退之，昌黎人。父仲卿，无名位。愈生三岁而孤，养于从
父兄。愈自以孤子，幼刻苦学儒，不俟奖励。大历、贞元之间，文士
多尚古学，效杨雄、董仲舒之述作，而独孤及、梁肃最称渊奥，儒林
推重。愈从其徒游，锐意钻仰，欲自振于一代。洎举进士，投文于公
卿间，故相郑余庆颇为之延誉，由是知名于时。

　　寻登进士第。宰相董晋出镇大梁，辟为巡官。府除，徐州张建
封又请为其宾佐。愈发言真率，无所畏避，操行坚正，拙于世务。调
授四门博士，转监察御史。德宗晚年，政出多门，宰相不专机务，宫
市之弊，谏官论之不听。愈尝上章数千言极论之，不听，怒贬为连州
山阳令，量移陵府掾曹。元和初，召为国子博士，迁都官员外郎。时
华州刺史阎济美以公事停华阴令柳涧县务，俾摄掾曹。居数月，济
美罢郡，出居公馆，涧遂讽百姓遮道索前年军顿役直。后刺史赵昌
按得涧罪以闻，贬房州司马。愈因使过华，知其事，以为刺史相党，
上疏理涧，留中不下。诏监察御史李宗奭按验，得涧赃状，再贬涧封
溪尉。以愈妄论，复为国子博士。愈自以才高，累被摈黜，作《进学
解》以自喻曰：

　　国子先生晨入太学,召诸生立馆下,诲之曰:"业精于勤荒
于嬉,行成于思毁于随。方今圣贤相逢,治具毕张,拔去凶邪,
登崇俊良。占小善者率以录,名一艺者无不庸。爬罗剔抉,刮
垢磨光。盖有幸而获选,执云多而不扬?诸生业患不能精,无
患有司之不明;行患不能成,无患有司之不公。"

　　言未既,有笑于列者曰:"先生欺余哉!弟子事先生,于兹
有年矣。先生口不绝吟于六艺之文,手不停披于百家之编。纪
事者必提其要,纂言者必钩其玄。贪多务得,细大不捐。焚膏
油以继晷,恒兀兀以穷年。先生之业,可谓勤矣。抵排异端,攘
斥佛老,补苴罅漏,张皇幽眇。寻坠绪之茫茫,独旁搜而远绍;
障百川而东之,回狂澜于既倒。先生之于儒,可谓有劳矣。沉
浸酿郁,含英咀华,作为文章,其书满家。上规姚姒,浑浑无涯。
周诰、殷盘,佶屈聱牙。《春秋》谨严,左氏浮夸。《易》奇而法,
《诗》正而葩。下逮庄骚,太史所录,子云、相如,同工异曲。先
生之于文,可谓宏其中而肆其外矣。少始知学,勇于敢为;长通
于方,左右具宜。先生之于为人,可谓成矣。然而公不见信于
人,私不见助于友,跋前踬后,动辄得咎。暂为御史,遂窜南夷。
三年博士,冗不见治。命与仇谋,取败几时。冬暖而儿号寒,年
丰而妻啼饥。头童齿豁,竟死何裨?不知虑此,而反教人为!"

　　先生曰:"吁!子来前。夫大木为杗,细木为桷,薄栌侏儒、
根闑扆楔,各得其宜,施以成室者,匠氏之工也。玉札丹砂、赤
箭青芝、牛溲马勃、败鼓之皮,俱收并蓄,待用无遗者,医师之
良也。登明选公,杂进巧拙,纡余为妍,卓荦为杰,校短量长,唯
器是适者,宰相之方也。昔者,孟轲好辩,孔道以明,辙环天下,
卒老于行,荀卿守正,大论是宏,逃谗于楚,废死兰陵。是二儒
者,吐辞为经,举足为法,绝类离伦,优入圣域,其遇于世何如
也?今先生学虽勤而不由其统;言虽多,不要其中;文虽奇,不
济于用;行虽修,不显于众。犹且月费俸钱,岁靡廪粟,子不知

耕,妇不知织,乘马从徒,安坐而食,踵常涂之促促,窥陈编以盗窃。然而圣主不加诛,宰臣不见斥,此非其幸哉!动而得谤,名亦随之。投闲置散,乃分之宜。若夫商财贿之有亡,计班资之崇庳,忘己量之所称,指前人之瑕疵,是所谓诘匠氏之不以杙为楹,而訾医师以昌阳引年,欲进其狶苓也。

执政览其文而怜之,以其有史才,改比部郎中、史馆修撰。逾岁,转考功郎中、知制诰,拜中书舍人。

俄有不悦愈者,摭其旧事,言愈前左降为江陵掾曹,荆南节度使裴均馆之颇厚,均子锷凡鄙,近者锷还省父,愈为序饯锷,仍呼其字。此论喧于朝列,坐是改太子右庶子。元和十二年八月,宰臣裴度为淮西宣慰处置使,兼彰义军节度使,请愈为行军司马,仍赐金紫。淮、蔡平,十二月随度还朝,以功授刑部侍郎,仍诏愈撰《平淮西碑》,其辞多叙裴度事。时先入蔡州擒吴元济,李愬功第一,愬不平之,愬妻出入禁中,因诉碑辞不实,诏令磨愈文。宪宗命翰林学士段文昌重撰文勒石。

凤翔法门寺有护国真身塔,塔内有释迦文佛指骨一节,其书本传法,三十年一开,开则岁丰人泰。十四年正月,上令中使杜英奇押宫人三十人,持香花,赴临皋驿迎佛骨。自光顺门入大内,留禁中三日,乃送诸寺。王公士庶,奔走舍施,唯恐在后。百姓有废业破产、烧顶灼臂而求供养者。愈素不喜佛,上疏谏曰:

伏以佛者,夷狄之一法耳。自后汉时始流入中国,上古未尝有也。昔黄帝在位百年,年百一十岁;少昊在位八十年,年百岁;颛顼在位七十九年,年九十八岁;帝喾在位七十年,年百五岁;帝尧在位九十八年,年百一十八岁;帝舜及禹年皆百岁。此时天下太平,百姓安乐寿考,时中国未有佛也。其后殷汤亦年百岁,汤孙太戊在位七十五年,武丁在位五十年,书史不言其寿,推其年数,盖亦不减百岁。周文王年九十七岁,武王年九十三岁,穆王在位百年。此时佛法亦未至中国,非因事佛而致此也。

汉明帝时始有佛法,明帝在位才十八年耳。其后乱亡相继,运祚不长,宋、齐、梁、陈、元魏已下,事佛渐谨,年代尤促。唯梁武帝在位四十八年,前后三度舍身施佛,宗庙之祭,不用牲牢,昼日一食,止于菜果,其后竟为侯景所逼,饿死台城,国亦寻灭,事佛求福,乃更得祸。由此观之,佛不足信,亦可知矣。

高祖始受隋禅,则议除之。当时群臣识见不远,不能深究先王之道、古今之宜,推阐圣明,以救斯弊,其事遂止。臣尝恨焉!伏惟皇帝陛下,神圣英武,数千百年以来未有伦比。即位之初,即不许度人为僧尼、道士,又不许别立寺观。臣当时以为高祖之志,必行于陛下之手。今纵未能即行,岂可恣之转令盛也!

今闻陛下令群僧迎佛骨于凤翔,御楼以观,异入大内,令诸寺递迎供养。臣虽至愚,必知陛下不惑于佛,作此崇奉以祈福祥也。直以丰年之乐,徇人之心,为京都士庶设诡异之观、戏玩之具耳。安有圣明若此而肯信此等事哉?然百姓愚冥,易惑难晓,苟见陛下如此,将谓真心信佛。皆云天子大圣,犹一心敬信,百姓征微,于佛岂合惜身命。所以灼顶燔指,百十为群,解衣散钱,自朝至暮,转相仿效,唯恐后时,老幼奔波,弃其生业。若不即加禁遏,更历诸寺,必有断臂脔身以为供养者。伤风败俗,传笑四方,非细事也。

佛本夷狄之人,与中国言语不通,衣服殊制。口不道先王之法言,身不服先王之法服,不知君臣之义、父子之情。假如其身尚在,奉其国命,来朝京师,陛下容而接之,不过宣政一见,礼宾一设,赐衣一袭,卫而出之于境,不令惑于众也。况其身死已久,枯朽之骨,凶秽之余,岂宜以入宫禁!孔子曰:"敬鬼神而远之。古之诸侯,行吊于国,尚令巫祝先以桃茢,祓除不祥,然后进吊。今无故取朽秽之物,亲临观之,巫祝不先,桃茢不用,群臣不言其非,御史不举其失,臣实耻之。乞以此骨付之水火,永绝根本,断天下之疑,绝后代之惑。使天下之人,知大圣人之所作为出于寻常万万也,岂不盛哉!岂不快哉!佛如有灵,能作祸祟,凡有殃咎,宜加臣身。上天鉴临,臣不怨悔。

疏奏,宪宗怒甚。间一日,出疏以示宰臣,将加极法。裴度、崔群奏曰:"韩愈上忤尊听,诚宜得罪,然而非内怀忠恳,不避黜责,岂能至此?伏乞稍赐宽容,以来谏者。"上曰:"愈言我奉佛太过,我犹为容之。至谓东汉奉佛之后,帝王咸致夭促,何言之乖刺也?愈为人臣,敢尔狂妄,固不可赦。"于是人情惊惋,乃至国戚诸贵亦以罪愈太重,因事言之,乃贬为潮州刺史。

愈至潮阳,上表曰:

臣今年正月十四日,蒙恩授潮州刺史,即日驰驿就路。经涉领海,水陆万里。臣所岭州,在广府极东,去广府虽云二千里,然来往动皆逾月。过海日,下恶水,涛泷壮猛,难计期程,飓风鳄鱼,患祸不测。州南近界,涨海连天,毒雾瘴氛,日夕发作。臣少多病,年才五十,发白齿落,理不久长。加以罪犯到重,所处又极远恶,忧惶惭悸,死亡无日,单立一身,朝无亲党,居蛮夷之地,与魑魅同群。苟非陛下哀而念之,谁肯为臣言者。

臣受性愚陋,人事多所不通,唯酷好学问文章,未尝一日暂废,实为时辈推许。臣于当时之文,亦未有过人者,到于论述陛下功德,与《诗》、《书》相表裹,作为歌诗,荐之郊庙,纪太山之封,镂白玉之牒,铺张对天之宏休,扬厉无前之伟迹,编于《诗》、《书》之策而无愧,措于天地之间而无亏。虽使古人复生,臣未肯多让。伏以大唐受命有天下,四海之内,莫不臣妾,南北东西,地各万里。自天宝。之后,政治少懈,文致未复,武克不细。孽臣奸隶,外顺内悖,父死子代,以祖以孙,如古诸侯,自擅其地,不朝不贡,六七十年。四圣传序,以至陛下,躬亲听断,干戈所麾,无不从顺。宜定乐章,以告神明,东巡泰山,奏功皇天,使永永万年,服我成烈。当此之际,所谓千载一时不可逢之嘉曾,而臣负罪婴衅,自拘海岛,戚戚嗟嗟,日与死迫,曾不得奏薄伎于从官之内、隶御之间,穷思毕精,以赎前过。怀痛穷天,死不闭目！瞻望宸极，魂神飞去。伏惟陛下，天地父母，哀而怜之。

宪宗谓宰臣曰："昨得韩愈到潮州表，因思其所谏佛骨事，大是爱我，我岂不知？然愈为人臣，不法言人主事佛乃年促也。我以是恶其容易。"上欲复用愈，故先语及，观宰臣之奏对。而皇甫镈恶愈狷直，恐其复用，率先对曰："愈终太狂疏，且可量移一郡。"乃授袁州刺史。

初，愈到潮阳，既视事，询吏民疾苦，皆曰："郡西湫水有鳄鱼，卵而化，长数丈，食民畜产将尽，以是民贫。"居数日，愈往视之，令判官秦济炮一豚一羊，投之湫水，咒之曰：

> 前代德薄之君，弃楚、越之地，则鳄鱼涵泳于此可也。今天子神圣，四海之外，抚而有之。况扬州之境，刺史县令之所治，出贡赋以共天地宗庙之祀，鳄鱼岂可与刺史杂处此土哉？刺史受天子命，令守此土，而鳄鱼睅然不安溪潭，食民畜熊鹿獐豕，以肥其身，以繁其卵，与刺史争为长。刺史虽驽弱，安肯为鳄鱼低首而下哉？今潮州大海在其南，鲸鹏之大，虾蟹之细，无不容，鳄鱼朝发而夕至。今与鳄鱼约，三日乃至七日，如顽而不徙，须为物害，则刺史选材伎壮夫，操劲弓毒矢，与鳄鱼从事矣！

咒之夕，有暴风雷起于湫中。数日，湫水尽涸，徙于旧湫西六十里。自是潮人无鳄患。

袁州之俗，男女隶于人者，逾约则没入出钱之家。愈至，设法赎其所没男女，归其父母。仍削其俗法，不许隶人。

十五年，征为国子祭酒，转兵部侍郎。会镇州杀田弘正，立王廷凑，令愈往镇州宣谕。愈既至，集军民，谕以逆顺，辞情切至，廷凑畏重之。改吏部侍郎。转京兆尹，兼御史大夫。以不台参，为御史中丞李绅所劾。愈不伏，言准敕仍不台参。绅、愈性皆偏僻，移刺往来，纷然不止，乃出绅为浙西观察使，愈亦罢尹，为兵部侍郎。及绅面辞赴镇，泣涕陈叙，穆宗怜之，乃追制以绅为兵部侍郎，愈复为吏部侍郎。

长庆四年十二月,卒,时年五十七,赠礼部尚书,谥曰文。

愈性弘通与人交,荣悴不易。少时与洛阳人孟郊、东郡人张籍友善。二人名位未振,愈不避寒暑,称荐于公卿间,而籍终成科第,荣于禄仕。后虽通贵,每退公之隙,则相与宴谈,论文赋诗,如平昔焉。而观诸权门豪士,如仆隶焉,瞪然不顾。而颇能诱厉后进,馆之者十六七,虽晨炊不给,怡然不介意。大抵以兴起名教弘奖仁义为事。凡嫁内外及友朋孤女仅十人。

常以为自魏、晋已还,为文者多拘偶对,而经诰之指归,迁、雄之气格,不复振起矣。故愈所为文,务反近体抒意立言,自成一家新语。后学之士,取为师法。法时作者甚众,无以过之,故世称"韩文"焉。然时有恃才肆意,亦有盭孔、孟之旨。若南人妄以柳宗元为罗池神,而愈诳碑以实之;李贺父名晋,不应进士,而愈为贺作讳辨,令举进士;又为毛颖传,讥戏不近人情:此文章之甚纰缪者。时谓愈有史笔,及撰《顺宗实录》,繁简不当,叙事拙于取舍,颇为当代所非。穆宗、文宗尝诏史臣添改,时愈婿李汉、将系在显位,诸公难之。而韦处厚竟别撰《顺宗实录》三卷。有文集四十卷,李汉为之序。

子昶,亦登进士第。

张籍者,贞元中登进士第。性诡激,能为古体诗,有警策之句,传于时。调补太常寺太祝,转国子助教、秘书郎。以诗名当代,公卿裴度、令狐楚,才名如白居易、元稹,皆与之游,而韩愈尤重之。累授国子博士水部员外郎,转水部郎中,卒。世谓之张水部云。

孟郊者,少隐于嵩山,称处士。李翱分司洛中,与之游。存于留守郑余庆,辟为宾佐。性孤僻寡合,韩愈一见以为忘形之契,常称其字曰东野,与之唱和于文酒之间。郑余庆镇兴元,又奏为从事,辟书下而卒。余庆给钱数万葬送,赡给其妻子者累年。

唐衢者，应进士，久而不第。能为歌诗，意多感发。见人文章有所伤叹者，读讫必哭，涕泗不能已。每与人言论，既相别，发声一号，音辞哀切，闻之者莫不凄然泣下。尝客游太原，属戎帅军宴，衢得预会。酒酣言事，抗音而哭，一席不乐，为之罢会，故世称唐衢善哭。左拾遗白居易遣之诗曰："贾谊哭时事，阮籍哭路歧。唐生今亦哭，异代同其悲。唐生者何人？五十寒且饥。不悲口无食，不悲身无衣。所裴忠与义，悲甚则哭之。太尉击贼日，尚书叱盗时。大夫死凶寇，谏议谪蛮夷。每见如此事，声发涕辄随。我亦君之徒，郁郁何所为？不能发声哭，转作乐府辞。"其为名流称重若此。竟不登一命而卒。

李翱字习之，凉武昭王之后。父楚金，贝州司法参军。翱幼勤于儒学，博雅好古，为文尚气质。贞元十四年登进士第，授校书郎。三迁至京兆府司录参军。元和初，转国子博士、史馆修撰。

十四年，太常丞王泾上疏请去太庙朔望上食，诏百官议。议者以《开元礼》，太庙每岁祫、祠、蒸、尝、腊，凡五享。天宝末，玄宗令尚食每月朔望具常馔，令宫闱令上食于太庙，后遂为常。由是朔望不视朝，比之大祠。翱奏议曰：

《国语》曰，王者日祭。《礼记》曰，王立七庙，皆月祭之。《周礼》不祭，禘祠蒸尝汉氏皆杂而用之。盖遭秦火，《诗》、《书》、《礼经》烬灭，编残简缺，汉乃求之。先儒穿凿，各伸己见，皆托古圣贤之名，以信其语，故所记各不同也。古者庙有寝而不墓祭，秦、汉始建寝庙于园陵，而上食焉。国家因之而不改。贞观、《开元礼》并无宗庙日祭月祭之礼，盖以日祭月祭，既已行于陵寝矣，故太庙之中，每岁五飨六告而已。不然者，房玄龄、魏征辈皆一代名臣，穷极经史，岂不见《国语》、《礼记》有日祭月祭之词乎？斯足以明矣。

伏以太庙之飨笾豆牲牢，三代之通礼，是贵诚之义也。园陵之奠，改用常馔，秦汉之权制，乃食味之道也。公朔塑上食于太庙，岂非用常亵味而贵多品乎？且非《礼》所谓"至敬不飨味而贵气臭"之义也。《传》称：屈到嗜芰，有疾，召其宗老而属之曰："祭我必以芰。"及祭荐芰，其子违命去芰而用羊馈笾豆脯醢，君子是之。言事祖考之义，法以礼为重，不以其生存所嗜为献，盖明非食味也。然则荐常馔于太庙，无乃与芰为比乎？且非三代圣王之所行也。况祭器不陈俎豆，祭官不命三公，执事者唯宫闱令与宗正卿而已。谓之上食也，安得以为祭乎？且时享于太庙，有司摄事，祝文曰："孝曾孙皇帝臣某，谨遣太尉臣名，敢昭告于高祖神尧皇帝、祖妣太穆皇后窦氏。时惟孟春，永怀罔极。谨以一元大武、柔毛刚鬣、明粢薌萁、嘉蔬嘉荐礼齐，敬修时享，以申追慕。"此祝辞也。前享七日质明，太尉誓百官于尚书省曰："某月某日时享于太庙，各扬其职。不供其事，国有常刑。"凡陪享之官，散齐四日，致齐三日，然后可以为祭也。宗庙之礼，非敢擅议，虽有知者，其谁敢言？故六十余年，行之不废。今圣朝以弓矢既囊，礼乐为大，故下百僚，可得详议。臣等以为《贞观》、《开元礼》并无太庙上食之文，以礼断情，罢之可也。至若陵寝上食，采《国语》、《礼记》日祭月祭之词，因秦、汉之制，修而存之，以广孝道可也。如此，则经义可据，故事不遗。大礼既明，永息异论，可以继二帝三王，而为万代法。与其渎礼越古，贵因循而惮改作，犹天地之相远也。

知礼者是之，事竟不行。

翱性刚急，论议无所避。执政虽重其学，而恶其激讦，故久次不迁。翱以史官记事不实，奏状曰："臣谬得秉笔史馆，以记注为职。夫劝善惩恶，正言直笔，纪圣朝功德，述忠贤事业，载奸臣丑行，以传无穷者，史官之任也。凡人事迹，非大善大恶，则众人无由得知，旧例皆访于人，又取行状谥议，以为依据。今之作行状者，多是其门生故吏，莫不虚加仁义礼智，妄言忠肃惠和。此不唯其处心不实，苟欲虚美于受恩之地耳。盖为文者，又非游、夏、迁、雄之列，务于华而忘其实，溺于文而弃其理。故为文则失《六经》之古风，纪事则非史迁之实录。臣今请作行状者，但指事实，直载事功。假如作《魏征传》，但记其谏诤之辞,足以为正直;段秀实但记其倒用司农印以追逆兵,以象笏击朱泚,足以为忠烈。若考功视行状,不依此者不得受。依此则考功下太常,牒史馆,然后定谥。伏乞以臣此奏下考功。"从之。寻权知职方员外郎。十五年六月,授考功员外郎。并兼史职。

翱与李景俭友善。初,景俭拜谏议大夫,举翱自代。至是,景俭贬黜,七月出翱为朗州刺史。俄而景俭复为谏议大夫,翱亦入为礼部郎中。翱自负辞艺,以为合知制诰,以久未如志,郁郁不乐,因入中书谒宰相,面数李逢吉之过失,逢吉不之校。翱心不自安,乃请告。满百日,有司准例停官,逢吉奏授庐州刺史。大和初,入朝为谏议大夫,寻以本官知制诰。三年二月,拜中书舍人。

初,谏议大夫柏耆将使沧州军前宣谕,翱尝赞成此行。柏耆寻以擅入沧州得罪。翱坐谬举,左授少府少监。俄出为郑州刺史。五年,出为桂州刺史、御史中丞,充桂管都防御使。七年,改授潭州刺史、湖南观察使。八年,征为刑部侍郎。九年,转户部侍郎。七月,检构户部尚书、襄州刺史,充山南东道节度使。会昌中,卒于镇,谥曰文。

宇文籍字夏龟。父滔,官卑。少好学,尤通《春秋》。窦群自处士征为右拾遗,表籍自代,由是知名。登进士第,宰相武元衡出镇西蜀,奏为从事。以咸阳尉直史馆,与韩愈同修《顺宗实录》,迁监察御史。王承宗叛,诏捕其弟驸马都尉承系,其宾客中有为误识者。又苏表以破淮西策干宰相武元衡,元衡不用。以籍旧从事,令召表讯之,籍因与表狎。元衡怒,坐贬江陵府户曹参军。至任,节度命孙简知重之,欲令兼幕府职事。籍辞曰:"籍以君命遣黜,亦法以君命升。假荣偷奖,非所愿也。"后考满,连辟藩府,入为侍御史,转著作郎,迁驾部员外郎、史馆修撰。与韦处厚、韦表微、路随、沈传师同修《宪宗实录》。俄以本官知制诰,转库部郎中。大和中,迁谏议大夫,专掌史笔,罢知制诰。籍性简谵寡合,耽玩经史,精于著述,而风望峻整,为时辈推重。大和二年正月卒,时年五十九,赠工部侍郎。

子临,大中初登进士第。

刘禹锡字梦得,彭城人。祖云,父溆,仕历州县令佐,世以儒学称。禹锡贞元发年擢进士第,又登宏辞科。禹锡精于古文,善五言诗,今体文章复多才丽。从事淮南节度使杜佑幕,典记室,尤加礼异。从佑入朝,为监察御史。与吏部郎中韦执谊相善。

贞元末,王叔文于东宫用事,后辈务进,多附丽之,禹锡尤为叔文知奖,以宰相器待之。顺宗即位,久疾不任政事,禁中文诰,皆出于叔文,引禹锡及柳宗元入禁中,与之图议,言无不从。转屯田员外郎、判度支监铁案,兼崇陵使判官。颇怙威权,中伤端士。宗元素不悦武元衡,时武元衡为御史中丞,乃左授右庶子。侍御史窦群奏禹锡挟邪乱政,不宜在朝,群即日罢官。韩皋凭藉贵门,不附叔文党,出为湖南观察使。既任喜怒凌人,京师人士不敢指名,道路以目,时号二王、刘、柳。

叔文败,坐贬连州刺史,在道,贬朗州司马。地居西南夷,土风僻陋,举目殊俗,无可与言者。禹锡在朗州十年,唯以文章吟咏,陶冶情性。蛮俗好巫,每淫祠鼓舞,必歌俚辞。禹锡或从事于其间,乃依骚人之作,为新辞以教巫祝。故武陵溪洞间夷歌,率多禹锡之辞也。

初禹锡、宗元等八人犯众怒,宪宗亦怒,故再贬。制有“逢恩不原”之令。然执政惜其才,欲洗涤痕累,渐序用之。会程异复掌转运,有诏以韩皋及禹锡等为远郡刺史。属武元衡在中书,谏官十余人论列,言不可复用而止。

禹锡积岁在湘、浓间,郁悒不怡,因读《张九龄文集》,乃叙其意曰:“世称曲江为相,建言放臣不宜于善地,多徙五溪不毛之乡。今读其文章,自内职牧始安,有瘴疠之叹,自退相守荆州,有拘囚之思。托讽禽鸟,寄辞草树,郁然与骚人同风。嗟夫,身出于遐陬,一失意而不能堪,矧华人士族,而必致丑地,然后快意哉!议者以曲江为良臣,识胡雏有反相,羞与凡器同列,密启廷诤,虽古哲人不及,而燕翼无似，终为馁魂。岂忮心失恕，阴谪最大，虽二美莫赎耶？不然，何袁公一言明楚狱而锺祉四叶。以是相较，神可诬乎？"

元和十年，自武陵召还，宰相复欲置之郎署。时禹锡作《游玄都观咏》看花君子诗，语涉讥刺，执政不悦，复出为播州刺史。诏下，御史中丞裴度奏曰："刘禹锡有母，年八十余。今播州西南极远，猿狖所居，人迹罕至。禹锡诚合得罪，然其老母必去不得，则与此子为死刑，臣恐伤陛下孝理之风。伏请屈法，稍移近处。"宪宗曰："夫为人子，每事尤须谨慎，常恐贻亲之忧。今禹锡所坐，更合重于他人，卿岂可以此论之？"度无以对。良久，帝改容而言曰："朕所言，是责人子之事，然终不欲伤其所亲之心。"乃改授连州刺史。去京师又十余年，连刺数郡。

大和二年，自和州刺史征还，拜主客郎中。禹锡衔前事未已，复作《游玄都观诗序》曰："予贞元二十一年为尚书屯田员外郎，时此观中未有花木，是岁出牧连州，寻贬朗州司马。居十年，召还京师，人人皆言有道士手植红桃满观，如烁晨霞，遂有诗以志一时之事。旋又出牧，于今十有四年，得为主客郎中。重游兹观，荡然无复一树，唯兔葵燕麦，动摇于春风，因再题二十八字，以俟后游。"其前篇有"玄都观里桃千树，总是刘郎去后栽"之句，后篇有"种桃道士今何在，前度刘郎又到来"之句，人嘉其才而薄其行。禹锡甚怒武元衡、李逢吉，而裴度稍知之。大和中，度在中书，欲令知制诰，执政又闻《诗序》，滋不悦，累转礼部郎中、集贤院学士。度罢知政事，禹锡求分司东都。终以恃才褊心，不得久处朝列。六月，授苏州刺史，就赐金紫。秩满入朝，授汝州刺史，迁太子宾客，分司东都。

禹锡晚年与少傅白居易友善，诗笔文章，时无在其右者。常与禹锡唱和往来，因集其诗而序之曰："彭城刘梦得，诗豪者也。其锋森然，少敢当者，予不量力，往往犯之。夫合应者声同，交争者力敌。一往一复，欲罢不能。由是每制一篇，先于视草，视竟则兴作，则文成。一二年来，日寻笔砚，同和赠答，不觉滋多。大和三年春以前，纸墨所存者，凡一百三十八首。其余乘兴仗醉，率然口号者不在此数。因命小侄龟儿编录，勒成两轴。仍写二本，一付龟儿，一授梦得小男仑郎，各令收藏，附两家文集。子顷兴元微之唱和颇多，或在人口。尝戏微之云："仆与足下二十年来为文友诗敌，亦幸，亦不幸也。吟咏情性，播扬名声，其适遣形，其乐忘老，幸也。然江南士女语才子者，多云元、白，以子之故，使仆不得独步于吴、越间，此亦不幸也。今垂老复遇梦得，非重不幸耶？'梦得梦得，文之神妙，莫先于诗。若妙与神，则吾岂敢？如梦得'雪里高山头白早，海中仙果子生迟'，'沉舟侧畔千帆过，病树前头万木春'之句之类。真谓神妙矣。在在处处，应有灵物护持，岂止两家子弟秘藏而已！"其为名流许与如此。梦得尝为《西塞怀古》、《金陵五题》等诗，江南文士称为佳作，虽名位不达，公卿大僚多与之交。

开成初，复为太子宾客分司，俄授同州刺史。秩满，检校礼部尚书、太子宾客分司。曾昌二年七月卒，时年七十一，赠户部尚书。

子承雍，登进士第，亦有才藻。

柳宗元字子厚，河东人。后魏侍中济阴公之系孙。曾伯祖奭，高宗朝宰相。父镇，太常博士，终侍御史。宗元少聪警绝众，尤精《西汉》、《诗》、《骚》。下笔构思，与古为俦。精裁密致，璨若珠贝。当时流辈咸推之。登进士第，应举宏辞，授校书郎、蓝田尉。卢元十九年，为监察御史。

顺宗即位，王叔文、韦执谊用事，尤奇待宗元。与监察吕温密引禁中，与之图事。转尚书礼部员外郎。叔文欲大用之，会居位不久，叔文败，与同辈七人俱贬。宗元为邵州刺史，在道，再贬永州司马。既罹窜逐，涉复蛮瘴，崎岖堙厄，蕴骚人之郁悼，写情叙事，动必以文。为骚文十数篇，览之者为之凄恻。

元和十年，例移为柳州刺史。时朗州司马刘禹锡得播州刺史，制书下，宗元谓所亲曰："禹锡有母年高，今为郡蛮方，南绝域，往复万里，如何与母偕行。如母子异方，便为永诀。吾于禹锡为执友，胡忍见其若是？"即草章奏，请以柳州授禹锡，自往播州。会裴度亦奏其事,禹锡终易连州。

柳州土俗,以男女质钱,过期则没入钱主,宗元革其乡法。其已没者,仍出私钱赎之,归其父母。江岭间为进士者,不远数千里皆随宗元师法;凡经其门,必为名士。著述之盛,名动于时,时号柳州云。有文集四十卷。元和十四年十月五日卒,时年四十七。子周六、周七,才三四岁。观察使裴行立为营护其丧及妻子还于京师,时人义之。

韦辞字践之。祖召卿,洛阳丞。父翊,官至侍御史。辞少以两经擢第,判入等,为秘书省校书郎。贞元末,东都留守韦夏卿辟为从事。后累佐使府,皆以参画称职。元和九年,自蓝田令入拜侍御史,以事累出为朗州刺史,再贬江州司马。长庆初,韦处厚、路随以公望居显要,素知辞有文学理行,及称荐之。擢为户部员外,转刑部郎中,充京西北和籴使。寻为户部郎中、兼御史中丞,充盐铁副使,转吏部郎中。文宗即位,韦处厚执政,且以澄汰浮华、登用艺实为事,乃以辞与李翱同拜中书舍人。

辞素无清藻,文笔不过中才,然处事端实,游官无党。与李翱特相善,俱擅文学高名。疏达自用,不事检操。利厚以激时用,颇不厌公论,辞亦倦于润色,苦求外任,乃出为潭州刺史、御史中丞、湖南观察使。在镇二年,吏民称治。大和四年卒,时年五十八,赠右散骑常侍。

史臣曰:贞元、大和之间,以文学耸动绅之伍者,宗元、禹锡而已。其巧丽渊博,属辞比事,诚一代之宏才。如俾之咏歌帝载,黼藻王言,足以平揖古贤,气吞时辈。而蹈道不谨,昵比小人,自致流离,遂隳素业。故君子群而不党,戒惧慎独,正为此也。韩、李二文公,于陵迟之末,遑遑仁义,有志于持世范,欲以人文化成,而道未果也。至若抑杨、墨,排释、老,虽于道未弘,亦端士之用心也。

赞曰:天地经纶,无出斯文。愈、翱挥翰,语切典坟。牺鸡断尾,害马败群。僻涂自噬,刘、柳诸君。

旧唐书卷一六一
列传第一一一

李光进 _{弟光颜}　　乌重胤　王沛
_{子逢}　李琪　李祐　董重质
杨元卿 _{子延宗}　刘悟 _{子从谏　孙稹}
刘沔　石雄

　　李光进，本河曲部落稽阿跌之族也。父良臣，袭鸡田州刺史，隶
朔方军。光进姊适舍利葛旃，杀仆固玚而事河东节度使辛云京。光
进兄弟少依葛旃，因家于太原。
　　光进勇毅果敢，其武艺兵略次于葛旃。肃宗自灵武观兵，光进
从郭子仪破贼，收两京，累有战功。至德中，授代州刺史，封范阳郡
公，食邑二百户。上元初，郭子仪为朔州节度，以军讨大同、横野、清
夷、范阳及河北残寇，用光进为都知兵马使。寻迁渭北节度使。永
泰初，进封武威郡王。大历四年，检校户部尚书，知省事。未几，又
转检校刑部尚书、兼太子太保。是岁冬十月，葬母于京城之南原，将
相致祭者凡四十四幄，穷极奢靡，城内士庶，观者如堵。
　　元和四年，王承宗反，范希朝引师救易定，表光进为步都虞候，
战于木刀沟，光进有功。六年，拜银青光禄大夫、检校工部尚书，充
单于大都护、振武节度使。诏以光进夙有诚节，克著茂勋，赐姓李
氏。其弟光颜除洺州刺史，充本州团练使。兄弟恩泽同时，人皆叹

异。八年,迁灵武节度使。光进尝从马燧救临洺,战洹水,收河中,皆有功,前后军中之职,无所不历,中丞、大夫悉曾兼带。先是救易定之师,光进、光颜皆在其行,故军中呼光进为大大夫,光颜为小大夫。十年七月卒。

光进兄弟少以孝睦推于军中。及居母丧,三年不归寝室。光颜先娶妻,其母委以家事。母卒,光进始娶。光颜使其妻奉管钥、家籍、财物,归于其姒。光进命反之,且谓光颜曰:新妇逮事母,尝命以主家,不可改也。"因相持泣良久,乃如初。卒时年六十五,赠尚书左仆射。

光颜蕴兄光进以葛旃善骑射,兄弟自幼皆师之,葛旃独许光颜之勇健,己不能逮。及长,从河东军为裨将,讨李怀光、杨惠琳皆有功。后随高崇文平蜀,搴旗斩将,出入如神,由是稍稍知名。自宪宗元和已来,历授代、洺二州刺史、兼御史大夫。九年,将讨淮、蔡,九月,迁陈州刺史,充忠武军都知兵马使。逾月,迁忠武军节度使、检校工部尚书。

会朝廷征天下兵,环申、蔡而讨吴元济,诏光颜以本军独当一面。光颜于是引兵临洺水,抗洄曲。明年五月,破元济之师于时曲。初,贼众晨压光颜之垒而阵,光颜不得出,乃自毁其栅之左右,出骑以突之。光颜将数骑冒坚而冲之,出入者数四,贼众尽识,矢集于身如猬。其子揽光颜马鞍,止其深入,光颜举刃叱之,乃退。于是人争奋跃,贼乃大溃,死者数千人。捷声至京师,人人相贺。时伐蔡之师,大小凡十余镇,自裴度使还,唯奏光颜勇而知义,终不辱命。至是,果立功焉。

是岁十一月,光颜又与怀汝节度乌重胤同破元济之众于小溵河,平其栅。初,都统韩弘令诸军齐攻贼城,贼又径攻乌重胤之垒。重胤御之,中数枪,驰请救于光颜。光颜以小溵桥贼之堡也,乘其无备,使田颖、宋朝稳袭而取之,乃平其城堑,由是克救重胤。韩弘以光颜违令,取颖及朝隐将戮之。颖及朝稳勇而材,军中皆惋惜之。光颜畏弘不敢留。会中使景忠信至，知其情，乃矫诏令所在械系之。走马入见，具以本末闻。宪宗赦忠信矫诏罪，令即往释颖及朝隐。弘及光颜迭以表论。宪宗谓弘使曰："颖等违都统令，固当处死。但光颜以其袭贼有功，亦可宥之。军有三令五申，宜舍此以收来效。"及以诏谕弘，弘不悦。十一年，光颜连败元济之众，拔贼凌云栅，宪宗大悦，赐其告捷者奴婢银锦。进位检校尚书左仆射。

十二年四月，光颜败元济之众三万于郾城，其将张伯良奔于蔡州，杀其贼什二三，获马千匹，器甲三万联，皆画雷公符，仍书云：速破城北军。"寻而郾城守将邓怀金请以城降，光颜许之，而收郾城。初，邓怀金以官军围青陵城，绝其归路，怀金惧，谋于郾城令董昌龄。昌龄母素诫其子令降，昌龄因此劝怀金归款于光颜，且曰："城中之人，父母妻子皆质于蔡州，如不屈而降，则家尽屠矣。请来攻城，我则举烽求救。救兵将至，官军逆击之必败，此时当以城降。"光颜从之，贼果败走。于是昌龄执印，帅吏列于门外，怀金与诸将素服倒戈，列于门内，光颜受降，乃入罗城，其城自坏五十余步。

时韩弘为汴帅，骄矜倔强，常倚贼势索朝廷姑息，恶光颜力战，阴图挠屈，计无所施。遂举大梁城求得一美妇人，教以歌舞弦管六博之艺，饰之以珠翠金玉衣服之具，计费数百万，命使者送遗光颜，冀一见悦惑而怠于军政也。使者即齐书先造光颜垒曰："本使令公德公私爱，忧公暴露，欲进一妓，以慰公征役之思，谨以候命。"光颜曰："今日已暮，明旦纳焉。"诘朝，光颜乃大宴军士，三军咸集，命使者进妓。妓至则容止端丽，殆非人间所有，一座皆惊。光颜乃于座上谓来使曰："令公怜光颜离家室久，舍美妓见赠，诚有以荷德也。然光颜受国家恩深，誓不与逆贼同生日月下。今战卒数万，皆背妻子，蹈白刃，光颜奈何以女色为乐？"言讫，涕泣呜咽。堂下兵士数万，皆感激流涕。乃厚以缣帛酬其来使，俾领其妓自席上而回，谓使者曰："为光颜多谢令公。光颜事君许国之心，死无贰矣！"自此兵众之心，弥加激励。

及裴度至行营，率宾从于方城池口观板筑，五沟贼遽至，注弩挺刃,势将及度,光颜决战于前以却之。时光颜预虑其来,先使田布以二百骑伏于沟中,出贼不意交击之,度方获免。布又先扼其沟中归路,贼多弃骑越沟,相牵坠压而死者千余人。是日微光颜之救,度几陷矣。是月,贼知光颜勇冠诸将,乃悉其众出当光颜之师。时李愬乘其无备,急引兵袭蔡州,拔之,获元济。董重质弃洄曲军,入城降愬。光颜知之,跃马入贼营,大呼以降,贼众万余人,皆解甲投戈请命。贼平,加检校司空。

十三年春,命中官宴重胤于居第,赐刍米二十余车。宪宗又御麟德殿召对,赐金带锦彩。朝廷东讨李师道,授光颜义成军节度使。至镇,寻赴行营。数旬之内,再败贼军于濮阳,杀戮数千人,进军深入。

十四年,西蕃入寇,移授邠宁节度使。时盐州为吐蕃所毁,命李文悦为刺史,令重胤充勾当修筑盐州城使,仍许以陈许六千人随赴邠宁。是岁,吐蕃侵泾原。自田缙镇夏州,以贪猥侵挠党项羌,乃引吐蕃入寇。及蕃军攻泾州,边将郝玼血战始退。初,光颜闻贼攻泾州,料兵赴救,邠师喧然曰:“人给五十千而不识战阵,彼何人也!常额衣资不得而前蹈白刃,此何人也!”愤声恼恼不可遏。光颜素得士心,曲为陈说大义,言发涕流,三军感之,亦泣下,乃欣然即路,击贼退之。

穆宗即位,就加特进,仍与一子四品正员官。寻诏赴阙,宴开化里第,时加同中书门下平章事。穆宗以光颜功冠诸将,故召赴阙,燕赐优给。已而带平章复镇,所以报勋臣也。长庆初,迁凤翔节度使,依前检校司空、同中书门下平章事。岁末,复授许州节度使。朝廷以光颜昔镇陈许,颇得士心,将讨镇、冀,故有此拜。赴镇日,宰相百僚以故事送别于章敬寺,穆宗御通化门临送之,赐锦彩、银器、良马、玉带等物。二年,讨王廷凑,命光颜兼深州行营诸军节度使。光颜即受命而行,悬军讨贼,艰于馈运,朝廷又以沧、景、德、棣等州俾之兼管,以其邻贼之郡,可便飞挽。光颜以朝廷制置乖方,贼帅连结,未可朝夕平定。事若差跌,即前功悉弃,乃恳辞兼镇。寻以疾作,表祈归镇。朝廷果讨贼无功而赦廷凑。四年,敬宗即位,正拜司徒。

汴州李齐逐其帅叛,诏光颜率陈许之师讨之。营于尉氏,俄而诛齐。迁太原尹、北京留守、河东节度使,进阶开府仪同三司,仍于正衙受册司徒兼侍中。二年九月卒,年六十六,废朝三日,赠太尉,谥曰忠。

乌重胤,潞州牙将也。元和中,王承宗叛,王师加讨。潞帅卢从史虽出军,而密与贼通。时神策行营吐突承璀与从史军相近,承璀与重胤谋,缚从史于帐下。是日,重胤戒严,潞军无敢动者。宪宗赏其功,授潞府左司马,迁怀州刺史,兼充河阳三城节度使。会讨淮、蔡,用重胤压境,仍割汝州隶河阳,自王师讨淮西三年,重胤与李光颜掎角相应,大小百余战,以至元济诛。就加检校尚书右仆射,转司空。蔡将有李端者,过激河降重胤。其妻为贼束缚于树,脔食至死,将绝犹呼其夫曰:“善事乌仆射”。其得人心如此。

元和十三年,代郑权为横海军节度使。既至镇,上言曰:“臣以河朔能拒朝命者,其大略可见。盖刺史失其职,反使镇将领兵事。若刺史各得职分,又有镇兵,则节将虽有禄山、思明之奸,岂能据一州为叛哉?所以河朔六十年能拒朝命者,袛以夺刺史、县令之职,自作威福故也。臣所管德、棣、景三州,已举公牒,各还刺史职事讫,应在州兵,并令刺史敢管。又景州本是弓高县,请却废为县,归化县本是草市,请废县依旧属德州。”诏并从之。由是法制修立,各归名分。

及屯军深州,重胤以朝廷制置失宜,贼方凭凌,未可轻进,观望累月。穆宗急于诛叛,遂以杜叔良代之,以重胤检校司徒,兼兴元尹,充山南西道节度使。召至京师,复以本官为天平军节度、郓曹濮等州观察等使。李同捷据沧州,请袭父位,朝廷不从。议者虑狡童拒命,欲以重臣代,乃移镇衮海,加太子太师、平章事,俾兼领沧景节度,仍旧割齐州隶之,盖望不劳师而底定。制出旬日,重胤卒,赠太尉。

重胤出自行间,及为长帅,赤心奉上。能与下同甘苦,所至立功,未尝矜伐。而善待宾僚,礼分同至,当时名士,咸愿依之。身殁之日,军士二十余人,皆割股肉以为祭醊,虽古之名将,无以加焉。

子汉弘嗣,起复授左领军卫将军。汉弘上表乞终服纪,文宗嘉诏从之。服阕,方授官。

王沛,许州人。年十八,有勇决,许州节度使上官涚奇其才,以女妻之,署为牙门将。及涚卒,子婿田偶迫胁涚子,欲邀袭位,惧监军使不顺其事,将结谋伏兵以图之。沛窃知其谋,密告监军,因尽擒其党于伏匿之所。监军范日用以其事闻,德宗乃以陈许行军司马刘昌裔总统其军,赐沛手诏,令护涚子赴上都,既至,召见,德宗渭之曰:"据卿忠义,宠且加等。但昌裔所奏,只请加监察御史,朕意殊为不足。卿速归,便宣付昌裔,更令奏来。"遂驿骑而还,未至许州,拜开府仪同三司、兼御史中丞,依前本职。

吴元济反,李光颜受命攻讨,奇沛节概,署行营兵马使,别统劲兵屯于近郊。及军合,连破蔡寇。频诏进军,诸将观望,无敢先渡洺河。沛率兵五千,夜渡洺河合流口,径扼贼喉而成城。自是,河阳、宣武、太原、魏博等军继渡,掎角进攻郾城。沛先结垒与贼对,贼将邓怀金率众面缚而降。蔡贼平,沛随李光颜入朝,光颜具陈沛功,加御史大夫。

既还镇,光颜受诏讨郓寇。及李师道诛,诏分许州兵戍于邠,以沛为都将,救盐州,击退吐蕃。以功加宁州刺史,迁陈州。李齐反,诏沛兼忠武节度副使,率师讨齐。齐平,加检校右散骑常侍,迁兖海沂密节度、观察等使。此邦新造,人情犷骜,沛明申法令,选搜军政,期年大理。明年,改检校工部尚书,充忠武军节度、陈许蔡观察等使。卒于镇,赠右仆射。子逢。

逢少沉勇,从父征伐有功,为忠武都知兵马使。大和中,入宿卫,历诸卫将军。从石雄、刘沔破回纥于天德。性果决,用法严。其时有二千人不上阵,官赐赏给,逢皆不与。或非之,逢曰:"健儿向前冒白刃，若无功而赏，其如冒刃者何？”王宰攻刘稹，逢领陈许七千人屯翼城，代田令昭。贼平，检校左散骑常侍。累迁至忠武军节度、陈许观察等使。

李珙，山东甲姓，代修婚姻。至珙，不好读书，唯以弓马为务，长六尺余，气貌魁岸。尝诣泽潞谒李抱真，先之，将选为衙门将，旋以酒酣使气，复欲弃之。都将王虔休谓抱真曰：“李珙，奇士也，若不能用，不如杀之，无为他人所得。”

抱真死，虔休为帅，乃依虔休，累为昭义大将。吐突承璀之擒卢从史，乌重胤实预其谋，珙初不知，将救从史。闻重胤受朝旨，乃观望不进，重胤以此德之。后领河阳，乃置于麾下。然朝廷已与从史厚善，竟出为北边一校。元和十年，征淮西，重胤恳表为诸道行营都虞候，诏特从之，俄以母忧去职。服阕，除右武卫上将军。长庆四年八月卒，年六十四，废朝一日。

李祐，本蔡州牙将。事吴元济，骁勇善战。自王师讨淮西，祐为行营将，每抗官军，皆惮之。元和十二年，为李愬所擒。愬知祐有胆略，释其死，厚遇之。推诚定分，与同寝食，往往帐中密语，达曙不寐。人有耳属于外者，但屡闻祐感泣声。而军中以前时为祐杀伤者多，营垒诸卒会议，皆恨不杀祐。愬以众情归怨，卢不能全，因送祐于京师，乃上表救之。

宪宗特恕，遂遣祐赐愬。愬大喜，即以三千精兵付之。祐所言，无有所疑，竟以祐破蔡，擒元济。以功授神武将军。迁金吾将军、检校左散骑常侍、夏州刺史、御史大夫、夏绥银宥节度使。

宝历初，入为右金吾大将军。寻以吐蕃入寇，出为泾州刺史、泾原节度使。大和初，讨李同捷，迁检校户部尚书、沧州刺史、沧德景节度使。大和三年五月卒。

董重质，本淮西牙将，吴少诚之子婿也。性勇悍，识军机，善用兵。及元济拒命，重质又为谋主，领大军当王师，连岁不拔，皆重质之谋也。元和十二年，宰相裴度督兵淮西，至郾城，元济乃悉发左右及守城之卒，委重质而拒度。时李诉乘虚入蔡，既擒元济，重质之家在蔡，诉乃安恤之，仍使其子持书礼以召重质。重质见其子，知城已陷，及元济囚窘之状，乃慨然以单骑归诉，白衣叩伏，诉揖登阶，以宾礼与之食。宪宗欲杀之，诉奏许以不死而来降，请免之，且乞于本军驱使。于是，贬春州司户参军。

明年，转太子少詹事，委武宁军收管驱使，仍加金紫。十五年，征入，授左神武军将军，知军事，兼御史中丞。仍赐金帛，与有功者等。寻授盐州刺史，又迁左右神策及诸道剑南西川行营节度使、检校左散骑常侍。大和四年，又转夏绥银宥节度使。五年，就加检校工部尚书。重质训兵立法，羌戎畏服。八年八月卒，赠尚书右仆射

杨元卿，祖子华，德州安陵县丞。父寓。申州钟山县令。元卿少孤，慷慨有才略。及冠，尚漂荡江岭之表，纵游放言，人谓之狂生。时吴少诚专蔡州，朝廷姑息之。元卿白衣谒见，署以剧县，旋辟为从事，奏授试大理评事。亦事少阳，后奏转监察里行。因上奏，宰相李吉甫深加慰纳，自是一岁或再随奏至京师。元卿每与少阳言，谕以大义，乃为凶党所构，赖节度判官苏肇保持，故免。元卿潜奉朝廷，内耗少阳之事。

及少阳死，其子元济继立，元卿说曰："先尚书性吝，诸将皆饥寒。今须布惠以自固也。府中有无，元卿熟知之，曷若散聘诸道，卑辞厚礼，以丈人行呼群帅，庶几一助，而诸将大获矣。元卿愿将留后表上闻，朝廷安得不从哉？"元济许之，元卿即日离蔡，以贼势盈虚条奏，潜请诏诸道拘留使者。及元济觉，元卿妻陈氏并四男并为元济所杀，同坎一射垛。苏肇以保持元卿，亦同日被害。诏授元卿岳王府司马，寻迁太子仆射。

元和十三年，授蔡州刺名、兼御史中丞。未行，改授光禄少卿。初，朝廷比令元卿与李愬会议，于唐州东境选要便处，权置行蔡州。

如百姓官健有归顺者,便准敕优恤,必令全活。既而召见,元卿遽奏请借度支钱,及言事颇多不合旨。宰相裴度亦以诸将讨贼三年,功成在旦暮,如更分土地与元卿,即恐相侵生事,故罢前命而改授焉。是岁,既平淮西,元卿奏曰:“淮西甚有宝货及犀带,臣知之,往取必得。”上曰:“朕本讨贼,为人除害,今贼平人安,则我求之得矣。宝货犀带,非所求也,勿复此言。”是月,诏授左金吾卫将军。未几,改汾州刺史,复征为左金吾卫将军。

长庆初,易置镇、魏守臣,元卿诣宰相深陈利害,并具表其事。后穆宗感悟,赐白玉带,旋授检校左散骑常侍、泾州刺史、泾原渭节度观察等使,兼充四镇北庭行军。元卿乃奏置屯田五千顷,每屯筑墙高数仞,键闭牢密,卒然寇至,尽可保守。加检校工部尚书。营田成,复加使号。居六年,泾人论奏,为立德政碑,移授怀州刺史,充河阳三城节度观察等使。大和五年,就加检校司空,进阶光禄大夫,以其营田纳粟二十万石,以裨经费故也。是岁,改授汴宋亳观察等使。凡所废置,皆有弘益,诏并从之。年七十,寝疾,归洛阳,诏授太子太保。是岁八月卒,废朝三日,赠司徒。元卿始以毁家效顺,累授方镇。然性险巧,所至好聚敛,善结交,泾人得情,亦由此也。

子延宗,开成中为磁州刺史,坐谋逐河阳节度使以自立,为其党所告,台司推鞫得实,诛之。

刘悟,正臣之孙也。正臣本名客奴。天宝末,禄山叛,平卢军节度使柳知晦受贼伪署,客奴时职居牙门,袭杀知晦,驰章以闻,授平卢军节度使,赐名正臣。

悟少有勇力,叔逸准为汴帅,积缗钱数百万于洛中,悟辄破扃鐍,悉盗用之。既而惧,亡归李师古。始亦未甚知,后因击球驰突,冲师古马仆,师古怒,将斩之。悟猛以气语抵触师古,师古奇而免之,因令管壮士,将后军,累署衙门右职,奏授淄青节度都知兵马使、兼监察御史。

元和末,宪宗既平淮西,下诏诛师道,师道遣悟将兵拒魏博军,而数促悟战。悟未及进，驰使召之。悟度使来必杀己，乃伪疾不出，令都虞候往迎之。使者亦果以诚告其人云："奉命杀悟到代悟。"都虞候即时先还，悟劫之得其实，乃召诸将与谋曰："魏博田弘正兵强，出战必败，不出则死。今天子所诛者，司空一人而已，悟与公等皆为所驱迫，使就其死。何如杀其来使。整戈以取郓，立大功，转危亡为富贵耶！"众咸曰："善，唯都将所命！"悟于是立斩其使，以兵取郓，围其内城，兼以火攻其门。不数刻，擒师道并男二人，并斩其首以献。擢拜悟检校工部尚书、兼御史大夫、义成军节度使，封彭城郡王，仍赐实封五百户，钱二万贯，庄、宅各一区。十五年正月入觐，又加检校兵部尚书，馀余故。

穆宗即位，以恩例迁检校尚书右仆射。是岁十月，移镇泽潞，旋以本官兼平章事。长庆元年，幽州大将朱克融叛，囚其帅张弘靖，朝廷求名将以镇渔阳，乃加悟检校司空、平章事，充卢龙军节度使。悟以幽州方乱，未克进讨，请授之节钺，徐图之，乃复以悟为泽潞节度，拜检校司徒，兼太子太傅，依前平章事。时监军刘承偕颇恃恩权，常对众辱悟，又纵其下乱法，悟不能平。异日有中使至，承偕宴之，请悟，悟欲往。左右皆曰："往则必为其困辱矣。"军众因乱，悟不止之，乃擒承偕至牙门，杀其二仆，欲并害承偕，悟救之获免。朝廷不获已，贬承偕。自是悟颇纵恣，欲效河朔三镇。朝廷失意不逞之徒。多投寄潞州以求援。往往奏章论事，辞旨不逊。宝历元年九月病卒，赠太尉。遗表请以其子从谏继缵戎事。敬宗下大臣议。仆射李绛以泽潞内地，与三镇事理不同，不可许。宰相李逢吉、中尉王守澄受其赂，曲为奏请。

从谏自将作监主簿，起复云麾将军，守金吾卫大将军同正、检校左散骑常侍、兼御史大夫，充昭义节度副大使，知节度观察等留后。二年，加金吾上将军、检校工部尚书，充昭义节度等使。文宗即位，进检校司空。六年十二月入觐，七年春归藩，加同中书门下平章事。九年，李训事败，宰相王涯等四人被祸。时涯兼掌邦计，虽不与李训同谋，然不自异于其间，既死非其罪，悟素德涯之私恩，心颇不平，四上章请涯等罪名，仇士良辈深惮之。是时中官颇横，天子不能制，朝臣日尤陷族，赖从谏论列而郑覃、李石方能粗秉朝政。

先是有萧洪者，诈称太后弟，因仇士良保任，许之厚赂。及洪累授方镇，纳赂不满士良之志，士良怒，遣人上书论洪非太后之亲，又以萧本者为太后弟。从谏深知内宫之故，乃自潞府飞章论之曰："臣闻造伪以乱真者，匹夫知之尚不可，况天下皆知乎?执疏以为亲者，在匹夫之家尚不可，况处大国之朝乎?臣受国恩深，奉公心切，知有此失，安敢不言?伏唯皇帝陛下仁及万方，孝敦九族，而推心无党，唯理是求。微臣所以不避直言，切论深事。伏见金吾将军萧本称是太后亲弟，受此官荣。今喧然国都，追闻藩府，自上及下，异口同音，皆言萧弘是真，萧本是伪。臣傍听众论，遍察群情，咸思发明，以正名分。今年二月，其萧弘投臣当道，求臣上闻，自言："比者福建观察使唐扶及监军刘行立具审根源，已曾论奏。其时属萧本得为外戚，来自左军，台司既不敢研穷，圣意遂勒还乡里。自兹议论，转益沸腾。臣亦令潜问左军，榷论大体，而士良推至公之道，发不党之言。盖萧本自度孤危，妄有凭恃。伏以名居国舅，位列朝班，而真伪不分，中外所耻。切虑皇太后受此罔惑，已有恩情，若含垢于一时，终取笑于千古。伏乞追萧弘赴阙，与萧本对推，细诘根源，必辩真伪。"诏令三司使推按。帝以二萧虽诈，托名太后之宗，不欲诛之，俱流岭表。从谏进位检校司徒。会昌三年卒。

大将郭谊等若丧，用其侄稹权领军务。时宰相李德裕用事，素恶从谏之奸回，奏请刘稹护丧归洛，以听朝旨。稹竟叛。德裕用中丞李回奉使河朔，说令三镇加兵讨稹，乃削夺稹官，命徐许滑孟魏镇幽并八镇之师，四面进攻。四年，郭谊斩稹，传首京师。

从谏妻裴氏。初，稹拒命，裴氏召集大将妻同宴，以酒为寿，泣下不能已。诸妇请命，裴曰："新妇各与汝夫文字，勿忘先相公之拔擢，莫效李丕背恩，走投国家。子母为托，故悲不能已也。"诸妇亦泣下，故潞将叛志益坚。稹死，裴亦以此极刑。稹族属昆仲九人，皆诛。

　　刘沔,许州牙将也。少事李光颜,为帐中亲将。元和末,光颜讨吴元济,常用沔为前锋。蔡将有董重质者,守洄曲,其部下乘骡即战,号骡子军,最为劲悍,官军常警备之。沔骁锐善骑射,每与骡军接战,必冒刃陷坚,俘馘而还,故忠武一军,破贼第一。淮、蔡平,随光颜入朝,宪宗留宿卫,历三将军。历盐州刺史、天德军防御使,在西北边累立奇效。

　　大和末,河西党项羌叛,沔以天德之师屡诛其酋渠,移授振武节度使,检校右散骑常侍、单于大都护。开成中,党项杂虏大扰河西,沔率吐浑、契苾、沙陀三部落等诸族万人、马三千骑,径至银、夏讨袭,大破之,俘获万计,告捷而还。以功加检校户部尚书。会昌初,回纥部饥,乌介可汗奉太和公主至漠南求破虏。过杷头峰,犯云、朔、北川。朝廷以太原重地,控扼诸戎,乃移沔河东节度使、检校尚书左仆射、太原尹、北京留守。诏与幽州张仲武协力招抚回鹘,竟破虏寇,迎公主还宫。以功进位检校司空,寻改滑州刺史、义成军节度使。

　　四年,潞帅刘从谏卒,子稹匿丧,擅主留务,要求旌钺。武宗怒,命忠武节度使王宰、徐州节度李彦佐等,充潞府西南面招抚使,遂遂复授沔太原节度,充潞府北面招讨使。沔与张仲武不协,方征兵幽州,乃移沔为郑滑节度使,进位检校司徒。既而以疾求归洛阳,授太子太保,卒。

　　初,沔为忠武小校,从李光颜讨淮西,为捉生将。前后遇贼血战,锋刃所伤,几死者数四。尝伤重卧草中,月黑不知归路,昏然而睡,梦人授之双烛,曰:“子方大贵,此行无患,可持此而还。”既行,炯然有双光在前。自后破虏危难,每行常有此光。及罢镇后,双光息。五年李德裕出镇,罢沔为太子太保。明年,以太子太保致仕卒。

　　石雄,徐州牙校也。王智兴之讨李同捷,以雄为右厢捉生兵马使。勇敢善战,气凌三军。自智兴以兵临贼境,率先收棣州,雄先驱渡河,前无坚阵。徐人伏雄之扶待,恶智兴之虐,欲逐之而立雄。智兴以军在贼境,惧其变生,因其立功。请授一郡刺史。朝廷征赴京师,授璧州刺史。智兴寻杀雄之素相善诸将士百余人,仍奏雄摇动军情,请行诛戮。文宗雅知其能,惜之,乃长流白州。

大和中,河西党项扰乱,选求武士,乃召还,隶振武刘沔军为裨将,累立破羌之功。文宗以智兴故,未甚提擢,而李绅、李德裕以崔群旧将,素嘉之。

会昌初,回鹘寇天德,诏命刘沔为招抚回鹘使。三年,回鹘大掠云、朔北边,牙于五原。沔以太原之师屯于云州,沔谓雄曰:“黠虏离散,不足驱除。国家以公主之故,不欲急攻。今观其所为,气凌我辈。若禀朝旨,或恐依违。我辈捍边,但能除患,专之可也。公可选骁健,乘其不意,径趋虏帐,彼以疾雷之势,不暇枝梧,必弃公主亡窜。事苟不捷,吾自继进,亦无患也。雄受教,自选劲骑,得沙陀李国昌三部落,兼契苾拓拔杂虏三千骑,月暗夜发马邑,径趋乌介之牙。时虏帐逼振武,雄既入城,登堞视其众寡,见毯车数十,从者皆衣朱碧,类华人服饰。雄令谍者讯之:“此何大人”? 虏曰:“此公主帐也。”雄喻其人曰:“国家兵马欲取可汗。公主至此,家国也。须谋归路,俟兵合时不得动帐幕。”雄乃大率城内牛马杂畜及大鼓,夜穴城为十余门。迟明,城上立旗帜炬火,乃于诸门纵其牛畜,鼓噪从之,直犯乌介牙帐。炬火烛天,鼓噪动地,可汗惶骇莫测,率骑而奔。雄率劲骑追至杀胡山,急击之,斩首万级,生擒五千,羊马车帐皆委之而去。遂迎公主还太原。以功加检校左散骑常侍、丰州刺史、兼御史大夫、天德防御等使。

雄沉勇徇义,临财甚廉。每破贼立功,朝廷特有赐与,皆不入私室,置于军门,首取一分,余并分给,以此军士感义,皆思奋发。累迁检校左仆射、河中尹、河中晋绛节度使。

俄而昭义刘从谏卒,其子稹擅主军务,朝议问罪,令徐帅李彦佐为潞府西南面招抚使,以晋州刺史李丕为副。时王宰在万善栅,刘沔在石会,相顾未进。雄受代之翌日,越乌岭,破贼五砦,斩获千计。武宗闻捷大悦,谓侍臣曰:"今之义而有勇,罕有雄之比者。"雄既率先破贼,不旬日,王宰收天井关,何弘敬、王元达亦收磁洛等郡。先是潞州狂人折腰于市,谓人曰:"雄七千人至矣。"刘从谏捕面诛之。及稹危蹙,大将郭谊密款请斩稹归朝,军中疑其诈。雄倡言曰:"贼稹之叛,郭谊为谋主。今请斩稹,即谊自谋,又何疑焉?"武宗亦以狂人之言,诏雄以七千兵受降。雄即径驰潞州降谊,尽擒其党与。贼平,进加检校司空。

王宰,智兴之子,于雄不足,雄以辕门子弟善礼之。然讨潞之役,雄有始卒之功,宰心恶之。及李德裕罢相,宰党排摈雄,罢镇。既而闻德裕贬,发疾而卒。

史臣曰:古所谓名将者,不必蒙轮拔距之材,拉虎批熊之力,要当以义终始,好谋而成。而阿跌昆仲,禀气阴山,率多令范,让家权于主妇,拒美妓于奸臣,章武恢复之功,义师之效也。重胤忠于事上,仁于抚下,淮、蔡之役,勋亚光颜,殿邦之臣也,不可多得。王沔之擒僚婿,李佑之执贼渠,皆因事立功,转祸为福,智则智矣,仁者不为。而刘悟自恃太尤,世邀缵袭,至于赤族,报亦晚耶!雄、沔负羽边城,声驰沙漠,奉迎贵主,摧破昆戎,不亦壮乎!雄能感于已知,不为无义,美哉!

赞曰:淮、郓砥平,义将输诚。二凶受缚,亦其同恶。毁义弃忠,必殄尔宗。孰称善将?刘沔、石雄。

旧唐书卷一六二
列传老一一二

潘孟阳　李翛　王遂　曹华
韦绶　郑权　卢士玫
韩全义　高霞寓　高瑀
崔戎　陆亘　张正甫 子毅夫
颜夫子祎

潘孟阳，礼部侍郎炎之子也。孟阳以父荫进，登博学宏辞科，累迁殿中侍御史，降为司议郎。孟阳母，刘晏女也，公卿多父友及外祖宾从，故得荐用，累至兵部郎中。

德宗末，王绍以恩幸，数称孟阳之材，因擢授权知户部侍郎，年未四十。顺宗即位，永贞内禅，王叔文诛，杜佑始专判度支，请孟阳代叔文为副。时宪宗新即位，乃命孟阳巡江淮省财赋，仍加盐铁转运副使，且察东南镇之政理。时孟阳以气豪权重，领行从三四百人，所历镇府，但务游赏，与妇女为夜饮。至盐铁转运院，广纳财贿，补吏职而已。及归，大失人望，罢为大理卿。三年，出为华州刺史，迁梓州刺史、剑南东川节度使。与武元衡有旧，元衡作相，复召为户部侍郎、判度支，兼京北五城营田使，以和籴使韩重华为副。太府卿王遂与孟阳不协，议以营田非便，持之不下，孟阳忿憾形于言。二人俱请对，上怒不许，乃罢孟阳为左散骑常侍。明年，复拜户部侍郎。

孟阳气尚豪俊，不拘小节。居第颇极华峻，宪宗微行至乐游原，见其宏敞，工犹未已，问之，左右以孟阳对，孟阳惧而罢工作。性喜宴，公卿朝士多与之游，时指怒者不一。俄以风缓不能行，改左散骑常侍。元和十年八月卒，赠兵部尚书。宪宗每事求理，常发江淮宣慰使，左司郎中郑敬奉使，辞，上诫之曰："朕宫中用度，一匹已上皆有簿籍，唯赈恤贫民，无所计算。卿经明行修，今登车传命，宜体吾怀，勿学潘孟阳，奉使所至，但务酣饮、游山寺而已。"其为人主所薄如此！

李脩，不知何许人。起于寒贱，以庄宪皇后妹婿，元和已来骤阶仕进。以恩泽至坊州、绛州刺史。无他才，性纤巧承迎。常饰厨传以奉往来中使及禁军中尉宾客，以求善誉。治民苟事，粗有政能。上以为才，召拜司农卿，迁京兆尹。

十年，庄宪太后崩，脩为山陵桥道置顿使。恃能惜费，每事减损。灵驾至灞桥顿，从官多不得食。及至渭城北门，门坏。先是，桥道司请改造渭城北门，计钱三万，脩以劳费不从，令深凿轨道以通灵驾。掘土既深，旁柱皆悬，因而顿坏，所不及辒辌车者数步而已。初欲坏城之东北塘，以出灵驾，中人皆不可，乃停驾，撤去坏门土木而后行。脩惧，诬奏辒辌轴折，山陵使李逢吉令御史封其车轴，自陵还，奏请免脩官。上以用兵务集财赋，以脩前后进奉，不之责，但罚俸而已。逢吉极言其罪，乃削银青阶。翌日，复赐金紫。自此，朝廷端士，多遭谮毁，义士为之侧目。时宿师于野，馈运不集。浙西重镇，号为殷阜，乃以脩为润州刺史、浙西观察使，令设法鸠聚财货。淮西用兵，颇赖其赋。十四年，以病求还京师，未朝谒而卒。

王遂，宰相方庆之孙也。以吏能闻于时，尤长于兴利。锐于操下，法颇严酷。累迁至邓州刺史。以晓达钱谷，入为太府卿。潘孟阳判度支，与遂私憾，互有争论。遂为西北供军使，言营田非便，与孟阳会议相非，各求请对。上怒，俱不见，出遂为柳州刺史。遂亲吏韦行素、柳季常请课料于两池务，属遂罢务，季常等为吏所诬，各笞四十。遂柳州制出，左丞吕元膺执奏曰："遂以补吏犯赃，法当从坐。其除官制云'清能业官'，据遂犯状，不宜有'清'字。柳州大郡，出守为优。谨封还制书。"上令喻之，方行。数年，用兵淮西，天子藉钱谷吏以集财赋，知遂强干，乃用为宣州刺史、宣歙观察使。淮、蔡平，王师东讨，召拜光禄卿，充淄青行营诸军粮料使。以光禄职当祠祭，改检校左散骑常侍、兼御史大夫。

初，师之出也，岁计兵食三万石，及郓贼诛，遂进羡余一百万，上以为能。时分师东道所据十二州为三镇，乃以遂为沂州刺史、沂兖海等州观察使。遂性狷忿，不存大体。而军州民吏，久染污俗，率多犷戾，而遂数因公事訾置将卒曰'反虏'，将卒不腾其忿。牙将王弁乘人心怨怒，十四年七月，遂方宴集，弁噪集其徒，害遂于席，判官张实、李甫等同遇害。及曹华代遂至镇，尽擒乱党王弁等诛之。

遂器用不弘，僻于聚敛，而非兼抚之才，但峻威刑，以绳乱俗。其所制笞杖，率逾常制。遂既死，监军使封其杖进呈，上令出示于朝，以诫廉使。

曹华，宋州楚丘人，仕宣武军为牙校。贞元末，吴少诚叛，本军以华骁果有智算，用为襄城戍将。蔡贼攻襄城，华屡败之。德宗特赐旗甲。元和九年，以功授宁州刺史，未行而吴元济叛，朝廷命河阳帅乌重胤讨贼。重胤请华为怀汝节度行营副使。前后数十战，大破贼于青陵城。贼平，授棣州刺史，封陈留郡王。棣邻于郓，贼屡侵逼，华招募郡盗之劲者，补之军卒，分据要路。其后，贼至皆击败之，郓人不敢北顾。及李师道诛，分所管十二州为三镇。王遂为沂兖海观察使，褊刻不能驭众，为牙将王弁所害，朝廷遂授华左散骑常侍、沂州刺史、沂海兖观察使。华至镇，视事三日，宴将吏，伏甲士千人于幕下。群校既集，华喻之曰："吾受命廉问，奉圣旨，以郓州将士分割三处，有道途转徙之劳。今有颁给，北州兵稍厚。郓州士卒处右，州兵处左，冀易以区别。"分定，并令州兵出外。既出阃门，乃谓郓卒曰："天子深知郓人之劳,然前害主帅者,不能免罪。"甲士自幕中出,周环之,凡郓一千二百人,立斩于庭,血流成渠。是日,门屏之间,有赤雾高丈余,久之方散。自是海、沂之人,重足股栗,无敢为盗者。

华恶沂之地偏,请移理于兖,许之。初,李正己盗有青、郓十二州,传袭四世,垂五十年,人俗顽骜,不知礼教。华令将吏曰:"邹、鲁儒者之乡,不宜忘于礼义。"乃躬礼儒士,习俎豆之容,春秋释奠于孔子庙,立学讲经,儒冠四集。出家财赡给,俾成名入仕,其往者如归。

及镇州军乱,杀田弘正,华表请以本军进讨,就加检校工部尚书,升兖海为武宁节度,赐之节钺。李齐叛于大梁,华不俟命赴讨。齐方遣兵三千人取宋州,华逆击败之。由是,宋、亳不从齐乱。齐平,以功加检校尚书右仆射。以河朔拒命,移华为滑州刺史、义成军节度使。长庆三年七月,卒于镇,时年六十九。

华虽出自戎行,而动必由礼,尤重士大夫,未尝以富贵骄人,下迨仆隶走使之徒,必待之以诚信,人以为难。赠司空。

韦绶字子章,京兆人。少有至性,丧父,刺血写佛经。初为长安县尉,遭朱泚之乱,变服乘驴赴奉天,于颀镇襄阳,辟为宾佐。尝因言政,面刺颀之纵恣。入朝为工部员外,转屯田郎中。元和十年,改职方郎中,充太子诸王侍读,再迁谏议大夫。时穆宗在东宫,方幼好戏,绶讲书之隙,颇以嘲诮悦之。尝密齐家所造食,入宫饷太子。宪宗尝召对,绶奏曰:"太子学书,至'依'字,辄去旁人。臣问之,太子云:'君父以此字可天下奏事,臣不合全书。'上益嘉太子之贤,赐绶锦彩。绶无威仪,时以人间鄙说戏言以取悦太子。太子因入侍。道绶语,宪宗不悦,谓侍臣曰:"凡侍读者,当以经义辅导太子,纳之轨物,而绶语及此,予何望耶?"乃罢侍读,出为虔州刺史。

穆宗即位,以师友之恩,召为尚书右丞,兼集贤院学士,甚承恩顾,出入禁中。绶以七月六日是穆宗载诞节,请以是日百官诣光顺门贺太后，然后上皇帝寿。时政道颇僻，敕出，人不敢议。久之，宰臣奏古无生日称贺之仪，其事终寝。绶在集贤，遇重阳，赐宰臣百官曲江宴，绶请与集贤学士别为一会，从之。长庆元年三月，转礼部尚书，判集贤院事。

帝尝问：“禳灾祈福，其可必乎？”绶对曰：“昔宋景公以一善言而法星退之三舍，此禳灾以德也。汉文帝除秘祝，每于祠祭，尽敬而已，言无所祈，以明福不可以求致也。而二君卒能变已变之灾，享自致之福，著于史传，其理甚明。如失德以祈灾消，媚神以祈福至，神苟有知，当因以致谴，非祈禳之道也。时人主失德，绶因以讽之。

二年十月，检校户部尚书、兴元尹、山南西道节度使。辞日，请门戟十二，自将赴镇；又诉家贫，请赐钱二百万；又面乞授子元弼官。上皆可之。绶御事无术，洎临戎镇，庶政隳紊。二年八月卒，赠尚书右仆射，博士刘端夫请谥为“通”，殿中侍御史孟琯上言以为非当。博士权安请谥为“缪”，竟不施行。

郑权，荥阳开封人也。登进士第，释褐泾原从事。节度使刘昌符病亟，请入觐，度军情必变，以权宽厚容众，俾主留务。及昌符上路，兵果乱，权挺身入白刃中，抗辞喻以逆顺，因杀其首乱者数人，三军畏伏。德宗闻而嘉之。时天子厌兵，藩镇将吏得军情者，多超授官爵。自试卫佐擢行军司马、御史中丞，入朝为仓部郎中，累迁至河南尹。十一年，代李逊为襄州刺史、山南东道节度使。十二年，转华州刺史、潼关防御、镇国军使。十三年，迁德州刺史、德棣沧景节度使。

时朝廷用兵讨李师道，权以德、棣之兵临境。奏于平原、安德二县之间置归化县，以集降民。沧州刺史李宗奭与权不协，每事多违，不禀节制。权奏之，上令中使追之。宗惧讽州兵留己，上言惧乱，未敢离郡，乃以乌重胤镇横海，代权归朝。沧州将吏惧，共逐宗奭。宗奭方奔归京师。诏以悖慢之罪，斩于独柳之下。其弟宗爽，长流汀州。授权邠宁节度。会天德军使上章论宗奭之冤，为权诬奏，权降授原王傅,寻迁右金吾卫大将军,充左街使。

穆宗即位,改左散骑常侍,充入回鹘告哀使。惮其远役,辞以足疾,不获免,肩舆而行。权器度魁伟,有辞辩。既至虏廷,与虏主争论曲直,言辞激壮,可汗深敬异之。

长庆元年使还,出为河南尹,入拜工部侍郎,迁本曹尚书。以家人数多,俸入不足,求为镇守。旬月,检校右仆射、广州刺史、岭南节度使。初权出镇,有中人之助。南海多珍货,权颇积聚以遣之,大为朝士所嗤。四年十月卒。

卢士玫,山东右族,以文儒进。性端厚,与物无竞,雅有令闻。始为吏部员外郎,称职,转郎中、京兆少尹。奉宪宗园寝,刑简事集,时论推其有才,权知说兆尹事。会幽州刘总愿释兵柄入朝,请用张弘靖代己,复请析瀛、漠两州,用士玫为帅,朝廷一皆从之。士玫遂授检校右常侍,充瀛、漠两州都防御观察使。

无何,幽州乱,害宾佐,执弘靖,取裨将朱克融领军务,遣兵袭瀛、漠。朝廷虑防御之名不足抗凶逆,即日除士玫检校工部尚书,充瀛漠节度使。士玫亦罄家财助军用,坚拒叛徒者累月。竟以官军救之不至,又瀛漠之卒亲爱多在幽州,遂为其下阴导克融之兵以溃。士玫及从事皆被拘执,送幽州,囚于宾馆。及朝廷宥克融之罪,士玫方得归东洛。寻拜太子宾客,留司洛中,旋除虢州刺史,复为宾客。宝历元年七月卒,赠工部尚书。

韩全义,出自行间,少从禁军,事窦文场。及文场为中尉,用全义为帐中偏将,典禁兵在长武城。贞元十三年,为神策行营节度、长武城使,代韩潭为夏绥银宥节度。诏以长武兵赴镇。全义贪而无勇。短于抚御。制未下,军中知之,相与谋曰:“夏州沙碛之地。无蚕生业。盛夏移徙,吾所不能。”是夜,戍卒鼓噪为乱,全义逾城而免,杀其亲将王栖岩、赵虔曜等。赖都虞候高崇文诛其乱首而止之,全义方获赴镇。

　　明年，吴少诚拒命，诏征十七镇之师讨之。进军无统帅，兵无多少，皆以内官监之，师之进退不由主将。十五年冬，王师为贼所败于小溵河。德宗以文场素待全义，乃用为蔡州四面行营招讨使，仍以陈许节度命上官涗副之。诸镇之师，皆取全义节度。全义将略非所长，能以巧佞财贿结中贵人，以被荐用。及师临贼境，又制在监军，每议兵出，一帐之中，中人十数，纷色争论莫决。蔡贼闻之，屡求决战。十六年五月，遇贼于溵水南广利城。旗鼓未交，诸军大溃，为贼所乘，全义退保五楼，贼对垒相望。溃兵未集，乃与监军贾英秀、贾国良等保溵水县。贼距溵水五六里而军，全义惧其凌突，退保陈州。其汴宋、河北之军，皆亡归本镇，唯陈许将孟元阳、神策将苏光荣等数千人守溵水。全义诱潞州大将夏侯仲宣、滑将时昂、河阳将权文度、河中将郭湘等诛之，由是军情稍固。少诚知王师无能为，致书币以告监军，愿求昭洗。德宗召大臣议，宰相贾耽曰："昨全义五楼退军，贼不追袭者，应望国家恩贷。臣伏恐须开生路。"上然之。又得监军等奏，即下制洗涤，加其爵秩。

　　十七年，全义自陈州班师，而中人掩其败迹，上待之如初。全义武臣，不达朝仪，托以足疾，不任谒见。全义司马崔放入对，德宗劳问，放引过，言招抚无功，德宗曰："全义为招讨使，招得吴少诚归国，其功大矣。何必杀人乃为功耶！"旋命还镇，令中使就第赐宴，锡赍颇厚。自还至辞，都不谒见而去。议者以隳败法制，从古已还，未如贞元之甚。宪宗在藩，常恶其事。及即位，全义惧，求入觐，诏以太子太保致仕。其年七月卒。

　　高霞寓，范阳人。祖仙，父栖鹤，皆以孝闻。凡五代同衅。德宗朝，采访使洪经纶奏旌表其门闾，乡里称美其事。韬寓少读《左氏春秋》及孙、吴《兵法》，好大言，颇以节概自许。贞元中，徒步造长武城使高崇文，待以犹子之分，擢授军职，累奏宪宗，甚见委信。元和初，诏授兼御史大夫，从崇文将兵击刘辟，连战皆克，下鹿头城，降李文悦、仇良辅。蜀平，以功拜鄯州刺史，寻继崇文为长武城使，封感义郡王。元和五年，以左威卫将军随吐突承璀击王承宗，又加左散骑常侍。明年，改丰州刺史、三城都团练防御使，六迁至检校工部尚书。

元和十年，朝廷讨吴元济，以霞寓宿将，乃析山南东道为两镇，以霞寓为唐邓隋节度使。霞寓虽称勇敢，素昧机略，至于统制，尤非所长。及达所部，乃率兵趣萧陂，与贼决战。既小腾，又进至文城栅。贼军伪败而退，霞寓逐之不已，因为伏兵所掩，王师大衄，霞寓仅以身免。坐贬归州刺史。后以恩例，征为右卫大将军。十三年，出为振武节度使，入为左武卫大将军。长庆元年，授邠宁节度使。三年，就加检校右仆射。四年，加检校司空，又加司徒。宝历二年，疽发首，不能理事，求归阙下。其夏，授右金吾卫大将军、检校司徒，途次奉天而卒，年五十五，赠太保。

霞寓卒伍常材，始因宦官进用，遂阶节将。位望既高，言多不逊。朝廷知之，欲议移罢，霞寓颇怀尤恐，舍私第为佛寺，上言请额为怀恩，用资圣福，大率奸妄凶狡如此。又非斥朝列，侮慢僚属，鄙辞俚语，日闻于时。

高瑀，渤海蓚人。少好论兵释褐右金吾胄曹，累辟诸府从事，历陈、蔡二郡刺史，入为太仆卿。大和初，忠武节度使王沛卒，物议以陈许军四征有功，必自择帅，或以禁军之将得之。宰相裴度、韦处厚议瑀深沉方雅，曾刺陈、蔡，人怀良政，又熟忠武军情，欲请用瑀。事未闻，陈许表至，果请瑀为帅，乃授检校左散骑常侍、许州刺史、忠武节度使。自大历已来，节制之除拜，多出禁军中尉。凡命一帅，必广输重赂。禁军将校当为帅者，自无家财，必取资于人，得镇之后，则膏血疲民以偿之。及瑀之拜，以内外公议，搢绅相庆曰："韦公作相，债帅鲜矣！"三年，就加检校工部尚书。比年水旱，人民荐饥。瑀召集州民，绕郭立堤塘一百八十里，蓄泄既均，人无饥年。加检校右仆射。六年，移授徐州刺史、武宁军节度等使。议者以徐泗王智兴之后，军士骄恣，宜得雄帅镇之，乃以太府卿崔珙代瑀，征为刑部尚

书。以疾求分司，拜太子少傅。其月，复授检校右仆射、陈许蔡节度
命。八年六月卒，赠司空。瑀性宽和，有体量，为官虽无赫赫之誉，
所至皆理，尤得士心，论者美之。

崔戎字可大。高伯祖玄暐，神龙初有大功，封博陵郡王。祖婴，
郢州刺史。父卢固，太原榆次尉。戎举两经登科，授太子校书，调判
入等，授蓝田主簿，为藩镇名公交辟。裴度领太原，署为参谋。时王
承宗据镇州叛，度请戎单车往谕之，承宗感泣受教。入为殿中侍御
史，累拜吏部郎中，迁谏议大夫。寻为剑南东、西两川宣慰使。西州
承蛮寇之后，戎既宣抚，兼再定征税，废置得所，公私便之。还，拜给
事中，驳奏为当时所称。改华州刺史，迁兖海沂密都团练观察等使。
将行，州人恋惜遮道，至有解靴断镫者。理兖一年，大和八年五月
卒，赠礼部尚书。

陆亘字景山，吴郡人。祖元明，睦州司马。父持诠，惠陵台令。
亘以书判授集贤殿正字、华原县尉。应制举，授万年县丞。自京兆
府兵曹参军拜太常博士。寺有礼生孟真久于其事，凡吉凶大仪，礼
官不能达，率访真，真亦赖是须要姑息。元和七年，册皇太子，将撰
仪注，真亦欲参预，亘笞之，由是礼仪不专于胥吏。自虞部员外郎出
为邓州刺史。其后入为户部郎中、秘书少监、太常少卿。历刺兖、蔡、
虢、苏四郡，迁越州刺史、浙东团练观察等使，移宣歙观察使，加御
史大夫。大和八年九月卒，年七十一，赠礼部尚书。

亘强明严毅，所至称理。初赴兖州，延英面奏曰："凡节度使握
兵分屯属郡者，刺史不能制，遂为一州之弊，宜有处分。"因诏天下
兵分屯属郡者，隶于刺史。越之永嘉郡，城于海壖，常陷寇境，集官
吏廪禄之半，以代常赋，因循相踵，吏返为幸。亘按举赃罪，表请郡
守以降，增给其俸，人皆赖之。

张正甫字践方，南阳人。曾祖大礼，坊州刺史。祖绍贞，尚书右

丞。父沘,苏州司马。正甫登进士第,从樊泽为襄阳从事,累转监察御史。于顿代泽,辟留正甫。正甫坚辞之,遂诬奏贬郴州长史。后由邕府征拜殿中侍御史,迁户部员外郎,转司封员外、兼侍御史知杂事。迁户部郎中,改河南尹。由尚书右丞为同州刺史,入拜左散骑常侍、集贤殿学士判院事。转工部尚书。五年,检校兵部尚书、太子詹事。明年,以吏部尚书致仕。正甫仁而端亮,莅官清强。居外任,所至称理。大和八年九月卒,年八十三,累赠太师。子毅夫。

毅夫登进士第。初正甫克式,大历中进士登第,继之以正甫,式子元夫、杰夫、征夫又相次登科。大和中,文章之盛,世共称之。元夫,大和初兵部郎中、知制诰,迁中书舍人,出为汝州刺史。毅夫位至户部侍郎、弘文馆学士判院事。诸群从登第者数人,而毅夫子祎最知名。

祎字冠章,释褐汴州从事、户部判官,入为蓝田尉、集贤校理,赵隐镇浙西,刘邺镇淮南,皆辟为宾佐。入为监察御史,迁左补阙。乾符中,诏入翰林为学士,累官至中书舍人。黄巢犯京师,从僖宗幸蜀,拜工部侍郎,判户部事。奉使江淮还,为当涂者不协,改太子宾客、左散骑常侍,转吏部侍郎,历刑部、兵部尚书。从昭宗在华,为韩建所构,贬衡州司马。昭宗还京,征拜礼部尚书、太常卿,充礼仪使,迁兵部尚书。祎苦心为文,老而益壮。为刑部时,刘邺子覃,当巢寇时避祸于金吾将军张直方之第,被害。僖宗还京,而恶覃者以托附逆党,死不以义,下三司详罪。祎上章申理,言覃父子拼命于贼廷,岂附逆耶?其家竟获洗雪,覃亦赠官。其行义始终,皆如此类。

史臣曰:孟阳、王遂儒雅之曹,才有可称,竟以财媚时君,陷为俗吏。蹈道之论,可不惧耶!全义官由妄进,霞寓位以卒升,勇毅不足以启行,谋虑不足以应变,败亡之辱,不亦宜乎?朝无责帅之刑,盖自耻也。权、瑀长者,末涂丧真,虽牵于食贫,纯则伪矣。

赞曰:蕴仁则哲,蕴利则狂。搢绅之胤,勿效潘、王。全义逃责,卢元失策。霞寓薄刑,元和复兴。

旧唐书卷一六三
列传第一一三

孟简　胡证 证子溦 湘　崔元略

子铉　铉子沆　元略弟元受　元式　元儒　元式子锴

杜元颖　崔弘礼　李虞仲

王质　卢简辞 兄简能　弟弘正　简求

简能子知猷

　　孟简字几道,平昌人。天后时同州刺史诜之孙。工诗有名。擢进士第,登宏辞科,累官至仓部员外郎。户部侍郎王叔文窃政,简为子司,多不附之。叔文恶之虽甚,亦不至摈斥。寻迁司封郎中。元和四年,超拜谏议大夫,知匦事。简明于内典,六年,诏与给事中刘伯刍、工部侍郎归登、右补阙萧勉等,同就醴泉佛寺翻译大乘本生心地观经,简最擅其理。

　　王承宗叛,诏以吐突承璀为招讨使,简抗疏论之,坐语讦,出为常州刺史。八年,就加金紫光禄大夫。简始到郡,开古孟渎,长四十一里,灌溉沃壤四千余顷,为廉使举其课绩,是有就加之命。是岁,征拜为给事中。九年,出为越州刺史、兼御史中丞、浙东观察使。承李逊抑遏士族、恣纵编户之后,及简为政,一皆反之,而农估多受其弊,当时以为两未可也。十二年,入为户部侍郎。十三年,代崔元略为御史中丞,仍兼户部侍郎。是岁,出为襄州刺史、山南东道节度使。

十四年，敕于穀城县置群牧，命曰临汉监，令简充使。简奏请均州郧乡县镇遏使赵洁充本县令。台司奏有亏刑黄，罚一月俸。是岁，改授太子宾客，分司东都。十五年，穆宗即位，贬吉州司马员外置同正员。初，简在襄阳，以腹心吏陆翰知上都进奏，委以关通中贵。翰持简阴事，渐不可制，简怒，追至州，以土囊杀之，且欲灭口。翰子弟诣阙，进状诉冤，且告简赃状。御史台按验，获简赂吐突承璀钱帛等共计七千余贯匹，事状明白，故再贬之。长庆元年大赦，量移睦州刺史。二年，移常州刺史。三年，入为太子宾客，分司东都。其年十二月卒。

简性俊拔尚义，早岁交友先殁者，视其孤，每厚于周恤，议者以为有前辈风。然溺于浮图之教，为儒曹所诮。

胡证字启中，河东人。父璵，伯父玫，登进士第。证，贞元中继登科，咸宁王浑瑊辟为河中从事。自殿中侍御史拜韶州刺史，以每年高不可适远，改授太子舍人。襄阳节度使于頔请为掌书记，检校祠部员外郎。元和四年，由侍御史历左司员外郎、长安县令、户部郎中。田弘正以魏博内属，请除副贰，乃兼御史中丞，充魏博节度副使，仍兼左庶子。入迁左谏议大夫。

九年，以党项寇边，以证有安边才略，乃授单于都护、御史大夫、振武军节度使。前任将帅非统驭之才，边事旷废，朝廷故特用证以镇。十三年，征为金吾大将军，依前兼御史大夫。二四年，充京西、京北巡边使，访其利害以闻。

长庆元年，太和公主出降回纥，诏以本官检校工部尚书充和亲使。旧制，以使车出境，有行人私睹之礼，官不能给，召富家子纳赀于使者而命之官。及证将行，首请厘革，检受省费，以绝鬻官之门。行及漠南，虏骑继至，狼心犬态，一日千状，欲以戎服变革华服，又欲以王姬疾驱径路。证抗志不拔，守汉仪，黜夷法，竟不辱君命。使还，拜工部侍郎。

敬宗即位之初，检校户部尚书，守京兆尹。数月，迁左散骑常侍。宝历初，拜户部尚书、判度支，上表乞免，愿效藩服。二年，检校兵部尚书、广州刺史，充岭南节度使。大和二年，以疾上表求还京师。是岁十月卒于岭南，时年七十一，废朝一日，赠左仆射。

广州有海舶之利，货贝狎至。证善蓄积，务华侈，厚自奉养，童奴数百，于京城修行里起第，连亘闾巷。岭表奇货，道途不绝，京邑推为富家。证素与贾悚善，及李训事败。禁军利其财，称证子溵匿悚，乃破其家。一日之内，家财并尽。军人执溵入左军，仇士良命斩之以徇。时溵弟湘为太原从事，忽白昼见绿衣人无首，血流被地，入于室，溵恶之。翌日，溵凶问至，而湘获免。

崔元略，博陵人。祖浑之。父儆，贞元中官至尚书左丞。元略举进士，历佐使府。元和八年，拜殿中侍御史。十二年，迁刑部郎中、知台杂事，擢拜御史中丞。元和十三年，以李夷简自西种征拜御史大夫，乃命元略留司东台。寻除京兆少尹，知府事，仍加金紫。数月，真拜京兆尹。明年，改左散骑常侍。

穆宗即位，命元略使党项宣抚，辞疾不行，出为黔南观察使、兼御史中丞。初，元略受命使党项，意宰臣以私憾排斥，颇出怨言。宰相崔植奏曰："比以圣意切在安抚党项，乃差元略往使，受命之后，苦不乐行，言辞之间，颇乖去就。岂有身忝重恩，不思报效，苟非便己，即不肯行。须有薄惩，以肃在位，请出为黔中观察使。"初，崔植任吏部郎中，元略任刑部郎中知杂。时中丞改京兆尹，物议以植有风宪之望。元略因入阁，妄称植失仪，命御史弹之。时二人皆进拟为中丞，中旨果授元略，植深衔之。及植为相，元略以左散骑常侍使于党项，元略意植之见排，辞疾不行，被谴出。逾年，转鄂州刺史、鄂岳都团练观察使。长庆四年，入为大理卿。

敬宗即位，复为京兆尹，寻兼御史大夫。以误征畿甸经赦免放缗钱万七千贯，为侍御史萧澈弹劾。有诏刑部郎中赵元亮、大理正元从质、侍御史温造充三司覆理。元略有中助，止于削兼大夫。初，元略有宰相望，及是事，望益减。宝历元年，迁户部侍郎。议者以元略版图之拜，出于宣授。时谏官有疏，指言内常侍崔潭峻方有权宠，元略以诸父事之，故虽被弹劾，而遽迁显要。元略亦上章自辨，且曰："昨府县条疏，台司举劾，孤立无党，谤言益彰，不谓诏出宸衷，恩延望外。处南宫之重位，列左户之清班，岂臣庸虚，敢自干冒。天心所择，虽惊特进之恩；众口相非，乃致因缘之说。"诏答之曰："朕所命官，岂非公选？卿能称职，奚恤人言！"然元略终不能逃父事潭峻之名。宝历二年四月，京兆府以元略前任尹日为桥道使，造东渭桥时，被本典郑位、判官郑复虚长物价，抬估给用，不还人工价直，率敛工匠破用，计赃二万一千七百九贯。敕云："元略不能检下，有涉慢官，罚一月俸料。"时刘栖楚自为京兆尹，有觊觎相位之意。元略方在次对，又多游裴度门，栖楚恐碍己，以计摧之，乃按举山陵时钱物以污之。

大和三年，转户部尚书。四年，判度支。五年，检校吏部尚书。出为东都留守、畿汝等防御使。是岁，又迁滑州刺史、义成军节度使。十二月卒，废朝三日，赠尚书左仆射。子铉。

铉字台硕，登进士第，三辟诸侯府，荆南、西蜀掌书记。会昌初，入为左拾遗，再迁员外郎，知制诰，召入翰林，充学士。累迁户部侍郎承旨。会昌末，以本官同平章事。为同列李德裕所嫉，罢相，为陕虢观察使、检校刑部尚书。宣宗即位，迁检校兵部尚书、河中尹、博陵县开国子，食邑五百户。大中三年，召拜御史大夫，寻加正议大夫、中书侍郎、同平章事。累迁金紫光禄大夫，守左仆射、门下侍郎、太清宫使、弘文馆大学士、博陵县开国公，食邑至二千户。七年，以馆中学士崔瑑、薛逢等撰《续会要》四十卷，献之。九年，检校司徒、扬州大都督长史，进封魏国公、淮南节度使。宣宗于太液亭赋诗宴饯，有"七载秉钧调四序"之句，儒者荣之。

咸通初，移镇襄州。咸通八年，徐州戍将庞勋自桂管擅还，道途剽掠。铉时为荆南节度，闻徐州军至湖南，尽率州兵，点募丁壮，分扼江、湘要害，欲尽擒之。徐寇闻之，逾岭自江西、淮右北渡，朝议壮之。卒于江陵。子沆、汀、潭、沂。

沆，登进士第，管至员外郎，知制诰，拜中书舍人。坐事贬循州司户。乾符初，复拜舍人，寻迁礼部侍郎，典贡举。选名士十数人，多至卿相。乾符末，本官同平章事。遇京国盗据，从驾不及而卒。沂后官亦隆显。

元略弟元受、元式、元儒元受登进士第，高陵尉，直史馆。元和初，于皋谟为河北行营粮料使。元受与韦岵、薛异、王汀等皆为皋谟判官，分督供馈。既罢兵，或以拜谟隐没赃罪，除名赐死。元受从坐，皆逐岭表，竟坎坷不达而卒。子钧、铏、铢相继登进士第，辟诸侯府。

元式，会昌三年检校左散骑常侍、河中尹、河中晋绛观察使。四年，检校礼部尚书、太原尹、北都留守、河东节度使。六年，入为刑部尚书。宣宗朝以领度支，以本官同平章事。

元儒，元和五年登进士第。

元式子锴，仕至京兆尹。

杜元颖，莱公如晦裔孙也。父佐官卑。元颖，贞元末进士登第，再辟使府。元和中为左拾遗、右补阙，召入翰林，充学士。手笔敏速，宪宗称之。吴元济平，以书诏之勤，赐绯鱼袋，转司勋员外郎，知制诰。穆宗即位，召对思政殿，赐金紫，超拜中书舍人。其年冬，拜户部侍郎承旨。长庆元年三月，以本官同平章事，加上柱国、建安男。元颖自穆宗登极，自补阙至侍郎，不周岁居辅相之地。辞臣速达，未有如元颖之比也。

三年冬，带平章事出镇蜀川，穆宗御安福门临饯。昭愍即位，童心多僻，务为奢侈，而元颖求蜀中珍异玩好之具，贡奉相继，以固恩宠。以故箕敛刻削，工作无虚日，军民嗟怨，流闻于朝。大和三年，南诏蛮攻陷戎、隽等州，径犯成都。兵及城下，一无备拟，方率左右固牙城而已。蛮兵大掠蜀城玉帛、子女、工巧之具而去。是时蛮三道而来,东道攻梓州,郭钊御之而退。时元颖几陷,赖郭钊击败其众,方还。蛮驱蜀人至大渡河,谓之曰:"此南吾境,放尔哭别乡国。"数万士女,一时恸哭,风日为之惨凄。哭已,赴水而死者千余,怨毒之声,累年不息。蛮首领篯颠遣人上表曰:"蛮军比修职贡,遽敢侵边?但杜元颖不恤三军,令入蛮疆作贼,移文报彼,都不见信,故蜀部军人,继为乡导,盖蜀人怨苦之深,祈我此行,诛虐帅也。诛之不遂,无以慰蜀士之心,愿陛下诛之。"监军小使张士谦至,备言元颖之咎,坐贬循州司马,判官崔璜连州司马。纥干皋郢州长史,卢并唐州司马,皆以佐元颖无状也。六年,卒于贬所。临终,上表乞赠官。赠湖州刺史。

元颖弟元绛,位终太子宾客。绛子审权,位至宰相,自有传。

崔弘礼字从周,博陵人。北齐怀远之七代孙。祖育,常州江阴令。父孚,湖州长城令。弘礼风貌魁伟,磊落有大志。举进士,累佐藩府,官至侍御史。

元和中,吕元膺为东都留守,以弘礼为从事。进淮西吴少阳初死,吴元济阻兵拒命,山东反侧之徒,为之影援,东结李师道谋袭东洛,以胁朝廷。弘礼为元膺筹画,部分兵众,以固东都,卒亦无患。累除汾州、棣州刺史。会田弘正请入觐,请副使,乃授弘礼卫州刺史、充魏博节度副使,历郑州刺史。

长庆元年,刘总入觐,张弘靖移镇范阳,复加弘礼检校左散骑常侍,充幽州卢龙军节度副使。未之境,幽、镇兵乱,改为绛州刺史。明年,汴州李齐反,急诏追弘礼为河南尹、兼御史大夫、东都畿汝都防御副使。齐平,迁河阳节度使。整练戈予,颇壮戎备。又上言请于秦渠下辟荒田二百顷,岁收粟二万斛,诏皆从之。以疾连表请代,数岁,拜检校户部尚书、华州刺史。会天平军节度使乌重胤卒,朝廷难其人,复以弘礼为天平军节度使,仍诏即日乘递赴镇。

文宗即位,就加检校左仆射。理郓三载,改授东都留守,仍迁刑部尚书。诏赴阙,以疾未至。大和四年十月,复除留守。是岁十二月卒,年六十四,赠司空。

弘礼少时,专以偲傥意气自任,通涉兵书,留心军旅之要,用此累更选用,历践藩镇。所居无可尚之绩,虽缮完有素,然善治生蓄积,物议少之。

李虞仲字见之,赵郡人。祖震,大理丞。父端,登进士第,工诗。大历中,与韩翃、钱起、卢纶等文咏唱和,驰名都下,号"大历十才子"。时郭尚父少子暧尚代宗女升平公主,贤明有才思,尤喜诗人,而端等十人,多在暧之门下。每宴集赋诗,公主坐视帘中,诗之美者,赏百缣。暧因拜官,会十子曰:"诗先成者赏。"时端先献,警句云:"薰香荀令偏怜小,传粉何郎不解愁。"主即以百缣赏之。钱起曰:"李校书诚有才,此篇宿构也。愿赋一韵正之,请以起姓为韵。"端即辟纥笺而献曰:"方塘似镜草芊芊,初月如钩未上弦。新开金埒教调马,旧赐铜山许铸钱。"暧曰:"此愈工也。"起等始服。端自校书郎移疾江南,授杭州司马而卒。

虞仲亦工诗。元和初,登进士第,又以制策登科,授弘文校书。从事荆南,入为太常博士,迁兵部员外、司勋郎中。宝历中,考制策甚精,转兵部郎中,知制诰,拜中书舍人。大和四年,出为华州刺史、兼御史大夫。入拜左散骑常侍,兼秘书监。八年,转尚书右丞。九年为兵部侍郎,寻改吏部。开成元年四月卒,时年六十五。虞仲简谵寡欲,立性方雅,奕代文学,达而不矜,士友重之。

王质字华卿,太原祁人。五代祖通字仲淹,隋末大儒,号文中子。通生福祚,终上蔡主簿。福祚生勉,登进士第,制策登科,位终宝鼎令。勉生怡,终渝州司户。怡生潜,扬州天长丞。质则潜之第五子。少负志操,以家世官卑,思立名于世,以大其门。寓居寿春,躬耕以养母,专以讲学为事,门人受业者大集其门。年甫强仕,不求闻达,亲友规之曰:"以华卿之才,取名位如俯拾地芥耳,安自苦于阛阓者乎?扬名显亲,非耕稼可致也。"质乃白于母,请赴乡举。元和六年,登进士甲科。释褐岭南管记,历佐淮蔡、许昌、梓潼、兴元四府,累奏兼监察御史。入朝为殿中,迁侍御史、户部员外郎。为旧府延荐,检校司封郎中,赐金紫,充兴元节度副使。入为户部郎中,迁谏议大夫。

大和中,王守澄构陷宰相宋申锡,文宗怒,欲加极法。质与常侍崔玄亮雨泣切谏,请付外推,申锡方从轻典。质为中人侧目,执政出为虢州刺史。质射策时,深为李吉甫所器,及德裕为相,甚礼之,事必咨决,寻召为给事中、河南尹。八年,为宣州刺史、兼御史中丞、宣歙团练观察使。在政三年,开成元年十二月,无疾暴卒,时年六十八,赠左散骑常侍,谥曰定。

质清廉方雅,为政有声。虽权臣待之厚,而行己有素,不涉朋比之议。在宣城辟崔珦、刘蕡、裴夷直、赵晰为从事,皆一代名流。视其所与,人士重之。子曰庆存。

卢简辞字子策,范阳人,后徙家于蒲。祖翰。父纶。天宝末举进士,遇乱不第,奉亲避地于鄱阳,与郡人吉中孚为林泉之友。大历初,还京师,宰相王缙奏为集贤学士、秘书省校书郎。王缙兄弟有诗名于世,缙既官重,凡所延辟,皆辞人名士,以纶能诗,礼待逾厚。会缙得罪,坐累。久之,调陕府户曹、河南密县令。建中初,为昭应令。朱泚之乱,咸宁王浑瑊充京城西面副元帅,乃拔纶为元帅判官、检校金部郎中。贞元中,吉中孚为翰林学士、户部侍郎,曲邦赋,荐纶于朝。会丁家艰,而中孚卒。太府卿韦渠牟得幸于德宗,纶即渠牟之甥也,数称纶之才,德宗召之内殿,令和御制诗,超拜户部郎中。方欲委之掌诰,居无何,卒。

初,大历中,诗人李端、钱起、韩翃辈能为五言诗,而辞情捷丽,纶作尤工。至贞元末,钱、李诸公凋落,纶尝为《怀旧诗》五十韵,叙其事曰:"吾与吉侍郎中孚、司空郎中曙、苗员外发、崔补阙峒、耿拾遗湋、李校书端,风尘追游,向三十载。数公皆负当时盛称,荣耀未几,俱沉下泉。伤悼之际,常畅博士追感前事,赋诗五十韵见寄。辄有所酬，以申悲旧，兼寄夏侯审侍御。"其历言诸子云："侍郎文章宗，杰出淮、楚灵。掌赋若吹籁，司言如建瓴。郎中善庆余，雅韵与琴清。郁郁松带雪，萧萧鸿入冥。员外真贵儒，弱冠被华缨。月香飘桂实，乳溜沥琼英。补阙思冲融，巾拂艺亦精。彩蝶戏芳圃，瑞云滋翠屏。拾遗兴难侔，逸调旷无程。九酝贮弥洁，三花寒转馨。校书才智雄，举世一娉婷。睹墅鬼神变，属辞鸾凤惊。差肩曳长裾，总辔奉和铃。共赋瑶台雪，同观金谷笙。倚天方比剑，沉水忽如瓶。君持玉盘珠，写我怀袖盈。读罢滋交颐，愿言跻百龄。"纶之才思，皆此类也。文宗好文，尤重纶诗，尝问侍臣曰："《卢纶集》几卷？有子弟否？"李德裕对曰："纶有四男，皆登进士第，今员外郎简能、侍御史简辞是也。"即遣中使诣其家。令进文储集。简能尽以所集五百篇上献，优诏嘉之。

简辞，元和六年登第，三辟诸侯府。长庆末，入朝为监察，转侍御史。文雅之余，尤精法律，历朝簿籍，靡不经怀。宝历中，故京兆尹黎干男熰诣台治父叶县旧业，台司莫知本末。简辞曰："干坐鱼朝恩党诛，田产籍没。大历已来，多少赦令，岂有雪朝恩、黎干节文?况其田产分给百姓，将及百年，而熰恃中助而冒论耶！"乃移汝州刺史裴通，准大历元年赖给百姓。又福建盐铁院官卢昂坐赃三十万，简辞按之，于其家得金床、瑟瑟枕大如斗。昭愍见之曰："此宫中所无，而卢昂为吏可知也！寻转考功员外郎，转郎中。大和中，坐事自太仆卿出为衢州刺史。会昌中，入为刑部侍郎，转户部。大中初，转兵部侍郎、检校工部尚书、许州刺史、御史大夫、忠武军节度使，迁检校刑部尚书、襄州刺史、山南东道节度使，卒。简辞兄简能。

简能字子拙，登第后再辟藩府，入为监察御史。大和九年，由驾部员外检校司封郎中，充凤翔节度判官。时郑注得幸，李训与之谋诛宦官，俾注镇凤翔，仍妙选当时才俊以为宾佐。简能与萧勉弟杰、钱起子可复，皆为训所选，从注。及训败，注诛，简能、萧杰等四人皆为监军使所害。

简辞弟弘正、简求。弘正字子强，元和末登进士第，累辟使府掌书记。入朝为监察卿史、侍御史。大和中，华州刺史宇文鼎、户部员外卢允中坐赃，弘正按之。文宗怒，将杀鼎，弘正奏曰："鼎历持纲宪，绳纠之官，今为近辅刺史，以赃污闻，死固常典。但取受之首，罪在允中，监司之责，鼎当连坐。"文宗释之，鼎方减等。三迁兵部郎中、给事中。

会昌末，王师讨刘稹。时诏河北三帅收山东州郡，俄而何弘敬、王元达得邢、洺、磁三郡。宰臣奏议曰："山东三郡以贼稹未诛，宜且立留后。如弘敬、元达有所陈请，则朝廷难以依违。"上曰："然，谁可任者？"李德裕曰："给事中卢弘正尝为昭义判官，性又通敏，推择攸宜。"即命为邢洺磁团练观察留后。未行而稹诛，乃令弘正衔命宣谕河北三镇。使还，拜工部侍郎。

大中初，转户部侍郎，充盐铁转运使。前是，安邑、解县两池盐法积弊，课入不充。弘正令判官司空与至池务检察，特立新法，仍奏舆为两池使。三年，课入加倍，其法至今赖之。检校户部尚书，出为徐州刺史、武宁军节度使、徐泗濠观察等使。徐方自智兴之后，军士骄恣，有银刀都尤劳姑息，前后屡逐主帅。弘正在镇期年，皆去其首恶，喻之忠义。讫于受代，军旅无哗。镇徐四年，迁检校兵部尚书、汴州刺史、宣武军节度、宋亳颍观察等使，卒于镇。

简求字子臧，长庆元年登进士第。释褐江西王仲舒从事。又从元稹为浙东、江夏二府掌书记。裴度镇襄阳，保厘洛都，皆辟为宾佐，奏殿中侍御史。入朝，拜监察。裴度镇太原，复奏为记室。入为殿中，赐绯。牛僧孺镇襄汉，辟为观察判官。入为水部、户部二员外郎。会昌末，讨刘稹，诏以许帅李彦佐为招讨使。朝廷以简求累佐使府，达于机略，乃以简求为忠武节度副使知节度事、本道供军使。入为吏部员外，转本司郎中，求为苏州刺史。

时简辞镇汉南，弘正为侍郎，领使务，昆仲皆居显列，时人荣之。既而宰执不协，弘正出镇，罢简求为左庶子分司。数年，出为寿州刺史。九年，党项叛，以简求为四镇北庭行军、泾州刺史、泾原渭武节度押蕃落等使、检校左散骑常侍、上柱国、范阳县男、食邑三百户。十一年，迁检校工部尚书、定州刺史、御史大夫、义武军节度、北平军等使。十三年，检校刑部尚书、凤翔尹、凤翔陇西节度观察等使。十四年八月，代裴休为太原尹、北都留守、充河东节度观察等使。

简求辞翰纵横，长于应变，所历四镇，皆控边陲，属杂虏寇边，因之移授，所至抚御，边鄙晏然。太原军素管退浑、契苾、沙陀三部落，或扶纳不至，多为边患。前政或要之诅盟，质之子弟，然为盗不息。简求开怀抚待，接以恩信，所质子弟，一切遣之。故五部之人，欣然听命。咸通初，以疾辞，表章沥恳，制以太子太师致仕，还于东都。都城有园林别墅，岁时行乐，子弟侍侧，公卿在席，诗酒赏咏，竟日忘归，如是者累年。五年十月卒，时年七十六。赠尚书左仆射。

简能子知猷。知猷登进士第，释褐秘书省正字。宰臣萧邺镇江陵、成都，辟为两府记室。入拜左拾遗，改右补阙、史馆修撰，转员外郎。出为饶州刺史。入拜兵部郎中，赐绯鱼，改吏部郎中、太常少卿。出为商州刺史。征拜给事中，转中书舍人。僖宗幸山南，襄王伪署，乃避地金州。驾还，征拜工部侍郎，转户部，判史馆，迁尚书右丞、兵部侍郎。历太常卿，工部、户部尚书，复领太常卿。昭宗在华下，加检校右仆射。守太子少师。进位太子太师，检校司空，卒于华下，知猷器度长厚，文辞美丽。尤工书，落简措翰，人争模仿。子文度，位亦至丞郎。

简辞无子，以简求子贻殷、玄禧入继。贻殷终光禄少卿。玄禧登进士第，终国子博士。弘正子虔灌，有俊才，进士登第。所著文笔，为时所称。位终秘书监。

简求十子，而嗣业、汝弼最知名。嗣业进士登第，累辟使府。广明初，以长安尉直昭文馆、左拾遗、右补阙。王铎征兵收两京，辟为都统判官、检校礼部郎中，卒。

汝弼登进士第，累迁至祠部员外郎、知制诰，从昭宗迁洛。属柳璨党附贼臣，诬陷士族，汝弼惧，移疾退居，客游上党。遇潞府为太原所攻，节度使丁会归降，从会至太原，李克用奏为节度副使，累奏户部侍郎。太原使府有龙泉亭，简求节制时手书诗一章，在亭之西壁。汝弼复为亚帅，每亭中宴集，未尝居宾位，西向俯首而已，人士嘉之。卢氏两世贵盛，六卿方镇相继，而未有居辅相者。至中兴，嗣业子文纪，仕至尚书中书侍郎、平章事。

史臣曰：孟襄阳之清节，胡广州之坚正，卒以结权幸而败，及货贿而亡。人如面焉，固难知也。二崔以纲宪相倾，元颖以献奇取媚，虽遭时多僻，位至鼎司，言之正人。亦孔之丑，而父事宦者，何所逃讥？以端、纶之才，任不逾元士，而卢简辞之昆仲，云拚水击，郁为鼎门，非德及庆钟，安能及此？辞人之后，不亦休哉！

赞曰：君子喻义，小人近利。孟谴胡亡，家财扫地。声势相倾，崔、杜丑名。端、纶诸子，奕叶光荣。

旧唐书卷一六四
列传第一一四

王播 弟炎 起 起子龟 龟子荛 炎子铎
李绛 子璋 顼 杨于陵 子景复 嗣复
绍复 师复

　　王播字明敭。曾祖瑜，嘉州司马。祖升，咸阳令。父恕，扬府参军。播擢进士第，登贤良方正制科，授集贤校理，再迁监察御史，转殿中，历侍御史。贞元末，幸臣李实为京兆尹，恃恩颇横，尝遇播于途，不避。故事，尹避台官。播移文诋之，实怒，后奏播为三原令，欲挫之。播受命，趋府谒谢，尽府县之仪。及临所部，政理修明，恃势豪门，未尝贷法。岁终考课，为畿邑之最。实以其人有政术，甚礼重之，频荐之于上。德宗奇之，将不次拔用，会母丧。

　　顺宗即位，除驾部郎中，改长安令。岁中，迁工部郎中，知台杂，刺举纲宪，为人所称。转考功郎中，出为虢州刺史。李巽领盐铁，奏为副使、兵部郎中。

　　元和五年，代李夷简为御史中丞。振举朝章，百职修举。十月，代许孟容为京兆尹。时禁军诸镇布列畿内，军人出入，属鞭佩剑，往往盗发，难以擒奸。而播奏请畿内军镇将卒，出入不得持戎具，诸王驸马权豪之家，不得于畿内按试鹰犬畋猎之具，诏从之，自是奸盗弭息。六年三月，转刑部侍郎，充诸道盐铁转运使。

　　播长于吏术，虽案牍鞅掌，剖析如流，黠吏诋欺，无不彰败。时天下多故，法寺议谳，科条繁杂。播备举前后格条，置之座右，凡有详决,疾速如神。当时属僚,汉服不暇。

十年四月,改礼部尚书,领使如故。异是,李异为江淮院官,异又通泉货,及播领使,奏之为副。当王师讨吴元济,令异乘传往江淮,赋舆大集,以至贼平,深有力焉。及皇甫镈用事,恐播大用,乃请以使务命程异领之,播守本官而已。十三年,检校户部尚书、成都尹、剑南西川节度使。

穆宗即位,皇甫镈贬,播累表求还京师。长庆元年七月,征还,拜刑部尚书,复领盐铁转运等使。十月,兼中书侍郎、平章事,领使如故。长庆中,内外权臣,座多假借。播因铜盐擢居辅弼,专以承迎为事,而安危启沃,不措一言。时河北复叛,朝廷用兵。会裴度自庆原入觐,朝野物论,言度不家居外。明年三月,留度复知政事,以播代度为淮南节度使、检校右仆射。领使如故。仍请携盐铁印赴镇,上都院印,请别给赐,从之。播至淮南,属岁旱俭,人相啖食,课最不充,设法掊敛,比屋嗟怨。

敬宗即位,就加银青光禄大夫、检校司空,罢盐铁转运使。时中尉王守澄用事,播自落利权,广求珍异,令腹心吏内结守澄,以为之助。守澄乘间启奏,言播有才,上于延英言之。谏议大夫独孤朗、张仲方,起居郎孔敏行、柳公权、宋申锡,补阙韦仁实、刘敦儒,拾遗李景让、薛廷老等,请开延英面奏播之奸邪,交结宠幸,复求大用。天子冲幼,不能用其言。自是,物议纷然不息。明年正月,播复领盐铁转运使。播既得旧职,乃于铜盐之内,巧为赋敛,以事月进,名为羡余,其实正额,务希奖擢,不恤人言。

时扬州城内官河水浅,遇旱即滞漕船,乃奏自城南阊门西七里港开河向东,屈曲取禅智寺桥通旧官河,开凿稍深,舟航易济,所开长一十九里,其工役料度,不破省钱,当使方圆自备,而漕运不阻。后政赖之。

文宗即位,就加检校司徒。大和元年五月,自淮南入觐,进大小银碗三千四百枚、绫绢二十万匹。六月,拜尚书左仆射、同平章事,领使如故。二年,进封太原公、太清宫使。四年正月,患喉肿暴卒,时年七十二。废朝三日，赠太尉。

播出自单门，以文辞自立，践升华显，郁有能名。而随势沉浮，不存士行，奸邪进取，君子耻之。然天性勤于吏事，使务填委，胥吏盈廷取决，簿书堆案盈几，他人若不堪胜，而播用此为适。播子式，弟炎、起。

炎，贞元十五年登进士第，累官至太常博士，早世。子铎、镣。

起字举之，贞元十四年擢进士第，释褐集贤校理，登制策直言极谏科，授蓝田尉。宰相李吉甫镇淮南，以监察充掌书记。入朝为殿中，迁起居郎、司勋员外郎、直史馆。元和十四年，以比部郎中知制诰。穆宗即位，拜中书舍人。

长庆元年，迁礼部侍郎。其年，钱徽掌贡士，为朝臣请托，人以为滥。诏起与同职白居易覆式，覆落者多。徽贬官，起遂代徽为礼部侍郎，掌贡二年，得士尤精。先是，贡举猥滥，势门子弟，交相酬酢，寒门俊造，十弃六七。及元稹、李绅在翰林，深怒其事，故有覆试之科。及起考贡士，奏当司所选进士，据所考杂文，先送中书，令宰臣阅视可否，然后下当司放榜。从之。议者以为起虽避是非，失贡职也，故出为河南尹。入为吏部侍郎。

文宗即位，加集贤学士、判院事。以兄播为仆射辅政，不欲典选部，改兵部侍郎。大和二年，出为陕虢观察使、兼御史大夫。四年，入拜尚书左丞。居播之丧，号毁过礼，友悌尤至。迁户部尚书、判度支。以西北边备，岁有和市以给军，劳人馈挽，奏于灵武、邠宁起营田。六年，检校吏部尚书、河中尹、河中晋绛节度使。时属蝗旱，粟价暴踊，豪门闭籴，以邀善价。起严诫储蓄之家，出粟于市，隐者致之于法，由是民获济焉。

七年，入为兵部尚书。八年，检校右仆射、襄州刺史，充山南东道节度。江、汉水田，前政挠法，塘堰缺壤。起下车，命从事李业行属郡，检视而补缮，特为水法，民无凶年。九年就加银青光禄大夫。时李训用事，训即起贡举门生也，欲援起为相。八月，诏拜兵部侍郎，判户部事。其冬，训败，起以儒素长者，人不以为累，但罢判户部事。

文宗好文，尤尚古学。郑覃长于经义，起长于博洽，俱引翰林，讲论经史。起僻于嗜学，虽官位崇重，耽玩无斁，夙夜孜孜，殆忘寝食，书无不览，经目靡遗。转兵部尚书。以庄恪太子登储，欲令儒者授经，乃兼太子侍读，判太常卿，充礼仪详定使，创造礼神九玉，奏议曰：

> 邦国之礼，祀为大事；圭璧之议，经有前规。谨按《周礼》："天地四方，以苍璧礼天，黄琮礼地，青圭礼东方，赤璋礼南方，白琥礼西方，黑璜礼北方。"又云："四圭有邸以祀天，两圭有邸以祀地，圭璧以祀日月星辰。"凡此九器，皆祀神之玉也。又云："以禋祀祀吴天上帝。"郑玄云："禋，烟也，为玉币，祭讫燔之而升烟，以报阳也。"今与《开元礼》义同，此则焚玉之验也。又《周礼》"掌国之玉镇大宝器，若大祭，既事而藏之，"此则收玉之证也。梁代崔灵恩撰《三礼义宗》云："凡祭天神，各有二玉，一以礼神，一则燔之。礼神者，讫事却收。祀神者，与牲俱燎。"则灵恩之义，合于礼经。今国家郊天祀地，祀神之玉常用，守经据古，礼神之玉则无。臣等请下有司，精求良玉，创造苍璧、黄琮等九器，祭讫则藏之。其燎玉即依常制。

从之。为太子广《五运图》及《文场秀句》等献之。三年，以本官充翰林侍讲学士。庄恪太子薨，诏起为哀册文，辞情婉丽。

四年，迁太子少师，判兵部事，侍讲如故。以其家贫，特诏每月割仙韶院月料钱三百千添给。起富于文学，而理家无法，俸料入门，即为仆妾所有。帝以师友之恩，特加周给，议者以与伶官分给，可为耻之。

武宗即位，八月，充山陵卤簿使。枢密使刘弘逸、薛季稜俱诛，欲因山陵兵士谋废立。起与山陵使知其谋，密奏，皆伏诛。寻检校左仆射、东都留守，判东都尚书省事。

会昌元年，征拜吏部尚书，判太常卿事。三年，权知礼部贡举。明年，正拜左仆射，复知贡举。起前后四典贡部，所选皆当代辞艺之士,有名于时,人皆赏其精鉴徇公也。其年秋,出为兴元尹,兼同平章事,充山南东道节度使。赴镇日,延英辞,帝请之曰:“卿国之耆老,宰相无内外,朕有缺政,飞表以闻。”宴赐颇厚。在镇二年,以老疾求代,不许。大中元年,卒于镇,时年八十八。废朝三日,赠太尉,谥曰文懿。文集一百二十卷,《五纬图》十卷,《写宣》十卷。起侍讲时,或僻字疑事,令中使口宣,即以榜子对,故名曰《写宣》。子龟嗣。

龟字大年,性简淡萧洒,不乐仕进,少以诗酒琴书自适,不从科试。京城光福里第,起兄弟同居,斯为宏敞。龟意在人外,倦接朋游,乃于永达里园林深僻处创书斋,吟啸其间,目为半隐亭。及从父起在河中,于中条山谷中起草堂,与山人道士游,朔望一还府第,后人目为“郎君谷”。及起保厘东周,龟于龙门西谷构松斋,栖息往来,放怀事外。起镇兴元,又于汉阳之龙山立隐舍,每浮舟而往,其闲逸如此。武宗知之,以左拾遗征,久之,方至殿廷一谢,陈情曰:“臣才疏散,无用于时,加以疾病所婴,不任禄仕。臣父年将九十,作镇远藩,喜惧之年,缺于供侍。乞罢今职,以奉震昏。”上优诏许之。明年,丁父忧。服阕,以右补阙征,迁侍御史、尚书郎。

大中末,出为宣歙团练观察副使,赐绯。入为祠部郎中、史馆修撰。前从崔玙贰宣歙,及玙镇河中,又奏为副使。入为兵部郎中,赐金紫,寻知制诰。咸通末,以弟铎在中书,不欲在禁掖,改太常少卿,寻检校右散骑常侍、同州刺史。牙将白约者,甚狡蠹,前后防御使不能制。龟因事发,笞死以徇,人皆畏威自效。十四年,转越州刺史、御史大夫、浙东团练观察使。先是,龟兄式抚临此郡,有惠政,闻龟复至,舞抃迎之。属徐泗之乱,江淮盗起,山越乱,攻郡,为贼所害,赠工部尚书。子茪。

茪苦学,善属文。以季父作相,避嫌不就科试。乾符初,崔瑾廉察湖南,崔涓镇江陵,皆辟为从事。萧遘作相,奏授蓝田尉,直史馆,迁左拾遗、右补阙,中丞卢涯奏为侍御史。从僖宗幸山南,拜右司员外郎,卒。子权,中兴仕至兵部尚书。

式以门荫,累迁监察御史,转殿中,亦巧宦。大和中,依倚郑注,谒王守澄,为中丞归融所劾,出为江陵少尹。大中后,践更省署。咸通初,为浙东观察使。草贼仇甫据明州叛,来攻会稽,式讨平之。式有威略。三年,徐州银刀军叛,以式为徐州节度使。式至镇,尽诛银刀等七军,徐方平定,天子嘉之。物累历方任,卒。

铎字昭范。会昌初进士第,两辟使府。大中初,入为监察御史。咸通初,由驾部郎中知制诰,拜中书舍人。五年,转礼部侍郎,典贡士两岁,时称得人。七年,以户部侍郎、判度支迁礼部尚书。十二年,以本官同平章事。旱宰相韦保衡以拔擢之恩,事铎尤谨,累兼刑部、吏部尚书。僖宗即位,加右仆射。保衡得罪,以铎检校右仆射,出为汴州刺史、宣武军节度使。

铎有经世大志,以安邦为己任,士友推之。乾符二年,河南、江左相继寇盗结集,内官田令孜素闻铎名,乃复召铎,拜右仆射、门下侍郎、同平章事。四年,贼陷江陵,杨知温失守,宋威破贼失策。朝议统率,宰相卢携称高骈累立战功,宜付军柄,物议未允。铎廷奏曰:“臣忝宰执之长,在朝不足分陛下之忧。臣愿自率诸军,汤涤群盗。”朝议然之。五年,以铎守司徒、门下侍郎、同平章事,兼江陵尹、荆南节度使,充诸道行营兵马都统。铎至镇,绥怀流散,完葺军戎,期年之间,武备严整。

时兖州节度使李系者,西平王晟之孙,以其家世将才,奏用为都统都押衙,兼湘南团练使。时黄巢在岭南,铎悉以精甲付系,令分兵扼岭路。系无将略,微有口才,军政不理。广明初,贼自岭南寇湖南诸郡,系守城自固,不敢出战。贼编木为筏,沿湘而下,急攻潭州,陷之。系甲兵五万,皆为贼所杀,投尸于江。铎闻系败,令部将董汉宏守江陵,自率兵万余会襄阳之师。江陵竟陷于贼。天子不之责。罢相,守太子太师。宰相卢携用事,竟以淮南高骈代铎为都统。

其年秋，贼焚剽淮南，高骈挫败。及贼陷两京，卢携得罪，天子用郑畋为兵马都统。明年，畋病归行在，朝议复以铎为侍中、滑州刺史、义成军节度使，充诸道行营都统，率禁军、山南、东蜀之师三万，营于东盩屋，进屯灵感寺。

明年春，兖、郓、徐、许、郑、滑、邠、宁、凤翔十镇之师大集关内。时贼已僭名号，以前浙东观察使崔璆、尚让为宰相，传伪命。天下藩帅，多持两端。既闻铎传檄四方，诸侯翻然景附。贼之号令，东西不过岐、华，南北止及山、河。而劲卒骁将，日驰突于国门，群贼由是离心。其年秋，贼将朱温降，收同州。十一月，贼华州戍卒七千来奔。三年二月，沙陀军至，收华州。四月，败贼于良田坡，遂收京城。封铎晋国公。铎加中书令，以收城诸将，量其功伐高下，承制爵赏以闻。是时国命危若缀旒，天子播越蛮陬，大事去矣。若非郑畋之奋发，铎之忠义，由土运之隆替，未可知也。

自巢、让之乱，关东方镇牙将，皆逐主帅，自号藩臣。时溥据徐州，朱瑄据郓州，朱瑾据兖州，王武俊据青州，周岌据许州，王重荣据河中，诸葛爽据河阳，皆自擅一藩，职贡不入，赏罚由己。既逐贼出关，尤恃功伐，朝廷姑息不暇。巢贼出关东，与蔡帅秦宗权合纵。时溥举兵徐方，请身先讨贼，乃授溥都统之命。十军军容使田令孜以内官杨复光有监护用师之功，尤忌儒臣立事，故有时溥之授。

初，铎出军，兼郑滑节度使，以便供馈。至是，罢铎都统之权，令仗节归藩。铎以朱全忠于己有恩，倚为藩蔽。初，全忠辞礼恭顺，既而全忠军旅稍集，其意渐倨。铎知不可依，表求还朝。

其年冬，僖宗自蜀将还，乃以铎为沧景节度使。时杨全玫在沧州，闻铎之来，诉于魏州乐彦贞。铎受命赴镇，至魏州旬日，彦贞迎谒，宴劳甚至。铎以上台元老，功盖群后，行则肩舆，妓女夹侍，宾僚服御，尽美一时。彦贞子从训，凶戾无行，窃所慕之，令甘陵州卒数百人，伏于漳南之高鸡陌。及铎行李至，皆为所掠，铎与宾客十余人，皆遇害。时光启四年十二月也。

铎弟镣，累官至汝州刺史。王仙芝陷郡城，被害。

李绛字深之,赵郡赞皇人也。曾祖贞简。祖刚,官终宰邑。父元善,襄州录事参军。绛举进士,登宏辞科,授秘书省校书郎。秩满,补渭南尉。贞元末,拜监察御史。元和二年,以本官充翰林学士。未几,改尚书主客员外郎。逾年,转司勋员外郎。五年,迁本司郎中、知制诰。皆不离内职,孜孜以匡谏为己任。

宪宗即位,叛臣李锜阻兵于浙右。锜既诛,朝廷将籍其所没家财,绛上言曰:“李锜凶狡叛戾,僭侈诛求,刻剥六州之人,积成一道之苦。圣恩本以叛乱致讨,苏息一方。今籍运钱帛,播闻四海,非所谓式遏乱略,惠绥困穷。伏望天慈,并赐本道,代贫下户今年租税,则万姓欣戴,四海歌咏矣。宪宗嘉之。

时中官吐突承璀自藩邸承恩宠,为神策护军中尉,乃于安国佛寺建立圣政碑,大兴功作,仍请翰林为其文。绛上言曰:

　　陛下布惟新之政,划积习之弊,四海延颈,日望德音。今忽立《圣政碑》,示天下以不广。《易》称:大人者与天地合德,与日月合明。执契垂拱,励精求理,岂可以文字而尽圣德,碑表而赞皇猷?若可叙述,是有分限,亏损盛德,岂谓敷扬至道哉?故自尧、舜、禹、汤、文、武,并无建碑之事。至秦始皇荒逸之君,烦酷之政,然有峄、峄之碑,扬诛伐之功,纪巡幸之迹,适足为百王所笑,万代所讥,至今称为失道亡国之主,岂可拟议于此?陛下嗣高祖、太宗之业,兴贞观、开元之政,思理不遑食,从谏如顺流,固可与尧、舜、禹、汤、文、武方驾而行,又安得追秦皇暴虐不经之事而自损圣政?近者,阎巨源请立纪圣功碑,陛下详尽事宜,皆不允许。今忽令立此,与前事颇乖。况此碑既在安国寺,不得不叙载游观崇饰之事,述游观且乖理要,叙崇饰又匪政经,固非哲王所宜行也。其碑,伏乞圣恩特令寝罢。

宪宗深然之,其碑遂止。

绛后因浴堂北廊奏对,极论中官纵恣、方镇进献之事,宪宗怒,厉声曰:“卿所论奏,何太过耶?”绛前论不已,曰:“臣所谏论,于臣是无利,是国家之利。陛下不以臣愚,使处腹心之地,岂可见事亏圣德,致损清时,而惜身不言,抑屈窃叹,是臣负陛下也。若不顾患祸,尽诚奏论,旁忤幸臣,上犯圣旨,以此获罪,是陛下负臣也。且臣与中官,素不相识,又无嫌隙,只是威福太盛,上损圣朝,臣所以不敢不论耳。使臣缄默,非社稷之福也。"宪宗见其诚切,改容慰喻之曰:"卿尽节于朕,人所难言者,卿悉言之,使朕闻所不闻,真忠正诚节之臣也。他日南面,亦须如此。"绛拜恩而退。遽宣宰臣,令与改官,乃授中书舍人,依前翰林学士。翌日,面赐金紫,帝亲为绛择良笏赐之。

　　前后朝臣裴武、柳公绰、白居易等,或为奸人所排陷,特加贬黜,绛每以密疏申论,皆获宽宥。及镇州节度使王士真死,朝廷将用兵讨除,绛深陈以为未可。绛既尽心匡益,帝每有询访,多协事机。六年,犹以中人之故,罢学士,守户部侍郎,判本司事。尝因次对,宪宗曰:"户部比有进献,至卿独无,何也?"绛曰:"将户部钱献入内藏,是用物以结私恩。"上怃然,益嘉其直。吐突承璀恩宠莫二,是岁,将用绛为宰相,前一日,出承璀为淮南监军。翌日,降制,以绛为中书侍郎、同中书门下平章事。同列李吉甫便僻,善逢迎上意,绛梗直,多所规谏,故与吉甫不协。时议者以吉甫通于承璀,故绛尤恶之。绛性刚讦,每与吉甫争论,人多直绛。宪宗察绛忠正自立,故绛论奏,多所允从。

　　上尝谓绛曰:"卜筮之事,习者罕精,或中或否。近日风俗,尤更崇尚,何也?"对曰:"臣闻古先哲王畏天命,示不敢专,邦有大事可疑者,故先谋于卿士庶人,次决于卜筮。俱协则行之。末俗浮伪,幸以徼福。正行虑危,邪谋觊安,迟疑昏惑,谓小数能决之。而愚夫愚妇假时日鬼神者,欲利欺诈,参之见闻,用以刺射小近之事,神而异之。近者,风俗近巫,此诚弊俗。圣旨所及,实辨邪源。但存而不论,弊斯息矣。"

　　他日延英,上曰:"朕读《玄宗实录》,见开元致理,宝实兆乱。事出一朝,治乱相反,何也?"绛对曰:

臣闻理生于危心，乱生于肆志。玄宗自天后朝出居藩邸，尝莅官守，接时贤于外，知人事之艰难。临御之初，任姚崇、宋璟，二人皆忠鲠上才，勖以致主为心。明皇乘思理之初，亦励精听纳，故当时名贤在位，左右前后，皆尚忠正。是以君臣交泰，内外宁谧。开元二十年以后，李林甫、杨国忠相继用事，专引柔佞之人，分居要剧，苟媚于上，不闻直言。嗜欲转炽，国用不足，奸臣说以兴利，武夫说以开边。天下骚动，奸盗乘隙，遂至两都覆败，四海沸腾，乘舆播迁，几至难复。盖小人启导，纵逸生骄之致也。至今兵宿两河，西疆削尽，虻户凋耗，府藏空虚，皆因天实丧乱，以至于此。安危理乱，实系时主所行。陛下思广天聪，亲览国史，垂意精赜，鉴于化源，实天下幸甚。

上又曰："凡人行事，常患不通于理，已然之失，追悔诚难。古人处此，复有道否？"绛对曰："行事过差，圣哲皆所不免，故天子致诤臣以巨其失。故主心理于中，臣论正于外，制理于未乱，销患于未萌。主或过举，则谏以正之，故上下同体，犹手足于心膂，交相为用，以致康宁。此亦常理，非难遵之事。但矜得护失，常情所蔽。古人贵改过不吝，从善如流，良为此也。臣等备位，无所发明，但陛下不废刍言，则端士贤臣，必当自效。"帝曰："朕擢用卿等，所冀直言。各宜尽心无隐，以匡不逮。无以护失为虑也！"

其秋，魏博节度使田季安死，其子怀谏幼弱，军中立其大将田兴，使主军事，兴卒以六州之地归命。其经始营创，皆绛之谋也。

时教坊忽称密旨，取良家士女及衣冠别第妓人，京师嚣然。绛谓同列曰："此事大亏损圣德，须有论谏。"或曰："此嗜欲间事，自有谏官论列。"绛曰："相公居常病谏官论事，此难事即推与谏官可乎？"乃极言论奏。翌日延英，宪宗举手谓绛曰："昨见卿状所论采择事，非卿尽忠于朕，何以及此？朕都不知向外事，此是教坊罪过，不谕朕意，以至于此。朕缘丹王已下四人，院中都无侍者，朕令于乐工中及闾里有情愿者，厚其钱帛，只取四人，四王各与一人。伊不会朕意，便如此生事。朕已令科罚，其所取人，并已放归。若非卿言，朕宁知此过?"

八年,封高邑县男。绛以足疾,拜章求免。九年,罢知政事,授礼部尚书。十年,检校户部尚书,出为华州刺史。未几,入为兵部尚书。丁母忧。十四年,检校吏部尚书。出为河中观察使。河中旧为节制,皇甫镈恶绛,只以观察命之。十五年,镈得罪,绛复为兵部尚书。

穆宗即位,改御史大夫。穆宗亟于畋行幸,绛于延英切谏,帝不能用。绛以疾辞,复为兵部尚书。长庆元年,转吏部尚书。是岁,加检校尚书右仆射,判东都尚书省事,充东都留守。二年正月,检校本官、兖州刺史、兖海节度观察等使。三年,复为东都留守。四年,就加检校司空。

宝历初,入为尚书左仆射。二年九月,昭义节度使刘悟卒,遣表请以子从谏嗣袭,将吏诣阙论请。绛密奏请速除近泽潞四面将帅一人,以充节度,令倍程赴镇,使从谏未及拒命,新使已到,所谓疾雷不及掩耳。潞州军心,自有所系。从谏无位,何名主绛。时宰相李逢吉、王守澄已受从谏赂,俱请以从谏留后,不能用绛言。

绛以直道进退,闻望倾于一时。然刚肠嫉恶,贤不肖太分,以此为非正之徒所忌。又尝与御史中丞王播相遇于道,播不为之避,绛奏论事体,敕令两省详议,咸以绛论奏是。李逢吉佑播恶绛,乃罢绛仆射,改授太子少师,分司东都。

文宗即位,征为太常卿。二年,检校司空,出为兴元尹、山南西道节度使。三年冬,南蛮寇西蜀,诏征赴援。绛于本道募兵千人赴蜀,及中路,蛮军已退,所募皆还。兴元兵额素定,募卒悉令罢归。四年二月十日,绛晨兴视事,召募卒,以诏旨喻而遣之,仍给以廪麦,皆怏怏而退。监军使杨叔元贪财怙宠,怨绛不奉己,乃因募卒赏薄,众辞之际,以言激之,欲其为乱,以逞私憾。募卒因监军之言,怒气益甚,乃噪聚趋府,动库兵以入使衙。绛方与宾僚会宴,不及设备。闻乱北走登陴,衙将王景延力战以御之。兵折矢穷,景延死。绛乃为乱兵所害,时年六十七。绛初登陴,左右请绛缒城;可以避免,绛不从，乃并从事赵存约、薛齐俱死焉。

文宗闻奏震悼，下制曰："朝有正人，时称令德，入参庙算，出总师干。方当宠任之臣，横罹不幸之酷。殄瘁兴叹，搢绅所同。故山南西道节度、管内观察处置等使、银青光禄大夫、检校司空、兼兴元尹、御史大夫、上柱国、赵郡开国公、食邑二千户李绛，神授聪明，天赋清直。抱仁义以希前哲，立标准以程后来。抑扬时情，坐致台辅。佐我烈祖，格于皇天。仗钺宣风，联居乐土，乘轩鸣玉，尝极清班。先声而物议皆归，不约而群情自许。汉中名部，俾遂便安。而变起不图，祸生无兆。奸良之恸，闻讣增伤。是极哀荣，用优典礼。三公正秩，品数甚崇，式表异恩，以摅沉痛。可赠司徒。仍令所司，择日备礼册命。"赙布帛三千段、米粟二百石。子璋、顼。

璋，登进士第。卢钧镇太原，辟为从事。大中末，入朝为监察，转侍御史。出刺两郡，终宣歙观察使。子德林。

杨于陵字达夫，弘农人。汉太尉震之第五子奉之后。曾祖珪，为辰州掾曹。祖冠俗，夺先尉。父太清，宋州单父尉。于陵，天宝末家寄河朔。禄山乱，其父殁于贼，于陵始六岁。及长，客于江南。好学，有奇志。弱冠举进士，释褐为润州句容主簿。时韩晃节制金陵，晃性刚严，少所接与。及于陵以属吏谒谢，晃甚奇之，谓其妻柳氏曰："夫人常择佳婿，吾阅人多矣，无如杨主簿者。后竟以女妻之。秩满，为鄂岳、江南二府从事，累官至侍御史。

韩晃自江南入朝，总将相财赋之任，颇承顾遇，权倾中外。于陵自江西府罢，以妇翁权幸方炽，不欲进取，乃卜筑于建昌，以读书山水为乐。晃殁，贞元八年，始入朝，为膳部员外郎，历考功、吏部三员外，判南曹。时宰相有密亲调集，文书不如式，于陵驳之，大协物论。迁右司郎中，复转吏部郎中，改京兆少尹。出为绛州刺史。德宗雅闻其名，将辞赴郡，诏留之，拜中书舍人。时李实为京兆尹，恃承恩宠，于陵与给事中许孟容俱不附协，为实媒孽，孟容改太常少卿，于陵为秘书少监。贞元末，实辈败，迁于陵为华州刺史，充潼关防御、镇国军等使。未几，迁浙江东道都团练观察等使。政声流闻，入拜户部侍郎，复改京兆尹。先是，禁军影占编户，无以区别。自于陵请致挟名，每五丁者，得两丁入军，四丁、三丁者，各以条限。由是京师豪强，复知所畏。再迁户部侍郎。

元和初，以考策升直言极谏牛僧孺等，为执政所怒，出为岭南节度使。会监军使许遂振捃摭贪恣，干挠军政，于陵奉公洁己，遂振无能奈何，乃以飞语上闻。宪宗惊惑，赖宰相裴垍为于陵申理，宪宗感悟。五年入为吏部侍郎。遂振终自得罪。

于陵为吏部，凡四周岁，监察奸吏，调补平允，当时称之。初，吏部试判，别差考判官三人校能否，元和初罢之。七年，吏部尚书郑余庆以疾请告，乃复置考判官，以兵部员外郎韦颛、屯田员外张仲素、太学博士陆亘等为之。于陵自东都来，言曰：本司考判，自当公心。非次置官，不知曹内公事。考官只论判之能否，不计阙员，本司只计员阙几何，定其留放。置官不便。"宰执以已置颛等，只令考科目选人，其余常调，委本司自考。于陵又以甲历年深朽断，吏缘为奸，奏换大历七年至贞元二十年甲库历，令本司郎官监换。

九年，妖人杨叔高自广州来干于陵，请为己辅，于陵执奏杀之。改兵部侍郎、判度支。时淮西用兵，于陵用所亲为唐邓供军使，节度使高霞寓以供军有阙，移牒度支，于陵不为之易，其阙如旧。霞寓军屡有摧败，诏书督责之，乃奏以度支馈运不继。宪宗怒，十一年，贬于陵为桂阳郡守，量移原王傅。复迁户部侍郎，知吏部选事。会诛李师道，分其地为三镇，朝廷思有所制置，以于陵兼御史大夫，充淄、青十二州宣慰使，还奏合旨。

穆宗即位，迁户部尚书。长庆初，拜太常卿，充东都留守。年高，拜章辞位。宝历二年，授检校右仆射、兼太子太傅。旋以左仆射致仕，诏给全俸，恳让不受。

于陵器度弘雅，进止有常。居朝三十余年，践更中外。始终不失其正。居官奉职，亦善操守，时人皆仰其风德。大和四年十月卒，年七十八，册赠司空，谥贞孝。子四人：景复、嗣复、绍复、师复。

嗣复自人传。景复位终同州刺史。绍复进士擢第,弘辞登科,位终中书舍人。师复位终大理卿。

大中后,杨氏诸子登进士第者十人:嗣复子授、技、拭、挥,绍复子擢、拯、据、揆、师,复子拙、振等。擢终给事中。拯司封员外郎。据右补阙。揆左谏议大夫。拙左庶子。振左拾遗。

史臣曰:王氏二英,播、起位崇将相,善始令终。而炎薄佑短龄,美钟于铎,而能骧首矫翼,凌厉亨衢,仗钺衡,扶持衰运。天胡罚善,遇盗而殂,悲哉!李赵公颉颃禁林,讦谟相府,嘉言启沃,不以身为。糜躯将坛,没有余裕。杨仆射避妇翁之当轴,疏骄尹之怙权,守道居贞,寿考终吉,行己始卒,人以为难。美哉!

赞曰:王氏儒宗,一门三相。赵公排揳,言犹鲠亮。干将虽折,不改其刚。杨君之德,《韶》、《夏》洋洋。

旧唐书卷一六五
列传第一一五

韦夏卿　　王正雅 族孙凝

柳公绰 子仲郢　弟公权　　崔玄亮

温造 子璋　　郭承嘏　　殷侑

孙盈孙　徐晦

　　韦夏卿字云客,杜陵人。父迢,检校都官郎中、岭南节度行军司马。夏卿苦学,大历中与弟正卿俱应制举,同时策入高等,授高陵主簿。累迁刑部员外郎。时久旱蝗,诏于郎官中选赤畿令,改奉天县令。以课最第一,转长安令。改吏部员外郎,转本司郎中,拜给事中。出为常州刺史。夏卿深于儒术,所至招礼通经之士。时处士窦群寓于郡界,夏卿以其所著史论,存之于朝,遂为门人。改苏州刺史。卢元末,徐州张建封卒,初授夏卿徐州行军司马。寻授徐泗濠节度使。夏卿未至,建封子愔为军人立为留后,因授旄钺。征夏卿为吏部侍郎,转京兆尹、太子宾客,检校工部尚书、东都留守,迁太子少保。卒时年六十四,赠左仆射。

　　夏卿有风韵,善谈宴,与人同处终年,而喜愠不形于色。抚孤侄,恩逾己子,早有时称。其所与游辟之宾佐,皆一时名士。为政务通适,不喜改作。始在东都,倾心辟士,颇得才彦,其后多至卿相,世谓之知人。

　　王正雅字光谦，其先太原人。东都留守翊之子。伯父翃，代宗朝御史大夫，以贞亮鲠直名于当代，卒谥曰忠惠。正雅少时，以孝行修谨闻。元和初，举进士，证甲科，礼部侍郎崔邠甚知之，累从职使府。元和十一年，拜监察御史，三迁为万年县令。当穆宗时，京邑号为难理，正雅抑强扶弱，政甚有声。会柳公绰为京兆尹，上前褒称，穆宗命以绯衣银章，就县宣赐。迁户部郎中，寻加知台杂事，再迁太常少卿，出为汝州刺史，充本州防御使。有中人为监军，怙权干政，正雅不能堪，乃谢病免。

　　入为大理卿。会宋申锡事起，狱自内出，卒无证验。是时王守澄之威权，郑注之宠势，虽宰相重臣，无敢显言其事者。唯正雅与京兆尹崔绾上疏，请出造事者，付外考验其事，别具状闻。由是狱情稍缓，申锡止于贬官，中外翕然推重之。大和五年十一月卒，赠左散骑常侍。

　　正雅从弟重，翊之子也，位止河东令。重子众仲，登进士第，累官衡州刺史。众仲子凝。

　　凝字致平，少孤，宰相郑肃之甥，少依舅氏。年十五，两经擢第。尝著《京城六岗铭》，为文士所称。再登进士甲科。崔珠领盐铁，辟为巡官。历佐梓潼、宣歙使幕。宰相崔龟从奏为鄂县尉、集贤校理，迁监察御史，转殿中。宰相崔铉出镇扬州，奏为节度副使。入为起居郎，历礼部、兵部、考功三员外，迁司封郎中、长安令。中丞郑处诲奏知台杂，换考功郎中，迁中书舍人。时政不协，出为同州刺史，赐金紫。暮年，移疾华州甫水别墅。逾年，以礼部侍郎征。凝性坚正，贡闱取士，拔其寒俊，而权豪请托不行，为其所怒，出为商州刺史。明年，检校右散骑常侍、潭州刺史、湖南团练观察使。入为兵部侍郎，领盐铁转运使。又以不奉权幸，改秘书监。出为河南尹、检校礼部尚书、宣州刺史、宣歙观察使。凝咸通中两佐宣城使幕。备究人之利病，涤除积弊，民俗阜康。

　　逾岁，黄巢自岭表北归，大掠淮南，攻转和州。凝令牙将樊俦率

师据采石以援之。傅犯令，凝即斩之以徇，命别将乌颖代傅赴援，竟
解历阳之围。贼怒，引众攻宣城。大将王涓请出军逆战，凝曰："贼
忿恚而来，宜持重待之。彼众我寡，万一不捷，则州城危矣！"涓锐意
请行，凝即阅集丁壮，分守要害，登陴设备，涓果战死。贼乘胜而来，
则守有备矣。贼为梯冲之具，急攻数月，御备力殚，吏民请曰："贼之
凶势不可当，愿尚书归款退之，惧覆尚书家族。"凝曰："人皆有族，
予岂独全？誓与此城同存亡也。"既而贼退去，时乾符五年也。其年
夏，疾甚，有大星坠于正寝。八月卒于郡，时年五十八。无子，以弟
子镳为嗣。镳兄钜，位终兵部侍郎。

　　柳公绰字起之，京兆华原人也。祖正礼，邠州士曹参军。父子
温，丹州刺史。公绰幼聪敏。年十八应制举，登贤良方正，直言极谏
科，授秘书省校书郎，贞元元年也。贞元四年，复应制举，再登贤良
方正科，时年二十一。制出，授渭南尉。

　　公绰性谨重，动循礼法。属岁饥，其家虽给，而每饭不过一器。
岁稔复初。家甚贫，有书千卷，不读非圣之书。为文不尚浮靡。慈
隰观察使姚齐梧奏为判官，得殿中侍御史。冬，荐授开州刺史，入为
侍御史，再迁吏部员外郎。武元衡罢相镇西蜀，与裴度俱为元衡判
官，尤相善。先度入为吏部郎中，度以诗饯别，有"两人同日事征西，
今日君先捧紫泥"之句。

　　元和初，宪宗颇出游畋，锐意用兵，公绰欲因事讽谏，五年十一
月，献《太医箴》一篇，其辞曰：

　　　　天布寒暑，不私于人。品类既一，崇高以均。惟谨好爱，能
　　保其身。清净无瑕，辉光以新。寒暑满天地之间，浃肌肤于外；
　　好爱溢耳目之前，诱心知于内。清洁为堤，奔射犹败，气行无
　　间，隙不在大。睿圣之姿，清明绝俗，心正无邪，志高寡欲。谓
　　天高矣，气蒙晦之。谓地厚矣，横流溃之。圣德超迈，万方赖之。
　　饮食所以资身也。过则生患；衣服所以称德也。侈则生慢。唯
　　过与侈，心必随之，气与心流，疾亦伺之。圣心不惑，孰能移之？

畋游恣乐，流情荡志，驰聘劳形，咤叱伤气。惟天之重，从禽为累。不养其外，前修所忌。圣心非之，孰敢违之。人乘气生，嗜欲以萌，气离有患，气凝则成。巧必丧真，智必诱情，去彼烦虑，在此诚明。医之上者，理于未然，患居虑后，防处事先。心静乐行，体和道全，然后能德施万物，以享亿年。圣人在上，各有攸处。庶政有官，群艺有署。臣司太医，敢告诸御。

宪宗深嘉之。翌日，降中使奖劳之曰："卿所献之文云：'气行无间，隙不在大。'何忧朕之深也？"逾月，拜御史中丞。

公绰素与裴垍厚，李吉甫出镇淮南，深怨垍。六年，吉甫复辅政，以公绰为潭州刺史、兼御史中丞，充湖南观察使。湖南地气卑湿，公绰以母在京师，不可迎侍，致书宰相，乞分司洛阳，以便奉养，久不许。八年，移为鄂州刺史、鄂岳观察使，乃迎母至江夏。

九年，吴元济据蔡州叛，王师讨伐，诏公绰以鄂岳兵五千棣安州刺史李听，率赴行营。公绰曰："朝廷以吾儒生不知兵耶？"即日上奏，愿自征行，许之。公绰自鄂济湘江，直抵安州，李听以廉使之礼事之。公绰谓之曰："公所以属鞬负弩者，岂非为兵事耶？若去戎容，被公服，两郡守耳，何所统摄乎？以公名家晓兵，若吾不足以指麾，则当赴阙，不然，吾且署职名，以兵法从事矣。"听曰："唯公所命。"即署听为鄂岳都知兵马使、中军先锋、行营兵马都虞候，三牒授之。乃选卒六千属听，戒其部校曰："行营之事，一决都将。"听感恩畏威，如出麾下。其知权制变，甚为当时所称。鄂军既在行营，公绰时令左右省问其家。如疾病、养生、送死，必厚廪给之。军士之妻冶容不谨者，沉之于江。行卒相感曰："中丞为我辈知家事，何以报效？"故鄂人战每克捷。

十一年，入为给事中。李师道归朝，遣公绰往郓州宣谕。使还，拜京兆尹，以母忧免。十四年，起为刑部侍郎，领盐铁转运使。转兵部侍郎、兼御史大夫，领使如故。长庆元年，罢使，复为京兆尹、兼御史大夫。

时河朔复叛，朝廷用兵，补授行营诸将，朝令夕改，驿骑相望。

公绰奏曰："自幽、镇用兵,使命繁并,馆递匮乏,鞍马多阙。又敕使行李人数,都无限约。其衣绯紫乘马者二十、三十匹,衣黄绿者不下十匹、五匹。驿吏不得视券牒,随口即供。驿马既尽,遂夺路人鞍马。衣冠士庶,惊扰怨嗟,远近喧腾,行李将绝。伏望圣慈,聊为定限。"乃下中书条疏人数。自是吏不告劳,以言直为北司所恶,寻转吏部侍郎。

二年九月,迁御史大夫。韩弘病,自河中入朝。以弘守司徒、中书令,诏百僚问疾,弘遣其子达情,言不能接见。公绰谓其子曰："圣上以公官重,令百司省问,异礼也。如拜君赐,宜力疾公见。安有卧令子弟传言耶?"弘惧,挟扶而出,人皆耸然。

三年,改尚书左丞,又拜检校户部尚书、襄州刺史、出南东道节度使。行部至邓县,县二吏犯法,一赃贿,一舞文。县令以公绰守法,必杀脏吏,狱具,判之曰："赃吏犯法,法在,奸吏坏法,法亡。诛舞文者。"公马害因人,命斩之。宾客进言曰："可惜良马,因人自防不至。"公绰曰："安有良马害人乎?"亟命杀之。牛僧孺罢相镇江夏,公绰具戎容,于邮舍候之。军吏自以汉上地高于鄂,礼太过。公绰曰:"奇章才离台席,方镇重宰相,是尊朝廷也。"竟以戎容见。有道士献丹药,试之有验,问所从来,曰:"炼此丹于蓟门。"时朱克融方叛,公绰遽谓之曰:"惜哉,至药来于贼臣之境,虽验何益!"乃沉之于江,而逐道士。邓县人郑怀政病狂,妄称天子,公绰捕而杀之。

敬宗即位,加检校左仆射。宝历元年,入为刑部尚书。二年,授邠州刺史、邠宁庆节度使。所部有神策诸镇,屯列要地,承前不受节度使制置,遂致北虏深入。公绰上疏论之,因诏诸镇皆禀邠宁节度使制置。三年,入为刑部尚书,京兆人有姑鞭妇致死者,府断以偿死。公绰议曰:"尊殴卑非斗,且其子在,以妻而戮其母,非教也。"竟减死。

大和四年,复检校左仆射、太原尹、北都留守、河东节度观察等使。是岁,北虏遣梅禄将军李畅以马万匹来市,托云入贡。所经州府,守帅假之礼分,严其兵备。留馆则戒卒于外,惧其袭夺。太原故事,出兵迎之。畅及界上,公绰使牙将祖孝恭单马劳问,待以修好之意。畅感义出涕,徐驱道中,不妄驰猎。及至,辟牙门,令驿引谒,宴以常礼。及市马而还,不敢侵犯。陉北有沙陀部落,自九姓、六州皆畏避之。公绰至镇,召其酋朱耶执宜,直抵云、朔塞下,治废栅十一所,募兵三千付之。留屯塞上,以御匈奴。其妻母来太原者,请梁国夫人对酒食问遗之。沙陀感之,深得其效。

六年,以病求代。三月,授兵部尚书,征还京师。四月卒,赠太子太保,谥曰成。

公绰天资仁孝,初丁母崔夫人之丧,三年不沐浴。事继亲薛氏三十年,姻戚不知公绰非薛氏所生。外兄薛宫早卒,一女孤,配张毅夫,资遗甚于己子。性端介寡合,与钱徽、蒋乂、杜元颖、薛存诚文雅相知,交情款密。凡六开府幕,得人尤盛。钱徽掌贡之年,郑朗覆落,公绰将赴襄阳,首辟之,朗竟为名相。卢简辞、崔玙、夏侯孜、韦长、李续、李拭皆至公卿。为吏部侍郎,与舅左丞崔从同省,人士荣之。子仲郢,弟公权、公谅。

仲郢字谕蒙,元和十三年进士擢第,释褐秘书省校书郎。牛僧孺镇江夏,辟为从事。仲郢有父风,动修礼法,僧孺叹曰:“非积习名教,安能及此!”入为监察御史。五年,迁侍御史。富平县人李秀才,籍在禁军,诬乡人斫父墓柏,射杀之,法司以专杀论。文宗以中官所庇,决杖配流。右补阙蒋系上疏论之,不省。仲郢执奏曰:“圣王作宪,杀人有必死之令;圣明在上,当官无坏法之臣。今秀才犯杀人之科,愚臣备监决之任,此贼不死,是乱典章。臣虽至微,岂敢旷职?其秀才未敢行决,望别降敕处分。”乃诏御史萧杰监之,杰又执奏。帝遂诏京兆府行决,不用监之,然朝廷嘉其守法。

会昌中,三迁吏部郎中,李德裕颇知之。武宗有诏减冗官,吏部条疏,欲牒天下州府取额外官员,仲郢曰:“诸州每冬申阙,何烦牒耶?”幸门顿塞。仲郢条理旬日,减一千二百员,时议为惬。迁谏议大夫。五年,淮南奏吴湘狱,御史崔元藻覆按得罪,仲郢上疏理之,人皆危惧。德裕知其无私，益重之。武宗筑望仙台，仲郢累疏切谏，帝召逾之曰："聊因旧趾增葺，愧卿忠言。"德裕奏为京兆尹，谢日，言曰："下官不期太尉恩奖及此，仰报厚德，敢不如奇章门馆。"德裕不以为嫌。时废浮图法，以铜像铸钱。仲郢为京畿铸钱使，钱工欲于模加新字，仲郢上之，唯淮南加新字，后竟为僧人取之为像设钟磬。纥干泉诉表甥刘诩殴母，诩为禁军小校，仲郢不俟奏下，杖杀。为北司所谮，改右散骑常侍，权知吏部尚书铨事。

宣宗即位，德裕罢相，出仲郢为郑州刺史。周墀自江西移镇滑台，过郑，观其境内大理，甚奖之，俄而墀入辅政，迁为河南尹。莅事逾月，召拜户部侍郎。居无何，墀罢知政事。同列有疑仲郢与墀善，左授秘书监。数月，复出为河南尹。以宽惠为政，言事者以为不类京兆之政。仲郢曰："辇毂之下，弹压为先；郡邑之治，惠养为本。何取类耶？"

大中年，转梓州刺史、剑南东川节度使。孔目吏边章简者，以货交近幸，前后廉使无如之何。仲郢因事决杀，部内肃然，不俟行法而自理。在镇五年，美绩流闻，征为吏部侍郎。入朝未谢，改兵部侍郎，充诸道盐铁转运使。大中十二年，罢使，守刑部尚书。咸通初，转兵部，加金紫光禄大夫、河东男、食邑三百户。俄出为兴元尹、山南西道节度使。凤州刺史卢方义以轻罪决部民，数日而毙，其妻列诉，又旁引他吏，械系满狱。仲郢召其妻谓之曰："刺史科小罪诚人，但本非死刑，虽未出辜，其实病死。"罚方义百直，系者皆释，郡人深感之。因决赃吏过当，以太子宾客分司东都。逾年，为虢州刺史。数月，检校尚书左仆射、东都留守。盗发先人墓，弃官归华原。除华州刺史，不拜。数月，以本官为郓州刺史、天平军节度观察等使，授节钺于华原别墅，卒于镇。

初，仲郢自拜谏议后，每迁官，群乌大集于升平里第，廷树戟架皆满，凡五日而散。诏下，不复集，家人以为候，唯除天平，乌不集。

仲郢严礼法，重气义。尝感李德裕之知，大中朝，李氏无禄仕者仲郢领盐铁时，取德裕兄子从质为推官，知苏州院事，令以禄利赡南宅。令狐绹为宰相，颇不悦。仲郢与绹书自明，其要云："任安不去，常自愧于昔人；吴咏自裁，亦何施于今日？李太尉受责既久，其家已空，遂绝蒸尝，诚增痛恻。"绹深感叹，寻与从质正员官。

仲郢以礼法自持，私居未尝不拱手，内斋未尝不束带。三为大镇，厩无名马。衣不薰香。退公布卷，不舍昼夜。九经、三史一钞，魏晋已来南北史再钞，手钞分门三十卷，号《柳氏自备》。又精释典，《瑜伽》、《智度大论》皆再钞，自余佛书，多手记要义。小楷精谨，无一字肆笔。撰尚书二十四司箴，韩愈、柳宗元深赏之。有文集二十卷。子珪、璧、玭。

珪字镇方，大中五年登进士第，累辟使府，早卒。

璧，大中九年登进士第。文格高雅。尝为《马嵬诗》，诗人韩琮、李商隐嘉之。马植镇陈许，辟为掌书记，又从植汴州。李瓒镇桂管，奏为观察判官。军政不惬，璧极言不纳，拂衣而去。桂府寻乱，入为右补阙。僖宗幸蜀，召充翰林学士，累迁谏议大夫，充职。

玭应两经举，释褐秘书正字。又书判拔萃，高湜辟为度支推官。逾年，拜右补阙。湜出镇泽潞，奏为节度副使。入为殿中侍御史。李蔚镇襄阳，辟为掌书记。湜再镇泽潞，复为副使。入为刑部员外。湜为乱将所逐，贬高要尉，玭三上疏申理。湜见疏本叹曰："我自辨析，亦不及此。"寻出广州节度副使。明年，黄巢陷广州，郡人邓承勋以小舟载玭脱祸。召为起居郎。贼陷长安，为刃所伤，出奔行在，历谏议给事中，位至御史大夫。

玭尝著书诫其子弟曰：

夫门地高者，可畏不可恃。可畏者，立身行己，一事有坠先训，则罪大于他人。虽生可以苟取名位，死何以见祖先于地下？不可恃者，门高则自骄，族盛则人之所嫉。实艺懿行，人未必信，纤瑕微累，十手争指矣。"所以承世胄者，修己不得不恳，为学不得不坚。夫人生世，以无能望他人用，以无善望他人爱，用爱无状，则曰"我不遇时，时不急贤。"亦由农夫卤莽而种，而怨天泽之不润，虽欲弗馁，其可得乎！

予幼闻先训,讲论家法。立身以孝悌为基,以恭默为本,以畏怯为务,以勤俭为法,以交结为末事,以气义为凶人。肥家以忍顺,保交以简敬。百行备,疑身之未周,三缄密,虑言之或失。广记如不及。求名知偿来。去奢与骄,庶几减过。莅官则洁己省事,而后可以言守法,守法而后可以言养人。直不近祸,廉不沽名。廪禄虽微,不可易黎甿之膏血;榎楚虽用,不可恣偏狭之胸襟。忧与福不偕,洁与富不并。比见门家子孙,其先正直当官,耿介特立,不畏强御;及其衰也,唯好犯上,更无他能。如其先逊顺处己,和柔保身,以远悔尤;及其衰也,但有暗劣,莫知所宗。此际几微,非贤不达。

夫坏名灾己,辱先丧家。其失尤大者五,宜深志之。其一,自求安逸。靡甘谵泊,苟利于己,不恤人言。其二,不知儒术,不悦古道,懵前经而不耻,论当世而解颐,身既寡知,恶人有学。其三,胜己者厌之。佞己者悦之,唯乐戏谭,莫思古道,闻人之善嫉之,闻人之恶扬之,浸渍颇僻,销刻德义,簪裾徒在,厮养何殊。其四,崇好慢游,枕嗜曲蘗,以衔杯为高致,以勤事为俗流,习之易荒,觉已难忘悔。其五,急于名宦,匿近权要,一资半级,虽或得之,众怒群猜,鲜有存者。兹五不是,甚于痤疽。痤疽则砭石可瘳,五失则巫医莫及。前贤炯戒,方册具存,近代覆车,闻见相接。

夫中人已下,修辞力学者,则躁进患失,思展其用;审命知退者,则业荒文芜,一不足采。唯上智则研其虑,博其闻,坚其习,精其业,用之则行,舍之则藏。苟异于斯,岂为君子?
初公绰理家甚严,子弟克禀诫训,言家法者,世称柳氏云。

公权字诚悬。幼嗜学,十二能为辞赋。元和初,进士擢第,释褐秘书省校书郎。李听镇夏州,辟为掌书记。穆宗即位,入奏事,帝召见谓公权曰:“我于佛寺见卿笔迹,思之久矣。”即日拜右拾遗,充翰林侍书学士,迁右补阙、司封员外郎。穆宗政僻,尝问公权笔何尽善,对曰:"用笔在心,心正则笔正。"上改容,知其笔谏也。历穆、敬、文三朝,侍书中禁。公绰在太原,致书于宰相李宗闵云:"家弟苦心辞艺,先朝以侍书见用,颇偕工祝,心实耻之,乞换一散秩。"乃迁右司郎中,累换司封、兵部二郎中、弘文馆学士。

文宗思之,复召侍书,迁谏议大夫。俄改中书舍人,充翰林书诏学士。每浴堂召对,继烛见跋,语犹未尽,不欲取烛,宫人以蜡泪揉纸继之。从幸未央宫苑中,驻辇谓公权曰:"我有一喜事,边上衣赐,久不及时,今年二月给春衣讫。"公权前奉贺,上曰:"单贺未了,卿可贺我以诗。"宫人迫其口进,公权应声曰:"去岁虽无战,今年未得归。皇恩何以报,春日得春衣。"上悦,激赏久之。

便殿对六学士,上语及汉文恭俭,帝举袂曰:"此汗濯者三矣"。学士皆赞咏帝之俭德,唯公权无言,帝留而问之,对曰:"人主当进贤良,退不肖,纳谏诤,明赏罚。服汗濯之衣,乃小节耳。"时周墀同对,为之股栗,公权辞气不可夺。帝谓之曰:"极知舍人不合作谏议,以卿言事有诤臣风彩,却授卿谏议大夫。"翌日降制,以谏议知制诰,学士如故。

开成三年,转工部侍郎,充职。尝入对,上谓曰:"近日外议如何?"公权对曰:"自郭皎除授邠宁,物议颇有臧否。"帝曰:"皎是尚父之从子,太皇太后之季父,在官无过。自金吾大将授邠宁小镇,何事议论耶?"公权曰:"以皎勋德,除镇攸宜。人情论议者,言皎进二女入宫,致此除拜,此信乎?"帝曰:"二女入宫参太后,非献也。"公权曰:"瓜李之嫌,何以户晓?"因引王珪谏太宗出庐江王妃故事,帝即令南内使张日华送二女还皎。公权忠言匡益,皆此类也。

累迁学士承旨。武宗即位,罢内职,授右散骑常侍。实相崔珙用为集贤学士。判院事。李德裕素待公权厚,及为珙奏荐,颇不悦,左授太子詹事,改宾客。累迁金紫光禄大夫、上柱国、河东郡开国公、食邑二千户。复为左常侍、国子祭酒。历工部尚书。咸通初,改太子少傅,改少师,居三品、二品班三十年。六年卒,赠太子太师,时年八十八。

公权初学王书，遍阅近代笔法，体势劲媚，自成一家。当时公卿大臣家碑板，不得公权手笔者，人以为不孝。外夷入贡，皆别署货贝，曰此购柳书。上都西明寺《金刚经碑》备有钟、王、欧、虞、褚、陆之体，尤为得意。文宗夏日与学士联句。帝曰："人皆苦炎热，我爱夏日长。"公权续曰："薰风自南来，殿阁生微凉。"时丁、袁五学士皆属继，帝独讽公权寸两句，曰："辞清意足，不可多得。"乃令公权题于殿壁，字方圆五寸，帝视之叹曰："钟、王复生，无以加焉！"

大中初，转少师，中谢，宣宗召升殿，御前书三纸，军容使西门季玄捧砚，枢密使崔巨源过笔。一纸真书十字，曰"卫夫人传笔法于王右军"；一纸行书十一字，曰"永禅师真草《千字文》得家法；一纸草书八字，曰"谓语助者焉哉乎也"。赐锦彩、瓶盘等银器，仍令自书射状，勿拘真行，帝尤奇惜之。

公权志耽书学，不能治生，为勋戚家碑板，问遗岁时钜万，多为主藏坚头鸥、龙安所窃。别贮酒器杯盂一笥，缄縢如故，其器皆亡。讯海鸥，乃曰："不测其亡。"公权哂曰："银杯羽化耳。"不复更言。所宝唯笔砚图画，自扃镝之。常评砚，以青州石末为第一，言墨易冷，绛州黑砚次之。尤精《左氏传》、《国语》、《尚书》、《毛诗》、《庄子》。每说一义，必诵数纸。性晓音律，不好奏乐。常云："闻乐令人骄怠故也。"

公绰伯父子华，永泰初，为严武西蜀判官，奏为成都令。累迁池州刺史，入为昭应令，知府东十三县捕贼，寻检校金部郎中、修葺华清宫使。元载欲用为京兆尹，未拜而卒，自知死日，预为墓志。有知人之明，公绰生三日，视之，谓其弟子温曰："保借此儿，福祚吾兄弟不能及。兴吾门者，此儿也。"因以起之为公绰字。子华二子：公器、公度。

善摄生，年八十余，步覆轻便。或祈其术，曰："吾初无术，但未尝以元气佐喜怒，气海常温耳！"位止光禄少卿。

公器子遵，遵子璨，璨仕至宰相，自有传。

　　崔玄亮字晦叔,山东磁州人也。玄亮贞元十一年登进士第,从事诸侯府。性雅淡,好道术,不乐趋竞,久游江湖。至元和初,因知己荐达入朝。再迁监察御史,转侍御史。出为密、湖、曹三郡刺史。每一迁秩,谦让辄形于色。大和初,入为太常少卿。四年,拜谏议大夫,中谢日,面赐金紫。朝廷推其名望,迁右散骑常侍。

　　来年,宰相宋申锡为郑注所构,狱自内起,京师震惧。玄亮首率谏官十四人,诣延英请对,与文宗往复数百言。文宗初不省其谏,欲置申锡于法,玄亮泣奏曰:“孟轲有言:众人皆曰杀之,未可也;卿大夫皆曰杀之,未可也;天下皆曰杀之,然后察之,方置于法。今至圣之代,杀一凡庶,尚须合于典法,况无辜杀一宰相乎?臣为陛下惜天下法,实不为申锡也。”言讫,俯伏呜咽,文宗为之感悟,玄亮由此名重于朝。七年,以疾求为外任,宰相以弘农便其所请,乃授检校左散骑常侍、虢州刺史。是岁七月,卒于郡所,中外无不叹惜。

　　始玄亮登第,弟纯亮、寅亮相次升进士科,藩府辟召,而玄亮最达。玄亮孙贻孙,位至侍郎。

　　温造字简舆,河内人。祖景倩,南郑令。父辅国,太常丞。造幼嗜学,不喜试吏,自负节概,少所降志,隐居王屋,以渔钓逍遥为事。寿州刺史张建封闻风致书币招延,造欣然谓所亲曰:“此可人也”。徙家从之。建封动静咨询,而不敢縻以职任。及建封授节彭门,造归下邳,有高天下之心。建封恐一旦失造,乃以兄女妻之。

　　时李希烈方悖,侵寇藩邻,屡陷郡邑。天下城镇恃兵者,从而动摇,多逐主帅,自立留后,邀求节钺。德宗患之,以范阳刘济方输忠款,但未能尽达朝廷倚赖之意,乃密诏建封选特达识略之士往喻之。建封乃强署造节度参谋,使于幽州。造与语未讫,济俯伏流涕曰:“济僻在退裔,不知天子神圣,大臣忠盖。愿得率先诸侯,效以死节。”造还,建封以其名上闻。德宗爱其才,召至京师,谓之曰:“卿谁家子?年复几何?”造对曰:“臣五代祖大雅,外五代祖李绩。臣犬马之年三十有二。”德宗奇之,欲用为谏官,以语泄事寝。

长庆元年,授京兆府司录参军。奉使河朔称旨,迁殿中侍御史。

既而幽州刘总请以所部九州听朝旨,穆宗选可使者,或荐造,帝召而谓之曰:"朕以刘总输忠,虽书诏便蕃,未尽朕之深意。以卿素能办事,为朕此行。"造对曰:"臣府县走吏,初受宪职,望轻事重,恐辱国命,无能谕旨。"帝曰:"我在东宫时,闻刘总请觐,及我即位,比年上书不绝,及约以行期,即喑默不扫。卿识机知变,往喻我怀,无多让也。"乃拜起居舍人,赐绯鱼袋,充太原、镇州、幽州宣谕使。造初至范阳,刘总具橐鞬郊迎,乃宣圣旨,示以祸福。总俯伏流汗,若兵加于颈矣。及造使还,总遂移家入觐,朝廷遂以张弘靖代之。及朱克融逐弘靖,镇州杀田弘正,朝廷用兵,乃先令造衔命河东、魏博、泽潞、横海、深冀、易定等道,喻以军期,事皆称旨。

俄而坐与谏议大夫李景俭史馆饮酒,景俭醉谒丞相,出造为朗州刺史。在任开后乡渠九十七里,溉田二千顷,郡人获利,乃名为右史渠。居四年,召拜侍御史,请复置弹事朱衣、豸冠于外廊,大臣阻而不行。李佑自夏州入拜金吾,违制进马一百五十匹,造正衙弹奏,佑股战汗流。佑私谓人曰:"吾夜逾蔡州城擒吴元济,未尝心动,今日胆落于温御史。吁,可畏哉!"迁左司郎中,再知杂事。寻拜御史中丞。

大和二年十一月,宫中昭德寺火。寺在宣政殿东隔垣,火势将及,宰臣、两省、京兆尹、中尉、枢密,皆环立于日华门外,令神策兵士救之,晡后稍息。是日,唯台官不到,造奏曰:"昨宫中遣火,缘台有系囚,恐缘为奸,追集人吏提防,所以至朝堂在后,臣请自罚三十直。其两巡使崔蠡、姚合火灭方到,请别议责罚。"敕曰:"事出非常,台有囚系,官曹警备,亦为周虑,即合待罪朝堂,候取进止。量罚自许,事涉乖仪。温造、姚合、崔蠡各罚一月俸料。"

造性刚褊,人或激触,不顾贵势,以气凌藉。尝遇左补阙李虞于街,怒其不避,捕祗承人决脊十下,左拾遗舒元褒等上疏论之曰:"国朝故事,供奉官街中,除宰相外,无所回避。温造蔑朝廷典礼,凌陛下侍臣,恣行胸臆,曾无畏忌。凡事有小而关分理者,不可失也。

分理一失,乱由之生。遗补官秩虽卑,陛下侍臣也,中丞虽高,法吏也。侍臣见凌,是不广敬;法吏坏法,何以持绳?前时中书舍人李虞仲与造相逢,造乃曳去引马。知制诰崔咸与造相逢,造又捉其从人。当时缘不上闻,所以暴犯益甚。臣闻元和、长庆中,中丞行李不过半坊,今乃远至两坊,谓之'笼街喝道'。但以崇高自大,不思僭拟之嫌。若不纠绳,实亏彝典。"敕曰:"宪官之职,在指佞触邪,不在行李自大;侍臣之职,在献可替否,不在道路相高。并列通班,令知名分,如闻喧竞,亦已再三,既招人言,甚损朝体。其台官与供奉官同道,听先后而行,道途即祗揖而过,其参从人则各随本官之后,少相辟避,勿言冲突。又闻近日已来,应合导从官,事力多者,街衢之中,行李太过。自今后,传呼前后,不得过三百步。"然造之举奏,无所吐茹。朝廷有丧不以礼、配不以类者,悉劾之。获伪官王果等九十余人杖杀,南曹吏李实等六人刑于都市。迁尚书右丞,加大中大夫,封祁县开国子,赐金紫。

四年,兴元军乱,杀节度使李绛,文宗以造气豪嫉恶,乃授检校右散骑常侍、兴元尹、山南西道节度使。造辞赴镇,以兴元兆乱之状奏之,文宗尽悟其根本,许以便宜从事。帝虑用兵劳费,造奏曰:"臣许诸道征蛮之兵已回,俟臣行程至褒县,望赐臣密诏,使受约束。比臣及兴元,诸军相续而至,臣用此足矣。"乃授造手诏四通,神策行营将董重质、河中都将温德彝、邠阳都将刘士和等,咸令禀造之命。

造行至褒城,曾兴元都将卫志忠征蛮回,谒见,造即留以自卫,密与志忠谋,又召亚将张丕、李少直各谕其旨。暨发褒城,以八百人为衙队,五百人为前军,前军入府分守诸门。造下车置宴,所司供帐于厅事,造曰:"此隘狭,不足以飨士卒,移之牙门。"坐定,将卒罗拜,志忠兵周环之,造曰:"吾欲问新军去住之意。可悉前,旧军无得错杂。"劳问既毕,传令坐,有未至者,因令昇酒巡行。及酒匝,未至者皆至,牙兵围之亦合,坐卒未悟,席上有先觉者,挥令起,造传言叱之,因帖自不敢动。即召坐卒,诘以"杀降"之状。志忠、张丕夹阶立,拔剑呼曰"杀"。围兵齐奋,其贼首教练使丘铸等并官健千人,

皆斩首于地,血流四注。监军杨叔元在座,遽起求哀,拥造靴以请
命,遣兵卫出之,以俟朝旨。敕旨配流康州。其亲刃绛者斩一百断,
号令者斩三断,余并斩首。内一百首祭李绛,三十首祭王景延、赵存
约等,并投尸于江。造功就加检校礼部尚书。

五年四月,入为兵部侍郎,以耳疾求退。七月,检校户部尚书、
东都留守,判东都尚书省事、东畿汝防御使。

造至洛中,九月,制改授河阳怀节度观察等使。造以河内膏腴,
民户凋瘵,奏开浚怀州古秦渠枋口堰,役工四万,溉济源、河内、温
武陟四县田五千余顷。七年十一月,入为御史大夫。造初赴镇汉中,
遇大雨,平地水深尺余,乃祷鸡翁山祈晴,俄而疾风驱云,即时开
霁。文宗尝闻其事,会造入对言之,乃诏封翁山为侯。九年五月,转
礼部尚书。其年六月病卒,时年七十,赠右仆射。有文集八十卷。造
于晚年积聚财货,一无散施,时颇讥之。子璋嗣。

璋以荫入仕,累佐使府,历三郡刺史。咸通末,为徐泗节度使,
徐州牙卒曰银刀军,颇骄横。璋至,诛其恶者五百余人,自是军中畏
法。入为京兆尹,持法太深,豪右一皆屏迹。会同昌公主薨,懿宗怒,
杀医官,其家属宗枝下狱者三百人。璋上疏切谏,以为刑法太深,帝
怒,贬璋振州司马。制出,璋叹曰:"生不逢时,死何足惜?"是夜自缢
而卒。

郭承嘏字复卿。曾祖尚父汾阳王。祖晞,诸卫将军。父钧。承
嘏生而秀异,乳保之年,即好笔砚。比及成童,能通《五经》。元和四
年,礼部侍郎张弘靖知其才,擢升进士第,累辟使幕。历渭南尉。入
朝为监察御史,迁起居舍人。丁内艰,以孝闻,终丧为侍御史,职方、
兵部二员外,兵部郎中。大和六年,拜谏议大夫。频上疏,言时政得
失。文宗以郑注为太仆卿,承嘏论谏激切,注甚惧之。本官知匦院
事。九年,转给事中。

开成元年,出为华州刺史、兼御史中丞。诏下,两省迭诣中书,

求承嘏出麾之由。给事中卢载封还诏书，奏曰："承嘏自居此官，继有封驳，能奉其职，宜在琐达。牧守之才，易为推择。"文宗谓宰臣曰：

"承嘏久在黄扉，欲优其禄俸，暂令廉问近关。而谏列拜章，惜其称职，甚美事也。"乃复为给事中。

文宗以淮南诸道累岁大旱，租赋不登，国用多缺。及以，是度支、户部分命宰臣镇之。承嘏论之曰："宰相者，上调阴阳，下安黎庶，致君尧、舜，致时清平。俾之阅簿书，算缗帛，非所宜也。"帝深嘉之，迁刑部侍郎。时因朔望，以刑法得对，文宗从容顾问，恩礼甚厚。未及大用，以二年二月卒。承嘏身殁之后，家无余财，丧祭所费，皆亲友共给而后具，搢绅之流，无不痛惜。赠吏部尚书。

殷侑，陈郡人。父怿。侑为儿童时，励志力学，不问家人资产。及长，通经，以讲习自娱。贞元末，以《五经》登第，精于历代沿革礼。元和中，累为太常博士。时回纥请和亲，朝廷计费五百万缗。朝廷方用兵伐叛，费用百端，欲缓其期，乃命宗正少卿李孝诚奉使宣谕，以侑为副。侑谨重，有节概，临事俊辩。既至虏庭，可汗初待汉使，盛陈兵甲，欲臣汉使而不答拜。侑坚立不动，宣谕毕，可汗责其倨，宣言欲留而不遣。行者皆惧，侑谓虏使曰："可汗是汉家子婿，欲坐受使臣拜，是可汗失礼，非使臣之倨也。"可汗惮其言，卒不敢副。使还，拜虞部员外郎。王承宗拒命，遣侑衔命招谕之。承宗寻禀朝旨，献德、棣二州，遣二子入朝。迁侑谏议大夫。凡朝廷之得失，悉以陈论，前后上八十四章，以言激切，出为桂管观察使。

宝历元年，检校右散骑常侍、洪州刺史，转江西观察使。所至以洁廉著称。入为卫尉卿。文宗初即位，沧州李同捷叛，而王廷凑助逆，欲加兵镇州，诏五品已上都省集议。时上锐于破贼，宰臣莫敢异议，独侑以廷凑再乱河朔，方徇招怀，虽附凶徒，未甚彰露，宜且含容，转讨同捷。其疏末云："伏愿以宗杜安危为大计，以善师攻心为神武，以含垢安人为远图，以纲漏吞舟为至诚。"文宗虽不纳，深所嘉之。

沧景平,以侑尝为沧州行军司马,大和四年,加检校工部尚书、沧齐德观察使。时大兵之后,满目荆榛,遗骸蔽野,寂无人烟。侑不以妻子之官,始至,空城而已。侑攻苦食淡,与士卒同劳苦。周岁之后,流民襁负而归。侑上表请借耕牛三万,以给流民,乃诏度支赐绫绢五万匹,买牛以给之。数年之后,启口滋饶,仓廪盈积,人皆忘亡。初州兵三万,悉取给于度支。侑一岁而赋入自赡其半,一二岁而给用悉周,请罢度支给赐。而劝课多方,民吏胥悦,上表请立德政碑。以功加检校吏部尚书。侑以郭下清池县在子城北,非便,奏移于南郭之内。

六年,入为刑部尚书,寻复检校吏部尚书、郓州刺史、兼御史大夫,充天平军节度、郓曹濮观察等使。自元和末,收复师道十二州为三镇。朝廷务安反侧,征赋所入,尽留赡军,贯缗尺帛,不入王府。侑以军赋有余,赋不上供,非法也,乃上表起大和七年,请岁供两税、榷酒等钱十五万贯、粟五万石。诏曰:"郓、曹、濮等州,元和已来,地本殷实,自分三道,十五余年,虽颁诏书,竟未入赋。殷侑承兵戈之后,当歉旱之余,勤力奉公,谨身守法。才及周岁,已致阜安。而又体国输忠,率先入贡,成三军奉上之志,陈一境乐输之心。寻有表章,良用嘉叹!寻就加检校右仆射。九年,御史大夫温造劾侑不由制旨,增监军俸入,赋敛于人。上不问,以庚承宣代还。

其年,濮州录事参军崔元武,于五县人吏率敛及县官料钱,以私马抬估纳官,计绢一百二十匹。大理寺断三犯俱发,以重者论,只以中私马为重,止令削三任官。而刑部覆奏,令决杖配流。狱未决,侑奏曰:"法官不习法律,三犯不同,即坐其所重。"元武所犯,皆枉法取受,准律,枉法十五匹已上绞。《律疏》云:"即以赃致罪,频犯者并累科。据元武所犯,令当入处绞刑。"疏奏,元武依刑部奏,决六十,流贺州。乃授侑刑部尚书。八月,检校右仆射。复为天平军节度使。上以温造所奏深文故也。

开成元年,复召为刑部尚书。时初经李训之乱,上问侑治安之

术。侑极言委任责成,宜在朝之耆德,新进小生,无宜轻用。帝深嘉
之,赐锦彩三百匹。及中谢,又令中使就第赐金十斤。其年七月,检
校左仆射。出为襄州刺史、山南东道节度使。二年三月,以病求代,
以太子宾客分司东都。十一月,复检校右仆射,出为忠武节度、陈许
蔡观察等使。三年七月,卒于镇,时年七十二,赠司空。侑以通经入
仕,观风抚俗,所莅有声。而晚年急于大用,稍通权幸,物望减于往
时。子羽。

羽大和五年登进士第,藩府辟召,不至通显。子盈孙。

盈孙,乾符末为成都掾。驾在西川,用为太常博士,礼学有祖
风。光启二年冬,随驾自成都还。三年二月,驻跸凤翔。时宗庙为
贼所焚,车驾至京,告享无所。四月,盈孙谓宰执曰:“太庙十一室,
并祧庙八室,及三太后三室,因光启元年十二月二十五日车驾出
宫,其缘室法物神主,本司载行,至鄠县并被盗剽夺。皇帝还宫,合
先制造。”宰相郑延昌奏曰:太庙大殿二十二间,功绩至大,计料支
费不少,兼宗庙制度,损益重难,今未审依元料修奉,为复别有商
量。”敕付礼院详议。

时博士四人,杜用励在利州,崔澄在河中,封舜卿在巴南,独盈
孙献议曰:“太庙制度,历代参详,皆符典经,难议损益,谨按旧制,
十一室,二十三间,十一架。垣墉广袤之度,堂室浅深之规,阶陛等
级之差,栋宇崇低之则,前古所谓奢不能侈,俭不能逾者也。今以朝
廷帑藏方虚,费用稍广,须资变礼,将务从宜,固不可易前圣之规
模,狭大朝之制度,当凭典实,别有参详。谨按至德二年,以太庙方
修,新作神主,于长安殿安置,便行祫告之礼,如同宗庙之仪,以俟
庙成,方为迁祔。当时议论,无所是非。窃知今者京城除大内正衙
外,别无殿宇。伏闻先有诏旨,且以少府监大厅。权充太庙,伏缘十
一室于五间之中,陈设隘狭。伏请接续厅之两头,成十一室,荐飨
之。三太后庙,即于监内西南,别取屋宇三间,且充庙室。候太庙修
奉毕日,别议迁祔”。敕旨依奏。其神主、法物、乐悬,皆盈孙奏重修

制,知礼者称为博洽。

龙纪元年十一月,昭宗郊祀圆丘,两中尉杨复恭及两枢密,皆请朝服。盈孙上疏曰:"臣昨赴齐宫,见中尉、枢密内臣,皆具朝服。臣寻前代及国朝典令,无内官朝服制度。伏以皇帝陛下,承天御历,圣祚中兴,只见宗祧,克陈大礼,皆禀高祖、太宗之成制,必循虞、夏、商、周之旧经。轩冕服章,式遵彝宪。若内官要衣朝服,令依所守官本品之服。事虽无据,粗可行之。臣忝礼司,合具陈奏。"时中贵皆如宰相大臣朝服,故盈孙论之。帝虽不从,嘉其所守,转秘书少监,卒。

徐晦,进士擢第,登直言极谏制科,授栎阳尉,皆自杨凭所荐。及凭得罪,贬临贺尉,交亲无敢祖送者,独晦送至蓝田,与凭言别。时故相权德舆与凭交分最深,知晦之行,因谓晦曰:"今日送监贺,诚为厚矣,无乃为累乎!"晦曰:"晦自布衣受杨公之眷,方兹流播,争忍无言而别?如他日相公为奸邪所潜,失意于外,晦安得与相公轻别?"德与嘉其真恳,大称之于朝。不数日,御史中丞李夷简请为监察,晦白夷简曰:"生平不践公门,公何取信而见奖拔?"夷简曰:"闻君送杨临贺,不顾犯难,肯负国乎?"由是知名。

历殿中侍御史、尚书郎,出为晋州刺史。入拜中书舍人。宝历元年,出为福建观察使。二年,入为工部侍郎,出为同州刺史、兼御史中丞。大和四年,征拜兵部侍郎。五年,为太子宾客,分司东都。晦性强直,不随世态,当官守正,唯嗜酒太过,晚年丧明,乃至沉废。以礼部尚书致仕。开成三年三月卒,赠兵部尚书。

史臣曰:温、柳二公,以文行饰躬,砥砺名节,当官守法,侃侃有大臣之节,而竟不登三事,位止正卿。所以知公辅之量,以和为贵。汉武帝畏汲黯而相孙弘,太宗重魏征而委玄龄,其旨远也。韦、崔名士,荐贤致主,绰有古风。殷司空治民,斯为循吏,而忠规壮节,至晚不衰。徐、郭谠言,郁为佳士。如数君者,实为令人。

赞曰：柳氏礼法，公忠节概。搏击为优，弥纶则隘，夏卿奖拔，晦叔匡将。徐、郭之议，金玉锵锵。

旧唐书卷一六六
列传第一一六

元稹　庞严　白居易 弟行简
敏中附

　　元稹字微之，河南人。后魏昭成皇帝，稹十代祖也。兵部尚书、昌平公岩，六代祖也。曾祖延景，岐州参军。祖悱，南顿丞。父宽，比部郎中、舒王府长史，以稹贵，赠左仆射。

　　稹八岁丧父。其母郑夫人，贤明妇人也，家贫，为稹自授书，教之书学。稹九岁能属文。十五两经擢第。二十四调判入第四等，授秘书省校书郎。二十八应制举才识兼茂、明于体用科，登第者十八人，稹为第一，元和元年四月也。制下，除右拾遗。

　　稹性锋锐，见事风生。既居谏垣，不欲碌碌自滞，事无不言，即日上疏论谏职。又以前时王叔文、王伾以猥亵待诏，蒙幸太子，永贞之际，大挠朝政。是以训导太子宫官，宜选正人，乃献《教本书》曰：

　　　臣伏见陛下降明诏，修废学，增胄子，选司成。大哉尧之为君，伯夷典体，夔教胄子之深旨也。然则事有万万于此者，臣敢冒昧殊死而言之。臣闻诸贾生曰："三代君，仁且久者，教之然也。"诚哉是言。且夫周成王，人之中才也，近管、蔡则谗入，有周、召则义闻，岂可谓天聪明哉？然而克终于道者，得不谓教之然耶？俾伯禽、唐叔与之游，《礼》、《乐》、《诗》、《书》为之习，目不得阅淫艳妖诱之色，耳不得闻优笔凌乱之音，口不得习操断击搏之书，居不得近容顺阴邪之党，游不得纵追禽逐兽之乐，玩不得有遐异僻绝之珍。凡此数者，非谓备之于前而不为也。亦将不得见之矣。及其长而为君也，血气既定，游习既成，虽有放心快已之事日陈于前，固不能夺已成之习、已定之心矣。则彼忠直道德之言，固吾之所习闻也，陈之者有以谕焉；彼庸佞违道之说，固吾之所积惧也，诣之者有以辨焉。人之情，莫不欲耀其所能而当其所近，苟将得志，则必快其所蕴矣。物之性亦然，是以鱼得水而游，马逸驾而走，乌得风而翔，火得薪而炽，此皆物之快其所蕴也。今夫成王所蕴道德也，所近圣贤也。是以举其近，则周公左而召公右，伯禽鲁而太公齐；快其蕴，则兴礼乐而朝诸侯，措刑罚而美教化。教之至也，可不谓信然哉！

及夫秦则不然。灭先生之学，曰将以愚天下；黜师保之位，曰将以明君臣。胡亥之生也，《诗》、《书》不得闻，圣贤不得近。彼赵高者，诈宦之戮人也，而傅之以残忍戕贼之术，且曰恣睢天下以为贵，莫见其面以为尊。是以天下之人人未尽愚，而胡亥固已不能分兽畜矣。赵高之威慑天下，而胡亥固以自幽于深宫矣。彼李斯，秦之宠丞相也，因谗冤死，无所自明，而况于疏远之臣庶乎？若然，间则秦之亡有以致之也。

汉高承之以兵革，汉文守之以廉谨，卒不能苏复大训。是景、武、昭、宣，天资甚美，才可以免祸乱，哀、平之间，则不能虞篡弑矣。然而惠帝废易之际，犹赖羽翼以胜邪心。是后有国之君，识教化者，莫不兴廉举孝，设学崇儒为意，曾不知教化之不行自贵始。略其贵者，教其贱者，无乃邻于倒置乎？

洎我太宗文皇帝之在藩邸，以为太子也，选知道德者十八人与之游习。即位之后，虽游宴饮食之间，若十八人者，实在其中。上失无不言，下情无不达，不四三年而名高盛古，岂一日二日而致是乎？游习之渐也。贞观已还，师傅皆宰相兼领，其余宫僚，亦甚重焉。马周以位高恨不得为司议郎，此其验也。文皇之后，渐疏贱之。用至母后临朝，翦弃王室。当中、睿二圣勤劳之际，虽有骨鲠敢言之士，既不得在调护保安之职，终不能吐扶卫之一辞,而令医胡安金剖腹以明之,岂不大哀也耶?

兵兴已来,兹弊尤甚。师资保傅之官,非疾废眊聩不任事者为之,即休戎罢帅不知书者处之。至于友谕赞议之徒,疏冗散贱之甚者,缙绅耻由之。夫以匹士之爱其子者,莸求明哲慈惠之师以教之,直谅多闻之友以成之,岂天下之元良,而可以疾废眊聩不知书者为之师乎?疏冗散贱不适用者为之友乎?此何不及上古之甚也!近制,宫僚之外,往往沉滞僻老之儒,充侍直、侍读之选,而又疏弃斥逐之,越月逾时,不得召见,彼又安能傅成道德而保养其身躬哉?臣以为积此弊者,岂不以皇天眷佑,祚我唐德,以舜继尧,传陛下十一圣矣,莫不生而神明,长而仁圣,以是为屑屑习仪者故不之省耳。臣独以为于列圣之谋则可也,计传后嗣则不可。脱或万代之后,若有周成之中才,而又生于深宫优笑之间,无周、召保助之教,则将不能知喜怒哀乐之所自矣,况稼穑艰难乎?

今陛下以上圣之资,肇临海内,是天下之人倾耳注心之日。特愿陛下思成王训导之功,今文皇游习之渐,选重师保,慎择宫僚,皆用博厚弘深之儒,而又明达机务者为之。更相进见,日就月将。因令皇太子聚诸生,定齿胄讲业之仪,行严师问道之礼,至德要道以成之,彻膳记过以警之。血气未定,则去禽色之娱以就学;圣质已备,则资游习之善以弘德。此所谓“一人元良,万方以贞”之化也。岂直修废学,选司成,而足偷匹其盛哉?则俾之百王,莫不幼同师,长同术,识君道之素定,知天伦之自然,然后选用贤良,树为藩屏。出则有晋、郑、鲁、卫之盛,入则有东平、朱虚之强,盖所谓宗子维城、犬牙盘石之势也,又岂与夫魏、晋以降,囚贱其兄弟而自剪其本枝者同年而语哉?

宪宗览之甚悦。

又论西北边事,皆朝政之大者,宪宗召对,问方略。为执政所忌,出为河南县尉。丁母忧,服除,拜监察御史。四年,奉使东蜀,劾奏故剑南东川节度使严砺违制擅赋,又籍没涂山甫等吏民八十八户田宅一百一十一、奴婢二十七人、草千五百束、钱七千贯。时砺已死，七州刺史皆贳罚。稹虽举职，而执政有与砺厚者恶之。使还，令分务东台。浙西观察使韩皋封杖决湖州安吉令孙澥，四日内死。徐州监军使孟升卒，节度使王绍传送升丧枢还京，给券乘驿，仍于邮舍安丧枢。稹并劾奏以法。河南尹房式为不法事，稹欲追摄，擅令停务。既飞表闻奏，罚式一月俸，仍召稹还京。宿敷水驿，内官刘士元后至，争厅，士元怒，排其户，稹蔑而走厅后。士元追之，后以箠击稹伤面。执政以稹少年后辈，务作威福，贬为江陵府士曹参军。

稹聪警绝人，年少有才名，与太原白居易友善。工为诗，善状咏风态物色。当时言诗者称元、白焉。自衣冠士子，至闾阎下里，悉传讽之，号为"元和体"，既以俊爽不容于朝，流放荆蛮者仅十年。俄而白居易亦贬江州司马。稹量移通州司马。虽通、江县邈，而二人来往赠答，凡所为诗，有自三十、五十韵乃至百韵者。江南人士，传道讽诵，流闻阙下，里巷相传，为之纸贵。观其流离放逐之意，靡不凄惋。

十四年，自虢州长史征还，为膳部员外郎。宰相令狐楚一代文宗，雅知稹之辞学，谓稹曰："尝览足下制作，所恨不多，迟之久矣。请出其所有，以豁予怀。稹因献其文，自叙曰：

稹初不好文，徒以仕无他歧，强由科试。及有罪谴弃之后，自以为废滞潦倒，不复为文字有闻于人矣。曾不知好事者抉摘刍芜，尘渎尊重。窃承相公特于廊庙间道稹诗句，昨又面奉教约，令献旧文。战汗悚踊，惭忝无地。

稹自御史府谪官，于今十余年矣，闲诞无事，遂专力于诗章。日益月滋，有诗句千余首。其间感物寓意。可备矇瞽之风者有之。辞直气粗，罪尤是惧，固不敢陈露于人。唯杯酒光景间，屡为小碎篇章，以自吟畅。然以为律体卑庳，格力不扬，苟无姿态，则陷流俗。常欲得思深语近，韵律调新，属对无差，而风情宛然，而病未能也。江湖间多新进小生，不知天下文有宗主，妄相放效，而又从而失之，遂至于支离褊浅之辞，皆目为元和诗体。

　　稹与同门生白居易友善。居易雅能诗,就中爱驱驾文字,穷极声韵,或为千言,或五百言律诗,以相投寄。小生自审不能过之,往往戏排旧韵,别创新辞,名为次韵相酬,盖欲以难相排。自尔江湖间为诗者,复相放效,力或不足,则至于颠倒诗言,重复首尾,韵同意等,不异前篇,亦目为元和诗体。

　　而司文者考变雅之由,往往归咎于稹。尝以为雕虫小事,不足以自明。始闻相公记忆,累旬已来,实虑粪土之墙,庇之以大厦,使不复破坏,永为板筑者之误。辄写古体歌诗一百首,百韵至两韵律诗一百首,为五卷,奉启跪陈。或希构厦之余,一赐观览,知小生于章句中栾栌榱桷之材,尽曾量度,则十余年之遣回,不为无用矣。

楚深称赏,以为今代之鲍、谢也。

穆宗皇帝在东宫,有妃嫔左右尝诵稹歌诗以为乐曲者,知稹所为,尝称其善,宫中呼为元才子。荆南监军崔潭峻甚礼接稹,不能掾吏遇之,常征其诗什讽诵之。长庆初,潭峻归朝,出稹《连昌宫辞》等百余篇奏御,穆宗大悦,问稹安在,对曰:“今为南宫散郎。”即日转祠部郎中、知制诰。朝廷以书命不由相府,甚鄙之,然辞诰所出,琼然与古为侔,遂盛传于代,由是极承恩顾。尝为《长庆宫辞》数十百篇,京师况相传唱。居无何,召入翰林,为中书舍人、承旨学士。中人以潭峻之故,争与稹交,而知枢密魏弘简尤与稹相善,穆宗愈深知重,河东节度使裴度三上疏,言稹与弘简为刎颈之交,谋乱朝政,言甚激讦。穆宗顾中外人情,乃罢稹内职,授工部侍郎。上恩顾未衰,长庆二年,拜平章事。诏下之日,朝野无不轻笑之。

时王廷凑、朱克融连兵围牛元翼于深州,朝廷俱赦其罪,赐节钺,令罢兵,俱不奉诏。稹以天子非次拔擢,欲有所立以报上。有和王傅于含有者,故司空颍之子,干进于稹,言奇士王昭、王友明二人,尝客于燕、赵间,颇与贼党通熟,可以反间而出元翼,仍自以家财资其行,仍略兵、吏部令史为出告身二十通,以便宜给赐,稹皆然之。有李赏者,知于方之谋,以稹与裴度有隙,乃告度云:"于方为稹所使,欲结客王昭等刺度。"度隐而不发。及神策军中尉奏于方之事。乃诏三司使韩皋等讯鞫,而害裴事无验,而前事尽露,遂俱罢稹、度平章事,乃出稹为同州刺史,度守仆射。谏官上疏,言责度太重,稹太轻,上心怜稹,止削长春宫使。

稹初罢相,三司狱未奏,京兆尹刘遵古遣坊所由潜逻稹居第,稹奏诉之,上怒,罚遵古,遣中人扶谕稹。稹至同州,因表谢上,自叙曰:

臣稹辜负圣明,辱累恩奖,便合自求死所,岂谓尚官荣?臣稹死罪。

臣八岁丧父,家贫无业。母兄乞丐,以供资养。衣不布体,食不充肠。幼学之年,不蒙师训。因感邻里儿稚有父兄为开学校,滋咽发愤,愿知《诗》、《书》。慈母哀臣,亲为教授。年十有五,得明经出身。由是苦心为文,夙夜强学。年二十四,登吏部乙科,授校书郎。年二十八,蒙制举首选,授左拾遗。始自为学,至于升朝,无朋友为臣吹嘘,无亲戚为臣援庇。莫非苦己,实不因人,独立性成,遂无交结。任拾遗日,屡陈时政,蒙先皇帝召问于延英。旋为宰相所憎,出臣河南县尉。及为监察御史,又不规避,专心纠绳,复为宰相怒臣不庇亲党,因以他事贬臣江陵判司。废弃十年,分死沟渎。

元和十四年,宪宗皇帝开释有罪,始授臣膳部员外郎。与臣同省署者,多是臣登朝时举人,任卿相者,半是臣同谏院时拾遗、补阙。愚臣既不料陛下天听过卑,知臣薄艺朱书授臣制诰,延英召臣赐绯。宰相恶臣不出其门,由是百万侵毁。陛下察臣无罪,宠奖逾深,召臣面授舍人,遣充承旨翰林学士,金章紫服,光饰陋躯,人生之荣,臣亦至矣。然臣益遭诽谤,日夜忧危,唯陛下圣鉴昭临,弥加保任,竟排群议,擢授台司。臣忝有肺肝,岂并寻常宰相?况当行营退散之后,牛元翼未出之间,每闻陛下轸念之言,愚臣恨不身先士卒。所问于方计策,遣王友明等救解深州，盖欲上副圣情，岂是别情他意？不料奸人疑臣杀害裴度，妄有告论，尘渎圣聪，愧羞天地。臣本待辨明亦了，便拟杀身谢责，岂料圣慈尚加，薄贬同州。虽违咫尺之间，不远郊坼之境，伏料必是宸衷独断，乞臣此官。若遣他人商量，乍可与臣远处方镇，岂肯遣臣俯近阙廷？

所恨今月三日，尚蒙召对延英。此进时不解泣血，仰辞天颜，乃至今日窜逐。臣自离京国，目断魂销。每至五更朝谒之时，实制泪不已。臣若余生未死，他时万一归还，不敢更望得见天颜，但得再闻京城钟鼓之音，臣虽黄土覆面，无恨九泉。臣无任自恨自惭，攀恋圣慈之至。

在郡二年，改授越州刺史、兼御史大夫、浙东观察使。会稽山水奇秀，稹所辟幕职，皆当时文士，而镜湖、秦望之游，月三四焉。而讽咏诗什，动盈卷帙。副使窦巩，海内诗名，与稹酬唱最多，至今称兰亭绝唱。稹既放意娱游，稍不修边幅，以渎货闻于时。凡在越八年。

大和初，就加检校礼部尚书。三年九月，入为尚书左丞。振举纪纲，出郎官颇乖公议者七人。然以稹素无检操，人情不厌服。会宰相王播仓卒而卒，稹大为路歧，经营相位。四年正月，检校户部尚书，兼鄂州刺史、御史大夫、武昌军节度使。五年七月二十二日暴疾，一日而卒于镇，时年五十三，赠尚书右仆射。有子曰道护，时年三岁。稹仲兄司农少卿积，营护丧事。所著诗赋、诏册、铭诔、论议等杂文一百卷，号曰《元氏长庆集》。又著古今刑政书三百卷，号《类集》，并行于代。

稹长庆末因编删其文稿，自叙曰：

刘秩云制不可削。予以为有可得而削之者，贡谋猷，持嗜欲，君有之则誉归于上，臣专之则誉归于下。苟而存之，其让也，非道也。经制度，明利害，区邪正，辨嫌惑，存之则事分著，去之则是非泯。苟而削之，其过也，非道也。

元和初，章武皇帝新即位，臣下未有以言刮视听者。予时始以对诏在拾遗中供奉，由是献《教本书》、《谏职》、《论事》等

表十数通,仍为裴度、李正辞、韦熏讼所言当行,而宰相曲道上语。上颇悟,召见问状。宰相大恶之,不一月,出为河南尉。后累岁,补御史,使东川。谨以元和赦书,劾节度使严砺籍涂山甫等八十八家,过赋梓、遂之民数百万。朝廷异之,夺七刺史料,悉以所籍归于人。会潘孟阳代砺为节度使,贪过砺,且有所承迎,虽不敢尽废诏,因命当得所籍者皆入资。资过其称,摧薪盗赋无不为,仍为砺密状不当得丑谥。予自东川还,朋砺者潜切齿矣。

无何,分莅东都台。天子久不在都,都下多不法者。百司皆牢狱,有栽接吏械人逾岁而台府不得而知之者,予因飞奏绝百司专禁锢。河南尉叛官,予劾之,忤宰相旨。监徐使死于军,徐帅邮传其,柩至洛,其下欧诟主邮吏,予命吏徙柩于外,不得复乘传。浙西观察使封杖决安吉令至死;河南尹诬奏书生尹太阶请死之;飞龙使诱赵寰家逃奴为养子;田季安盗娶洛阳衣冠女;汴州没入死商钱且千万;滑州赋于民以千,授于人以八百;朝廷馈东师,主计者误命牛车四千三百乘飞刍越太行。类是数十事,或移或奏,皆止之。贞元已来,不惯用文法,内外宠臣皆暗鸣。会河南尹房式诈谖事发,奏摄之。前所暗鸣者叫噪。宰相素以劾叛官事相衔,乘是黜予江陵掾。后十年,始为膳部员外郎。

穆宗初,宰相更相用事,丞相段公一日独得对,因请及用兵部郎中薛存庆、考功员外郎牛僧孺,予亦在请中,上然之。不十数日次用为给、舍,他忿恨者日夜构飞语,予惧罪,比上书自明。上怜之,三召与语。语及兵赋洎西北边事,因命经纪之。是后书奏及进见,皆言天下事,外间不知,多臆度。陛下益怜其不漏禁中语,召入禁林,且欲及用为宰相。是时裴度在太原,亦有宰相望,巧者谋欲俱废之,乃以予所无构于裴。裴奏至,验之皆失实。上以裴方握兵,不欲校曲直,出予为工部侍郎,而相裴之期亦衰矣。不累月,上尽得所构者,虽不能暴扬之,遂果初意,卒用予与裴俱为宰相。复有购狂民告予借客刺裴者,鞫之复无状,然而裴与予以故俱罢免。

始元和十五年八月得见上,至是未二岁,僭忝恩宠,无是之速者;遭罹谤咎,亦无是之甚者。是以心腹肾肠,糜费于扶卫危亡之不暇,又恶暇经纪陛下之所付哉!然而造次颠沛之中,前后列上兵赋边防之状,可得而存者一百一十五。苟而削之,是伤先帝之器使也。至于陈畅辨谤之章,去之则无以自明于朋友矣。其余郡县之奏请,贺庆之礼,因亦附于件目。始《都本书》至于为人杂奏,二十有七轴,凡二百二十有七奏。终殁吾世,贻之子孙式,所以明经制之难行,而销毁之易至也。

其自叙如此,欲知其作者之意,备于此篇。

积文友与白居易最善。后进之士,最重庞严,言其文体类己,保荐之。

庞严者,寿春人。父景昭。严元和中登进士第,长庆元年应制举贤良方正、能直言极谏科,策入三等,冠制科之首。是月,拜左拾遗。聪敏绝人,文章峭丽。翰林学士元稹、李绅颇知之。明年二月,召入翰林为学士,转左补阙,再迁驾部郎中、知制诰。严与右拾遗蒋防俱为稹、绅保荐,至谏官内职。

四年,昭愍即位,李绅为宰相李逢吉所排,贬端州司马。严坐累,出为江州刺史。给事中于敖素与严善,制既下,敕封还,时人凛然相顾曰:"于给事犯宰相怒而为知己,不亦危乎!"及覆制出,乃知敕驳制书贬严太轻,中外无不嗤诮,以为口实。初李绅谪官,朝官皆贺逢吉,唯右拾遗吴思不贺。逢吉怒,改为殿中侍御史,充入蕃告哀使。严复入为库部郎中。

大和二年二月,上试制举人,命严与左散骑常侍冯宿、太常少卿贾𫗧为试官,以裴休为甲等制科之首。有应直言极谏举人刘蕡,条对激切,凡数千言,不中选,人咸以为屈。其所对策,大行于时,登科者有请以身名授蕡者。严再迁太常少卿。五年,权知京兆尹,以强干不避权豪称，然无士君子之检操，贪势嗜利。因醉而卒。

白居易字乐天，太原人。北齐五兵尚书建之仍孙。建生士通，皇朝利州都督。士通生志善，尚衣奉御。志善生温，检校都官郎中。温生锽，历酸枣、巩二县令。锽生季庚，建中初为彭城令。时李正己据河南十余州叛。正己宗人洧为徐州刺史，季庚说洧以彭门归国，因授朝散大夫、大理少卿、徐州别驾，赐绯鱼袋，兼徐泗观察判官。历衢州、襄州别驾。自锽至季庚，世敦儒业，皆以明经出身。季庚生居易。初，建立功于高齐，赐田于韩城，子孙家焉，遂移籍同州。至温徙于下邽，公为下邽人焉。

居易幼聪慧绝人，襟怀宏放。年十五六时，袖文一编，投著作郎吴人顾况。况能文，而性浮薄，后进文章无可意者。览居易文，不觉迎门礼遇曰："吾谓斯文遂绝，复得吾子矣。"贞元十四年，始以进士就试，礼郡侍郎高郢擢升甲科，吏部判入等，授秘书省校书郎。元和元年四月，宪宗策试制举人，应才识兼茂、明于体用科，策入第四等，授盩厔县尉、集贤校理。

居易文辞富艳，尤精于诗笔。自仇校至结绶畿甸，所著歌诗数十百篇，皆意存讽赋，箴时之病，补政之缺，而士君子多之，而往往流闻禁中。章武皇帝纳谏思理，渴闻说言，二年十一月召入翰林为学士。三年五月，拜左拾遗。居易自以逢好文之主，非次拔擢，欲以生平所贮，仰酬恩造。拜命之日，献疏言事曰：

蒙恩授臣左拾遗，依前翰林学士，已与崔群同状陈谢。但言忝冒，未吐衷诚。今再渎宸严，伏惟重赐详览。臣谨按《六典》，左右拾遗，掌供奉讽谏，凡发令举事，有不便于时、不合于道者，小则上封，大则廷诤。其选甚重，其秩甚卑，所以然者，抑有由也。大凡人之情，位高则惜其位，身贵则爱其身；惜位则偷合而不言，爱身则苟容而不谏，此必然之理也。故拾遗之置，所以卑其秩者，使位未足惜，身未足爱也；所以重其选者，使下不忍负心，上不忍负恩也。夫位不足惜，恩不忍负，然后能有阙必规,有违必谏。朝廷得失无不察,天下利病无不言。此国朝置拾遗之本意也。由是而言,岂小臣愚劣暗懦所宜居之哉?

况臣本乡校竖儒,府县走吏,委心泥滓,绝望烟霄。岂意圣慈,擢居近职,每宴饮无不先预,每庆赐无不先沾,中厩之马代其劳,内厨之膳给其食。朝惭夕惕,已逾半年,尘旷渐深,尤愧弥剧。未申征效,又擢清班。臣所以授官已来仅经十日,食不知味,寝不遑安,唯思粉身以答殊宠,但未获粉身之所耳。

今陛下肇临皇极,初受鸿名,夙夜忧勤,以求致理。每施一政、举一事,无不合于道、便于时者。万一事有不便于时者,陛下岂不欲闻之乎?万一政有不合于道者,陛下岂不欲知之乎?倘陛下言动之际,诏令之间,小有阙遗,稍关损益,臣必密陈所见潜献所闻,但在圣心裁断而已。臣又职在禁中,不同外司,欲竭愚诚,合先陈露。伏希天鉴,深察赤诚。

居易与河南元稹相善,同年登制举,交情隆厚。稹自监察御史谪为江陵府士曹掾,翰林学士李绛、崔群上前面论稹无罪,居易累疏切谏曰:

臣昨缘元稹左降,频已奏闻。臣内察事情,外听众议,元稹左降有不可者三。何者?元稹守官正直,人所共知。自授御史已来,举奏不避权势,只如奏李佐公等事,多是朝廷亲情。人谁无私,因以挟恨,或假公议,将报私嫌,遂使诬谤之声,上闻天听。臣恐元稹左降已后,凡在位者,每欲举职,必先以稹为诫,无人肯为陛下当官守法,无人肯为陛下嫉恶绳愆。内外权贵亲党,纵有大过大罪者,必相容隐而已,陛下从此无由得知。此其不可者一也。

昨元稹所追勘房式之事,心虽徇公,事稍过当。既从重罚,足以惩违,况经谢恩,旋又左降。虽引前事以为责辞,然外议喧喧,皆以为稹与中使刘士元争厅,因此获罪。至于争厅事理,已具前状奏陈。况闻士元踢破驿门,夺将鞍马。仍索弓箭,吓辱朝官,承前已来,未有此事。今中官有罪,未闻处置;御史无过,却先贬官。远近闻知，实损圣德。臣恐从今已后，中官出使，纵暴益甚，朝官受辱，必不敢言，纵有被凌辱殴打者，亦以元稹为戒，但吞声而已。陛下从此无由得闻。此其不可二也。

臣又访闻元稹自去年已来，举奏严砺在东川日枉法，没入平人资产八十余家；又奏王绍违法给券，令监军押柩及家口入驿；又奏裴玢违敕征百姓草；又奏韩皋使军将封杖打杀县令。如此之事，前后甚多，属朝廷法行，悉有惩罚。计天下方镇，皆怒元稹守官。今贬为江陵判司，即是送与方镇，从此方便报怨，朝廷何由得知？臣伏闻德宗时有崔善贞者，告李锜，锜必反，德宗不信，送与李锜，掘坑炽火，烧杀善贞。曾未数年，李锜果反，至今天下为之痛心。臣恐元稹贬官，方镇有过，无人敢言，陛下无由得知不法之事。此其不可者三也。

若无此三不可，假如朝廷误左降一御史，盖是小事，臣安敢烦渎圣听，至于再三。诚以所损者深，所关者大，以此思虑，敢不极言。疏入不报。

又淄青节度使李师道进绢，为魏征子孙赎宅，居易谏曰："征是陛下先朝宰相，太宗尝赐殿材成其正室，尤与诸家第宅不同。子孙典贴，其钱不多，自可宜中为之收赎，而令师道掠美，事实非宜。"宪宗深然之。

上又欲加河东王锷平章事，居易谏曰："宰相是陛下辅臣，非贤良不可当此位。锷诛剥民财，以市恩泽，不可使四方之人谓陛下得王锷进奉，而与之宰相，深无益于圣朝。"乃止。

王承宗拒使，上令神策中尉吐突承璀为招讨使，谏官上章者十七八，居易面论，辞情切至。既而又请罢河北用兵，凡数千百言，皆人之难言者，上多听纳。唯谏承璀事切，上颇不悦，谓李绛曰："白居易小子，是朕拔擢致名位，而无礼于朕，朕实难奈"。绛对曰："居易所以不避死亡之诛，事无巨细必言者，盖酬陛下特力拔擢耳，非轻言也。陛下欲开谏诤之路，不宜阻居易言。"上曰："卿言是也。"由是多见听纳。

五年,当改官,上谓崔群曰:"居易官卑俸薄,拘于资地,不能超等,其官可听自便奏来。"居易奏曰:"臣闻姜公辅为内职,求为京府判司,为奉亲也。臣有老母,家贫养薄,乞如公辅例。"于是,除京兆府户曹参军。六年四月,丁母陈夫人之丧,退居下邽。九年冬,入朝,授太子左赞善大夫。

十年七月,盗杀宰相武元衡,居易首上疏论其冤,急请捕贼以雪国耻。宰相以宫官非谏职,不当先谏官言事。会有素恶居易者,掎摭居易,言浮华无行,其母因看花坠井而死,而居易作赏花及新井诗,甚伤名教,不宜置彼周行。执政方恶其言事,奏贬为江表刺史。诏出,中书舍人王涯上疏论之,言居易所犯状迹,不宜治郡,追诏授江州司马。

居易儒学之外,尤通释典,常以忘怀处顺为事,都不以迁谪介意。在浔城,立隐舍于庐山遗爱寺,尝与人书言之曰:"予去年秋始游庐山,到东西二林间香炉峰下,见云木泉石,胜绝第一。爱不能舍,因立草堂。前有乔松十数株,修竹千余竿,青萝为墙援,白石为桥道,流水周于舍下,飞泉落于檐间,红榴白莲,罗生池砌。"居易与凑、满、朗、晦四禅师,追永、远、宗、雷之迹,为人外之交。每相携游咏,跻危登险,极林泉之幽邃。至于修然顺适之际,几欲忘其形骸。或经时不归,或逾月而返,郡守以朝贵遇之,不之责。

时元稹在通州,篇咏赠答往来,不以数千里为远。尝与稹书,因论作文之大旨曰:

夫文尚矣,三才各有文。天之文三光首之,地之文五材首之,人之文《六经》首之。就《六经》言,《诗》又首之。何者?圣人感人心而天下和平。感人心者,莫先乎情,莫始乎言,莫切乎声,莫深乎义。诗者:根情,苗言,华声,实义。上自贤圣,下至愚骇,微及豚鱼,幽及鬼神,群分而气同,形异而情一,未有声入而不应、情交而不感者。圣人知其然,因其言,经之以六义;缘其声,纬之以五音。音有韵,义有类。韵协则言顺,言顺则声易入;类举则情见,情见则感易交。于是乎孕大含深,贯微洞密,上下通而二气泰，忧乐合而百志熙。二帝三王所以直道而行、垂拱而理者，揭此以为大柄，决此以为大窦也。故闻"元首明，股肱良"之歌，则知虞道昌矣。闻五子洛讷之歌，则知夏政荒矣。言者无罪，闻者作诫，言者闻者莫不两尽其心焉。

洎周衰秦兴，采诗官废，上不以诗补察时政，下不以歌泄导人情。用至于谄成之风动，救失之道缺。于时六义始刓矣。《国风》变为《骚辞》，五言始于苏、李。诗骚皆不遇者，各击其志，发而为文。故河梁之句，止于伤别，泽畔之吟，归于怨思。彷徨抑郁，不暇及他耳。然去《诗》未远，便概尚存。故兴离别则引双凫一雁为喻，讽君子小人则引香草恶鸟为比。虽义类不具，犹得风人之十二三焉。于时六义始缺矣。晋、宋已还，得者盖寡。以康乐之奥博，多溺于山水；以渊明之高古，偏放于田园。江、鲍之流，双狭于此。如梁鸿《五噫》之例者，百无一二。于时六义浸微矣。陵夷至于梁、陈间，率不过嘲风雪、弄花草而已。噫！风雪花草之物，三百篇中岂舍之乎？顾所用何如耳。设如"北风其凉"，假风以刺威虐；"雨雪霏霏"，因雪以愍征役；"棠棣之华"，感华以讽兄弟；"采采芣苢"，美草以乐有子也。皆兴发于此而风归于彼。反是者，可乎哉！然则"余霞散成绮，澄江净如练"，"归花先委露，别叶乍辞义"之什，丽则丽矣，吾不知其所讽焉。故仆所谓嘲风雪、弄花草而已。于时六义尽去矣。

唐兴二百年，其间诗人不可胜数。所可举者，陈子昂有《感遇诗》二十首，鲍防《感兴诗》十五篇。又诗之豪者，世称李、杜。李之作，才矣奇矣，人不迨矣。索其风雅比兴，十无一焉。杜诗最多，可传者千余首。至于贯穿古今，覼缕格律，尽工尽善，又过于李焉。然撮其《新安》、《石壕》、《潼关吏》、《芦子关》、《花门》之章，"朱门酒肉臭，路有冻死骨"之句，亦不过十三四。杜尚如此，况不迨杜者乎？仆常痛诗道崩坏，忽忽愤发，或废食辍寝，不量才力，欲扶起之。嗟乎！事有大谬者，又不可一二而言，然亦不能粗陈于左右。

　　仆始生六七月时，乳母抱弄于书屏下，有指"之"字"无"字示仆者，仆口未能言，心已默识。后有问此二字者，虽百十其试而指之不差。则知仆宿习之缘，已在文字中矣。及五六岁，便学为诗，九岁暗识声韵。十五六，始知有进士，苦节读书。二十已来，昼课赋，夜课书，间又课诗，不遑寝息矣。以至于口舌成疮，手肘成胝，既壮而肤革不丰盈，未老而齿发早衰白，瞥然如飞蝇垂珠在眸子中者，动以万数，盖以苦学力文之所致。

　　又自悲家贫多故，年二十七，方从乡赋。既第之后，虽专于科试，亦不废诗。及授校书郎时，已盈三四百首。或出示交友如足下辈，见皆谓之工，其实未窥作者之域耳。自登朝来，年齿渐长，阅事渐多，每与人言，多询时务，每读书史，多求理道，始知文章合为时而著，歌诗合为事而作。是时皇帝初即位，宰府有正人，屡降玺书，访人急病。仆当此日，擢在翰林，身是谏官，月请谏纸。启奏之间，有可以救济人病，裨补时阙，而难于指言者，辄咏歌之，欲稍稍进闻于上。上以广宸听，副忧勤；次以酬恩奖，塞言责；下以复吾平生之志。岂图志未就而悔已生，言未闻而谤已成矣。

　　又请为左右终言之。凡闻仆《贺雨诗》，众口籍籍，以为非宜矣。闻仆《哭孔戡诗》，众面脉脉，尽不悦矣。闻《秦中吟》，则权豪贵近者相目而变色矣。闻《登乐游园》寄足下诗，则执政柄者扼腕矣。闻《宿紫阁村》诗，则握军要者切齿矣。大率如此，不可遍举。不相与者，号为沽誉，号为诋讦，号为讪谤。苟相与者，则如牛僧孺之诫焉。乃至骨肉妻孥，皆以我为非也。其不我非者，举世不过三两人。有邓鲂者，见仆诗而喜，无何鲂死。有唐衢者，见仆诗而泣，未几而衢死。其余即足下，足下又十年来困踬若此。呜呼！岂六义四始之风，天将破坏，不可支持耶？抑又不知天意不欲使下人病苦闻于上耶？不然，何有志于诗者不利若此之甚也！

　　然仆又自思关东一男子耳。除读书属文外，其他懵然无知,乃至书画棋博可以接群居之欢者,一无通晓,即其愚拙可知矣。初应进士时,中朝无缌麻之亲,达官无半面之旧,策蹇步于利足之途,张空拳于战文之场。十年之间,三登科第,名落众耳,迹升清贯,出交贤俊,入侍冕旒。始得名于文章,终得罪于文章,亦其宜也。

日者闻亲友间说,礼、吏部举选人,多以仆私试赋判为准的。其余诗句,亦往往在人口中。仆恧然自愧,不之信也。及再来长安,又闻有军使高霞寓者,欲聘倡妓,妓大夸曰:"我诵得白学士《长恨歌》,岂同他哉"?由是增价。又足下书云到通州日,见江馆柱间有题仆诗者。何人哉?又昨过汉南日,适遇主人集众娱乐他宾,诸妓见仆来,指而相顾曰:"此是《秦中吟》、《长恨歌》主耳。自长安抵江西三四千里,凡乡校、佛寺、逆旅、行舟之中,往往有题仆诗者;士庶、僧徒、孀妇、处女之口,每有咏仆诗者。此诚雕篆之戏,不足为多,然今时俗所重,正在此耳。虽前贤如渊、云者,前辈如李、杜者,亦未能忘情于其间。

古人云:"名者公器不可多取。"仆是何者,窃时之名已多。既窃时名,又欲窃时之富贵,使已为造物者,肯兼与之乎?今之屯窃,理固然也。况诗人多蹇,如陈子昂、杜甫,各授一拾遗,而屯剥至死。孟浩然辈不及一命,穷悴终身。近日孟郊六十,终试协律;张籍五十,未离一太祝。彼何人哉!况仆之才又不迨彼。今虽谪佐远郡,而官品至第五,月俸四五万,寒有衣,饥有食,给身之外,施及家人。亦可谓不负白氏子矣。微之,微之!勿念我哉!

仆数月来,检讨囊帙中,得新旧诗,各以类分,分为卷目。自拾遗来,凡所遇所感,关于美刺兴比者,又自武德至元和,因事立题,题为《新乐府》者,共一百五十首,谓之讽谕诗。又或退公,或卧病闲居,知足保和,吟玩性情者一百首,谓之闲适诗。又有事物牵于外,情理动于内,随感遇而形于叹咏者一百首,谓之感伤诗。又有五言、七言、长句、绝句,自百韵至两韵者四百余首,谓之杂律诗。凡为十五卷,约八百首。异时相见,当尽致于执事。

　　微之!古人云:"穷则独善其身,达则兼济天下"。仆虽不肖,常师此语。大丈夫所守者道,所待者时。时之来也,为云龙,为风鹏,勃然突然,陈力以出;时之不来也,为雾豹,为冥鸿,寂兮寥兮,奉身而退。进退出处,何往而不自得哉?故仆志在兼济,行在独善,奉而始终之则为道,言而发明之则为诗。谓之讽谕诗,兼济之志也;谓之闲适诗,独善之义也。故览仆诗者,知仆之道焉。其余杂律诗,或诱于一时一物,发于一笑一吟,率然成章,非平生所尚者,但以亲朋合散之际,取其释恨佐欢,今铨次之间,未能删去。他时有为我编集斯文者,略之可也。

　　微之!夫贵耳贱目,荣古陋今,人之大情也。仆不能远征古旧,如近岁韦苏州歌行,才丽之外,颇近兴讽,其五言诗,又高雅闲淡,自成一家之体,今之秉笔者谁能及之?然当苏州在时,人亦未甚爱重,必待身后,人始贵之。今仆之诗,人所爱者,悉不过杂律诗与《长恨歌》已下耳。时之所重,仆之所轻。至于讽谕者,意激而言质;闲适者,思谵而辞迂。以质合迂,宜人之不爱也。今所爱者,并世而生,独足下耳。然百千年后,安知复无如足下者出,而知爱我诗哉?故自八九年来,与足下小通则以诗相戒,小穷则以诗相勉,索居则以诗相慰,同处则以诗相娱。知吾罪吾,率以诗也。

　　如今年春游城南时,与足下马上相戏,因各诵新艳小律,不杂他篇,自皇子陂归昭国里,迭吟递唱,不绝声者二十里余。樊、李在傍,无所措口。知我者以为诗仙,不知我者以为诗魔。何则?劳心灵,役声气,连朝接夕,不自知其苦,非魔而何?偶同人当美景,或花时宴罢,或月夜酒酣,一咏一吟,不觉老之将至,虽骖鸾鹤、游蓬瀛者之适,无以加于此焉,又非仙而何?微之,微之!此吾所以与足下外形骸、脱纵迹、笼轩鼎、轻人寰者,又以此也。

　　当此之时,足下兴有余力,且欲与仆悉索还往中诗,取其尤长者,如张十八古乐府,李二十新歌行,卢、杨二秘书律诗,窦七、元八绝句,博搜精掇,编而次之,号为"元白往还集"。众君子得拟议于此者,莫不踊跃欣喜,以为盛事。嗟乎!言未终而足下左转,不数月而仆又继行,心期索然,何日成就?又可为之太息矣。

　　仆常语足下,凡人为文,私于自是,不忍于割截,或失于繁多。其间妍媸,益又自惑。必待交友有公鉴无姑息者,讨论而削夺之,然后繁简当否,得其中矣。况仆与足下,为文尤患其多。己尚病,况他人乎?今且各纂诗笔,粗为卷第,待与足下相见日,各出所有,终前志焉。又不知相遇是何年,相见是何地,溘然而至,则如之何? 微之知我心哉!

　　浔阳腊月,江风苦寒,岁暮鲜欢,夜长少睡。引笔铺纸,悄然灯前,有念则书,言无铨次。勿以繁杂为倦,且以代一夕之话言也。

居易自叙如此,文士以为信然。

十三年冬,量移忠州刺史。自浔阳浮江上峡。十四年三月,元稹会居易于峡口,傍舟夷陵三日。时季弟行简从行,三人于峡州西二十里黄牛峡口石洞中,置酒赋诗,恋恋不能诀。南宾郡当峡路之深险处也,花木多奇,居易在郡,为"木莲荔枝图",寄朝中亲友,各记其状曰:"荔枝生巴、峡间,形圆如帷盖。叶如桂,冬青;华如橘,春荣;实如丹,夏熟。朵如蒲萄,核如楷杷,壳如红缯,膜如紫绡,瓤肉莹白如雪,浆液甘酸如醴酪。大略如此,其实过之。若离本枝,一日而色变,二日而香变,三日而味变,四五日外,色香味尽去矣"。"木莲大者高四五丈,巴民呼为黄心树,经冬不凋。身如青杨,有白文。叶如桂,厚大无脊。花如莲,香色艳腻皆同,房独蕊有异。四月初始开,自开迨谢,仅二十日。元和十四年夏,命道士毋丘元志写之。惜其遐僻,因以三绝赋之。"有"天教抛掷在深山"之句,咸传于都下,好事者喧然模写。

其年冬,召还京师,拜司门员外郎。明年,转主客郎中、知制诰,加朝散大夫,始著绯。时无稹亦征还为尚书郎、知制诰,同在纶阁。长庆元年三月,受诏与中书舍人王起覆试礼部侍郎钱徽下及第人郑朗等一十四人。十月,转中书舍人。十一月,穆宗亲试制举人,又与贾𫗧、陈岵为考策官。凡朝廷文字之职,无不首居其选,然多为排摈,不得用其才。

时天子荒纵不法,执政非其人,制御乖方,河朔复乱。居易累上疏论其事,天子不能用,乃求外任。七月,除杭州刺史。俄而元稹罢相,自冯翊转浙东观察使。交契素深,杭、越邻境,篇咏往来,不间旬浃。尝会于境上,数日而别。秩满,除太子左庶子,分司东都。宝历中,复出为苏州刺史。文宗即位,征拜秘书监,赐金紫。九月上诞节,召居易与僧惟澄、道士赵常盈对御讲论于麟德殿。居易论难锋起,辞辨泉注,上疑宿构,深嗟挹之。大和二年正月,转刑部侍郎,封晋阳县男,食邑三百户。三年,称病东归,求为分司官,寻除太子宾客。

居易初对策高第,擢入翰林,蒙英主特达顾遇,颇欲奋厉效报,苟致身于訏谟之地,则兼济生灵。蓄意未果,望风为当路者所挤,流徙江湖。四五年间,几沦蛮瘴。自是宦情衰落,无意于出处,唯以逍遥自得,吟咏情性为事。大和已后,李宗闵、李德裕朋党事起,是非排陷,朝升暮黜,天子亦无如之何。杨颖士、杨虞卿与宗闵善,居易妻,颖士从父妹也。居易愈不自安,惧以党人见斥,乃求致身散地,冀于远害。凡所居官,未尝终秩,率以病免,固求分务,识者多之。五年除河南尹。七年,复授太子宾客分司。

初,居易罢杭州,归洛阳。于覆道里得故散骑常侍杨凭宅,竹木池馆,有林泉之致。家妓樊素、蛮子者,能歌善舞。居易既以尹正罢归,每独酌赋咏于舟中,因为《池上篇》曰:

城都风土水木之胜在东南偏,东南之胜在覆道里,里之胜在西北隅,西闬北垣第一第,即白氏叟乐天退老之地。地方十七亩,屋室三之一,水五之一,竹九之一,而岛树桥道间之。初乐天既为主,喜且曰:"虽有池台,无粟不能守也,"乃作也东粟

禀。又曰:"虽有子弟,无书不能训也,"乃作池北书库。又曰:
"虽有宾朋,无琴酒不能娱也",乃作池西琴亭,加石樽焉。

乐天罢杭州刺史,得天竺石一、华亭鹤二以归。始作西平桥,开环池路。罢苏州刺史时,得太湖石五、白莲、折腰菱、青板舫以归,又作中高桥,通三岛迳。罢刑部侍郎时,有粟千斛,书一车,洎臧获之习管磬弦歌者指百以归。先是颍川陈孝仙与酿酒法,味甚佳;博陵崔晦叔与琴,韵甚清;蜀客姜发授《秋思》,声甚谐;弘农杨贞一与青石三,方长平滑,可以坐卧。

大和三年夏,乐天始得请为太子宾客,分秩于洛下,息躬于池上。凡三任所得,四人所与,洎吾不才身。今率为池中物。每至池风春,池月秋,水香莲开之旦,露清鹤唳之夕,拂杨石,举陈酒,援崔琴,弹《秋思》,颓然自适,不知其他。酒酣琴罢,又命乐童登中岛亭,合奏《霓裳散序》,声随风飘,或凝或散,悠扬于竹烟波月之际者久之。曲未竟,而乐天陶然石上矣。睡起偶咏,非诗非赋,阿龟握笔,因题石间。视其粗成韵章,命为《池上篇云》:

十亩之宅,五亩之园,有水一池,有竹千竿。勿谓土狭,勿谓地偏,足以容膝,足以息肩。有堂有亭,有桥有船,有书有酒,有歌有弦。有叟在中,白须飒然,识分知足,外无求焉。如鸟择木,姑务巢安;如蛙作坎,不知海宽。灵鹊怪石,紫菱白莲,皆吾所好,尽在我前。时引一杯,或吟一篇。妻孥熙熙,鸡犬闲闲。优哉游哉,吾将老乎其间。

又效陶潜《五柳先生传》,作《醉咏先生》传以自况。文章旷达,皆此类也。

大和末,李训构祸,衣冠涂地,士林伤感,居易愈无官情。开成元年,除同州刺史,辞疾不拜。寻授太子少傅,进封冯翊县开国侯。四年冬,得风病,伏枕者累月,乃放诸妓女樊、蛮等,仍自为墓志,病中吟咏不辍。自言曰:"予年六十有八,始患风痹之疾,体瘭首眩,左足不支。盖老病相乘,有时而至耳。予栖心释梵,浪迹老、庄,因疾观身。果有所得。何则？外形骸而内忘忧患，先禅观而后顺医治。旬月以还，阙疾少间，杜门高枕，谵然安闲。吟咏兴来，亦不能遏，遂为病中诗十五篇以自谕。

会昌中，请罢太子少傅，以刑部尚书致仕，与香山僧如满结香火社，每肩舆往来，白衣鸠杖，自称香山居士。大中元年卒，时年七十六，赠尚书右仆射。有文集七十五卷，经史事类三十卷，并行于世。长庆末，浙东观察使元稹，为居易集序曰：

乐天始未言，试指"之"字能不误。始既言，读书勤敏，与他儿异。五六岁识声韵，十五志辞赋，二十七举进士。贞元末，进士尚驰竞，不尚文，就中六籍尤摈落。礼部侍郎高郢始用经艺为进退，乐天一举擢上第。明年，中拔萃甲科，由是《性习相近远》、《玄珠》、《斩白蛇》等赋洎百节判，新进士竞相传于京师。会宪宗皇帝策召天下士，对诏称旨，又登甲科。未几，选入翰林，掌制诰。比比上书言得失，因为《贺雨诗》、《秦中吟》等数十章，指言天下事，时人比之《风》、《骚》焉。

予始与乐天同秘书，之后多以诗章相赠答。予遣掾江陵，乐天犹在翰林，寄予百韵律体及杂体，前后数十诗。是后各佐江、通，复相酬寄。巴、蜀、江、楚间洎长安中少年，递相仿效，竞作新辞，自谓为元和诗，而乐天《秦中吟》、《贺雨诗》讽谕闲适等篇，时人罕能知者。然而二十年间，禁省观寺、邮候墙壁之上无不书，王公妾妇、牛童马走之口无不道。其缮写模勒，炫卖于市井，或因之以交酒茗者，处处皆是。其甚有至盗窃名姓，苟求自售，杂乱间而，无可奈何。予尝于平水市中，见村校诸童，竞习歌咏，召而问之，皆对曰："先生教我乐天、微之诗。"固亦不知予为微之也。又鸡林贾人求市颇切，自云："本国宰相，每以一金换一篇，甚伪者，宰相辄能辨别之。"自篇章已来，未有如是流传之广者。

长庆四年，乐天自杭州刺史以右庶子召还，予时刺会稽，因得尽征其文，手自排缵，成五十卷，凡二千二百五十一首。前辈多以前集、中集为名,予以为陛下明年当改元,长庆讫于是矣,因号《白氏长庆集》。

大凡人之文,各有所长,乐天长可以为多矣。夫讽谕之诗长于激,闲适之诗长于遣,感伤之诗长于切,五字律诗百言而上长于赡,五字七字百言而下长于情,赋赞箴诫之类长于当,碑记叙事制诰长于实,启奏表状长于直,书檄辞册剖判长于尽。总而言之,不亦多乎哉!

人以为稹序书其能事。

居易尝写其文集,送江州东西二林寺、洛城香山圣善等寺,如佛尽杂传例流行之。无子,以其侄孙嗣。遗命不归下邽,可葬于香山如满师塔之侧,家人从命而葬焉。

行简字知退。贞元末,登进士第,授秘书省校书郎。元和中,卢坦镇东蜀,辟为掌书记。府罢,归浔阳。居易授江州司马,从兄之郡。十五年,居易入朝为尚书郎,行简亦授左拾遗,累迁司门员外郎、主客郎中。长庆末,振武奏水运营田使贺拔志言营田数过实,诏令行简按覆之,不实,志惧自刺死。行简宝历二年冬病卒,有文集二十卷。行简文笔有兄风,辞赋尤称精密,文士皆师法之。居易友爱过人,兄弟相待如宾客,行简子龟儿,多自敖习,以至成名。当时友悌,无以比焉。

敏中字用晦,居易从父弟也。祖,鏻,位终扬府录事参军。父季康,溧阳令。敏中少孤,为诸兄之所训厉。长庆初,登进士第,佐李听,历河东、郑滑、邠宁三府节度掌书记,试大理评事。大和七年,丁母忧,退居下邽。会昌初,为殿中侍御史,分司东都,寻除户部员外郎,还京。

武宗皇帝素闻居易之名,及即位,欲征用之,宰相李德裕言居易衰病不任朝谒,因言从弟敏中辞艺类居易,即日知制诰,召入翰林充学士,迁中书舍人。累至兵部侍郎、学士承旨。会昌末,同平章事,兼刑部尚书、集贤史馆大学士。宣宗即位,加右仆射、金紫光禄大夫、太清宫使、太原郡开国公、食邑二千户。及李德裕再贬岭南,敏中居四辅之首,雷同毁誉,无一言伸理,物论罪之。五年,罢相,检校司空,出为邠州刺史、邠宁节度、招抚党项都制置等使。七年,进位特进、成都尹、剑南西川节度副大使、知节度等事。十一年二月,检校司徒、平章事、江陵尹、荆南节度使。懿宗即位,征拜司徒、门下侍郎、平章事,复辅政。寻加侍中。三年罢相,为河中尹、河中晋绛节度使。累迁中书令。太子太师致仕卒。

史臣曰:举才选士之法,尚矣。自汉策贤良,隋加诗赋,罢中正之法,委铨举之司。由是争务雕虫,罕趋函丈,矫首皆希于屈、宋,驾肩并拟于《风》、《骚》。或倖箴之篇,或效补亡之句。咸欲镏铢《采葛》,糠秕《怀沙》,较丽藻于碧鸡,斗新奇于白凰。暨编之简牍,播在管弦,未逃季绪之诋诃,孰望子虚之称赏?迨今千载,不乏辞人,统论六义之源,较其三变之体,如二班者盖寡,类七子者几何?至潘、陆情致之文,鲍、谢清便之作,迨于徐、庾,踵丽增华,纂组成而耀以珠玑,瑶台构而间之金碧。国初开文馆,高宗礼茂才,虞、许擅价于前,苏、李驰声于后。或位升台鼎,学际天人,润色之文,咸布编集。然而向古者伤于太僻,徇华者或至不经,醯醨者局于宫商,放纵者流于郑、卫。若品调律度,扬榷古今,贤不肖皆赏其文,未如元、白之盛也。昔建安才子,始定霸于曹、刘;永明辞宗,先让功于沈、谢。元和主盟,微之、乐天而已。臣观元之制策,白之奏议,极文章之壸奥,尽治乱之根荄。非徒谣颂之片言,盘盂之小说。就文观行,居易为优,放心于自得之场,置器于必安之地,优游卒岁,不亦贤乎。

赞曰:文章新体,建安、永明。沈、谢既往,元、白挺生。但留金石,长有茎英。不习孙、吴,焉知用兵?